Daß Literaturgeschichte nicht abstrakt und theoretisch sein muß, daß sie lebendig, erzählerisch und unterhaltend sein kann – nicht weniger will diese Geschichte der deutschen Literatur beweisen. Vom Mittelalter bis zur Gegenwart schildert sie die großen Strömungen der deutschsprachigen Dichtung, beschreibt daneben, in kürzester Zusammenfassung, die ideengeschichtlichen politischen und gesellschaftlichen Veränderungen, die sie begleitet und beeinflußt haben. Die Lektüre erfordert kein spezielles Vorwissen: Es ist das Ziel der Verfasser, so gradlinig und allgemeinverständlich wie nur möglich zu schreiben, zwar auf der Höhe der wissenschaftlichen Kenntnisse, doch ohne Kompliziertheit und akribische Weitschweifigkeit.

Die bedeutendsten Dichtungen jeder Epoche werden ausführlich nacherzählt und interpretiert, woran sich Hinweise auf die Umstände ihrer Entstehung knüpfen. Manches Geschichtliche, manches aus dem Leben und der Gedankenwelt der Autoren kommt dabei zur Sprache. Eingeflochten ist außerdem eine stattliche Zahl von Zitaten, dazu gedacht, den besonderen Stil, die Tonlage und Atmosphäre der Werke eingehend zu belegen. Dergestalt entsteht ein Bild der geistigen Bewegungen, in dem beides – Erklärung und Original, Kommentar und Kommentiertes – zusammenwirkt, um den Leser auf anschaulichste Weise durch die verschiedenen Epochen der deutschen Literatur zu führen.

Ingo Leiß, geb. 1948, studierte Germanistik, Geschichte, politische Wissenschaften und Soziologie und ist Gymnasiallehrer für Deutsch, Geschichte und Sozialkunde.
Hermann Stadler, geb. 1926, studierte nach dem Krieg Geschichte, Germanistik und Anglistik. Neben seiner Tätigkeit als Gymnasiallehrer veröffentlichte er mehrere Bücher für den Deutschunterricht.

Deutsche Literaturgeschichte
Band 9

Ingo Leiß und Hermann Stadler

Weimarer Republik 1918–1933

Deutscher Taschenbuch Verlag

DEUTSCHE LITERATURGESCHICHTE

Band 1: Erika und Ernst von Borries: Mittelalter, Humanismus, Reformationszeit, Barock
Band 2: Erika und Ernst von Borries: Aufklärung und Empfindsamkeit, Sturm und Drang
Band 3: Erika und Ernst von Borries: Die Weimarer Klassik, Goethes Spätwerk
Band 4: Erika und Ernst von Borries: Zwischen Klassik und Romantik: Hölderlin, Kleist, Jean Paul
Band 5: Erika und Ernst von Borries: Romantik
Band 6: Annemarie und Wolfgang van Rinsum: Frührealismus
Band 7: Annemarie und Wolfgang van Rinsum: Realismus und Naturalismus
Band 8: Ingo Leiß und Hermann Stadler: Wege in die Moderne 1890–1918
Band 9: Ingo Leiß und Hermann Stadler: Weimarer Republik 1918–1933
Band 10: Paul Riegel und Wolfgang van Rinsum: Drittes Reich und Exil 1933–1945
Band 11: Heinz Forster und Paul Riegel: Nachkriegszeit 1945–1968
Band 12: Heinz Forster und Paul Riegel: Gegenwart 1968–1990

Originalausgabe
Februar 2003
© Deutscher Taschenbuch Verlag GmbH & Co. KG, München
www.dtv.de
Das Werk ist urheberrechtlich geschützt.
Sämtliche, auch auszugsweise Verwertungen bleiben vorbehalten.
Umschlagkonzept: Balk & Brumshagen
Umschlagbild: ›Sunday Family Walk‹ von George Grosz (© VG Bild-Kunst, Bonn 2002)
© Satz: Fotosatz Reinhard Amann, Aichstetten
Gesetzt aus der Stempel Garamond (QuarkXPress)
Druck und Bindung: Druckerei C. H. Beck, Nördlingen
Gedruckt auf säurefreiem, chlorfrei gebleichtem Papier
Printed in Germany · ISBN 3-423-03349-5

VORWORT

Die Literatur im deutschsprachigen Raum zwischen 1918 und 1933, von der in diesem Band die Rede ist, läßt sich nicht in eine geregelte Abfolge oder umfassend in einzelne Gruppen ordnen. Wie für die Literatur der Jahrhundertwende auf dem Weg zur Moderne gilt daher, daß keine Richtung diese kurze Zeitspanne allein dominiert. Selbst die mit den Begriffen Spätexpressionismus, Dada, »Neue Sachlichkeit« bezeichneten künstlerisch-literarischen Strömungen folgen nicht einfach aufeinander, sondern existieren vielfach gleichzeitig und sind überdies nur Ausschnitte aus dem sehr vielstimmigen und vielgestaltigen Gebilde, das als Kunst und Literatur der Weimarer Republik bezeichnet wird.

Mehr noch als in der Zeit zwischen 1900 und 1918 stehen unterschiedliche Literaturvorstellungen, Gruppen und einzelne gar nicht einzuordnende Autoren mitunter sogar in heftigem Widerstreit miteinander. Auch Abgrenzungen gegen die vorhergehende oder gegen folgende Epochen sind kaum möglich. Wer oder welche Richtung immer in der Zeit der beginnenden Moderne von wirklicher Bedeutung war, ob Thomas Mann oder Heinrich Mann, ob George, Rilke oder Hofmannsthal, ob Expressionismus oder Neoklassik und Neuromantik, sie alle sind auch in den zwanziger Jahren gegenwärtig, erreichen (wie Thomas Mann, Hermann Hesse, R. M. Rilke) einen weiteren Schaffenshöhepunkt, finden (wie etwa Franz Kafka) eine neue Anhängerschaft. Viele der Genannten und viele von denen, deren erste Erfolge in der Zeit der Weimarer Republik liegen (Brecht, Döblin, Kästner, Zuckmayer, Jünger – um nur einige zu nennen), werden z. T. im Exil, v. a. nach der gewaltsamen Unterbrechung durch die Nazi-Herrschaft zu bedeutenden Repräsentanten deutscher Literatur, bestimmen – neben den vielfach neuentdeckten Autoren englischer, amerikanischer und französischer Herkunft – Ton und Tenor der Literatur der Nachkriegszeit bis in die 50er Jahre. Die Literatur der Weimarer Republik, ein politischer Begriff, der ihr den Namen leiht, ist sicher als eine Literatur des Übergangs eine wesentliche Station auf dem Weg in die Moderne und allem Neuen geöffnet, ebenso aber auch eine, die sich – auf freilich sehr unterschiedliche Weise – der Tradition verpflichtet weiß und sich verbissen gegen eine vielleicht mitunter auch allzu forsch und unbekümmert in der Negation des Traditionellen auftretenden Avantgarde zur Wehr setzt.

Die pluralistische Literatur der Weimarer Republik besitzt größtenteils auch einen deutlich politisierenden Charakter, vor allem die der letzten Jahre und besonders die der politisch engagierten Autoren. Wie stark deren Wirkung eingeschätzt wurde, zeigen die von Goebbels unmittelbar nach der »Machtergreifung« organisierte »Bücherverbrennung« und die Vertreibung der dem neuen Regime verhaßten Autoren ins Exil. Wenn Existenzangst, Zukunftsungewißheit, Verlust der Sicherheit in gewohnten Lebensformen zur Sehnsucht nach neuer Geborgenheit, zur Suche nach einem Standort, zum Hauptkennzeichen einer Epoche werden, wenn man dem Individuum nur noch eine Funktion in der Masse zugesteht, wenn dem einzelnen ist, »als wenn [ihm] der Boden unter den Füßen versinke« (K. Jaspers), kann Literatur nicht die Augen davor verschließen. Eine solche Zeit ruft nach Richtungsweisung und dies nicht nur in der Form des »Weltanschauungsessayismus« (P. Sloterdijk).

Die neue republikanisch-demokratische Staatsform gewährte (wenigstens anfangs) den Autoren endlich den Freiraum, den sie benötigten, mit unterschiedlichen, auch extremen und radikalen Denk- und Darstellungsweisen an die Öffentlichkeit zu treten. Sie konnten sich dabei wie noch nie zuvor neuer Medien – Film und Funk – bedienen, in zahlreichen Zeitschriften ihre ästhetischen, politischen und gesellschaftlichen Möglichkeiten erforschen und prüfen. Und schließlich: Die Schriftsteller sahen sich nach der weitgehenden Auflösung des Bildungsbürgertums einem neuen Publikum gegenüber, dem sie gerecht werden wollten. Auch dabei kommt es zu Polarisierungen: »Asphaltliteratur« zetern die einen, »Spießer« die anderen, die einer »Gebrauchsliteratur« das Wort reden. »Vielseitig und vielschichtig, unruhig und dynamisch, [...] wandlungsfähig und experimentierlustig, keine Grenzen respektierend und über alle Ufer tretend«, so, sagt M. Reich-Ranicki, »bietet sich uns die Literatur zwischen den deutschen Katastrophen dar.« Sie ist nicht unbedingt ein Ausdruck »goldener« zwanziger Jahre – vor allem nicht gegen deren Ende, als viele die Flucht vor der »Neuen Sachlichkeit« antreten und sich auf das »Innerliche« oder das »einfache Leben« besinnen –, insgesamt aber in ihrer Vielfalt ein Zeichen von lebendiger Tradition und der Kraft zu Neuem. Vielleicht eine eigene Epoche, ohne Einheitlichkeit freilich, ohne eine von einer größeren Gruppe getragenen Kunstauffassung, geprägt von dem Versuch, auf ganz neue Fragen und Herausforderungen einer unstabilen Zeit zu reagieren.

Der Band muß wegen der Überfülle des Materials auf manches verzichten. So würden z. B. Essay und Kabarett, wie auch Hörspiel und Filmskript eigene Beispielkapitel verdienen. Um auf Texttypisches nicht ganz zu verzichten, sind vor allem in den allgemeinen Teilen, wo immer es ging, Ausschnitte aus Essays, Zeitschriftenartikeln oder Reden aufgenommen, die auch die sprachliche Eigenart mancher Autoren sichtbar machen sollen.

In den Teilen Drama und Lyrik hat Dr. Wolfgang van Rinsum die Autoren durch Beiträge unterstützt. Ihm, dem inzwischen Verstorbenen, soll der Band gewidmet sein.

INHALT

I. Einführung in die Epoche

- 1. Politische Grundlagen 11
- 1.1 Die ungeliebte Republik 11
- 1.2 Österreich – der »Staat, den keiner wollte« 16
- 2. Gesellschaft im Wandel 19
- 3. Kultur des Übergangs 25
- 3.1 Zukunftspessimismus 25
  - Oswald Spengler, Der Untergang des Abendlandes ... 26
- 3.2 Perspektiven des Humanen 30
- 3.2.1 Philosophische Anthropologie/Ontologie 30
  - Max Scheler 30
  - Martin Heidegger 32
  - Karl Jaspers 35
- 3.2.2 Auseinandersetzung mit Individuum und Masse 37
- 3.2.3 Amerikanismus – Antiamerikanismus 41
- 3.2.4 »Konservative Revolution« 44

II. Die Literatur in einer demokratischen Massengesellschaft

- 1. Neue Voraussetzungen 49
- 1.1 Garantie der Meinungsfreiheit 49
- 2. Neue Möglichkeiten und Probleme für Publizisten und Literaten 50
- 2.1 Literatur als Ware 50
- 2.2 Schriftstellerorganisationen 51
- 2.3 Politik und Literatur im Zeichen der Radikalisierung . 52

III. Einführung in die Literatur der Epoche

- 1. Auseinandersetzungen um die Aufgabe der Literatur . 55
- 2. Die Vielfalt der literarischen Strömungen 56
- 2.1 Ausgang des Expressionismus 56
- 2.2 Dadaismus 58
- 2.3 Proletarisch-revolutionäre Literatur 62

	2.4	»Neue Sachlichkeit«	64
	2.5	Konservatismus und Traditionalismus	69
	2.6	Wege in eine Literatur der Innerlichkeit	71
	3.	Literatur in der österreichischen Republik	75

IV. DOMINANZ DER PROSA

	1.	Historischer Roman und historische Erzählung	79
		Joseph Roth, Radetzkymarsch	79
		Lion Feuchtwanger, Jud Süß	86
		Gertrud von le Fort, Die Letzte am Schafott	96
		Erwin Guido Kolbenheyer, Paracelsus	103
	2.	Darstellung der Zeit in Roman, Erzählung und Autobiographie	108
		Alfred Döblin, Berlin Alexanderplatz	108
		Erich Kästner, Fabian	121
		Hans Fallada, Kleiner Mann – was nun?	128
		Irmgard Keun, Gilgi	136
		Das kunstseidene Mädchen	138
		Ernst Weiß, Georg Letham. Arzt und Mörder	142
		Anna Seghers, Der Aufstand der Fischer von St. Barbara	152
		Oskar Maria Graf, Wir sind Gefangene	157
	3.	Analyse und Deutung der Zeit in Roman und Erzählung	163
		Franz Kafka, Das Schloß	163
		Hermann Broch, Die Schlafwandler	177
		Hermann Hesse, Der Steppenwolf	192
		Robert Musil, Der Mann ohne Eigenschaften	209
		Thomas Mann, Der Zauberberg	224
	4.	Kriegsdarstellung in Roman und Tagebuch	237
		Arnold Zweig, Der Streit um den Sergeanten Grischa	239
		Ludwig Renn, Krieg	247
		Ernst Jünger, In Stahlgewittern	251
		Erich Maria Remarque, Im Westen nichts Neues	256
		Georg Britting, Lebenslauf eines dicken Mannes, der Hamlet hieß	262
	5.	Unterhaltende Prosa	268
		Leo Perutz, Der Meister des jüngsten Tages	268
		Hermann Stehr, Peter Brindeisener	278

V. Drama und Theater

1. Revolutionärer Expressionismus 285
   Ernst Toller, Masse Mensch 285

2. Komödie der Wiener Wehmut 291
   Hugo von Hofmannsthal, Der Schwierige 291

3. Das kritische Volksstück 302
   Marieluise Fleißer, Pioniere in Ingolstadt 302
   Ödön von Horváth, Italienische Nacht 308
   Geschichten aus dem Wienerwald 314
   Carl Zuckmayer, Der Hauptmann von Köpenick 321

4. Radikalisierung in Form und Inhalt 330
   Bertolt Brecht, Erste Arbeiten 330
      Baal 334
      Mann ist Mann 335
      Das epische Theater 339
      Das Lehrstück 340
      Der Jasager – Der Neinsager 343
      Die Maßnahme 345

VI. Lyrik

1. Lyrik unter dem Einfluß des Expressionismus und
   des Dadaismus 347
   Gottfried Benn, Welle der Nacht 347
      Sieh die Sterne, die Fänge 349
   Georg Britting, Bauerngarten 351
   Kurt Schwitters, An Anna Blume 353

2. Ästhetische Wortkunst der Moderne – Dichter als
   Verkünder und Seher 356
   Stefan George, Das Neue Reich 356
   Rainer Maria Rilke, Duineser Elegien 364

3. Lyrik in der Nähe einer »Neuen Sachlichkeit« als
   Gebrauchskunst und als politisches Engagement 376
   Erich Kästner, Sachliche Romanze 376
   Bertolt Brecht, Hauspostille 379
      Die Nachtlager 384

	Terzinen über die Liebe	387
	Joachim Ringelnatz, Bumerang	391
	Ansprache eines Fremden an eine Geschminkte vor dem Wilberforcemonument	393
	Kurt Tucholsky, Zehn Jahre deutsche Republik	395
	Der Graben	397
	Danach	398
4.	Lyrischer Traditionalismus	400
4.1	Erneuerung aus christlichem Geist	400
	Konrad Weiß, Der Sämann	400
4.2	Rückzug in die Natur – Naturmagie	404
	Peter Huchel, Der Knabenteich	404

Anhang

Begriffserklärungen	407
Personenverzeichnis	411

I. Einführung in die Epoche

1. Politische Grundlagen

1.1 Die ungeliebte Republik

Die Weimarer Republik entsprang der Niederlage des deutschen Kaiserreichs im Ersten Weltkrieg (1914–1918). Zwar hatte dessen politische Führung die Bevölkerung an die Gewißheit eines Siegs über die Ententemächte glauben lassen, aber angesichts der aussichtslosen Lage forderte die Oberste Heeresleitung Ende September 1918, unverzüglich Waffenstillstandsverhandlungen aufzunehmen. Die jetzt von der politischen Führung vorgenommene Umwandlung des Kaiserreichs in eine parlamentarische Monarchie sollte die Verhandlungsposition verbessern, kam dafür aber bereits zu spät.

Ausgehend von den Aktionen meuternder Matrosen und streikender Arbeiter erfaßte in den ersten Novembertagen eine Revolutionswelle die meisten größeren Städte. Innerhalb weniger Tage stürzten in den deutschen Ländern die Monarchen. Bereits am 9. November wurde Kaiser Wilhelm II. zur Abdankung veranlaßt und Friedrich Ebert, der Vorsitzende der SPD, bekam die Regierungsgeschäfte übertragen. Noch am gleichen Tag wurde in Berlin die Republik ausgerufen. Am Tag zuvor hatte der Journalist und Politiker Kurt Eisner in München den »Freistaat Bayern« proklamiert. Die im ganzen Land von den Anhängern einer Demokratie westlicher Prägung und den Verfechtern einer sozialistischen Rätedemokratie ausgetragenen politischen Auseinandersetzungen und bewaffneten Kämpfe – u. a. wurde die nach der Ermordung Eisners in Bayern ausgerufene Räterepublik blutig niedergeworfen – zogen sich bis ins Frühjahr 1919 hin und führten zu einer folgenreichen Spaltung der Arbeiterbewegung: Ebert hatte bei der Niederschlagung radikal-sozialistischer Aufstände auf Teile des sich auflösenden Heeres und auf Freikorps zurückgegriffen und wurde deshalb von den Parteigängern der KPD als Arbeiter-Verräter gebrandmarkt. (Hervorgegangen aus dem linksradikalen »Spartakusbund«, der schon während des Krieges den Bruch mit der SPD vollzogen hatte, war die KPD um die Jahreswende 1918/19 gegründet worden.)

Die im Januar 1919 gewählte Nationalversammlung stand nun vor der Aufgabe, dem neuen Staat eine freiheitliche, auf den Menschenrechten beruhende Verfassung zu geben. Getragen wurde diese Verfassungsbewegung von den drei Parteien der »Weimarer Koalition«: den Sozialdemokraten, den Vertretern des politischen Katholizismus (Zentrum) und der liberalen Deutschen Demokratischen Partei (DDP); Nationalliberale, Rechtskonservative und Linkssozialisten verweigerten ihre Zustimmung.

Daß der neue Staat die Bezeichnung »Weimarer Republik« erhielt, lag aber nicht nur daran, daß in der thüringischen Kleinstadt Weimar die Nationalversammlung zusammentrat. Der Ortsname sollte von Anfang an positive Assoziationen hervorrufen: Die neue Zeit könnte unter den Vorzeichen weltbürgerlicher Gesinnung, Humanität und friedlichem kulturellem Austausch stehen. Der Welt, vor allem aber dem eigenen Volk signalisierte man, das geschlagene Land wollte an seine besten Traditionen – an die mit den Namen Goethe und Schiller verbundene Weimarer Klassik – anknüpfen.

So wie sich die kulturelle Blüte damals trotz des ruhmlosen Untergangs des ersten Kaiserreichs unter den Schlägen der napoleonischen Truppen entfaltet hatte, würde, so wohl die Hoffnung, die Überlegenheit deutschen Geistes in Kunst und Wissenschaft die politische Ohnmacht zumindest teilweise ausgleichen.

Der Versuch, auf diese Weise Staat und Staatsvolk miteinander zu versöhnen, schlug jedoch weitgehend fehl. Es zeigte sich, wie wenig die Deutschen auf die Demokratie und ihre Spielregeln vorbereitet waren. In weiten Teilen des Bürgertums trauerte man dem Glanz des Kaisertums nach; Parteienstreit, Parlamentarismus, Politik ganz allgemein galten hier als »wesensfremd«, als vom »Westen«, vor allem von Amerika dem deutschen Volk aufgezwungen. Thomas Mann formulierte in seinen zwischen 1915 und 1918 entstandenen ›Betrachtungen eines Unpolitischen‹ nur am differenziertesten und anspruchsvollsten, was viele dachten:

> Ich hasse die Politik und den Glauben an die Politik, weil er dünkelhaft, doktrinär, hartstirnig und unmenschlich macht. [...] Der Ruf nach Deutschlands »Politisierung« bedeutet [...] den Willen zur Revolutionierung und politischen Zersetzung Deutschlands. [...] Geist ist *nicht* Politik: [...] Der Unterschied von Geist und Politik enthält den von Kultur und Zivilisation, von Seele und Gesellschaft, von Freiheit und Stimmrecht, von Kunst und Literatur; und Deutschtum, das ist Kultur, Seele, Freiheit, Kunst und *nicht* Zivilisation, Gesellschaft, Stimmrecht, Literatur [...].

Auf der linken Seite des politischen Spektrums ging man bei der Argumentation von anderen Voraussetzungen aus, das Ergebnis war aber dasselbe: eine fundamentale Skepsis gegenüber der Politik. Sie diente aus dieser Perspektive weiterhin nur zur Durchsetzung von Klasseninteressen. Schon im März 1919 schrieb Kurt Tucholsky (in ›Wir Negativen‹):

> Politik kann man in diesem Land definieren als die Durchsetzung wirtschaftlicher Zwecke mit Hilfe der Gesetzgebung. [...]. Alles darfst du: die gefährlichsten Forderungen aufstellen, *in abstracto*, Bücherrevolutionen machen, den lieben Gott absetzen – aber die Steuergesetzgebung, die machen sie doch lieber allein.

Dabei war die am 11. August 1919 in Kraft tretende Weimarer Reichsverfassung fraglos ein großer Wurf. Sie war erkennbar als Kompromiß zwischen den Forderungen unterschiedlicher Sozialgruppen angelegt. Ein Grundrechtskatalog garantierte den Deutschen wesentliche Freiheits- und Gleichheitsrechte – für den Bereich der Kultur etwa die Abschaffung der Zensur, Meinungs- und Pressefreiheit, die Freiheit von Forschung und Lehre, den Schutz des geistigen Eigentums – usw. Bestimmungen zum Wirtschaftsleben konnten die Grundlage für eine sozialstaatliche Ordnung sein und eröffneten hierbei zahlreiche Gestaltungsmöglichkeiten. Die starke Stellung des Reichspräsidenten ähnelte der eines Monarchen in einer konstitutionellen Monarchie, man sprach sogar von einem »Ersatzkaiser«. Durch die Senkung des Wahlalters auf 20 Jahre, die Einführung des Frauenwahlrechts und die Entscheidung für die Verhältniswahl sollte erreicht werden, daß die Zusammensetzung des Reichstags möglichst genau die politische Stimmungslage des Volkes widerspiegelte. Allerdings konnten auf diese Weise auch Splitterparteien Sitz und Stimme im Parlament erringen, demokratiefeindlichen Gruppierungen wurde die Zulassung zu Wahlen nicht verwehrt.

Als schwere Belastungsprobe für die Nationalversammlung erwies es sich, daß ihre Bevollmächtigten – nach zuletzt ultimativen Forderungen der Entente während der komplizierten Verfassungsberatungen – mit ihrer Unterschrift unter den Versailler Vertrag die militärische Niederlage akzeptieren und besiegeln mußten. Der von der Bevölkerung weithin als »Diktat« empfundene Vertrag beschnitt das Reich territorial, machte es militärisch wehrlos und lieferte es wirtschaftlich den Siegermächten aus.

In ihrer materiellen Existenz bedroht (das Heer mußte auf 100.000 Mann reduziert werden) und voller Haß auf die Repräsentanten der Demokratie, die als Handlanger des Feindes und als »Erfüllungspolitiker« verächtlich gemacht wurden, unternahmen Militärs und Freikorps 1920 einen Putschversuch (»Kapp-Putsch«). Ein Generalstreik beendete den Spuk zwar schnell, doch blieben rechtsradikale Kreise weiter aktiv. Terrororganisationen verübten Morde an hochrangigen Politikern (Finanzminister Erzberger, Außenminister Rathenau), mit der »Dolchstoßlegende«, einer besonders perfiden Geschichtslüge, gelang es den vor dem Ansturm der Revolution zunächst zurückgewichenen republikfeindlichen Kräften, politisches Terrain zurückzugewinnen: Die Schuld an der Niederlage im Krieg, so die Parole, trügen Sozialdemokraten und Kommunisten, die das im Feld unbesiegte Heer durch Sabotage heimtückisch hinterrücks »erdolcht« hätten.

Im Katastrophenjahr 1923 spitzten sich die politischen und ökonomischen Nachkriegskrisen dramatisch zu: Im Januar besetzten französische und belgische Truppen das Ruhrgebiet, zur Gegenwehr rief die Reichsregierung die davon betroffene Bevölkerung zum passiven Widerstand auf. Um diesen zu finanzieren, nahm man eine inflationäre Vermehrung der Geldmenge in Kauf. Die bis dahin schleichende Geldentwertung beschleunigte sich rapide bis zur Hyperinflation, der Kurswert der deutschen Währung sank ins Bodenlose. Klaus Mann erinnerte sich an die grotesken Züge dieser außergewöhnlichen Erfahrung später in seiner Autobiographie ›Der Wendepunkt‹ (engl. 1942, dt. 1952): »Das Geld verflüchtigte sich, löste sich auf in astronomische Ziffern. Siebeneinhalb Milliarden deutsche Reichsmark für einen amerikanischen Dollar! Neun Milliarden! Eine Billion! Was für ein Witz! Zum Totlachen [...].« Die Begleitmusik zu diesem Tanz auf dem Vulkan waren kommunistische Aufstandsversuche in Nord- und Mitteldeutschland, separatistische Bestrebungen im Rheinland und in der Pfalz, schließlich der Hitler-Putsch (9. November) in München.

Es grenzt an ein Wunder, daß es trotzdem gelang, die Situation unter Kontrolle zu bringen, die Währung zu stabilisieren, die politische Radikalisierung abzuschwächen. Die Jahre zwischen 1924 und 1929 gelten sogar als die »guten« der Weimarer Republik; diese kurze Zeitspanne ist gemeint, wenn von den »goldenen zwanziger Jahren« die Rede ist. In der Politik sind sie verknüpft mit den Namen Gustav Stresemann (1878–1929), der als Außenminister gegen alle Widerstände Deutschland in die Völkergemeinschaft zurückführte und einer Überwindung der alten »Erbfeindschaft« zu Frankreich den Weg bahnte. 1926 erhielt er dafür zusammen mit seinem französischen Amtskollegen Aristide Briand den Friedensnobelpreis.

Bei nüchterner Betrachtung waren aber die Schattenseiten nicht zu leugnen: Allzu viele waren in eine unversöhnliche Opposition zum Weimarer Staat getrieben worden. Die Geldentwicklung hatte weite Teile des Mittelstandes verarmen lassen, während das Reich seine gewaltigen Kriegsschulden losgeworden war und einige Inflationsgewinner quasi über Nacht riesige Industrieimperien zusammenraffen konnten. In den vom sozialen Abstieg bedrohten Schichten breitete sich ein radikaler Antisemitismus aus, der schon im Kaiserreich im Gefolge der Modernisierungsschübe aufgetreten war, nun aber zunehmend in die Breite wirkte und »salonfähig« wurde. Juden dienten wieder einmal als Sündenböcke; sie wurden – ohne daß man das genauer begründete – als Verursacher aller beängstigenden Veränderungen difamiert. Zum Kampf gegen die »Judenrepublik« rief auf, wer die alte

Ordnung zurückhaben wollte oder wer vage von einem zukünftigen »Dritten Reich« träumte.

Die weitherzige Toleranz auch den erklärten Feinden der Demokratie gegenüber eröffnete dem politischen Radikalismus ein reiches Betätigungsfeld. Mit unverhohlenem Zynismus machte Goebbels die Ziele seiner Partei klar: »Wir gehen in den Reichstag hinein, um uns im Waffenarsenal der Demokratie mit deren eigenen Waffen zu versorgen. [...] Wir kommen nicht als Freunde, auch nicht als Neutrale. Wir kommen als Feinde! Wie der Wolf in die Schafsherde einbricht, so kommen wir.« Konnte man 1928 die NSDAP als Splitterpartei noch einfach ignorieren (sie verfügte über 12 von insgesamt 491 Mandaten im Reichstag), so mußte ein anderes Ereignis als alarmierendes Signal für den Rechtsruck in der öffentlichen Meinung interpretiert werden: 1925 wurde der in seinen innersten Überzeugungen noch monarchistisch gesinnte Weltkriegsgeneral Hindenburg zum Reichspräsidenten gewählt, nachdem im gleichen Jahr Friedrich Ebert gestorben war.

Daß nicht mehr ein überzeugter Demokrat an der Spitze des Staates stand, erwies sich als verhängnisvoll, als im Oktober 1929 – am berüchtigten »schwarzen Freitag« – mit dem katastrophalen Sturz der Aktienkurse in den USA, mit dem Zusammenbruch von Banken und Industrieunternehmen die Weltwirtschaftskrise begann, die schwerste Depression in der Geschichte der modernen Wirtschaft. Die Krise erfaßte aufgrund der kreditpolitischen Abhängigkeiten schnell auch Europa, insbesondere das ökonomisch immer noch geschwächte Deutschland. Parallel zum rapiden Anstieg der Arbeitslosenzahlen vollzog sich nun endgültig der Niedergang der Weimarer Republik.

Im März 1930 zerbrach die bestehende Regierungskoalition, die folgenden Regierungen konnten sich nicht mehr auf eine Mehrheit im Parlament stützen, waren vom Vertrauen des Reichspräsidenten abhängig. Bei den Reichstagswahlen im September 1930 erzielten die NSDAP (die mit 107 Abgeordneten in den Reichstag einzog) und die KPD (Anstieg von 54 auf 77 Sitze) spektakuläre Erfolge. Radikallösungen, wie sie die politischen Extremisten forderten, hatten offenbar Konjunktur. Die Zahl der Arbeitslosen stieg in den folgenden zwei Jahren auf über sechs Millionen an, die sozialen Sicherungssysteme brachen zusammen, erneut breitete sich Massenelend aus, grassierten Verzweiflung und Zukunftsangst, aber auch pseudoreligiöse Hoffnungen und Heilserwartungen. Hatte die Weimarer Koalition 1919 noch 76% der Wählerstimmen erhalten, waren es nun – 1932 – nur noch 33%; die NSDAP stellte mit 230 Sitzen (KPD: 89 Sitze) die stärkste Fraktion. An eine fruchtbare Gesetzgebungs- und Regierungsarbeit war angesichts dieser Zustände nicht mehr zu denken. Radau-Szenen im Parlament – soweit es überhaupt noch zusammentrat – demonstrierten die Verwilderung der politischen Sitten; die Exekutive regierte längst mit Notverordnungen am Parlament vorbei. Straßenschlachten zwischen den Schlägertrupps der Parteien steigerten sich teilweise bis zu bürgerkriegsähnlichen Ausschreitungen.

Der Ruf nach einem »Führer« erschallte; der erhoffte Auserwählte sollte – notfalls mit einschneidenden Maßnahmen – nicht weniger als Deutschland zur einstigen Größe zurückführen, das Reich erneuern, die Erlösung bringen. Identifikationsfigur aller völkischen Kreise war schon seit seinem Putschversuch Adolf Hitler. Seine massenwirksam inszenierten Auftritte begeisterten und fanatisierten ein wachsendes Publikum, trieben ihm die Wähler zu.

Unbegründete Illusionen bürgerlich-rechtskonservativer Politiker, sie könnten sich den Anführer der NSDAP »engagieren«, er ließe sich durch seine Aufnahme in eine Koalitionsregierung »zähmen«, führten schließlich zum Untergang der Weimarer Republik. Am 30. Januar 1933 übertrug Hindenburg nach längerem Zögern die Kanzlerschaft an Hitler. Die Aufhebung der Grundrechte nach dem Reichstagsbrand durch eine weitere Notverordnung des Reichspräsidenten (28.2.) begründete einen permanenten Ausnahmezustand und legitimierte den staatlichen Terror. Das »Ermächtigungsgesetz« (23.3.) beendete die Gewaltenteilung und beseitigte die ungeliebte Demokratie, zu deren Verteidigung sich kaum mehr eine Hand regen wollte.

1.2 Österreich – der »Staat, den keiner wollte«

1916, während des Krieges, war Kaiser Franz Joseph I. von Österreich-Ungarn, der 68 Jahre über das Habsburgerreich geherrscht hatte, gestorben. Wie kein anderer hatte er in seiner Person die übernationale Idee des Vielvölkerstaates verkörpert. Schon zu Lebzeiten zur Legende geworden, erschien dieser Monarch vielen als der einzige Mensch, der das weitgespannte Staatsgebilde, die auseinanderstrebenden Staatsvölker noch zusammenhalten konnte.

Nach dessen Tod gelang es dem Thronfolger Karl I. nicht, der zentrifugalen Kräfte der verschiedenen Nationalismen Herr zu werden; der sich anbahnende militärische Zusammenbruch gab politischen Reformen keine Chance mehr. Der Zerfall der Donaumonarchie vollzog sich unaufhaltsam: Die Tschechoslowaki und Ungarn wurden eigenständige Staaten, andere Teile der ehemaligen europäischen Großmacht gingen mit den Friedensverträgen von Saint-Germain-en-Laye (1919) und Trianon (1920) endgültig an Italien (z. B. Südtirol), Polen, Rumänien und Serbien. Zurück blieb ein deutschsprachiger Reststaat; im Vergleich zu Österreich-Ungarn waren das Territorium auf ein Achtel, die Bevölkerung auf ein Siebtel geschrumpft.

Nach revolutionären Unruhen in Wien dankte am 11.11.1918 der Kaiser ab. Damit stürzte eine Dynastie, die ohne Unterbrechung nahezu siebeneinhalb Jahrhunderte in Europa geherrscht hatte. Die provisorische Nationalversammlung rief am Tag darauf die demokratische Republik Deutsch-Österreich aus und erklärte sie zum »Bestandteil der Deutschen Republik«. Nach dem Willen der Ententemächte durfte die Vereinigung aber nicht vollzogen werden, der Artikel 80 des Versailler Vertrages verbot dies ausdrücklich. Der abrupte Sturz in die politische Bedeutungslosigkeit, der wirtschaftliche Zusammenbruch, die Verarmung eines großen Teils der Bevölkerung schufen höchst ungünstige Bedingungen für einen Neubeginn und weckten Zweifel an der Lebensfähigkeit Österreichs. Die Erfahrung des Umsturzes aller Werte und der Verlust des Sicherheitsgefühls der Vorkriegszeit prägten das Lebensgefühl der Menschen.

Der spätere Romanautor Joseph Roth (s. S. 79) verlieh diesem Lebensgefühl im Frühjahr 1919 in einem seiner ersten Texte (›Kaffeehausfrühling‹) melancholisch Ausdruck:

> Sieht man diese gottverlassenen Caféveranden an, so drängt sich einem fast unwillkürlich der Vergleich auf mit nie erfüllten Friedensträumen, verregneten Aussichten und verschnupften Weltlagen. Diese umgekehrten Tische mit den umgestülpten Korbstühlen, die vor Nässe weinen, sehen einer verkehrten Welt verzweifelt ähnlich, in der alles auf dem Kopf stünde, wenn auch nur etwas einen Kopf hätte. Die Luft, die man eigentlich von Rechts wegen hier draußen genießen sollte, ist erfüllt mit Kriegsberichten, die von den Friedenskonferenzen kommen, und das Eis, das in normalen Zeiten hier geschluckt werden würde, hält leider immer noch die Herzen der Menschen krampfhaft umschlossen.

Eine positive Einstellung zum neuen Staat zu gewinnen, fiel offenbar den meisten schwer. Sofern man nicht weiterhin auf einen Anschluß an die deutsche Republik setzte – wie etwa die Sozialdemokraten, großdeutsche Liberale und Rechtsradikale –, hing man vielfach dem »habsburgischen Mythos« (Claudio Magris) an, einer Verklärung der kaiserlichen Vergangenheit, einer Verdrängung des Einschnitts von 1918. Der Kritiker und Essayist Franz Blei stellt in ›Erzählung eines Lebens‹ im Rückblick dar, wie die Umbruchsituation von vielen schon bald verharmlost und die Revolution vereinnahmt wurde:

> Alles plätscherte im Glück einer gewissermaßen amtlich erlaubten Anarchie, die der Verpflichtung zum gegenwärtigen Dasein enthob, das vier Jahre lang unerträglich gelastet hatte. [...] Die Freiheit, eine schmeichelhafte Vorschrift, war da. [...] Das gute österreichische Revolutiönchen strich in einem so sanften Winde, daß es ihren Trägern die Mäntel ganz von selber und ohne ihr Zutun und allgemein unbemerkt auf die andere Seite drehte.

Eine kritisch prüfende, zu konsequentem Neuanfang bereite Haltung konnte angesichts einer solchen Mentalität nicht entstehen. Dabei hätte die bedrückende und bedrückte Lage des real existierenden Österreich die kritische Solidarität seiner Bürger dringend nötig gehabt.

Wien, die einstige Metropole von europäischem Rang, wirkte nun wie ein monströser »Wasserkopf« auf einem schwächlichen Körper: nahezu jeder dritte Österreicher lebte in der Hauptstadt! Im Umkreis des Hofes waren in Wien Verwaltung, Beamtentum und Offizierskorps konzentriert gewesen, die in dem entstandenen Kleinstaat ihre Funktion zum größten Teil eingebüßt hatten, also vom Untergang der Monarchie mit am schwersten betroffen waren. Der Adel war als Stand aufgehoben worden, die Führung von Adelsprädikaten wurde bei Strafandrohung untersagt. Ins Bewußtsein der geschlagen heimkehrenden Offiziere und Soldaten hatte es sich sicher tief eingegraben, daß ihnen öffentlich die Kokarden abgerissen worden waren. Der Typus des Inflationsgewinnlers, des Schiebers und des Neureichen, desjenigen also, der aus dem Konkurs der anderen Kapital geschlagen hatte, trat dagegen in den Vordergrund und wurde natürlich in der Literatur – so in den späten Novellen Schnitzlers und in den kritischen Volksstücken Horváths – dargestellt.

Es war wohl auch eine Form des Widerstands gegen diese Entwicklungen, daß Hugo von Hofmannsthal und Max Reinhardt ab 1920 ihre »Festspielidee« nicht in Wien, sondern in Salzburg verwirklichten, vor der barocken Kulisse einer Stadt also, die anders als die Hauptstadt für Tradition und Kontinuität stand. Das »Salzburger Große Welttheater« von Hofmannsthal (Uraufführung 1922) brauchte für die an den Ordnungsvorstellungen des Mittelalters angelehnte Allegorie einen passenden Rahmen.

Nach einer nur zwei Jahre bestehenden Zusammenarbeit von Konservativen und Linken taten sich auch in Österreich zwischen den Parteien unüberbrückbare Gräben auf. Die Wiener Stadtverwaltung wurde beherrscht von der sozialdemokratischen Arbeiterpartei (SPÖ), die Staatsregierung wurde gestellt von den bürgerlichen Parteien: den Christlich-Sozialen (CP), den Großdeutschen und den Landbündlern. Am 15. Juli 1927 entluden sich die Spannungen in einem Arbeiteraufstand in Wien, bei dem der Justizpalast in Flammen aufging und bei dessen gewaltsamer Auflösung an die 100 Menschen erschossen wurden. Karl Kraus griff in einem ganzen Heft seiner Zeitschrift ›Die Fackel‹ noch im Oktober desselben Jahres dieses Ereignis auf. Mit einer genialen Zitatencollage aus Augenzeugenberichten, beschönigenden Zeitungsartikeln und amtlichen Verlautbarungen prangerte er die Brutalität des Polizeieinsatzes an und ergriff Partei für die Opfer. Seit Anfang der dreißiger Jahre lähmten sich im Nationalrat die beiden Hauptparteien (CP und SPÖ-Opposition) gegenseitig bis zur Arbeitsunfähigkeit der Volksvertretung, während gleichzeitig die österreichischen Nationalsozialisten, vor allem in der »Heimwehr« organisiert, starken Zulauf hatten.

Der christlich-soziale Bundeskanzler Dollfuß entmachtete schließlich im März 1933 das Parlament und errichtete einen autoritären Ständestaat, eine »Vaterländische Front« trat an die Stelle der Parteien; 1934 wurden nach bürgerkriegsähnlichen Unruhen die Organisationen der Sozialdemokratie und die freien Gewerkschaften verboten. Zwar scheiterte im Juli desselben Jahres der nationalsozialistische Putschversuch, bei dem Dollfuß ermordet wurde, doch mußte dessen Nachfolger Kurt Schuschnigg vier Jahre später, am 12./13. März 1938 den Anschluß Österreichs an das »Dritte Reich« hinnehmen.

2. Gesellschaft im Wandel

Die direkten und indirekten Auswirkungen des Ersten Weltkriegs beschleunigten den Wandel der deutschen Gesellschaft, die sich schon seit dem Beginn der Industrialisierung im 19. Jahrhundert in einem tiefgreifenden Umschichtungsprozeß befand. Mit dem Krieg und mit den auf ihn folgenden Krisen endete die im eigentlichen Sinne »bürgerliche« Epoche. Deren Wertefundament, konkretisiert in Tugenden wie Anstand, Ehrlichkeit, Pflichtbewußtsein, Fleiß, Treue usw., hatte sich im Bewußtsein vieler – wie das Geld in der Inflation – in nichts aufgelöst, sich zumindest als untauglich erwiesen, um damit den Daseinskampf zu bestehen. Um sich in der »modernen« Zeit, geprägt von Ökonomie, Bürokratie und Industrie, behaupten zu können, waren, so schien es, andere Verhaltensweisen vonnöten. In einer Zeit, die aus den Fugen war, sicherten scheinbar nur Wendigkeit, Skrupellosigkeit, Anpassungsbereitschaft, Schlauheit, Bestechlichkeit das Überleben.

Zukunftsängste und Statusunsicherheit erfaßten als Reaktion auf diesen Werteverlust vor allem den Mittelstand, das traditionelle Bürgertum, das sich bis dahin als produktivsten Bereich der Gesellschaft betrachtet hatte. Die Angehörigen dieser Schicht, kleine Unternehmer, Handwerker, Landwirte, Ärzte, Anwälte, Beamte u. ä., hatten vielfach durch die Geldentwertung alle Ersparnisse verloren und die Armut kennengelernt. Sie sahen durch die Rationalisierungs- und Konzentrationsprozesse in der Wirtschaft (z. B. durch Konzerne, Trusts und Warenhäuser) ihre Selbständigkeit gefährdet. Der Anspruch des Besitz- und Bildungsbürgertums, sich von den Unterschichten deutlich zu unterscheiden, wurde durchaus weiterhin erhoben, weshalb sich Panik ausbreitete, als die materielle Basis dafür zu schwinden schien, der Abstieg ins Kleinbürgertum oder gar ins Proletariat drohte. Ein ausgeprägter Antiliberalismus und rückwärtsgewandte Utopien bestimmten deshalb die Mentalität; Forderungen nach einer Wiedererrichtung des Ständestaats wurden immer lauter erhoben.

Schon früh beobachteten und analysierten kritische Zeitgenossen den »neuen Mittelstand«, die rasch wachsende Zahl der Angestellten, vor allem auch deren weiblichen Anteil. Aus heutiger Sicht faßt ein Historiker zusammen: »Das Kriterium der abhängigen Arbeit teilten sie mit dem Proletariat, von dem sie sich aber durch Statusprivilegien, Sonderbewußtsein und teilweise auch noch in der Gehaltshöhe zu unterscheiden wußten« (Detlev J. K. Peukert). Als Merkmale dieser Schicht, »Stehkragenproletarier« war die volkstümlich-spöttische Bezeichnung, nannte man außerdem das Fehlen eines Klassenbewußtseins, die daraus folgende Unfähigkeit, sich zu solidarisieren, und einen illusionären Individualismus. Im Kampf gegen den sozialen Abstieg übernahmen Angestellte, um nur ja nicht mit den linksorientierten Arbeitern in einen Topf geworfen zu werden, eher die Ideologie rechtsradikaler Kreise, setzten auf deren »Lösungs«-Angebote. Siegfried Kracauer, der unkonventionelle Soziologe, benannte in seiner auch heute noch lesenswerten Studie ›Die Angestellten‹ schon 1929 (in der ›Frankfurter Zeitung‹) klar die Zwänge, denen jene verunsicherte Schicht ausgeliefert war:

> Die Behauptung ist kaum zu gewagt, daß sich in Berlin ein Angestelltentypus herausbildet, der sich in der Richtung auf die erstrebte Hautfarbe hin uniformiert. Sprache, Kleider, Gebärden und Physiognomien gleichen sich an, und das Ergebnis des Prozesses ist ebenjenes angenehme Aussehen, das mit Hilfe von Photographien umfassend wiedergegeben werden kann. [...] Die Angestellten müssen mittun, ob sie wollen oder nicht. Der Andrang zu den vielen Schönheitssalons entspringt auch Existenzsorgen, der Gebrauch kosmetischer Erzeugnisse ist nicht immer Luxus. Aus Angst, als Altware aus dem Gebrauch zurückgezogen zu werden, färben sich Damen *und* Herren die Haare, und Vierziger treiben Sport, um sich schlank zu erhalten.

Die Industriearbeiter, im Kaiserreich noch mißtrauisch beäugt, ausgegrenzt und als »vaterlandslose Gesellen« beschimpft, erfuhren in der Republik eine Aufwertung. Immerhin war ihre politische Interessenvertretung, die SPD, jetzt Regierungspartei, ein Sozialdemokrat (Friedrich Ebert) Reichspräsident. Langsam verbesserten sich ihre Lebensumstände: Der Achtstundentag, kollektive Tarifverträge und die Schaffung der Arbeitslosenversicherung waren wichtige soziale Errungenschaften. Die fortschreitende Technisierung führte andererseits zu einer immer deutlicheren Auffächerung dieser Schicht, zu wachsenden Unterschieden zwischen Facharbeitern, Angelernten und Hilfsarbeitern. Lähmend wirkte sich aber der Konkurrenzkampf zwischen SPD und KPD aus, der sich, gerade als es darum gegangen wäre, die Demokratie zu verteidigen, zu unversöhnlicher Feindschaft steigerte: Vollkommen auf die Linie Moskaus bzw. der KPdSU eingeschworen, diffamierten die Kommunisten die Sozialdemokratie als »Sozialfaschismus«! Während der Wirtschaftskrise ab 1929 verloren die Arbeiter zuletzt zahlreiche der erkämpften Errungenschaften wieder, die Massenarbeitslosigkeit ließ viele verzweifeln, stürzte sie mitsamt ihren Familien ins Elend.

Innerhalb der Oberschicht vollzogen sich ebenfalls charakteristische Veränderungen. In der Sphäre der Politik hatte der Adel einen Teil seiner Macht an das Bürgertum abgeben müssen. Die Reichskanzler hießen nun Bauer, Wirth, Cuno, Stresemann, Müller, nicht mehr von Bismarck, von Caprivi, Fürst Hohenlohe, von Bethmann Hollweg usw. In der höheren Beamtenschaft, im diplomatischen und im Offizierskorps konnte der Adel dagegen seine Stellung behaupten. Allerdings wurden die standesgemäßen Einsatzmöglichkeiten im Heer wegen dessen Beschränkung auf 100.000 Mann knapp. Eine schwere Strukturkrise in der Landwirtschaft (z.B. sank der Weizenpreis bis 1930 um 40%) bedrohte überdies das wirtschaftliche Fundament der ostelbischen Großgrundbesitzer, ließ die Zahl der Konkurse und Zwangsversteigerungen von bäuerlichen Betrieben in die Höhe schnellen. In der industriellen Oberschicht trat zunehmend der Typus des Managers, des Generaldirektors, des Syndikus in den Vordergrund; die klassischen Unternehmer, die zugleich Besitzer und Leiter ihrer Firma waren, verschwanden allmählich.

Auch unter Berücksichtigung all dieser Umschichtungsphänomene schien vielen die Zukunft des deutschen Volkes auf eine noch wesentlich grundsätzlichere Art in Frage zu stehen: Von den insgesamt etwa 8,5 Millionen Toten des Weltkriegs hatte das Deutsche Reich mit 1,8 Millionen Gefallenen die meisten Verluste zu beklagen, dazu kamen weit über vier Millionen Verwundete, die als Kriegsversehrte, oft physisch oder psychisch Verstümmelte, ein kümmerliches Dasein erwartete. Der Krieg hatte natürlich auch den schon zu Beginn des Jahrhunderts sich abzeichnenden Geburtenrückgang dramatisch gesteigert, doch selbst in den folgenden Friedensjahren erreichte die Geburtenrate nicht mehr die Vorkriegswerte, im Gefolge der Weltwirtschaftskrise sank sie sogar auf einen neuen Tiefpunkt. Völkische Kreise deuteten diese Entwicklung als weiteres Indiz für die »Krankheit« des »Systems« von Weimar und malten das Schreckgespenst eines »sterbenden Volkes« an die Wand, sprachen vom Untergang der Nation; in Wahrheit handelte es sich aber um eine Veränderung des generativen (= Fortpflanzungs-) Verhaltens, wie sie für alle Staaten im Prozeß der Industrialisierung charakteristisch ist.

Die Jugendlichen und jungen Erwachsenen hingegen – noch vor dem Krieg geboren – gehörten geburtenstarken Jahrgängen an und sahen sich nun vielfach vor verschlossenen Türen. Allen wirtschaftlichen Krisen waren sie ausgesetzt, Arbeits- und Berufslosigkeit bedrohte sie in besonderem Maße, beeinträchtigte ihre Lebensplanung, verringerte ihre Chancen, sich eine eigene Existenz aufzubauen. In Amerika wurde in dieser Zeit dafür der Begriff der »Lost generation« geprägt. »Revolutionsfeindlich, monarchistisch, ›völkisch‹, säbelsehnsüchtig, purpurverlangend, so ist die deutsche Jugend von heute«, konstatierte Joseph Roth schon 1920.

Trotz der oft bedrückenden materiellen Benachteiligung der Jugendlichen, ist für die Weimarer Jahre ein ausgesprochener Jugendkult zu beobachten. Jugendlichkeit, Sportlichkeit, Kämpfertum gehörten zu den neuen gesellschaftlichen Leitbildern der Zeit. Das Schwinden der traditionellen Werte, die nachlassende Bindungskraft der Familie, der Kirchen, der etablierten Parteien, die Infragestellung der Autoritäten wurden von Älteren vielfach als verhängnisvolle Erbschaft des Krieges und als Symptome einer fundamentalen Krise interpretiert, von den Heranwachsenden aber eher als neue Freiräume erkannt und genutzt. Die Jugend- bzw. Wandervogel-Bewegung nach der Jahrhundertwende war noch die Sache von Gymnasiasten und Studenten gewesen, nun strömten den sich betont jung gebenden »Bünden« und »Bewegungen« an den Rändern des politischen Spektrums Mitglieder in Scharen zu. In den »Jungsozialistischen Leitsätzen« etwa heißt es 1921: »Die sozialistische Jugend erst hat die freideutsche Lebensform mit einem starken, einfachen, zukunftssicheren Inhalt erfüllt: Sozialismus auf jugendliche Weise zu leben, das ist der gemeinsame Sinn von Jungsozialismus und Arbeiterjugend.« Die Bereitschaft, unbürgerliche Lebensformen zu erproben, die Lust daran, die Vätergeneration zu provozieren, »radikal«, »unbedingt« zu sein, aber auch die Bedenkenlosigkeit, Ohnmachtserfahrungen durch öffentlich zur Schau gestellte Gewaltbereitschaft zu kompensieren, gehörten zum Lebensgefühl vieler Jugendlicher. »Ihrer innersten Gesinnung nach steht die Jugend entweder national oder sozialistisch.« Die Demokratie galt vielen als etwas zu Überwindendes: Vom »entarteten Parlamentarismus« war da 1930 zu lesen, vom »Klüngel der Parteien und Fraktionen«. »Die Jugend setzt auf dieses System keine Hoffnung mehr«, hieß es unmißverständlich.

Die 1926 gegründete »Hitlerjugend« hatte ein Jahr vor der »Machtergreifung« bereits an die 100.000 Mitglieder und Sympathisanten, fast 70% davon waren Jungarbeiter und Lehrlinge. Der »Reichsjugendführer« der NSDAP war 1932 erst 25 Jahre alt! Offenbar waren die Verlockungen, die von kollektivistischen Ideologien ausgingen, sehr mächtig. »Allgemeingut war die Abwendung vom Individualismus« (K. Dederke).

Ernsthaftere Konkurrenz erhielten solche Lehren nur durch den konsum- und freizeitbetonten »American way of life«, wie er insbesondere in den Großstädten gepflegt werden konnte. Jazzfieber und Kinoleidenschaft, Modefimmel und Rekordjagd im Sport (z.B. Sechstagerennen), Technikbegeisterung und Tanzmarathons (Charleston, Tango, Foxtrott): Jugendliche, die es sich leisten konnten, definierten sich über die Angebote einer vorbehaltlosen, meist von den Medien vermittelten Modernität.

Als mindestens ebenso ungewohnt, beunruhigend und provozierend wie das Auftreten der jungen Generation in der Öffentlichkeit beurteilte die konservative Mehrheit bestimmte neue Erscheinungsformen der Weiblichkeit. Manchen schien das ein neues Sodom und Gomorrha und der Untergang des Abendlandes nah.

Vor allem knabenhaft schmal und sportlich durchtrainiert präsentierte man in den Medien das weibliche Leitbild, die Haare zum »Bubikopf« gekürzt und zum »Pony« frisiert. Leichte, hemdartige Gewänder, aus der neuen Kunstseide hergestellt, sollten die schlanke Linie betonen, die Rocksäume rutschten nach oben, Strümpfe und Beine konnten zur Schau gestellt werden, wirkten als erotisches Signal. (Im Film ›Der blaue Engel‹, 1930, wurde das von Marlene Dietrich weidlich genutzt.) Modern, aufgeschlossen, unabhängig und selbständig – d.h. berufstätig – sollte die »neue Frau« sein, der Typ der »Sekretärin«, die sich durch ihre Tüchtigkeit den Chef geneigt macht und von ihm zum Traualtar geführt wird. Die zeittypischen – vorwiegend männlichen – Vorstellungen konkretisierten sich aber auch im Typus der »Revuegirls«, die den großstädtischen Amüsierbetrieb bevölkerten, bedenkenlos in Fragen der Sexualmoral, experimentierfreudig hinsichtlich der Partnerwahl, bereit, alle sich bietenden Vergnügungen bis zur Neige auszukosten.

Die Wirklichkeit sah selbstverständlich anders aus. Das Frauenwahlrecht und die Anerkennung der »grundsätzlichen« Gleichberechtigung durch die Verfassung (Artikel 109) waren freilich bedeutende Fortschritte im Kampf um die Emanzipation.

In der 1919 gewählten Nationalversammlung stellten Frauen 9,6% der Abgeordneten, eine Quote, die erst 1983 (!) in einem deutschen Parlament wieder erreicht wurde. Auch die Berufstätigkeit der Frauen nahm zu und damit ihre wirtschaftliche Unabhängigkeit. Sie arbeiteten nun seltener in land- und hauswirtschaftlichen Berufen und häufiger als Fabrikarbeiterinnen, im Handwerk, im Dienstleistungssektor. Öffentliche Beachtung fand aber lediglich die Gruppe der weiblichen Angestellten, deren Zahl sich von 1907 bis 1925 auf annähernd 1,5 Millionen verdreifacht hatte. »In den Sekretärinnen, Stenotypistinnen und Verkäuferinnen schien die Modernität des Weimarer Systems augenfällig zu werden«, sie waren es, »die als Kinder der neuen Zeit gefeiert oder, je nach Weltanschauung, gescholten wurden« (Ute Frevert). Mit ihrer vielzitierten Unabhängigkeit und Selbständigkeit war es aber bei genauerer Betrachtung nicht weit her. Nach wie vor war das Bildungsdefizit der Mädchen beträchtlich; 1931/32 waren erst 16% der Studenten weiblich. In den Büros der Unternehmen, als »Tippmamsell« oder als Telefonistin, in den Warenhäusern am Ladentisch bekamen deshalb Frauen weiterhin die Arbeiten, die die geringste Qualifikation verlangten; ihnen schien »eine spezifische Eignung für die Bedienung der Schreibmaschinentastatur anzuhaften«, konstatiert sarkastisch die eben zitierte Historikerin. Der Lohn lag 10 bis 25% (der der Fabrikarbeiterinnen sogar 20 bis 40%) unter dem ihrer männlichen Kollegen. In der Regel wohnten sie bei ihren Eltern, das Einkommen reichte für eine eigene Wohnung nicht aus. Weibliche Erwerbstätigkeit sollte eigentlich nur die Zeit zwischen Schulabschluß und Eheschließung überbrücken, gegen das »Doppelverdienertum« wurde bei jeder Wirtschaftskrise wütend polemisiert – die katholische Zentrums-Partei führte dagegen einen regelrechten Kreuzzug.

Lebensreform-Bewegungen seit der Jahrhundertwende, Psychoanalyse und naturwissenschaftlich-biologistische Denkweisen hatten zu einer Entmythologisierung des Geschlechtslebens beigetragen. In zahllosen Aufklärungsbroschüren und Traktaten wurde publikumswirksam (da meist reich bebildert) das Leitbild einer »natürlichen«, »befreiten«, »vernünftigen« Sexualität vermittelt; bis 1932 erreichte z.B. van de Veldes Buch ›Die vollkommene Ehe‹ (1926) 43 Auflagen. Die Anhänger der »Freikörperkultur«, die sich selbst auch als »Lichtfreunde« bezeichneten, proklamierten ein unbefangenes Verhältnis zur Nacktheit, wenn sie auch stets Wert darauf legten, daß man damit nicht Erotik meinte. In Teilbereichen des großstädtischen Ambiente waren libertinistische Lebensformen möglich, das Berliner Nachtleben etwa bot dafür genügend Nischen an.

Sicherlich hatte sich bei der Jugend das Verhältnis zwischen den Geschlechtern entkrampft, bedeutete die Überwindung der Prüderie des 19. Jahrhunderts Befreiung. Daß über Sexualität öffentlich gesprochen werden konnte, daß zumindest in bestimmten und subkulturellen Milieus weibliche und männliche Homoerotik kein Tabu mehr war und öffentlich gelebt wurde, konnte durchaus als Beginn einer sich emanzipierenden Gesellschaft gedeutet werden.

Gleichwohl war die Zeit bei weitem nicht so freizügig, wie man erschreckten Bürgern glauben machen wollte. Angesichts des weiterhin vorherrschenden Leitbilds der Ehefrau und Mutter, angesichts der daraus resultierenden Mehrfachbelastung von berufstätigen Frauen, vor allem aber natürlich aufgrund der im kleinstädtischen und ländlichen Bereich noch weitgehend ungebrochenen Orientierung an traditionellen Moralvorstellungen, stand sexuelle Freizügigkeit für die meisten

Frauen kaum zur Debatte. Andere Probleme, etwa die Vermeidung ungewollter Schwangerschaft und die Angst vor sozialem Abstieg im Gefolge von Mutterschaft lagen sehr viel näher. In der Weltwirtschaftskrise schnellte die Zahl der Abtreibungen infolge des Massenelends in die Höhe; für das Krisenjahr 1931 schätzt man sie auf etwa eine Million. Der von den Linksparteien unternommene Versuch, den § 218 aus dem Strafgesetzbuch zu streichen (KPD) oder zu liberalisieren (SPD) scheiterte, die Strafbestimmungen sahen lediglich statt Zuchthaus nun Gefängnis vor. 60.000 Frauen wurden zwischen 1919 und 1932 verurteilt, Tausende verbüßten monatelange Haftstrafen.

Kirchen und Konservative hielten der »egoistischen Genußsucht« das Ideal der Mütterlichkeit entgegen. Solche traditionalistischen Rollenzuweisungen stießen bei einem Teil der Frauen durchaus auf Resonanz.

3. Kultur des Übergangs

3.1 Zukunftspessimismus

»Die heutige Leitfrage der Historiker nach den Chancen der Bewahrung und Rettung der Republik war nicht die Hauptfrage der Zeitgenossen. Sie wollten vielmehr wissen, was *nach* ihr kam« (Detlev J. K. Peukert). Treffender läßt sich die Bewußtseinslage der meisten Deutschen in den zwanziger Jahren kaum benennen. Sie wollten heraus aus ihrer Zeit, die sie als zerrissen, chaotisch, unsicher, verkommen und labyrinthisch empfanden. Immerhin schien ein bloßes Zurück in die Ordnungs- und Vorstellungswelt des Wilhelminismus mit seinem Kult des Scheins, seiner Theatralik, seinen rhetorischen Fassaden einer großen Mehrheit kaum möglich. Zwar gab es eine starke Strömung, deren Vertreter in der Rückkehr in eine als eigentümlich »deutsch« empfundene, romantisch verklärte frühere Zeit ihre »Heimat« suchten, fern vom großstädtischen, durch eine verderbliche Aufklärung westeuropäischen Ursprungs hervorgerufenen Wertezerfall, abseits von intellektuellem Streit, modernen Ideologien, politisch revolutionärer Radikalität. Sie trafen sich dabei mit österreichischen – durchaus auch intellektuellen – Gesinnungsfreunden, deren elegischer »habsburgischer Mythos« rückwärtsgewandte Sehnsüchte nährte. Aber Karl Kraus' Drama ›Die letzten Tage der Menschheit‹ (1918/1919) belegt, daß auch in Wien das Kriegsende mehr und anderes bedeutete als nur ein militärisches Desaster. Der Wiener Hermann Broch deutet denn auch den Zustand tiefer als viele andere:

Der Mensch [...], einst Gottes Ebenbild, Spiegel des Weltwerts, dessen Träger er war, er ist es nicht mehr; mag er auch noch eine Ahnung von der einstigen Geborgenheit besitzen, mag er sich auch fragen, welch übergeordnete Logik den Sinn ihm verdreht hat, der Mensch, hinausgestoßen in das Grauen des Unendlichen, mag ihn auch schaudern, mag er auch voll Romantik und Sentimentalität sein und sich zurücksehnen in die Obhut des Glaubens, er wird ratlos bleiben im Getriebe der selbständig gewordenen Werte, und nichts bleibt ihm übrig als die Unterwerfung unter den Einzelwert, der zu seinem Berufe geworden ist, nichts bleibt ihm übrig, als zur Funktion dieses Wertes zu werden, – ein Berufsmensch, aufgefressen von der radikalen Logizität des Wertes, in dessen Fänge er geraten ist.

Aufs Ganze gesehen überwog das Gefühl, an einer Zeitenwende zu stehen. Diese Ahnung des »Fin de siècle«, die viele Künstler und Intellektuelle seit der Jahrhundertwende beschäftigte, erreichte nach dem Krieg, den revolutionären Vorgängen, den Verlusten durch Inflation und (später) durch die beängstigend steigende Arbeitslosigkeit breitere Schichten. Der »Pessimismus, der solange das Grundgefühl einer Minderheit gewesen war, wurde unversehens zur Grundstimmung der ganzen Zeit« (Joachim C. Fest). »Dasein scheint nichts als Angst zu sein«, urteilte der Zeitgenosse Karl Jaspers.

Es ist kein Zufall, daß der Titel von Oswald Spenglers ›Der Untergang des Abendlandes‹ (zwei Bände, 1918/1922) rasch zum vielzitierten geflügelten Wort wurde.

Oswald Spengler
Der Untergang des Abendlandes

Oswald Spengler (1880–1936) soll den Titel seines Hauptwerks allerdings nicht selbst gewählt haben. Seinen Absichten entspricht jedenfalls der Untertitel viel genauer: ›Umrisse einer Morphologie der Weltgeschichte‹. Er versucht, das bisher übliche lineare historische Schema – Altertum, Mittelalter und Neuzeit – abzulösen und die Geschichte als Neben- und Nacheinander verschiedener in sich abgeschlossener »Kulturen« zu verstehen. Nicht in den Individuen, den Nationen oder gar der Menschheit (»ein zoologischer Begriff oder ein leeres Wort«) sieht er die geschichtsstiftenden Gebilde; sein zentraler Betrachtungsgegenstand sind die »Kulturen«. Diese begreift er als »Organismen, Weltgeschichte ist ihre Gesamtbiographie«, während Individuen ihr Bewußtsein nur aus der Seele der Kultur, in die sie hineingeboren sind, ableiten können.

Die Kulturen verhalten sich nach Spengler wie »lebendige Natur«, bestimmt durch eine »organische Logik«: Ihre Entwicklung verlaufe wie die von allen Lebewesen in drei Phasen: »Wachstum, Blüte und Verfall«.

Eine Kultur wird in dem Augenblick geboren, wo eine große Seele aus dem urseelenhaften Zustande ewig-kindlichen Menschentums erwacht, sich ablöst, eine Gestalt aus dem Gestaltlosen, ein Begrenztes und Vergängliches aus dem Grenzlosen und Verharrenden. Sie erblüht auf dem Boden einer genau abgrenzbaren Landschaft, an die sie pflanzenhaft gebunden bleibt. Eine Kultur stirbt, wenn diese Seele die volle Summe ihrer Möglichkeiten in der Gestalt von Völkern, Sprachen, Glaubenslehren, Künsten, Staaten, Wissenschaften verwirklicht hat und damit wieder ins Urseelentum zurückkehrt. […] Jede Kultur steht in einer tiefsymbolischen und beinahe mystischen Beziehung zum Ausgedehnten, zum Raume, in dem, durch den sie sich verwirklichen will. Ist das Ziel erreicht und die Idee, die ganze Fülle innerer Möglichkeiten vollendet und nach außen hin verwirklicht, so erstarrt die Kultur plötzlich, sie stirbt ab, ihr Blut gerinnt, ihre Kräfte brechen – sie wird zur Zivilisation. […]

Am deutlichsten stehe

> der »Untergang der Antike« vor uns, während wir die frühesten Anzeichen des eigenen, eines nach Verlauf und Dauer jenem völlig gleichartigen Ereignisses, das den ersten Jahrhunderten des nächsten Jahrtausends angehört, den »Untergang des Abendlandes«, heute schon deutlich in und um uns spüren.

Mit dem letzten Teil des Zitats bezieht Spengler die Kultur des »westeuropäisch-amerikanischen Raums« analysierend und vorausschauend in seine Zyklusidee ein. Schon im Vorwort heißt es: »In diesem Buch wird zum erstenmal der Versuch gemacht, Geschichte im voraus zu bestimmen.« Dies sei möglich, wenn eine Kultur als Organismus definiert werde.

Spengler beruft sich dabei auf sein großes Vorbild Goethe: »Was er die lebendige Natur genannt hat, ist genau das, was hier […] die Welt als Geschichte genannt wird. Goethe, der als Künstler wieder und immer wieder das Leben, die Entwicklung seiner Gestalten, das Werden, nicht das Gewordene herausbildete«, ist der bei Spengler meistzitierte Denker. Dessen Metamorphosenvorstellung und morphologischen Forschungen seien viel zu wenig gewürdigte »Ideen«, und

> so wie er die Entwicklung der Pflanzenform aus dem Blatt, die Entstehung des Wirbeltiertypus, das Werden der geologischen Schichten verfolgte […], soll hier die Formensprache der menschlichen Geschichte, ihre periodische Struktur, ihre *organische* Logik aus der Fülle aller sinnfälligen Einzelheiten entwickelt werden.

Spengler überträgt demnach eine Methode der beschreibenden Naturwissenschaften auf die Geschichtsschreibung. Entsprechend sind für ihn »die Prinzipien der Gestalt und des Gesetzes [...] die beiden Grundelemente aller Weltbildung«.

Seiner über derartige Analogien gewonnenen Geschichtstheorie des »organischen Nacheinander« versucht Oswald Spengler durch vereinzelte Definitionen den Anschein von Stichhaltigkeit zu verleihen. So z. B., wenn er seinen Begriff historischer »Gleichzeitigkeit« erklärt, mit dem gerade nicht die Übereinstimmung von Jahreszahlen gemeint ist:

> gleichzeitig sind zwei geschichtliche Tatsachen, die, jede in ihrer Kultur, in genau derselben – relativen – Lage auftreten und also entsprechende Bedeutung haben.

In diesem Sinne sind für ihn dann etwa »die Philosophen Pythagoras und Descartes, die Mathematiker Archimedes und Gauß, die Kunstepochen Ionik und Barock, die Maler Polygnot und Rembrandt, der Bildhauer Polyklet und Bach ›Zeitgenossen‹«.

Die so definierte »Gleichzeitigkeit« dient auch als Grundlage für eine Neugestaltung des Epochenrahmens. Im »westeuropäisch-amerikanischen« Raum sieht Spengler den Zustand einer »abendländischen Gesamtkultur«, die dem Zeitraum Antike/Hellenismus entspricht: »Eine vergleichende Betrachtung ergibt die ›Gleichzeitigkeit‹ dieser Periode mit dem Hellenismus«, bzw. dem »Übergang der hellenistischen in die Römerzeit«.

Das »*Römertum*, von strengstem Tatsachensinn, ungenial barbarisch, diszipliniert, praktisch, protestantisch, *preußisch* [!] wird uns, die auf Vergleiche angewiesen sind, immer den Schlüssel zum Verständnis der eigenen Zukunft bieten«. Verglichen mit dem Bereich der antiken Hochkultur befinde sich das Römertum im Zustand der Zivilisation. Für Spengler stellen Kultur und Zivilisation ein *organisches Nacheinander* dar: »die Zivilisation ist das unausweichliche *Schicksal* einer Kultur.« Die Zivilisation sieht er durch ganz andersartige Erscheinungsformen charakterisiert als die hohe Kultur. Ihre Merkmale seien in allen nur denkbaren Bereichen zu finden:

> Zur Kultur gehört die Gymnastik, das Turnier, der Agon, zur Zivilisation der *Sport* [...]. Die Kunst selbst wird Sport – das bedeutet *l'art pour l'art* – vor einem hochintelligenten Publikum von Kennern und Käufern [...].

Wie in Rom bestimmen in der abendländischen Zivilisation, so Spenglers Beobachtung, Wirtschaft und Geld das politisch-gesellschaftliche Leben. »Man kann die Griechen verstehen, ohne von ihren wirtschaftlichen Verhältnissen zu reden. Die Römer versteht man *nur* durch sie.«:

Der Imperialismus sei (wie in Ägypten, China, Indien und Rom) »das typische Symbol des Ausgangs [...], reine Zivilisation [...]. Der kultivierte Mensch hat seine Energie nach innen, der zivilisierte nach außen.« Eine »Umwertung aller Werte« sei die Folge, und sie sei unausweichlich, ja sogar [...] der innerste Charakter einer jeden ausgereiften Zivilisation. Sie beginnt damit, alle Formen der vorausgegangenen Kultur umzuprägen, anders zu verstehen, anders zu handhaben. Sie erzeugt nicht mehr, sie deutet nur um.

Wie beim Übergang vom Hellenismus zur Römerzeit, dem Verschwinden der geistigen Schöpferkraft, der Herrschaft einer nur formalen Intelligenz, die eine Entwicklung nur noch als quantitative Steigerung erfassen kann und daher vor allem Machtsteigerung und Kapitalvermehrung als Hochziele kennt, sieht Spengler durch die von ihm beobachteten Erscheinungen schon im 19. Jahrhundert die *»Heraufkunft des Nihilismus«* angedeutet, und diese gehört »mit innerster Notwendigkeit zum Ausgang [aller] mächtigen Organismen«. Der Vorgang spiegele »das Wesen einer Seele, die ihre Möglichkeiten restlos verwirklicht hat«. Er sei allen Kulturen gemeinsam. Und Spengler zieht daraus die Konsequenz:

> Wer nicht begreift, daß sich an diesem Ausgang nichts ändern läßt, daß man dies wollen muß oder gar nichts, daß man dies Schicksal lieben oder an der Zukunft, am Leben verzweifeln muß, wer das Großartige nicht empfindet [...], der muß es aufgeben, Geschichte verstehen, Geschichte durchleben, Geschichte schaffen zu wollen.

Dieses Zitat erinnert an Spenglers anderes großes Vorbild: Nietzsche. Die Stelle legt zunächst nahe, von Determination zu sprechen, zumal Spengler nach einer möglichen, den Kulturen übergeordneten Instanz nicht fragt, und man könnte versucht sein, aus seinen Worten einen gewissen Fatalismus zu folgern. Aber im letzten Satz spricht er – ähnlich wie Nietzsche – vom »Großartigen« und von »Geschichte schaffen«, also einer Art heroischem Dennoch. »Amor fati« heißt das bei Nietzsche: man soll das »Notwendige nicht bloß ertragen [...] sondern es *lieben*«.

Ähnlich wie Nietzsche sieht Spengler im Unabwendbaren die Herausforderung für den Menschen seiner Zeit. Inkonsequent ist er allerdings, wenn er später in seiner Schrift ›Jahre der Entscheidung‹ (1933) diesen Menschen um die Beherrschung der Welt kämpfen sieht. (»Der Cäsarismus der Zukunft kämpft nur um Macht, für ein Reich und gegen jede Art von Partei«). Einer der Cäsaren der Zukunft ist für ihn Mussolini – nicht Hitler, der nur »Leithammel« sei, von den »Hunden gejagt [...], wohin sie ihn haben wollen«. Daß er sich in Hitlers und seiner Partei Machtbewußtsein und Durchsetzungsfähigkeit geirrt hatte, formulierte er knapp und mit deutlichem Bedauern: »Wir [d.h.

die konservativen Antidemokraten; Hrsg.] wollten die Parteien los sein. Die schlimmste blieb.« Ungewollt freilich lieferte er den Nationalsozialisten manche Bestätigung ihrer Vorstellungen und Schlagworte, wenn er von »Untergründen des Blutes«, von (sicher anders gemeinter) »Rasse«, von »Gewaltmenschen der nächsten Jahrhunderte« sprach oder von seiner Ablehnung der parlamentarischen Demokratie.

Spenglers Bedeutung für die Deutschen nach der Niederlage im Ersten Weltkrieg darf man nicht unterschätzen. Bei ihm findet sich in einer universalen Gesamtschau der Niederschlag dessen, was man später als »Modernitätskrise« bezeichnete. Kultur und Zivilisation, Instinkt und Intellekt, Stadt und Land, Volk und Masse, Kosmopolitismus und Heimat sind die gegensätzlichen Positionen, die seine Zeit bewegen; sie alle werden in seinem Hauptwerk behandelt und unter einer übergeordneten Idee gedeutet.

Da er dabei Deutschland nicht isoliert sieht (»Nicht Deutschland, das Abendland hat den Weltkrieg verloren«, bekräftigte er 1933 noch einmal), konnte der Franzose Lucien Febvre 1936 Spenglers Untergangsphilosophie (nach Felken) als geschickt verabreichten »Balsam für den Nationalstolz« beurteilen. Spengler selbst hatte wohl kaum die Absicht, in diese Richtung zu wirken; er fühlte sich als wegweisender Philosoph.

3.2 Perspektiven des Humanen

3.2.1 Philosophische Anthropologie/Ontologie

Die professionelle Fachwissenschaft und die Philosophie der Zeit hielten von Oswald Spenglers Methoden und Prophetien wenig. Zwar stand dieser mit seinen Ideen den Vertretern der Lebensphilosophie nahe. Wenn der Hannoveraner Ludwig Klages (1872–1956) etwa in seinem Hauptwerk ›Der Geist als Widersacher der Seele‹ (drei Bände, 1929) fordert, im unauflösbaren Widerstreit von Geist und Seele solle der Mensch versuchen, die Kräfte des Gefühls und des durch die Ausrichtung auf den Intellekt fast verlorenen Instinkts zu stärken, weil rational durch den Intellekt gesteuertes Verhalten »Mord am Leben« sei, trifft er sich durchaus mit Spenglers Feststellung: »Der Verstand, das System, der Begriff töten, indem sie ›erkennen‹ […]. Das Anschauen beseelt. Es verleibt das Einzelne einer lebendigen innerlich gefühlten Einheit ein.« Aber trotz solcher Parallelen ordneten weder er selbst noch die Vertreter der verschiedenen Richtungen der Lebensphilosophie das Werk Spenglers dieser zu.

Max Scheler

Der Philosoph Max Scheler (1874–1928), bedeutendster Vertreter der von Edmund Husserl (1859–1938) begründeten Phänomenologie, die davor warnen will, allzuschnell Weltdeutungen zu versuchen, beschäftigte sich in späteren Werken, vor allem in der 1928 erschienenen Schrift ›Die Stellung des Menschen im Kosmos‹, – anders als Spengler (und im Gegensatz auch zu Ludwig Klages) – mit dem Menschen »auf breitester Grundlage«. Er meint damit eine Basis, die unterschiedliche Ergebnisse der empirischen Forschungen (von der Theologie bis zur naturwissenschaftlichen Theorie Darwins) mit einbeziehen und zu einem »neuen Versuch einer philosophischen Anthropologie« führen sollte. Er glaubte, im Gefolge von Darwins Abstammungstheorie sei die Sonderstellung des Menschen innerhalb der Schöpfung fragwürdig geworden.

Wenn der Mensch in eine allgemeine Entwicklung der Tierarten einbezogen erschien, gab es keinen Wesensunterschied zwischen Mensch und Tier: »Zwischen einem klugen Schimpansen und Edison, dieser nur als Techniker genommen, besteht nur ein – allerdings sehr großer – Gradunterschied«. Diese – sicher ironisch zugespitzte – Folgerung erforderte einen neuen Ansatz. Daß es eine praktische tierische Intelligenz, die sich im Verhalten zeigt, in einem gewissen Maße gibt, hält Scheler für erwiesen. Das eigentliche Kriterium für den Unterschied zwischen Tier und Mensch meint er daher nicht im Intelligenzverhalten zu finden, sondern in der Fähigkeit des »Ideendenkens«. »Was den Menschen zum Menschen macht, steht außerhalb alles dessen, was wir Leben [...] nennen«, es »ist ein allem Leben überhaupt entgegengesetztes Prinzip, das man als solches überhaupt nicht auf die ›natürliche Lebensrevolution‹ zurückführen kann. Dieses Prinzip nennt er »Geist«. Es bewirkte, daß der Mensch »nicht mehr trieb- und umweltgebunden«, sondern seiner selbst mächtig und dazu fähig, seine Triebe nicht nur zu »verneinen«, sondern, wie auch Freud sagt, »zu sublimieren«, d. h. die Triebenergie zu verwenden, sie auf ein von Ideen vorgegebenes bzw. gefordertes Ziel hin zu lenken (»Verlebendigung des Geistes«). Damit löst Scheler auch den Leib-Geist-Gegensatz auf: »beide Prinzipien [sind] im Menschen aufeinander angewiesen. Der Geist ideisiert das Leben. Das Leben allein aber vermag es, den Geist [...] in Tätigkeit zu setzen.«

Es zeigt sich jedoch, daß solche Neuansätze – neben den genannten wären auch die des Soziologen Helmuth Plessner (›Macht und menschliche Natur‹, 1931) oder des Breslauer Philosophen Ernst Cassirer (›Philosophie der symbolischen Formen‹, drei Bände, 1923–1929) als besonders wichtig zu nennen – weniger in das Bewußtsein einer breiteren Schicht eindrangen und daher die Situation der Unsicherheit und Orientierungslosigkeit nicht beseitigen konnten. Immer noch fand sich der Mensch der Zeit »allein und verlassen«, wie es in einem berühmten Rilke-Gedicht heißt.

Mehr als die genannten Autoren mit ihrem Bedürfnis, Wirklichkeit und Mensch in einer umfassenden Gesamtschau oder einem schlüssigen System zu erforschen, fanden daher andere Philosophen, Wissenschaftler und Publizisten verschiedener weltanschaulicher Herkunft das Ohr der Öffentlichkeit, die – neben fundamentalen theoretischen Überlegungen – Detailprobleme der Zeit herausgriffen, Grundstimmungen zu erklären suchten und Wege weisen wollten.

Zu ihnen zählen Philosophen wie Martin Heidegger (1889–1976) und Karl Jaspers (1883–1969), beide Vordenker des nach dem Zweiten Weltkrieg bestimmenden Existenzialismus. Zu ihnen zählen ebenso aber auch Verfasser dessen, was Peter Sloterdijk als »Weltanschauungsessayistik« bezeichnet hat. Diese gebe »tausendstimmige Antworten auf den Umbruch zum 20. Jahrhundert« und schließe – weil es immer wieder um das Suchen nach neuen »Ganzheiten« bzw. um die Abkehr von »Atomismus«, »Funktionalität«, Verlust der »Individualität« der Menschen geht –, doch auch wieder ein, was Philosophen wie die beiden genannten, analysiert und artikuliert haben.

Martin Heidegger

Mit dem »Rätsel menschlicher Seinsteilhaftigkeit« (Sloterdijk) beschäftigt sich in besonderem Maße Martin Heidegger. Er scheint sich zwar in seinen Vorlesungen (z. B. der Antrittsvorlesung ›Was ist Metaphysik?‹, 1929), zahlreichen Vorträgen (›Dasein und Wahrsein‹, 1923) und Aufsätzen (›Kant und das Problem der Metaphysik‹, 1929), vor allem aber in seinem (unvollendeten) Hauptwerk ›Sein und Zeit‹ (1927) zunächst nicht mit den Menschen seiner Zeit zu beschäftigen, sondern mit dem grundsätzlichen Sinn von »Sein« (»Fundamentalontologie«). Dennoch ist die Frage nach dem Wesen des Menschseins nicht nur ein Bestandteil, sondern ein wesentlicher Gegenstand seiner Untersuchungen. Der große Andrang der ratsuchenden Studenten bei seinen Vorlesungen ist wohl auch so zu erklären, zumal er vieles Alte nicht anerkennen, und neue Wege bahnen wollte.

Ausgangspunkt in der Frage nach dem Sein ist bei Heidegger – anders als in der herkömmlichen Philosophie – nicht das dinglich »Seiende« (d. h. alles, was ist – Dinge, Lebewesen), sondern das »Dasein«. Dieses beschreibt er als das »Seiende, das wir je selbst sind«; es besitzt für ihn allein unter allem Seienden ein Verhältnis zu sich selbst und kann daher auch ein »Verständnis seines Sinns entwickeln«: »Ein Stein ist, hat aber keinen Bezug zu sich selbst.« Eine Einschränkung besteht allerdings in dem »je« des oben zitierten Satzes, der besagt, daß es jedem Seienden um sein eigenes Sein geht. Jedes Dasein – so Heidegger – sagt »mein« und steht damit zu ganz bestimmten Inhalten seiner Erfahrungswelt in Beziehung. »Jemeinigkeit« ist Heideggers Ausdruck dafür. Sie binde das Dasein auch an Raum und Zeit, in die es »geworfen« ist. Das Verhalten zum eigenen Sein bestimme das Dasein als »Existenz«: »Das Dasein versteht sich selbst immer aus seiner Existenz, einer Möglichkeit seiner selbst, es selbst oder nicht es selbst zu sein.«

Das »jeweilige Dasein« könne also »in der Weise des Ergreifens oder Versäumens« selbst entscheiden, es könne seine ihm eigenen Möglichkeiten verwirklichen oder – weil es ja nicht isoliert existiere – sich an von außen Vorgegebenem orientieren. Je nach der Entscheidung sei die Seinsweise im Stande der »Eigentlichkeit« oder »Uneigentlichkeit«. Im zweiten Fall bestimme »Man« das Existieren, und es drohe das »Verfallensein«: Das »Dasein« verfalle der Herrschaft der Anonymität des »Man«; es verfalle den von der Umwelt vorgegebenen Verhaltens- und Denkweisen. Das »Man« halte sich »faktisch« in der Durchschnittlichkeit dessen, was sich gehört, was man gelten läßt. Diese Durchschnittlichkeit wache über jede sich vordrängende Ausnahme und bedeute »die *Einebnung* aller Seinsmöglichkeiten«. Aber sie entlaste auch, und sie sei dadurch, daß jeder einzelne so tue, als ob es seine eigene Meinung, Entscheidung oder Handlungsweise wäre, eine »verborgene Herrschaft«. Andererseits gehöre zum Modus des »Daseins« aber eben auch das »In-der-Welt-sein«; die »Welt des Daseins ist *Mit*welt. Das Insein ist *Mit*sein mit Anderen« (Hervorhebungen vom Hrsg.), das bedeutet, daß das Dasein immer für andere geöffnet ist. Auch wenn man sich vom Mitmenschen isoliere, so bleibe dieser als »Gemiedener« doch gegenwärtig.

In der Konsequenz verknüpft Heidegger im umstrittenen Paragraphen 74 von ›Sein und Zeit‹ dann das Schicksal des Individuums mit dem der »Anderen«: »Im Miteinandersein in derselben Welt und in der Entschlossenheit für bestimmte Möglichkeiten sind die Schicksale im vorhinein schon gedeutet [...].« Das »schicksalhafte Geschick« des Daseins in und mit seiner »Generation« mache das volle »eigentliche Geschehen des Daseins aus«. Man muß nur Heideggers Formulierung »Miteinandersein in derselben Welt« konkretisieren (etwa mit den realen Inhalten Volk oder Staat füllen) und mit der »Entschlossenheit für bestimmte Möglichkeiten« in Beziehung setzen, dann liegt innerhalb dieser Theorie auch eine Ausweitung auf politische Handlungen im Bereich des »eigentlichen« Seins. Es sei nicht verschwiegen, daß Heidegger am 1.5.1933 der NSDAP beitrat; ebenso ist aber auch seine zunehmende Irritation und Ablehnung gegenüber dem Nationalsozialismus zu erwähnen.

In seiner Analyse des Daseins läßt Heidegger keinen Zweifel daran, daß es für das dem »Man« verfallene »Dasein« auch eine Rückkehr zum »Eigentlichen« gibt. Sie gelinge dem am ehesten, der als die Wahrheit des Daseins die »Sorge« erkenne. Die »Sorge« ergebe sich aus drei Merkmalen des Daseins: Es sei bestimmt durch sein Geworfensein (Faktizität), durch seine ihm vorgegebene Anlage der Seinsmöglichkeit (Existenzialität) und durch sein leichtes Verfallensein an das »Man«. »Sorge« hänge zusammen mit der Zeitlichkeit des Daseins: »Die Zeitlichkeit ermöglicht so ursprünglich die Ganzheit der Sorgestruktur«. Wenn die Radikalität des Denkens gründlich genug sei, die Endlichkeit des Daseins unter der im »Man« aufgebauten Scheinwelt anzunehmen, d. h. nicht nur zu wissen »man stirbt«, sondern zu wissen: mein Dasein ist ohne den Tod unabgeschlossen, dann sei der Weg in die Eigentlichkeit gebahnt.

Die »Sorge« gehöre zum Dasein. Sie sei zu erklären aus dem Phänomen der »Angst«, ein Begriff, den Heidegger dem Werk des dänischen Philosophen Sören Kierkegaard (1813–1855) verdankt. Dieser hatte in ›Begriff der Angst‹ (1844) im Gegensatz zur gängigen Meinung die Angst als eine positive Eigenheit des Menschen gesehen und erklärt, nur im Erlebnis der Angst könne dieser sein eigentliches Wesen finden und verwirklichen.

Heidegger unterscheidet zunächst Angst und Furcht: Angst sei anders als Furcht nicht das Gefühl des Bedrohtseins durch etwas Bestimmtes in der Welt. Sie beziehe sich überhaupt nicht auf Bestimmtes, nicht auf etwas in der Welt. Der Mensch erlebe, daß er einem ihm nicht Zugänglichen gegenübersteht: »Das Wovor der Angst ist kein innerweltliches Seiendes«, das Bedrohende ist »nirgends«, es kann sich »deshalb auch nicht aus einer bestimmten Richtung her [...] nähern, es ist schon ›da‹ – und doch nirgends, es ist so nah, daß es beengt und einem den Atem verschlägt – und doch nirgends.« Das bedeutet »phänomenal: *das Wovor der Angst ist die Welt als solche*« oder, wie Heidegger weiter erläutert, »wovor die Angst sich ängstet, ist das In-der-Welt-sein selbst«.

Wesentlich ist die Folgerung daraus: »Das Sichängsten erschließt [...] die Welt als Welt.« Es begreift zwar nicht die »Weltlichkeit der Welt«. Die Angst bietet aber »die Möglichkeit [...], sich aus der ›Welt‹ [...] zu verstehen«, sie »vereinzelt das Dasein auf sein eigenstes In-der-Welt-sein«. Wie schon mit der Ablehnung des »Man« verweist also Heidegger das Individuum auf sich selbst. Dies wird von besonderer Bedeutung, wenn der Philosoph das Dasein als ein »Sein zum Tode« bestimmt und im Zusammenhang damit noch einmal auf die Rolle des »Man« zu sprechen kommt: »*Das Man läßt den Mut zur Angst vor dem Tode nicht aufkommen.*« Erst der Tod aber macht das Dasein zu etwas Abgeschlossenem, er ist die Grenze. Diese Grenzerfahrung gehört also zum Menschen. Er muß sich von dem »Man stirbt« lösen, erst »unter dem Schatten, den der eigene Tod auf mein Dasein wirft, kann es mit Gewicht und Dringlichkeit erfüllt werden« (Hans Joachim Störig). Die Notwendigkeit des Ja zum eigenen, selbstverantworteten Dasein und zum eigenen Tod ist die wichtige Botschaft Heideggers. Damit gibt er dem Ich seinen Sinn, setzt das Individuelle gegen das »Man« der Massen.

Karl Jaspers

Karl Jaspers, der langjährige Freund Heideggers und eigentliche Vordenker der nach 1945 bestimmenden Existenzphilosophie, erfaßt, wie Heidegger, den Tod als »Grenzsituation«. Aber er sieht den Menschen auch durch Schuld, Leiden und Kampf von solchen Situationen gefordert. In diesen kann er sich, wenn er sich ihnen stellt, bewähren und dadurch zu seiner eigentlichen Existenz gelangen: »Wir werden wir selbst, wenn wir in die Grenzsituationen eintreten [...], Grenzsituationen erfahren und existieren ist dasselbe.«

Jaspers unterstützt Heidegger insbesondere in dessen Vorstellung, daß die äußerste Grenzsituation, die Todeserfahrung, nur dem einzelnen möglich sei, beide wurden mit dieser These von der marxistischen Kritik angegriffen.

Wie wichtig Jaspers das Problem war, zeigt, daß er es zum zentralen Thema seiner kulturhistorischen Abhandlung ›Die geistige Situation der Zeit‹ machte (1931). Weil seine Fragen radikal auf den »Seinsgrund« des Menschen gerichtet sind, sie ihn dazu befähigen möchten, sich seiner »Seinsursprünge« gewiß zu werden (mit den Worten Jaspers': »den Menschen an sich selbst zu erinnern«), muß der Philosoph die Gefahren, die dem Menschsein in der Moderne drohen, untersuchen und benennen. Für Jaspers besteht die Grundfrage der Zeit darin, »ob der unabhängige Mensch in seinem selbstergriffenen Schicksal noch möglich sei [...], *ob der Mensch frei sein könne«*. Am Horizont der Untersuchung taucht aber bereits der Gedanke auf, »daß die Geschichte des Menschen ein vergeblicher Versuch ist, frei zu sein«; es wäre möglich, so die bittere Perspektive, »daß der Mensch an den Mitteln zugrunde geht, die er sich zu seinem Dasein schafft«. Dabei leugnet Jaspers die Möglichkeiten nicht völlig, die im Agieren der Masse liegen:

> Massen vermögen sich nicht nur im Durchschnittlichen, sondern in verschwindenden Augenblicken auch im Aufschwung zum *Ungewöhnlichen* zu finden. Wenn sie auch meistens dümmer und roher als jeder Einzelne aussehen, so können sie auch einmal klüger und tiefer als jeder Einzelne zu wirken scheinen.

Bereits in diesem Zitat weisen aber die Einschränkungen deutlich auf die eigentliche Einstellung des Verfassers hin. Eine Zitatencollage aus der weitgehend auf Fachjargon verzichtenden Schrift mag diese Einstellung verdeutlichen:

> Der Mensch ist, wenn er als Masse da ist, doch in der Masse nicht mehr er selbst. Masse löst einerseits auf; in mir will etwas, das nicht ich bin. Masse isoliert andererseits den Einzelnen zum Atom, das seiner Daseinsgier preisgegeben ist; es gilt die Fiktion der Gleichheit aller. [...] Sie [die Masse; Hrsg.] will geführt sein, doch so, daß sie zu führen scheint. Sie will nicht frei sein, aber für frei gelten. [...] Das Individuum ist aufgelöst in Funktion. [...] In der Auflösung zur Funktion wird das Dasein *seiner geschichtlichen Besonderheit entkleidet*; bis zu dem Extrem der Nivellierung der Lebensalter. [...] Wo der Mensch nur als Funktion gilt, muß er jung sein; wenn er es nicht mehr ist, wird er den Schein der Jugend herstellen. [...] Die Welt scheint *in die Hände der Mittelmäßigkeit geraten* zu müssen, der Menschen ohne Schicksal, ohne Rang und ohne eigentliche Menschlichkeit. [...] Wie Auswege [...] erscheinen Bolschewismus und Faszismus. Man kann wieder einfach gehorchen und alles Handeln jeweils dem Einen überlassen, der das Regiment sich erobert hat. Diese Formen weltlicher Diktatur sind Ersatz für die Autorität; aber sie sind es um den Preis des Verzichts fast aller, selbst zu sein.

Die melancholische Haltung, die hinter diesen Sätzen steht, ist nicht gleichzusetzen mit Resignation: Der sich selbst noch »verborgene« Mensch bleibe fähig zum »Selbstsein«, das erreicht werden könne im bewußten Kampf jedes einzelnen um sein eigentliches Wesen aus dem Willen zur gegenwärtigen Verwirklichung eines eigenen Lebens. Es ist bekannt, daß Jaspers' kleines Buch vielen in der Zeit des Dritten Reiches Erhellung, Trost und Ratgeber war, auch wenn es kaum als konkrete Handlungsanweisung dienen konnte.

3.2.2 Auseinandersetzung mit Individuum und Masse

Was Heidegger, Jaspers und, natürlich auf anderer Ebene, auch Spengler beschäftigte, worin sie eine Bedrohung abendländischer Kultur sahen, war freilich nicht neu. Die Vorstellung, daß die Masse das Schicksal der Gesellschaft bestimmen, die Existenz des Individuums gefährden und das Schlagwort »Gleichheit« zur Nivellierung führen könnte, ist seit der Französischen Revolution und fast immer als Schreckensbild gezeichnet worden.

Schon 1807 konstatiert der Philosoph G. W. F. Hegel: »Die Massen rücken vor«. Der französische Psychologe und Soziologe Gustave Le Bon (1841–1931) hat die Ängste des ausgehenden neunzehnten Jahrhunderts in seiner Abhandlung ›Psychologie der Massen‹ (1895, dt. 1908) zusammengefaßt. Seine Thesen werden im ersten Drittel des zwanzigsten Jahrhunderts weithin akzeptiert und nicht selten als düstere Prognosen formuliert.

Der Nationalökonom Werner Sombart (1863–1941) beschreibt im Jahre 1924 den Zustand der Gesellschaft so:

> Man nennt Masse die zusammenhanglosen, amorphen Bevölkerungshaufen namentlich in den modernen Großstädten, die aller inneren Gliederung bar, vom Geist, das heißt von Gott verlassen, eine tote Menge von lauter Einsen bildet.

Sigmund Freud (1856–1939), dessen Ausgangspunkt ja die Analyse der Zwänge und Neurosen einzelner Patienten war, entwickelte seine Lehre konsequent weiter zur Sozial- und Massenpsychologie. Neben religionskritischen (›Die Zukunft einer Illusion‹, 1927) und gesellschaftstheoretischen Schriften (›Das Unbehagen in der Kultur‹, 1930) ist hier vor allem die Abhandlung ›Massenpsychologie und Ich-Analyse‹ (1921) zu nennen. Man müsse, so referiert Freud zustimmend Le Bon,

> in Betracht ziehen, daß im Beisammensein der Massenindividuen alle individuellen Hemmungen entfallen und alle grausamen, brutalen, destruktiven Instinkte, die als Überbleibsel der Urzeit im Einzelnen schlummern, zur freien Triebbefriedigung geweckt werden.

Generell seien Massen geprägt von einer »kollektiven Hemmung der intellektuellen Leistung« und einer »Steigerung der Affektivität«. Die »Unfreiheit des Einzelnen in der Masse« resultiere aus seiner libidinösen Bindung einerseits an eine Führergestalt (»Verliebtheit in den Führer« hat Alexander Mitscherlich das später genannt), andererseits an die anderen Massenindividuen.

Sombart und Freud, Spengler, Heidegger und Jaspers reagieren also – wie viele andere auch – auf die von Zeitgenossen erfahrene Krise des Individuums durch die Infragestellung seines Rangs. Millionenfach hatten die Frontsoldaten im Schützengraben erlebt, ein bangloses Rädchen in den Mühlen der Kriegsmaschinerie zu sein, ein gesichtsloses Partikelchen in der Verfügungsmasse der Heerführer. Das Ideal des individuellen Heldentums hatte sich zersetzt in den Giftgasattacken und die »Krieger zu Taglöhnern des Todes« gemacht, »von blutigem Alltag zerschliffen«, wie es Ernst Jünger in ›Der Kampf als inneres Erlebnis‹ 1922 deutete.

In der auf den Krieg folgenden »Normalität« schien das Ich nicht weniger vom Untergang bedroht: in der Anonymität der Großstädte, im stumpfen Arbeitstakt der fabrikmäßigen Produktion, in den Aufmärschen und Kundgebungen der aufgewühlten Menschen, in den Streiks und Revolten, in den Sportarenen – kurz, überall dort, wo Massen auftraten, Massen handelten oder Massen im Dienst einer Idee wirksam sein sollten. Die Masse wurde als allgegenwärtig empfunden, und das Bedrohliche daran wurde insbesondere in Kreisen des Bürgertums unter dem Eindruck der bolschewistischen Revolution in Rußland (1917) und des sich formierenden Faschismus in Italien auch als gegenwärtige Gefahr begriffen. Angesichts der Massenveranstaltungen im sportlichen Bereich (Boxen, Sechstagerennen, Fußball), im Rahmen der großstädtischen Vergnügungsindustrie (»Tanzpalast«, »Sportpalast«, Kino-»Paläste«), der Revuen und Varietés oder politischen Aufmärsche schien sich Le Bons Voraussage zu bestätigen: »Als einzelner war [der Mensch] vielleicht ein gebildetes Individuum, in der Masse ist er ein Triebwesen, also ein Barbar.« Und noch in der Rückschau auf die zwanziger Jahre bemerkt Klaus Mann: »Millionen von [...] lumpierten, verzweifelt geilen, wütend vergnügungssüchtigen Männern und Frauen torkeln und taumeln dahin im Jazz-Delirium. Der Tanz wird zur Manie, zur Idée fixe, zum Kult.« Der Kulturpessimismus erhielt neue Nahrung, auch wenn man – wie Stefan George (›Das neue Reich‹, 1928) oder Hugo von Hofmannsthal (›Das Schrifttum als geistiger Raum der Nation‹, 1927) und viele andere – am Sendungsbewußtsein des Künstlers, an seiner Kraft, eine »neue deutsche Wirklichkeit [zu schaffen], an der die ganze Nation teilnehmen« könne, festhielt und in einer keineswegs immer rückwärtsgewandten »konservativen Revolution« (s. S. 43) eine Gegenbewegung zu sammeln versuchte. In selbstgewählter Isolation die Massengesellschaft zu ignorieren, schien nur wenigen denkbar. Einen besonderen Weg zur Bewältigung der Krise des Individuums in der Massengesellschaft zeigt Ernst Jünger (1895–1998) auf, der nicht nur eine Gegenbewegung zur Vermassung, sondern die Schaffung einer neuen geistigen Gegenwelt für nötig erachtet: Sein Buch ›Der Arbeiter‹ (1932) ist diesem (freilich über das Massenproblem hinausreichenden) Thema gewidmet.

1929 griff von der Peripherie Europas, von Spanien aus, der Philosoph José Ortega y Gasset (1883–1955) mit seinem Buch ›La rebelión de las masas‹ (dt. 1931: ›Der Aufstand der Massen‹) in die Debatte ein. Ortega argumentiert von einem aristokratischen Standpunkt aus (er trete, sagt er von sich, »für eine radikal aristokratische Deutung der Geschichte« ein), aber trotzdem – oder gerade deswegen – ohne ideologische Scheuklappen. Die durch die Massen bewirkte Nivellierung aller Lebensbereiche wird nicht kulturkritisch bejammert:

> Die Lebensmöglichkeiten, die heute den Massen offenstehen, decken sich zum großen Teil mit denen, die früher ausschließlich den wenigen vorbehalten schienen. [...] Wir leben in der Zeit des Ausgleichs; die Vermögen gleichen sich aus, die Geschlechter gleichen sich aus. [...] Von dieser Seite gesehen, bedeutet der Aufstand der Massen einen unermeßlichen Zuwachs an Lebenskraft und -möglichkeiten [...].

Bemerkenswert ist auch, daß der Spanier – im Gegensatz zu vielen Verächtern der Masse – Demokratie und Parlamente verteidigt, denn

> es deuten sich auch nicht in utopischen Umrissen andere Staatsformen an, die wenigstens besser schienen.

Das ist wohl der Grund dafür, daß er die Erscheinung Massengesellschaft als Faktum hinnimmt: »Es gibt eine Tatsache, die das öffentliche Leben Europas in der gegenwärtigen Stunde [...] bestimmt: das Heraufkommen der Masse zur vollen sozialen Macht.« Und in Parenthese fügt er an: »sei es zum Guten, sei es zum Bösen«.

In dieser Haltung unterscheidet er sich von den vielen, die nur Schreckliches oder gar den Untergang der abendländischen Kultur erwarten. Dennoch ist das »psychische Diagramm des Massenmenschen«, das er entwirft, ein Menetekel: Von einer »ungehemmte[n] Ausdehnung seiner Lebenswünsche und darum seiner Person« ist die Rede, von seiner »grundsätzliche[n] Undankbarkeit gegen alles, was sein reibungsloses Dasein ermöglicht hat«.

> Was man vorher als eine Gnade des Schicksals angesehen hätte, die in demütiger Dankbarkeit hingenommen wurde, betrachtete man jetzt als ein Recht, für das man nicht dankt, das man fordert.

In seinen weiteren Ausführungen schwenkt Ortega in das Lager derer ein, die Vermassung im Zusammenhang mit dem Werteverfall und einer allgemeinen Kulturkrise sehen, die ganz Europa erfaßt habe. Dabei gehe es nicht um den »Kampf zwischen zwei sittlichen Welten oder Kulturen«, viel schlimmer sei es, daß dem Massenmenschen Sittlichkeit schlechtweg fehle.

Ortega resümiert – und seine Worte haben bis heute Gewicht:

> Dies ist das Problem: Europa glaubt an keine sittlichen Normen mehr. Nicht daß der Massenmensch eine veraltete Moral zugunsten einer emportauchenden verachtet; im Zentrum seiner Lebensführung steht gerade der Anspruch, ohne moralische Bindungen zu leben. [...] Es wäre darum eine Naivität, dem heutigen Menschen seinen Mangel an Moral vorhalten zu wollen. Die Beschuldigung ließe ihn kalt oder schmeichelte ihm eher. Unsittlichkeit steht äußerst niedrig im Preis, und jeder beliebige prunkt damit.

Jaspers und Ortega lehnen zwar dominante und anarchische Formen der Masse ab (und geraten daher in gefährliche Nähe zu dem Ruf nach »Führertum«), sehen in ihr aber wie auch Ernst Jünger gewisse positive Möglichkeiten.

Eindeutig positiv, ja geradezu euphorisch wird die Entwicklung zur Massengesellschaft von denen begrüßt, die in ihr eine Chance sehen, ihre Vorstellung vom Verhältnis des Individuums zur Gesellschaft verwirklichen zu können.

Der Münchner Johannes R. Becher (1891–1958), sozialistischer Schriftsteller, nachmaliger Kulturminister in der DDR, schreibt in der kommunistischen Parteizeitung ›Die Rote Fahne‹ 1927:

> Eine Zusammenkunft Intellektueller, lauter »interessanter« Gesichter [...] und doch, etwas stimmte nicht [...] Ich hatte den Eindruck einer Gespensterversammlung, eines toten Gesprächs in einem leeren Raum. Einige dieser Menschen traf ich später auf einer Demonstration [...] Hier, inmitten der Masse hatten die Gesichter plötzlich einen Sinn, eine Funktion, das Merkwürdige, das Anormale war von ihnen abgefallen [...] Eine Veränderung, eine wirkliche Wandlung war mit ihnen vorgegangen. Ich wurde immer mehr in dem Eindruck bestärkt, daß die Zugehörigkeit zu den Massen [...] eine wunderbare Wirkung auf sie ausgeübt hatte. [...] sie wurden jetzt erst »Persönlichkeiten«, Menschen in einem neuen und jetzt erst in einem wahren Sinn.

Becher gehörte der äußersten Linken an. Ihre Vertreter begriffen im Zusammenhang mit der russischen Revolution von 1917 und im Rückgriff auf Ideen der Dadaisten, die eine Überwindung der bürgerlichen Kunstvorstellung anstrebten, die Rolle der Massen als Chance zur Wiedergeburt des in der Klassengesellschaft und im Krieg verlorenen Individuums. Masse wurde von ihnen als proletarische Masse aufgefaßt. In ihr finde der einzelne seinen »Sinn« wieder, die Teilnahme an der »Demonstration« bringe ihn hervor, sie gewinne ihm »Persönlichkeit«. Die Massen könnten daher auch fordern, daß der Kulturbetrieb, von dem sie sich bisher ausgeschlossen fühlten, ihren Bedürfnissen gerecht werde, ihnen die Gelegenheit biete, eine proletarische Gegenkultur zu schaffen. Das Thema »Masse und Individuum« wurde damit zum konkreten Problem der Literatur und der Literaten in der Weimarer Republik.

Große Bedeutung erlangte der Aufsatz des Russen Aleksandr Bogdanow ›Was ist politische Dichtung?‹, den Franz Pfemfert in seiner Zeitschrift ›Die Aktion‹ 1919 veröffentlichte. Bogdanows Grundvorstellung besteht darin, die schöpferische Kraft und Wirkungsmöglichkeit des Kollektivs auszunützen und zu fördern. Ein künstlerisches Werk entstehe in einem kollektiven Prozeß und drücke kollektives Fühlen und Denken aus, dem auch ein entsprechend rezeptionsfähiges Publikum zur Verfügung stehen solle. Über den Weg dorthin waren sich auch große Teile der Linken – trotz anfänglich euphorischer Zustimmung – lange nicht einig.

Die 1920 durch einen aktuellen Anlaß von dem Maler Oskar Kokoschka ausgelöste »Kunstlump-Debatte« – Kokoschka setzte sich energisch für eine Trennung von Politik und Kunst ein – wurde noch in Exilzeiten weitergeführt. Während z.B. die sozialrevolutionären Künstler George Grosz und John Heartfield in aller bisherigen bürgerlichen Kunst Instrumente der Unterdrückung des Proletariats sahen und die Zerstörung von Kunstwerken akzeptieren wollten, wurde dies im Zentralorgan der KPD (›Die Rote Fahne‹) als »Vandalismus« abgelehnt. Ähnlich wurde Erwin Piscator für seine frühen Versuche im Berliner Proletarischen Theater auch von linken Rezensenten als Verächter des »kulturellen Erbes« angegriffen. Formexperimente wurden vielfach als »Formalismus« abgelehnt. Ob schreckliche Zukunftsvision oder bejubelte Möglichkeit, die Zukunft neu zu gestalten – für viele verband sich das Thema »Masse und Individuum« mit dem Begriff des »Amerikanismus«.

3.2.3 Amerikanismus – Antiamerikanismus

In bezug auf die USA, den entscheidenden Kriegsgegner, prägten zwei diametral entgegengesetzte Wahrnehmungsweisen die öffentliche Diskussion: Teile der europäischen Intellektuellen waren fasziniert von der kulturellen Traditionslosigkeit, dem scheinbar vorurteilsfrei allem Neuen geöffneten »Barbarentum« Amerikas, von der Kühnheit seiner himmelstürmenden Städte, von der Mobilität seiner Bevölkerung. Verkörpert schien dies alles im Unternehmer Henry Ford und seinen Automobilfabriken, die das »T-Modell«, ein robustes und für breite Käuferschichten erschwingliches Fahrzeug, in immer wachsender Stückzahl ausspien. Heinrich Hauser beschrieb 1931 in ›Feldwege nach Chicago‹ das Fließbandsystem bei Ford in Detroit enthusiastisch als eine »Art Planetensystem: Zentralbänder mit Sonnenbahnen, Planetbänder, die die Sonnenbänder umkreisen, Mondbänder, die wieder die Planeten umkreisen. [...] So entsteht Harmonie, Rhythmus, eine Art Kosmos.«

Der enge Anschluß an Amerika schien in dieser Sicht dringend geboten – und nicht nur im Hinblick auf dessen fortgeschrittene Technik. Attraktiv war der konsum-, genuß- und freizeitorientierte Lebensstil, waren Kaugummi und Coca Cola, Charlie Chaplin und Mickey Mouse, Jazz und Blues, Supermarkt und Kinopalast, attraktiv war schließlich auch die äußere Erscheinung des US-Amerikaners: »Amerikanismus«, so schreibt Rudolf Kayser 1925 in der ›Vossischen Zeitung‹,

> ist eine neue europäische Methode [...]. Ihr entspricht [...] das neue (amerikanische) Aussehen des Europäers; bartlos mit scharfem Profil, zielstrebigem Blick, schmalem stählernen Körper; und der neue Frauentypus [...]: knabenhaft, linear, beherrscht von lebendiger Bewegung, vom Schreiten, vom Bein. Überhaupt gehört es zur Methode des Amerikanismus, daß er sehr stark im Körperlichen sich ausprägt, daß er Körperseele besitzt.

Deutschland schien von allen europäischen Ländern am offensten dafür, die Vier-Millionen-Stadt Berlin galt als das europäische Zentrum des amerikanischen Einflusses.

Gegen diesen Einfluß aber erhob sich – und nicht nur von konservativer Seite – ein zum Teil wütender Protest. Kayser schien vor allem die Vitalität Amerikas bemerkenswert: »Auch die Jazzband ist Kraft und Klang, zauberisch in dem wilden Glanz ihres Rhythmus, freudige Bejahung einer naiven Lebendigkeit.« Die warnenden Stimmen kritisierten dagegen gerade das Fehlen von Lebendigkeit; für sie schickte sich eine bloß materialistische, folglich seelenlose Zivilisation an, die Welt zu erobern, maßte sich ein geschichtsloses, überhebliches (»God's own country«), ungebildetes Volk an, über Deutschland zu Gericht zu sitzen. Sein wahres Wesen zeige auch der Kapitalismus im Bankenviertel der Wallstreet, es sei »das steinerne Herz der Welt«.

Amerika war in dieser Perspektive nicht zuletzt auch der Ursprung aller nivellierenden Tendenzen einer Massengesellschaft. Das Erscheinungsbild des Amerikaners, wie Kayser es verallgemeinernd und typisierend darstellt, entbehrt bereits der individuellen Züge, betont vielmehr die Gleichheit mit anderen, die über Sport, Mode und Kosmetik sogar gezielt hergestellt werden kann. Für viele Kulturkritiker der zwanziger Jahre schienen diese gegen die Einzigartigkeit des Individuums gerichteten Tendenzen zu kulminieren in den »Girls«, den Revuetruppen der Varietés, deren berühmteste wohl die »Tiller-Girls« waren. Alfred Polgar, Literaturkritiker und Essayist, formulierte: »Gespenstisch an den Girls ist, daß sie auch Gesichter haben. Das menschliche Antlitz als Zugabe, als eigentlich sinnloser Annex [= Anhängsel, Zubehör; Hrsg.] von Büste, Bauch und Beinen [...] das ist irgendwie unheimlich.« Für den Kulturphilosophen Fritz Giese ist die »Girltechnik«, die »Girlmaschine« das Signifikante des amerikanischen Geistes und letztlich hervorgegangen aus dem Großstadt- und Maschinenrhythmus, dem der Rhythmus des Organischen und Individuellen nicht mehr angemessen sei.

Für den Bereich der Literatur nahm 1928 Gottfried Benn die Umfrage einer in Paris erscheinenden englischsprachigen Zeitschrift über das Ausmaß und die Bewertung des amerikanischen Einflusses zum Anlaß, bestimmte Modeerscheinungen zu kritisieren:

> Es gibt eine Gruppe von Dichtern, die glauben, sie hätten ein Gedicht verfaßt, indem sie »Manhattan« schreiben. Es gibt eine Gruppe von Dramatikern, die glauben, sie manifestierten das moderne Drama, wenn sie die Handlung in einem Blockhaus in Arizona spielen lassen und wenn eine Flasche Whisky auf dem Tisch steht. Die ganze junge deutsche Literatur seit 1918 arbeitet mit dem Schlagwort Tempo, Jazz, Kino, Übersee, technische Aktivität, bei betonter Ablehnung aller seelischen Probleme. Der Einfluß des Amerikanismus ist so enorm, weil er in mancher Hinsicht anderen Geistströmungen ähnelt, die den jungen Deutschen heute formen: Marxismus, die materialistische Geschichtsphilosophie, die rein animalische Gesellschaftsdoktrin, Kommunismus, deren niveaulose Angriffe gegen das individualistische und das metaphysische Sein gerichtet sind.
> Ich persönlich bin gegen den Amerikanismus. Ich bin der Meinung, daß die Philosophie des rein utilitaristischen Denkens, des Optimismus à tout prix, des »keep smiling«, des andauernden Grinsens auf den Zähnen, dem abendländischen Menschen und seiner Geschichte nicht gemäß ist. Ich hoffe, daß der Europäer, wenigstens in den reinen Typen seiner Künstler, immer das bloß Nützliche, den Massenartikel, den Kollektivplan verschmähen und nur aus seinem inneren Selbst leben wird.

Selbst der Schriftsteller Stefan Zweig, als überzeugter Pazifist und Weltbürger eigentlich nicht anfällig für Nationenklischees, sah »die Eroberung Europas durch Amerika [...] schon in vollem reißenden Zuge«, auch er fürchtete »eine Verkümmerung der Nerven zugunsten der Muskeln, ein Absterben des Individuellen zugunsten des Typus«.

Was Stefan Zweig resignativ als mögliche »Rettung« vor dieser »Weltbewegung ungeheuerlicher Art« propagiert, liest sich wie das vorweggenommene Manifest einer »inneren Emigration«:

> So bleibt nur eines für uns [...]: Flucht, Flucht in uns selbst. Man kann nicht das Individuelle in der Welt retten, man kann nur das Individuum verteidigen in sich selbst. [...] Uns innen absondern, aber nicht außen: dieselben Kleider tragen, von der Technik alle Bequemlichkeiten übernehmen, sich nicht vergeuden in prahlerische Distanzierungen [...]. Still, aber frei leben, sich lautlos und unscheinbar einfügen in den äußeren Mechanismus der Gesellschaft, aber innen einzig ureigenster Neigung leben, sich seinen Takt und Rhythmus des Lebens bewahren!

Der Autor, der sogar die europäischen Nationalismen, den »überspannte[n] Krampf der Völker« als letzten verzweifelten Versuch deuten wollte, »sich gegen die Gleichmacherei zu wehren«, mußte einige Jahre später noch erleben, daß ihm wegen seines Judentums in Deutschland, ja selbst in Europa der Ausweg einer Flucht aus der Wirklichkeit versperrt wurde und daß gerade das verachtete Amerika sich als Zuflucht öffnete.

3.2.4 »Konservative Revolution«

Die Reihen der Gegner des sogenannten Amerikanismus wurden verstärkt und ihre Haltung zum Teil auch geprägt durch die Vertreter einer konservativen Grundhaltung. Hugo von Hofmannsthal (1874–1929) beschrieb in ›Europäische Revue‹ (1925) deren Position innerhalb der Epoche:

> Hinter dem Treiben der Untergangspoeten und Bacchanten des Chaos, der Chauvinisten und Kosmopoliten, der Anbeter des Momentes und der Anbeter des Scheins, im großen ernsten Hintergrund der europäischen Dinge sehe ich die wenigen über die Nation verstreuten Individuen sich auf einen großen Begriff einigen: den Begriff der schöpferischen Restauration.

So einig wie er es hoffte, waren allerdings die »wenigen Individuen« nicht, zumal der Begriff »schöpferische Restauration« nicht eindeutig ist. Nur einzelne Sachverhalte waren unmißverständlich formuliert, so zum Beispiel: Die »wenigen Individuen« stellten sich gegen Anarchie, gegen Pessimismus, gegen politische Einseitigkeit; sie fühlten sich überzeitlichen, echten Werten verpflichtet und wollten »schöpferisch«, d. h. nicht in einfacher Übernahme, sondern in neuem Geist gestalten. Dies bedeutet wohl auch, daß man bereit war, das Neue insoweit zu akzeptieren, als es sich für das eigene Bestehen nutzbar machen ließ, wie die Feststellung des »Jungkonservativen« Arthur Moeller van den Bruck (1876–1925) interpretiert werden kann: »Konservativ sein bedeutet nicht die Konservierung einer privilegierten Herrenschicht, sondern die natürliche Selbstbehauptung und Sicherung einer ganz bestimmten völkischen [!] Substanz.« Er spricht denn auch (in ›Das Dritte Reich‹, 1923) von der »geistigen Überlegenheit«. Und der »politischen Selbstbeherrschung«, die es dem Menschen »des konservativen Gedankens« ermögliche, »auch unter revolutionären Voraussetzungen, ja, mit revolutionären Mitteln konservative Zwecke« zu erreichen. Ziel sei es, »das einzige mögliche Leben, das auf den Lebensbedingungen der Erde, der Menschen, der Völker beruht, der Natur, die immer konservativ ist«, zu verbürgen. Das ist freilich wenig konkret, und es wird auch nicht viel greifbarer, wenn der Autor in einem die Buchausgabe einleitenden

Brief erläutert: »[...] Der Gedanke des dritten Reiches ist ein Weltanschauungsgedanke, der über die [augenblickliche; Hrsg.] Wirklichkeit hinaushebt.« Im Buch selbst heißt es dann: »Der deutsche Nationalismus ist Streiter für das Endreich. Es ist immer verheißen. Und es wird niemals erfüllt. Es ist das Vollkommene, das nur im Unvollkommenen erreicht wird.« Dort sollen sich »die Werte« verwirklichen, aber diese kennen die Deutschen selbst (noch?) nicht, weil es »unsere Geschichte mit sich gebracht [hat], daß wir überall Werte abbrechen, um überall andere [d.h. fremde; Hrsg.] anzusetzen«. Nationalismus müsse »der Nation deutlich machen, was ihr gehört, weil es deutsch ist und weil es Wert ist: die deutsche Menschengeschichte«.

Erkennbar ist da nur, daß Moeller van den Bruck eigentlich zu jener Tradition des Kulturpessimismus gehört (wie auch etwa Langbehn, Lagarde oder Spengler), die als eine der Ursachen deutscher Misere die aus dem Westen übernommene Vernunftlehre der Aufklärung sahen und das gefühlsorientierte, seelenhafte deutsche »Wesen« als damit unvereinbar betrachteten. Er trifft sich darin mit dem Thomas Mann der ›Betrachtungen eines Unpolitischen‹ (1918), wenn sich dieser wie auch in seiner viel beachteten Rede ›Von deutscher Republik‹ (1922) gegen heftigen Protest vieler Konservativer zur neuen Republik bekannt und die Jugend aufgefordert hatte, nachzudenken,

> ob nicht die neue Menschlichkeit, deren Propheten jene Geister sind [gemeint sind Goethe, Nietzsche, Hölderlin und George, die man als Gegner seiner »Wandlung« ins Gefecht hätte führen können; Hrsg.] und die euch im sehnsüchtig stolzen Sinn liegt, wenn ihr über Demokratie die Achseln zuckt, auf [...] dem Boden der Republik glücklichere Möglichkeiten der Verlebendigung finden mag, als auf dem Grunde nur des alten Staates [...].

Diese Position verstärkt er 1925: »Demokratie ist der moderne Name für den älteren, klassizistischen Begriff der Humanität – dieser Hochbegriff, der zwei Welten, die antike und die christliche zugleich überwölbt«, und verkündet, die »Prophetie Nietzsches« habe in dieser »Synthese« das ›Dritte Reich‹ zu erkennen gelehrt [...]: das Reich der Humanität [...]. In der oben zitierten Rede von 1922 spricht Thomas Mann davon, daß im aktuellen Zustand der Republik »noch nicht das wahre und echte Neue sein kann, sondern nur die notdürftig allgemeinste Vorbedingung und Grundlage dazu [...]«, und er formuliert damit, was viele denken: daß die Republik von Weimar nur ein Übergangsstadium sei.

Wenn Thomas Mann eine Entwicklung zur Humanität im Rahmen des Nationalstaats sucht (obwohl er auf deutsch-französische Verständigung hofft), geht Hugo von Hofmannsthal in manchen Äußerungen (wie z.B. seiner Begrüßungsrede beim »Internationalen Kongreß der Kulturverbände« oder in seiner Besprechung des neuen Heftes der

›Europäischen Revue‹; beides 1926) darüber hinaus. Als Österreicher, der den Zusammenbruch eines Vielvölkerstaates tief deprimiert erlebt hatte, blieb er erfüllt von der Sehnsucht nach einer neuen größeren Einheit.

Diese sieht er nicht in einem irgendwie gearteten Internationalismus, sein Ziel ist eine vom Ideal der geistigen Universalität geprägte übernationale Einheit im Sinn des Goetheschen Weltbürgertums. In diesem Sinn stellt er sich ganz hinter einen Artikel in der Zeitschrift ›Europäische Revue‹:

> Goethe war freilich nur deshalb echter Weltbürger, weil die Kraft des Deutschtums in ihm so stark war, die Synthese aller Elemente der Weltkultur zu erzwingen. Man wird also sein Weltbürgertum als höchst gesteigerten deutschen Nationalismus kennzeichnen müssen.

Dem stehe die Schwäche der Deutschen, ihr »Hang zur Selbsterniedrigung« in seltsamer Verbindung mit »unbändigem Stolz« entgegen. Ihr gelte es entgegenzutreten, die »nationale Bewegung« bedeute »von höherer Warte gesehen [...] den Versuch der deutschen Seele, aus ihrer Not eine Tugend zu machen«.

Einen Weg dahin will Hofmannsthal in seiner berühmten Münchner Rede ›Das Schrifttum als geistiger Raum der Nation‹ (gehalten Januar 1927) aufzeigen.

Er beklagt darin, daß es im Gegensatz zu Frankreich in Deutschland keinen »Zusammenhang in der Ebene der Gleichzeitigkeit, keinen Zusammenhang in der Tiefe der Geschlechterfolge« gebe; von jenem »Fortwirken dort [in Frankreich; Hrsg.] des einmal Geleisteten, wodurch eine gleichzeitige geistige Präsenz von zwölf Generationen erreicht wird«, finde man bei den Deutschen »keine Spur. Der ganze Begriff geistiger Tradition erscheint nur höchst bedingungsweise anerkannt. [...] Und selbst in bezug auf ein solches Phänomen wie Goethe« fahnde man vergebens, »will man herab in eine tiefere Strömung als das oberflächliche Gerinnsel der Bildungstradition«, in dem ein »Wirken durch alle Schichten hin« nicht möglich sei. Daher sei die »Grundhaltung drüben [...]: teilhaben am nationalen Besitz, mitbegriffen sein in die Repräsentanz der Nation«, während »hüben« »das National-Gesellschaftliche nicht das Primäre« sei.

»Wir haben eine Literatur im uneigentlichen, konventionellen Sinne, die aufzählbar, aber nicht wahrhaft repräsentativ noch traditionbildend ist.«

Es müsse also eine »produktive Anarchie« geben, deren mögliche Träger Nietzsche als »Suchende« bezeichnet habe. Ein solches »Suchen und Treiben und Drängen ist überall da, es manifestiert sich in jedem Wort höherer geistiger Rede, das zwischen uns hin und her geht«. Viele hätten die »Erleuchtung« verspürt und erkannt, »daß das Leben lebbar nur wird durch gültige Bindungen«. Sein Rat heißt [...].

> Alle Zweiteilungen, in die der Geist das Leben polarisiert hatte, sind im Geiste zu überwinden und in geistige Einheit überzuführen; alles im äußeren Zerklüftete muß hineingerissen werden ins eigene Innere und dort in eines gedichtet werden, damit außen Einheit werde [...].

Nur so würden die »Einzelnen zu Verbundenen, diese verstreuten wertlosen Individuen zum Kern der Nation« und könnten zum »Höchsten gelangen: daß der Geist Leben wird und Leben Geist, mit anderen Worten: zu der politischen Erfassung des Geistigen und der geistigen des Politischen, zur Bildung einer wahren Nation«.

Wie Thomas Mann sieht Hofmannsthal den Weg als »Prozeß, in dem wir mitten inne stehen«, aber auch »als eine innere Gegenbewegung gegen jene Geistesumwälzung des sechzehnten Jahrhunderts, die wir in ihren zwei Aspekten Renaissance und Reformation zu nennen pflegen«.

Diesen »Prozeß« bezeichnet er nun – vielleicht in Anlehnung an eine Formulierung Thomas Manns – als »Konservative Revolution«, ein Begriff, den der Historiker Golo Mann »eine wunderliche Wortbildung« nennt, der »wenig Wirkliches« zum Ergebnis habe, schon weil die Gruppe, die er umfassen sollte, zu unterschiedlich in Charakter, Talent, Erlebnis, in Wunschträumen und Hochmut gewesen sei bzw. sich in »Zeitschriften, Gedichten und Essays [...] eine ungewöhnliche Wirrnis ihres Wollens gestattete«.

In der Zeit der Wirtschaftskrise erregte diese Gruppe am meisten Interesse. Autoren wie Rudolf Borchardt und Rudolf Alexander Schröder (die zusammen mit Hofmannsthal und anderen in der ›Bremer Presse‹ publizierten), aber auch die »jungen« Konservativen, die sich (wie Hans Grimm, Ludwig Klages oder Frank Thiess) mit der Zeitschrift ›Die Tat‹ an die Öffentlichkeit wandten, oder der Kreis um die (1930 gegründete) Zeitschrift ›Corona‹: sie wurden alle gelesen, ihre Haltung als Bastion gegen das »Eindringen des Zivilisatorisch-Westlichen wie des Sozialistischen in die mitteleuropäische Kultur« (Dieter Meyer) geschätzt.

Der (neben Hans Zehrer, dem Redakteur der ›Tat‹) wohl radikalste Autor in der reichen Palette des Konservatismus war Edgar Jung (1894–1934), dessen Verachtung für den »rationalistischen Schutt« sich bis zu rassistischen Vorstellungen steigerte und im Ruf nach einem Führer, »einem Gestalter blutmäßiger Sehnsüchte« gipfelte (s. auch S. 16).

Von großer und dauerhafter Wirkung war jedoch Ernst Jünger: Nicht nur, daß der hochdekorierte Offizier durch seine Bücher über den Ersten Weltkrieg und seine Bewertung des Krieges überhaupt auf die Tendenz der Kriegsromane (s. S. 237) einen bedeutenden Einfluß ausübte, mit seinen »Aufzeichnungen bei Tag und bei Nacht« unter dem Titel ›Das abenteuerliche Herz‹ (1. Fassung 1929), vor allem aber mit seinem Essay ›Die totale Mobilmachung‹ (1931) und seiner Schrift ›Der Arbeiter‹ (1932) fand er auch Resonanz in der breiteren Öffentlichkeit.

II. Die Literatur in einer demokratischen Massengesellschaft

1. Neue Voraussetzungen

1.1 Garantie der Meinungsfreiheit

Am Anfang des elften Kapitels seiner Erinnerungen ›Ein Zeitalter wird besichtigt‹ (1944 abgeschlossen) urteilt der ins Exil getriebene Heinrich Mann rückblickend über die »Deutsche Republik« (von Weimar) bei aller kritischen Grundhaltung:

> Die geistige Freiheit hat dennoch bestanden, einzig die Republik hat sie den Deutschen jemals gewährt [...]. Sie hat die Literatur amtlich anerkannt und hat sie geehrt. Jede vorige Literatur war dem Staate fremd gewesen; die unsere nicht. Die Preußische Akademie der Künste [...] bekam endlich eine Sektion für Dichtung. Das war nötig und darauf berechnet, daß die Literatur eine Macht sei.

Noch in der späten Erinnerung klingt hier das in der Zeit nach dem Zusammenbruch des Kaiserreichs neugewonnene Selbstbewußtsein der Schriftsteller an. Grundstein für dieses neue Selbstverständnis war die in der Verfassung der neuen Republik verankerte Meinungsfreiheit (Art. 118):

> Jeder Deutsche hat das Recht, innerhalb der Schranken der allgemeinen Gesetze seine Meinung durch Wort, Schrift, Druck, Bilder oder in sonstiger Weise frei zu äußern.
> [...]
> Eine Zensur findet nicht statt.

Dafür hatte man lange gekämpft. Diese Garantie war ein wichtigerer Schritt noch als die Anerkennung der gesellschaftlichen Bedeutung von Literatur durch die Gründung der »Sektion für Dichtkunst« in der Preußischen Akademie der Künste 1926. Nun war auch der Schriftsteller frei, sagen zu können, was er dachte, und darzustellen, wie er es für richtig hielt.

Daß man die neue Situation auch zu nützen gedachte, ist schon an den publizistischen Aktivitäten erkennbar. Allein zwischen 1918 und 1921 wurden 49 Zeitschriften gegründet. Vor allem die Anzahl politisch-literarisch engagierter Blätter – Forum für Autoren, die das öffentliche Leben mitgestalten wollten – nahm zu.

2. Neue Möglichkeiten und Probleme für Publizisten und Literaten

2.1 Literatur als Ware

Viele dieser Zeitschriften wurden von Buchverlegern betreut. Deren Autoren fanden darin ein wichtiges Sprachrohr, und die Verlage konnten die bei ihnen publizierenden Schriftsteller einem breiteren Publikum bekannt machen. Die traditionellen Buchverlage waren mit einer veränderten Konkurrenzsituation konfrontiert.

Neue Produktionsmethoden ermöglichten die millionenfach auf den Markt geworfene Heftchen-Literatur und Serien zu Billigpreisen, wie sie etwa der Verlag Ullstein mit seinen Unterhaltungsromanen für 2.85 RM anbot. Auch die größere Zahl von Buchgemeinschaften und deren Expansion – allein die 1924 gegründete »Büchergilde Gutenberg« der Gewerkschaften konnte sich 1932 auf einen Abnehmerkreis von 80.000 Mitgliedern stützen – oder etwa der Abdruck von Romanen in den Tageszeitungen beeinflußten den Markt. Literatur wurde zunehmend zur Ware. Das war nicht neu, aber dem noch vorherrschenden Verständnis vom Dichter als einem autonomen Schöpfer von Kulturwerten doch vielfach fremd. Das Umdenken bei den Verlegern und immer rascher auch bei Autoren gehört zu den tiefgreifenden Veränderungen in der Kultur der zwanziger Jahre. Walter Benjamin beschreibt die Gefahr, die in einer derartigen Marktorientierung des Literaturbetriebs besteht. Aus einem »freien« Produzenten werde der Autor zunehmend zu einem bloßen Lieferanten für den bürgerlichen Kulturbetrieb. Wenn der wirtschaftliche Wert in einer scharfen Konkurrenzsituation wichtiger werde als die ästhetische und inhaltliche Qualität, gerate der Kunstcharakter in Gefahr. Neben dem Problem, ob sich Schriftsteller in die Politik »einmischen« sollten, durchzog daher die umfassendere Frage nach der Funktion des Schriftstellers die ganze Epoche bis zum Ende der Republik (s. S. 16).

Besonders in der stabilsten Phase der Republik (1924–1929) gerieten die Verlage unter Druck. Carl von Ossietzky schildert die Folgen auch für Autoren:

> Der bedrängte Verleger [...] braucht Erfolg um jeden Preis. Er bestellt, impft Ideen ein oder was er dafür hält, zwingt einen Autor, der zu Dunkel neigt, hell zu schreiben, er verwirrt ihn, nimmt ihm den persönlichen Zug. Oder er nötigt einen Autor, den ein Zufallserfolg hochgehoben hat, nun weiter auf gleichem Feld zu ackern, er lehnt andere Vorschläge als nicht zugkräftig ab [...].
>
> *(Carl von Ossietzky: ›Ketzereien zum Büchertag‹.*
> *(In: ›Die Weltbühne‹. 1929)*

In den zwanziger Jahren mußten sich die Verleger auf eine Leserschaft einstellen, die nur wenig mit dem Bildungsbürgertum der Vorkriegszeit zu tun hatte. Hinzu kam ab Mitte der zwanziger Jahre der vielbeklagte »Überdruß am Geist« (Klaus Mann). Ersatz waren die populär-kulturellen Formen der Freizeitbeschäftigung: Film, Revue, Sport (s. S. 23). Es galt also Anstrengungen zu unternehmen, neue Leser zu gewinnen: Ein jährlicher »Tag des Buches« wurde eingeführt, Lesungen in Kaufhäusern wurden veranstaltet. Nach der Zerstörung ihrer Existenzgrundlage durch die Inflation waren nicht wenige Autoren zur Mitarbeit an solchen Versuchen bereit.

Sehr viel weiter gingen – wenn auch ideologisch bedingt – Autoren, die wie Döblin eine »Senkung des Gesamtniveaus der Literatur« mit Rücksicht auf die »breite Volksmasse« forderten oder wie Ernst Toller an Amerika erinnerten, wo sich Dichter als »nützliche Mitglieder der bürgerlichen Gesellschaft, gleich dem Kaufmann und Ingenieur« verstünden.

Nicht alle waren mit solchen Vorschlägen einverstanden. Es gab auch Autoren, die sich durch Verlage unter Druck gesetzt oder in ihren Originalitätsrechten verletzt fühlten. Alfred Döblin etwa prozessierte gegen den Verlag S. Fischer, weil ihn dieser nicht aus seinem Vertrag entlassen wollte. Bert Brecht führte seinen bekannten »Dreigroschenprozeß«, um sich zu wehren, als die Nero-Filmgesellschaft mit der ›Dreigroschenoper‹ nach Gutdünken verfahren zu können glaubte.

Im übrigen konnten sich prominente und unabhängige Schriftsteller dem Druck natürlich entziehen, linke Autoren reagierten mit der Gründung eines eigenen Verlags (Malik-Verlag).

2.2 Schriftstellerorganisationen

Abstiegsängste, ökonomische und soziale Ängste förderten den unter Schriftstellern schon lange bestehenden Wunsch nach Zusammenschluß. Der bereits seit 1909 bestehende »Schutzverband Deutscher Schriftsteller« (SDS) erlangte erst jetzt größere Bedeutung. Er war nicht nur die mitgliederstärkste Vereinigung, sondern er versammelte die meisten prominenten und die einflußreichsten Autoren (u.a. Thomas Mann, Heinrich Mann, Alfred Döblin, Gerhart Hauptmann, Kurt Tucholsky) in seinen Reihen.

In einem Werbeartikel der Verbandszeitschrift ›Der Schriftsteller‹ benannte Arnold Zweig die Situation:

> Die Zeitungen, die Verleger [...] bilden heute einen klaren aktiven Staat im allgemeinen Staate der wirtschaftlichen Reibungen. Es reiben sich große Schollen aneinander, und der Schriftsteller, der als Einzelner zwischen sie gerät, wird immer der Zerriebene sein.

Schärfer noch drückte sich Kurt Tucholsky aus: »[...] wirkt [...] dafür, daß Ihr wirtschaftlich besser dasteht als Eure Waschfrau«. Einigkeit herrschte dennoch unter den deutschen Schriftstellern nicht.

Das zeigte sich, als 1926 der »Preußischen Akademie der Künste« die lange gewünschte »Sektion für Dichtkunst« angegliedert wurde und deren Mitglieder sich bald in zwei Hauptparteien spalteten: eine aufklärerisch-liberale, prodemokratische Partei (Heinrich und Thomas Mann, Alfred Döblin u.a.) und eine der demokratischen Republik ablehnend gegenüberstehende, konservativ und »völkisch« gesinnte Partei, irrationalen Kräften mehr vertrauend als rationalen (Erwin Guido Kolbenheyer, Wilhelm Schäfer, Hermann Stehr u.a.).

In seiner ›Bilanz der Dichterakademie‹ (1931) urteilt Alfred Döblin hart über die Akademie: Ihre Zusammensetzung sei willkürlich, die Mitglieder von außerhalb Berlins, die Vertreter »des sehr platten Landes« redeten aus »orphisch-dunkler Tiefe«, andere »saßen bloß und warteten auf den Sinn der Sektion«. Die »Dichterakademie« sei »unhaltbar: Sie hat keinen Plan, kein Ziel, keinen Grundriß« und »keinen einzigen offiziellen Pfennig«.

Seine Ahnung, daß Diktaturen, wenn sie kommen, »hier ganz robust verfahren werden«, erwies sich als sehr realistisch: er selbst war unter den ersten Opfern.

2.3 Politik und Literatur im Zeichen der Radikalisierung

Die »Völkischen« waren 1930 aus der »Sektion für Dichtkunst« ausgetreten. Ihre Interessen vertrat längst eine andere Vereinigung: der »Kampfbund für deutsche Kultur«. Dessen Initiator war der Chefideologe der NSDAP, Alfred Rosenberg (1893–1946). Er formulierte 1928 die politisch-ideologischen Ziele des »Kampfbundes«:

> Rassefremdes Literatentum verbündet mit den Abfällen der Großstädte, gefördert und bezahlt durch [...] schmarotzende Emporkömmlinge, hat sich [...] zusammengetan, um dem deutschen Charakter seine letzte Wietandskraft gegen ihm feindliches Wesen zu rauben [...]. An Stelle der germanischen Werte von Mut, Ehre, Rechtlichkeit werden bereits nahezu ohne Gegenwirkung Pazifismus, Feigheit, Schiebertum als fortschrittlich und geistig gepriesen.
> [...] Gegen diesen offenkundigen Gesittungsverfall, für deutsche Charakterwerte und arteigene Kultur zu kämpfen, ist Hauptziel der Gesellschaft (oder des Bundes) für deutsche Kultur.

Auch die politische Linke hatte seit 1926 ihren eigenen Literaturverband: den »Bund proletarisch-revolutionärer Schriftsteller« (BPRS). Auch ihm diente Literatur als Mittel zum politischen Zweck, wie ein Aufruf des Bundes (d. h. Johannes R. Bechers, 1932) zeigt:

> Proletarisch-revolutionäre Schriftsteller Deutschlands!
> Setzt eure Literatur mehr als bisher ein in diesem Kampf: Klasse gegen Klasse! Kämpft mit Gedichten, Reportagen, Szenen, Kurzgeschichten und vor allem selbst aktiv mit in der revolutionären Bewegung, tretet vor und sprecht wo Massen sind!

Besonders die beiden genannten »Bünde« zeigen, wie die sich steigernde politische Radikalisierung auch zu einem radikalen Auseinanderdriften der literarischen Gruppen führte, Ausdrücke wie »Kampf«, »Feind« zu Kernwörtern wurden.

Ging es bei der Auseinandersetzung um Aufgabe und Form der literarischen Kunst, um politisch bzw. ideologisch motivierte Positionen im Bereich der Literatur, so wurden staatliche Eingriffe als Bedrohung der Freiheit der Kunst überhaupt empfunden. Schon seit 1922 wurde der Artikel 118 zunehmend ausgehöhlt. Mit dem »Gesetz zum Schutz der Republik« sollte zwar nach der Ermordung Walter Rathenaus die nationalistische Rechte getroffen werden, die Bestimmungen wurden aber auffällig oft gegen liberale, linksbürgerliche und kommunistische Schriftsteller angewandt.

1926 rief schon der Entwurf für ein »Gesetz zur Bewahrung der Jugend vor Schund- und Schmutzschriften« lebhafte Proteste hervor. Viele vermißten eine Definition der Begriffe »Schund« und »Schmutz« und fürchteten den willkürlichen Mißbrauch des Gesetzes für eine neue Zensur.

Thomas Mann, gewiß weder radikal noch der »Schund-und-Schmutz«-Produktion verdächtig, äußerte seine Bedenken mit Schärfe:

> Die Notwendigkeit, unsere Jugend gegen Schmutz und Schund zu schützen, diese Notwendigkeit, auf die der Gesetzentwurf sich gründen soll, ist für jeden Lesenden und Wissenden nichts als ein fadenscheiniger Vorwand [...], sich durchschlagende Rechtsmittel gegen den Geist selbst und seine Freiheit zu sichern.

Alle sachlichen Einwände und Proteste waren vergebens, das Gesetz wurde erlassen und 1930 verschärft.

Noch vor 1933 wurden zahlreiche Bücher (etwa Bertolt Brechts ›Die Mutter‹ oder ›Die heilige Johanna der Schlachthöfe‹) und Filme (u. a. Sergej Eisensteins berühmter ›Panzerkreuzer Potemkin‹ oder Erich Maria Remarques ›Im Westen nichts Neues‹) verboten, Zeitschriften (1931 selbst das sozialdemokratische Blatt ›Vorwärts‹) am Erscheinen gehindert, Autoren (wie Carl von Ossietzky und Johannes R. Becher) verhaftet.

Für 1931 zählt Wolfgang Beutin 65 verhaftete Redakteure und Schriftsteller. Eine »Presseverordnung« von 1931 erlaubte sogar die Beschlagnahme von Druckschriften ohne richterliche Anordnung.

III. Einführung in die Literatur der Epoche

1. Auseinandersetzungen um die Aufgabe der Literatur

Die Literatur der Weimarer Zeit stellt sich als ein vielstimmiger Chor dar, aus dem einzelne großartige Solisten herausragen, in dem im übrigen aber weniger Harmonie als dissonanter Sängerwettstreit herrscht. Einig war man sich zu Beginn, daß das Kriegsende einen Neuanfang bedeute, der vieles zum Besseren wenden müsse, aber über das Wie und Was konnte man nicht zusammenfinden, und am Ende war es wie in der Politik: aus der Pluralität der Absichten und Vorstellungen wurde radikale Polarisierung oder resignierender Rückzug in die Innerlichkeit. Nur daß die Epoche einen »Übergang« darstellte zu etwas ganz anderem, daß die »Gleichzeitigkeit des Ungleichzeitigen« zu keinem Ganzen werden konnte, dessen war man gewiß.

An der Frage nach der Aufgabe der Literatur in der neuen Gesellschaft schieden sich die Geister; die Antworten führten zu Frontbildungen vor allem ideologisch-politischer Gruppen, weil sie, prinzipiell unvereinbar, selbst von Kompromißbereiten nicht zusammenzuführen waren. Mit den gegensätzlichen inhaltlichen Positionen gingen unterschiedliche Vorstellungen und Forderungen im formalen Bereich einher: Experimente im Sinn der Avantgarde oder Besinnung auf Tradition, ästhetische Literatur oder »Asphaltliteratur«, Vorrang des Ästhetischen oder des (auch politischen) »Gebrauchs«, Dichter oder Schriftsteller bzw. Journalist, hohe Literatur oder bloße Unterhaltung. Anders als in Amerika oder anderswo waren in Deutschland Berichterstattung, Schriftstellerei oder Dichtung schon im 19. Jahrhundert getrennt, war das Wort »Unterhaltungsdichter« undenkbar.

In Hunderten von Manifesten, Proklamationen, Essays und Zeitungsartikeln schlug sich diese Diskussion nieder – ihre Öffentlichkeit ist ein ebenso charakteristisches Merkmal der Epoche wie ihre Folge: die Veränderung des Literaturbegriffs.

2. Die Vielfalt der literarischen Strömungen

2.1 Ausgang des Expressionismus

Vorangetrieben wurde diese Diskussion zunächst im Umkreis des Expressionismus (s. Bd. 8). Expressionistische Autoren empfanden sich immer noch als Avantgarde, ihre wichtigste, von Kurt Pinthus herausgegebene Lyrik-Anthologie erschien erst 1919. Noch während des Krieges sahen sie sich in der Forderung nach einem »Neuen Menschen« bestätigt. In ihren Gedichtbänden mit Titeln wie ›Der Mensch schreit‹ (1916), ›Das gelobte Land‹ (1917) oder ›Wandlungen‹ (1915) begriffen sie sich immer noch als die Verkünder einer neuen Welt, als unbestechliche Sprecher des Weltgewissens. Pinthus nannte seine große Anthologie expressionistischer Gedichte ›Menschheitsdämmerung‹, und meinte mit der pathetischen Verkündigung, daß diese »Symphonie jüngster Dichtung« den Klang einer heraufdämmernden Zukunft, »die sich klärende Dämmerung neuen Tags« selbst schaffe.

Walter Hasenclever (1890–1940) hatte anläßlich der Uraufführung seines Dramas ›Der Sohn‹ 1916 verkündet: »Dieses Stück wurde im Herbst 1913 geschrieben und hat den Zweck, die Welt zu ändern.« Ähnlich wollte Georg Kaiser in seinen neuen Schauspielen wie ›Gas‹ (2 Teile, 1918/19) oder ›Hölle Weg Erde‹ (1919) nach Hermann Korte »ein *Modell* jener Wechselwirkung von Vision, suggestivem Sprachgestus und Wandlungserlebnis«, die »Verkündigung von Zukunft« verwirklichen. All dies war poetische Vision, nicht wie Heinrich Mann forderte, direkte, d. h. praktisch gestaltende Teilnahme an Politik, traf sich eher mit dem, was der Elsässer René Schickele, der als Pazifist während des Krieges emigriert war, erhoffte: »eine Revolution durch keine andere Gewalt als die der Herzen, der Überredung und des frohen Beispiels« (H. Korte).

Spätexpressionistische Sehnsüchte solcher Art erwiesen sich als fragwürdig nicht nur angesichts der Ereignisse in Rußland, der revolutionären Wirren in deutschen Ländern, der Ermordung Rosa Luxemburgs, Karl Liebknechts und Walter Rathenaus oder der Erfahrungen, die in das aktuelle politische Leben eingreifende Autoren wie Ernst Toller, Carl Einstein und Erich Mühsam machen mußten. Yvan Goll (1891–1950) drückte es drastisch aus: »Der Expressionist sperrte den Mund auf... und klappte ihn einfach wieder zu [...]. Derselbe, der so ernst bedeutend die Arme in die Luft warf, tut dasselbe nur aus anderem Grund: Der Browning knallt lauter.« Sprach Goll hier davon, daß man in Zeiten der Gewalt, selbst machtlos, die Vision einer »Wandlung« aller nicht in die Wirklichkeit umsetzen könne, so sahen Kritiker, darunter nicht wenige Schriftsteller, andere Gründe für ein Ende der

expressionistischen Vorstellung vom Dichter als Seher und Messias. Noch für Toller hatte es »zur Voraussetzung des *politischen* Dichters« gehört, den er für die Zukunft forderte, daß dieser »stets irgendwie religiöser Dichter« sein müsse, und sogar Johannes R. Becher war mit ihm der gleichen Ansicht gewesen, wie auch Kasimir Edschmid. Edschmid, selbst Theoretiker des Expressionismus, erklärte dann 1920, er sei »gegen Expressionismus, der heute Pfarrerstöchter und Fabrikantenfrauen zur Erbauung umkitzelt«.
Aber Walter Hasenclever, Dramatiker des Expressionismus (›Der Sohn‹), hat seine Abkehr von dieser Kunstrichtung schon 1918 in einem Artikel ›Kunst und Revolution‹ anders erklärt:

> Es ist Zeit, einen Schwindel aufzuklären, auf den die Geister hereingefallen sind. Expressionismus gibt es nicht! Dichten heißt: eine Absicht haben. Wer sie zustande bringt, hat die Richtung. Wer sie nicht hat, drückt aus, was dem anderen eingefallen war. Dieser Zustand ist expressionistisch. Es gibt wenige, denen etwas einfällt und viele Expressionisten! Der Expressionist hat den Standpunkt. Er wechselt die Farbe, es kommt auf den Druck an.

Der Expressionismus hatte in den Augen all seiner Kritiker seine Funktion verloren. Dies war freilich noch keine Antwort auf die Frage, welche Aufgabe der Literatur jetzt zukommen sollte. Auch Paul Kornfelds Rat wirkt eher resignierend:

> Nichts mehr von Krieg und Revolution und Welterlösung! Laßt uns bescheiden sein und uns anderen, kleineren Dingen zuwenden – einen Menschen betrachten, einen Narren, laßt uns ein wenig spielen, ein wenig schauen und wenn wir können, ein wenig lachen oder lächeln.

Dennoch deutet er in der Hinwendung zur Komödie einen Weg an, den Carl Sternheim (s. Bd. 8) schon vorher beschritten hatte. Er selbst, Yvan Goll und Walter Hasenclever lösten sich so vom expressionistischen Verkündigungsdrama. Sie bedienten mit ihren zeitgebundenen und daher heute fast vergessenen Komödien das Unterhaltungs- und Satirebedürfnis des Publikums nach den revolutionären Wirren und erzielten auch durch den Einbau der neuen technischen Medien Film und Radio Aufmerksamkeit. Ernst Tollers ›Hoppla, wir leben!‹ (1927) gehört in die Reihe dieser Komödien; schon mit der Tragödie ›Hinkemann‹ (1924) hatte er den Boden des Expressionismus verlassen. In seiner Komödie ›Der entfesselte Wotan‹ (1923) heißt es bereits: »Was einst Tragödie, ward zur Poesie, was einst gekrümmtes Leid, ward nun Gelächter.«

2.2 Dadaismus

Den heftigsten Angriff gegen den Expressionismus aber führte schon früh eine Gruppe, die sich Dada nannte.

> Unter dem Vorwand der Verinnerlichung haben sich die Expressionisten in der Literatur und in der Malerei zu einer Generation zusammengeschlossen, die heute schon sehnsüchtig ihre literatur- und kunsthistorische Würdigung erwartet und für eine ehrenvolle Bürger-Anerkennung kandidiert. Unter dem Vorwand, die Seele zu propagieren, haben sie [...] zu den abstrakt-pathetischen Gesten zurückgefunden, die ein inhaltsloses bequemes und unbewegtes Leben zur Voraussetzung haben. Die Bühnen füllen sich mit Königen, Dichtern und faustischen Naturen jeder Art, die Theorie einer melioristischen [sozialreformerisches Schlagwort expressionistischer Aktivisten: Besserung versuchend; Hrsg.] Weltauffassung [...] durchgeistert die tatenlosen Köpfe. [...] Jener sentimentale Widerstand gegen die Zeit, [...] jene matte Opposition, die nach Gebeten und Weihrauch schielt, wenn sie es nicht vorzieht, aus attischen Jamben ihre Pappgenossen zu machen – sie sind Eigenschaften einer Jugend, die es niemals verstanden hat, jung zu sein. Der Expressionismus, der [...] nach beliebter Manier eine fette Idylle und Erwartung guter Pension geworden ist, hat mit dem Streben tätiger Menschen nichts mehr zu tun.
>
> (›Dadaistisches Manifest‹, 1918)

Der Verfasser dieses »ersten Dada-Manifests in deutscher Sprache« war der Arzt und Lyriker Richard Huelsenbeck (1892–1974). Er hatte 1916 zusammen mit dem elsässischen Bildhauer und Schriftsteller Hans Arp (1887–1966), dem Schriftsteller und Dramaturgen Hugo Ball (1886–1927) und dem französischen Schriftsteller rumänischer Herkunft Tristan Tzara (1896–1963) in Zürich das »Cabaret Voltaire« gegründet, das auf antibürgerlicher Basis – beeinflußt von früheren Bestrebungen des italienischen Futurismus, die darauf hinausliefen, die Sprache von ihren gewohnten Strukturen wie Syntax, Zeichensetzung u.a. zu befreien (s. Bd. 8, S. 313ff.) – »künstlerische Unterhaltung« bieten wollte. Das Kennwort »Dada« (auch DADA) ist nicht recht zu definieren, vielleicht liegt gerade darin ein gewisser Sinn: »DADA bedeutet nichts«, hören wir von Tristan Tzara, »DADA – das ist ein Wort, das die Gedanken auf die Jagd schickt.« Hugo Ball sagt es noch vieldeutiger:

> Dada ist eine neue Kunstrichtung. Das kann man daran erkennen, daß bisher niemand etwas davon wußte und morgen ganz Zürich davon reden wird. Dada stammt aus dem Lexikon. Es ist furchtbar einfach. Im Französischen bedeutet's Steckenpferd. Im Deutschen: Addio, steigt mir bitte den Rücken runter, auf Wiedersehen ein ander Mal! Im Rumänischen: Ja wahrhaftig. Sie haben recht, so ist's. Jawohl, wirklich. Machen wir. Und so weiter.

Ein internationales Wort. Nur ein Wort und das Wort als Bewegung. Sehr leicht zu verstehen. Es ist einfach furchtbar. Wenn man eine Kunstrichtung daraus macht, muß das bedeuten, man will Komplikationen wegnehmen. [...] Wie kann man alles Aalige und Journalige, alles Nette und Adrette, alles Vermoralisierte, Vertierte, Gezierte abtun? Indem man Dada sagt. Dada ist die Weltseele. Dada ist der Clou. Dada ist die beste Lilienmilchseife der Welt. (›Eröffnungsmanifest‹, 1916).

Dada Zürich lebte in seiner besonderen Situation: Das »Cabaret Voltaire« bot sein Programm, mit seinem sprachlichen, musikalischen und ausstattungskünstlerischen Erfahrungsreichtum, an dem jederzeit auch die Gäste sich beteiligen konnten, einer internationalen Gruppe von Künstlern, die wegen des Krieges emigriert waren und sich hier zusammenfanden. Nach dem Kriegsende gab es Dada bald an verschiedenen Orten in jeweils eigener Ausprägung: Tzara trug Namen und Verhaltensweisen nach Paris, andere Franzosen richteten unter Künstlern in New York ein eigenes Dada-Zentrum ein, Hans Arp beeinflußte eine um den Maler Max Ernst (1891–1976) sich entwickelnde Gruppe in Köln.

Am aktivsten wurden Dadaisten im mit dem Kriegsende revolutionär brodelnden Berlin. Schon 1917 hatte Huelsenbeck Dadaistisches nach Berlin gebracht, 1918 wurde der »Club Dada« (mit dem österreichischen Maler und »Dadasophen« Raoul Hausmann, 1886–1971) gegründet, und bald entfaltete sich rege Aktivität: mit Unterstützung des Verlegers Wieland Herzfelde (1896–1988) entstanden in rascher Folge (meist kurzlebige) Zeitschriften (›Jedermann sein eigener Fußball‹, 1919; ›Der Dada‹, 1919–1920; ›Die Pleite‹, 1919; ›Der blutige Ernst‹, 1919–1920; ›Der Gegner‹, 1919–1921 od. 22); auf sogenannten Vortragsabenden und Matineen trugen die Mitglieder ihre Dada-Reden und Manifeste vor, präsentierten ihre Gedichte, Experimente in Wort, Ton und Graphik. Traditionelle Gattungsgrenzen wurden verwischt, Literatur, bildende Kunst und Musik in »Aktionen« miteinander verbunden. Zwischen Künstlern und Dilettanten, Profis und Amateuren sollte es keine Grenzen mehr geben, nur Wahlverwandte sollten sie sein. Ein solcher Wahlverwandter war z.B. der linksradikale Schriftsteller Franz Jung (1888–1963), der in seinen Romanen und programmatischen Äußerungen für eine »Revolution der Sprache«, eine im Bündnis zwischen Autor und Leser entstehende Literatur eintrat. Seine (nur kurze Zeit gelesenen) Romane wurden von bekannten Dada-Mitgliedern wie den beiden Karikaturisten, Zeichnern und Schriftstellern George Grosz (1893–1959) und John Heartfield (1891–1968) illustriert. Mit ihnen und Raoul Hausmann, der die Verbindung herstellte, kam ein radikaler politischer Zug in die Gruppe, der sie deutlich vom Züricher »Club Voltaire« unterschied:

> Das Proletariat war [nach der Ermordung von Karl Liebknecht und Rosa Luxemburg, 1919; Hrsg.] wie gelähmt und erwachte nicht aus seiner Betäubung.
> Also mußte man die DADA-Aktion verstärken: gegen eine Welt, die nicht einmal mannhaft gegen unverzeihliche Greuel reagierte [...].
> In diesem tollen Klima, in dieser stumpfen Zerstörung kann man kein braver Typ von konventionellem Künstler sein.
>
> *(Raoul Hausmann: ›Dada empört sich, regt sich und stirbt in Berlin‹, 1970)*

Politischer Gegner war die Republik: »Weimar ist nichts als Lüge, die Verkleidung der teutonischen Barbarei.« Mit Weimar meint Hausmann aber nicht nur die Republik. In seinem überspitzten und von Ideologie befrachteten ›Pamphlet gegen die Weimarische Lebensauffassung‹ (1919) polemisiert er auch gegen deutsche Kulturtradition:

> Ich bin nicht nur gegen den Geist des Potsdam – ich bin vor allem gegen Weimar. Noch kläglichere Folgen als der alte Fritz zeitigten Goethe und Schiller – die Regierung Ebert-Scheidemann war eine Selbstverständlichkeit aus der dummen und habgierigen Haltlosigkeit des dichterischen Klassizismus. Dieser Klassizismus ist eine Uniform, die metrische Einkleidungsfähigkeit für Dinge, die nicht das Erleben streifen. Außerhalb aller Strudel des realen Geschehens hüllen ernsthafte Dichter, Mehrheitssozialisten, Demokraten, die Belanglosigkeit in die starrenden Faltenwürfe würdiger Verordnungen; [...].

Mit Spott und aggressiver Einseitigkeit geht es gegen die »Literatoren« und »Versemacher«: Sie

> leiden am Gall-Fluß ihrer traurigen Ernsthaftigkeit und bedecken schon wieder als Aussatz die geistigen Beulen der Ebert-Scheidemann-Regierung, deren elende Phonographenwalzenmelodie sie kakophonisch unterstützen, wie sie einstmals für den preußischen Schutzmann begeistert grölten.

Die punktuelle Zeitkritik der kabarettistischen Anfänge wurde damit zur Kulturkritik.

Als »kulturkritische Aktion besonderer Art kann dabei auch die künstlerische Praxis verstanden werden« (Hans Burckhard Schlichting). Die Dadaisten proklamierten nicht nur, sie zeigten auch in ihren eigenen Werken eine radikale Abwendung von allem Bisherigen: »Wir wollen alles selbst schaffen – unsere neue Welt!« (Hausmann). Wie weit sie sich dabei von herkömmlichen Wertvorstellungen im Kunstbereich entfernten, wurde in der »Kunstlump-Debatte« (s. S. 41, 408) allen sichtbar. Die Destruktion des bisher Gültigen bis zur realen Zerstörung wurde um des Neuen willen in Kauf genommen: »Dada gestaltet, die Welt praktisch nach ihren Gegebenheiten, es benützt alle Formen und Gebräuche, um die moralisch-pharisäische mit ihren eigenen Mitteln zu zerschlagen«, verkündigte Hausmann lautstark.

Dies erlaubte z. B., bereits Gestaltetes zu »zitieren«, Gegenständliches (Fotos, Zeitungsausschnitte, Alltägliches überhaupt) als Textbestandteil zu reproduzieren. »Montage« wurde ein Schlagwort, satirische Verfremdung, Ironie und groteske Gestaltung dienten dazu, das »mechanische« und fraglose Funktionieren des Menschen bloßzustellen. Der Wirklichkeitsgehalt überlieferter Literatur wurde angezweifelt. Die Dadaisten schreckten vor einer absichtlichen Zerstörung der Grammatik bis hin zum Wort nicht zurück.

Das Mißtrauen richtete sich vor allem auf das Medium Schrift. Ihr Bestreben, durch das Layout ihrer »Text-Präsentation« entgegenzuwirken, geht darauf zurück. »Optophonetik« nennt Hausmann solche Gebilde und erklärt: er habe »mehr oder weniger große und magere oder fette Buchstaben, die so den Eindruck einer musikalischen Schreibweise erklären«, ausgewählt, um Auge und Ohr unmittelbar anzusprechen. Dies weist zurück auf den von Henri Bergson 1889 beschriebenen Begriff der Simultaneität, die »Öffnung des gelebten Augenblicks auf die Vielzahl der gleichzeitigen, in sich selber flüchtigen Ereignisse« (nach H. B. Schlichting), ein Thema, das unter dem Eindruck des raschen und ständigen Wechsels in der Großstadt auch Philosophen (z. B. Georg Simmel) und Maler beschäftigte.

Hausmann selbst spricht von einem »ersten Schritt zu einer vollkommenen, nicht-gegenständlichen, abstrakten Poesie« und deutet damit (allerdings aus der Rückschau 1958) auf einen weiteren Zusammenhang mit der zeitgenössischen Kunst (z. B. Kandinsky) hin. Huelsenbeck drückt dies im bereits zitierten ›Dadaistischen Manifest‹ (1918) ohne zeitlichen Abstand treffender aus: »Das Leben erscheint als ein simultanes Gewirr von Geräuschen, Farben und geistigen Rhythmen, das in die dadaistische Kunst unbeirrt [...] und in seiner gesamten brutalen Realität übernommen wird.« Drei Gedicht-Formen zählt er zur Erläuterung auf:

Das BRUITISTISCHE Gedicht
[Bruitismus (zu frz. bruit): Geräusch-Musik; im italienischen Futurismus die Tendenz, in der Musik auch Umweltgeräusche zu verwenden; Hrsg.] schildert eine Trambahn wie sie ist [...] mit dem Gähnen des Rentiers Schulze und dem Schrei der Bremsen.

Das SIMULTANISTISCHE Gedicht
lehrt den Sinn des Durcheinanderjagens aller Dinge, während Herr Schulze liest, fährt der Balkanzug über die Brücke bei Nisch, ein Schwein jammert im Keller des Schlächters Nuttke.

Das STATISCHE Gedicht
macht die Worte zu Individuen, aus den drei [!] Buchstaben Wald tritt der Wald mit seinen Baumkronen, Försterlivreen und Wildsauen [...] heraus.

Dada gab es nur eine kurze Zeit. Die Ausstellung »Erste Internationale Dada-Messe« (1920) bedeutete auch schon das Ende von Dada Berlin. Rudolf Schlichter (1890–1955) hatte eine schwebende Deckenplastik ›Preußischer Erzengel‹ ausgestellt, die einen »ausgestopften feldgrauen Soldaten mit Offiziersachselstücken und der Maske eines Schweins als Kopf« darstellte. Diese Plastik und andere Objekte führten zu einem Prozeß wegen Beleidigung der Reichswehr, der allerdings glimpflich endete, weil der Richter zu überzeugen war, »daß sämtliche DADAistischen Greuel nichts seien als jugendliche und wohl entschuldbare Knabenstreiche«. Aber »DADA war tot, ohne Ruhm und Staatsbegräbnis«, schrieb R. Hausmann (›Dada empört sich, …‹), der dennoch »den Kampf, gemeinsam mit Schwitters auf einer anderen Ebene wieder auf[nahm]«. Kurt Schwitters (1887–1948, erster Gedichtband: ›Anna Blume‹, 1919 [s. S. 353]), der seit 1919 die sogenannte Merzkunst – eine Abkürzung für Kommerz – entwickelt und sich dabei teils dadaistischer, teils surrealistischer Methoden bedient hatte, gilt als einer der Vorläufer der Konkreten Poesie.

Gegenüber einer lange üblichen Haltung, die in der DADA-Produktion im wesentlichen Ulk- und Nonsensliteratur sah, stuft man heute ihre Bedeutung höher ein. Sie hat eine erstarrte Kunstdiskussion wieder aufgebrochen, internationale Strömungen aufgenommen und angeregt, den Modernismus auf ihre Weise unterstützt und späterer Kunst und Literatur Wege gewiesen.

2.3 Proletarisch-revolutionäre Literatur

Die dadaistischen Bestrebungen standen manchen Vorstellungen von Theoretikern und Autoren der proletarisch-revolutionären Literatur nahe. In den ersten Anfängen der Weimarer Republik beteiligten sich Berliner Expressionisten und Dadaisten an der Gründung eines »Bundes für proletarische Kultur«, einer der vielen kurzlebigen Vereinigungen der ersten Jahre des neuen Staates. Seine wohl einzige Bedeutung liegt darin, daß er Erwin Piscator (1893–1966) zu einem Experiment »proletarisches Theater« ermunterte. Es sollte (in Konkurrenz zur sozialdemokratisch geforderten Volksbühnenbewegung) ein Mitgliederverein sein; seine Zielsetzung wurde vom Klassenkampf bestimmt. Als Mittel sollte anstelle des bürgerlichen Theaters eine neue Form entwickelt werden, in der Darsteller, Bühnenleute, Autor und Publikum gemeinsam an der Aufführung beteiligt sind. Funktion der Kunst war deutlich, ein »proletarisches Gemeinschaftsgefühl« zu verstärken. 1921 wurde das Theater verboten, und die Verbindung zu Dada zerbrach an der kontroversen Einstellung in der »Kunstlump-Debatte« (s. S. 41, 408). Zwei der bestimmenden Vertreter, Franz Jung und Johannes R.

Becher, hielten Gedanken wie »den Rhythmus der Gemeinschaft, der zugleich das Leben und das Glück ist« und in der Identifikation mit dem proletarischen Milieu gefunden werden könne, aufrecht.

In seinem Roman ›Die Eroberung der Maschinen‹ zeigt Jung »beispielhaft, wie der Agens der Zerstörung von Sinn – die maschinenhaft funktionierende Gesellschaft – zur Instanz einer neuen Sinngebung umfunktioniert werden kann« (Rüdiger Safranski), während Becher in den späten zwanziger Jahren »Kulturverzicht« predigte, oder Angriffe gegen den anderen »Teil der Menschheit auf seinem verlorenen Posten, überwuchert von seinem eigenen Pesthauch« richtete.

Unter den Autoren des proletarischen Theaters dagegen fand in den späten Jahren der Republik nur Friedrich Wolf (1888–1953) größere Beachtung – v. a. mit seinem Antikriegsstück ›Die Matrosen von Cattaro‹ (1930), in dem er noch einmal den insbesondere für die Genossen drängenden Konflikt zwischen individuell motivierter Handlung und der im Interesse der Ideologie »objektiven« Notwendigkeit darstellte. Er unterschied sich damit von dem sogenannten Agitprop-Theater, das sich – wie die Literatur der »linken« oder »rechten« Autoren überhaupt – unter dem Eindruck der zunehmenden Polarisierung und Radikalisierung der politischen Gruppen um direkte politische Wirkung bemühte. Engagierte Autoren sahen in der Literatur (wie in der Kunst insgesamt) eine »Waffe«, die zur Veränderung der gesellschaftlichen Verhältnisse eingesetzt werden konnte und sollte, einen notwendigen Beitrag zum »Klassenkampf«. In der ›Linkskurve‹ (August 1929) verkündete Erich Becher:

> Proletarisch-revolutionäre Literatur singt Klassenliebe und Klassenkampf. Sie marschiert mit unter der Parole: »Krieg dem Krieg!« [...]. Kunst ist für uns eine höchst verantwortliche und gefährliche Sache. Sie ist ein Einbruch, sie bohrt an und betrommelt den Menschen dort, wo [...] die Gefühlsmassen verborgen liegen [...].

Das Agitprop-Theater oder Formen des Straßentheaters suchten, wie das »proletarische Theater« überhaupt, in ihren Darstellungen die »Entlarvung« des Klassenfeindes und arbeiteten hierzu mit groben Klischees. Friedrich Wolf beschreibt diese:

> »Der« Fabrikant war ein fetter Spießer, er trug die Aktenmappe, »der« Faschist hatte die Mördervisage und war bis an die Zähne bewaffnet, »der« Sozialdemokrat war ein vertrottelter »Sozialfaschist«, »der« Prolet war ehrlich und verhungert.
> *(Friedrich Wolf: ›Schöpferische Probleme des Agitproptheaters‹. 1933)*

2.4 »Neue Sachlichkeit«

1925 präsentierte der Kunsthistoriker Georg Friedrich Hartlaub, Leiter der Städtischen Kunsthalle Mannheim, eine Ausstellung nachexpressionistischer Malerei. Die darin gezeigten Exponate faßte er unter dem Sammelbegriff »Neue Sachlichkeit« zusammen, weil sie die »positiv greifbare Wirklichkeit« gegenstandsgetreu darstellten. Spätere Erläuterungen zur Malerei dieser Zeit (wie z. B. Paul F. Schmidt, 1953) zogen dagegen die Bezeichnung »Magischer Realismus« vor und verwiesen auf eine gewisse Uneinheitlichkeit: eine sozialistisch engagierte »veristische« Gruppe (etwa Otto Dix, George Grosz und Rudolf Schlichter) ließe sich von einem mehr unpolitischen, »im Zeitlosen Wurzel fassend[en]«, »klassizistischen Flügel« (etwa Alexander Kanoldt oder Georg Schrimpf) unterscheiden.

Wenn man Beschreibungen der Gemälde dieser Ausstellung liest, fallen dennoch Kennzeichnungen auf, die auf etwas Gemeinsames schließen lassen. Da ist die Rede von »Erstarrtsein«, »gefrorener Idyllenstimmung« (bei Schrimpf), »Formen magischer Erstarrung« (bei Grosz), von »Schwanken zwischen Haß und Vorliebe für Schönheit«, »gefrorener Unbeweglichkeit der Figuren«, »eisenharter Zeichnung« (bei Dix) und allgemein von »kalter und gefühlsleerer« Form. Es sind Ausdrücke eines statischen Augenblickszustands und der Kälte. Und so sehr man sich hüten wird, in solchen Merkmalsbestimmungen eine absolute Parallele zur Literatur herzustellen, ganz von ungefähr ist es sicher nicht, wenn sich auch da »Kälte« geradezu als ein Kernbegriff einstellt, wo Vertreter der »Neuen Sachlichkeit« die Absicht der zeitgenössischen Kunst definieren:

»Sie werden bemerkt haben«, schreibt Brecht polemisch gegen Thomas Mann 1926, »daß die Luft sich in Ihrem letzten Jahrzehnt bedrückend abgekühlt hat. Dies kam nicht von allein und wird nicht aufhören von allein, ›irgendwo‹ waren Gefriermaschinen in Tätigkeit. Nun: Wir waren es, die sie bedienten«. Zur Kälte-Metapher gehört vieles: die »angemessene Kälte der Beobachtung«, von der Jünger spricht, der »eisige Raum« als Kennzeichnung des eigenen Standorts bei Arnold Zweig. Diese »Kälte« ist nichts Negatives, sie ist die Antithese zur scheinbaren Wärme und behaglichen Geborgenheit der allgemein üblichen optimistischen humanen Verheißungen. Helmut Lethen weist darauf hin, daß Brechts »Heilige Johanna der Schlachthöfe« zugrunde geht, weil sie sich zu lange an dieser Wärmequelle eingerichtet hat. Auch Kästners »Fabian« zerbricht, weil er sich nicht für die »Kälte« entscheiden kann.

Es wäre freilich extrem einseitig, dies als einziges oder auch nur als allgemeingültiges Hauptmerkmal »neusachlicher« Autoren zu sehen. Hartlaub hat dies ja auch für die Malerei schon angedeutet: Es gibt

Gegensätze innerhalb dieser Gruppierung, nur durch den Begriff für einige Zeit – und in wechselnder Intensität und Besetzung – von ähnlichen Kunstauffassungen getragen. Sie agierte nicht wie andere gemeinsam, brachte kaum verbindliche programmatische Schriften hervor, verfügte nicht einmal, wenn man von dem wenig bekannten ›Scheinwerfer‹ (in Essen) absieht, über ein eigenes Publikationsorgan. Lange glaubte man, wenigstens einen ungefähren Aktionszeitraum festhalten zu können: die Stabilisierungsphase der Republik nach dem Ende der Inflation bis etwa 1930, als Joseph Roths berühmter Abgesang »Schluß mit der ›Neuen Sachlichkeit‹!« erschien.

Joseph Roth ist kein Einzelfall, Distanzierungsäußerungen gibt es auch von anderen, die vorher der Gruppe zuzurechnen waren (z. B. Bert Brecht) – Lethen spricht sogar davon, daß »ihre Initiatoren zugleich ihre ersten Kritiker waren« –, aber ebenso zeigen neuere Untersuchungen, wie lebendig gerade zu Beginn der dreißiger Jahre die neusachliche Literatur war. Es scheint fast so, als hätten sie durch die Wirtschaftskrise zu neuen Themen gefunden, wenn Autoren wie Erich Kästner (›Fabian‹, 1931; s. S. 121), Erik Reger (›Union der festen Hand‹, 1931), Hans Fallada (›Kleiner Mann – was nun?‹, 1932; s. S. 128); oder Irmgard Keun (›Das kunstseidene Mädchen‹, 1932; s. S. 138) die Folgen der Weltwirtschaftskrise für den Angestellten, die Wirklichkeit der modernen Industrie, das Babylon Berlins bzw. die Massenkultur zum Gegenstand ihrer Darstellungen machen.

Wie das Ende ist auch der Anfang offen und keineswegs erst auf die Zeit nach der Inflation festzulegen. Schon bald nach dem Ende der revolutionären Unruhen – und noch während der Zeit des Dadaismus – wurde im Zusammenhang mit der Kritik am Expressionismus die Forderung nach mehr »Wirklichkeit« und »Einfachheit« des Stils laut, und schon 1922, so berichtet Marieluise Fleißer in ihrer Rückschau ›Aus der Augustenstraße‹, habe Lion Feuchtwanger ihr gegenüber von »neuer Sachlichkeit« gesprochen: »man schreibe heute anders, man schreibe heute Neue Sachlichkeit«, und das habe sie dann versucht und sich an dem jungen Brecht orientiert, der ebenfalls in einem »ungekünstelt-sachlichen Ton« zu schreiben begonnen habe, wenn er auch dafür selbst den Ausdruck »naives« Schreiben vorzog. Man könnte noch weiter zurückgehen: Alfred Döblin hatte – beeinflußt von dem österreichischen Architekten und Schriftsteller Adolf Loos (1870–1933), Vorkämpfer einer von allem Ornamentalen absehenden sachlich-zweckgebundenen Bauweise – schon vor dem Krieg ein Kunstprogramm für die Literatur entwickelt, in dem er Kunst als Instrument der sachlichen Beschreibung der Außenwelt fordert und sich damit vor allem gegen die neuromantische Literatur wendet, die besonders eine psychologisierende Innenschau betrieb. Döblin, dessen Roman ›Berlin Alexanderplatz‹ (1929; s. S. 108) heute allgemein als bedeutendstes Beispiel neusachlichen Darstellens gilt, hat sich selbst nie ausdrücklich zur Neuen Sachlichkeit bekannt. Er stellt aber die Verbindung in einer Tradition der Moderne her, die vom Naturalismus ihren Ausgang nahm und in der Neuen Sachlichkeit ihre letzte Ausprägung fand. Nicht ganz zu Unrecht hat man daher die »Neue Sachlichkeit« auch gelegentlich als »neuen Naturalismus« bezeichnet, obwohl man formal, thematisch und teilweise auch in der Absicht Unterschiede zum eigentlichen Naturalismus bedenken muß. Es gab jedoch eine gewisse Kontinuität des Realistischen, die in der Auseinandersetzung mit dem Spätexpressionismus – wie schon der Dadaismus zeigt – wieder zutage trat; es geht dabei um die seit der Jahrhundertwende immer wieder gestellte Frage: Wie sollen Künstler auf eine veränderte und sich verändernde Wirklichkeit reagieren und welche Aufgaben hat Kunst angesichts einer gesellschaftlich und politisch neuen Umwelt zu erfüllen?

Über die Aufgabe einer nachexpressionistischen Literatur war man sich dabei mit anderen Gruppierungen weitgehend einig. Die Autoren sollten sich aus ihrer Sphäre lösen, in der Kunst nicht etwas »Absolutes« sehen und auch nicht glauben, »geistige Führer« oder gar »Verkünder« sein zu müssen. Der neue Autor war Analyst der Zeit, verstand seine Aufgabe als »Vivisektion der Zeit« (Erik Reger), sollte nach Siegfried Kracauer »sich (und dem großen Publikum) Rechenschaft ablegen über unsere aktuelle Situation«. Literatur hatte demnach weniger einen Weltdeutungsauftrag, sie sollte die Objektwelt anschaulich vermitteln. Feuchtwanger drückt dies aus, wenn er über die »Wirksamkeiten« englischer Schriftsteller sagt:

> Der Angelsachse verlangt von seinen Schreibern, daß sie im wirklichen Leben Bescheid wissen [...], sieht es lieber, wenn sich seine Schriftsteller auf Experimente, Statistiken, Akten berufen als auf Seele. Er findet lieber in einem Buch Material, Information, als die Ansichten des Schreibers, Angeschautes lieber als Anschauung [...].

Es gehe daher (auch) um »nachkontrollierbare Solidität des Fundaments«. Da werden Kategorien genannt oder ableitbar wie Wirksamkeit, Realitätsnähe und Nützlichkeit, die einen deutlichen Funktionswandel der Literatur anzeigen.

Wenn Brecht im Gefolge solcher Äußerungen und eigener Vorstellungen vom »Gebrauchswert« selbst der Lyrik spricht oder Joseph Roth seinen Roman ›Flucht ohne Ende‹ (1927) im Untertitel als »Bericht« bezeichnet, wird deutlich, daß die Funktionsfrage auch zu einer Darstellungs- bzw. Methodenfrage führen mußte. Zwar verließ Brecht bald den Boden neusachlicher Bestrebungen, Texte zu schreiben, »die das Publikum lesen und hören kann, ohne einzuschlafen«, indem er den Begriff »Gebrauchsliteratur« auch gezielt im instrumentalen Sinn des Gebrauchs für außerliterarische ideologische Zwecke definierte, aber mit seiner ersten großen Gedichtsammlung ›Bertolt Brechts Hauspostille‹ (1927) läßt er sich doch zunächst (und auch gleich wegweisend) der neusachlichen Gruppe zuordnen.

»Gebrauchslyrik« schrieben Autoren, die – wie Walter Mehring, Joachim Ringelnatz, Kurt Tucholsky oder Erich Kästner – ihre Texte zum Teil selbst vortrugen oder für »Cabarets« zusammenstellten. Diese Texte mußten aktuell sein, Beobachtungen aus dem Alltagsleben gestalten; sie waren zumeist zeitkritisch-satirisch gemeint und daher durchgeformt. Gebrauchsliteratur ist nicht mit trivialer Unterhaltungsliteratur gleichzusetzen, sie will ja auch über die Form wirken.

Die Anerkennung der »Gebrauchsliteratur« führte zu einer Ausweitung des Gattungsbegriffs. Sie wurde vor allem sichtbar in der Aufwertung der »Reportage«, der Jugend- und Kinderliteratur (Erich Kästner: ›Emil und die Detektive‹, 1929) sowie der Reiseliteratur. Wenn in einem Artikel in der Zeitschrift ›Die literarische Welt‹ 1926 über Mädchenbücher als erstes nach dem »*Zweck* aller Jugendliteratur« gefragt wird und dabei lauter sachliche Bereiche künftiger Lebensführung erscheinen, die »unterhaltend« dargestellt werden sollten, wenn Mädchen z. B. »vom Mann, wie er wirklich ist, nicht vom Helden, Ritter oder Millionärssohn« erfahren sollten, ist die hohe Bewertung des Nützlichkeits- und Gebrauchscharakters unverkennbar.

Besonders kennzeichnend für die Zeit der Neuen Sachlichkeit ist sicher die Anerkennung und weitere Entwicklung der Reportage. Bis zu den zwanziger Jahren hatte sie als journalistische Berichterstattung kaum literarisches Ansehen genossen. Im Rahmen der Gebrauchsliteratur, als eine für die Allgemeinheit geschriebene, auf genauer Beobachtung bzw. Recherche beruhende, »objektive« Realitätserfahrung vermittelnde Form, erfuhr sie nun eine deutliche Aufwertung.

Der »rasende Reporter« Egon Erwin Kisch (1885–1948) begründete die enge Verbindung der neusachlichen Literatur zur Reportage:

> Nichts ist verblüffender als die einfache Wahrheit, nichts exotischer als unsere Umwelt, nichts ist phantasievoller als die Sachlichkeit, und nichts Sensationelleres gibt es in der Welt als die Zeit, in der man lebt!
> *(Egon Erwin Kisch: ›Der rasende Reporter‹, ›Vorwort‹. 1925)*

Georg Lukács benennt in seinem Aufsatz ›Reportage und Gesellschaft‹ (in: ›Linkskurve‹, 1932) die zusätzliche Bedingung für eine gute Reportage: Es komme »vor allem darauf an, daß die angegebenen Tatsachen in allen Details mit der Wirklichkeit übereinstimmen«. Dennoch muß man hinzusetzen, daß auch in der Reportage ein subjektives Element nie ganz fehlt, worauf auch Theodor Karst in seiner Einleitung zum Band ›Reportage‹ (1976) hinweist:

> Subjektivität, Standpunkthaftigkeit ergibt sich nicht nur schon aus der Wahl der Themen, des Stoffes, auch [...] im Arrangieren der Fakten, im Aufzeigen von Ursachen und Zusammenhängen drückt sich persönliche Stellungnahme, indirekte Meinungsäußerung aus.

Auch Kisch konnte daher seiner eigenen im Vorwort zu seinem Reportageband ›Der rasende Reporter‹ (1925) formulierten Forderung, (»keine Tendenz«, »keinen Standpunkt«, »unbefangene Zeugenschaft« nicht ganz gerecht werden (wie man an seinen ›Reportagen aus dem Ruhrgebiet‹ nachgewiesen hat). Seine Reisereportage ›Paradies Amerika‹ (1930) ist deutlich polemisch angelegt und steht in der Nähe der Schriften der amerikanischen »muck-rakers« (Skandalschreiber, Nestbeschmutzer) Upton Sinclair oder John Dos Passos.

Kischs Reportagen waren und sind dennoch in ihrem Variationsreichtum (Industriereportage, Reisereportage, Kriminalreportage, Arbeitsreportage u.a.), ihrer souveränen Beherrschung der sprachlichen Mittel (Leitmotiv, Montagetechnik, Retardierung, Vor- bzw. Rückgriff, Wiederholung, Zitat usw.), ihrer »effektvollen Kombination von Dingbeobachtung, Räsonnement, Faktenbericht und Interviews« (Gerhard Fuchs) beispielgebend. Vor allem seine vielgelesenen Reisereportagen (aus Rußland, Asien und Amerika) haben Weltbild und Meinung vieler beeinflußt.

Reportage-Elemente finden sich auch im Roman der Zeit. Amerikanische Autoren (wie Sinclair oder Dos Passos) und die russische »Faktenliteratur« eines S.M. Tretjakow gingen voraus. In Deutschland hat die sogenannte Realismusdiskussion, die in der Weimarer Zeit u.a. von Georg Lukács, Walter Benjamin und Siegfried Kracauer unabhängig von der Neuen Sachlichkeit geführt wurde, die Anerkennung der literarischen Berechtigung der Reportage gebracht. Sie gehört zur Erweiterung des Romanbegriffs in dieser Zeit. Viele Romane, die im Umkreis der Neuen Sachlichkeit stehen, zeigen – mehr oder minder deutlich – Züge der Reportage, etwa durch die Verwendung von essayistischen oder sogar rein dialogischen Partien. Erst in letzter Zeit wurde man in diesem Zusammenhang auf zwei weitere Autoren wieder aufmerksam: Erik Reger (›Union der festen Hand‹, 1931) und Ernst Weiß (z.B. ›Georg Letham. Arzt und Mörder‹, 1931, s. S. 142).

Es ist offensichtlich, daß im Zeichen der Sachlichkeit die Prosa im Vordergrund stand. Das gilt nicht nur für Roman und Erzählung, sondern insbesondere auch für alle Prosagattungen, die sich Zwecken zuordnen lassen, z.B. für den Essay.

Zwar hatte dieser schon seit der Jahrhundertwende und (v.a. als Streitschrift) in der frühen Weimarer Zeit eine bedeutende Rolle gespielt, fand aber in der zweiten Hälfte der zwanziger Jahre eine weitere Begründung. Robert Musil betont die Notwendigkeit essayistischer

Schreibweise: »Ein Mann, der die Wahrheit will, wird Gelehrter; ein Mann, der seine Subjektivität spüren lassen will, wird vielleicht Schriftsteller; was soll ein Mann tun, der etwas will, was dazwischen liegt?« Der Essay vertritt den Standpunkt der nicht an Parteien oder Gruppen gebundenen »freischwebenden Intelligenz« (Karl Mannheim, 1929), die – wieder mit den Worten Musils in seinem essayistischen Roman ›Der Mann ohne Eigenschaften‹ (1930/1933, s. S. 209) – nach allen Seiten frei sich einen »Möglichkeitssinn« bewahren will und die geeignete Methode dafür darin sieht, »ein Ding von allen Seiten [zu betrachten], ohne es ganz zu erfassen«. Eine Zeit, die auf der Suche ist, findet im Essay einen ihr gemäßen Weg. Es ist kein Zufall, daß fast alle großen Autoren in der Weimarer Zeit davon Gebrauch machten: Hermann Broch, Rudolf Borchardt, Alfred Döblin, Hermann Hesse, Hugo von Hofmannsthal, Ernst Jünger, Heinrich und Thomas Mann, Robert Musil, Joseph Roth und Jakob Wassermann sind nur einige von ihnen aus dem literarischen Bereich, ohne daß andere wie Walter Benjamin, Sigmund Freud, Ernst Robert Curtius, Siegfried Kracauer und Rudolf Alexander Schröder von geringerer Wirksamkeit gewesen wären.

Neusachliche Tendenzen finden sich auch im Drama und in der Theaterpraxis. Das »Zeitstück« befaßt sich mit aktuellen Themen, die in der Öffentlichkeit diskutiert wurden und für das Publikum von Interesse waren. Es stellt dementsprechend Fakten bzw. deren fiktionale Verarbeitung dar, will Probleme zeigen, Problemlösungen vorstellen und dazu beitragen, Mißstände zu beseitigen. Die Themen stammen – wie in Ferdinand Bruckners (1891–1958) ›Die Verbrecher‹ (1929) – aus dem Bereich der Justizkritik, der Skepsis gegenüber Erziehungsfragen, überhaupt der Schwierigkeiten von Jugendlichen, Identität und Position in der Gesellschaft zu finden u.a. Selbst im kritischen Volksstück ist die Nähe zur »Neuen Sachlichkeit« unübersehbar.

2.5 Konservatismus und Traditionalismus

Die Neue Sachlichkeit geriet im letzten Drittel der Weimarer Republik von verschiedenen Seiten her in die Kritik. Die Haupteinwände resümiert Joseph Roth, der ihr seit ihren Anfängen mehr als nahe gestanden hatte, 1930 unter dem Titel ›Schluß mit der Neuen Sachlichkeit!‹ in der Zeitschrift ›Die literarische Welt‹:

> Nicht oft im Laufe der Jahrhunderte war in Deutschland die Verwirrung so groß, wie jetzt, da die »Konsolidierung« und der »Wiederaufbau« der »Stolz des Vaterlandes« geworden sind, die »Bewunderung der Fremden« und der »Neid der Feinde«. Niemals taten die Jungen so weise und die Alten so jugendlich. Niemals war das Schlagwort von den »Generationen« so häufig und das Bewußtsein von einer Tradition so ohnmächtig. Niemals

war die stoffliche Unwissenheit der Schreibenden so groß und die dokumentarische Authentizität des Geschriebenen so betont. Niemals waren die Menge, die Zwecklosigkeit, die Hohlheit der Publikationen offensichtlicher und niemals die Leichtgläubigkeit größer, mit der man schon die Deklaration der Zweckmäßigkeit aufnahm. [...] Die furchtbare Verwechslung begann, die furchtbarste aller Verwechslungen: des Schattens, den Gegenstände werfen, mit den Gegenständen. Das Wirkliche begann man für wahr zu halten, das Dokumentarische für echt, das Authentische für gültig. Erstaunlich, daß in einer Zeit, in der die einfachen Zeugenaussagen vor Gericht von der modernen medizinischen Wissenschaft mit Recht als unzuverlässig bezeichnet werden, erstaunlich, daß in dieser Zeit die literarische Zeugenaussage gültiger ist als die künstlerische Gestaltung. [...] Und wäre noch wenigstens die Kritik mächtig genug, das »Dokument« auf seine Echtheit zu prüfen! Nein! Man traut der Behauptung allein! Man vergleicht nicht etwa die Photographie mit ihrem Objekt, sondern vertraut der Schlagzeile unter der Photographie.

Aus dem Respekt vor dem »Stoff« folgt die

zweite furchtbare Verwechslung: des Simplen mit dem Unmittelbaren; der Mitteilung mit dem Bericht; des photographierten Moments mit dem andauernden Leben; der »Aufnahme« mit der Realität. Also verliert selbst das Dokumentarische die Fähigkeit, authentisch zu sein. [...] Man erfinde eine Geschichte und sage, man sei dabei gewesen: man glaubt der erfundenen Geschichte. Der Respekt vor der Wirklichkeit ist so groß, daß selbst die erlogene Wirklichkeit geglaubt wird.

Dann wendet sich Roth gegen die weiteren, für ihn zwangsläufigen Folgen. Sie betreffen die Sprache (»Man schreibt nicht gut, man schreibt simpel. Es gilt als ›unmittelbar‹.«), den Ersatz der Gestaltung durch das Dokument (»Die Mitteilung tritt an die Stelle [...] des Geformten und Formenden, des ›Gedichteten‹ also«), die »Pubertätsvorstellung von der Überflüssigkeit der Überlieferung« und die Gleichsetzung von »Sachlichkeit« und »Zeitgemäßheit«. An einem extrem überspitzten Vergleich sieht er für die Literatur Schlimmes kommen:

Im heillosen Wust der Verwechslungen passiert es ihm [dem Leser; Hrsg.], daß er die Wahlverwandtschaften [gemeint ist Goethes Roman] für »unsachlich« hält, einen Sportroman in der »Illustrierten« für »sachlich« – und wie das moderne, hygienische Haus, in dem er wohnt (oder zu wohnen sich einbildet), vor lauter Licht, Luft, Sonne und Gesundheit und blendender Weiße, eher ein Luftbad ist, eine Schießstätte, ein Tummelplatz, ein Rekonvaleszentenheim – alles, nur kein Wohnhaus – so ist das, was er für Literatur hält: Memoirenwerk, Dokument, Zeugnis, privates Geständnis, Leitfaden für »moderne Probleme« – Alles, alles, nur keine Kunst. [...] Da der Leser auf die Form nicht mehr zu achten braucht, entgeht ihm nicht nur die Identität der Form und des Inhalts im Kunstwerk, sondern auch die Identität von Formlosigkeit und Gehaltlosigkeit in den meisten Dokumenten. Nicht einmal seine Freude am Stofflichen kommt also in allen dokumentarischen Werken auf ihre Kosten. Gleichsam von selbst, automatisch entwickelt sich die Sachlichkeit zum Gegensatz der Form. Sagte man noch vor zehn Jahren etwa: Häßlich ist, was zwecklos ist; so sagt man heute: häßlich ist, was unsachlich ist. Indem man statt des präzisen »Zwecklos« ein vages »Unsachlich« setzte, verwandelte man Sinn in Unsinn. Aber selbstverständlich erstirbt für die Sprache das Verständnis. Mit ihm das Verständnis für die Nuancen. Sie sind »unsachlich«.

Auch junge Autoren, vor allem Lyriker, die sich um die Dresdener Zeitschrift ›Die Kolonne‹ (gegr. 1929) sammelten, bezogen entschieden Stellung gegen die Neue Sachlichkeit, weil diese den »Dichter zum Reporter erniedrigte und die Umgebung des proletarischen Menschen als Gefühlsstandard modernen Dichtens propagierte« (Nr. 1 der Zeitschrift). »Dichter« und »Dichtung«, »Gefühlsstandard«, das sind Stichworte, die dem Kunstverständnis der linken Moderne widersprechen. Letzten Endes bedeutet, was diese Gruppe, was Roth und viele andere ähnlich ausdrückten, eine Absage an den funktionalen Literaturbegriff. Dies zeigte sich auch im Detail. »Dichter« im Verständnis des ›Kolonne‹-Kreises lehnten das Kollektiv ab (»Der Lyriker entscheidet sich für nichts, ihn interessiert nur sein Ich«, schrieb der junge Günther Eich), sie verurteilten Fortschrittsgläubigkeit, Technikeuphorie (»Was ist das Wesentliche einer Zeit? Doch wohl nicht ihre äußeren Erscheinungsformen, Flugzeug und Dynamo, sondern die Veränderung, die der Mensch durch sie erfährt«, G. Eich, 1932) und Großstadt, sie fühlten sich dem Kreislauf der Natur verbunden:

> [...] noch immer leben wir von Acker und Meer, und die Himmel, sie reichen auch über die Stadt. Noch immer lebt ein großer Teil der Menschheit in ländlichen Verhältnissen, und es entspringt nicht müßiger Traditionsfreude, wenn ihm Regen und Kälte wichtiger sind als ein Dynamo, der nie das Korn reifte.
>
> (›Die Kolonne‹, Nr. 1)

2.6 Wege in eine Literatur der Innerlichkeit

Autoren wie die »Dichter« aus dem ›Kolonne‹-Umkreis wenden sich mit alledem nicht nur gegen neusachliches Schreiben, sie drücken aus, was zu Beginn der dreißiger Jahre weitverbreitete Stimmung war. Der Kritiker Herbert Ihering (1888–1977) beschrieb diese Stimmung im April 1930 so:

Niemand zweifelt daran, daß eine Kulturreaktion heraufzieht, deren Ausdehnung und Dauer nicht abgeschätzt werden kann. Diese Kulturreaktion kommt nicht kämpfend [...], der Umschwung vollzieht sich allmählich. Unmerkbar ändern sich die Vorzeichen. Unsichtbar lagern sich die Begriffe um. Es ist [...] ein langsamer und vorsichtiger Klimawechsel.

Diesen Klimawechsel bemerkten viele: »Die Zeit der Experimente und Extreme ist vorüber, man liebt wieder das Bürgertum und den Nobelpreisträger Thomas Mann und die Bequemlichkeit, anerkannte Autoren lesen zu dürfen«, vermerkt Heinz Liepmann 1930 in der ›Weltbühne‹, und Carl von Ossietzky meint es nicht anders: »Die soziale Anklage sinkt im Kurs, die Aktien von Narziß und Goldmund [Titel des eben erschienenen Romans von Hermann Hesse; Hrsg.] steigen.« (1931). Sie alle weisen auf Hauptmerkmale des »Klimawechsels« hin: Das Zweckhaft-Rationale weiche einem neuen Irrationalismus, das politische Engagement dem Rückzug in das privat Beobachtende, das Dokument der Phantasie, die Suche nach Kraft in der Gemeinsamkeit weiche dem Besinnen auf das eigene Ich, der »Flucht in das Reich der ›Innerlichkeit‹«, wie Walter Karsch es 1932 nach einem Begriff, den Franz Werfel 1931 in einer Abhandlung benutzt hatte, etwas verächtlich nennt. Die Überdruß-Reaktion auf das »sich revolutionär gebärdende Pubertätsgebrülle« oder »forsche Sozialreportagen im wilhelminischen Schnarrton« (Willy Haas) mag einer der Gründe für die Krise gewesen sein. Bedeutender war wohl die tiefe Verunsicherung durch die Vorgänge in der Politik und insbesondere in der Wirtschaft. Auffällig aber ist die Breite der Betroffenheit: Neben den Vertretern der »konservativen Revolution« (s. S. 43), den bereits aus rein ästhetischen Gründen, aus ideologischer Gebundenheit oder aus religiöser Haltung heraus den verschiedenen modernistischen Richtungen ablehnend gegenüberstehenden Autoren sind es auch entschiedene Vertreter der Moderne selbst, die in Zweifel geraten. Alfred Döblin z. B. wandte sich nach ›Berlin Alexanderplatz‹ von der Beschreibungs- und Collagentechnik zugunsten traditioneller Erzählformen ab, Johannes R. Becher glaubte, daß eine Rückbesinnung auf das »deutsche Erbe« nötig sei, und selbst George Grosz forderte 1931, daß man angesichts einer »glaubenslosen und materialistischen Zeit« wieder an einen Hieronymus Bosch oder Albrecht Altdorfer anknüpfen müsse.

Der Zweifel an der Veränderbarkeit oder gar Verbesserung der wirtschaftlich-sozialen Situation, die tiefe Skepsis gegenüber einer rationalistisch-materialistisch und technokratisch orientierten Welt wurde unterstützt durch existenzialphilosophische (Jaspers; s. S. 34) und kulturpessimistische (Sigmund Freud, ›Das Unbehagen in der Kultur‹, 1929) Schriften. Insbesondere die nicht an extreme Parteien gebundenen Intellektuellen mußten nach neuen Wegen suchen. Die Natur, die

Welt des Mythos, die Religion und die Innerlichkeit sollten die Krise überwinden helfen: »Ich glaube, daß, wie ein Baum seine Wurzeln im Dunkeln haben muß, um blühen zu können, der Dichter seine Wurzeln in Gott haben muß, um blühen zu können«, erklärte 1931 der später durch seine Romane bekannt gewordene und geschätzte Ernst Wiechert (1887–1950). Ähnlich wie er äußerte sich Werner Bergengruen (1892–1964; s. Bd. 10): der Dichter müsse sich an »Jahreszeiten und Weltenalter, menschliche Lebensabläufe und Völkerschicksale«, die »Unterpfänder und Widerspiegler ewiger Ordnungen« halten, er habe die

> Urbilder [...] zu hüten und sie heil hindurchzutragen durch Zeiten, in denen sich ihr Sinn zu verdunkeln scheint und die ewigen Ordnungen der Schöpfung sich dem menschlichen Blick zu verhüllen drohen. [...] Der Dichter [...] hüte sich davor, seiner Zeit dienstbar sein zu wollen, denn nur so wird er ihr dienen können.

Evangelische und katholische Autoren wie Gertrud von le Fort (1876–1971; ›Hymnen an Deutschland‹, 1932; ›Die Letzte am Schafott‹, 1932), Reinhold Schneider (1903–1958, s. Bd. 10), Rudolf Alexander Schröder (1878–1962; ›Mitte des Lebens‹, 1930), Ina Seidel (1885–1974; ›Das Wunschkind‹, 1930), Konrad Weiß (1880–1940; ›Herz des Wortes‹, 1929) fanden Gehör auch bei einer Leserschaft, die bis dahin in anderen Lagern stand.

Auch Heideggers Kunstvorstellung (s. S. 32) wird in diesem Zusammenhang wirksam. Er spricht von der Kunst als einem Tempel, der die Wege öffne zu »Geburt und Tod, zu Katastrophe und Segen, zu Sieg und Niederlage«. Darin begreife der Mensch sein eigenes Schicksal, die Kunst habe eine religiöse Funktion, nämlich die, die Wahrheit zu offenbaren.

Hort einer »heilen Welt« schien vielen das Land im Gegensatz zur Großstadt. 1931/32 findet sich in der Zeitschrift ›Die Tat‹ eine dafür typische Äußerung: »Das Land weiß nichts von Krise, es kennt nur Saat und Ernte. Die heutige Krise ist kein Naturgeschehen, [sie] ist lediglich eine Krise des Denkens. Das Land denkt nicht, es leidet.« Dieser Gegensatz zieht sich seit dem Beginn des Jahrhunderts durch die Literatur und Literaturkritik (s. Bd. 8, S. 67ff.).

In der Weimarer Republik wurde Berlin zunehmend zum Inbegriff des westlichen Denk- und Lebensstils, der Technisierung und Industrialisierung, der Großstadt schlechthin, nicht mehr unbedingt ein geographischer Ort, sondern »Zentrum des absolut Unfixierten [...], das eben kein Zentrum mehr ist, sondern ein Gewebe des Geldes, des Verkehrs, des Tempos, der Nachrichten, der Worte, der blicklosen Augen« (Ulrike Haß). Berlin, konstatierte Wilhelm von Schramm, sei

»ein konzentriertes Abbild des gegenwärtigen Zustandes der Welt«. 1930 forderte Wilhelm Stapel den »Aufstand der Landschaft gegen Berlin«, den Aufstand der »Herren des total platten Landes«, wie Döblin spottete. Berlin wird als »Totensaal« empfunden, als »Wüste«, aus der man nur fliehen kann; fliehen dorthin, wo »das heimliche Deutschland« ist,

> voll inneren Reichtums, voll innerer Geschichte, voll tiefster Sehnsucht nach Form, Geltung in der Welt und Haltung in sich selbst [...], wo Einfachheit, Eindeutigkeit und Seelenhaftigkeit in einer vielfältigen, zweideutigen, mechanisierten Epoche wohnen.
> *(Werner Mahrholz: ›Deutsche Literatur der Gegenwart‹, 1930)*

Dort – in diesem »heimlichen Deutschland«, abseits von »Berlin« – lebten und schrieben Hans Carossa (1878–1956; ›Rumänisches Tagebuch‹, 1924; ›Verwandlungen einer Jugend‹, 1928; ›Der Arzt Gion‹, 1931), Heinrich Wolfgang Seidel (1876–1945; ›Das deutsche Jahr‹, Erzählungen, 1919) und der »Mystiker von tiefster Prägung« Hermann Stehr (1864–1940; ›Der Heiligenhof‹, 1918; ›Peter Brindeisener‹, 1924; s. S. 278; ›Nathanael Maechler‹, 1929). Hermann Hesse (1877–1962), Ernst Wiechert (1887–1950; ›Die Magd des Jürgen Doskocil‹, 1932), Karl Heinrich Waggerl (1897–1973; ›Brot‹, 1930) u.a. werden heute vielfach ebenfalls in diesem Zusammenhang genannt. Andere sehen einzelne von ihnen (z.B. Waggerl und Stehr) in der Nähe der Heimatkunst, da ihre Werke thematisch und stilistisch vom Realismus des 19. Jahrhunderts geprägt und in das Repertoire der NS-Literatur übernehmbar waren (s. Bd. 10, S. 45).

Aber die eigentlichen »Priester des Völkischen« (Ulrike Haß) waren doch andere, Erwin Guido Kolbenheyer (1878–1962) etwa, der die »Lebensstände« (d.h. die gesellschaftliche Ordnung) im »Zellplasma« eines »volksgemeinsamen Körpers« suchte und in den »geistig Schaffenden« die »Führer« zu finden hoffte. Typisch für seine Darstellungs- und Denkweise ist seine Romantrilogie ›Paracelsus‹ (1917/1922/1926); s. S. 103). Auch der als Verfasser formvollendeter Anekdoten bekannt gewordene Wilhelm Schäfer (1868–1952) wollte mit seinem völkisch deutenden Prosaepos ›Die dreizehn Bücher der deutschen Seele‹ (1922) zur nationalen Erneuerung Deutschlands beitragen.

Noch einen Schritt weiter ging Hans Grimm (1875–1959). Sein vielgelesener, 1299 Seiten starker Roman ›Volk ohne Raum‹ (1926) wurde zu einem Wegbereiter der nationalsozialistischen Ära, obwohl Grimm seinen Helden Cornelius Friebott mit individualistischen Zügen ausstattete, und ihn als Gegenspieler zur antizivilisatorisch gesehenen Masse in einem übervölkerten Deutschland verstand. Der deutliche Antisemitismus im Roman, sowie die imperialistischen Vorstellungen stellten ihn für viele in die Nähe der NSDAP.

3. Literatur in der österreichischen Republik

Deutsche Literatur ist immer auch Literatur des deutschsprachigen Raums. In diesem Sinne gehört natürlich auch die Literatur, die sich nach 1918 in der neu entstandenen Österreichischen Republik entwickelte, zum selbstverständlichen Bestand einer deutschen Literaturgeschichte, einer Geschichte der deutschsprachigen Literatur. Ob Schnitzler oder Musil, Hofmannsthal oder Roth, Werfel oder Broch, um nur einige zu nennen, sie alle erscheinen in den bisherigen (und in den folgenden) Kapiteln als Beiträger zu Richtungen, Strömungen oder Gattungen der deutschen Literatur.

Viele von diesen österreichischen Autoren lebten für längere oder kürzere Zeit in der deutschen Republik bzw. unterhielten über ihre Verlage (aus Gründen des Urheberrechts) mit ihr enge Beziehungen. Ihre Werke entstanden aber zum größeren Teil in einer sozialen und politischen Situation, die sich von der weimarischen unterschied, sie bezogen ihre Themen und ihre Wirkungsweise aus einer sie ganz besonders prägenden Tradition.

Der in Wien geborene Stefan Zweig (1881–1942) hat in seinem (1942 im Exil erschienenen) Erinnerungsbuch ›Die Welt von gestern‹ eindringlich darauf hingewiesen, von welcher Bedeutung die Bindung an die habsburgische Vorkriegsepoche für die Autoren der zwanziger Jahre in Österreich war und wie schwer es fiel, eine österreichische Identität zu vermitteln.

Nach Gründung der Republik 1918 stand die Literatur (nach Friedrich Achberger) unter dem Zeichen des Suchens nach einer österreichischen Identität.

Dazu gehören die Anhänger des »habsburgischen Mythos« (Claudio Magris), dem Verklärer und Kritiker des Kaiserreichs gleichermaßen angehörten, ebenso wie die (heute nahezu vergessenen, nur regionalthematisch interessanten) Vertreter des Wiener Zeitromans, die unter z. T. ganz gegensätzlichen Bewertungsmustern Themen und Probleme im schockierenden Veränderungsprozeß darstellten (Verlust der als »deutsch« empfundenen Gebiete, wirtschaftliche Zerrüttung, »rote« Hauptstadt im vorwiegend katholischen Land, Zerstörung der Offiziers- und Beamten-Kaste, deutschnationale Bestrebungen usw.).

Das »Personal« des Wiener Zeitromans: »Schieber und Verbrecher, Kokotten und Inflationskönige, heruntergekommene Offiziere und Mädchen, die eine völlig gewandelte Welt nicht in [...] Unschuld läßt« (Schmidt-Dengler), macht Wien, den Ort der Revolution, zum »Sumpf«, den Karl Kraus in einem Gedicht (1922) beschreibt:

> Moderluft erfüllt die Gasse
> denn es leben nur Gespenster
> Um zu atmen, rat ich, lasse
> schleunig schließen alle Fenster.

In einer solchen Stadt und in einer Situation des von Hermann Broch konstatierten »Zerfalls der Werte« wird vorstellbar, was Arthur Schnitzler in seiner Novelle ›Fräulein Else‹ (1924) aufzeichnet. Etwas von dieser Moderluft weht als späte Folge auch noch durch Horváths Volksstück ›Geschichten aus dem Wienerwald‹ (1931; s. S. 314). Wie früher niedere Aristokratie und Großbürgertum drohte nun das Kleinbürgertum im »Sumpf« zu ersticken.

Offiziere, Soldaten und Beamte waren die wesentlichen Stützen des alten Staates, sie wurden von der Welle der Mißachtung und des wirtschaftlichen Niedergangs besonders getroffen, ihre Welt war bedroht. Die Literatur ist voll von Situationen, die dies verdeutlichen.

In Hofmannsthals Lustspiel ›Der Unbestechliche‹ (1923) wird der Diener Theodor zum moralischen Erzieher seines »Herrn«, in ›Der Schwierige‹ (1921; s. S. 291) zeigt der Vertreter einer »konservativen Revolution«, besonders in den Nebenhandlungen, wie die Gesellschaft der Vergangenheit einen Übergang in die Zukunft finden muß, ohne alles aufzugeben.

In Joseph Roths frühen Romanen sind die aus dem Militär Entlassenen aus ihrer Bahn geworfen, die neue Gesellschaft hat keinen Platz für sie: »So überflüssig war niemand in der Welt«, heißt es von Franz Tunda, dem ehemaligen Leutnant, noch im 1927 erschienenen Roman ›Flucht ohne Ende‹.

Es ist sicher kein Zufall, daß Hugo von Hofmannsthal und Max Reinhardt dieses Wien verließen und das barocke Salzburg als Festspielort wählten. Im ›Salzburger Großen Welttheater‹ (1922) stellen sie den zerrütteten Gesellschaftsverhältnissen ein Ordnungsbild gegenüber; der Aufstand der revolutionären Massen ist – Ähnliches zeigt Hofmannsthal auch in seinem letzten Trauerspiel ›Der Turm‹ (verschiedene Fassungen 1923–1927) – ein Widerstand gegen die (göttliche) Weltordnung.

Hofmannsthals letzte Stücke zielen bei aller Nähe zum politischen Geschehen auf das Allgemeine und Grundsätzliche. Der Dualismus Chaos – Ordnung ist schon Thema bei Grillparzer gewesen und ist auch bei Hofmannsthal mehr eine ethisch-metaphysische Problemstellung.

Im politischen Streit argumentiert die österreichische Literatur zumeist weniger tagespolitisch als moralisch. In Max Mells Drama ›Das Apostelspiel‹ (1923) kann ein frommes Mädchen zwei in gelbbraune russische Militärmäntel gekleidete Räuber und Mörder von ihrem Vorhaben abbringen. Der manchmal rigorose »ethische Anspruch bei Karl Kraus, bei Robert Musil [...], bei Hermann Broch« (Friedrich Achberger) ist unübersehbar, auch die überraschende Tendenz zum Katholischen des jüdischen Autors Franz Werfel (›Barbara oder Die Frömmigkeit‹, 1929) weist in die gleiche Richtung.

Es liegt daher auch nahe, daß – anders als in Deutschland – seit etwa 1927 der Zeitbezug einer etwas wehmütigen Erinnerungstendenz Platz macht. Sie findet, außer in der vielgelesenen Trilogie ›Apis und Este‹ (1931), ›Das war das Ende‹ (1932), ›Weder Kaiser noch König‹ (1933) des deutschnationalen Bruno Brehm (1892–1974), wohl in Joseph Roths ›Radetzkymarsch‹ (1932; s. S. 79) am deutlichsten ihren Ausdruck. Das bedeutendste Werk jedoch, das auch eine entsprechende Form sucht, ist Robert Musils vor dem Zweiten Weltkrieg Fragment gebliebener Roman ›Der Mann ohne Eigenschaften‹ (3 Teile: 1930/1933/1943; s. S. 209).

Dem Bedürfnis nach Traditionslinien und der antistädtischen Tendenz, die bis in die dreißiger Jahre hineinreicht, in denen die überlieferten Werte eine noch breitere Leserschaft als in den frühen zwanziger Jahren fanden, entsprach neben dem historischen und biographischen Roman (z.B. Stefan Zweigs, ›Marie Antoinette‹ oder Egon Cäsar Conte Cortis Biographie der Kaiserin Elisabeth – mit dem reißerisch auf nostalgische Gefühle zielenden Untertitel ›Tragik eines einsamen Herzens‹) die Heimatliteratur. Robert Musil hat dazu erklärt: »Der Heimatroman geht von einer festen Tafel der Werte aus, und folgt man ihm darin, dann ist in der Tat kein Scherben so klein, daß sich nicht Gottes Sonne darin spiegeln könnte, um mich stilgerecht auszudrücken.«

Der spezifisch österreichische Typus ist der Bergroman, der seine faszinierten Leser in eine Art mythischen Erlebensraum führt, in denen er Menschen begegnet, die in allem das Gegenbild des zerrissenen Großstadtbewohners darstellen. Der Südtiroler Architekt, Filmemacher und »Naturbursche« Luis Trenker versorgte wie kein anderer seine Lesergemeinschaft (nicht ohne nationalistischen Beiklang) mit »G'schichten« und Romanen solcher Art. Von ganz anderer Qualität ist Hermann Brochs Roman ›Der Versucher‹ (begonnen 1931, 1. Fassung 1936), der – wenn auch nicht immer ganz überzeugend – durch den Gegensatz zwischen dem Massenverführer Marius Ratti (in dem man Parallelen zu Hitler erkennen kann) und der Mutter Gisson, der Vertreterin ländlicher Altersweisheit, Gegenwartsprobleme einbezieht und auf Grundsätzliches zielt.

Ein mehr dem deutschen ähnelnder Heimatromantypus wird von Karl Heinrich Waggerl vertreten. Seine Romane (›Brot‹, 1930; ›Das Jahr des Herrn‹, 1933) stellen schollegebundene Typen dar, die durch ihre christlichen Überzeugungen eine feste weltanschauliche Grundlage haben.

Weder die »Literatur im Umkreis der Arbeiterbewegung« (F. Achberger) noch die Literatur aus der Zeit des Ständestaats (1933/34–1938) vermochten überregional Bedeutendes hervorzubringen. Viele der in dieser Zeit bekannten Autoren, wie der junge Lyriker Josef Weinheber (1892–1945, s. Bd. 10; ›Adel und Untergang‹, 1934; ›Wien wörtlich‹, 1935) oder der Wiener Romancier Heimito von Doderer (1896–1966; ›Ein Mord, den jeder begeht‹, 1938) wandten sich bereits früh dem sogenannten Austrofaschismus zu und sahen 1938 in Hitler die Lösung der österreichischen Probleme.

IV. Dominanz der Prosa

1. Historischer Roman und historische Erzählung

Joseph Roth
Radetzkymarsch

Im September 1932, zu einer Zeit, da die erste deutsche Demokratie sich selbst fast schon aufgegeben hatte, erschien Joseph Roths bis heute berühmtester Roman ›Radetzkymarsch‹. Der Autor, 1894 im galizischen Brody nahe der Grenze zwischen Österreich-Ungarn und Rußland geboren, 1920 von Wien nach Berlin übergesiedelt, war den Lesern bekannt als prominenter Journalist der liberalen ›Frankfurter Zeitung‹, für die er seit 1923 arbeitete, und als Verfasser von Erzählungen und Romanen (z. B. ›Zipper und sein Vater‹, 1928; ›Hiob‹, 1930). Seine jüdische Herkunft und seine entschiedene politische Haltung veranlaßten Roth, nach der »Machtergreifung« Deutschland sofort zu verlassen, Paris wurde der Ort seines Exils. Bitter charakterisierte er in einem Brief an Stefan Zweig (Mitte Februar 1933) die Bedeutung der historischen Zäsur:

> Inzwischen wird es Ihnen klar sein, daß wir großen Katastrophen zutreiben. Abgesehen von den privaten – unsere literarische und materielle Existenz ist ja vernichtet – führt das Ganze zum neuen Krieg. Ich gebe keinen Heller mehr für unser Leben. Es ist gelungen, die Barbarei regieren zu lassen. Machen Sie sich keine Illusionen. Die Hölle regiert.

Die bis zu seinem Tod am 27. Mai 1939 noch entstandenen Werke (u. a. ›Das falsche Gewicht. Die Geschichte eines Eichmeisters‹, 1937; ›Die Kapuzinergruft‹, 1938; ›Die Legende vom heiligen Trinker‹, 1939) erschienen in der Mehrzahl in Amsterdam, in Deutschland wurden sie erst seit 1956 durch verschiedene Gesamt- und Einzelausgaben sowie durch Publikationen aus dem Nachlaß zugänglich. In letzter Zeit hat auch Roths umfangreiches journalistisches Werk zunehmende Beachtung gefunden.

Joseph Roth stellte dem Zeitungs-Vorabdruck seines Romans ›Radetzkymarsch‹ einige programmatische Bemerkungen voran. Darin heißt es:

> Aus dem Vergehenden, dem Verwehenden das Merkwürdige und zugleich das Menschlich-Bezeichnende festzuhalten ist die Pflicht des Schriftstel-

lers. Er hat die erhabene und bescheidene Aufgabe, die privaten Schicksale aufzuklauben, welche die Geschichte fallen läßt, blind und leichtfertig, wie es scheint.

Es mag sein, daß die gegen Ende der Weimarer Republik verbreitete Untergangsstimmung in solche Sätze eingeflossen ist, die Geschichtsskepsis hat bei diesem Autor aber tiefer reichende Wurzeln, wie er am Anfang des zitierten Vorworts selbst einräumt:

> Ein grausamer Wille der Geschichte hat mein altes Vaterland, die österreichisch-ungarische Monarchie, zertrümmert. Ich habe es geliebt, dieses Vaterland, das mir erlaubte, ein Patriot und ein Weltbürger zugleich zu sein, ein Österreicher und ein Deutscher unter allen österreichischen Völkern. Ich habe die Tugenden und die Vorzüge dieses Vaterlands geliebt, und ich liebe heute, da es verstorben und verloren ist, auch noch seine Fehler und seine Schwächen. Deren hatte es viele. Es hat sie durch seinen Tod gebüßt. Es ist fast unmittelbar aus der Operettenvorstellung in das schaurige Theater des Weltkriegs gegangen.

Hier läßt sich das, was in der Literaturwissenschaft »habsburgischer Mythos« (Claudio Magris) genannt wurde, mit Händen greifen, jene melancholische Verklärung der alten Donaumonarchie, die – einmal Mitte Europas – in all ihrer geistigen, geschichtlichen, ethnischen, sozialen und wirtschaftlichen Vielfalt bis zuletzt und noch in ihren Verfall hinein zusammengehalten wurde durch eine Kaiseridee, die in Franz Joseph I. ihren repräsentativen Ausdruck gefunden hatte. Angesichts der heraufziehenden totalitären Diktaturen wandelte sich der entschiedene Sozialist Roth zu einem Verteidiger der Monarchie, glaubte er schließlich gar, das Heil Österreichs und Europas wäre in einer Restauration des Hauses Habsburg zu finden!

Dieser Glaube bildet den Hintergrund für seinen historischen Roman ›Radetzkymarsch‹, in dem er anhand einer fiktiven Familiengeschichte den »traurigen« Niedergang des Habsburgerreiches beschreibt.

Das künstlerische Ethos des Autors steht außer Frage: Am konkreten Einzelfall – dem »privaten Schicksal« der männlichen Angehörigen der Familie von Trotta über mehrere Generationen –, über den die Historie »blind und leichtfertig« hinwegschreitet, soll das »Menschlich-Bezeichnende« dargestellt werden, am »Schicksal eines Geschlechts« glaubt Roth den »Willen der Weltgeschichte« erhellen zu können.

Der Titel des Romans verweist auf ein populäres Militärmusikstück, 1848 von Johann Strauß (Vater) anläßlich des österreichischen Siegs über Piemont-Sardinien komponiert. Als »Marseillaise der Generale« hat Roth den Marsch später in seinem Nachruf auf Österreich (›Totenmesse‹, 1938) bezeichnet. »Alle Platzkonzerte [...] begannen mit dem Radetzkymarsch, heißt es im zweiten Kapitel, und die Musik wirkt:

Auf den Gesichtern aller Zuhörer ging ein gefälliges und versonnenes Lächeln auf, und in ihren Beinen prickelte das Blut. Während sie noch standen, glaubten sie schon zu marschieren. Die jüngeren Mädchen hielten den Atem an und öffneten die Lippen. Die reiferen Männer ließen die Köpfe hängen und gedachten ihrer Manöver. [...] Und es war Sommer.

Doch ist die Andacht, mit der die Zuhörer hier der Marschmusik lauschen, nicht frei von kollektiver Leugnung oder Verdrängung der Wirklichkeit. Der siegreiche (historische) Feldmarschall Radetzky ist ja lange tot, politisch-historisch ist für Österreich der Sommer der Erfüllung bereits dem Herbst gewichen zu der Zeit, in der die Romanhandlung auf dem Schlachtfeld von Solferino einsetzt, wo sich »zum erstenmal« der »Untergang der kaiser- und königlichen Monarchie angekündigt hatte«. Bei Solferino (südlich des Gardasees) hatte Österreich 1859 eine Niederlage gegen die vereinigten französisch-sardinischen Truppen erlitten, Kämpfe, die im Zusammenhang mit der sich anbahnenden nationalen Einigung Italiens standen. Für den Vielvölkerstaat mußte der anwachsende Nationalismus, der durch soziale Frontstellungen noch an Schärfe gewann, wie eine Zeitbombe wirken, die mit dem Ausbruch des Weltkriegs schließlich explodierte und Österreich-Ungarn zertrümmerte. Eine Figur des Romans, der polnische Graf Wojciech Chojnicki – der als Sprachrohr des Autors gesehen werden kann – benennt diesen Zusammenhang unzweideutig:

> Die neue Religion ist der Nationalismus. Die Völker gehn nicht mehr in die Kirchen. Sie gehn in nationale Vereine. Die Monarchie, unsere Monarchie, ist gegründet auf der Frömmigkeit: auf dem Glauben, daß Gott die Habsburger erwählt hat, über soundso viel christliche Völker zu regieren. [...] keine andere Majestät in Europa [ist] so abhängig von der Gnade Gottes und vom Glauben der Völker an die Gnade Gottes. Der deutsche Kaiser regiert, wenn Gott ihn verläßt, immer noch; eventuell von der Gnade der Nation. Der Kaiser von Österreich-Ungarn darf nicht von Gott verlassen werden. Nun aber hat ihn Gott verlassen.

Von Anfang an steht so der Roman unter den Vorzeichen von Verfall und Niedergang, die von den Protagonisten als Weltuntergang erfahren und gedeutet werden. Konsequenterweise muß mit diesem Niedergang – dem der Monarchie – aber auch deren private Geschichte enden:

> Die Welt, in der es sich noch lohnte zu leben, war zum Untergang verurteilt. Die Welt, die ihr folgen sollte, verdiente keinen anständigen Bewohner mehr. Es hatte also keinen Sinn, dauerhaft zu lieben, zu heiraten und etwa Nachkommen zu zeugen.

Schon früh ahnt deshalb der junge Leutnant Carl Joseph von Trotta: »Mit mir wird alles begraben. Ich bin der letzte Trotta.« Er ist der Enkel des »Helden von Solferino«, jenes Großvaters, der – so die Fiktion Roths – in dieser Schlacht dem Kaiser das Leben gerettet hat und dafür geadelt worden ist.

Daß diese Rettung eher ein Zufall war, erst für die patriotisch-pädagogischen Zwecke der Schullesebücher zur »heroischen Tat« stilisiert und verkitscht, weiß Carl Joseph nicht. Jedenfalls trägt er an der Last des stets gegenwärtigen Vorbilds schwer: »Man lebte im Schatten des Großvaters!«, »Man war nur der Enkel!« – Leitmotivartig wiederholen sich solche und ähnliche Formulierungen: »[...] ohne Unterbrechung rettete man, wenn man ein Trotta war, dem Kaiser das Leben«. Doch die Zeit der Heldentaten ist vorbei, es gibt nur noch »sogenannte Helden«. »Unsere Großväter haben uns nicht viel Kraft hinterlassen, wenig Kraft zum Leben, es reicht gerade noch, um unsinnig zu sterben«, weiß ein Freund des Leutnants, der jüdische Regimentsarzt Max Demant, der im weiteren Verlauf des Romans wirklich in einem Duell den Tod findet: »Ich werde aus Blödheit ein Held sein, nach Ehrenkodex und Dienstreglement.« Die einzige »Heldentat«, zu der es bei Carl Joseph noch reicht, besteht darin, das Porträt des Kaisers aus einem Bordell zu entfernen.

Dieses Bildnis, das den Herrscher eingeschlossen »in seiner eisigen und ewigen, silbernen und schrecklichen Greisenhaftigkeit [...] wie in einem Panzer aus ehrfurchtgebietendem Kristall« darstellt, hängt, wie der Leser erfährt, »hunderttausendfach verstreut im ganzen weiten Reich«, macht ihn »allgegenwärtig unter seinen Untertanen wie Gott in der Welt«. Es suggeriert die Illusion, der Kaiser sei vom Vergehen der Zeit nicht betroffen, die »Jahre wagten sich nicht an ihn heran«. Gegenüber der Allgegenwart des herannahenden Untergangs repräsentiert dieses Bild im Roman die Behauptung, das ideelle Zentrum des Staates sei in der Person des Monarchen unantastbar, unangreifbar. Allerdings:

> Das weiße Gewand des Kaisers war von zahllosen Fliegenspuren betupft, wie von winzigen Schrotkügelchen durchsiebt und die Augen Franz Josephs des Ersten, sicher auch auf diesem Porträt im selbstverständlichen Porzellanblau gemalt, waren im Schatten des Lampenschirms erloschen.

Es ist kein Zufall, daß Joseph Roth die Figuren seines Romans vor allem jenen zwei Institutionen zuordnete, die in besonderem Maße die Stabilität des Kaiserreichs zu gewährleisten schienen: der Armee und der Verwaltung. Letztere ist verkörpert im Vater Carl Joseph, dem Baron Franz von Trotta und Sipolje, der in einer mährischen Stadt als Bezirkshauptmann Dienst tut. In einen Panzer aus Dienstvorschriften, gesellschaftlichen Zwängen und selbst auferlegter Disziplin gepreßt, sieht er sich »grausamen Veränderungen der Welt« ausgeliefert, in der nun Autonomisten, Sozialdemokraten, Spione und Rebellen »wuchsen, sich ausbreiteten und gefährlich wurden«. Zumindest der schriftliche Dienstverkehr soll, so will es der pflichtbewußte Beamte, von der Existenz solch beunruhigender Erscheinungen nichts wissen:

> Er schärfte dem Bezirkskommissar ein, jede Versammlung sofort aufzulösen, in der man es sich etwa einfallen ließ, »Resolutionen« zu fassen. Von allen in der letzten Zeit modern gewordenen Worten haßte er dieses am stärksten; vielleicht, weil es nur eines winzigen andern Buchstaben bedurfte, um in das schändlichste aller Worte verwandelt zu werden: in Revolution. Dieses hatte er vollends ausgerottet. In seinem Sprachschatz, auch im dienstlichen kam es nicht vor; und wenn er in dem Bericht eines seiner Untergebenen etwa die Bezeichnung »revolutionärer Agitator« für einen aktiven Sozialdemokraten las, so strich er dieses Wort und verbesserte mit roter Tinte: »verdächtiges Individuum«. Vielleicht gab es irgendwo in der Monarchie Revolutionäre: Im Bereich des Herrn von Trotta kamen sie nicht vor.

Gleichwohl muß der Bezirkshauptmann erleben, daß die Veränderung der Wirklichkeit durch sprachliche Kosmetik nicht aufzuhalten ist. Sein Sohn Carl Joseph, dem er in unverbrüchlicher, aber nur förmlich sich äußernder Liebe zugetan ist, soll die höhere Offizierslaufbahn bei der Kavallerie einschlagen, kann jedoch den väterlichen Erwartungen nicht gerecht werden. Selbst in der Liebe passiv und Objekt der Verführung mütterlicher Frauen, umstellt von Vater- und Großvaterfiguren, erscheint Carl Joseph eher antriebsschwach. Nach dem für seinen Freund Max Demant tödlich verlaufenen Duell, zu dem er unvorsichtigerweise den Anlaß geliefert hat, verläßt er sein Regiment und wird an die Ostgrenze des Reichs versetzt. Die Beschaffenheit des Landes verstärkt noch seine Melancholie:

> Denn die Sümpfe lagen unheimlich ausgebreitet über der ganzen Fläche des Landes zu beiden Seiten der Landstraße, mit Fröschen, Fieberbazillen und tückischem Gras, das den ahnungslosen, des Landes unkundigen Wanderern eine furchtbare Lockung in einen furchtbaren Tod bedeutete. [...] Wer immer von Fremden in diese Gegend geriet, mußte allmählich verlorengehn. Keiner war so kräftig wie der Sumpf. Niemand konnte der Grenze standhalten.

Vom Erzähler so vorbereitet, überrascht es den Leser nicht, daß Leutnant Trotta dem Alkohol und dem Glücksspiel verfällt.

> Denn das Leben wurde leicht, sobald man getrunken hatte! Oh, Wunder dieser Grenze! Sie machte einem Nüchternen das Leben schwer; aber wen

ließ sie nüchtern bleiben?! [...] Ein breiter Strom von Freundlichkeit und Güte rann durch diese kleine Welt. Aus allen Menschen grüßte es dem Leutnant heiter entgegen. Es gab auch nichts Peinliches mehr. Nichts Peinliches im Dienst und außerhalb des Dienstes! Alles erledigte man glatt und geschwind. [...] Leutnant Trotta wußte nur nicht, daß sein Gang unsicher wurde, seine Bluse Flecken hatte, seine Hose keine Bügelfalten, daß an seinen Hemden Knöpfe fehlten, seine Hautfarbe gelb am Abend und aschgrau am Morgen war und sein Blick ohne Ziel.

Aus angehäuften Spielschulden wird der Leutnant nur gerettet, weil es dem Vater (unter Berufung auf den »Helden von Solferino«) gelingt, eine Audienz beim Kaiser selbst zu bekommen, der denn auch die »Affäre Trotta« bereinigt. Als schließlich der Erste Weltkrieg ausbricht, wird der Sohn des Bezirkshauptmanns, der von der Armee schon den Abschied erhalten hat, sofort wieder in Dienst gestellt, doch fällt er bereits in den ersten Kriegstagen bei dem Versuch, für die Soldaten seines Zugs aus einem Brunnen Wasser zu holen. Sein Vater überlebt ihn um zwei Jahre: »Versteinert, wie sein eigenes Grabmal, stand der Bezirkshauptmann am Ufer der Tage.« Ende 1916, am Tag der Beisetzung Kaiser Franz Josephs I., stirbt von Trotta: »[...] ich glaube, sie konnten beide Österreich nicht überleben«, lautet der abschließende Kommentar eines Freundes.

Im historischen Roman entfaltet sich die fiktive Handlung vor einem geschichtlich genau definierten Zeithintergrund, häufig bekommen historische Persönlichkeiten eine Rolle zugewiesen. Joseph Roth hat in seinem historischen Roman ›Radetzkymarsch‹ nicht nur das Schicksal seiner Protagonisten verknüpft mit der Epoche des letzten österreichischen Kaisers, er hat diesen zu einer wenn auch episodischen Figur seines Erzählwerks gemacht. Anders als bei Heinrich Mann, bei dem die Titelfigur des Romans ›Der Untertan‹ dem deutschen Kaiser Wilhelm II. äußerlich immer ähnlicher wird, dient dieses Motiv bei Roth nicht der satirischen Entlarvung. Zwar ähneln sich Kaiser Franz Joseph und der fiktive Bezirkshauptmann von Trotta ebenfalls »wie zwei Brüder«, doch ist hier die Erzählhaltung nicht die einer zynischen Desillusionierung. Dem Autor gelingt es im Gegenteil, den österreichischen Kaiser in seiner Menschlichkeit zu zeigen, ohne zu verschweigen, wie macht- und hilflos dieser Herrscher längst schon war. Franz Joseph wird weder verklärt noch entsteht das Gefühl einer unangemessenen Vertraulichkeit. In einem riskanten, aber geglückten Akt der Identifikation geht Roth vielmehr noch einen Schritt weiter und läßt (der Erzählerbericht geht teilweise in die erlebte Rede über) einen Monarchen zu Wort kommen, der weiß, daß mit seinem Tod das Reich untergehen wird, der seinen greisenhaften Körper einem starren Hofzeremoniell unterordnen muß und der seine Last nur erträgt mit Hilfe von Kindlichkeit und

Frömmigkeit, von List und Weisheit: Sicher ist es nicht die »ganze Wahrheit« über die historische Figur, die der Autor vermittelt, aber sie ist eine humane und anrührende:

> Der Kaiser war ein alter Mann. Er war der älteste Kaiser der Welt. Rings um ihn wandelte der Tod im Kreis, im Kreis und mähte und mähte. [...] Seine hellen und harten Augen sahen seit vielen Jahren verloren in eine verlorene Ferne. Sein Schädel war kahl wie eine gewölbte Wüste. Sein Backenbart war weiß wie ein Flügelpaar aus Schnee. Die Runzeln in seinem Angesicht waren ein verworrenes Gestrüpp, darin hausten die Jahrzehnte. [...]
> Manchmal stellte er sich ahnungslos und freute sich, wenn man ihn umständlich über Dinge aufklärte, die er genau kannte. Denn mit der Schlauheit der Kinder und der Greise liebte er die Menschen irrezuführen. Und er freute sich über die Eitelkeit, mit der sie sich bewiesen, daß sie klüger waren als er. Er verbarg seine Klugheit in der Einfalt: Denn es geziemt einem Kaiser nicht, klug zu sein wie seine Ratgeber. [...] Wenn man hinter seinem Rücken lächelte, tat er, als wüßte er nichts davon. Denn es ziemt einem Kaiser nicht, zu wissen daß man über ihn lächelt; und dieses Lächeln ist auch töricht, solange er nichts davon wissen will. [...]
> Er war eine Majestät von Gottes Gnaden, und er glaubte an Gott, den Allmächtigen. Hinter dem goldbestirnten Blau des Himmels verbarg er sich, der Allmächtige – unvorstellbar! [...] Und Franz Joseph der Erste war ein magerer Greis, stand am offenen Fenster und fürchtete, jeden Augenblick von seinen Wächtern überrascht zu werden. [...] Er hatte das Gefühl, daß er sich vor Gott zusammennehmen müsse wie vor einem Vorgesetzten. Und er war schon alt! Er hätte mir so manches erlassen können! dachte der Kaiser. Aber Gott ist noch älter als ich, und seine Ratschlüsse kommen mir vielleicht genauso unerforschlich vor wie die meinen den Soldaten der Armee! Und wo sollte man da hinkommen, wenn jeder Untergeordnete seinen Vorgesetzten kritisieren wollte!

Wenigstens in die utopischen Gefilde der Literatur wollte Joseph Roth – so scheint es – seinen Kaiser und das von ihm repräsentierte Österreich retten, da die Rettung in der Wirklichkeit nicht möglich war. Erzählen, benennen konnte man den Verlust, einen Verlust, von dem Roth wohl glaubte, er habe besonders auch ihn als Juden betroffen. Wenn er im Vorwort schreibt, Österreich-Ungarn habe es ihm erlaubt, ein »Patriot und ein Weltbürger«, ein »Österreicher und ein Deutscher« zu sein, so hätte er hinzufügen können, es habe ihm nicht zuletzt erlaubt, ein Jude zu sein, und der Garant dieses Rechts sei Franz Joseph I. gewesen. In einer kurzen Szene des Romans wird die Begegnung Franz Josephs mit der Judengemeinde eines Dorfs geschildert, deren »Anführer« ihn segnet. Im Weiterreiten trägt ihm der Wind die Worte zu, die Rittmeister Kaunitz zu seinem Freund an der Seite spricht:

Ich hab keinen Ton von dem Juden verstanden! Der Kaiser wandte sich im Sattel um und sagte: »Er hat auch nur zu mir gesprochen, lieber Kaunitz!« und ritt weiter.

Lion Feuchtwanger
Jud Süß

Lion Feuchtwanger (1884–1958) entstammte einer Münchner Fabrikantenfamilie, studierte in seiner Heimatstadt und in Berlin Philologie, Philosophie, Anthropologie und Sanskrit, leitete mit 24 Jahren bereits die von ihm gegründete Kulturzeitschrift ›Der Spiegel‹ und schrieb viele Jahre Theaterkritiken für die Wochenschrift ›Die Schaubühne‹. Früh schon wandte er sich, selbst jüdischer Herkunft, gegen den in Deutschland aufflammenden Antisemitismus. In einer Satire mit dem Titel ›Gespräche mit dem Ewigen Juden‹ (1920) läßt er diese Gestalt – der er sich in seinen Werken immer wieder zuwandte – in angeblich großer Sorge, daß der Antisemitismus in Deutschland abnehmen könnte, bei einem Besuch in München erklären:

> Mein Zweck ist, nachzuweisen, daß alles Unheil, das jemals in der Welt passiert ist, die Kreuzigung Christi, die Einschleppung der Philosophie und der Syphilis in Europa, die Erfindung des Weltkriegs und der Pazifismus, kurz, daß alles Schlechte in der Welt von den Juden angestiftet wurde.

Feuchtwangers bevorzugte Gattung ist – trotz seiner elf Dramen, die er selbst einordnet als »3 gute, die niemals, 1 sehr mittelmäßiges, das 2346 mal aufgeführt wurde, und 1 recht schlechtes, das 876 mal widerrechtlich gespielt wurde« – der historische Roman: In einem Artikel im ›Berliner Tagblatt‹ liefert er zunächst eine einfache Begründung dafür:

> [...] Die Lust, sich mit Vergangenem zu beschäftigen, beruht auf einem urtiefen menschlichen Bedürfnis. Sie [der angesprochene Leser; Hrsg.] wissen, unterbewußt oder auch bewußt, daß in jeder Handlung von uns allen die Vergangenheit mithandelt [...]. Diese Verbundenheit mit dem Gewesenen [...] das ist es, was Sie an der Historie lockt.

Seine eigene Erwartung entspricht der des Lesers: »Was Sie [...] in einem historischen Roman suchen, das sind am Ende nur Sie selbst und Ihre Zeit.«

In besonderer Weise trifft diese Suche auf seinen zweiten, mit einer Auflage von über drei Millionen wohl erfolgreichsten Roman zu. In ihm erzählt Feuchtwanger die Geschichte des ›Jud Süß‹ (1925), des historischen, einem Gerücht nach halbjüdischen Josef Süß Oppenheimer (geb. 1692 in Heidelberg, erhängt 1738 in Stuttgart), der es als Finanzberater des Herzogs Karl Alexander von Württemberg zum einflußreichsten und berühmtesten Hofjuden seiner Zeit gebracht hatte, nach dessen Tod aber wegen verschiedener, angeblicher Vergehen angeklagt und zum Tode verurteilt worden war, obwohl ein Rechtsgutachten vorlag, in dem es hieß, »daß nach den Gesetzen des Deutschen Reiches und des Landes Württemberg man den Angeklagten zum Tode nicht verurteilen könne«.

Wilhelm Hauff (1802–1827) hatte den Stoff schon 1827 in einer Novelle behandelt, doch hat die nach Feuchtwanger »nur-antisemitische Darstellung« wenig mit dessen Roman zu tun. Während Hauff eine etwas rührselige private Liebesgeschichte erzählt, weitet Feuchtwanger das persönliche Schicksal eines einzelnen in einer Zeit des Umbruchs auf umfassende Weise zu einer Darstellung der Existenz- und Lebensbedingungen von Juden in Deutschland aus. Schon die äußere Einteilung in die fünf Bücher ›Die Fürsten‹, ›Das Volk‹, ›Die Juden‹, ›Der Herzog‹ und ›Der Andere‹ weist auf den größeren Zugriff hin, und nicht zufällig steht die Beschreibung der Herkunft, der Situation und der Funktion der Juden in Deutschland in der Mitte des Romans.

Wie den vier anderen Büchern stellt der Autor vor der weiteren Erzählung auch diesem dritten Buch einen mehr sachlich-orientierenden Teil voran, der das Kapitel in den historischen Gesamtzusammenhang einführt und auf die besondere Thematik vorbereitet:

> In den Städten des Mittelmeers, des Atlantischen Ozeans saßen die Juden groß und mächtig. Sie verwalteten den Austausch zwischen Orient und Okzident. Sie langten übers Meer. Sie rüsteten mit die ersten Schiffe nach Westindien. Organisierten den Handel mit Süd- und Mittelamerika. Erschlossen Brasilien. Begründeten die Zuckerindustrie des westlichen Erdteils. Legten zur Entwicklung New Yorks die Fundamente.
> Aber in Deutschland saßen sie klein und kümmerlich. Im vierzehnten Jahrhundert waren sie hier in mehr als dreihundertfünfzig Gemeinden erschlagen, ertränkt, verbrannt, gerädert, erdrosselt, lebendig begraben worden. Die Überlebenden waren zumeist nach Polen ausgewandert. Seitdem saßen sie spärlich im Römischen Reich. Auf sechshundert Deutsche kam ein Jude. Unter raffinierten Plackereien des Volkes und der Behörden lebten sie eng, kümmerlich, dunkel, hingegeben jeder Willkür. Untersagt war ihnen Handwerk und freier Beruf, die Vorschriften der Ämter drängten sie in verwickelten und verwinkelten Schacher und Wucher. Beschränkten sie im Einkauf der Lebensmittel, ließen sie den Bart nicht scheren, steckten sie in eine lächerliche, erniedrigende Tracht. Pferchten sie in engen Raum, verrammelten die Tore ihres Ghettos, sperrten sie zu, Abend um Abend, bewachten Ein- und Ausgang. [...]
> Doch mit der sicheren Witterung, die sie für das Neue, für das Morgen hatten, spürten sie die äußere Umschichtung der Welt, den Ersatz der Geburt und Würde durch das Geld. Sie hatten es erfahren: in Unsicherheit, Rechtlosigkeit, Fährnis gab es einen einzigen Schild, zwischen lauter wanken-

dem, versagendem Grund ein einziges Festes: Geld. Den Juden mit Geld hielten die Wächter nicht an den Toren des Ghettos, der Jude mit Geld stank nicht mehr, keine Behörde mehr setzte ihm einen lächerlichen, spitzen Hut auf. Die Fürsten und großen Herren brauchten ihn, sie konnten nicht Krieg und Regiment führen ohne ihn. Die Grävenitz und die schwäbischen Herzöge ließen Isaak Landauer und Josef Süß groß und stattlich werden; es wuchsen in der Sonne des brandenburgischen Kurfürsten die Lipmann Gomperz und Salomon Elias, am Hofe des Kaisers die Oppenheimer [...]. Es gab natürlich Unterschiede. Aber ein »heimliches Wissen« hatten sie gemeinsam: [...] im Blut stak es allen, im innersten Gefühl, es war da: das tiefe, heimliche, sichere Bewußtsein von der Sinnlosigkeit, der Wandelbarkeit, dem Unwert der Macht. Sie waren solange klein und gering gesessen unter den Völkern der Erde, zwerghaft, lächerlich in Atome verspellt. Sie wußten, Macht üben und Macht erleiden ist nicht das Wirkliche, Wichtige. Zersplitterten nicht einer um den anderen die Kolosse der Gewalt? Aber sie, die Gewaltlosen, hatten der Welt ihr Gesicht gegeben.

Die Nennung einzelner historisch bekannter Personen aus der Zahl der Namenlosen leitet zur eigentlichen Handlung über; gleichzeitig werden damit diese das Geschehen mitbestimmenden Personen (wie Landauer, Oppenheimer, Süß) aus ihrer individuellen Situation gelöst und in einen gesamtjüdischen Kontext gestellt.

Der letzte Teil des zitierten Abschnitts umreißt eines der Grundmotive des gesamten Romans: die Frage, wie sich das seit der Aufklärung emanzipierende Judentum verhalten soll.

Die Fragestellung wird vertieft und gleichzeitig verengt durch die Zuspitzung auf das Problem, wie Juden in Anbetracht der (durch Geld und Emanzipation gegebenen) neuen Möglichkeiten, Macht zu repräsentieren und auszunützen, die eigene Identität bewahren sollen, wenn diese doch durch die weise Einsicht in die Eitelkeit der Macht erfahren wurde; denn das Buch – so heißt es etwas später – das sie »durch zwei Jahrtausende geschleppt« hatten und das ihr einziges, bei aller Verschiedenheit einigendes Band war, verkündete ja die Lehre: »Vielfältig ist die Welt, aber sie ist eitel und Haschen nach Wind; eins aber und einzig ist der Gott Israels, das Seiende, das Überwirkliche, Jahve.«

Es ist die Frage nach dem Sinn der Assimilation, die hier angesprochen wird, nach ihrer Problematik, ihren Folgen. Wenn das Einigende und Eigentümliche des Judentums die Gewißheit von der Nichtigkeit dieser Welt ist, bedeutet es dann nicht die Aufgabe der eigenen Identität, sich der Mittel und Verhaltensweisen der Nicht-Juden, insbesondere deren oberer Schicht, zu bedienen? Die Antworten werden im Roman durch sich deutlich voneinander unterscheidende jüdische Gestalten gegeben, ausgelöst aber werden sie durch den schwindelerregenden Aufstieg der Hauptfigur. Josef Süß Oppenheimer wird zum Exempel; das Interesse des Verfassers gilt nicht nur einer Geschichte gestaltenden oder psychologisch reizvollen historischen Figur und deren Biographie – wie derjenigen manches »Helden« bei Stefan Zweig –, sondern einer Lebensgeschichte, die über sich selbst hinausweist.

Der bedächtige Isaak Landauer, einer älteren Generation der zwar einflußreichen, aber äußerlich nicht emanzipierten, jüdischen Finanziers angehörend, einen »fetten Kaftan« und »schmuddelige Haarlöckchen« tragend Rabbi Gabriel, unnachsichtig streng und Verächter der Menschen, wie auch der verbindlich-listige Rabbi Eybenschwert, maßvoller Eitelkeit und »öffentlichem Getriebe« nicht abgeneigt, sind ihrerseits typische Vertreter möglichen Rollenverhaltens. Sie alle stehen mit »Jud Süß« in enger Verbindung, sind nicht nur Helfer auf dem Weg wie Landauer, der »des jungen Mannes Schifflein ins Wasser gestoßen«, sondern auch – manchmal von ihm selbst gesuchte – Ratgeber, Warner und Vermittler. In ihren Gesprächen mit Süß werden ihre Erfahrungen und Folgerungen, ihre Überlegungen und Einstellungen deutlich.

Als Süß – in seiner Rolle als einflußreicher Finanz- und Politikberater des württembergischen Herzogs hochgestiegen »so glänzend [...] wie niemals in Deutschland ein Jud« – seine faszinierende Intelligenz einsetzt, um das Land »auszusaugen« wie ein Vampir, selbst aber »kokett und prahlerisch« am Hofleben teilzunehmen, Pracht und Luxus zu entfalten (und damit seinen zahlreichen Neidern aus Bürger- und Adelskreisen Anlaß gibt, die Vorurteile gegenüber den Juden bestätigt zu sehen), erscheint Landauer »in der Schäbigkeit seines Kaftans« bei seinem »Zögling«:

> Unansehnlich, schmuddelig saß der große Finanzmann in ungefälliger, eckiger Haltung in einem großen Sessel, wärmte sich die mageren, blutlosen Hände, durch seine Schläfenlocken, seinen Kaftan, seine verwahrloste Judentracht den Süß tiefer reizend. Er hatte, mußte Süß enttäuscht und geärgert konstatieren, offenbar weder Bewunderung noch Neid für ihn.

»Vertraulich« aber »autoritativ« spricht Landauer sein »Problem« direkt an:

> Was macht Ihr für Gewese und Gepränge und große Geschichten? Laßt Euch sagen von einem alten Geschäftsmann, es ist unpraktisch, es ist bloß zu Schaden. Was macht Ihr Euch dick und stellt Euch in die Sonne? Es ist nicht gut, wenn sich ein Jud hinstellt, wo ihn alle sehen. Laßt Euch sagen von einem alten Geschäftsmann, ein Jud stellt sich besser in den Schatten. Und mit einem kleinen, gurgelnden Lachen: Eine Schuldverschreibung in der Truhe ist besser als eine Goldbordüre am Rock. Und gutmütig, mit sachtem Spott, prüfte er die Stickerei an den Ärmeln des Süß, während der andere, angewidert fast, sich ihm zu entziehen suchte.

So sind diese Jungen, dachte Isaak Landauer, als er den Süß verlassen hatte. Sie sinken bis zu den Gojim. Sie brauchen Lärm, Glanz, gestickte Röcke. Sie müssen sich bestätigt fühlen von den anderen. Von dem feinen, heimlichen Triumph in Kaftan und Schläfenlöckchen ahnen sie nichts, diese Flächlinge.

Süß ist davon wenig beeindruckt; seine Gedanken, nicht die direkte Replik verraten es:

> Wie feige er ist. Immer sich verstecken. Wozu denn Macht, wenn man sie nicht sehen läßt? Diese dummen, ängstlichen, altmodischen Vorurteile. Nur ja die Christen nicht aufmerksam machen. Nur ja sich in den Schatten ducken. Gerade ins Licht stellen werde ich mich und allen mitten ins Auge sehen.

Er fährt »mit großer Pracht« über Frankfurt nach Regensburg, wo der Herzog seinen »Sapperlotter von einem Juden« erwartet und im Anschluß an die Geschäfte an den »anderen«, den »Magus« Rabbi Gabriel erinnert. Die Reaktion des Süß ist seltsam. Er verliert ganz seine Spritzigkeit und Leichtigkeit,

> verstummte plötzlich, behindert am Atem, den Kopf seitlich gezogen. Es war ihm, als schaue ihm ein Mensch über die Schulter, ein Mensch mit seinem eigenen Gesicht, aber ganz im Dämmer, nebelhaft. Auch der Herzog schwieg. Die Dinge um ihn verloren ihm ihre Farbe, der Jude vor ihm verfahlte. Er sah sich schreiten in einem seltsamen, unwirklichen Tanz, vor ihm im Reigen schritt der Unheimliche, der Magus, Rabbi Gabriel, die eine seiner Hände haltend, die andere hielt Süß.

Wie in der Landauer-Szene arbeitet Feuchtwanger mit dem Mittel des Kontrasts, das ja auch zur Grundstruktur (Aufstieg und Fall) des gesamten Romans gehört. Die einfache Erinnerung an den Rabbi Gabriel ruft bei Süß eine Zustandswandlung hervor: er »verfahlt«; wie früher schon »entfärbt« der Name allein »sein farbiges Bild, entwest [...] seine Wirklichkeit«, schafft »die existenzielle Erfahrung, daß *Sicherheit nirgends*« sei (Koebner), daß sein Doppelgänger, der »andere« (5. Buch!), d. h. sein anderes Selbst, hinter ihm stehe und auf Zukünftiges verweise. Wie stark der Einfluß des »Nebelhaften« (d. h. des nicht genau Erfaßbaren, des Spukhaften) ist, zeigt, daß auch der Herzog davon ergriffen wird. Er schweigt und sieht sich wie in einer Trance im »unwirklichen Tanz«, gebunden an beide Gestalten, von denen keine Gewißheit bedeutet. Der Verfasser läßt hier noch ganz offen, wohin der Weg seiner Hauptgestalt führen wird, auch wenn man ahnt, daß er nicht in der glänzenden Welt des Hofes enden kann.

Immer mehr Andeutungen lassen erkennen, daß Süß eine Wandlung erfahren wird. Der zentrale Vorgang, der sie schließlich auslöst, ähnelt in vieler Hinsicht dem Geschehen in C. F. Meyers Novelle ›Der Heilige‹ (1879): Wie dort Thomas Becket, der Freund und Kanzler König Heinrichs II. von England, ist Süß Vater einer Tochter (Naemi), die er mit Bedacht vom höfischen Leben fernhält. Er läßt sie von seinem Oheim Rabbi Gabriel in einem abgelegenen »kleinen Landhaus [...] mitten im Wald, weitab von den Menschen« erziehen. Wie der König bei C. F. Meyer gerät hier der als Wüstling bekannte Herzog auf die Spur des Mädchens, stellt ihr nach und treibt sie in den Tod. Bei Feuchtwanger allerdings ist der Vater selbst nicht unschuldig daran; sein eigenes Verhalten gegenüber der Tochter des Konsistorialrats Weißensee, Magdalen Sibylle, löst diese Entwicklung aus. Er treibt sie, die eigentlich ihn liebt, dem Herzog in die Arme. Ihre Vorwürfe (»er habe das Niedrigste, Schäbigste, Jüdisch-Ekelste getan, was ein Mensch tun könne, habe sein Gefühl verschachert«) lassen ihn unbeeindruckt, er will sogar noch Anerkennung:

> Lassen Sie doch Ihre naiven Träume hinter sich, Magdalen Sibylle. Die waren gut für den Wald von Hirsau [wo sie abgelegen wie seine eigene Tochter lange lebte; Hrsg.]. Jetzt ist das Schloß von Ludwigsburg Ihre Wirklichkeit. Schauen Sie sie an! Packen Sie sie fest! Es ist eine gute, schöne Wirklichkeit. Ich bin stolz, daß ich sie Ihnen wies [...]. So, endlich stehen wir gleich zu gleich. [...] Sie und ich, jeder die Hand am Hebel der Macht.

Er verrät damit viel über sich: es geht ihm nicht darum – wie er vorgibt –, Magdalen Sibylle zur gleichwertigen Freundin zu machen, er will nichts von ihr; aber er will seine Überzeugungsmacht beweisen, will »die Mißtrauische, sich Sträubende«, die von ihm Betrogene seine Lauterkeit glauben machen. Dies bedeutet, weil besonders schwierig, einen angestrebten »Triumph, die ersehnte notwendige Bestätigung«. Der Autor selbst vergleicht Süß in diesem Zusammenhang mit einem »eitlen Schauspieler«, dem es an Größe nicht fehlt:

> Wie wohl auf erleuchteter Bühne ein großer Komödiant, gereizt durch ein kaltes, ungestümes Publikum, immer mehr von sich hergibt, gerade diese Widerspenstigen hinzureißen. So steigerte er sich immer höher, schwelgend an seinem eigenen Wesen.

Deutlich wird hier ein Maß an Hybris, an übersteigerter Geltungssucht, aber auch eine Neigung zum selbstzerstörerischen Spiel, die einen tiefen Fall ahnen läßt. Intuitiv spürt dies auch seine Tochter Naemi, die in ihm David, Simson und Judas den Makkabäer sieht (»alle waren sie er«), aber auch angstvoll »Absalom, hängend mit dem reichen Haar im Geäst« zu erkennen meint.

Magdalen Sibylles Vater, inzwischen Kirchenratsdirektor, ist es, der den Sturz des Jud Süß einleitet. Dabei lenkt ihn eigentlich kein Rachedurst, er hat ja auch keine Beweise für dessen Verrat an dem Mädchen, aber »mit feiner Spürung witterte er, daß [...] der Jude schuld war«. Und »die Neugier« erwacht in ihm,

> die feine, rätselvolle, kitzelnde, bohrende Neugier: Was wird jener tun im gleichen Fall? Wie wird sein Gesicht sich ändern, seine Haltung, seine Hände? Diese Neugier stach ihn spitz, war wellig um ihn, wenn er einschlief, kroch ihm juckend, kratzend vom Kreuz her die Wirbelsäule hinauf, füllte ihn ganz an.

In einer durch die Häufung von Adjektiven und Adverben seltsam verschnörkelten, eigenwillig umschreibenden Sprache charakterisiert der Autor wieder einmal einen Kontrast: Die Reaktion des Süß auf den »gleichen Fall« beschränkt sich nicht auf Neugierde, sie wird von einem zielstrebigen, tödlichen Haß getragen.

> Er schwamm auf einem dunklen, violettroten Meer herz- und sinnausfüllenden Hasses [...]. Er hörte den Wutschrei des zu Tode getäuschten Fürsten, sah den blutigen Blick des Mannes, dem er das Erreichnis seines starken, ungestümen Lebens aus der Hand schlug [...]. Das hieß leben! Das lohnte zu leben!

Man gewinnt jedoch den Eindruck, als sei dieser geradezu trunkene Aufschrei mehr als nur Ausdruck des Hasses, als berausche sich Jud Süß mit diesen Worten, erreiche sein höchstes Triumphgefühl, die ungezügelte und äußerste Gestalt der Macht. »Er dachte nicht mehr an das Kind«, sagt der Erzähler. Aber er erinnert sich, »wie er einmal mit einem Hund gespielt, dem Hungernden den Fraß immer im letzten Augenblick weggerissen hatte, bis der Köter ihn scharf in die Hand biß [...]. Mit dir spiel ich ein wilderes Spiel, Karl Alexander.«

Das »wildere Spiel« meint die Vernichtung der herzoglichen Macht durch eine listig inszenierte Intrige, einen kühl kalkulierten Verrat, der den Herzog im Innersten treffen soll – daß er ihn dadurch töten würde, ahnt er nicht. Doch nützt er im gegebenen Moment die Situation, dem am Schlagfluß Sterbenden kalte Verachtung entgegenzuschleudern:

> Herzog! Grober, einfältiger Herzog! Dummer, stier-tölpischer Karl Alexander! Jetzt [...] möchtest du dich davonmachen und mich nicht mehr hören? [...] Aber das konzedier ich dir nicht. Ich laß dich nicht sterben, eh daß du mich gehört hast. [...] und du mußt stillhalten und darfst nicht sterben und mußt mich hören.

Das ist die Stunde seiner Rache und seines höchsten Triumphs: »Du warst nichts als ein kleiner, gewalttätiger Zufallsherzog all deine Tage, und ich hab dich lassen tanzen: [...], hab dich tanzen lassen und dich gemästet, bis daß du reif warst.« Süß kostet seine Rache aus; aber er ist nicht mehr der alte Finanzdirektor, der sich an der Macht berauschen kann. Und es wäre ein Irrtum anzunehmen, das Verhalten des Herzogs, der Tod seines Kindes und der Durst nach Rache hätten ihn verwandelt. Schon lange vorher ist vom »früheren Süß« die Rede, von dem anderen, »umsäumt mit Demut und Weltüberwindung«. Als er – auf Veranlassung des geheimnisvoll wissenden Rabbi Gabriel – durch seine Mutter von seinem nichtjüdischen adeligen Vater erfährt, ist der bis dahin so Selbstsichere völlig verunsichert. Zunächst findet er darin zwar eine Erklärung dafür, warum es ihn immer schon nach Ansehen und Herausgehobenheit drängte:

> [...] daß er sich nur in Glanz und Macht zu Hause fühlte [...] war zu Recht, das war von Erb und Blut wegen, daß die Dinge sich ihm schmiegten! Daß Gold, Glanz und Macht ihm zufiel wie von selbst, ihm stand wie ein Kleid, sorglich für ihn gefertigt [...]. Er war seines Vaters Sohn. Es war Recht und Pflicht, herauszutreten aus den Reihen der Niedrigen und Verachteten, groß zu stehen im Licht [...].

Aber es gibt eben auch die andere Seite. War er nicht ebenso der Sohn seiner Mutter? Hatte er nicht deshalb in der »Affäre des Jecheskel Seligmann«, des zu Unrecht verfolgten Juden, als alle Juden ihn baten, sich für den Unschuldigen einzusetzen, als »Repräsentant Judas gegen Edom« (Gegner Israels; Hrsg.) gehandelt, darin für sich einen Lebenssinn gefunden?

> Die Gedanken wirrten sich ihm. Was tun? Wohin sich bekennen? An goldenen Fäden zog die Macht; doch auch die Lockung, unter den Verachteten zu stehen, war so zäh wie mild. Reizvoll war es, jede Rüstung abzutun; aber auch in dem goldenen Panzer zu prangen, war Versuchung und starke Lust.

Wieder faßt der Autor die Gegensätze im Bild des Tanzes zusammen, »jenem gespenstischen Tanz, an einer Hand hielt ihn der Herzog, der Rabbi an der anderen«. Und der Rabbi ist es, der in dieser Situation die Spur einer Wandlung an Süß wahrnimmt: »Rabbi Gabriel nahm seine Hand. Sah sein Gesicht. Sah Unreines, Unwahres, Schutt. Sah darunter anderes. Sah unter Haut, Fleisch, Knochen zum erstenmal Licht.« Auch Weißensee, der zunächst nur gesehen hatte, daß Süß auf dem gewünschten Weg der Rache war, »wittert« bald mehr: »der Jud war tragisch fast und ein Märtyrer«. In der Tat bietet sich der Finanzdirektor den Mitgliedern der von ihm selbst inszenierten Verschwörung als

Sündenbock an: »Verhaften Sie mich: und wer immer die Oberhand behält. Sie sind für alle Fälle salviert.«

Der Begriff »Märtyrer« an dieser Stelle gegen Ende des vierten Buches verweist auf Opfer, auf Passion. Die kühne Selbstauslieferung kann den Höhepunkt eines allen anderen sich überlegen fühlenden Lebens oder aber den Verzicht auf einen solchen Triumph bedeuten. Die Haltung des Jud Süß wird – freilich nicht mit wünschenswerter Eindeutigkeit – im letzten Buch des Romans dargestellt.

Auch diesem Buch mit dem Titel »Der Andere« schickt Feuchtwanger eine auf das Grundsätzliche abzielende Überlegungskette voraus. Sie macht erneut deutlich, daß der Autor nicht nur die Historie des Jud Süß als ein bemerkenswertes Faktum der Geschichte darstellen will. Der Finanzdirektor ist eine exemplarische Figur. Diese weist – wie Feuchtwanger später erläutert – »gleichnishaft« auf einen »Weg [...], den unser aller Entwicklung geht, den Weg von Europa nach Asien, von Nietzsche zu Buddha, vom alten zum neuen Bund« (›Über Jud Süß‹, 1929).

Im Roman selbst ist vom »Volk Israel« in seiner historischen Situation die Rede. Es werde »ewig« von »drei Wellen« überflutet: die eine – »vom Abendland her« bringe »Durst nach Leben«, nach Persönlichkeit, Wille zum Tun, zur Lust, zur Macht, die zweite – »von Mittag her« – fordere »Haften am Sein, schwelende Begier, nicht die Form und Bildung, nicht den Körper zu verlieren«, die dritte – »von Ost her« – klinge wie eine »sanfte Weisheit; schlafen ist besser als wachen, tot sein besser als lebendig sein. Nicht widerstehen, einströmen ins Nichts, nicht tun, verzichten!« Die Söhne des Volkes »gingen aus in die Welt«. Mancher von ihnen lebte, was die drei Wellen brachten: »Vom rasenden Wirbel des Tuns, aus Macht, Lust, Besitz« seien sie auf dem Weg »über den Trotz gegen die Zerwesung zur seligen Ledigung und Lösung, zur Verebbung in Nichtwollen und Verzicht«.

So ist wohl auch die »Wandlung« des Jud Süß zu verstehen; seine Selbstauslieferung ist kein Weg in ein Martyrium, Süß will sich nicht opfern als Zeichen, auch wenn es viele der den Vorgang analysierenden Glaubensgenossen im Roman so sehen. Wieso sonst, so meinen sie, habe er sich nicht befreit – er hätte sich ja nur »bekehren« müssen; nur so sei seine Haltung erklärlich: Als Gefangener auf der Festung Hohenneuffen macht Süß von den Freiheiten »nicht übermäßig Gebrauch«, ist »gern und viel allein [...], vergnügt, schmunzelnd fast [...], den Kopf geruhsam listig hin und her wiegend wie ein alter Kaftanjude [...]«.

Man darf die Signale nicht übersehen, die Feuchtwanger aussendet: Da ist immer wieder die Rede von der »milde[n] und listige[n] Ruhe«, von den »sachtere[n] Bewegungen« und davon, wie sich »über der Nasenwurzel Furchen einzuzacken« beginnen. Nicht einmal die grausame Verschärfung der Haft in dem feuchten Loch auf dem Asperg kann – auch wenn von gelegentlichen wütenden Ausbrüchen berichtet wird –

die neue Haltung gefährden. Sie übersteht ebenso alle Versuche, die zu seiner Befreiung unternommen werden; durch seine Mutter, durch die jüdische Finanzmacht, die eine horrende Summe Geldes zu zahlen bereit ist, und durch den alten Fürsten von Thurn und Taxis, den er mit seinem Schweigen geradezu in Wut versetzt: »Ihr Stoizismus ist durchaus veraltet. Man stirbt nicht mehr, um in den Historienbüchern der Schuljungen eine bessere Zensur zu kriegen [...].« Auch der Fürst begreift nicht, was in Süß dem Galgen den Vorzug gibt: »[...] über der Nase zackten ihm [...] in die Stirn die drei Furchen, bildend das Shin, den Anfangsbuchstaben des göttlichen Namens Schadai«. Die drei Furchen bleiben auch, als die Leiche von Juden »gestohlen«, nach Fürth gebracht und »in das weiße, lange Totenleinen gehüllt, eingesargt« wird. Dabei waren »Zeigefinger, Mittelfinger, Goldfinger gerichtet im Zeichen des Shin [...]« – im Zeichen des Wissenden. Rabbi Gabriel ist der Letzte, der an seiner Leiche hockt. Er hatte ihm nach dem Tod der Tochter Naemi geraten und vorausgesagt: »Sei rein, und sie wird in Ruhe sein, wenn du einströmst in die dritte Welt, mit dir wird auch sie in das Meer der dritten Welt tauchen.« In der harten Haft auf dem Asperg war »das Kind« zu dem »Dösenden« gekommen und hatte zu ihm gesprochen, zu ihm, der jetzt »ganz still war«.

Wesentliches Motiv Feuchtwangers für den Roman war es, wie er in ›Über Jud Süß‹ (1929) erklärt, das Schicksal des deutschen Juden Walter Rathenau – als AEG-Vorsitzender ein bedeutender Wirtschaftler, als Außenminister der Republik ein politisch besonnener Mann, von nationalistischen und antisemitischen Radikalen 1922 auf offener Straße erschossen – in einer historischen Brechung zu gestalten.

Er zeichnet ein höchst eindrucksvolles, anschauliches und weithin zutreffendes Bild der Geschichte eines Juden am Württembergischen Hof um die Mitte des 18. Jahrhunderts, und er ist beglückt darüber, daß »die Geschehnisse, wie ich sie [...] gestaltete, sich mit der hinterher aktenmäßig belegten historischen Realität fast zum Erschrecken genau deckten«. Aber im gleichen Aufsatz führt Feuchtwanger seine Absichten weiter aus: »[...] was ich machen wollte, das war: den Weg des Menschen weißer Haut zu zeichnen [man vergleiche mit Arnold Zweig, S. 239; Hrsg.], den Weg über die enge europäische Lehre vom Willen zur Unsterblichkeit bis hin zu der Lehre Asiens vom Nichtwollen und Nichttun«.

Gertrud von le Fort
Die Letzte am Schafott

Gertrud Freiin von le Fort (1876–1971) entstammte einer französisch-italienischen Hugenottenfamilie. Sie studierte evangelische Theologie, Kirchengeschichte und Philosophie. Als bekannte und weithin angesehene Autorin trat sie 1926 zum katholischen Glauben über. Katholische Erlösungsidee und demütige Opferbereitschaft standen von Anfang an im Zentrum ihres essayistischen, epischen und lyrischen Werkes; Kirche, Welt (Reich) und Frauen sind die großen Themenbereiche, die sie aus ihrer tiefen Gläubigkeit auf Zeitlos-Gültiges hin symbolisch gestaltete. Durch lyrische Zyklen (›Hymnen an die Kirche‹, 1924; ›Hymnen an Deutschland‹, 1932) und Essays (›Die ewige Frau‹, 1934), vor allem aber durch ihre Romane und Novellen wurde sie zu einer der bekanntesten Vertreterinnen einer Literatur aus christlichem Geist.

In ihrem Prosawerk (z.B. ›Das Schweißtuch der Veronika‹, 1. Teil 1928, 2. Teil 1946; ›Die Letzte am Schafott‹, 1931; ›Die Magdeburgische Hochzeit‹, 1938 [s. Bd. 10]; ›Die Abberufung der Jungfrau von Barby‹, 1940; die Galilei-Geschichte ›Am Tor des Himmels‹, 1954) verwendet sie als Hintergrund Umbruchszeiten. Dabei geht es ihr immer um eine Bewährung des einzelnen im überzeitlichen Sinn.

Die Briefnovelle ›Die Letzte am Schafott‹ spielt in der Zeit der Französischen Revolution. Nachdem im Mai 1794 das Christentum in Frankreich zugunsten des »Kultes der Vernunft« abgeschafft worden war, wurden am 17. Juli sechzehn Karmeliterinnen aus Compiègne mit der Guillotine hingerichtet, weil sie ihrem Glauben treu bleiben wollten.

Gertrud von le Fort versteht das schreckliche, historisch bekannte Ereignis – wie die Vorgänge der Revolution überhaupt – zunächst als Zeichen einer »zusammenbrechenden Kultur«, einer »zu Ende gehenden Epoche« und eines ausbrechenden »Chaos«, das statt Sicherheit »Furcht und Entsetzen« hervorruft. Sie läßt es an äußeren »Vorzeichen« nicht fehlen, die Feuerwerkskatastrophe bei der Vermählung des späteren Ludwig XVI. mit der österreichischen Kaisertochter Marie Antoinette wird zum düsteren »Symbol [...] für das Schicksal des fürstlichen Brautpaares« und für den panikartigen »Ausbruch der Todesangst«:

> Ein an sich unendlich harmloser kleiner Brand in der Vorratskammer der Feuerwerkskörper, durch den niemand gefährdet war, und eine blitzartig ausbrechende Panik warfen alles durcheinander. Die Ordnungsbeamten an den Straßenecken konnten plötzlich die Arme nicht mehr heben, denn sie waren nicht mehr da; die frohen loyalen Bürger und Bürgerinnen waren nicht mehr da; es war niemand mehr da wie ein einziges, wildes, von seiner eigenen Todesangst erdrücktes, massenhaftes, menschliches Ungeheuer: das unter der scheinbar so festen Decke der gesitteten Gewohnheit hervorgebrochene, ewig im Untergrund der Dinge schlummernde Chaos!

Der Kommentar des Briefschreibers – eines französischen Adligen, der einer Emigrantin berichtet – nennt die Stichworte seiner Deutung: gestörte Ordnung, das in der aufgelösten Masse erscheinende menschliche Ungeheuer, Chaos. Man muß diese Phänomene verstehen als Folgen der durch den Marquis de la Force vertretenen, »konsequenzlos gemeinten« aufklärerischen Ideologie. Aus der »gesitteten Gewohnheit« gelöst, entsteht Unsicherheit, entsteht das Handeln aus der zweiten Natur des Menschen, dem Chaos (»auch das Chaos ist Natur« des Menschen, sagt der Briefschreiber), das seinerseits Todesangst hervorruft. Dies erfährt die zufällig in die »Feuerwerks-Katastrophe« geratene Marquise de la Force:

> [...] sei es nun, daß die Pferde durch die allgemeine Verwirrung und das Geschrei beunruhigt, [die Kutsche der Marquise; Hrsg.] von selber anzogen, sei es, daß der Kutscher, den Kopf verlierend, mit dem Wagen aus dem Gedränge entkommen wollte, kurz, dieser setzte sich plötzlich in Bewegung und raste in die vor Wut und Verzweiflung aufschreiende Menge hinein. Im Umsehen waren die Pferde zum Stehen gebracht, der Schlag der Kutsche aufgesprengt, und das brodelnde Chaos stürzte nach. [...]
> »Madame«, schrie die wilde Stimme eines Mannes, der ein blutüberströmtes Kind in den Armen hielt, »Sie sitzen hier im sicheren Gewahrsam Ihrer Kutsche, während das Volk unter den Hufen Ihrer Pferde stirbt! Wahrlich, in Bälde werden Ihresgleichen sterben und wir in Ihren Kutschen sitzen!« Gleichzeitig sah die Marquise wie in hundertfacher Spiegelung das Gesicht des schreckenerfüllten und schreckeneinflößenden Ungeheuers; in der nächsten Sekunde war sie bereits aus ihrer Kutsche herausgezerrt und ihr eigenes Anlitz zu einer dieser bloßen Spiegelungen der Masse geworden.

Geschickt verbindet Gertrud von le Fort den historischen Hintergrund mit dem konkreten Einzelfall und verleiht diesem allgemeine Bedeutung. Doch ist nicht die Marquise die Zentralfigur der hier beginnenden Haupthandlung. Sie stirbt unmittelbar nach dem beschriebenen Vorgang, als sie »infolge des ausgestandenen Schreckens zu früh niederkam«. Ihre Tochter, Blanche, überlebt. Aber sie scheint gezeichnet durch die Umstände ihrer Geburt: »[...] sozusagen vom Entsetzen ihrer Mutter vorzeitig ins Licht der Welt gestoßen, schien [sie] keine andere Mitgift empfangen zu haben als eben dieses Entsetzen [...].« Ihrer vom Vater angestellten Erzieherin »Madame de Chalais« gelingt es zwar, die Angst »bis zu einem gewissen Grad zu überwinden«, indem sie bewirkt, daß »die Gedanken und Bilder der christlichen Frömmigkeit ihre eigenen unklaren Schreckvorstellungen verdrängten«. Aber wirkliche Lebenssicherheit erreicht Blanche nicht. Als sie – auch unter dem Einfluß von Madame de Chalais – erklärt, in ein Kloster eintreten zu wollen, urteilt ihr darüber empörter Vater, der sich »mit allen glänzenden Geistern Frankreichs darin einig war, daß die Kirche eine

Angelegenheit der Vergangenheit sei«, abfällig, Madame de Chalais habe nicht mehr »zuwege gebracht, als Blanche eine Brücke zu bauen, auf der sie bequem aus der Welt hinaus spazieren könne«. Seine Tochter sei »sicherlich noch ebenso furchtsam wie früher«, verschließe sich daher der Wirklichkeit und öffne sich nur »noch den freundlichen Phantomen des Himmels und seiner Bewohner«. Mit dem Eintritt ins Kloster suche sie lediglich Sicherheit in der Unterwerfung unter »ein für allemal feststehende Regeln«, die keine »unerwarteten Einbrüche und Forderungen des Schicksals mehr« zuließen. Diese verächtliche Einschätzung der »Flucht« seiner Tochter ist in den Augen des frommen Berichters völlig abwegig und »verzerrt gedacht«, eine Ausgeburt der schrecklichen Freigeisterei eines Diderot-Verehrers, bar jeglichen Verständnisses für religiöses Empfinden.

Eine tiefere »Erklärung« zu vermitteln, ist das Ziel des Berichters. Zwar sei »etwas entfernt Richtiges« in der Meinung des Marquis de la Force, daß die Umstände bei der Geburt der Tochter Ursache ihrer Furcht seien, daß aber der Ursprung ihrer Lebensangst von ihr als etwas von Gott Auferlegtes erkannt und angenommen wird, könne der aufgeklärte Geist nicht begreifen. Auch Blanche muß dies erst erfahren. Zu Beginn glaubt sie sich im Kloster einfach nur vor den Gefahren der ausbrechenden Revolution bewahrt. »Das gelangt nicht mehr zu uns, davor sind wir hier sicher!« Aber schon kurz nach ihrer Aufnahme im Noviziat, beim ersten Besuch einer »nationalen« Kommission, die nach unfreiwillig im Kloster lebenden Klosterfrauen sucht, erweist sich diese Sicherheit als trügerisch: Als einer der subalternen Mitglieder

> die Tür zu ihrer [Blanches] Zelle öffnete und seine grinsende Visage durch den Spalt drängte, stieß sie einen markerschütternden Schrei aus [...]. Gleichzeitig wich sie mit weit von sich gestreckten, man ist versucht zu sagen, gesträubten Händen bis an die rückwärtige Wand ihrer Zelle zurück und blieb dort stehen, als erwarte sie den Tod.

Angst und Furcht haben sie eingeholt. Ganz anders begegnet ihre Novizenmeisterin der Situation: »[...] Marie de l'Incarnation wußte sich frei von Schrecken, aber sie fühlte in diesem Augenblick die gleicherweise mütterliche wie schwesterliche Pflicht, die Schwäche ihrer armen kleinen Novizin den Außenstehenden gegenüber zu bedecken.« Entsprechend ist ihre Reaktion, als sie im Einzelverhör spöttisch gefragt wird, ob sie und Blanche

> sich von ihrem Schrecken erholt [hätten]. [...] »Was meinen Sie mit dem Wort ›Schrecken‹, Monsieur?« fragte sie, »wovor sollten wir erschrecken, außer vor dem Gedanken, Christus zu mißfallen, den feierlich bekennen zu dürfen Sie uns hier die Ehre erweisen!«

Schrecken und Furcht zeigt Blanche, Mut und Stärke ist das Kennzeichen der Karmeliterin Marie. Schon der jeweilige Klostername, der nach der Tradition des Karmel (des Karmeliterinnen-Klosters) auf einen »besonderen Zugang zu dem mit ihm ausgedrückten Mysterium« hinweisen soll, enthält diesen Gegensatz: Marie de l'Incarnation (d. h. Schwester Marie von der Menschwerdung Christi) nennt sich die Novizenmeisterin, der Name verweist auf entschlossene Heilssendung und Opferbereitschaft. Blanche »de Jésus au jardin de l'Agonie« ist der Ordensname der Novizin; er erinnert an die Todesangst Christi im Garten Gethsemane am Fuß des Ölbergs, aber auch – anfangs von Blanche noch nicht erfaßt – an die Bereitschaft zur völligen Unterwerfung unter den göttlichen Willen (»nicht mein, sondern dein Wille geschehe«). Genau dies bezeichnet auch den Unterschied in der Verhaltensweise der beiden Frauen: Marie de l'Incarnation sieht in der Verfolgung durch die Revolution eine Möglichkeit, bewußt den Märtyrertod zu suchen. Ihrer Priorin erklärt sie:

> Das Königtum Frankreichs, welches seine erhabene Mission so oft verkannte, hat das Banner Christi ergriffen [...], gestatten Sie uns, meine Mutter, daß wir ihm in seinem Kampf für die Rechte der Kirche diejenige Hilfe anbieten, die Gott in unsere schwache Kraft gelegt hat [...], indem wir der Majestät Gottes unser eigenes Leben anbieten für dasjenige seiner bedrohten Kirche in Frankreich.

»Hilfe anbieten« im »Kampf«, Gott das »eigene Leben anbieten«, das ist nicht Ergebenheit in eine Opferrolle, das zielt auf aktive Gestaltung eines Wunsches: Maries frühere Äußerung, der Karmel sei »Gewalt«, fügt sich in diese Vorstellung ein. Die sanfte Abwehr der Priorin deutet allerdings an, daß die Novizenmeisterin, obwohl – so der Briefschreiber – der »Gedanke des stellvertretenden Opfers« durchaus zur Idee des Karmel gehörte, mit dieser »Selbstherrlichkeit« den tiefsten Sinn des Karmelitertums (noch) nicht erfaßt hat. Es bedeutet dementsprechend auch mehr als ein geschicktes Arrangement der Autorin, wenn Marie de l'Incarnation den Opfertod auf dem Schafott nicht erleiden darf.

Blanche muß sich erst zum Opfertod läutern; ihre persönliche Angst bleibt zunächst für ihr Verhalten bestimmend. Als in der Christnacht nach dem Brauch der Karmeliterinnen eine Symbolfigur des zur Welt gekommenen Jesus – »Der kleine König der Herrlichkeit« (Le petit Roi de la gloire) genannt – von Zelle zu Zelle gebracht wird, durch eine Verfügung der Nationalversammlung allerdings der »Krone und seines Zepters beraubt«, ist allein sie vom Anblick der Wachsfigur betroffen:

> »Oh, so klein und so schwach«, hauchte sie.
> »Nein, so klein und so mächtig«, flüsterte ihr Marie de l'Incarnation zu, die neben ihr stand. Es war ungewiß, ob Blanche sie hörte. Sie beugte sich

nieder, um ihn zu küssen; dabei kam ihr offenbar das Fehlen seiner Krone zum Bewußtsein. Gleichzeitig klang von der Straße herauf [...] die wilde Carmagnole [d. i. ein revolutionärer Tanz mit Gesang; auch die Jacke der radikalen Jakobiner; Hrsg.]. Blanche zuckte heftig zusammen – le petit Roi entfiel ihren Händen und schlug mit seinem unbekleideten Köpfchen auf die Fliesen der Zelle – das Köpfchen sprang ab. Sie schrie laut auf; in diesem Augenblick glich ihr Gesicht fast dem einer Stigmatisierten. »Oh, le petit Roi ist tot«, rief sie, »es gibt nur noch das Agnus Dei!«

Mit diesem Hinweis auf das Opferlamm Agnus Dei scheint sich Blanche wie später alle anderen Ordensfrauen in die Rolle des »verfügten« Opfers zu fügen, ohne etwas anderes erreichen zu wollen, als den Willen des Herrn zu erfüllen. Aber die erläuternden Zusätze zum Begriff »Opfer«, die Gertrud von le Fort bis zum Schluß immer wieder aufs neue sucht (»Opfer ohne Hoffnung«, »Opfer ohne Heroismus«, »bedingungsloses Opfer«, »Opfer nur durch Gott«), deuten den Wandel der Protagonistinnen an: Marie, die sich zunächst dem »heroischen« Opfer verschrieben hat, wird sich dieses am Ende versagen und auch Blanche wird kein »verfügtes« Opfer bringen, wie es die genannte Szene noch vermuten läßt. Noch ist ihr Verhalten jedoch von Entsetzen, Furcht und Todesangst bestimmt. Die Schlüsselszene dafür ist ihre Aussprache mit der Priorin, Madame Lidoine, nachdem diese zusammen mit den Nonnen die Hymne ihrer Ordensheiligen Theresia von Avila gebetet und anschließend allen die Zeilen »Was verfügst Du zu tun mit mir?« als Mahnung zur Demut erläutert hatte: »[...] nicht darauf kommt es an [...], daß wir unsere eigenen Ziele, und wären es die erhabensten, verwirklichen, sondern daß diejenigen Gottes verwirklicht werden.« Die Priorin will Blanche »den Rücktritt in die Welt nahelegen«, weil sie dem »Opfer« nicht gewachsen scheint, und läßt sie rufen.

> Sie lud Blanche ein, mit ihr niederzuknien. Dann betete sie wiederum laut die Hymne der heiligen Theresia und gebot der Novizin, sie zu wiederholen. Und nun geschah das Merkwürdige. Blanche kam dem Befehl der Priorin gehorsam nach. Mit ihrer kleinen gehetzten Stimme, fast etwas atemlos, wiederholte sie die ihr vorgesprochenen Worte bis zu der Stelle, wo es heißt:
> »Gib mir Reichtum oder Armut,
> Gib mir Trost oder Trübsal.«
> Dann aber fuhr sie fort:
> »Gib mir Zuflucht oder Todesangst.
> Süßes Leben, Sonne ohne Schleier,
> Was verfügst Du zu tun mit mir?«
> Sie sprach sehr schnell, dabei fast mechanisch, wie jemand, dem die Worte so, wie er sie spricht, seit langem geläufig sind – offenbar bemerkte sie selbst gar nicht, daß sie eine eigenmächtige Änderung des Textes vornahm. Anders die Priorin: Im ersten Augenblick lag es ihr auf der Zunge, Blanche zu korrigieren; aber dieselbe eigentümliche Rührung, die sie vorhin gefühlt

hatte, hielt sie davon ab. Ohne auf Blanches Gebet zurückzukommen, ging sie geradewegs auf ihr Ziel los.

»Mein Kind«, sagte sie, »ich setze voraus, daß Sie wissen, weshalb ich Sie rufen ließ.« Blanche schwieg.

Madame Lidoine hatte dieses Schweigen nicht erwartet. »Ich habe«, so fuhr sie fort, »Ihre Demut stets sehr hoch gestellt und ich vertraue darauf, daß sie mir diese schwere Stunde erleichtern wird, denn wahrlich, diese Trennung ist für die Mutter nicht weniger schmerzlich als für das Kind.« Sie umarmte Blanche. Diese schwieg noch immer.

Madame Lidoine empfand einige Verlegenheit. »Oder haben Sie das Gefühl, daß ich Ihnen Unrecht tue?« fragte sie ein wenig unbeholfen.

Blanche schwieg.

Plötzlich sagte die Priorin mit ungewöhnlicher Hast: »Ich befehle Ihnen, zu sprechen, Schwester Blanche! Tue ich Ihnen Unrecht oder nicht, wenn ich Sie in die Welt zurücksende?«

Blanche kniete vor ihr nieder und bedeckte das Gesicht mit den Händen. »Sie befehlen mir, zu sprechen, meine Mutter«, sagte sie leise: »Ja, denn, Sie tun mir Unrecht!«

»So irrt also Ihre Novizenmeisterin – Sie haben Hoffnung, Ihre Schwäche doch noch zu überwinden?«

»Nein, meine Mutter.« Es lag etwas ganz Hoffnungsloses, aber zugleich wieder etwas merkwürdig Getröstetes in ihrer Stimme.

Die Priorin fühlte plötzlich etwas wie das Zerbrechen aller ihrer Maßstäbe. »Sehen Sie mir ins Gesicht!« befahl sie kurz. Blanche zog die Hände von ihrem kleinen, gepreßten Anlitz: aller Ausdruck in ihm war gleichsam auf einen einzigen zusammengeschrumpft, aber merkwürdigerweise erschien es darinnen von einer erschreckenden Weite. Die Priorin erkannte es kaum wieder. Vor ihrem geistigen Auge tauchte plötzlich eine Reihe völlig zusammenhangloser Bilder auf: kleine sterbende Vögel – verwundete Krieger auf dem Schlachtfeld – Verbrecher unter dem Galgen –. Sie glaubte nicht mehr, Blanches Angst, sondern überhaupt *jede* Angst zu erblicken.

»Mein Kind«, sagte sie fassungslos, »Sie können doch unmöglich die Todesangst einer ganzen Welt –«, sie brach ab.

Es trat ein kurzes Schweigen ein. Dann sagte Madame Lidoine fast scheu: »Sie glauben also, daß Ihre Furcht – religiös sei?«

Blanche seufzte tief auf. »O meine Mutter«, hauchte sie, »denken Sie doch an das Geheimnis meines Namens!«

Das »Geheimnis meines Namens« enthüllt zusammen mit der Veränderung der Hymne – »Gib mir Zuflucht oder Todesangst« statt »Frohlocken oder Feuer« – den besonderen Auftrag, den Blanche erfaßt: »Todesangst« zu erleben in der Nachfolge Christi im Garten Gethsemane ist es, was Gott über sie verfügt hat. Die Priorin ahnt diese »religiöse« Bedeutung der Furcht. Ihrem Tagebuch vertraut sie es an: »War es Dein Wille, o mein Jesus, die ängstliche Natur dieses Kindes auszuwählen, um, während andere sich rüsten, jubelnd Deinen Tod zu sterben, gleichsam in Deiner Todesangst bei dir auszuharren?« Zugleich drückt sie damit noch einmal die Gegensätzlichkeit der beiden

Haltungen religiöser Hingabe aus und vervollständigt ihre (immer noch zweifelnde) Überlegung: »War dies die Anbetung, die Dir noch fehlte, und war ich im Begriff, sie Dir zu rauben?« Als die Verfolgung durch das Revolutionstribunal brutaler wird, gibt Blanche ihrer Angst nach und verläßt das Kloster. Innerhalb der Novelle ist es nur folgerichtig, daß sie ihre Todesangst schließlich überwindet und freiwillig mit ihren Schwestern in den Märtyrertod geht, während Marie der Opfertod versagt bleibt. Blanche nimmt auf der Place de la Révolution den Gesang des Veni creator der zur Hinrichtung geführten Karmeliterinnen auf und führt ihn zu Ende. Das »Wunder in der Schwachen« nennt es der Deuter des Geschehens.

Blanche entspricht – wie eigentlich alle charakterisierten Nonnen des Karmel – Gertrud von le Forts katholisch geprägtem Frauenbild. In ihrem Essay ›Die ewige Frau‹ zeigt sie sich von der katholischen Dogmatik überzeugt; diese habe mit der Gestalt der Maria »die gewaltigste Aussage gemacht [...], die je über Frauen gemacht worden [ist]«. Dazu gehöre insbesondere das »Fiat« (voluntas tua), die Bereitschaft Marias, sich dem Willen Gottes ganz zu unterwerfen und im Dienst des göttlichen Heilsplanes zu stehen. »Wo immer die Frau zutiefst sie selbst ist, da ist sie nicht sie selbst, sondern hingegeben – wo immer aber sie hingegeben ist, da ist sie auch Braut und Mutter.« Wenn sie diese ihre Bestimmung erfülle, hebe sie sich über den Mann hinaus, weil dieser sich als Person in der historischen Situation verbrauche, sie aber die Generation repräsentiere. Doch erschöpfe sich die Rolle der Frau nicht in der Mutterschaft. Als Ärztin, Lehrerin, Fürsorgerin oder Krankenschwester z.B. könne sie ebenso mütterliche Kräfte entfalten: Auch diese Hingabe sei »der weibliche Anteil an der geistig-kulturellen Schöpfung des Mannes«. Daher, und weil »die eine Hälfte des Seins unwiderruflich weiblich« sei, könne der Mann allein nicht Kultur schaffen. Mit ihrem Wesen trage sie dazu bei, den Heilsplan Gottes in der Weltgeschichte zu befördern.

Wenn der Erzähler der Novelle die Handlungsweise von Blanche und Marie als Hoffnung für alle sieht – auch nicht vergißt, den »aktuellen« Bezug herzustellen –, entspricht das den Überzeugungen der Autorin: »Und nun, meine Freundin: der Regenbogen über der Place de la Révolution war erloschen, und trotzdem hatte ich das Gefühl: die Revolution ist zu Ende.«

Die ganze Novelle hindurch ist das Historische stets gegenwärtig, erscheint aber gleichsam »nur nebenbei«, wie der Berichter ausdrücklich sagt, denn im Kern geht es um das Einmalige einer unerhörten Begebenheit. Diese wird legendenhaft überhöht, verkörpert die existenzielle Angst des Menschen, steht für das Individuum – hier in der Nachfolge Christi – und zeigt, wie sich die Angst in christlicher Bewährung überwinden läßt. Die Weltgeschichte wird als Heilsgeschichte gedeutet, der Mensch muß nicht verzweifeln, wenn er sich als Teil einer göttlichen Weltordnung sieht. Der Verfasser des Briefes faßt es so zusammen: »Das Menschliche allein genügt nicht, auch nicht das ›schöne Menschliche‹ [...] – es genügt nicht einmal zum Opfer des Menschen!«, genauer zu erklären vermag es auch Gertrud von le Forts Erzähler nicht, die »Selbstüberantwortung an den Glauben« (Winfried Freund) ist einfach hinzunehmen.

Damit reiht sich die Autorin ein in die Gruppe der religiösen Dichter, die in einer im hohen Maße zerrütteten Zeit nicht den rationalen Weg aufklärerischen Denkens und Handelns als Hilfe sehen, weil er nur auf ein diesseitiges Leben zielt. Als konsequente Gegnerin des heraufkommenden NS-Regimes lehnt Gertrud von le Fort aber auch den irrationalen Grundzug der nationalsozialistischen Ideologie deutlich ab, ihr Rettungsweg aus den Wirren der Zeit weist eben in eine andere Richtung.

Erwin Guido Kolbenheyer
Paracelsus

Erwin Guido Kolbenheyer (1878–1962) gehört zu den umstrittenen Autoren der deutschen Literaturgeschichte des 20. Jahrhunderts. Der Vorwurf, zu den Wegbereitern und Vertretern der völkisch-biologischen Lehren des Nationalsozialismus gehört zu haben, führte nach 1945 zu einem Schreibverbot für fünf Jahre.

Ausgehend von der schon 1909 erschienenen vitalistischen »Philosophie des Organischen« von Hans Driesch (1867–1941) spricht Kolbenheyer von einem »Artplasma«, das zu jeder Rasse gehöre und das deren Fähigkeit bedinge, sich unterschiedlichen Lebensverhältnissen anzupassen. Der gefährliche Kernsatz seiner auf die »prinzipielle Neuordnung des metaphysischen Weltbildes für die Gegenwart« zielenden philosophischen Schrift ›Die Bauhütte‹ (1925) heißt daher: »Handle so, daß du der Überzeugung lebst, mit deinem Handeln dein Bestes und Äußerstes dazu getan zu haben, die Menschenart, aus der du hervorgegangen bist, bestands- und entwicklungsfähig zu halten«. In Übereinstimmung damit habe eine Gemeinschaft dann auch »das unveräußerliche Lebensrecht«, die »aktive Devastation des Anpassungsunfähigen zu beschleunigen, wie dies z. B. in der sozialen und gesetzlichen Entrechtung bis zur Vertilgung [!] der verbrecherischen Individualität geschieht« – der Weg zur Vernichtung »lebensunwerten Lebens«, die Auslöschung von angeblich den »Bestand« störenden Gruppen ist da nicht mehr weit. Verständlich, daß Kolbenheyer bei solchen Vorstellungen und seiner antirationalen und antiindividualistischen Haltung zu den bevorzugten Autoren der nationalsozialistischen »Erhebung« gehörte. Als Mitglied der »Sektion für Dichtkunst« führte Kolbenheyer schon bei deren Gründung 1926 die völkisch-nationale Fraktion an.

Im Vergleich mit anderen Vertretern der ideologiekonformen Literatur im NS-Regime verfügt Kolbenheyer sicher über die größere Darstellungskraft und Gestaltungsfähigkeit. Als sein wichtigstes Werk gilt die Trilogie, in der er das Leben des Schweizer Arztes und Naturforschers Paracelsus, eigentlich Theophrastus Bombastus von Hohenheim, darstellt, der 1493 bis 1541 gelebt hat.

Der erste Band der Romantrilogie, ›Die Kindheit des Paracelsus‹ (1917), schildert Herkunft und frühe Jugend des Titelhelden, Sohn eines schwäbischen Arztes, der in ein Haus in der Nähe des Klosters Einsiedeln eingeheiratet hatte. Zum Vater fühlt sich der junge Theophrastus Bombastus stark hingezogen; der prägende Eindruck aber ist der Tod der Mutter im religiösen Wahnsinn. Er weckt in ihm den Wunsch, Arzt zu werden, um Menschen helfen zu können. Der zweite Band, ›Das Gestirn des Paracelsus‹ (1922), stellt den Werdegang des jungen Mannes an wechselnden Schauplätzen und in unterschiedlichen Bewährungssituationen dar. Er erfährt Anerkennung, wird nach dem Studium der »Alchimie« in Ferrara Doktor der Medizin. Es verlangt ihn danach, sein neugewonnenes Wissen zu erproben; sein Weg führt ihn in viele Länder, als herumziehenden Wundarzt, als Regimentsarzt – die kriegerischen Auseinandersetzungen geben Ärzten genug Arbeit. Bei seiner ärztlichen Tätigkeit behandelt er die Menschen auf seine Weise, in der »Kräfte der Natur« die erste Rolle spielen: seine Mittel müssen ihm die Apotheker bereiten:

> Der Apotheker und der Knecht schäumen den Wein, in dem Angelika, Eichel und Cyklamen sieden.
> »Tu Mumia darzu, acht Lot.«
> Nach einer Weile prüft er den Sud.
> »Hast du Wintergrün im Kasten?«
> Der Apotheker verneint.
> »Buchsblätter? Wallwurz? Heidnischkraut?«
> »Heidnischkraut wohl.«
> »Gib zehen Haend voll, Jörg [= sein Knecht], ganz eilend, dort stehend Hasel. Grab etliche Wurzen daumensdick und zween Finger lang, waesch sie. Deren solltu vier darzutun.«

Die auf den Texten der Alten basierende, von den Regeln der Scholastiker wie der Humanisten bestimmte »Wissenschaft« der Medizin lehnt er ab. Seine eigene Einstellung ist eindeutig: »Zwiespältig sind die Menschen, darnach allzit gescheiden. Die ein halten am Schein des Wortes, die andern am Licht der Natur. Es ist keine Brucken geschlagen, die aus der Tiefe des Wesens reicht von den einen zu denen anderen«. »Licht der Natur« und »Wesen« sind Leitworte des Paracelsus bei Kolbenheyer genauso wie »Tiefe«, die es »mit dem Herzen« zu entdecken gilt.

Paracelsus ist für Kolbenheyer der Inbegriff des stets Suchenden, der über neue Möglichkeiten in der medizinischen Wissenschaft hinaus die Verbindung des Menschen zum Ganzen finden will. Wie auch für den historischen Paracelsus ist im Roman die Medizin nur der Beginn des Weges zur Erkenntnis des Wesens Mensch. Der Mensch – als Mikrokosmos gesehen – muß sich selbst erkennen, bevor er die Welt und seine Stellung darin erfahren und erfassen kann. Das ist nicht möglich, ohne bestehende Lehrmeinungen und -methoden umzustoßen: Die Gelehrten seiner Zeit

> wollten eine Fertigkeit und eine Ehre, die im Barett sichtbar auf ihren Köpfen saß. Er wollte eine Offenbarung. Vor den anderen lagen Bücher und Schriften, die Weisheit der Alten und ihrer Erläuterer, wie ein Herbstland. Der Lehrgang leitete sie schrittweise von Ernte zu Ernte und sie ließen sich unbekümmert führen. Auf Theophrast aber lag es wie Bodenkrume über dem treibenden Samen. Er stemmte sein Verlangen gegen die Decke und hoffte auf das Offenbarungswunder, das die Last [...] spalten und seinem Triebe das Sonnenlicht öffnen sollte.

Daher ist auch der »Lenz« seine Zeit und seine Rede ist »wild«. Der toten Aneignung von überliefertem Wissensstoff (»Glaubenssatz wurde auf Glaubenssatz gekeiet. Puls, Urin, Aderlaß und Schröpfen, einige Heilmittel der alten Griechen, von den Arabern neu beschrieben [...] alles Bericht und Bericht des Berichtes, nirgends lebendige Anschauung«) setzt er die sinnliche Erfahrung der Natur gegenüber:

> [...] auf dem Rückwege brach er rote und grüne Erde aus den Weinberghängen, zerrieb und glättete sie in den Händen und ließ sie durch die Finger rinnen, mehr um Naturgewordenes zu greifen und zu fühlen, als um es zu betrachten. Er pflückte Kräuter [...] und erquickte sich an dem Geruche des Saftes. Baumstämme befühlte er, schabte die Flechten von ihrer Rinde, schnitt Schichte um Schichte los, bis er an die Säftebahn kam, und konnte seine Stirne an die kühle Wunde pressen. Aus dem Wasser hob er Kiesel, wusch sie vom Schlamme frei, sie waren für ihn lebendige, dem Wasser entwachsene Wesen, der Schlamm war Ausscheidungsrest ihrer Nahrung.

An seinen »Offenbarungen« sollen auch andere teilhaben können: er »wollte weithin vernommen sein«. Wie der »Doktor Martinus«, Martin Luther, dem er sich in gewisser Weise nahe fühlt, will er mit seinen Schriften »dem Volke helfen«, und das geht nur, wenn er sich wie dieser »deutscher Sprache und Schrift« bediene. Nur so, durch das »Bekenntnis zur Eigenart, zum deutschen eigenen Wesen«, konnte er sich auch »über die Weltläufigkeit« der Universitäts-Gelehrten erheben und »zur

Wahrheit und zu Gott finden«. In einer Rede, mit der er seine Professur an der Universität Basel eröffnete, führt er den Gedanken weiter: »Eingeboren ist mir die Gewalt des Heilens und das Ungestüm der Kunst nur durch das Vaterland.« Damit kann er sich von den anderen Großen der Medizin absetzen und seine Stelle in der Geschichte bestimmen: »Arabia hat gezeugt Avicennum, Pergamon hat geborn Galenum, Italia ist entsprossen Marsilius, also hat Germania fuerbracht ihren Notarzt und heißt Theophrastus.« Aber die drei Genannten seien »eingesargt in Wort, Thesis, Punkt, Libell und Commentario«, also in der wissenschaftlichen Starre der Universitätsgelehrsamkeit. »Do gestund dine Art auf in dir, Germania, die do ist lebendig [...] und hat erweckt das Evangeli us Gott, das nit beschlossen liegt in denen Evangelisten, Aposteln und Propheten alleinig, sundern auch in der Kunst.«

Die »Kunst« wird ab da zu einem Zentralwort im Roman. Kolbenheyer versteht darunter die »eigene deutsche Kunst«, die »auf vier Säulen aus dem Feuergrunde« erwachsen sei. Diese heißen »Philosophei, Astronomei, Alchymei und die Tugend des kunstlauteren Gemuets«. Der historische Paracelsus ersetzte zwar die alte medizinische Säftelehre durch eine aus Erfahrung und Experiment entwickelte chemische Biologie, aber in seiner Naturphilosophie verstand er den Menschen ohne »Art«-Unterschiede schlechthin als Mikrokosmos (s. auch Bd. 1, S. 338f.). Kolbenheyers Paracelsus hingegen verknüpft Biologisches mit Nationalem (ohne allerdings den Begriff zu erwähnen). Daraus folgt auch eine Abwehr des Fremden: der Einsatz für die Verwendung deutscher Sprache auch in der gelehrten Welt, aber ebenso die Ablehnung von nicht »artgemäßen«, vorwiegend rationalistischen und humanistischen Denkweisen.

Im dritten Band mit dem Titel ›Das dritte Reich des Paracelsus‹ (1925), in dem sich Paracelsus – aus Basel durch die Gelehrtenschaft vertrieben – wieder auf ruheloser Wanderschaft befindet, verdichten sich seine Gedanken zu einer Art naturphilosophischem Weltbild. Ideen, die der Geschichtstheologie Joachims von Fiore (um 1130–1202) nahestehen, verbinden sich darin mit seinen Vorstellungen vom Mikrokosmos im Makrokosmos und seinen »Lehren zur Lebensdeutung, insbesondere dem Zusammenhang von Mensch und Volk« (Wilhelm Grenzmann). Aber Joachims von Fiore Prophezeiung von der Erlösung des Suchens nach etwas Dauerndem durch das heraufkommende (3.) Reich des Heiligen Geistes erfüllt sich (wohl auch nach der Überzeugung des Verfassers) für Kolbenheyers Paracelsus nicht: Krank und vereinsamt, weiter bekämpft von der Wissenschaft und zwischen den beiden christlichen Lagern stehend, stirbt er in Salzburg.

Kolbenheyer gilt er als Repräsentant des ewig Suchenden deutschen Geistes, einer Vorstellung, die seit dem späten 19. Jahrhundert auch mit dem »Doktor Faust« verbunden war. Am Ende des Romans steht der Satz: »Ecce Ingenium Teutonicum.« Auch wenn die Person des Paracelsus, ihr Werdegang, in allen drei Bänden das Thema zu sein scheint, darf man die schon optisch herausgehobene Schlußkennzeichnung nicht übersehen. »Ingenium Teutonicum« ist zwar (durch die Bedeutungsvielfalt des lateinischen Wortes »ingenium«) kaum eindeutig festzulegen, aber man geht kaum fehl, wenn man dafür »Deutscher Geist« oder »Deutscher Charakter« setzt. Paracelsus ist demnach nicht als Individuum von Interesse, sondern als eine Verkörperung dieses deutschen »Wesens«, wie man noch zur Zeit Kolbenheyers gern sagte.

Was den »Deutschen« besonders kennzeichnet, steht bereits im ersten kurzen Kapitel des Bandes 1 (›Einaug und Bettler‹): »Es ist kein Volk wie dieses, das keine Götter hat und ewig verlangt den Gott zu schauen.« Dies sagt »Einaug« Wotan im Gespräch mit Christus (»Bettler«); Kolbenheyer nimmt es im jeweils ersten Kapitel des zweiten und dritten Bandes wieder auf und begreift es damit als eine Art Leitthema. Wotan selbst steht für das »Verlangen«. Er hat den Bettler in seinem Mantel getragen, bis dieser wieder zu Kräften kam. Er selbst kann dieses Volk nicht erlösen, weil er Teil von ihm ist.

Es ist eine kühne, höchst eigenwillige und nicht ungefährliche Deutung des Paracelsus und der Deutschen, die Kolbenheyer aus seiner Zeit und Vorstellungswelt mit den drei Bänden vorlegt. Der heutige Leser wird wohl eher die ungewöhnliche Gestaltungskraft anerkennen, mit der Kolbenheyer ein anschauliches Bild einer Zeit dargestellt hat, die wie seine eigene eine Zeit des Übergangs war. Dabei ist das Werk keine einfache Lektüre. Der Verfasser will historische Authentizität erreichen, kennt die Orte des Geschehens, nennt Vorgänge und Namen, manchmal auch verschlüsselt: »Unweit einem Dom, dessen Steingewölbe vom Dunsthauch der zahlreichen Begräbnisse erfüllt war [...], sah der Sturmgewaltige ein neues Licht durch die Finsternis ringen.« So beginnt z.B. die Szene, in der Wotan (= der Sturmgewaltige), vom Licht der Hoffnung angezogen, in der Nähe des Erfurter Doms dieses »neue Licht« (= den Mönch Martin Luther) gegen die Finsternis (des Mittelalters) in seiner Zelle des Augustinerklosters »ringen« sieht. Dem gleichen Zweck, die Zeit im Wort einzufangen, dient die kunstvoll (mitunter auch gekünstelt) altertümliche Redeweise in Gesprächen und Reden, bei genauerem Hinsehen sogar differenziert nach Gegend, Stand der Beteiligten und nach Umgangs- und Fachsprache der Epoche, wie an den abgedruckten Beispielen zu sehen ist.

2. Darstellung der Zeit in Roman, Erzählung und Autobiographie

Alfred Döblin
Berlin Alexanderplatz

Alfred Döblin (1878–1957) gehörte seit seinen literarischen Anfängen zur künstlerischen Avantgarde. Schon mit den ersten Erzählungen und Romanen, aber auch mit theoretischen Äußerungen zu Grundfragen der Epik hatte er sich in den Kreisen der expressionistischen Generation Achtung erworben und Aufsehen erregt. Einig war man sich in der Ablehnung der »bürgerlichen« Literatur. Im Rückblick (›Epilog‹, 1947) erinnerte sich Döblin: Wir mokierten uns über die damaligen Götzen der Bourgeoisie, Gerhart Hauptmann und seinen unechten Märchenspuk, über die klassizistische Verkrampfung Stefan Georges.

Allerdings machte der Autor es selbst den Freunden und Bewunderern (nebenbei auch dem Verleger seiner Werke, Samuel Fischer) nicht leicht, seinen thematischen und stilistischen Wendungen und Sprüngen zu folgen. In den zwanziger Jahren »hatte er sich in das Abenteuer einer expressionistisch überhitzten Wallensteindichtung gestürzt, bevor er mit ›Berge Meere und Giganten‹ seine utopischen und apokalyptischen Zukunftsvisionen ausbreitete und sich schließlich gar von der bisherigen Romanprosa löste und in ›Manas‹ auf das Feld epischer Dichtung in freien Versen abschweifte.« (Werner Stauffacher) So ist es nicht verwunderlich, daß diese Bücher höchstens »eine Art Achtungserfolg« erzielten.

Im Oktober 1929 – nach einem Teilabdruck in der ›Frankfurter Zeitung‹ – erschien jedoch schließlich das Werk, mit dem der Name Alfred Döblins seither untrennbar verknüpft ist: ›Berlin Alexanderplatz. Die Geschichte vom Franz Biberkopf‹. Die Texte, die danach, im Exil und unter den vielfältigen Belastungen von Kriegs- und Nachkriegszeit entstanden, hatten geringe Chancen, ins Bewußtsein einer größeren Leserschaft zu treten. Beleg für den Erfolg, den der Autor mit dem Roman errang, ist nicht nur die Auflage, die bis zur »Machtergreifung« Hitlers immerhin eine Höhe von 50.000 Exemplaren erreichte, sondern auch das Interesse der neuen Medien Rundfunk und Film an diesem »Stoff«. Bereits 1930 sollte von der ›Berliner Funkstunde‹ eine von Döblin erarbeitete Hörspielfassung gesendet werden (aus unerfindlichen Gründen wurde die Ausstrahlung allerdings abgesetzt), 1931 wurde die Verfilmung des Romans mit Heinrich George in der Rolle des Franz Biberkopf uraufgeführt.

Das Problem einer Deutung beginnt bereits beim Titel. Im schon zitierten Rückblick auf seine Werke weist Döblin darauf hin, daß sein Verleger die bloße Ortsbezeichnung »absolut nicht akzeptieren wollte«

und den Untertitel mehr oder weniger erzwungen habe. Ein dem Roman vorangestellter Prolog scheint dieser Behauptung jedoch zu widersprechen:

> Dies Buch berichtet von einem ehemaligen Zement- und Transportarbeiter Franz Biberkopf in Berlin. Er ist aus dem Gefängnis, wo er wegen älterer Vorfälle saß, entlassen und steht nun wieder in Berlin und will anständig sein.
> Das gelingt ihm auch anfangs. Dann aber wird er [...] in einen regelrechten Kampf verwickelt mit etwas, das von außen kommt, das unberechenbar ist und wie ein Schicksal aussieht.
> Dreimal fährt dies gegen den Mann und stört ihn in seinem Lebensplan. Es rennt gegen ihn mit einem Schwindel und Betrug. Der Mann kann sich wieder aufrappeln, er steht noch fest.
> Es stößt und schlägt ihn mit einer Gemeinheit. Er kann sich schon schwer erheben, er wird schon fast ausgezählt. Zuletzt torpediert es ihn mit einer ungeheuerlichen äußersten Roheit.
> Damit ist unser guter Mann, der sich bis zuletzt stramm gehalten hat, zur Strecke gebracht. Er gibt die Partie verloren, er weiß nicht weiter und scheint erledigt. Bevor er aber ein radikales Ende mit sich macht, wird ihm auf eine Weise, die ich hier nicht bezeichne, der Star gestochen. Es wird ihm aufs deutlichste klargemacht, woran alles lag. Und zwar an ihm selbst [...], an seinem Lebensplan, der [...] jetzt plötzlich ganz anders aussieht, nicht einfach und fast selbstverständlich, sondern hochmütig und ahnungslos, frech, dabei feige und voller Schwäche.
> Das furchtbare Ding, das sein Leben war, bekommt einen Sinn. Es ist eine Gewaltkur mit Franz Biberkopf vollzogen. Wir sehen am Schluß den Mann wieder am Alexanderplatz stehen, sehr verändert, ramponiert, aber doch zurechtgebogen.
> Dies zu betrachten und zu hören wird sich für viele lohnen, die wie Franz Biberkopf in einer Menschenhaut wohnen und denen es passiert wie diesem Franz Biberkopf, nämlich vom Leben mehr zu verlangen als das Butterbrot.

Einem einzelnen Individuum gilt die Aufmerksamkeit des sich hier souverän zu Wort meldenden Erzählers. Er überblickt, was Franz Biberkopf in einem Abschnitt seines Daseins widerfährt und schätzt gleichzeitig die zu berichtenden Vorgänge als so beispielhaft ein, daß er sie der Aufmerksamkeit der Leser empfehlen kann. Der Erzähler vermeidet alles, was auf einen besonders hohen, gar elitären Anspruch hindeuten könnte: Zum Teil wählt er umgangssprachliche Wendungen (Biberkopf »scheint erledigt«, er ist »ramponiert, aber doch zurechtgebogen«), begibt sich auf eine Ebene mit den Lesern (»unser guter Mann«, »Wir sehen«) und verwendet (Kampf-)Metaphern, die den Interessen der Zeitgenossen entstammen (Boxkampf: »wird fast schon ausgezählt«; Krieg: »torpediert«; Schachspiel/Billiard: »gibt die Partie verloren«). Zur Strategie des Erzählers, einem möglichst zahlreichen Publikum seine Geschichte nahezubringen, gehört auch der Tonfall der volkstümlichen Bänkelsänger: Er fordert den Leser auf »zu betrachten und zu hören« und verschmäht zur größeren Eindringlichkeit selbst den Reim nicht (vollzogen/zurechtgebogen; lohnen/wohnen). Daß ein einmal gestrauchelter Mensch trotz der besten Vorsätze durch die Ungunst des Schicksals zu Fall gebracht wird, gehört als Handlungs- und Ereignismuster in den Bereich der Trivialliteratur und bedient klischeehafte Wirklichkeitswahrnehmungen (»die Welt ist schlecht!«). Daß der Lebensplan, von nun an »anständig« zu sein, auf charakterliche Defekte hinweisen soll (»hochmütig und ahnungslos, frech, dabei feige und voller Schwäche«), überrascht und lenkt die Aufmerksamkeit um von der Frage, was geschehen wird, auf diejenige, wie das gemeint sein könnte. Nicht ein blind waltendes Fatum herrscht, wirkmächtig ist etwas, das »wie ein Schicksal aussieht«. Obwohl der Erzähler den Ausgang des Geschehens vorwegnimmt, sogar einzelne Stationen des Entwicklungsgangs benennt, spart er andererseits genauere Informationen aus oder fällt sich selbst ins Wort (»wird ihm auf eine Weise, die ich hier nicht bezeichne, der Star gestochen«).

Aus dem Prolog ist also nicht abzuleiten, daß der Roman den bloßen Titel ›Berlin Alexanderplatz‹ tragen müßte. Allerdings steigt im Leser die Ahnung auf, daß die Gewalt, die »wie ein Schicksal aussieht«, etwas mit der Stadt zu tun hat, eine Ahnung, die durch die angedeutete zyklische Bewegungsrichtung der Geschichte (»Wir sehen am Schluß den Mann wieder am Alexanderplatz stehen«) Nahrung bekommt: Berlin ist das Schlachtfeld, auf dem Franz Biberkopf seinen Kampf auszutragen hat.

> Er stand vor dem Tor des Tegeler Gefängnisses und war frei. Gestern hatte er noch hinten auf den Äckern Kartoffeln geharkt mit den andern, in Sträflingskleidung, jetzt ging er im gelben Sommermantel, sie harkten hinten, er war frei. Er ließ Elektrische auf Elektrische vorbeifahren, drückte den Rücken an die roten Mauer und ging nicht. Der Aufseher am Tor spazierte einige Male an ihm vorbei, zeigte ihm seine Bahn, er ging nicht. Der schreckliche Augenblick war gekommen (schrecklich, Franze, warum schrecklich?), die vier Jahre waren um. Die schwarzen eisernen Torflügel, die er seit einem Jahr mit wachsendem Widerwillen betrachtet hatte (Widerwillen, warum Widerwillen), waren hinter ihm geschlossen. Man setzte ihn wieder aus. Drin saßen die andern, tischlerten, lackierten, sortierten, klebten, hatten noch zwei Jahre, fünf Jahre. Er stand an der Haltestelle.
> Die Strafe beginnt.
> Er schüttelte sich, schluckte. Er trat sich auf den Fuß. Dann nahm er einen Anlauf und saß in der Elektrischen. Mitten unter den Leuten. Los. Das war zuerst, als wenn man beim Zahnarzt sitzt, der eine Wurzel mit der Zange gepackt hat und zieht, der Schmerz wächst, der Kopf will platzen. [...]

Lebhafte Straßen tauchten auf, die Seestraße, Leute stiegen ein und aus. In ihm schrie es entsetzt: Achtung, Achtung, es geht los. Seine Nasenspitze vereiste, über seine Backe schwirrte es. »Zwölf Uhr Mittagszeitung«, »B.Z.«, »Die neuste Illustrirte«, »Die Funkstunde neu«, »Noch jemand zugestiegen?«. Die Schupos haben jetzt blaue Uniformen. Er stieg unbeachtet wieder aus dem Wagen, war unter den Menschen. Was war denn? Nichts. Haltung, ausgehungertes Schwein, reiß dich zusammen, kriegst meine Faust zu riechen. Gewimmel, welch Gewimmel. Wie sich das bewegte. Mein Brägen hat wohl kein Schmalz mehr, der ist wohl ganz ausgestorben. [...] Schreck fuhr in ihn, als er die Rosenthaler Straße herunterging und in einer kleinen Kneipe ein Mann und eine Frau dicht am Fenster saßen: die gossen sich Bier aus Seideln in den Hals, ja was war dabei, sie tranken eben, sie hatten Gabeln und stachen sich damit Fleischstücke in den Mund, dann zogen sie die Gabeln wieder heraus und bluteten nicht. Oh, krampfte sich sein Leib zusammen, ich kriege es nicht weg, wo soll ich hin? Es antwortete: Die Strafe. [...]
Die Gefangenen werden in Einzelhaft, Zellenhaft und Gemeinschaftshaft untergebracht. Bei Einzelhaft wird der Gefangene bei Tag und Nacht unausgesetzt von andern Gefangenen gesondert gehalten. Bei Zellenhaft wird der Gefangene in einer Zelle untergebracht, jedoch bei Bewegung im Freien, beim Unterricht, Gottesdienst mit andern zusammengebracht. Die Wagen tobten und klingelten weiter, es rann Häuserfront neben Häuserfront ohne Aufhören hin. Und Dächer waren auf den Häusern, die schwebten auf den Häusern, seine Augen irrten nach oben: wenn die Dächer nur nicht abrutschten, aber die Häuser standen grade.

Ganz unvermittelt, mit der Präsentation eines zunächst namenlosen »Er« beginnt das erste der neun »Bücher« des Romans, der Leser weiß allerdings aus dem Prolog, daß es sich bei dieser Figur um Franz Biberkopf handeln muß. Er erlebt die ersten Momente der Freiheit nach einer vierjährigen Haftstrafe zutiefst verunsichert, fast als Geburtstrauma (»Man setzte ihn wieder aus«), als Vertreibung aus dem Paradies (die »Torflügel [...] waren hinter ihm geschlossen«). Die Ordnung innerhalb der Gefängnismauern hat er vollkommen verinnerlicht, sogar die Hausordnung der Strafanstalt ist ihm zur zweiten Natur, zu einem Teil seines Bewußtseins geworden. »Beim Spaziergang haben die Gefangenen die Arme ausgestreckt zu halten und sie vor- und rückwärts zu bewegen«, hallt es in seinem Kopf wider. Daß keine Gitterstäbe mehr Schutz bieten, empfindet er als »Strafe«; die Notwendigkeit, ohne Anweisungen selbständig zu handeln, verursacht ihm Schmerzen, »als wenn man beim Zahnarzt sitzt«. Der an monotone Abläufe gewöhnte Wahrnehmungsapparat kann die Vielzahl neuer Eindrücke offenbar nicht verarbeiten, die Überbelastung bewirkt unkontrollierbare körperliche Reaktionen (»Seine Nasenspitze vereiste«, »krampfte sich sein Leib zusammen«). Aggressionen treten auf, zunächst gegen sich selbst gerichtet (»Haltung, ausgehungertes Schwein [...], kriegst meine Faust zu riechen«), dann als Zerstörungsphantasien nach außen: »Hundert blanke Scheiben, laß die doch blitzern, die werden dir doch nicht bange machen, kannst sie ja kaputt schlagen«. Einem unbegriffenen »Es« ausgeliefert (»In ihm schrie es entsetzt«, »Es antwortete«), verrückt sich ihm sogar die banalste Normalität, scheint nicht einmal das Dach über dem Kopf mehr Geborgenheit zu verheißen. Unklar bleibt zunächst, wer die in Klammern gesetzten Fragen stellt: Handelt es sich um die Stimme des Erzählers, eine innere Stimme Biberkopfs oder um eine weitere Erzählerfigur?

Die erzähltechnischen Mittel tragen zur Eindringlichkeit der Darstellung entscheidend bei: Der parataktische, teilweise elliptische Stil, also die Reihung oft zusammenhangloser kurzer, bruchstückhafter oder auf ein einziges Wort reduzierter Sätze, bildet die Flut unterschiedlichster Reize ab, die auf den Protagonisten niederprasseln, verweist aber auch auf ein Bewußtsein, das Kausalität, Orientierung in Raum und Zeit aufgegeben hat. Der ständige Wechsel von Außen- und Innenperspektive – letztere an einzelnen Stellen in einen inneren Monolog übergehend –, die montageartig in den Text eingesprengten Versatzstücke (Zeitungstitel, Textfetzen der verwalteten Welt) zeigen ein Individuum, das freigelassen, jedoch keinesfalls frei ist.

»Aber es ist kein beliebiger Mann, dieser Franz Biberkopf. Ich habe ihn hergerufen zu keinem Spiel, sondern zum Erleben seines schweren, wahren und aufhellenden Daseins« (aus dem Prolog zum ›zweiten Buch‹), aber Döblin hat aus dem Schicksal Biberkopfs keine psychologische Studie gemacht. Der Erzähler charakterisiert Biberkopf lediglich als »einen grobe[n], ungeschlachte[n] Mann von abstoßendem Äußern«. Dem Leser wird gerade noch sein Alter, 30 Jahre, mitgeteilt und das Delikt, das ihn hinter Gitter gebracht hat: Franz hatte im Streit seine Braut Ida durch mehrere Schläge so schwer verletzt, daß sie daran gestorben war. Dagegen erfahren wir nichts über seine Herkunft, Jugend und früheren Lebensumstände. »Hinter ihm steht nichts: Keine Sitte, keine bürgerliche, keine proletarische, keine städtische, keine ländliche, keine Natur, keine Religion, keine Religionsleugnung, keine Indifferenz, kein Milieu, keine Familie. Er ist unmenschlich, weil in einem barbarischen Sinne nur Mensch.« (Günther Anders: ›Der verwüstete Mensch‹. 1966) Vor diesem Hintergrund wird deutlich, worin die Blindheit von Biberkopfs Entschluß besteht, »anständig« zu sein: Angesichts der Gewalt und der Gewalttätigkeit seines Gegners, der in den Erscheinungsformen der Stadt Berlin Gestalt bekommt, muß seine Entscheidung, nun ein ehrbares Leben zu führen, als Selbstüberschätzung erscheinen, sein trotziger Selbstbehauptungswille immer wieder scheitern.

Alfred Döblin nahm für sich eine besondere Kompetenz in Anspruch, diese Stadt und speziell die Gegend um den Alexanderplatz darzustellen: »Ich kenne den Berliner Osten seit Jahrzehnten, weil ich hier aufgewachsen bin, zur Schule ging, später auch hier meine Praxis begann [Döblin war Internist und Nervenarzt; Hrsg.]. Während ich früher sehr viel von der Phantasie hielt [...], wurde im letzten Jahrzehnt [...] die Aufmerksamkeit für meine eigene Umgebung und für die Landschaft, in der ich mich bewegte, den Berliner Osten, geschärft.« Wohl um den Roman möglichst tief in seiner eigenen Lebenswirklichkeit zu verankern, ihn mit ihr zu verzahnen, hat der Autor den Handlungszeitraum – Herbst 1927 bis Frühjahr 1929 – weitgehend mit der Entstehungszeit parallelisiert.

Schon 1913 hatte der Autor in seinem ›Berliner Programm‹ verkündet, der Naturalismus sei »das Sturzbad, das immer wieder über die Kunst hereinbricht und hereinbrechen muß«. Nun ist aber die Realität einer Großstadt in ihrer Komplexität mit herkömmlichen Mitteln literarischer Wirklichkeitsabbildung nicht darstellbar. Bertolt Brecht, der mit Döblin befreundet war und ihn als einen seiner »Lehrer« betrachtete, benannte das Problem so:

Die Lage wird dadurch so kompliziert, daß weniger denn je eine einfache »Wiedergabe der Realität« etwas über die Realität aussagt. Eine Photographie der Kruppwerke oder der AEG ergibt beinahe nichts über diese Institute. Die eigentliche Realität ist in die Funktionale gerutscht. Die Verdinglichung der menschlichen Beziehungen, also etwa die Fabrik, gibt die letzteren nicht mehr heraus. Es ist also tatsächlich »etwas aufzubauen«, etwas »Künstliches«, »Gestelltes«. Es ist also ebenso tatsächlich Kunst nötig. Aber der Begriff der Kunst, vom Erlebnis her, fällt eben aus.
(Bertolt Brecht: ›Der Dreigroschenprozeß‹, 1931)

Pointiert formulierte Döblin seine ästhetische Position in einem 1928 während der Arbeit an seinem Roman gehaltenen Vortrag (›Der Bau des epischen Werks‹): »Der wirklich Produktive muß zwei Schritte tun; er muß ganz nah an die Realität heran, an ihre Sachlichkeit, ihr Blut, ihren Geruch, und dann hat er die Sache zu durchstoßen, das ist seine spezielle Arbeit.« Nähe und Distanz, Vertrautheit und Verfremdung: In der Vermittlung dieser polaren Prinzipien besteht nach Döblin die Arbeit des Künstlers, auch und gerade wenn er vorhat, zur Wirklichkeit einer Großstadt »durchzustoßen«:

Der Rosenthaler Platz unterhält sich.
Wechselndes, mehr freundliches Wetter, ein Grad unter Null. Für Deutschland breitet sich ein Tiefdruckgebiet aus, das in seinem ganzen Bereich dem bisherigen Wetter ein Ende bereitet hat. Die geringen vor sich gehenden Druckveränderungen sprechen für langsame Ausbreitung des Tiefdruckes nach Süden, so daß das Wetter unter seinem Einfluß bleiben

wird. Tagsüber dürfte die Temperatur niedriger liegen als bisher. Wetteraussichten für Berlin und weitere Umgebung.
Die Elektrische Nr. 68 fährt über den Rosenthaler Platz, Wittenau, Nordbahnhof, [...], Lichtenberg, Irrenanstalt Herzberge. Die drei Berliner Verkehrsunternehmen, Straßenbahn, Hoch- und Untergrundbahn, Omnibus, bilden eine Tarifgemeinschaft. [...] Unterrichte dich über das Liniennetz. Während der Wintermonate darf die Vordertür nicht zum Ein- und Aussteigen geöffnet werden, 39 Sitzplätze, 5918, wer aussteigen will, melde sich rechtzeitig, die Unterhaltung mit den Fahrgästen ist dem Wagenführer verboten, Auf- und Absteigen während der Fahrt ist mit Lebensgefahr verbunden.
Mitten auf dem Rosenthaler Platz springt ein Mann mit zwei gelben Paketen von der 41 ab, eine leere Autodroschke rutscht noch grade an ihm vorbei, der Schupo sieht ihm nach, ein Straßenbahnkontrolleur taucht auf, Schupo und Kontrolleur geben sich die Hand: Der hat aber mal Schwein gehabt mit seine Pakete.
Diverse Fruchtbranntweine zu Engrospreisen, Dr. Bergell, Rechtsanwalt und Notar, Lukutate, das indische Verjüngungsmittel der Elefanten, Fromms Akt, der beste Gummischwamm, wozu braucht man die vielen Gummischwämme. [...]
Die Invalidenstraße wälzt sich linksherum ab. Es geht nach dem Stettiner Bahnhof, wo die Züge von der Ostsee ankommen: Sie sind ja so berußt – ja hier staubts. – Guten Tag, auf Wiedersehn. – Hat der Herr was zu tragen, 50 Pfennig. – Sie haben sich aber gut erholt. – Ach die braune Farbe vergeht bald. – Woher die Leute bloß das viele Geld zu verreisen haben. – In einem kleinen Hotel da in einer finstern Straße hat sich gestern früh ein Liebespaar erschossen, ein Kellner aus Dresden und eine verheiratete Frau, die sich aber anders eingeschrieben haben.

Diese Passage aus dem Anfang des ›zweiten Buches‹ läßt ansatzweise erkennen, was den Roman von Alfred Döblin berühmt gemacht und dem Autor den Ruf eingetragen hat, ihm sei damit nicht nur der bedeutendste deutschsprachige Großstadtroman geglückt, sondern er habe ein weit in die Zukunft weisendes Exempel moderner Erzählstrategien geschaffen. Man merkt dem Verfasser förmlich die Lust an, mit der er ganz im Sinne Brechts aus unterschiedlichstem Textmaterial etwas »Künstliches«, »Gestelltes« konstruiert hat, Bezüge aus den Bild-Collagen des zeitgenössischen Dadaismus und Surrealismus stellen sich fast von selbst her. So verlangt der Roman – trotz der »Versprechungen« der Vorrede – die gesammelte Aufmerksamkeit des Lesers, seine Bereitschaft, sich auf poetische Abenteuer einzulassen.

Gegenüber herkömmlicher Konvention verschwindet der Erzähler stellenweise völlig und bleibt höchstens als Arrangeur der Textpartikel greifbar, auch den Titelhelden des Romans verliert der Leser im »Dickicht der Großstadt« oft aus den Augen. Wetterbericht und Fahrplan, Plakate, Zeitungsannoncen und -berichte, Soldatenlieder und Kinderreime, Gerichtsakten und Statistiken, daneben immer wieder Gesprächsfetzen: Das öffentliche Sprechen auch als Zitat von der Litfaßsäule notiert und übernommen – stellt die Stadtlandschaft her, die in ihrer dissonanten Vielstimmigkeit zu einer Art zweiter Natur wird, derart Eigendynamik und Lebendigkeit entfaltet, daß Straßen »sich wälzen«, ein Platz »sich unterhalten« kann. Der bei diesem Erzählkonzept durchaus naheliegenden Gefahr, daß das zusammengestellte Material zu zerfließen droht und den Roman unnötig aufschwemmt, ist Döblin dadurch entgangen, daß er die »Fülle der möglichen Großstadtmotive [...] auf die schmale Bandbreite der Wahrnehmungen, des Denkens und Sprechens in der Welt Biberkopfs« reduziert hat (Werner Stauffacher). Es ist die Welt der Arbeiter und Kleinbürger, noch mehr aber die der Kriminellen, Zuhälter und Prostituierten, durch die der Titelheld mehr oder weniger ziellos wandert und rennt, es ist das Milieu der Hinterhöfe und Kneipen, durch das er sich treiben läßt.

Jenseits der rationalen Funktionalität, jenseits der quasi organischen Lebendigkeit der Stadt öffnet sich in der Perspektive des Autors ein mythischer Raum. Die Stadt ist auch die »große Hure, die Hure Babylon [...], die Mutter aller Greuel auf Erden« aus der apokalyptischen Offenbarung des Johannes (Kapitel 17) im Neuen Testament. Diese allegorische Figur verkörpert allen sinnverwirrenden städtischen Glanz, alle Versuchung und Verführung, die von der Stadt ausgehen, ihre Betäubung von Vernunft und Moral, ihre Lasterhaftigkeit. Sie ist der Verblendungszusammenhang, den die Titelfigur zu ihrem Nachteil bis kurz vor dem Ende des Erzählwerks nicht zu durchdringen vermag.

Daß hinter der glänzenden Fassade sich eine blutige, eine tödliche Realität der Stadt verbirgt, ist Thema der ›Schlachthof‹-Kapitel des Romans. Als Ort in Berlin ist der »Schlachthof« einerseits real faßbar, was seine Lage, seine betriebswirtschaftliche Organisation, seine bauliche Gestaltung, sein Personal, seine Leistungsfähigkeit betreffen – der Erzähler listet die Fakten nüchtern und kommentarlos auf. Durch die Art aber, wie Döblin den Erzähler die Schlachtung eines Schweins, eines Stiers, eines Kalbes schildern läßt, wird dieser Ort für den Leser als Sinnbild jenes lebensvernichtenden, seine anonymen Opfer maschinenhaft-gleichgültig verbrauchenden Molochs erkennbar. Dieser Moloch steht sinnbildlich für die Stadt, wenn er nicht sogar auf eine Weltordnung deutet, die auf Fressen und Gefressenwerden beruht, worauf die dem Alten Testament entnommene Kapitelüberschrift im ›Vierten Buch‹ des Romans verweist: »Denn es geht dem Menschen wie dem Vieh; wie dieses stirbt, so stirbt er auch« (Pred. 3,19).

> Was tut aber dieser Mann mit dem niedlichen Kälbchen? [...] Er hebt das zarte Kälbchen auf mit beiden Armen, legt es hin auf die Bank, es läßt sich ruhig hinlegen. Von unten faßt er noch das Tier, greift mit der linken Hand ein Hinterbein, damit das Tier nicht strampeln kann. [...] Die schwarzen

samtenen Augen des Kälbchens sind plötzlich sehr groß, stehen still, sind weiß umrandet, jetzt drehen sie sich zur Seite. Der Mann kennt das schon, ja so blicken die Tiere, aber wir haben heute noch viel zu tun, wir müssen weiter machen. [...] Dann ritsch, quer durch den Hals das Messer gezogen, durch die Kehle, alle Knorpel durch, die Luft entweicht, seitlich die Muskeln durch, der Kopf hat keinen Halt mehr, der Kopf klappt abwärts gegen die Bank. Das Blut spritzt, eine schwarzrote dicke Flüssigkeit mit Luftblasen. So das wäre geschehen. [...]
In der Halle lärmt es lustig, man arbeitet, schleppt, ruft sich zu. Schrecklich hängt der Kopf abgeklappt am Fell herunter, zwischen den beiden Tischbeinen, überlaufen von Blut und Geifer. Dickblau ist die Zunge zwischen die Zähne geklemmt. Und furchtbar, furchtbar rasselt und röchelt noch das Tier auf der Bank. Der Kopf zittert am Fell. Der Körper auf der Bank wirft sich. Die Beine zucken, stoßen, kindlich dünne, knotige Beine. Aber die Augen sind ganz starr, blind. Es sind tote Augen. Das ist ein gestorbenes Tier.
Der friedliche alte Mann steht an einem Pfeiler mit seinem kleinen schwarzen Notizbuch, blickt nach der Bank herüber und rechnet. Die Zeiten sind teuer, schlecht zu kalkulieren, schwer mit der Konkurrenz mitzukommen.

Drei rasch aufeinanderfolgende, an Heftigkeit jeweils sich steigernde Schläge zerbrechen die guten Vorsätze des Franz Biberkopf und lassen ihn seelisch und körperlich verstümmelt zurück: Zuerst scheitert sein Versuch als ambulanter Händler (zunächst von Schlipshaltern, dann von Aufklärungsbroschüren, von völkischen Zeitungen und schließlich von Schnürsenkeln) auf ehrliche Weise durchs Leben zu kommen. Bereits ein plumper Betrug seines Kompagnons Lüders wirft ihn aus der Bahn, so wenig standfest ist er, so illusionär ist sein Vertrauen auf die eigene Stärke. Weil er seine eigene Disposition zur Gewaltanwendung verkennt, kann er auch die Gewaltverhältnisse seiner Umgebung nicht angemessen einschätzen. Das demonstriert der Erzähler, indem er Franz mit Reinhold, einer Figur von wahrhaft mephistophelischem Zuschnitt konfrontiert. Die »höllischen« Farben Gelb (»ein langes, hohes, gelbliches Gesicht«, »gelbe elende Stiefel«) und Schwarz (»schwarze hochstehende Haare«) sind ihr zugeordnet, wie der pferdefüßige Teufel hinkt sie (»zog seine Beine hinter sich«). Leitmotivartig sind, wenn von Reinhold die Rede ist, bestimmte alte Volksliedverse in den Text einmontiert: »Es ist ein Schnitter, der heißt Tod, hat Gewalt vom großen Gott. Heut wetzt er das Messer, es schneidt schon viel besser, bald wird er drein schneiden, wir müssens erleiden.« Völlig naiv glaubt Biberkopf, seinen neuen Bekannten erziehen und bessern zu können: Reinhold vereinbart mit ihm zunächst einen schwunghaften »Mädchenhandel«, der vorsieht, daß Franz dessen »abgelegte« Freundinnen übernehmen soll; aus »erzieherischen« Gründen verweigert Franz nun jedoch diesen »Dienst«. Damit wird er Ziel der Rachsucht des »Gelben«, und als es im Gefolge des Raubzugs einer Einbrecherbande, in den sich Franz – fast ohne sich dessen bewußt zu werden – hat hineinziehen lassen, zu einer Verfolgungsjagd durch die Straßen Berlins kommt, wird er von jenem brutal aus dem Auto gestoßen, überfahren und dabei so schwer verletzt, daß sein rechter Arm amputiert werden muß. »Mut hat der Mann, doppelten und dreifachen Mut«, kommentiert der Erzähler und spricht zu ihm: »Ja, mein Junge, jetzt läufst du nicht breit auf zwei Beinen, jetzt krallst du dich an, klammerst dich fest, jetzt nimmst du soviel Zähne, Finger, wie du hast, zusammen und hältst dich fest, bloß um nicht abgeschmissen zu werden.«

Trotz seiner Invalidität kommt Franz Biberkopf auch nach diesem zweiten Schlag wieder auf die Beine. Den Entschluß, anständig zu sein, hat er endgültig aufgegeben, er betätigt sich als Hehler und wird Zuhälter eines Mädchens, Emilie Parsunke, das ihm eine frühere Freundin »zuschanzt«. Überraschenderweise verlieben sich Emilie und Franz, der sie Mieze nennt, heftig ineinander. Döblins Erzählkunst gelingt es, diese Romanpassagen zu einem idyllisch-utopischen Ruhepol von großer Innigkeit zu gestalten. Franz und Mieze haben durchaus neben anderen berühmten Liebespaaren der Weltliteratur ihren Platz.

Den dritten Schlag gegen Biberkopf führt erneut Reinhold, der nach den Worten des Erzählers »die kalte Gewalt ist, an der sich nichts in diesem Dasein verändert«. Schon als Franz ihm zum ersten Mal von Mieze erzählt, ist dessen Reaktion eindeutig: »Da denkt Reinhold: Das ist schön, die nehme ick ihm weg und dann schmeiß ick ihn ganz und gar in den Dreck.« Auf fast selbstmörderische Weise liefert sich Biberkopf seinem Widersacher aus, indem er nochmals an Unternehmungen der Einbrecherbande teilnimmt, der Reinhold angehört, und diesem überdies in provozierender Renommiersucht sein Glück mit Mieze vor Augen führt. Noch immer hat Franz Biberkopf nicht verstanden. Das Mädchen läßt sich, um zu erfahren, warum und unter welchen Umständen Franz seinen Arm verloren hat, auf Ausflüge mit Reinhold in die Umgebung von Berlin ein. Als sie seinen brutalen Annäherungsversuchen nicht nachgibt, erwürgt er sie und verscharrt sie mit Hilfe eines Kumpans im Wald.

> Warum, warum, was hat sie verbrochen, sie kam aus Bernau in den Strudel von Berlin, sie war nicht unschuldig, gewiß nicht, aber von inniger, unauslöschlicher Liebe zu ihm, der ihr Mann war und den sie betreute wie ein Kind. Sie wurde zerschlagen, weil sie dastand, zufällig neben dem Mann, und das ist das Leben, ist schwer zu denken. Sie fuhr nach Freienwalde, um ihren Freund zu schützen, dabei wurde sie erwürgt, erwürgt, war hin, erledigt, und das ist das Leben.

Biberkopf glaubt zunächst noch, Mieze habe ihn verlassen. Nach mehreren Wochen schließlich – der Mitwisser hat sich der Polizei offenbart und sie an den Tatort geführt – wird in den Zeitungen von dem Mord berichtet. Neben Reinhold wird auch Franz verdächtigt und gesucht. Alle Versuche Biberkopfs, den Mörder zu finden und zu stellen, scheitern aber, denn Reinhold hat, versehen mit falschen Papieren, einen Handtaschenraub verübt und sich einsperren lassen: »Gefängnis ist das Sicherste bei dicke Luft.« Einem Mitgefangenen erzählt er von seiner Tat, dieser verrät nach seiner Entlassung einem Dritten, was er weiß. Der wiederum will sich die Belohnung verdienen, die für die Ergreifung des Prostituiertenmörders ausgesetzt ist. Wegen »Totschlag im Affekt« wird Reinhold schließlich zu zehn Jahren Zuchthaus verurteilt. Noch aber ist es nicht so weit.

In eine Mischung aus Verzweiflung und Apathie versinkend irrt Franz durch die Stadt. Bei einer Razzia in einem Lokal wird er erkannt, verhaftet und – in einen Stuporzustand verfallen – in die »Irrenanstalt Buch, festes Haus« gebracht. Er verweigert die Nahrung, wird künstlich ernährt, Ärzte disputieren über seinen Zustand, ohne zu einem Ergebnis zu gelangen. »Eine tiefe Stufe hat Franzens Seele erreicht, sein Bewußtsein ist nur manchmal da [...]. Er sagt: Es ist nicht gut, in einem Menschenleib zu leben, ich will lieber kauern unter der Erde.« An diesem Punkt angekommen, vollzieht sich nun an der Titelfigur die lange angekündigte Wandlung und Läuterung: Franz gewinnt Einsicht in seine Schuld, bereut sein Leben, seine Existenz enthüllt sich ihm. In der Vorrede zum letzten Buch des Romans kündigt der Erzähler an:

> Und jetzt ist Franz Biberkopfs irdischer Weg zu Ende. Es ist nun Zeit, daß er zerbrochen wird. Er fällt der dunklen Macht in die Hände, die Tod heißt und die ihm als Aufenthaltsort passend erscheint. Aber er erfährt, was sie über ihn meint, auf eine Weise, die er nicht erwartet hat und die alles übersteigt, was ihn bisher betroffen hat.
> Sie redet Fraktur mit ihm. Sie klärt ihn über seine Irrtümer, seinen Hochmut und seine Unwissenheit auf.

Damit klärt sich, welche Stimme seit Beginn des Romans immer wieder zu Biberkopf gesprochen, auf die er aber nie gehört hat: diejenige des Todes. Auch jetzt spricht sie zu ihm:

> »Dir ist nie in den Kopf gekommen, dich zu verwerfen und was du begonnen hast. Du hast dich in die Stärke hineingekrampft, und es nützt doch nichts, [...] der Tod singt dir kein sanftes Lied und legt dir kein würgendes Halsband um. Ich bin das Leben und die wahre Kraft, du willst dich endlich, endlich nicht mehr bewahren.«

Metaphorisch wird die Veränderung, die mit Biberkopf an diesem »Umschlagpunkt« vor sich geht, benannt:

> Es wird ein Brot in den Ofen gesteckt, ein riesiger Ofen. Die Hitze ist ungeheuer, der Ofen kracht. [...] In der Hitze liegt der Teig, der Teig geht auf, die Hefe treibt ihn, Blasen bilden sich, das Brot geht hoch, es bräunt sich.

Und so, als könne das Bild die Radikalität der Veränderung nicht hinreichend ausdrücken, heißt es weiter: »Franz hält nicht stand, er gibt sich hin, er wirft sich zum Opfer hin an den Schmerz. In die brennende Flamme legt er sich hinein, damit er getötet, vernichtet und eingeäschert wird.«

Nicht das Modell eines Bildungsromans liegt der ›Geschichte vom Franz Biberkopf‹ zugrunde, Döblin erzählt auf seine Weise die alte Parabel vom Jedermann, der unbelehrbar, blind, schuldbeladen durch die Welt wandert und erst in seiner Todesstunde ins Licht der Erkenntnis und der göttlichen Gnade tritt. Der Aufbau der Romanhandlung ähnelt damit dem heilsgeschichtlichen Strukturschema, bei dem allerdings an die Stelle Gottes der aus eigener Machtvollkommenheit handelnde Tod getreten ist:

> Gestorben ist in dieser Abendstunde Franz Biberkopf, ehemals Transportarbeiter, Einbrecher, Ludewig [Zuhälter; Hrsg.], Totschläger. Ein anderer ist in dem Bett gelegen. Der andere hat dieselben Papiere wie Franz, sieht aus wie Franz, aber in einer anderen Welt trägt er einen neuen Namen.

Biberkopf ist der Läuterungsfähige, der sich »beugt und zuletzt wie ein Element, das von gewissen Strahlen getroffen wird, in ein anderes Element übergeht«. Im Verlauf dieser Läuterung wird er noch einmal mit den Menschen konfrontiert, die seinen Weg gekreuzt haben, nun kann er sie »herankommen lassen« und erkennen, wie er sich richtig hätte verhalten müssen. Zuerst erscheint ihm Lüders, dessen Betrug Biberkopf den ersten Schlag versetzt hat:

> Muß ihn mal fragen, muß ihn mal anreden. Hör mal, Lüders, guten Morgen, Lüders, wie geht's dir, nicht gut, mir ooch nich, komm doch mal her, setz dir mal auf den Stuhl, nu geh doch nich, wat hab ich dir denn groß getan, nu geh doch nich.

Nun sieht er auch ein, daß er sich auf Reinhold nicht hätte einlassen dürfen, daß seine Kraft dafür nicht ausgereicht hat:

> Ich hätte mit ihm nichts machen sollen, ich hätte nicht kämpfen sollen mit dem. Warum hab ich mir in den verbissen. [...] Ich hätt nicht kämpfen

sollen. Er triezt mir, er reizt mir noch immer, oh, das ist ein Verfluchter, ich hätt es nicht gesollt. Gegen den komm ich nicht auf, ich hätt es nicht gesollt [...] Ich hätte keine Kraft haben müssen, gegen den nicht. Ick seh es, es war ja falsch.

Dann steht Ida vor ihm, das Mädchen, das er einst in rasender Eifersucht erschlagen hat, er wird mit der Tat konfrontiert, die ihm vier Jahre Gefängnis eingebracht hat:

> Als ob sie einer haut, in die Seite. Hau doch nicht, Mensch, das ist ja unmenschlich, nicht doch, Mensch, laß doch das sein, laß doch das Mädel, oh zu, oh ja, wer haut denn die, die kann ja nicht stehen, steh doch grade Mädel dreh dir um, kuck mir doch an, wer haut dir denn so furchtbar.

Und schließlich Mieze: »Wat hab ich gemacht. Warum hab ich sie nicht mehr. Hätt ich sie nicht Reinholden gezeigt, hätt ich mich nicht mit dem eingelassen. Wat hab ich gemacht.« Die Konfrontation bewirkt letztlich eine Katharsis: »Franz weint und weint, ich bin schuldig, ich bin kein Mensch, ich bin ein Vieh, ein Untier.«

Was aber sieht der nun sehend gewordene Biberkopf? Der Romanschluß gibt darauf durchaus widersprüchliche Antworten. Aus der Irrenanstalt Buch entlassen, nimmt Franz »eine Stelle als Hilfsportier in einer mittleren Fabrik an«. Er steht, wie im Vorspann angekündigt, »wieder am Alexanderplatz«, aber er »steht nicht allein [...]. Es sind welche rechts von ihm und links von ihm, und vor ihm gehen welche, und hinter ihm gehen welche«. Was er bisher als Verhängnis, als Schicksalsmacht erlebt hat, stellt sich ihm nun anders dar:

> Was ist denn das Schicksal? Eins ist stärker als ich. Wenn wir zwei sind, ist es schon schwerer, stärker zu sein als ich. Wenn wir zehn sind, noch schwerer. Und wenn wir tausend sind und eine Million, dann ist es ganz schwer.

Nach diesen Äußerungen scheint der Weg Biberkopfs ins Kollektiv zu führen, in eine kämpferische Solidarität mit der sozialen Gemeinschaft, in der es dann allerdings unter der Perspektive des zu erreichenden Kampfziels auf den einzelnen nicht mehr ankommt. Von geradezu martialischer Fröhlichkeit und landsknechthafter Bedenkenlosigkeit ist das Romanende geprägt, das Döblin durch Kursivdruck noch besonders hervorgehoben hat. Der Eindruck ist unabweisbar, daß sich auch der Autor die hier formulierte Position zu eigen gemacht hat:

> *Es geht in die Freiheit, die Freiheit hinein, die alte Welt muß stürzen, wach auf, die Morgenluft.*
> *Und Schritt gefaßt und rechts und links und rechts und links, marschieren,*

marschieren, wir ziehen in den Krieg, es ziehen mit uns hundert Spielleute mit, sie trommeln und pfeifen, widebum, widebum, dem einen gehts grade, dem andern gehts krumm, der eine bleibt stehen, der andere fällt um, der eine rennt weiter, der andere liegt stumm, widebum, widebum.

Insofern hätte Döblin Forderungen entsprochen, wie sie etwa vom »Bund proletarisch-revolutionärer Schriftsteller« erhoben wurden: Literatur habe sich am Gebot der Parteilichkeit zu orientieren und agitatorische Didaktik zu leisten, sie habe eine Funktion nur als Waffe im Klassenkampf. Allerdings wurde gerade von Vertretern eines dogmatischen Sozialismus der Roman als von Grund auf bürgerlich abgelehnt, die Annäherung an entsprechende Positionen hätte dem Autor also nichts genützt. Tatsächlich ist Döblins Botschaft nicht derart eindimensional. Vielleicht hat er aber gespürt, welche Verlockungen die Zeit bereithielt: sich in Marschkolonnen einzureihen, in bewußtloser Ekstase einem Trommler zu folgen.

Erich Kästner
Fabian

Es muß eine erschütternde Erfahrung gewesen sein, die der 34-jährige Breslauer Erich Kästner (1899–1974), seit 1927 freier Schriftsteller in Berlin, als Beobachter am 10. Mai 1933 dort auf dem Platz neben der Staatsoper machen mußte. Aus der Erinnerung spricht er (›Bei Durchsicht meiner Bücher‹, 1946) von einem »gewissen Herrn Goebbels«, der »mit düster-feierlichem Pomp« seine Bücher habe öffentlich verbrennen lassen, zusammen mit denen von weiteren dreiundzwanzig deutschen Schriftstellern, die »symbolisch für immer ausgetilgt werden sollten«. »Gegen Dekadenz und moralischen Verfall« lautete der Feuerspruch (s. Bd. 10, S. 35ff.). Neben Gedichtbänden wie ›Herz auf Taille‹ (1928), ›Lärm im Spiegel‹ (1929), ›Ein Mann gibt Auskunft‹ (1930) war es vor allem der Roman ›Fabian‹ (1931), der – wie auch die politisch-satirischen Texte für das Kabarett – das Mißfallen der Nazis erregt hatte. Dabei bezeichnet Kästner ausgerechnet dieses Buch im Untertitel als ›Die Geschichte eines Moralisten‹. Der Romaninhalt zeigt, was der Autor mit seiner Darstellung bezweckt.

Der promovierte Literaturwissenschaftler Jakob Fabian schlägt sich in der Zeit der Wirtschaftskrise als Werbetexter für eine Berliner Zigarettenfirma durchs Leben. Er treibt sich in Nachtlokalen, Cafés, Kabaretts, Bordellen und auf den großstädtischen Boulevards herum, beobachtet Straßenschlachten, das Geschäftsleben, den täglichen Betrug, hofft auf eine positive Antwort auf die Frage, ob die Welt zur Anständigkeit Talent habe, und wird immer wieder enttäuscht:

Soweit diese riesige Stadt aus Stein besteht, ist sie fast noch wie einst. Hinsichtlich der Bewohner gleicht sie längst einem Irrenhaus. Im Osten residiert das Verbrechen, im Zentrum die Gaunerei, im Norden das Elend, im Westen die Unzucht, und in allen Himmelsrichtungen wohnt der Untergang.

Daher könne man nur »provisorisch leben«. Das gelte auch im Privaten. Schon am Abend ihres Kennenlernens erklärt Fabian der jungen Juristin Cornelia Battenberg:

> Die Familie liegt im Sterben. Zwei Möglichkeiten gibt es ja doch nur für uns, Verantwortung zu zeigen. Entweder der Mann verantwortet die Zukunft einer Frau, und wenn er in der nächsten Woche die Stellung verliert, wird er einsehen, daß er verantwortungslos handelte. Oder er wagt es, aus Verantwortungsgefühl nicht, einem zweiten Menschen die Zukunft zu versauen, und wenn die Frau darüber ins Unglück gerät, wird er sehen, daß auch diese Entscheidung verantwortungslos war. Das ist eine Antinomie, die es früher nicht gab.

»Antinomie« nennt man seit Kant Sätze bzw. Thesen, die in sich selbst widersprüchlich sind, so daß unterschiedliche Ausleger sie jeweils zu ihren Gunsten verwenden können und die Vernunft daher in eine scheinbar ausweglose Situation gerät. Fabian geht bei der zitierten Diagnose zwar von seinen Beobachtungen (nach Kant: Welt der Erscheinung) aus, prüft aber deren Zuverlässigkeit nicht. Dieses Vorgehen paßt zu seiner Grundhaltung: »Ich sehe zu und warte. Ich warte auf den Sieg der Anständigkeit, dann könnte ich mich zur Verfügung stellen.« Er stellt ein Aktiv-Werden unter den Vorbehalt des Konjunktivs. Handeln ist nicht seine Sache: »[...] ich verspüre nichts von jenem Tatendrang, der andere nötigt, so lange den Kopf gegen die Wand zu rennen, bis der Kopf nachgibt«. Seine Handlungsfähigkeit ist gelähmt, seinen Kopf braucht er zum Räsonieren, auch wenn dies oft nur Ausflucht ist. Aber Jakob Fabian und Cornelia verlieben sich. Deshalb will er sich und sein »provisorisches« Leben ändern. Als ihm Cornelia nach kurzer Zeit eröffnet, daß sie ihn zwar liebe, aber um ihrer Karriere willen verlassen müsse, um die Freundin eines Filmproduzenten sein zu können, als er fast zur gleichen Zeit auf Grund von Budgetkürzungen seine Stellung verliert und sein einziger wirklicher Gesprächspartner und Freund, Labude, Selbstmord begeht, zeigt sich, daß sein schnoddriger Satz: »Ich bin Melancholiker, mir kann nicht viel passieren«, als Lebensprinzip in dieser Gesellschaft nicht ausreicht.

Es treibt ihn in die Provinz »nach Hause«, zur Mutter. Als er auf einem Spaziergang einen kleinen Jungen ins Wasser stürzen sieht, wird er aktiv und »[springt], das Kind zu retten, hinterher. Der kleine Junge schwimmt heulend ans Ufer. Fabian ertrank. Er konnte leider nicht schwimmen«. Dieser gleichnishafte Romanschluß bedeutet wohl: Jakob Fabian konnte nicht wie die anderen mitschwimmen, als »Moralist« wollte er die Amoral nicht mitleben. Aber dieses Ende weist auch auf ein Versagen des Intellektuellen: Erkennen und nicht handeln (können) ist fatal, seine vereinzelten Bemühungen, seine gelegentlich etwas sentimental wirkende Hilfsbereitschaft, sind – wie schließlich seine spontane Aktion – untaugliche Versuche zur Verbesserung der ihn empörenden allgemeinen Zustände. Trotz seiner analytischen Schärfe, seiner pointiert schnoddrigen Art, Vorgänge zu beobachten und zu bezeichnen, ist Fabian in dieser von Egoismus und Hemmungslosigkeit bestimmten Welt ein kleiner Mann wie Pinneberg bei Fallada (s. S. 128), dem allerdings die Flucht in die Wärme des Kleinbürgerlichen bei »Muttchen« ebenso verwehrt ist wie die Heilung am »Busen der Natur«, wie er sich selbst ironisch ausdrückt.

Er ist trotz seines nicht mit bürgerlichen Moralvorstellungen zu vereinbarenden Lebenswandels eines ganz bestimmt nicht – ein unmoralischer Mensch. Wer das Gegenteil behauptet, hat das Buch entweder nicht gelesen, oder die Schilderung des Unmoralischen in der dargestellten Gesellschaft absichtlich anders verstanden. Mißverstehen kann man nämlich Kästners Roman nicht. Der Autor beschreibt ohne Verhüllung. Die Sachverhalte werden – wie Egon Schwarz anmerkt – in vielfachen Wiederholungen stets von neuem »variierend« dargestellt, was allerdings mehr über die literarische Qualität aussagt als über die dargestellten Geschehnisse. Daß Kästner wie jeder Satiriker übertreibt, ist selbstverständlich. Im Vorwort zur Neuauflage 1956 weist er selbst darauf hin:

> Das [...] Buch, das großstädtische Zustände von damals schildert, ist kein Poesie- und Fotoalbum, sondern eine Satire. Es beschreibt nicht, was war, sondern es übertreibt. Der Moralist pflegt seiner Epoche keinen Spiegel, sondern einen Zerrspiegel vorzuhalten. Die Karikatur, ein legitimes Kunstmittel, ist das Äußerste, was er vermag.

Häufig nähert sich die Satire der Groteske. Dies immer dann, wenn der Moralist Fabian in Situationen gerät oder beobachtete Episoden darstellt, in denen die Unvereinbarkeit herkömmlicher (und sinnvoller) Moralvorstellungen mit der neuen großstädtischen Welt deutlich und besonders die hinter ihr liegende ökonomische Grundstruktur zwingend wird. So etwa, wenn der arbeitslose Fabian bei einem seiner Streifzüge auf einen »Penner« trifft, der sich als hochbegabter und berühmter Erfinder entpuppt: Ein alter Herr mit »einem weißen Knebelbart und einem schlechtgerollten Schirm« setzt sich am »Plateau des Kreuzberges« neben Fabian auf die Bank, hustete umständlich und zeichnete mit dem Schirm Kreise in den Sand. Er machte einen der Kreise zu einem Zahnrad, brachte dessen Mittelpunkt mit dem Zentrum eines anderen Kreises durch eine Gerade in Verbindung, komplizierte die Skizze durch Kurven und Linien immer mehr, schrieb Formeln daneben und darüber, rechnete, strich durch, rechnete von neuem, unterstrich eine Zahl zweimal und fragte: »Verstehen Sie was von Maschinen?«

»Bedauere«, sagte Fabian. »Wer mich sein Grammophon aufziehen läßt, kann sicher sein, daß es nie mehr funktioniert.« [...] »Vielleicht verstehen Sie mich, da Sie von Maschinen nichts verstehen«, sagte [der alte Herr; Hrsg.]. »Ich bin ein sogenannter Erfinder, Ehrenmitglied von fünf wissenschaftlichen Akademien. Die Technik verdankt mir erhebliche Fortschritte. Ich habe der Textilindustrie dazu verholfen, pro Tag fünfmal soviel Tuch herzustellen wie früher. An meinen Maschinen haben viele Leute Geld verdient, sogar ich.«

Der alte Herr hustete und zupfte sich nervös am Spitzbart. »Ich erfand friedliche Maschinen und merkte nicht, daß es Kanonen waren. Das konstante Kapital wuchs unaufhörlich, die Produktivität der Betriebe nahm zu, aber, mein Herr, die Zahl der beschäftigten Arbeiter nahm ab. Meine Maschinen waren Kanonen, sie setzten ganze Armeen von Arbeitern außer Gefecht. [...] Als ich in Manchester war, sah ich, wie die Polizei auf Ausgesperrte losritt. Man schlug mit Säbeln auf ihre Köpfe. Ein kleines Mädchen wurde von einem Pferd niedergetrampelt. Und ich war daran schuld. [...] Als ich zurückkam, stellte mich meine Familie unter Kuratel. Es paßte ihnen nicht, daß ich Geld wegzuschenken begann und daß ich erklärte, ich wolle mit Maschinen nichts mehr zu schaffen haben. [...] In meiner Brusttasche sind Skizzen und Berechnungen für eine Webstuhlanlage [...]. Millionenwerte stecken in meiner geflickten Tasche. Aber lieber will ich verhungern.«

Es klingt absurd, wenn ein bekannter Erfinder sein Produkt zurückhält, das vielen nützen könnte, unter den gegebenen Umständen ist seine Handlungsweise aber ebenso ›logisch‹ wie die der drei Hauptfiguren in Dürrenmatts ›Die Physiker‹. Der Schlüsselsatz heißt: »Und ich war daran schuld.« Durch die Verwendung seiner neuen Erfindung würde der »alte Herr«, wie in früheren Fällen, Arbeitslosigkeit hervorrufen, Arbeiter würden daher auf der Straße demonstrieren, die Polizei würde – der allgemeinen Ordnung wegen – eingreifen und Unschuldige verletzen. Er handelt also moralisch, wenn er lieber Entmündigung, Irrenhaus und Vagabundenexistenz in Kauf nimmt. Aber in den Augen der Welt handelt er unverantwortlich (wenigstens seiner Familie gegenüber) und wie ein Irrer. Selbst Brecht würde ihm sagen, daß sein Verhalten sinnlos ist (s. S. 330). Hat im übrigen nicht Kästner selbst diese Art moralischen Handelns als für das Ganze sinnlos begriffen, wenn er seinen Helden ausgerechnet bei einer von individueller Moral gelenkten Tat zugrunde gehen läßt?

Walter Benjamins zeitgenössische Kritik mag sich an solchen Episoden entzündet haben. Er reiht Kästner unter die »linken Melancholiker« ein, die »Schwermut [...] aus Routine« pflegen, die »in negativistischer Ruhe sich selbst [...] genießen«. Sein Publikum könne auf diese Weise nicht zu Kritik und aktivem Handeln kommen. Literatur dieser Art führe eher »zur Belustigung [...] für ein großes und in seinem Geschmack unsicheres Publikum«.

Jean Améry hat nach der erneuten Lektüre des ›Fabian‹ aus alledem den Schluß gezogen (1981), die ›Geschichte eines Moralisten‹ sei »nicht eigentlich [...] ein politischer Roman«, wenn auch »vor dem Hintergrund der letzten lodernden Jahre der Ersten Deutschen Republik [...] voll [...] von politischen Implikationen«. Hilde Spiel hingegen hält ›Fabian‹ neben Heinrich Manns ›Untertan‹ für den »politischsten Roman, den die Deutschen vor 1945 hatten«. Dies könne freilich übersehen werden wegen »seiner Form, [...] der fast frivolen Knappheit, der trügerischen Leichtigkeit, der scheinbaren Désinvoltüre [etwa Unberührtheit, Unbetroffenheit] jener literarischen Schule, der man den Namen ›Neue Sachlichkeit‹ gegeben hat«. Charakteristisch dafür ist schon der Anfang:

> Fabian saß in einem Café namens Spalteholz und las die Schlagzeilen der Abendblätter: Englisches Luftschiff explodiert über Beauvais, Strychnin lagert neben Linsen, Neunjähriges Mädchen aus dem Fenster gesprungen, Abermals erfolglose Ministerpräsidentenwahl, Der Mord im Lainzer Tiergarten, Skandal im Städtischen Beschaffungsamt, Die künstliche Stimme in der Westentasche, Ruhrkohlenabsatz läßt nach, [...] Bevorstehender Streik von einhundertvierzigtausend Metallarbeitern, Verbrecherdrama in Chikago, Verhandlungen in Moskau über Holzdumping, [...] Das tägliche Pensum. Nichts Besonderes.

Wichtiges, Unwichtiges, Banales, bloße Skandale, große Politik – alles steht gleichwertig nebeneinander, die Reihung nivelliert: »Wer chronisch in diesen falschen Gleichwertigkeiten zu leben hat, dessen Augen verlieren [...] die Fähigkeit, Dinge in ihrer Individualität und Wesentlichkeit zu erkennen« (Peter Sloterdijk). Aber das Registrieren der Dinge in einem statischen Augenblickszustand gehört in der Literatur wie in der Malerei zur »Neuen Sachlichkeit«. Ein Bericht dieser Art strahlt Objektivität aus, er kann aber auch, wie hier, zur Anklage werden, Standpunkthaftigkeit ist nicht ausgeschlossen, der verkürzte Schlußsatz macht es deutlich.

Der zitierte Abschnitt ist auch in anderer Hinsicht charakteristisch; er eröffnet das schnelle Erzähltempo der Darstellung, das seinerseits wieder zur Schnelligkeit der Großstadt gehört. Die stilistische Form der Ellipse ist Ausdruck des Tempos, auch im Aufnehmen und Einordnen. Daß Schlagzeilen der Zeitung im Vorübergehen oder – wie hier –

im Café sitzend mitgenommen werden, gehört zu dieser Art von »Weltaufnahme«, daß jede Art von Lektüre – wie in einem späteren Abschnitt – zu Bockwurst und Kartoffelsalat erfolgt, ebenso.

Dieser Stil spiegelt sich auch in den Kapitelüberschriften: Wie eine Zeitung sind die 24 Romankapitel durch schlagzeilenartige Überschriften gegliedert. Selbst die häufig verwendete Dreigliedrigkeit im Untertitel von Zeitungsartikeln ist durchgehend übernommen, wobei hier allerdings zumeist drei Episoden der Handlung bezeichnet werden.

Wie in solchen Darstellungsformen zeigt sich auch in den Themen des Romans eine deutliche Nähe zur »Neuen Sachlichkeit«. Zeitung und Pressewesen ebenso wie die Problematik der Reklame – des Arbeitsfelds von Fabian – werden durchweg aus kritischer Sicht des »Moralisten« beobachtet.

In einer Zeitungsredaktion erlebt Fabian z. B. mit, wie Zeitungsmeldungen (auch) entstehen: Die erste Seite muß aus Aktualitätsgründen umgestellt werden. Doktor Irrgang, ein junger Volontär muß für fünf gestrichene Zeilen einen »Ersatz« finden, Redakteur Münzer »hilft« ihm:

> »Aber«, sagte Herr Irrgang betreten, »nun sind doch in der Spalte fünf Zeilen frei.«
> »Was tut man in einem so außergewöhnlichen Fall?« fragte Münzer.
> »Man füllt die Spalte«, erklärte der Volontär.
> Münzer nickte. »Steht nichts im Satz?« Er wühlte in den Bürstenabzügen.
> »Ausverkauft«, erklärte er. »Saure-Gurkenzeit.« [...]
> »Vielleicht kommt noch etwas Brauchbares herein«, schlug der junge Mann vor.
> »Sie hätten Säulenheiliger werden sollen«, sagte Münzer. »Oder Untersuchungsgefangener oder sonst ein Mensch mit viel Zeit. Wenn man eine Notiz braucht und keine hat, erfindet man sie. Passen Sie mal auf.« Er setzte sich hin, schrieb rasch, ohne nachzudenken, ein paar Zeilen und gab das Blatt dem jungen Mann. »So, nun fort, Sie Spaltenfüller. Wenn's nicht reicht, ein Viertel Durchschuß.«
> Herr Irrgang las, was Münzer geschrieben hatte, sagte ganz leise: »Allmächtiger Vater« und setzte sich, als sei ihm plötzlich schlecht geworden [...].
> Fabian bückte sich über das Blatt Papier, das in Irrgangs Hand zitterte, und las: »In Kalkutta fanden Straßenkämpfe zwischen Mohammedanern und Hindus statt. Es gab, obwohl die Polizei der Situation sehr bald Herr wurde, vierzehn Tote und zweiundzwanzig Verletzte. Die Ruhe ist vollkommen wiederhergestellt.« [...]
> »Aber in Kalkutta haben doch gar keine Unruhen stattgefunden«, entgegnete Irrgang widerstrebend. Dann senkte er den Kopf und meinte fassungslos: »Vierzehn Tote.«
> »Die Unruhen haben nicht stattgefunden?« fragte Münzer entrüstet. »Wollen Sie mir das erst mal beweisen? In Kalkutta finden immer Unruhen statt. Sollen wir vielleicht mitteilen, im Stillen Ozean sei die Seeschlange

wieder aufgetaucht? Merken Sie sich folgendes: Meldungen, deren Unwahrheit nicht oder erst nach Wochen festgestellt werden kann, sind wahr. Und nun entfernen Sie sich blitzartig, sonst lasse ich sie matern und der Stadtausgabe beilegen.«

Es ist harte Kritik am Mediengebaren der Zeit, die Kästner hier äußert. Und es sind schlimme Sätze, in denen er Journalisten darüber scheinbar leichthin deutlich werden läßt: »Man beeinflußt die öffentliche Meinung mit Meldungen wirksamer als durch Artikel, aber am wirksamsten dadurch, daß man weder das eine noch das andere bringt. Die bequemste öffentliche Meinung ist noch immer die öffentliche Meinungslosigkeit.« Der Zeitungsredakteur sagt: »[...] was wir hinzudichten, ist nicht so schlimm, wie das, was wir weglassen«, »[w]ir haben Anweisung, der Regierung nicht in den Rücken zu fallen. Wenn wir dagegenschreiben, schaden wir uns, wenn wir schweigen, nützen wir der Regierung.« Bedauern über einen solchen Zustand des Pressewesens – gepaart mit einem Schuß Resignation – spricht aus den Worten des Wirtschaftsredakteurs: »Mein Charakter ist meinem Verstand in keiner Weise gewachsen. Ich bedaure das aufrichtig, aber ich tue nichts mehr dagegen.«

Die in solchen Äußerungen enthaltene Kritik zielt nicht nur auf Journalisten, hier wird Kritik an den Zeitverhältnissen geübt. Die Journalisten wissen ja, daß ihre Verhaltensweisen nicht richtig sind und sicher auch schädlich. Sie sehen nur keine Möglichkeiten, sich dagegenzustemmen, ohne selbst etwas zu verlieren; sie sind keine Widerstandshelden, sondern versuchen sich durchzumogeln, wie die meisten anderen auch. So ist es in einer Zeit, die verbindliche Wertmaßstäbe verloren hat; Hermann Broch macht dies zum Thema im zweiten und dritten Teil seiner Schlafwandler-Trilogie (s. S. 177). Im Unterschied zu Kästner versucht Broch aber eine Deutung der Zeit, Kästner schildert sie satirisch. Seine Darstellung ist dabei nicht logisch-sezierend, sie ist auch nicht frei von Sentimentalität. In einem Artikel (in: ›Das Deutsche Buch‹, 1928) hatte Kästner die durch den Krieg verursachte »Gefühlsentblößung« beklagt und bei seiner Kritik an der Neuen Sachlichkeit übersehen, daß – nach Britta Jungs – in dieser Stilrichtung »hinter der Nüchternheit und Sachlichkeit [...] Romantik und Sentimentalität« versteckt seien und »geradezu als Merkmal« gelten können. Siegfried Kracauer hatte dies schon früh erkannt: »Nur einen Schritt weiter, und man weilt mitten in der üppigsten Sentimentalität.«

In Kästners ›Fabian‹ ist dieser Schritt getan. Was Britta Jungs und Siegfried Kracauer meinen, zeigt eine Passage, in der die »beste Frau des Jahrhunderts«, die Mutter des Titelhelden, überraschend zu Besuch kommt. Die Mutter begründet ihren Besuch damit, daß sie sich Sorgen um ihn gemacht habe: »›[...] Es ließ mir keine Ruhe, Jakob!‹ Er setzte sich neben die Mutter, streichelte ihre Hände [...].«

Ihre zunehmende Bewegtheit sucht sie durch einen Wortschwall zu verbergen, indem sie aufzählt, was sie alles mitgebracht hat, worauf Fabian sagt:

>»Du bist so gut [...]. Aber du sollst nicht so viel Geld für mich ausgeben.«
>»Quatsch mit Soße«, sagte die Mutter und legte die Eßwaren auf einen Teller [...]. Fabian sah der Mutter zu. Sie hantierte vor lauter Rührung wie ein Gendarm.
>»Ich mußte gestern daran denken«, sagte er, »wie das damals war, als ich im Internat steckte, und du warst krank, und rannte abends davon [...] nur um zu sehen, wie es dir ginge [...].«

Deutlich wird hier hinter der Geplauderfassade Rührung spürbar, das vorsichtige Andeuten eines tieferen Gefühls, das in der bisher geschilderten Gesellschaft nicht zu finden ist und in eine vergangene Welt der Bindungen zurückweist. Hoffnung erwächst aber aus Fabians Flucht zur Mutter ebensowenig wie aus Labudes Glauben an die Veränderungsfähigkeit der Gesellschaft. Labude begeht Selbstmord, Fabian ertrinkt, weil er retten will, ohne schwimmen zu können. »Lernt schwimmen!« heißt es in der Kapitelüberschrift zum letzten (24.) Kapitel. Das will wohl sagen: »Schafft die Voraussetzungen dafür, daß ihr selbständig handeln könnt.«

Hans Fallada
Kleiner Mann – was nun?

»Der arme Arbeitslose mit dem Kind«, so hieß Rudolf Ditzen (1893–1947), der sich als Autor Hans Fallada nannte, bei den Leuten im Berliner Vorort Neuenhagen, wo er seit 1930 in einem Siedlungshaus in 2 1/2 Zimmern mit Frau und Kind wohnte. Ein Vorschuß, den ihm sein Verleger Ernst Rowohlt auf einen eben begonnenen Roman zahlte, hatte ihm diesen »Aufstieg« ermöglicht. Nach einem Leben voller Brüche – Selbstmordversuche, Drogen- und Alkoholexzesse, Gefängnisstrafen und Eheprobleme – schien eine ruhigere Phase zu beginnen. Der Roman, an dem er arbeitete, ›Kleiner Mann – was nun?‹ weist dementsprechend auch idyllische Züge auf, eine gewisse »Illusionsbereitschaft« gehört, wie Jürgen Manthey in seiner Biographie deutlich gemacht hat, offenbar zu seinem Wesen, sie kennzeichnet auch die Hauptfigur des Romans, Johannes Pinneberg.

Dieser beginnt seine berufliche Laufbahn in der »kleinen Stadt« Ducherow als Angestellter, zuerst »in der Konfektion« im Geschäft des jüdischen Kaufmanns Bergmann, das er wegen eines unbedeutenden Ärgernisses verläßt, zumal ihm der Kartoffel- und Düngemittelhändler Kleinholz eine Buchhalterstelle anbietet, weil er hofft, in ihm einen Mann für seine Tochter Marie (»das Biest«) zu gewinnen. Pinneberg sieht sich deutlich über dem Stand des Proletariers und glaubt, eine gesicherte Zukunft zu gewinnen. Daher traut er sich auch zu, trotz der Wirtschaftskrise Ende der zwanziger Jahre, eine Familie zu ernähren. Wie eine Vorwarnung klingt es, wenn ihn sein Schwiegervater, der überzeugte Proletarier Mörschel, auf seine ungesicherte Lage aufmerksam macht:

>»Sie machen [...] manchmal Überstunden, nicht wahr?«
>»Ja«, sagt Pinneberg. »Ziemlich oft.«
>»Aber ohne Bezahlung –?«
>»Leider. Der Chef sagt [...].«
>Herrn Mörschel interessiert nicht, was der Chef sagt.
>»Sehen Sie, darum wäre mir ein Arbeiter für meine Tochter lieber: wenn mein Karl [sein Sohn; Hrsg.] Überstunden macht, kriegt er sie bezahlt.«
>»Herr Kleinholz sagt ...« beginnt Pinneberg von neuem.
>»Was die Arbeitgeber sagen, junger Mann«, erklärt Herr Mörschel, »das wissen wir lange. Das interessiert uns nicht. Was sie tun, das interessiert uns. Es gibt doch 'nen Tarifvertrag bei euch, was?«
>»Ich glaube«, sagt Pinneberg.
>»Glaube ist Religionssache, damit hat'n Arbeiter nischt zu tun. Bestimmt gibt es ihn, und da steht drin, daß Überstunden bezahlt werden müssen. Warum krieg ich 'nen Schwiegersohn, dem sie nicht bezahlt werden?«
>Pinneberg zuckt die Achseln.
>»Weil ihr nicht organisiert seid, ihr Angestellten«, erklärt ihm den Fall Herr Mörschel. »Weil kein Zusammenhang ist bei euch, keine Solidarität. Darum machen sie mit euch, was sie wollen.«

Pinnebergs naiver Optimismus erweist sich bald als unbegründet. Als sein Arbeitgeber erfährt, daß er verheiratet ist und demnach als Bräutigam für seine Tochter nicht mehr in Frage kommt, wird ihm gekündigt, er muß seine Wohnung aufgeben und nach Berlin zu seiner Mutter umziehen, einer Frau, deren sehr freizügigen Lebenswandel er eigentlich verachtet.

Durch Vermittlung ihres Liebhabers erhält er eine kleine, schlechtbezahlte Stellung als Verkäufer im Herrenkonfektionshaus Mandel. Zunächst scheint er das große Los gezogen zu haben. Einer der älteren Kollegen bezeichnet ihn als »geborenen Verkäufer«, ihm mache es »Spaß, zu verkaufen«. Selbst als ein neuer »Organisator« eingestellt wird, der die »Verkaufsquote für den einzelnen Verkäufer [...] auf das Zwanzigfache seines Monatsgehalts« festsetzt, angeblich, damit das »für das Ethos so verderbliche Kriechen vor den Vorgesetzten« verschwinden könne, »weil nun jeder Angestellte die mathematische Gewißheit [hat], daß er vollkommen nach Verdienst eingeschätzt wird«, beschäftigt Pinneberg das nicht sehr, denn er schafft »seine Losung gut und gerne«. Bald aber zeigen sich doch Probleme. Seine Frau, von ihm »Lämmchen« genannt, »lernte es [...], ihren Mann mit einem Lächeln zu begrüßen, das nicht gar zu lächelnd war, denn das hätte ihn bei schlechter Laune reizen können. [...]; irgendein Wort konnte ihn plötzlich in Wut versetzen, und dann fing er an zu schimpfen über diese Schinder, die aus Menschen Tiere machten und denen man eine Bombe in den Hintern stecken sollte!«

Drei Verkaufsszenen zeigen die zunehmende Verunsicherung Pinnebergs. Während er in der ersten fast instinktiv die notwendige Überzeugungskraft und Vorgehensweise findet, erkennt er unter dem neuen Druck bald die verzweifelten Ängste seiner Kollegen, sieht, wie ihre »Devise ›Rette sich, wer kann‹« sie dazu führt, anderen Kollegen die Kunden wegzuschnappen. »Das Konfektionsgeschäft Mandel ähnelte stark einem Bordellgäßchen, und jeder Verkäufer frohlockte, wenn er dem Kollegen einen Kunden weggeschnappt hatte.« Nach »zwei Pleiten« war auch sein Selbstvertrauen fort, »er konnte nicht mehr verkaufen«. Ohne die Hilfe des älteren Verkäufers Heilbutt, der ihm seinen monatlichen »Überschuß« zukommen läßt, käme er nicht auf seine Quote. Dabei braucht er sie nötiger denn je: Die Wohnung seiner Mutter hat er verlassen, der »Moralist« Pinneberg erträgt den Lebenswandel seiner Mutter, dem Gegenbild zu Lämmchen, seiner Frau, nicht. Schließlich soll sein Kind nicht dort aufwachsen. Aber nun muß er regelmäßig Miete zahlen, die »Ausstattung« für den »Murkel« kostet Geld, die Krankenhausrechnung soll beglichen werden, aber die Krankenkasse läßt sich unendlich Zeit. Kurz »vor dem Ersten« wird es jeden Monat eng:

> Ach, wo sind die Zeiten, da Pinneberg sich für einen guten Verkäufer hielt? Es ist alles anders geworden, ganz anders. Gewiß, nie waren die Menschen so schwierig. Da kommt ein dicker, großer Mann mit seiner Frau, möchte einen Ulster: »Kostenpunkt höchstens fünfundzwanzig Mark, junger Mann! Verstehen Sie! Einer von meinen Skatbrüdern hat einen für zwanzig, echt englisch, Wolle und angewebtes Futter, verstehen Sie!«
> Pinneberg lächelt dünn: »Vielleicht hat der Herr seinen billigen Einkauf ein bißchen übertrieben. Für zwanzig Mark einen echt englischen Ulster...«
> »Hören Sie mal, junger Mann, das brauchen Sie mir nun nicht zu erzählen, daß mein Skatbruder mich anlohlt. Der ist reell, verstehen Sie.« Und der Dicke regt sich weiter auf: »Das habe ich nicht nötig, verstehen Sie, mir von Ihnen meinen Skatbruder schlecht machen zu lassen.«
> »Ich bitte um Entschuldigung«, versucht Pinneberg.
> Keßler guckt, Herr Jänecke steht hinter einem Kleiderständer, halbrechts. Aber keiner kommt zu Hilfe. Es wird eine Pleite.
> »Warum reizen Sie denn die Leute?« fragt Herr Jänecke mild.
> »Früher waren Sie ganz anders. Herr Pinneberg.« Ja, das weiß Pinneberg auch ganz gut, daß er früher ganz anders war. [Eine erste große Mahnung folgt:] Da hat Pinneberg heute für zweihundertfünfzig Mark verkauft, und

da kommt dieser Herr Organisator und sagt: »Sie sehen so abgespannt aus, Herr. Ich empfehle Ihnen Ihre Kollegen drüben in den States als Vorbild, die sehen abends genau so munter aus wie am Morgen. Keep smiling! Wissen Sie, was das heißt? Immer lächeln! Abgespanntheit gibt es nicht, ein angespannt aussehender Verkäufer ist keine Empfehlung für ein Geschäft ...«
Er entschreitet, und Pinneberg denkt rastlos: »In die Fresse! In die Fresse, du Hund!« Aber er hat natürlich sein Dienerchen und sein Smiling gemacht, und das sichere Gefühl ist auch wieder weg.

Jachmann, der »Partner« von Pinnebergs Mutter, will helfen, lädt ihn mit seiner Frau ins Kino ein, aber das Ergebnis – von Lämmchen zusammengefaßt – heißt: »Wenn das [die Kinohandlung; Hrsg.] auch alles nicht stimmt und nur Kintopp ist, das ist richtig, daß unsereiner immer Angst haben muß und daß es eigentlich ein Wunder ist, wenn es eine Weile gutgeht. Und daß immerzu etwas passieren kann, gegen das man ganz wehrlos ist.«
So etwas passiert, als Pinneberg, weit hinter seinem Soll, einem Kunden mit allen Mitteln etwas verkaufen will:

»Womit kann ich Ihnen dienen?« fragt Pinneberg.
»Dienen!« deklamiert der andere verächtlich. »Dienen! Niemand ist niemandes Diener! Aber – ein anderes. Stellen Sie sich vor, zu Ihnen kommt ein Jüngling aus der Ackerstraße, sagen wir, mit haushoher Marie und wünscht sich einzupuppen bei Ihnen, vom Kopf bis zum Scheitel auf neu – können Sie mir wohl sagen, können Sie sich wohl denken, welche Sachen dieser Jüngling wählen würde?«
»Das kann ich mir gut denken«, sagt Pinneberg. »So was kommt bei uns manchmal vor.«
»Sehen Sie«, sagt der Herr. »Sie haben also Phantasie! Welche Stoffe etwa würde ein solcher Jüngling aus der Ackerstraße wählen?«
»Möglichst helle, auffallende«, sagt Pinneberg bestimmt. »Großkariert. Sehr weite Hosen. Die Jacketts möglichst auf Taille. Ich müßte Ihnen das mal zeigen...«
»Ausgezeichnet«, lobt der andere. »Ganz ausgezeichnet. Und zeigen sollen Sie mir das jetzt. Dieser junge Mann aus der Ackerstraße hat wirklich sehr viel Geld und will sich völlig neu einpuppen.«
»Bitte...«, sagt Pinneberg. [Aber der Kunde will ihm zuerst vorspielen, wie er sich den Jüngling vorstellen soll.] »Sie sind«, ruft Pinneberg atemlos, »Sie sind Herr Schlüter! Ich habe Sie im Film gesehen! Oh, Gott, daß ich das nicht gleich gemerkt habe!«
Der Schauspieler ist sehr befriedigt! »Na also! In welchem Film haben Sie mich denn gesehen?«
»Wie hieß er doch? Wissen Sie, Sie haben einen Bankkassierer gemacht, und Ihre Frau denkt, Sie unterschlagen Geld für sie, und in Wirklichkeit gibt es Ihnen der Volontär, der ist Ihr Freund...«
»Die Handlung kenn ich schon«, sagt der Schauspieler. »Also hat es Ihnen gefallen? Schön. Und was von mir hat Ihnen am besten gefallen?«

»Wissen Sie, so viel ... Aber vielleicht war doch am schönsten, wissen Sie, wie Sie an den Tisch zurückkommen. Sie sind auf der Toilette gewesen ...«
Der Schauspieler nickt.
»Und unterdessen hat der Volontär Ihrer Frau erzählt, Sie haben gar kein Geld unterschlagen, und die lachen Sie aus. Und plötzlich werden Sie ganz klein und fallen zusammen, schrecklich ist das.«
»So, das war das Schönste. Und warum war es das Schönste?« fragt der Schauspieler unersättlich weiter.
»Weil –, ach, wissen Sie, es war mir so, bitte lachen Sie nicht, es war so wie wir. Verstehen Sie, uns kleinen Leuten geht es nicht sehr gut jetzt, und manchmal ist es so, als grinste uns alles an, das ganze Leben, verstehen Sie, und man wird so klein ...« [...]
Eine halbe Stunde, eine Stunde wühlen sie in den Sachen. Berge häufen sich, Pinneberg ist nie so glücklich gewesen, Verkäufer zu sein.
»Sehr gut der Mann«, brummt der Schauspieler Schlüter von Zeit zu Zeit. [...]
Schließlich [...] haben sie alles angesehen und probiert [...]. Pinneberg fragt atemlos:
»Und was darf ich alles aufschreiben, Herr Schlüter?«
Der Schauspieler Schlüter zieht die Brauen hoch. »Aufschreiben? Ja, wissen Sie, ich wollte eigentlich nur mal sehen. Kaufen tu ich es natürlich nicht. Machen Sie nicht so ein Gesicht. Sie haben ein bißchen Arbeit gehabt davon. Ich schicke Ihnen Karten für die nächste Premiere. [...]
Pinneberg sagt eilig und leise: »Herr Schlüter, ich bitte Sie, bitte, kaufen Sie die Sachen! Sehen Sie, Sie haben so viel Geld, Sie verdienen so viel, bitte kaufen Sie! Wenn Sie jetzt weggehen und haben nicht gekauft, dann heißt es, ich habe die Schuld, und dann werde ich entlassen.«
»Sie sind ja komisch«, sagt der Schauspieler. »Wie komme ich denn dazu, die Sachen zu kaufen? Ihretwegen? [...]«
»Herr Schlüter«, sagt Pinneberg, und seine Stimme wird lauter. »Ich habe Sie im Film gesehen, Sie haben das gespielt, den armen kleinen Mann. Sie wissen, wie unsereinem zumute ist. Sehen Sie, ich habe Frau und Kind. Das Kind ist noch ganz klein, es ist jetzt noch so fröhlich; wenn ich entlassen werde ...!«
»Ja, mein lieber Gott«, sagt Herr Schlüter, »das sind ja eigentlich Ihre Privatsachen. Ich kann doch nicht Anzüge, die ich nicht brauchen kann, darum kaufen, damit Ihr Kind fidel ist.«
»Herr Schlüter!« fleht Pinneberg. »Tun Sie es mir zuliebe. Ich habe eine Stunde mit Ihnen verhandelt. Kaufen Sie wenigstens den einen Anzug. [...].«
»Nun hören Sie aber allmählich auf«, sagt Herr Schlüter, »das wird langweilig, dies Affentheater.«
»Herr Schlüter«, bittet Pinneberg und legt die Hand auf den Arm des Schauspielers, der gehen will, »wir haben von der Firma eine Quote, wir müssen für soundsoviel verkaufen, sonst werden wir entlassen. Mir fehlen noch fünfhundert Mark.«
Der Schauspieler nimmt die Hand des Verkäufers von seinem Arm. Er sagt sehr laut: »Hören Sie mal, Jüngling, das verbitte ich mir, daß Sie mich hier anfassen. Das geht mich einen Dreck an, was Sie mir da erzählen.«

Plötzlich ist Herr Jänecke da, jawohl, nun kommt er. »Bitte sehr! Ich bin der Abteilungsleiter.«
»Ich bin der Schauspieler Franz Schlüter...«
Herr Jänecke verbeugt sich.
»Komische Verkäufer haben Sie hier. Die notzüchtigen einen ja, damit man Ihnen Ihr Zeug abkauft. Der Mann behauptet, Sie zwingen ihn dazu. Man müßte darüber schreiben, in den Zeitungen, das sind ja Erpressermethoden...«
»Der Mann ist ein ganz schlechter Verkäufer«, sagt Herr Jänecke.
»Er ist schon mehrfach verwarnt. Ich bedauere außerordentlich, daß Sie gerade an ihn geraten sind. Wir werden den Mann nun entlassen, er ist unbrauchbar.« [...]

Pinneberg wird entlassen, eine andere Stelle findet er nicht. Als Arbeitsloser kann er sich die bisherige Wohnung nicht mehr leisten. Mit seiner Familie bezieht er in einer Laubenkolonie an der Stadtgrenze ein schadhaftes Gartenhäuschen, das ihm Heilbutt überläßt. »Nichts ist zu Ende: das Leben geht weiter.« Aber die »Krisenunterstützung« reicht nicht zum Leben, Lämmchen sucht die Familie durch »Strümpfe stopfen« über Wasser zu halten, ein »Provisionsposten« als Aktfotoverkäufer, den Heilbutt Pinneberg angeboten hatte, lag diesem einfach nicht. Das Leben »schwebt hoffnungslos weiter«, Pinneberg ist ohne Chance. Vor einem Modengeschäft sieht er sich im Spiegel:

[...] nein, gut sieht er nicht mehr aus. Die hellgrauen Hosen haben viele schwärzliche Stellen von dem Dachteeren, der Mantel ist so abgeschabt und verschossen in der Farbe, die Schuhe sind voller Riester – [...]. Er ist ein heruntergekommener Arbeitsloser, jeder sieht ihm das auf zwanzig Schritte an. Pinneberg greift nach seinem Hals und macht den Kragen ab, er steckt ihn mit dem Schlips in die Manteltasche. Viel anders sieht er nun auch nicht aus, es ist nicht mehr viel zu verderben an ihm.

Das Abnehmen des Kragens bedeutet das Ende des Angestellten Pinneberg, er ist nun völlig unten. Aber es kommt noch schlimmer. Er hat vergessen, daß er etwas Butter und Bananen mit nach Hause bringen soll. In einem Delikatessenladen sieht er noch Licht. Durch die Scheibe versucht er festzustellen, ob noch bedient wird. Ein Schupo fordert ihn zum Weitergehen auf (»Gehen Sie weiter!«). Der verwirrte Pinneberg reagiert nicht, er weiß auch nicht, daß hier tags zuvor Schaufenster eingeworfen worden waren. »Pinneberg möchte sprechen, Pinneberg sieht den Schupo an, seine Lippen zittern, Pinneberg sieht die Leute an [...], gutgekleidete Leute, ordentliche Leute, verdienende Leute.« Als er sich neben diesen Leuten im Spiegel des Schaufensters sieht, »ein blasser Schemen, ohne Kragen, mit schäbigem Ulster, mit teerbeschmierten Hosen«, begreift er, [...] daß er draußen ist, daß er hier nicht mehr hergehört, daß man ihn zu Recht wegjagt: [...] Armut ist Makel, Armut heißt Verdacht. »Soll ich dir Beine machen?« sagt der Schupo. Der Wechsel vom Sie zum Du zeigt Pinneberg seine Entwicklung deutlich. Daß der Schupo Pinneberg vom Bürgersteig stößt und ihm seinen Weg vorschreibt, ist nur folgerichtig. Pinneberg »läuft auf seinem Fahrdamm weiter, immer geradeaus, in das Dunkel, in die Nacht hinein, die nirgendwo wirklich tiefschwarze Nacht ist«. Nur der letzte Nebensatz läßt noch so etwas wie Hoffnung zu.

Hoffnung aber findet Pinneberg, der kleine Mann, nur bei »Lämmchen«, seiner Frau, bei der er der »Junge« – so nennt sie ihn immer – sein kann. Er flieht in die Idylle der Kleinfamilie; dem harten Leben in einer kalten, von Drohung, Gewalt, Profitdenken und Egoismus geprägten Gesellschaft ist ein einzelner Schwacher wie Pinneberg nicht gewachsen, zu einer Entscheidung für eine politische Ideologie, d.h. auch zur zweckbestimmten Solidarität mit anderen, ist er nicht bereit, wie schon das Gespräch mit Lämmchens Vater gezeigt hat. Obwohl Pinneberg immer nach Geborgenheit sucht, akzeptiert er sie nur in der individuellen Beziehung.

Der Roman bildet durchaus gesellschaftliche, politische und wirtschaftliche Probleme der Zeit ab, eine Deutung ist aber nur in Ansätzen erkennbar, z.B. in der Darstellung des Amerikanismus und der neuen Freizügigkeit, in der geahnten Bedrohung durch die stärker werdenden Nationalsozialisten, in der Einsicht, daß sich auch der Moralist Pinneberg der Pressionen, unter denen er selbst leidet, dann bedient, wenn er als Käufer einem Kollegen gegenübersteht. Eine Interpretation der Zeit ist wohl auch gar nicht die Absicht des Autors. Seine Hauptgestalt, die er so sympathisch wie nur möglich darstellt, ist weder ein kritischer noch ein vorwiegend handelnder Mensch. Er will keine Veränderung der Verhältnisse insgesamt, er sucht nach Anerkennung und Verständnis. Man erkennt darin den Autor, der nach seinen jugendlichen Entgleisungen unter der »Verständniskargheit« (Jürgen Manthey) der Eltern gelitten hat. Vielleicht ist es kein Zufall, daß von Pinnebergs Vater nie die Rede ist.

Was der »Junge« sich wünscht, findet er in zwei Ersatz»vätern«: Jachmann und Heilbutt, beide Figuren, die sich, am Rande der Gesellschaft stehend, von deren Normen wie von den Krisen der Zeit nicht niederdrücken lassen.

Heilbutt und im Lauf der Zeit auch Jachmann werden neben den beiden Hauptgestalten als Individuen vorgestellt, bei den anderen Nebenfiguren beläßt es Fallada bei Typisierungen (Lauterbach als prügelsüchtiger Nazi, Lämmchens Vater als starrer Proletarier; der Schupo trägt nicht einmal einen Namen). Die beiden Ausnahmen sind – wie auch Lämmchen – als Vorbilder gezeichnet. Sie sind weder durch ihre Stellung noch durch ein verwandtschaftliches Verhältnis zur Hilfe oder gar

Zuwendung verpflichtet; sie leisten ihre Unterstützung auf sehr sensible Weise einfach aus menschlicher Grundhaltung, allerdings nur denen gegenüber, für die sie Sympathie empfinden.

Darin unterscheiden sich die beiden auch von Pinnebergs Mutter. Sie wird gezeichnet als »egoistisch, verständnislos, herrsch- und vergnügungssüchtig« (J. Manthey), ihre »Hilfe« für das junge wohnungssuchende Paar geschieht aus Eigennutz, sie fordert dafür Bezahlung, Arbeit im Haushalt und tiefe Dankbarkeit. Wie in den meisten Romanen Falladas ist in ›Kleiner Mann – was nun?‹ das Verhältnis Kind-Eltern gestört. Auch Lämmchen ist froh, wenn sie das Elternhaus verlassen kann, hat keinerlei innere Beziehung zu Vater oder Mutter.

Sie selbst ist geradezu ein Gegenbild zu Pinnebergs und ihrer eigenen Mutter. Sie verkörpert den wirklich mütterlichen Typ. Anders als Pinneberg ist sie realistisch, meistert die Dinge des alltäglichen Lebens, ist Pinnebergs Schwächen gegenüber nachsichtig und immer für ihn da.

Selbst wenn er ihr unbegreifliche, unnötige Käufe macht (wie die ausführlich beschriebene »Frisiertoilette«) und damit den ganzen Monatsetat, den sie so sorgfältig aufgestellt hat, in Unordnung bringt, findet sie kein Wort des Tadels. Sie lebt mit ihm in vollem Einverständnis, freut sich, wenn sie eine Übereinstimmung findet: so etwa in der Szene, wo Pinneberg ihr sagt, daß er sie heiraten wolle:

> »Ringe müssen wir nun auch kaufen«, sagt Pinneberg gedankenvoll.
> »O Gott ja«, sagt Lämmchen rasch. »Sag schnell, welche magst du lieber, glänzend oder matt?«
> »Matt!« sagt er.
> »Ich auch! Ich auch!« ruft sie. »Ich glaube, wir haben in allem den gleichen Geschmack, das ist fein.«

Einverständnis und Bereitschaft – allerdings bei Pinneberg nicht die Fähigkeit –, sich in den anderen einzufühlen, schaffen in dieser Ehe die emotionale Basis, Lämmchen weiß dies, ohne viele Worte darüber zu verlieren. Sie geht sogar so weit, als Schwangere zu überlegen, ob sie, »wenn die Unruhe über ihn kam«, ihrem »Jungen« nicht nahelegen sollte, sich doch ein Mädchen zu suchen, nur »das Geld« hielt sie davon ab. Nur mit ihr findet Pinneberg am Ende die Geborgenheit. Die Schlußszene zeigt es. Als der zerstörte und verstörte »kleine Mann« zurückkehrt und seiner Frau erzählt, was ihm geschehen ist, da ist plötzlich »die Kälte weg«, und ihre Worte vermitteln ihm neue Sicherheit: »Du bist doch bei mir, wir sind doch beisammen [...].«

Es sind neben den von vielen nachvollziehbaren Darstellungen von Beschädigungen im Alltagsleben wohl solche Szenen, die Fallada ein so überraschend großes Leserinteresse verschafften: Nach einem Vorabdruck des Romans in der ›Vossischen Zeitung‹ übernahmen ihn etwa 50 andere Zeitungen als Fortsetzungsroman. Er wurde zweimal verfilmt und in mehr als zwanzig Sprachen übersetzt.

Irmgard Keun
Gilgi

In einem Artikel ›Frau und Buch‹ zu Beginn der dreißiger Jahre bemerkt Erika Mann zur Situation auf dem Literaturmarkt: »Seit kurzem gibt es einen neuen Typ von Schriftstellerin, der mir für den Augenblick der aussichtsreichste zu sein scheint.« Gekennzeichnet sei die schreibende Frau dieses Typs dadurch, daß sie »Reportagen macht, in Aufsätzen, Theaterstücken, Romanen. Sie bekennt nicht, sie schreibt sich nicht die Seele aus dem Leib«, sie »berichtet, anstatt zu beichten. Sie kennt die Welt, sie weiß Bescheid, sie hat Humor und Klugheit [...]. Fast ist es als übersetze sie: das Leben in die Literatur, in keine ungemein hohe, aber doch in eine brauchbare, anständige, oftmals liebenswerte.«

Was Erika Mann beschreibt, trifft auf manche Autorin zu, die der sogenannten Neuen Sachlichkeit nahesteht, in besonderem Maße aber läßt es sich auf die Berliner Fabrikantentochter Irmgard Keun (1910–1982) beziehen, die als Schauspielerin in Hamburg begann und gleich zu Beginn der dreißiger Jahre mit zwei Romanen hervortrat, die innerhalb weniger Monate zu Bestsellern wurden. 50.000 Exemplare betrug bereits die Erstauflage ihres zweiten Buches ›Das kunstseidene Mädchen‹, das sie ihrem ersten Roman ›Gilgi, eine von uns‹ (1931) schon 1932 folgen ließ. Beide Romane wurden rasch verfilmt. Es dauerte aber bis in die siebziger Jahre, ehe man die – nicht ohne Zutun der Nazis, die ihre Werke zur »Asphaltliteratur mit antideutscher Tendenz« zählten, ihre Bücher auf die »Schwarze Liste« gesetzt und sie zur Emigration gezwungen hatten – fast vergessene Autorin neu entdeckte. 1981 erhielt sie den eben gestifteten Marieluise-Fleißer-Preis der Stadt Ingolstadt. In den neunziger Jahren brachte man ›Das kunstseidene Mädchen‹ in München auf die Bühne.

Die beiden genannten Werke sind Zeitromane. Sie gestalten »konkrete politisch-soziale und kulturelle Wirklichkeitsaspekte der Weimarer Republik« (Doris Rosenstein). Irmgard Keun gelingen darin wirklichkeitsdurchdrungene Bilder vor allem der »neuen Frau« in der Großstadt. Ihre Hauptgestalten stammen aus der aufstrebenden Gruppe der weiblichen Angestellten. Sie sind konfrontiert mit den Problemen des Aufstiegs, des noch kaum zu bewältigenden Ausgleichs zwischen dem Wunsch, Kinder und Familie zu haben, und den Ansprüchen einer beruflichen Laufbahn. Sie müssen erfahren, daß man sie auch sexuell ausnützt, daß die Angebote einer konsumorientierten Welt für sie mit schlecht bezahlter Arbeit unerreichbar sind, daß Ansehen vor allem genießt, wer dem von Reklame und Kino täglich vorgeführten Lebensstil oberflächlicher Leitbilder entsprechen kann oder wenigstens so erscheint. Irmgard Keuns Figuren erleben scheinbare Erfolge, aber eben auch Enttäuschungen und kleine Katastrophen. Sie besitzen jedoch genug Lernfähigkeit und Lebenswillen, sich mit dieser neuen Welt zu arrangieren.

Dies trifft zumindest auf Gilgi zu, die einundzwanzigjährige Heldin des ersten Romans. Sie entspricht einem Frauenbild, wie es sich nach amerikanischen Vorbildern entwickelt hat: Ehrgeizig im Beruf als Stenotypistin, selbständig und zielorientiert auch in der privaten Lebensgestaltung, glaubt sie »nur an das, was sie schafft und erwirbt«, hält sich für fähig, ihr Leben unabhängig selbst zu bestimmen, für sich allein verantwortlich zu sein. Sie lernt Fremdsprachen, macht Überstunden, um sich Tanz, Sport und Liebe leisten zu können. Ihr Leben, so glaubt sie, ist »wie eine sauber gelöste Rechenaufgabe«. Sie scheint alles im Griff zu haben: Als ihr Chef ihr kaum verhüllte »Anträge« macht, kündigt sie; das kleinbürgerlich-enge Elternhaus verläßt sie ohne Bedenken. Obwohl sie versichert, gegen sentimental-phantastische Wunschbilder gewappnet zu sein (»Der Douglas Fairbanks, der Lotteriegewinn, eine märchenhafte Beförderung fallen nicht vom Himmel«), begegnet sie einem gescheiterten Dichter, Martin, dem sie »alles opfert«, in dem Bewußtsein, auch ihn versorgen und nebenbei ihre Lebenstüchtigkeit beweisen zu können. Konsequenterweise beschließt sie, das Kind, das sie von ihm erwartet, ohne seine Hilfe aufzuziehen. Dennoch werfen sie Arbeitslosigkeit, unerwartete Schwangerschaft und der Tod einer Bekannten in eine Krise, die sie schließlich, in fast moderner Weise, nur durch die Aufgabe eines freizügigen Lebens meistert. »Ohne das Kind, ohne dies ganz starke Muß wär's schwerer gewesen«, bekennt sie in der Rückschau.

Die Kritik an diesem Buch kam mehr noch als von der politischen Rechten von der äußersten Linken. Bernard von Brentano beanstandet in ›Die Linkskurve 4‹ (1932), daß der Erfolg »dieser derzeitigen Heldin des ›Vorwärts‹ [des Zentralorgans der SPD, in dem der Roman in Fortsetzungen abgedruckt worden war; Hrsg.] jedesmal der Mißerfolg einer anderen«, also durch Ausnützen anderer entstanden sei. Der Kritiker hält den Roman daher für »widerwärtig«, alles sei verschwiegen, »was Gilgi lästig wird [...], bis zu ihrem Geliebten, den ja zum Schluß der Teufel holt«. Es sei die »Indifferenz der Verfasserin«, die das Buch »unangenehm« mache. Man kann diese Kritik nur als ideologisch gefärbt verstehen, denn Gilgi erlebt ja eine Entwicklung zur Verantwortlichkeit, nicht um sich zu bestätigen und Erfolg zu haben, sondern aus »dem neu erwachten Bewußtsein mitmenschlicher Zugehörigkeit«

heraus (Doris Rosenstein). Den Untertitel (›eine von uns‹) kann man auch so auffassen. Andererseits hat Brentano – über Tucholskys Beobachtung hinaus, der es als »etwas Seltenes« hervorhebt, daß es nun (»Hurra«) »eine schreibende Frau mit Humor« gebe – erkannt, daß »Romane dieser Art [...] durchaus vom Film bestimmt« seien und »einer gewissen Gruppe von Lesern das Leben« ersetze.

Das kunstseidene Mädchen

Noch besser lassen sich der Humor und der Einfluß des Films freilich in Keuns populärem Roman ›Das kunstseidene Mädchen‹ verfolgen. Die Stenotypistin Doris stammt zwar auch aus der Schicht, die in der zweiten Hälfte der zwanziger Jahre Chancen sieht, durch Fleiß, Beharrlichkeit und Weiterbildung eine besser bezahlte und angesehenere Stellung in der Gesellschaft erreichen zu können. Aber anders als Gilgi und viele ihrer Kolleginnen glaubt Doris nicht an diese Möglichkeit: »Kommt denn unsereins durch Arbeit weiter, wo ich keine Bildung habe und keine fremden Sprachen?« ist ihre scheinbar nüchterne Überlegung. Sie entdeckt aber in sich »etwas Besonderes« (»Aber ich erkannte, daß etwas Besonderes in mir ist [...]. [...] ganz verschieden [...] von [...] den anderen Mädchen auf dem Büro und so, in denen nie Großartiges vorgeht«), hält sich für einen »ungewöhnlichen« Menschen. Diesen Anspruch sieht sie durch ihr Aussehen unterstützt. Als ein Blinder, um den sie sich kümmert, weil sie ihn vielleicht »doch etwas lieb gehabt hat«, aber wegen ihrer »Karriere« nicht näher an sich heranlassen wollte, sie fragt »Wie sehen Sie eigentlich aus?«, denkt sie darüber nach:

> Das war mir ganz komisch, ich wollte mich selber sehen von außen und nicht wie ein Mann sonst mich beschreibt zu mir, was ja doch immer nur halb stimmt.
> Und denke mir: Doris ist jetzt ein enormer Mann mit einer Klugheit und sieht auf Doris und sagt so wie ein medizinischer Arzt: »Also liebes Kind, Sie haben eine sehr schöne Figur, aber ein bißchen spillrig, das ist gerade modern, und haben Augen von einem braunen Schwarz so wie die ganz alten Seidenpompons an meiner Mutter ihrem Pompadour. Und bin wohl auf blutarme Art blaß am Tage und an meiner Stirn blaue Adern und abends rote Backen und auch sonst, wenn ich aufgeregt bin. Und mein Haar ist schwarz wie ein Büffel also nicht ganz. Aber doch. Und kraus durch Dauerwellen, aber die lassen schon wieder etwas nach. Und mein Mund ist von Natur ganz blaß und wenig. Und geschminkt sinnlich. Ich habe aber sehr lange Wimpern. Und eine ganz glatte Haut ohne Sommersprossen und Falten und Staub. Und das übrige ist wohl sehr schön.«
> Aber da hatte ich eine Scham, von meinem ganz erstklassigen und weißen Bauch zu sprechen, und ich glaube auch, nackt und allein vorm Spiegel fin-

det sich jedes Mädchen schön. Und ist man mal nackt mit einem Mann, dann ist er eben schon so verrückt, daß er ohnehin alles schön findet, und somit hat man für seinen Körper gar keine richtige Beurteilung.
Nein, ich kann es nicht leiden, wenn die Mädchen ihren Hintern winden wie ein Korkzieher beim Gehen, aber manchmal schwingen mir meine Füße, und in meinen Knien ist ein wunderbar aufregendes Gefühl.
Und ich konnte da wieder nicht weiter sprechen, ich finde Schenkel so ein furchtbar unanständiges Wort. Und wie kann man das über den Knien denn sonst nennen?

Insgesamt findet sie sich in dieser Darstellung, die keineswegs so naiv ist wie sie erscheint, »wohl sehr schön«. Und darüber hinaus »modern«, dem amerikanischen »Girl«-Ideal entsprechend, also auch in dieser Hinsicht anders als »die anderen auf dem Büro«.

Aus diesem Grund schreibt sie – wie der Leser jetzt nebenbei erfährt – ein Tagebuch. Sie nennt es »Taubenbuch«, denn Tagebuch wäre »lächerlich für ein Mädchen von achtzehn und auch sonst auf der Höhe«. Keuns Buch ist eine Art Tagebuchroman, in dem die Ich-Erzählerin Doris »alles beschreiben« will.

Allerdings, so meint sie, gebe es Dinge, die keinen etwas angehen: »mein Taubenbuch nicht und mich nicht und keinen«.

Sie möchte ihr Tagebuch »schreiben wie Film«; so wie sie selbst ihr Leben und die Vorgänge um sie herum »in Bildern« sieht, sind auch die Eintragungen ein Nacheinander von Bildern. Es kommt ihr nicht darauf an, lückenlos darzustellen, konsequent zu verknüpfen, eine zeitlich aufeinanderfolgende Handlung aufzubauen. Die »Bilder« stehen vielfach unverbunden nebeneinander, werden immer wieder durchbrochen von spontanen Einfällen, Abweichungen, Andeutungen, Urteilen, »Erfahrungen« und Lebenseinsichten. Im Rahmen der Neuen Sachlichkeit gilt eine solche Art der Darstellung durchaus als »modernes Schreiben«. Stefan Zweig begründet das so: Der moderne Leser ist ein rasches, oft kinomäßiges Tempo gewöhnt, und man erwartet gar nicht mehr Übergänge von einer Handlung, einem Bilde zu anderen, sondern kann sie ruhig aneinanderreihen, ohne zwischen ihnen zu vermitteln.

Aber die Tagebuchschreiberin Doris geht noch weiter. Sie schreibt nicht nur »wie Film«, sie identifiziert sich geradezu mit der Filmwelt. In der Schilderung einer Taxifahrt durch Berlin wird das deutlich:

> Und bin heute allein Taxi gefahren wie reiche Leute – so zurückgelehnt und den Blick meiner Augen zum Fenster raus – immer an Ecken Zigarrengeschäfte – und Kinos – der Kongreß tanzt – Lilian Harvey, die ist blond – Brotläden – und Nummern von Häusern mit Licht und ohne – und Schienen – gelbe Straßenbahnen glitten an mir vorbei, die Leute drin

wußten, ich bin ein Glanz – ich sitze ganz hinten im Polster und gucke nicht, wie das hopst auf der Uhr – ich verbiete meinen Ohren den Knacks zu hören – blaue Lichter, rote Lichter, viele Millionen Lichter – Schaufenster – Kleider – aber keine Modelle – andere Autos fahren manchmal schneller – Bettladen – ein grünes Bett, das kein Bett ist, sondern moderner, dreht sich ringsum immer wieder – in einem großen Glas wirbeln Federn – Leute gehen zu Fuß – das moderne Bett dreht sich – dreht sich.
Ich möchte gern furchtbar glücklich sein.

Ihr Kommentar hierzu lautet dementsprechend: »Da war ich ein Film und eine Wochenschau.« Dennoch bleibt sie die Doris, die vorwiegend wahrnimmt und schildert, was ihrem Horizont entspricht, was sie als wichtig oder kurios oder neuartig oder aufregend empfindet. Das äußert sich auch in der Sprache: »[...] gucke nicht, wie das hopst auf der Uhr« auf dem Taxameter, »ein grünes Bett, das kein Bett ist, sondern moderner«.

Der letzte Satz der Taxifahrtpassage zeigt aber auch, daß Doris natürlich weiß, daß sie nur ein »als ob« erfährt. Schon früh hat sie das ausdrücklich notiert: »Und wenn ich später [im Taubenbuch; Hrsg.] lese, ist alles wie Kino – ich sehe mich in Bildern.« Es ist ihr bewußt, daß sie Rollen spielt und sie setzt diese Rollen ebenso bewußt für ihre Ziele ein. So z. B. im Büro: »Und gucke schon gleich beim Reinbringen [der Akten; Hrsg.] wie Marlene Dietrich – so mit Klappaugen – Marke: husch ins Bett [...]« oder: » – und dann hebe ich meine Arme wie eine Bühne und schiebe die große Schiebetüre auseinander – bin eine Bühne«.

Doris versucht, sich einen Wunschtraum zu erfüllen: die »Karriere« in der Großstadt. Sie bezieht, wie viele andere und nicht nur kleine Angestellte, »ihre Leitbilder aus Filmen, Illustrierten, populären Lesestoffen und der Reklame, entwickelt daraus ihre Schönheits- und Wertmaßstäbe« (Doris Rosenstein).

Schon ein zeitgenössischer Kritiker hat festgestellt, daß viele Zuschauer »gläubig vor diesen Filmen sitzen« und nicht mehr »zwischen Realität und Film-Wirklichkeit« unterscheiden könnten, sondern vielmehr versuchten, das wirkliche Leben nach filmischen Vorgaben zu leben. Es scheint geradezu auf Keuns ›Kunstseidenes Mädchen‹ bezogen, wenn es im gleichen Artikel heißt: »Das geht sogar so weit, daß man ohne Schwierigkeiten bei den meisten Menschen Filmbewegungen feststellen kann.«

Aber Doris wird aus ihrem Traum immer wieder herausgerissen. Zwar scheint sich ihr Wunsch nach »Glanz« in Berlin zunächst zu erfüllen:

Ich habe es erreicht. Ich bin – o Gott – Mutter, ich habe eingekauft: ein kleines Pelzjackett und Hüte, und feinste Cervelatwurst – ist es ein Traum? Gewaltig bin ich. Ich bin so voll Aufregung.

»Wollen Sie bitte meinen Kimono aus reiner Seide auslüften«, sage ich zu meiner Zofe, die immer als Putzfrau kommt [...] und ich bin so vornehm, ich könnte Sie zu mir sagen. Ich nehme den Hörer vom Bett aus mit seidiger Steppdecke und drehe eine Nummer und sage: »Alexi, meine rote Morgensonne, bringe mir ein Pfund Sarotti, bitte.« »Gemacht, Puppe«, sagt er und ich verbleibe ruhend und im Spitzenhemd oder Negligé. [...] So ein Leben, so ein Leben. [...] Ich überwältige mich.

Aber schon sehr bald folgt der Absturz. Der edle Spender all dieser Herrlichkeit wird verhaftet. »Wieso? wegen Geld sicher. Aber es werden gerade die feinsten Leute verhaftet.« Sie lernt etappenweise das Elend kennen, läßt sich treiben. Sie erfährt die Kehrseite der Großstadt, sieht die Ausgestoßenen, die Gestrandeten, sieht andere, die vor kurzem »auch noch eine Elite« waren, erlebt nach einer Nacht in einem Taxi »eine Helle ohne Sterne.« Und sie begreift, was »das heißt, Glück zu haben – nämlich einem Menschen zu begegnen in den drei Minuten am Tage, wo er gut ist«, der dafür nichts von ihr will und sie nichts von ihm. Dennoch fällt sie – von »Ehrgeiz« getrieben – noch einmal zurück. Bis sie einer, den sie immer nur »grünes Moos«, aber nie beim Namen nennt, ohne etwas von ihr zu verlangen, bei sich aufnimmt und versorgt. »Ich bin so allein«, sagt er. »Das sind sie alle«, ist ihre neue Erkenntnis. Aber sie fragt sich auch: »bin ich wirklich so häßlich?« – nur »gut sein zu mir, das ist die größte Gemeinheit.« Schließlich merkt sie: »Er hält mich wirklich für eine Unschuldige und bessere Familie. Ich spreche ja doch auch wenig und gebildet.« Fast ist sie wieder ein bißchen stolz. Deshalb zeigt sie ihm auch ihr Tagebuch. Darin ist zu lesen, wie sie im Theater ihrer Heimatstadt einen Pelz gestohlen hat. Aber als einzige Reaktion auf die Lektüre rät er ihr, den gestohlenen Pelz zurückzugeben. Da weiß sie nicht weiter, ihr ist »sehr komisch und erdbebenartig in [ihrem] Kopf«. Sie ist jetzt verliebt in ihn, weiß aber, daß er nur die Frau liebt, die ihm davongelaufen ist. Einen Brief, in dem dieser Ernst – so heißt der Mann – um Versöhnung bittet, fängt Doris ab und versteckt ihn zunächst. Aber weil sie Ernst wirklich dankbar ist, weil er ihr »die schönste Zeit in [ihrem] Leben gemacht« hat und »manchmal [...] doch eine Anständigkeit sein muß«, nimmt sie ihren Koffer, geht zu seiner Frau: »Ihr Mann schickt mich. Sie sollen wieder zu ihm kommen – gehen Sie gleich, gleich.«

Das Ende bleibt offen, eine Zukunftsperspektive für Doris ist nicht erkennbar. Aber eines weiß sie jetzt: »Auf den Glanz kommt es [...] vielleicht gar nicht so furchtbar an.« Möglicherweise heißt die Botschaft des Romans: Glaubt nicht an die Erfolgsgeschichten wie sie euch Filme und Illustriertenromane vorspiegeln, seht die Wirklichkeit nicht mit den Augen eurer Filmhelden, in deren Welt gibt es einen Glanz, der trügt, etwas vorgaukelt; die reale Welt – und besonders die der Großstadt – verletzt und kann zerstören. Doris erlebt eine Entwicklung, gegen Ende wird ihre Tagebuchsprache eindringlicher, nachdenklicher, weniger oberflächlich.

Irmgard Keun hat nicht nur sehr genau beobachtet, sie vermittelt auch Einsichten in Zusammenhänge des Menschlichen.

Ernst Weiß
Georg Letham. Arzt und Mörder

Am 15. Juni 1940, dem Tag nach dem Einmarsch der deutschen Truppen in Paris im Zweiten Weltkrieg, nahm sich dort der Schriftsteller Ernst Weiß, seit mehreren Jahren Emigrant, das Leben. Der Autor hinterließ fünfzehn Romane, fünf Bände Erzählungen, drei Dramen, Gedichte und Essays. Es war wohl hauptsächlich die Ungunst der Zeitumstände, die es verhindert hat, daß nach dem Krieg sein Werk bei einer größeren Leserschaft die Aufmerksamkeit fand, die es eigentlich verdient, doch äußerte der in den zwanziger Jahren von Kennern überaus geschätzte Romancier schon 1929: »Ich bin den meisten Lesern [...] völlig unbekannt. [...] Auf Resonanz, auf tiefere Anteilnahme selbst eines numerisch kleinen Leserkreises [...] habe ich verzichten gelernt. Verzichten gelernt ohne ein Gefühl der Verbitterung.«

Ernst Weiß, 1882 in Brünn geboren, gehörte zum deutsch-jüdischen Kulturkreis in Prag. Seit 1913, dem Jahr seiner ersten Romanpublikation (›Die Galeere‹), stand er zeitweise in engem Kontakt mit Franz Kafka. Von »manchmal unbegreiflich starken, wenn auch schwer zugänglichen Büchern« sprach dieser in bezug auf die in den frühen zwanziger Jahren erschienenen Prosaarbeiten des Freundes.

Im bürgerlichen Beruf Mediziner (wie Schnitzler, Döblin, Benn), gelangte Weiß als Schiffsarzt bis Indien und Japan und war während des Ersten Weltkriegs Regimentsarzt in Rußland. Seit 1920 lebte er als freier Schriftsteller in Berlin, nach der »Machtergreifung« der Nationalsozialisten verließ er Deutschland und kehrte zunächst nach Prag zurück. 1934 erfolgte der Umzug nach Paris, wo er bis zu seinem Freitod als Mitarbeiter an Emigrantenzeitschriften mühsam sein Leben fristete.

Der an Umfang und Gehalt wohl gewichtigste Roman des Autors, ›Georg Letham. Arzt und Mörder‹, erschien 1931 und war sein letztes in Deutschland veröffentlichtes Buch.

In einer knappen Vorbemerkung legt die erzählende Titelfigur in Umrissen ihr illusionsloses Welt- und Menschenbild dar:

> Die tiefe und wahrhaft schauerliche, katastrophale Unordnung und Sinnlosigkeit der Natur und der Umwelt, das, was wir in der naturwissenschaftlichen Welt das Pathologische, in der sittlichen Welt das Verbrecherische

nennen, sie bleiben bestehen, sie rühren sich im Laufe der Zeiten und Begebenheiten nicht fort aus ihrer Existenz, und die Miene der Natur, die Struktur der Gesellschaft, sie behalten auch nach den furchtbarsten Katastrophen den Ausdruck des tierischen, stupiden Ernstes nach wie vor. Niemand außer dem bemitleidenswerten, weil denkenden Menschen aber ist gezwungen, dies alles wissend und begreifend mit ansehen zu müssen. [...] Könnte man wenigstens an eine übersinnliche Ordnung der Welt glauben, an einen großen Gedanken sich anklammern, heiße er nun Jesus Christ oder Vaterland oder – Wissenschaft!

Der nüchterne und ernüchterte Blick des Erzähler-Ichs auf die Welt spart sich selbst nicht aus:

Ich will mir selbst einen Spiegel vorhalten. Mit ruhiger Hand. Mit wissenschaftlich prüfendem Blick. Ohne Erbarmen gegen mich, so wie ich es nicht hatte gegen andere. Was ist der Mensch, daß sich der Mensch seiner erbarme?

Was Ernst Weiß dem Erzähler hier in den Mund legt, gehört zu den fundamentalen Erfahrungen der Moderne, die – verzweifelnd an der Resistenz der menschlichen Grundsubstanz gegen Erziehung und Bildung – die Hoffnungen der Aufklärung von sich geworfen hat. Sind die hehren Ideale einmal als Illusion und Selbstbetrug entlarvt, liegt eine verächtliche Abkehr vom Getriebe der Menschenwelt durchaus nahe; daß die Desillusionierung des Erzählers aber in Erbarmungslosigkeit mündet, also in die Bereitschaft, notfalls bedenkenlos über das Leben anderer Menschen zu verfügen, läßt den Leser doch stutzen, einer naiv-identifikatorischen Lektüre wird von Anfang an vorgebeugt.

Das Rätsel eines Menschen aufzuhellen, der »ein Menschenleben auf dem Gewissen, aber kein eigentliches Gewissen in seinen in sich selbst unauflöslichen, widerspruchsvollen Charakterzügen« hat, könnte, so meint der Protagonist, ein lohnendes »Experiment«, »vielleicht eine Aufgabe des modernen Romans sein«. Allerdings entstehe dabei »schwerlich ein geschlossenes, alle Menschenherzen bewegendes Bekenntnis, ein alle Menschengehirne erleuchtendes Kunstwerk«. Das Gelingen des Experiments ist keineswegs gewiß, denn »[i]ch bin die handelnde und leidende Hauptperson in einem. Ein Wissenschaftler – ein Rechtsbrecher. Ein Arzt – ein Mörder«.

Im ersten der sieben Großkapitel des Romans berichtet Georg Letham, wie und wodurch er zu einem Mord getrieben wurde, dem Mord an seiner Frau. »Möglichst viel zu wissen und möglichst viel zu besitzen«, ist schon früh sein Lebensmotto, wobei der besessene Patho- und Bakteriologe (von einem »krankhaften Wunsch nach Experimenten« spricht er) Geld vor allem dazu benötigt, seine aufwendigen und kostspieligen Tierversuche zu finanzieren. Zentrum seiner Bemühungen ist in dieser Phase die Erforschung des Scharlachfiebers: »Die Krankheiten interessierten mich, die Kranken interessierten mich nicht.« Das Vermögen seiner Gattin, die er als »sehr wohlhabend, unschön, nicht mehr ganz jung« charakterisiert, verbraucht er skrupellos, als seine Einkünfte aus Glücksspielen schwinden und sich die Spielschulden zu häufen beginnen. Zunehmend ist er abgestoßen vom Äußeren seiner Frau, die sich ihr »von der Natur verpfuschte[s] Gesicht« hat »kunstvoll emaillieren lassen. Jetzt war es glatt wie der Kopf einer Statue aus Butter, die ein wenig in der Sonne gestanden war, ein trübselig grotesker Anblick«. Als Lethams letzter Versuch, sie zur Scheidung zu überreden, scheitert und das Geld für seine Versuche ausbleibt, injiziert er ihr einen von ihm entdeckten »aus Scharlachkulturen gewonnenen Giftstoff«. Die eigentliche Ausführung des Verbrechens wird allerdings nicht erzählt – wie überhaupt das Abbrechen und Verstummen des Erzählers für den Roman kennzeichnend ist. Von einer »geistig-seelischen Lähmung befangen«, versucht Letham gar nicht erst, den Giftmord zu vertuschen oder sich zu verteidigen. So wird er rasch überführt, vor Gericht gestellt und »verurteilt zu lebenslänglicher Zwangsarbeit in C.«, einer vom Gelbfieber verseuchten Strafkolonie in Mittelamerika. Sein ihm selbst rätselhaftes Verhalten (»Und ich in meiner nachtwandlerischen Sicherheit hatte mich idiotischer als alle Idioten benommen!«) setzt jenen Selbstprüfungsprozeß in Gang, von dem er im Vorwort des Romans spricht.

Aufhorchen läßt schon eine Bemerkung Lethams über seine wahren Antriebe, eine Ehe einzugehen: »Ich hatte doch nur diesen Verzweiflungsschritt unternommen, weil ich dem dauernden Zusammensein mit mir selbst nicht gewachsen war. […] um mir selbst zu entfliehen, hatte ich um sie [seine zukünftige Frau; Hrsg.] geworben.«

Als eine Ursache für seine Selbstentfremdung bezeichnet der Erzähler zunächst die Ausbildung zum Arzt und ihre Zumutungen für die seelische Standfestigkeit. Mit einem Schlüsselerlebnis aus der Zeit seines Medizinstudiums führt er dem Leser drastisch vor Augen, welche Initiationsriten er zu bestehen hatte: Ein Hund, dem zu Versuchszwecken operativ der Schädel geöffnet wurde, der sich in seiner Qual aber befreien konnte und nun plötzlich, während die Vorlesung noch im Gange ist, im Hörsaal umherspringt dient als Exempel:

> […] etwas noch nicht einmal Kniehohes, Struppiges, Sonderbares, Rötlich-weißes schlängelt und windet sich zwischen ihnen durch, ich sehe jetzt hin. Ein schmutzig-weißer Pudel mit buschigem, krampfhaft wedelndem Schweif, den Kopf bis zu der hellbraunen nackten Schnauze mit Blut bedeckt, eine große, viereckige Wunde auf einer Seite des Kopfes, wedelt stumm, mit heraushängender, an den Rändern gequetschter Zunge, mit verdrehten Augen, an den Füßen des entsetzten, nein, nicht entsetzten, nur verblüfften Professors vorbei. […]

Die Wunde am Schädel war aus der Nähe deutlich zu sehen, säuberlich war die Haut abpräpariert, die milchweiße Hirnhaut war in der Form eines Rhombus eingeschnitten, zwei sehr kleine, silbern glitzernde Instrumente [...], vielleicht Ansätze von Injektionsspritzen hingen noch in dem Wundkrater, der deutlich pulsierte. [...]
Die Studenten faßten die Sache als Ulk auf [...]. Besonders entsinne ich mich des lachenden Gesichts und der schönen Zähne einer blonden Studentin, die das Haar in Madonnenfrisur nach Art der damaligen Zeit frisiert trug und die jetzt leichtfüßig, die langen, seidenen Röcke raffend, dem Tiere [...] nachhüpfte [...]. Grauenhaft, wie dem unseligen Tiere [...] das Heulen in der Kehle erstarb, wie es sich plötzlich, in seinem ewigen Vertrauen auf seinen Gott, den Menschen, betrogen, [...] mit dem verwundeten Haupt nach dem schönen Mädchen umwandte.
Aber es kehrte nicht zu seinen Peinigern zurück. Mein Freund schlug mit dem silbernen Griff seines Spazierstockes dem Tier von rückwärts den Rest der Hirnschale ein. Er hatte die linke Hand gehoben, hatte gezielt, hatte zugeschlagen. Ein dumpfes Geräusch – und aus. Lautlos legte sich das Tier zur Seite und war nicht mehr.

Deutlich läßt sich aus der Schilderung die Angestrengtheit ablesen, mit der der Erzähler seinen Ekel, sein Mitleid oder die Scham darüber, was der Kreatur angetan wird, zu unterdrücken oder beiseite zu schieben versucht. Auffällig ist, wie er sich dazu zwingt, mit dem geschulten Auge des Mediziners nur das Beobachtbare in jedem Detail zu registrieren, wie die begriffliche Präzision und Eindeutigkeit der Fachsprache emotionale Beteiligung gar nicht erst aufkommen lassen soll. Die Reaktionen der Beteiligten, des Professors, der Studenten, vor allem diejenigen des leichtfüßig-madonnenhaften Mädchens lenken aber nur um so intensiver die Aufmerksamkeit des Lesers auf das Grauenhafte des Geschehens. Mit verhaltenem Pathos verweist der ins Auge gefaßte Realitätsausschnitt auf das, was die Welt in diesem Roman insgesamt ist: eine Vorhölle. Es zeichnet sich ab, was das Schicksal bzw. der Autor für Georg Letham vorgesehen haben: eine Höllenfahrt. Vor die Aufgabe gestellt, dieser »schrecklichsten aller Welten« standzuhalten und sie mit offenen Augen zu registrieren, muß sich der Berichterstatter, der Erzähler mit der nötigen Nüchternheit und Kälte wappnen – oder sie müssen ihm antrainiert werden. Davon – und von den psychischen Defekten, zu denen ein solches »Trainingsprogramm« führt, spricht Letham in mehreren Rückblenden, vor allem von den »entscheidenden Versuchen [s]eines Vaters an [ihm] als Kind«. Um seinem Sohn »die Güte der Allmacht und den Erlösertrost unseres Heilands« fragwürdig zu machen, wendet der Vater, »dieser kluge, alte Teufel«, z.B. folgendes probate Mittel an: Eines Tages berichtet die Zeitung über eine Brandkatastrophe in einem Gefängnis, bei der mehrere Hundert Insassen auf gräßliche Weise in ihren Zellen umgekommen sind. Der junge Georg kommt eben aus dem Religionsunterricht, als sein Vater eine Augenkrankheit simuliert:

Und was tat er? Keine spitzfindigen Diskussionen. Kein schneidender Spott. Nein, im Gegenteil! Er redete mir nur noch gut zu, nur ja recht oft in die heilige Messe zu gehen, zu beichten, zu beten etc. Also was tat er dann so Schreckliches, daß ich ihm das Beiwort »teuflisch« zulege? Er rieb sich bloß die Augen, bis sie wunderbar tränten, blätterte mit ratloser Miene in den Abendzeitungen [...], und er rief mich mit zärtlicher Stimme (sie zitterte nicht, seine tiefe, wohlklingende, leise und überdeutliche Stimme) und fragte mich, ob meine Zeit es mir gestatte, ihm aus der Zeitung vorzulesen. Ist es nicht merkwürdig, daß ich den Text heute noch Wort für Wort weiß? Nachts, aus tiefem Schlaf geweckt, könnte ich ihn exakt wiedergeben.

»*Er* hatte plötzlich Bindehautkatarrh und *mir* wurde der Star gestochen«, faßt der Erzähler seine Erfahrung zusammen. Zum Menschen, »der *das* tun konnte, was [er] getan ha[t]«, wird Letham jedoch erst, als er zum Zeugen der minutiös geplanten Ausrottungsaktionen wird, die sein Vater gegen die Rattenplage in seinem Haus unternimmt: In eine Grube hinabgelockt, beißen die Tiere sich dort gegenseitig zu Tode. Wieder verstummt der Erzähler mehrmals angesichts der Schrecken, die zu beobachten er gezwungen wird. »Ich kann es nicht beschreiben. [...] Ich schildere es nicht.« Abgehärtet »gegen das Leben, sinnlos und unbarmherzig, wie es ist«, ist Letham »Anarchist und Atheist und Negativist bis zum Zyniker« geworden und hat nicht nur gelernt, »wie man ein lebendes Wesen vom Leben zum Tod befördert«, sondern vor allem »Distanz« zu wahren: »Man mußte sie sich abzwingen, und dazu erzog er [der Vater; Hrsg.] mich.« Offenbar gehört es zur Bewahrung dieser antrainierten Haltung auch, bestimmte Sachverhalte nicht auszusprechen, aber an einigen Stellen wird die stoische Maske des Erzählers doch brüchig:

> Wenn ein Tier stirbt, schreit es ganz anders als im Leben. Genauso der Mensch. Von den größten Schmerzen können sowohl Tier wie Mensch gemartert sein – solange aber ihr Schreien nicht das allerletzte ist, klingt es ganz anders. In dem Todesschrei liegt ein ganz eigenartiger Tonfall. Ein Anschwellen, ich möchte sagen, eine Art grauenvollen Jauchzens. Käme es doch nur endlich aus meinem Ohr, das Todesjammern meiner armen Frau.

In einem eigenen Kapitel (dem dritten) bezieht der Erzähler schließlich auch noch den Erfahrungshintergrund seines Vaters ein in den Kausalnexus, der zu seiner Tat geführt hat. Auch jenem haben Ratten die entscheidende Lehre erteilt und ihn zu dem gemacht, der er ist. Als Mitglied einer Nordpolexpedition hat er miterlebt, wie die »Tiere in der Unterwelt« des im Packeis steckengebliebenen Schiffes es unaufhaltsam erobert und die Besatzung daraus vertrieben haben, hat er lernen müssen zu akzeptieren, daß kein Mittel deren unbezähmbarem Überlebenswillen gewachsen ist. »Nicht das Meßbare, nur das Eßbare ist für sie da.« Umgeben von der Eis-»Hölle« der Arktis repräsentieren sie das »Mitderwelteinverstandensein«! Nur drei Expeditionsteilnehmer haben die Forschungsreise überlebt, »Dr. Georg Letham der Ältere« hat das »Gesetz der Ratten« verinnerlicht, später wird er es an seinen Sohn weitergeben. Die Intensität, mit der die Vater-Sohn-Beziehung gestaltet ist, hat schon früh die Kritiker auf den »eigentümlichen Klang« des Namens Letham aufmerksam gemacht. »Sollte Letham eine Silbenumstellung von Hamlet sein?« In der Tat finden sich über den Roman verstreut eine ganze Reihe von Anspielungen und Bezugnahmen auf das Drama Shakespeares, ohne daß sich diese allerdings zu einer wirklich konsistenten Sinnebene fügten. Anders als der Dänenprinz ist Letham kein melancholischer Zauderer, sondern, wie bereits der Untertitel des Romans ankündigt, ein Mann der Tat. Andererseits sind beide getrieben vom Schatten ihrer Väter.

Seine Fähigkeit, sogar seine Berechtigung, einen Mord zu begehen, leitet Letham ja her aus dem antihumanen Erziehungswerk seines Vaters an ihm. Daß er sich dessen Einfluß so völlig ausgeliefert hat, wertet er nachträglich auf, legitimiert er mit dem Vorbild Hamlets:

> Wie Hamlet hatte mein Vater mich erweckt. Ist nicht auch Hamlet ein Mörder? Er tötet »nur« Polonius, er tötet den zudringlichen Vater seiner Geliebten wie zum Spaß, spießt ihn wie eine alte, kluge, aber doch nicht genügend kluge und erfahrene Ratte auf, hinter einer Tapete, um zu hören, wie sie aufquiekt. Und er war doch Hamlet!

Wenn Ernst Weiß den Erzähler an anderer Stelle als Erziehungsziel seines Vaters angeben läßt, dieser habe bei ihm das »Übel« Mitleid »mit der Wurzel ausroden wollen«, wird auch das mit einem ›Hamlet‹-Zitat gerechtfertigt: »Gewissen macht Sklaven aus uns allen.«

Die Idee, sich als Mörder auf den tragischen Helden zu berufen, nimmt der Leser zunächst verblüfft zur Kenntnis. Hamlets Taten sind eine Reaktion auf die Ermordung seines Vaters durch seine Mutter und ihren Liebhaber, seinen Onkel. Er meint, die gestörte göttliche Weltordnung wieder einrenken zu müssen: »Die Zeit ist aus den Fugen: Schmach und Gram,/Daß ich zur Welt, sie einzurichten, kam!« Gekältet aber und gehärtet durch die Erziehung seines Vaters, ist Letham – anders als Shakespeares Zauderer und insofern tatsächlich ein »verkehrter« Hamlet – nicht nur zur Mordtat fähig, sondern als Arzt auch dazu zu heilen und wiederherzustellen. Bevor es so weit ist, führt sein Weg aber auf das »Sträflingsschiff«. Beim Warten auf die Einschiffung in einer »südlichen Hafenstadt« schließt sich ihm ein Zufallsgefährte mit dem Namen March an, der erzählt, wie er in seine Lage gekommen ist. Die Geschichte – ganz offensichtlich im Kontrast zu derjenigen Lethams konzipiert – nimmt einen großen Teil des vierten Kapitels ein. Im Gegensatz zum gefühlskalten Arzt hat March einen jungen Mann getötet, weil dieser seine aus einem »allzu heiß liebenden Herzen« kommende Liebe nicht erwidert hat. In der Konfrontation mit dem Schicksalsgenossen und dessen fürsorglicher Zutraulichkeit wird Letham noch einmal schmerzlich sein Defizit bewußt:

> Nur wer ins Innere meines Wesens geblickt hat, kann ermessen, wie schauerlich mir diese Beweise seiner hingebenden Liebe sind. Nicht daß sie von einem *Mann* kommen, ist das furchtbare! Liebe kennt keinen Unterschied zwischen natürlicher und unnatürlicher Art. Aber ich *kann* nicht. Er erinnert mich an etwas, das ich in der tiefsten Tiefe meines Innern vergraben möchte, das nie mehr auferstehen darf [...], für mich bleibt Liebe und sinnliches Begehren auf alle Zeit verloren und dahin.

Bereits bei Beginn der Überfahrt entdeckt der verurteilte Mörder außerdem, daß auf dem Schiff, auf dem es für aufsässige Gefangene sogar »Höllenkammern« gibt, als Militärarzt ein Mann namens Carolus, ein ehemaliger Arbeitskollege, Dienst tut. Letham vermutet zu Recht, daß Carolus den Auftrag erhalten hat, in der Strafkolonie die bakteriologische Erforschung des »Yellow Fever«, abgekürzt »Y. F.«, dieser »tropischen Sphinx«, zu übernehmen. Auf die Intervention seines Vaters hin erhält der Sträfling – dramatischer Wendepunkt der Handlung – die zweifelhafte Vergünstigung, dabei assistieren zu dürfen. Angestachelt wird seine neu aufflammende Forscherleidenschaft noch durch den Zufall, daß er im wissenschaftlichen Leiter des Unternehmens »das Idol [s]einer Jugend«, den einstigen Studienkollegen Walter erkennt, eben jenen, der einst so rasch und entschieden während der »gestörten« Vorlesung die Tötung des Hundes übernahm. Angesichts der Herausforderung vollzieht sich im Erzähler nun – etwa in der Mitte des Romans – eine Wandlung:

> In der Tat hat sich von diesem Tage an mein Leben von Grund aus gewandelt – zum Besseren? Zum anderen auf jeden Fall. Und das ist schon viel bei einem Mann, der bis zu einem solchen Grade mit sich und der Welt zerfallen war, daß er überzeugt war, er, der verkorkste Mann des Geistes und des Zweifels, und sie, die Welt der Sinnlosigkeit, des trügerischen Scheins und der unleugbaren Stupidität, würden nie mehr zusammenkommen und sein Dasein würde daher das überflüssigste Ding auf dieser überflüssigen Welt sein und bleiben...

Zunächst wird dieser Wandel auf die denkbar härteste Probe gestellt. Konfrontiert mit den Toten der Gelbfieberstation auf der Sträflingsinsel, mit dem Gestank, den die Kranken ausströmen (»das bei leibhaftem Leben Verfaulen und aashafte Verstinken«), ahnt Letham, daß ihn die Hölle erwartet, die entsprechenden Qualen beginnen denn auch fast sofort. Sein erster Y.F.-Fall ist ein Mädchen von vierzehneinhalb Jahren, in das er sich prompt »auf den ersten Blick« verliebt. Er läßt nichts unversucht, »dieses blütenhafte, keusch sinnliche, wahrhaft zauberhafte Geschöpf mit den leicht gerunzelten, erdbeerfarbenen Lippen und dem Schatten eines Flaumes über den Lippen« noch zu heilen oder ihm – die Krankheit ist bereits weit fortgeschritten – zumindest das Leiden zu erleichtern, doch selbst das ist vergebens. Er muß in allen Einzelheiten miterleben, wie das Gelbfieber die Kranke zurichtet, wie »das einstens so liebliche Gesicht in seiner verzerrten, giftgelben Maske eine schauerliche Häßlichkeit« annimmt, wie »der rissige, mit blutigen Borken bedeckte Lippenrand, die von Haut entblößte Zunge, die geschwellten, blutenden Zahnfleischteile, die Mundöffnung, die ich bei der ewig schluchzenden gelben Kranken wie bei einer Leiche auseinanderklaffen sah«, das Antlitz entstellen.

Das Sterben des jungen Mädchens gerät zur Katharsis des Verbannten. Hat er noch auf dem Schiff Emotionen barsch von sich gewiesen (»Ich ein hartes Herz? Nur eines, das endlich der Welt gewachsen ist.«), zerbröckelt nun der Panzer, den er um seine Gefühle gelegt hat, wird er zum Mit-Leiden fähig. Damit kann, um die Begriffe aus Dantes ›Divina Commedia‹ aufzugreifen, aus dem ›Inferno‹ der ›Läuterungsberg‹ werden.

> Ich glaube beinahe, jetzt war mir der Sinn meiner Strafe aufgegangen. Ich war der einzige, der sich richten konnte. Ich war auch der einzige, der sich strafen konnte. Ein Teil meiner abzubüßenden Strafe war es, dem qualvollen Ende meines Lieblings zusehen zu müssen und nicht helfen zu können. [...] Erst als ich mein törichtes, irrendes Herz an einen Menschen gehängt hatte [...], jetzt erst, als ich der unendlichen Zahl leidender, *sinnlos* verlorener Menschen als ihresgleichen eingegliedert war, jetzt konnte mich ein Verlust treffen, konnte ich Buße tun.

Aus der Gruppe der Ärzte, Carolus, Walter und dem Erzähler, ist inzwischen eine verschworene Gemeinschaft geworden; zu ihr tritt auch March, die »Handreichungen seiner Hand und seines Herzens« sind unersetzlich. In dieser Gruppe setzt der gewandelte Letham nun durch, daß anstelle der bis dahin ergebnislosen Experimente zur Erforschung der Krankheit Selbstversuche durchgeführt werden sollen. Alle vier sind tatsächlich bereit, ihr eigenes Leben zu riskieren. Ihre Grundannahme ist: »Stegomyiamücken stehen mit der Verbreitung des Y.F. von Mensch zu Mensch in direktem Zusammenhang.« Deshalb wollen sie sich von Insekten stechen lassen, die zuvor das Blut infizierter Kranker gesaugt haben. Die beiden umfangreichen Schlußkapitel des Romans, die den Kampf der Wissenschaftler mit allen Niederlagen und Triumphen schildern, zeigen den Autor auf dem Höhepunkt seiner künstlerischen Fähigkeiten: Wie es ihm gelingt, von den gruppendynamischen

Vorgängen innerhalb des Forscherteams zu erzählen und dabei immer wieder die einzelnen Charaktere in ihrer Unverwechselbarkeit hervortreten zu lassen, wie er ausführlich und bedachtsam die Darstellung wissenschaftlicher Arbeit in all ihrer Nüchternheit zu verknüpfen weiß mit einer Gefühlsregie, der alle Register zu Gebote stehen, wie er eine wirklichkeitsgesättigte Sprache zu temporeichen Spannungsgipfeln führt, braucht keinen Vergleich zu scheuen.

Nachdem es zunächst so aussieht, als sei das äußerste Wagnis vergeblich gewesen, denn anscheinend wird niemand von den Mückenstichen angesteckt, erkrankt der Erzähler lebensgefährlich am Gelbfieber. Nun ist der Bußfertige mit dem »Abdienen [s]eines Leidenspensums vollauf beschäftigt«:

> Sprechen konnte ich nicht. Liegen konnte ich nicht. Stehen konnte ich nicht. Trinken konnte ich nicht. Nicht einmal wimmern konnte ich. Nur leiden. Und dabei war es erst der Beginn, es war die leichteste Periode der Krankheit. Es war erst der erste Tag. [...]
> Mein Zahnfleisch war so geschwollen, daß es wie ein Hahnenkamm über den Zähnen hervorstand. Meine Haut von der Stirn bis etwa zur Leibesmitte war wie verbrannt, prall gespannt. Wenn ich mich in meiner qualvollen Unruhe selbst betastete, war es mir, als berührte ich einen wildfremden, kochenden oder schmorenden Körper. Aber das war nur eine der Schauerlichkeiten dieses ersten Tages. Ich bekam schnell einen zweiten Schüttelfrost. Und fort in Nacht und Finsternis und Winterfrost.

Der Autor weicht keinen Augenblick von der medizinischen Exaktheit bei der Beschreibung des Krankheitsverlaufs ab, trotzdem meint man, den Erzähler im Höllenfeuer oder in dem des Purgatoriums zu erblicken. Und fast scheint es, als müsse er mit »Nacht und Finsternis und Winterfrost« auch noch die arktische Hölle, die sein Vater durchlitten hat, nacherleben.

Als noch während der langwierigen Genesung Lethams zuerst March, kurze Zeit darauf auch Carolus an abgeschwächten Formen des Fiebers erkranken, ist der Beweis, daß die Forschungshypothese richtig war, beinahe geführt. Lediglich Walter bleibt gesund. Seine Frau, Mutter von fünf Kindern und mit einem sechsten schwanger, verlangt zunehmend heftig, daß er zu seiner Familie zurückkehrt und die lebensgefährlichen Versuche einstellt. Da alle ihre telephonischen und telegraphischen Aufforderungen keine Wirkung zeigen, erscheint sie eines Tages auf der »Satansinsel«. Die mit ihrer Ankunft verbundene emotionale Erschütterung ist zuviel: »Ohne es zu wissen, hatte sie ihren Mann widerstandslos gemacht gegen das Gift des Y. F.« Innerhalb weniger Tage stirbt Walter eines qualvollen Todes.

Wie »verkehrt« die ganze Situation ist, in der die Ärzte leben und arbeiten, könnte der Autor nicht besser demonstrieren: Gesundheit, nämlich diejenige Walters, ist, solange sie anhält, ein beunruhigendes, weil der Beweisführung abträgliches Phänomen, die endlich erfolgte Ansteckung mit der Seuche aber ein Erfolg des Experiments. In faustischem Forscherehrgeiz (ob ihm »nicht vor [s]einer Gottähnlichkeit bange sei«, wird March ihn später mit den Worten aus Goethes ›Faust‹-Drama fragen) setzt sich Letham deshalb auch jetzt über alle moralischen Skrupel hinweg. Während Walter stirbt, wird seine dabei anwesende Gattin von einer infizierten Mücke gestochen, ohne daß der gleichfalls anwesende Letham eingreift. Ungerührt konstatiert er lediglich,

> daß ich in unseren sorgfältig geführten Protokollen ein neues Versuchsobjekt anführen konnte. Glückte der Infektionsversuch, dann müßte sich auch zeigen, ob das Y. F. sich bei schwangeren Frauen auf das ungeborene Kind überträgt.

Zweifel könnten den Leser erfassen: Ist der Arzt doch nur ein Mörder? Kurze Zeit darauf kündigt sich die Niederkunft an, doch, als hätte sich die Natur gegen die Entstehung dieses neuen Lebens verschworen, liegt das Kind falsch, liegt es quer im Mutterleib. »War denn die Welt nichts als eine Hölle?«, fragt sich Letham nicht zum ersten Mal. Angesichts der Gebärenden, der von den Schmerzen »aus der Sphäre des Menschlichen ins Tierische verjagten Kreatur«, wagt er es trotzdem, die risikoreiche Geburtshilfe zu leisten. Die nun folgenden Romanpassagen haben wohl keine Parallele in der Literatur. Nur einem Arzt, der gleichzeitig ein großer Künstler war, konnte es gelingen, derart physisch konkret bis ins Detail und gleichzeitig derart sprachmächtig die Dramatik der Vorgänge darzustellen. Unter Blitz und Donner – über der Strafkolonie geht ein orkanartiges Gewitter nieder, die Luft riecht »nach verbranntem Schwefel«, die Glühbirnen beginnen »unheilverkündend zu flackern« – vollzieht sich die Entbindung: »Ich mußte operieren und hätte auch eine Finsternis geherrscht wie vor Erschaffung der Welt, als alles noch ein schwarzes Chaos war.«

> Ich schmiegte die vier Finger der rechten Hand möglichst fest aneinander und drückte den Daumen in die Hohlhand hinein, um so mit meiner Hand den allerkleinsten Raum einzunehmen. Dann glitt ich vorsichtig tastend, die Fingerspitzen voran, in das warme, weiche, sich wieder eng an meine Haut anschmiegende Fleisch ein und gelangte in das Innere der Gebärmutter, das heißt an die Übergangssphäre, welche die äußeren Geschlechtsteile von den inneren trennt. Die Gebärmutter, in einer plötzlichen Wehe, schnappte nach mir wie ein Fisch nach einem Brocken. Dann ließ die Spannung nach. Schon tastete ich hier zu meiner Beruhigung das, was ich zu tasten erwartet hatte, eine breite, glatte Fläche mit einer rautenartigen Erhebung in der Mitte, also wohl den Rücken des Kindes mit der Wirbelsäule.

Tatsächlich gelingt der Eingriff, bei dem Neugeborenen hält »der erste Atem [...] leicht wie Windessäuseln im Frühling seinen Einzug in die winzige, magere Brust, deren Rippen man zählen konnte«. Fast überflüssig zu sagen, daß Mutter und Kind gesund bleiben. Nun kann neues Leben in die Kolonie einkehren: Zwar hat ein anderes Forscherteam inzwischen den Erreger des Gelbfiebers entdeckt, aber die Gruppe um Letham kennt dafür dessen »Verbreitungsweise und die Prophylaxe, den Seuchenschutz«. Ein Ausrottungsfeldzug gegen die Stegomyiamücke beginnt, sofort stellt sich der Erfolg ein. So endet der Roman:

> Wir assanierten allmählich ein Gebiet, das größer als Europa ist. Wir setzten die Sterblichkeit auf einen Bruchteil hinab. Wir rotteten das Y. F. hier aus. [...]
> Die Gegend blühte auf.
> Meine Person scheidet dabei aus.
> Ich verschwand in der Menge, und das ist gut so.

Anna Seghers
Der Aufstand der Fischer von St. Barbara

Anna Seghers (d. i. Netty Radványi, geb. Reiling; 1900–1983) studierte Kunst- und Kulturgeschichte und Sinologie an den Universitäten Heidelberg und Köln. Sie schloß ihr Studium 1924 mit einer Promotion über ›Jude und Judentum im Werke Rembrandts‹ ab, während bereits in den letzten Semestern über österreichische, russische und ungarische Studenten ihr Interesse an sozialen Problemen wach geworden war. »Sie öffneten mir die Augen für viele politische Vorgänge, für den Klassenkampf«, berichtet sie später.

Die Bekanntschaft mit ihrem zukünftigen Mann, dem Ungarn László Radványi, der in Heidelberg Philosophie, Psychologie, Soziologie und Volkswirtschaft studierte und 1925 die Leitung der »Marxistischen Arbeiterschule« in Weimar übernahm, förderte diese Interessen ebenso wie die Lektüre Dostojewskis und Bücher und Filme aus dem revolutionären Rußland: Das Leben, das sie da kennenlernte, »war dichter als meins, die Menschen waren mehr Menschen, ihre Freiheit war mehr Freiheit, der Schnee war auch mehr Schnee, das Korn mehr Korn. Weil aber alles unmittelbar aus dem Leben kam, gewann ich sozusagen den Mut zu schreiben«.

Als Schriftstellerin fand sie bereits sehr früh Anerkennung: Die Erzählung ›Grubetsch‹ wurde 1927 in der ›Frankfurter Zeitung‹ veröffentlicht, ›Der Aufstand der Fischer von St. Barbara‹ erschien 1928 als ihr erstes Buch, im gleichen Jahr wurde ihr dafür der angesehene Kleist-Preis zugesprochen. Hans Henny Jahnn, der sie in seiner Funktion als

Repräsentant der Kleist-Stiftung vorgeschlagen hatte und dafür angegriffen worden war, rechtfertigte seine Entscheidung und traf mit seiner Begründung wohl das Wesentliche der ausgezeichneten Erzählung: »Aufstand der Fischer von St. Barbara: Ein gutes Buch mit knapper und sehr deutlicher Sprache, in dem auch die geringste Figur Leben gewinnt. In dem die Tendenz schwächer ist als die Kraft des Menschlichen. Es ist ein Daseinsvorgang in fast metaphysischer Verklärung. Das nenne ich Kunst. Darüber hinaus: Die Darstellungsart wirbt sogar bei fast Herzlosen für die Tendenz.«

Als Beispiel dafür könnte man schon die knappe Nüchternheit des ersten Abschnitts heranziehen:

> Der Aufstand der Fischer von St. Barbara endete mit der verspäteten Ausfahrt zu den Bedingungen der vergangenen vier Jahre. Man kann sagen, daß der Aufstand eigentlich schon zu Ende war, bevor Hull nach Port Sebastian eingeliefert wurde und Andreas auf der Flucht durch die Klippen umkam. Der Präfekt reiste ab, nachdem er in die Hauptstadt berichtet hatte, daß die Ruhe an der Bucht wieder hergestellt sei. St. Barbara sah jetzt wirklich aus, wie es jeden Sommer aussah. Aber längst, nachdem die Soldaten abgezogen, die Fischer auf See waren, saß der Aufstand noch auf dem leeren, weißen, sommerlichen kahlen Marktplatz und dachte ruhig an die Seinigen, die er geboren, aufgezogen, gepflegt und behütet hatte für das, was für sie am besten war.

Der Abschnitt beginnt fast chronikartig, zu Ende Gegangenes wird berichtet: An einem Ort (in einer Stadt?) hatte es einen Aufstand gegeben. Er war niedergeschlagen worden. Jetzt war »die Ruhe [...] wieder hergestellt.« Dann aber ändert sich etwas. Es fällt auf, daß der Bericht weder eine genauere Zeitangabe noch irgendeinen genau zu bestimmenden Ort enthält. Doch erst der letzte Teil des Zitats hebt die Darstellung über eine realistisch erscheinende Berichterstattung hinaus zu einem Vorgang von allgemeiner Bedeutung. Zugleich liefert die Personifikation des Aufstands dessen bildlich fortdauernde Präsenz und weist dem Leser den Weg in die Lektüre der Erzählung, die die Vorgeschichte und den Hergang des genannten Aufstands darstellt.

Die Bewohner von St. Barbara erleben ein Jahr, »in dem [sie] nicht Fische genug gefangen hatten, um Brot bis zum nächsten Fang zu backen«. Im Dorf herrscht düstere Hoffnungslosigkeit:

> Dumpf und unbeweglich, bleigrau und regenschwer starrten Himmel und Erde gegeneinander, wie die Platten einer ungeheuren hydraulischen Presse. Es war kalt, keine scharfe, sondern eine langsam wirkende Kälte, die alle Dinge durchbeizte, den Schenktisch, die Flaschen auf den Wandbrettern, die eingefrorene Spieluhr. Nebeneinander an der Wand saßen die Schiffer, aufrecht, die Hände auf den Knien. Da sie nicht tranken, waren sie

offenbar gekommen, um miteinander zu schweigen. Ihre unbewegten Gesichter hatten die Mienen von Menschen, die es zwecklos finden, Worte zu wechseln, da der Sturm doch jedes Wort übertönt.

Natur, Raum und Menschen bilden eine erstarrte, bedrückende Einheit, kein einziges leichtes, farbiges Adjektiv, keine rasche Bewegung löst auch in den folgenden Sätzen das dumpfe Einerlei.

Was die Leute bedrückt, ist schon angedeutet. Die eigentliche Ursache aber liegt nicht im stürmischen Meer, das den Fischfang behindert. Nach und nach entsteht aus Redebrocken und einzelnen Angaben der Autorin ein anderes Bild: St. Barbara war früher der größte Fischereihafen der (nie benannten) Küste gewesen – Reedereien waren hier angesiedelt, Käufer waren von überall her auf den Markt gekommen, die Küstenfischerei war ein auskömmliches Geschäft gewesen. Aber inzwischen gibt es im Ort nur noch eine einzige Reedereigesellschaft, deren Chefs »man nicht finden« kann; als einziger Arbeitgeber besitzt sie längst eine Monopolstellung, und ihr eigentlicher Sitz ist in Port Sebastian. »Auf dem Markt wurde nur noch Abfall für die Einheimischen und Umliegenden verkauft und der ganze übrige Fang sogleich von den Schiffen aus ins innere Land verschickt.«

Ein Gedanke an gemeinsame Auflehnung gegen die Verarmung, ein Versuch, ihr Los durch Widerstand zu verbessern, ist dennoch bei den Fischern, die durch Vorschüsse an die Reederei AG gebunden sind, nicht entstanden. Das dumpfe Schweigen der Männer in der Gaststube zeigt eher ein stummes, ohnmächtiges Ertragen. Der Fischer Kedennek bewahrt zwar wenigstens die Erinnerung an eine bessere frühere Zeit, aber nur der blutjunge Andreas Bruyn, der als Waise besonders unter den Entbehrungen leidet, findet einen »einfachen Trost: daß er heranwachsen und nicht mehr gehorchen würde. Er hatte solche Lust nach Freude [...]«. Er ist auch der erste, der in einem Fremden im Gasthaus den »Revolutionär« Hull erkennt: »Er bemerkte Hull. Einen Augenblick gab es in seinem braunen gleichmütigen Gesicht beim Anblick des Fremden einen Ausdruck von Neugierde, Hoffnung und ein wenig Hochmut.«

Hull ist eine etwas zwielichtige Figur, weitgereister Seefahrer und nach seiner Verstrickung in einen Aufstand (in Port Sebastian) der Verfolgung knapp entronnen. Er ist neben dem jungen Andreas Bruyn, dem Fischer Kedennek, dessen Frau Marie und der Prostituierten Marie die einzige Person, die von der Autorin eine genauere persönliche Prägung erfährt, während alle anderen graue Gestalten bleiben, fast konturenlos, meist schweigsam, zermürbt, bereit auf jemanden zu hören, der ihnen einen Weg weist.

Hulls Absicht ist es, die Fischer zum Widerstand zu bewegen, sie sollten sich zusammentun, dem Reedereiagenten Bedingungen stellen, ohne deren Erfüllung in der kommenden Saison keines ihrer Boote auslaufen würde. Von seiner Person geht etwas aus, was sich nicht erklären läßt:

> Hull begann zu reden. Er sagt, was er schon auf der [früheren; Hrsg.] Versammlung gesagt hatte: Beieinanderbleiben, kein Schiff herauslassen. Die Leute hörten ihn vollkommen schweigend an. Es war ihr einziger Wunsch, eben diese Worte zu hören. Auch Hull hatte keinen anderen Wunsch, als immer dieselben Worte zu wiederholen. Hulls Stimme war nicht so drohend, wie zum Beispiel Kedenneks Stimme. Sie versetzte aber jeden, der sie anhörte, in Erregung, erweckte in jedem etwas wie Hoffnung. Sogar in Hull selbst erweckte der Klang seiner eigenen Stimme etwas wie Hoffnung. Es kam ihm vor, als stünde er unter den vielen Menschen und betrachtete verwundert und erregt jenen Menschen der auf Nyks Schultern geklettert war, berauscht und sorglos, ohne an das Ende zu denken.

Seine Reden geben den Fischern Mut. Nach und nach schließen sich verschiedene Orte zusammen, fordern einen neuen Kontrakt mit besseren Bedingungen. Eine völlige Solidarität entsteht freilich nicht – der Hunger, das Elend der Familien ist zu groß, die Aussicht auf Erfolg zweifelhaft. Die Fischer werden hingehalten: »Aber niemand [von der Agentur; Hrsg.] kam, die Woche verging ohne Nachricht, die Suppe wurde dünner, die Weiber ungeduldiger, jetzt war schon Zeit, daß die Männer ausfuhren, sowieso waren draußen die besten Fischplätze weggenommen.«

Unsicherheit, Angst und Formen ohnmächtigen Zorns machen sich breit. Auch Hull ist davon nicht frei: »Die Angst kam [...] nicht aus seinem Herzen [...], hatte gar nichts mit ihm zu tun, kam ganz woanders her. Die Angst war der Schatten, den das Unglück selbst auf die Menschen wirft, wenn es so nah ist, daß man es mit der Hand berühren kann.« Und das Unglück kommt. Das erste Anzeichen beschreibt die Autorin sachlich-knapp: »Zuerst hatten die Frauen im letzten Augenblick etwas Fett, Zucker und Hülsenfrüchte auf Borg bekommen, aber vor drei Tagen hatte Desak [der dortige Ladenbesitzer; Hrsg.] seinen Laden geschlossen.« Die Folgen spüren vor allem die Kinder: der »fade, faule Geruch der Fischsuppe, ohne Fett und fast ohne Salz, lag über den Tischen [...]. Die Frauen wunderten sich, daß manche Kinder einen Ausschlag bekamen, ohne daß sie Fieber oder Schmerzen hatten«. Bald machen sie »kein Aufhebens mehr darum«. Aber Hull bemerkt, daß ihn Marie Kedennek beim Essen »voll Haß ansah. Vielleicht haßte sie ihn, weil sie ihn als die Ursache des Aufstands ansah«, vielleicht aber auch nur, »weil sie irgend jemand hassen mußte, weil das Kleine [erst kurz vorher Geborene; Hrsg.] bald starb und die älteren den Ausschlag hatten [...] Ohnmächtige Wut, wortlose Angst, jede Überlebensmöglichkeit ausnutzen, mehr bleibt den Frauen in dieser Situation nicht.«

Die Männer können sich wehren. Als der Segler »Marie Farère« die Vereinbarung bricht und, auf Wunsch der Reederei von Soldaten geschützt, ausfahren will, handeln sie spontan, obwohl es »einen ganz anderen Plan« gibt. Sie versuchen, die Ausfahrt zu blockieren; mittendrin ist Kedennek, er fällt als erster: »Er dachte auch an Gott, nicht wie man denkt, an etwas, das es nicht gibt, sondern etwas, das einen verlassen hat.« Hull meint, daß Kedenneks Aktivität ein Ausbruch aus der engen Welt der Familie gewesen sei. Auch Andreas Bruyn stirbt, Hull wird festgenommen: Der Aufstand bricht zusammen, weil sich viele daran nicht beteiligen, andere aufgeben, weil sie als einzelne der Gewalt nichts entgegenzusetzen haben und ihre Familien leben müssen.

Das alles wird von der Autorin nüchtern und sachlich, wenn auch mit Sympathie für die Leidenden, berichtet. Der Einleitungsabschnitt jedoch läßt noch einer anderen Denk- und Darstellungsebene ihr Recht. »Schlimmes Märchen für Erwachsene« nennt Anna Seghers einmal das Werk Kafkas. Sowohl Hull wie auch Andreas und Kedennek, die eigentlich aktiven Vertreter des Aufstandes, überleben den Aufstand nicht. Als Andreas getroffen wird, rennt »etwas in ihm [...] noch immer weiter, rannte und rannte und zerstob schließlich nach allen Richtungen in die Luft in unbeschreiblicher Freude und Leichtigkeit«. Der Aufstand hat das Leben dieser Figuren zu etwas Außergewöhnlichem gemacht; er ist auch nach deren Tod nicht zu Ende: »Über den Tisch weg sahen die Frauen in den Augen ihrer Männer ganz unten etwas Neues, Festes, Dunkles, wie den Bodensatz in ausgeteerten Gefäßen.« Das Neue ist noch nicht faßbar, muß erst allmählich ins Bewußtsein dringen. Von der »Märchenseite« der Sachlichkeit hat Alfred Döblin gesprochen. Anna Seghers fand für das Phantastische in der Neuen Sachlichkeit ein – noch fast expressionistisch anmutendes – Bild: das des Aufstandes, der jetzt mitten unter den »Seinigen« auf dem Marktplatz sitzt und an das denkt, »was für sie am besten war«.

Anna Seghers ist mit dieser Erzählung noch weit weg von einer politischen Tendenzliteratur wie sie die ›Rote Fahne‹ forderte und später der »Sozialistische Realismus« vertrat. Kein Wunder, daß etwa Paul Friedlaender negativ über den ›Aufstand der Fischer von St. Barbara‹ urteilte: »Eine gewisse, man möchte fast sagen, weibliche Verschwommenheit in der Darstellung des Kampfes« kennzeichne das Buch, das keine »Verbindung mit den sozialen Kämpfen im Lande« herstelle. Aus der engen Sicht der nach vorgegebenen Mustern suchenden kommunistischen Literaturkritik übersahen Friedlaender und viele andere, daß Anna Seghers das Lebensgefühl ihrer von Krisen geschüttelten Generation sehr viel klarer und genauer ausdrückte als die politisch einseitige Tendenzliteratur. Die berichtartige, nüchterne und illusionslose

Darstellung eines (scheinbar) mißlungenen Aufstandes um mehr Gerechtigkeit und einen Augenblick »Freude«, mahnte auch zur Auseinandersetzung mit den Konflikten der Zeit und ließ zumindest einen Funken Hoffnung zurück.

Ein Jahr nach dem Erscheinen der Erzählung trat Anna Seghers dem »Bund proletarisch-revolutionärer Schriftsteller« bei. Ab diesem Zeitpunkt vertrat sie die Vorstellung, daß »das Künstlerische und das Politische organisch zusammengehören«, wenn sie sich auch die radikalen Forderungen über Stoffwahl, Heldengestaltung und Schreibweise nie ganz zu eigen machte.

Oskar Maria Graf
Wir sind Gefangene

> Zehn Jahre war ich alt, als einer in mein Leben trat, erzogen von Soldaten, Unteroffizieren und Offizieren, und meine Erziehung in die Hand nahm.
> Zehn Jahre, als einer zu befehlen begann, mich anschrie, prügelte und immer noch mehr prügelte.
> Zehn Jahre war ich alt, als ich anfing zu wissen, was Zwang ist, und anfing, ihn zu hassen […].

So beginnt der Epilog eines Buches, das zwischen 1920 und 1924 entstand und dessen Verfasser, Oskar Maria Graf (1894–1967), Sohn eines Bäckers aus dem Dorf Berg am Starnberger See, darin von seinem bisherigen Leben erzählt. Eine autobiographische Schrift also? Das 1927 erschienene Werk (dessen erster 1922 veröffentlichter Teil wenig Beachtung fand) mit dem Titel ›Wir sind Gefangene‹ trägt den Untertitel ›Ein Bekenntnis‹. Und in einer Vorbemerkung zur Erstausgabe setzt der Verfasser noch hinzu: »Dieses Buch soll nichts anderes sein als ein menschliches Dokument dieser Zeit.« Nichts anderes? Das wäre schon viel; nicht zufällig fällt einem bei dem Ausdruck »menschliches Dokument dieser Zeit« Balzacs Titel ›Comédie humaine‹ ein, und in der Tat gelingt dem Autor »der Kunstgriff […] auf fünfhundert Seiten von sich selbst zu sprechen und dennoch so etwas wie eine comédie humaine zu entwickeln, bevölkert von einem Personal, das in toto zwei Etagen tiefer als bei Balzac angesiedelt, in seiner Vielfalt einen Vergleich mit dem Figuren-Arsenal des französischen Romanciers sehr wohl besteht: Bäckergesellen und Revoluzzer, Putzmädchen und Anarchisten, Poeten und Dirnen, Professoren und Unteroffiziere, Irre und Schieber, Namenlose und – von Franz Jung bis Max Weber, von Eisner bis Rilke – Personen der Zeitgeschichte. (Walter Jens: Nachwort zu ›Wir sind Gefangene‹. 1978)

Graf selbst hat bei der eigenen Beurteilung des Bandes nicht so hoch gegriffen, auch wenn er im Rückblick 1965 sagen kann, »die damalige Jugend [habe] in diesem Buch ihren ungewollten Wortführer gefunden«. Für ihn war das Buch in erster Linie ein »Bekenntnis«, gewissermaßen auch eine Beichte. Daher rührt wohl die unerbittliche Offenlegung der eigenen Fehler und Schwächen. Sie reicht einerseits zuweilen bis zur (folgenlosen) Selbstbeschimpfung: »Es war mir hundeelend zumute. Ich schimpfte mich selbst laut, ich bekam einen Ekel vor meiner Lügenhaftigkeit« (Kapitel IV) oder »Ich lobte Selma [seine Frau; Hrsg.] und stellte unsere Ehe als etwas ganz Besonderes hin. Während ich die Sätze niederschrieb, dachte ich in einem fort, das ist ja alles nicht wahr, das ist ja purer Lug« (Kapitel XIX). Anderseits wird wie in der folgenden Szene mit einer gewissen versteckten Lust das negative Bild seines »diplomatischen Geschicks« ausgebreitet. Als arbeitsloser Ehemann versucht er Unterstützung zu bekommen:

> Mit bieder-wehleidigem Bauerngesicht meldete ich mich beim Roten Kreuz. »Arbeiter waren Sie? Bäcker? [...] Und jetzt schreiben Sie?« Ich zeigte ihm alles, was schon gedruckt war. Der Mann schien sehr erbaut davon zu sein. Er fing gleich ein Gespräch über Literatur an und wurde freundlich. Ich sah ihn genau an.
> Beim Roten Kreuz? Offenbar ein bessergestellter Mann? Vielleicht ein Doktor? Wer weiß, da kann was werden, kalkulierte ich tastend.
> Was ich von den neuen Dichtern hielte, wollte er wissen. »Ja, die dichten alle so intellektuell. Das ist nicht das, was ich will«, sagte ich halb vorsichtig und halb selbstbewußt, und als ich merkte, daß er damit sehr zufrieden war, setzte ich mutiger hinzu: »Wissen Sie, [...] das sind lauter Kaffeehausliteraten.«
> Als Mensch, der bettelt, hat man einen ungemein ausgebildeten Spürsinn, man rangiert schon beim Ansichtigwerden denjenigen, welchen man vor sich hat. [...] Ich hatte richtig getroffen. Der Mann wurde lebhafter.
> »Ja«, sagte er, »die haben keine Beziehung mehr zum Volk.« In der Art, wie er dies sagte, lag etwas bieder Pfarrermäßiges, etwas Lutherisch-Deutsches. Den Krieg nannte er das gewaltigste Erlebnis der Nationen, die Quelle der Wiedergesundung aller Völker. Eine neue Ethik komme daraus. Ich war im Bilde, vollkommen.
> »Wo waren Sie denn im Feld?« fragte er wieder. »Haben Sie viel durchgemacht?« »Ja«, antwortete ich, »aber davon redet man lieber nicht.« Offenbar faßte er das als jene Bescheidenheit des echten geprüften Helden auf, was ich auch wollte.

Sein Biograph Gerhard Bauer sagt wohl zu Recht: »Grafs wichtigster literarischer Gegenstand wurde von 1920 an er selber [...]. Aber [...] bei seiner Auseinandersetzung mit sich selbst darf der Ausweg in Provokation und Gelächter nicht übersehen werden.« Genau dies hat (neben seiner oft ins Grobe reichenden Darstellungsweise) immer wieder zu Mißverständnissen und Fehldeutungen geführt; Graf als Person ist in seinem ›Bekenntnis‹ – trotz der Rücksichtslosigkeit der Darstellung sich selbst gegenüber – schwer zu fassen, die Widersprüche in seinem Wesen lösen sich nicht leicht auf. Sloterdijk sucht das zu erklären mit »Störerfahrungen«, das heißt, »Erfahrungen von Zweideutigkeit, Doppelmoral [...], mit dem Widerspruch, mit dem Konflikt, mit der Unordnung, mit der Abweichung, der Lüge, der Ideologie«.

All dies zwingt zur Auseinandersetzung; dazu ist auch der Blick nach innen nötig, nicht nur im Hinblick auf die Frage, was will ich, sondern ebensosehr auf die Frage, was bin ich. Darauf bezieht sich zunächst der Titel des Buches. Graf sieht sich als Gefangenen. Dieser Gefangenschaft zu entkommen, bedarf es einer Kette von Ausbruchsversuchen. Der Zucht seines Bruders, der ihn nach dem Tod des Vaters – wie in der eingangs zitierten Passage beschrieben – erzog, entzieht er sich für eine Zeit mit Erfolg durch seine Flucht in die Welt der Bücher. Als dies nicht mehr möglich ist, flieht er in die Stadt (München), um Schriftsteller zu werden; vor der drohenden Armut sucht er sich durch Betrug zu retten, dem Griff der Armee entflieht er zunächst durch ein an Hašeks Schwejk erinnerndes, kaltblütig-naives und unbekümmertes Auftreten:

> Unser Unteroffizier war ein kleines, kugelrundes Männchen [...]. Er hatte einen schneidigen Ton [...]. Aber ich mußte bei der geringsten Gelegenheit lachen, was ihn furchtbar alterieren konnte.
> »Was lachen Sie denn immer?« schrie er mich an. Ich lachte noch mehr, ohne zu wissen, warum.
> »Kommen Sie aus dem Narrenhaus?« bebte die Stimme. Ich mußte noch mehr lachen. [...]
> Am andern Tag ging es ans Erlernen von Ehrenbezeigungen. Wir mußten im Gänsemarsch um den Herrn Unteroffizier herummarschieren und ihn – Hand an der Schläfe und den Blick ihm zugewandt – grüßen. Ich lachte schon wieder [...]. Der Korporal schimpfte. Ich lachte lauter. Er fauchte auf mich zu. Ich lachte noch mehr und konnte kaum mehr gerade stehen.
> »Noch mal zurück!« brüllte mein Vorgesetzter. Es half nicht. Immer lachte ich. In der Schule mußten wir einmal einen Satz machen, wo das Wort »prallen« drinnen vorkam. Ich sagte einem Deppen ein: »Kleine, dicke Menschen tut man aufs Bett und prallt man in die Höhe.« Ich stellte mir das damals so vor, wie ungefähr das bekannte Fröschepralten, das wir manchmal machten. Jetzt, während ich so herummarschierte, brachte ich diese Vorstellung aus der Kinderzeit nicht los. Ich sah die runde Kugel des Unteroffiziers förmlich in die Luft schnellen und auf einmal mit einem Knall platzen. [...] Mein Lachen verstärkte sich zur Salve. Der Unteroffizier sprang, fauchte, piepste. Da auf einmal brach ich zu Boden vor Lachen, hielt noch immer die Hand an der Schläfe und sah den vollkommen ratlosen, wütenden Unteroffizier an. Alle lachten. Der Unteroffizier zog sein Notizbuch und schrieb mich auf.
> »Wegtreten!« schrie er.

In fast valentinesker Weise begegnet er – nach einem Arrest-Aufenthalt und einem kurzen Gastspiel bei einem Frontstab – seinen neuen Schwierigkeiten mit einem »Einfall«:

> Damals beschäftigte mich in einem fort der Gedanke, daß in Deutschland jeder Mann nur zwei Jahre zu dienen hatte [...]. Ich sagte mir jeden Tag, das müßte doch durchzuhalten sein, selbst wenn Krieg sei. Ganz einfach seine zwei Jahre abgedient und fertig. [Ein Major sucht es ihm auszureden:] »Beim Krieg ist das doch ganz was anderes!«
> »Was geht mich der Krieg an! [...] Habe ich ihn gemacht? [...] Ich folg nur dem Gesetz!« verteidigte ich mich. »Am ersten Dezember gehe ich in die Reserve, aus!«
> *(1. Teil, Kapitel XVII)*

Aber er verfolgt den Gedanken scheinbar nicht weiter, provoziert immer neue Arrest-Aufenthalte, bis der Major ihm erklärt, er wolle ihn auf seinen Geisteszustand untersuchen lassen. Immer häufiger begegnen jetzt Hinweise auf (gespielten?) Irrsinn (vielleicht nach dem Vorbild seines Freundes Franz Jung, der auf diese Weise versuchte, dem Krieg zu entkommen.) Als der Leutnant ihm befiehlt, das Rauchen einzustellen und den »Glimmstengel« wegzuwerfen, antwortete er: »[d]en muß ich erst rauchen«, als er abgeführt wird, beginnt er zu singen, als er im Arrest ist, weigert er sich zu essen. Als der Leutnant ihm sagt, man könne ihn zum Essen zwingen, heißt seine Antwort: »Jawohl Herr Leutnant, aber nicht zum Appetit.« Er geht jetzt aufs Ganze: »Frei werden oder krepieren, dachte ich und hungerte« (1. Teil, Kapitel XVIII), als man ihm im Lazarett Dampfwürste mit Kartoffelsalat bringt, wirft er den Teller an die Wand. Nach dem Grund gefragt, antwortet er: »Das ist das Pferd« (das er vor seiner Einlieferung hätte enthäuten sollen und das er begraben hat). Den ihn behandelnden Arzt bezeichnet er laut schreiend als den »größten Verbrecher«, der nur heile »damit man uns wieder als Kanonenfutter brauchen kann!« (1. Teil, Kapitel XIX). Schließlich bringt man auf seinem Bett ein großes »I« an, das ihm »Idiotie« bescheinigt und ihn für die »Heilanstalt« bestimmt.

Vieles deutet darauf hin, daß Graf seinen »Irrsinn« inszeniert hat, wenn auch im Krankenbericht aus der Anstalt Haar zu lesen ist, daß er »durch alles Erlebte ziemlich verstört war« (G. Bauer). Seine Entlassung aus dem Wehrdienst macht ihn »dienstunbrauchbar«, läßt ihn aber geschäftsfähig und nicht mehr »anstaltsbedürftig«. Daß er Militär- und Kriegsgegner blieb, ist wohl selbstverständlich.

Noch aber findet er sich auch als freier Mann nicht zurecht. Fast bedauert er es, wieder auf sich gestellt zu sein: »Ein Mensch – gewaltsam in eine Masse gezwängt – verliert spielend leicht sein bißchen Willen [...]. Es geht einen gar nichts an. Es hatte einen nichts anzugehen«, heißt es im 1. Kapitel des zweiten Teils. Die Darstellung seines Zustands im gleichen Kapitel bezeichnet einen neuen Zwiespalt:

> Kalt und feucht war es auf den Straßen. Mir war recht zwiespältig zumute. Ich hätte mich anspeien mögen und wußte nicht warum. Jeden Straßenfeger, jeden Radfahrer, alle Menschen, die ihrer geregelten Beschäftigung nachgingen, beneidete ich. Die sind unter Dach und Fach und wissen, wo aus und wohin, ging's durch meinen Kopf, du bist bloß ein Stück Nichts. Eine lahme Ratlosigkeit saß in allen meinen Gliedern. Ziellos ging ich dahin.

Die Vernunft, die ihm sagt, daß er eine Stelle brauche, scheint zu siegen: Er findet Beschäftigung in einer Keksfabrik »und arbeitete dumpf wie ein Vieh«. In einem knappen Abschnitt des 2. Kapitels beleuchtet er – wie meistens – die Hintergrundsituation:

> Eigentlich war die Keksfabrik eine gewöhnliche Bäckerei gewesen. Der Meister hatte sich sozusagen im Krieg umgestellt. Er war Landtagsabgeordneter und Stadtrat der Zentrumspartei. Die vielen Lazarette brauchten Krankengebäck. Mit Brot war zu jener Zeit kein Geschäft zu machen, also warf sich der Mann auf die Keksfabrikation und hatte bald die ausgedehntesten Lieferungsmöglichkeiten für den Heeresgebrauch erschnappt. Das machte ihn reich.

Nur acht Zeilen braucht er dafür; scheinbar kühl-sachlich, ohne jeden anklägerischen Ton zeigt er, wie man im Krieg Gewinne macht – und worin sich Leute, die sich darauf verstehen, von den anderen unterscheiden, die ihrerseits froh sein müssen, wenn man ihnen Arbeit gibt.

Der Kontrast wird auch in der Sprache deutlich, wenn Graf im anschließenden Abschnitt die elenden Arbeitsbedingungen in den Kellerräumen schildert. Was da steht, ist jedoch keine soziale Anklage. Graf ist nur wichtig, was diese Arbeit für ihn bedeutet: »Gefangen war man hier wie im Krieg! Aufhören ging nicht, heimgehen erst recht nicht.« Welche Möglichkeiten er sieht, sich von dieser Gefangenschaft zu befreien, steht gleich am Beginn des nächsten Kapitels:

> Es gab für mich immer nur zwei Wege, aus einer häßlichen Sache herauszukommen. Entweder ich wurde eines Tages rabiat und schlug [...] alles kurz und klein, oder ich versuchte es mit der Scheinheiligkeit und Bauernschläue. *(2. Teil, Kapitel III)*

Die Versuche, das für den Lebensunterhalt zusätzlich Notwendige zu verdienen, scheitern kläglich – bis auf einen: Als er unter dem Namen Oskar Graf in den ›Münchner Neuesten Nachrichten‹ eine Kriegsgeschichte unterbringt und ein Professor Oskar Graf Wert darauf legt, daß er der Verfasser nicht sei, entschließt sich Graf, seinem Namen ein »Maria« als zweiten Vornamen anzufügen: »Jetzt, wenn ich Mist schreibe, heiß ich Oskar Graf-Berg, und wenn ich was Gescheites fertig bring', nenn' ich mich Oskar Maria!« Aber alle Bemühungen, sich aus seiner erneuten sozialen und seelischen Gefangenschaft zu befreien, schlagen fehl, solange er sich selbst immer wieder isoliert und andere allenfalls benützen will, solange er lügt und betrügt, aller Welt mit Mißtrauen begegnet und doch erwartet, daß die Hilfe von außen käme.

Auch in der beginnenden Revolution, von deren Ziel er keine wirkliche Vorstellung hat, erhofft er sich eine persönliche Befreiung. Nur deshalb besucht er Diskussionsabende und Veranstaltungen. Was er allgemein über die Vorgänge äußert, gilt auch für ihn: »Die Revolution war eigentlich etwas Unvorstellbares für mich, sie war gewissermaßen ein Zustand, dem alles zustrebte, was aber nach diesem Hereinbruch geschehen sollte, darüber war sich kaum wer klar.« Geht ihn die Revolution überhaupt etwas an? In Max Stirners Hauptwerk ›Der Einzige und sein Eigentum‹ (1845), das einen individualistischen Anarchismus vertritt, findet er einen Satz, der ihm ganz und gar zu entsprechen scheint: »was soll nicht alles meine Sache sein! Vor allem die gute Sache, dann die Sache Gottes, die Sache der Menschheit, der Wahrheit, der Freiheit, der Humanität, der Gerechtigkeit; ferner die Sache meines Volkes, meines Fürsten, meines Vaterlandes [...]. Nur meine Sache soll niemals meine Sache sein!« Seine (Grafs) Sache, das ist das Schreiben: »Ganz für mich war ich zeitweilig. Und war glücklich über einen Klang oder einen Satz.«

Das Ziel, Schriftsteller zu werden, so unklar ihm Weg und Zweck dabei sind, ist die einzige Konstante in diesem oft ziellos scheinenden, wirren Leben. Graf brauchte ungewöhnlich lange, bis er »seine Stellung im Leben und in der Literatur fand« (Karl Pörnbacher). Dagegen steht immer wieder sein meist spontanes Bedürfnis, in der Öffentlichkeit eine Rolle zu spielen. Er ist kein Kafka, der seine Welt im Schreiben allein findet. Bei allem Lustgewinn an einem geglückten Satz, er braucht auch die Wirkung nach außen:

> Es war wirklich merkwürdig mit mir. Ständig schwankte ich zwischen diesem Wechsel: Entweder sich vor der Welt vergraben – denn eigentlich hatte ich zu Zeiten fast so etwas wie Furcht vor ihr – oder sich von ihr ins Ungefähre tragen zu lassen. *(2. Teil, Kapitel XXII)*

Darum kann er auch den Rat seines Freundes Pegu nicht annehmen (»Schreib du deine Verse [...], Revolution liegt dir nicht«) und tut das, was ihm entspricht: »Ich dichtete und lief in der Revolution herum.« Die Nachwelt verdankt freilich diesem »Herumlaufen«, das natürlich weit mehr war (»fast jeder Revolutionär kannte mich wenigstens dem Namen nach«, heißt es in Kapitel XX), scharf beobachtete Episoden, Kurzporträts handelnder Personen (wie Erich Mühsam, Ernst Toller und Kurt Eisner), Skizzen, in denen der Kampf um Thesen und Meinungen zur Revolution und ihrem Ende in all ihren Bereichen spürbar werden, Beobachtungen zum Verhalten verschiedenster gesellschaftlicher Gruppen und anderes mehr, was Thomas Mann »als menschlich-historisches Zeugnis von unvergänglichem Wert« bezeichnet hat.

Man muß aber ebenso Grafs revolutionäre Umtriebe und sein Schreiben darüber als eine Etappe auf dem Weg zu sich selbst sehen. Der eigene Kommentar zu seinem Verhältnis zur Revolution ist von nüchterner Selbsteinschätzung geprägt:

> Als es »Nieder mit dem Krieg« […] geheißen hatte, war ich völlig dabei, denn es ging mich ganz an […]. Unter all den späteren Parolen und Schlagwörtern konnte ich mir nichts Reelles vorstellen. Ich war einer von den Millionen, der nur tätig wird, wenn es um seinen Nutzen geht […], der sich bloß dann einsetzt, wenn er einen handgreiflichen Sinn hinter der Sache wittert, die er will.

Dennoch findet er im Epilog des Bandes gegenüber jemandem, den er zufällig trifft, der am Ende der Revolution wie er verhaftet worden war und nun verzweifelt vor ihm steht, die Worte: »Es ist nichts umsonst gewesen.« Dessen Reaktion (»wenn's wieder angeht, dann kämpf' ich«, »wenigstens es geht für uns!«) berührt ihn eigentümlich. Das Erlebnis sprengt etwas auf, es macht auch ihm Mut und Hoffnung: »Mein winziger Kreis zerbarst. Ich war mehr, als bloß ›Ich‹. Ein großes Glück durchströmte mich –.« Das mag vielleicht rührselig-pathetisch klingen. Aber in seiner Vorstellung ermöglicht ihm die im Zusammentreffen gespürte soziale Bindung auch den Weg zu einer echten Liebesbeziehung.

Daß darüber hinaus das Buch ihn zum anerkannten Schriftsteller machte und den Durchbruch zu der ihm eigenen Art des engagierten Schreibens darstellt, erfährt man erst aus seiner Vorrede zur Ausgabe von 1965.

3. Analyse und Deutung der Zeit in Roman und Erzählung

Franz Kafka
Das Schloß

> Es war spät abend als K. ankam. Das Dorf lag in tiefem Schnee. Vom Schloßberg war nichts zu sehn. Nebel und Finsternis umgaben ihn, auch nicht der schwächste Lichtschein deutete das große Schloß an. Lange stand K. auf der Holzbrücke die von der Landstraße zum Dorf führt und blickte in die scheinbare Leere empor.

So beginnt Franz Kafkas (1883–1924) berühmter Roman ›Das Schloß‹, den er 1922 in einer ernsten Lebenskrise begonnen und als Fragment hinterlassen hat. Sein Freund und Nachlaßverwalter Max Brod veröffentlichte ihn nach dem Tod des Autors, 1926.

Dieser erste Abschnitt des ersten Kapitels (›Ankunft‹) stellt eine in der Literatur häufig verwendete Situation dar. Ein Mann betritt den Weg ins Neue, eine Brücke. Das Überschreiten der Brücke bedeutet einen Bruch mit dem Vertrauten, Bekannten, bedeutet eine Bewegung in eine ungewisse Fremde. Wenn man ins Ungewisse geht, ist dies eine Entscheidung. Der Verfasser benennt den Ort scheinbar genau: »Das Dorf«, der »Schloßberg«, »das große Schloß«. Aber Gewißheit entsteht nicht: »Nebel und Finsternis« lassen kein konkretes Erkennen zu, »nicht der schwächste Lichtschein« weist auf Leben, wie man doch erwarten müßte, wenn man auf ein Schloß blickt. Aber woher weiß K. dann, daß hier ein Schloß steht, daß vor ihm ein Dorf liegt? Wieso ist sich K. so sicher, daß die »Leere«, die er erblickt, nur »scheinbar« ist? Freilich, es spricht ein allwissender Erzähler, aber wenige Seiten später teilt er dem Leser mit, daß das Schloß bei Tageslicht gesehen »im Ganzen [...] K's Erwartungen entsprach«, obwohl dieser im Wirtshaus, in dem er abgestiegen war, dem ihn nach seiner »gräflichen Erlaubnis« zur Übernachtung im Dorf des Schlosses befragenden Schwarzer, »Sohn des Schloßkastellans«, offensichtlich ratlos die Gegenfragen gestellt hatte: »In welches Dorf habe ich mich verirrt? Ist denn hier ein Schloß?« Solche unaufgelösten Widersprüche verwirren den Leser von Anfang an. Er bleibt trotz der häufigen Einmischung des Erzählers immer nur auf dem Wissensstand der Hauptfigur, vielleicht eine Folge der Umarbeitung der ursprünglichen Ich-Perspektive. Sicher weiß man auch das nicht, wie das Erzählsystem des Romans offenbar überhaupt auf einer nie ganz durchschaubaren Mischung aus Wirklichkeit, Traum, Vorstellung und Täuschung beruht. »Auf nichts ist Verlaß, alles kann täuschen«, urteilt Reinhard Baumgart. Und innerhalb des Romans spricht K. selbst davon, daß die »Dinge« oft nur »Träume«, »Ausgeburten« der inneren Vorstellung seien, die nichts weiter als »einen Schimmer der Wahrheit« erkennen ließen. Charakteristisch dafür ist die Szene, in der K. auf seine angeblichen Gehilfen trifft.

Bei der Befragung durch Schwarzer hatte K. diesem erklärt, daß seine Gehilfen mit den Apparaten im Wagen nachkämen. Nach einem ersten Versuch, bis zum Schloß zu gelangen, trifft K. nun vor dem Wirtshaus auf zwei Männer (Artur und Jeremias), die er unterwegs aus der Richtung des Schlosses hatte kommen sehen:

> »Wer seid Ihr?« fragte er und sah von einem zum andern. »Eure Gehilfen«, antworteten sie. »Es sind die Gehilfen«, bestätigte leise der Wirt. »Wie?« fragte K., »Ihr seid meine alten Gehilfen, die ich nachkommen ließ, die ich

erwarte?« Sie bejahten es. »Das ist gut«, sagte K. nach einem Weilchen, »es ist gut, daß Ihr gekommen seid.« »Übrigens«, sagte K. nach einem weiteren Weilchen, »Ihr habt Euch sehr verspätet, Ihr seid sehr nachlässig.« »Es war ein weiter Weg«, sagte der eine. »Ein weiter Weg«, wiederholte K., »aber ich habe Euch getroffen, wie Ihr vom Schlosse kamt.« »Ja«, sagten sie ohne weitere Erklärung. »Wo habt Ihr die Apparate?« fragte K., »Wir haben keine«, sagten sie. »Die Apparate, die ich Euch anvertraut habe«, sagte K. »Wir haben keine«, wiederholten sie. »Ach, seid Ihr Leute!« sagte K., »versteht Ihr etwas von Landvermessung?« »Nein«, sagten sie. »Wenn Ihr aber meine alten Gehilfen seid, müßt Ihr das doch verstehen«, sagte K. Sie schwiegen. »Dann kommt also«, sagte K. und schob sie vor sich ins Haus.

Gespräch und Verhalten muten geradezu absurd an. Man muß ja davon ausgehen, daß ein Landvermesser seine alten »Gehilfen« kennt, daß er sie rügt, wenn sie zu spät kommen und ihre »Apparate« nicht mitbringen, nicht aber, daß er sie fragt, ob sie »etwas von Landvermessung« verstünden. Am verblüffendsten ist seine Reaktion am Ende des Zitats. Es muß einen Grund geben, warum er sich so verhält. Der Autor nennt ihn nicht, der Leser kann nur Vermutungen anstellen: K. ist anscheinend bereit, Ungewißheit (nebelverhüllte Örtlichkeit), offensichtliche Täuschungen und Ablehnung (durch die Leute im Wirtshaus), deutliche Einmischung von außen (Schloß sendet Gehilfen) in Kauf zu nehmen. Er muß also ein Ziel haben und eine bestimmte Absicht, denn er ist ja kein (zur Verantwortung) Gerufener wie K. im ›Process‹. Er kommt aus eigenem Antrieb, anscheinend, um eine Stelle anzunehmen, die angeboten worden ist, wie mehrmals bestätigt wird. Die Wirtin allerdings bezweifelt, ob er sich zu Recht als Landvermesser bezeichnet. Und auch K. selbst scheint sich dessen nicht so sicher zu sein (was in gewisser Weise die Hinnahme der »Gehilfen« erklären könnte): »K. horchte auf. Das Schloß hatte ihn also zum Landvermesser ernannt«, referiert der Erzähler im Anschluß an das Telefonat Schwarzers mit dem »Bureauchef selbst«. Ist er also bisher vielleicht nicht wirklich Landvermesser gewesen? Die Aktivitäten K.'s in den folgenden Tagen (die 20 Kapitel des Romanfragments umspannen einen Zeitraum von sechs Tagen) scheinen darauf hinzuweisen, die Überlegungen des Erzählers nach dem Gehörten sprechen zunächst aber dagegen:

Das war einerseits ungünstig für ihn, denn es zeigte, daß man im Schloß alles Nötige über ihn wußte, die Kräfteverhältnisse abgewogen hatte und den Kampf lächelnd aufnahm. Es war aber andererseits auch günstig, denn es bewies, seiner Meinung nach, daß man ihn unterschätzte und daß er mehr Freiheit haben würde, als er hätte von vorneherein hoffen dürfen. Und wenn man glaubte, durch diese geistig überlegene Anerkennung seiner Landvermesserschaft ihn dauernd in Schrecken halten zu können, so täuschte man sich [...].

Die Frage bleibt ungeklärt, aber etwas von K.'s Ziel wird deutlicher: Er befindet sich – wie auch in unterschiedlichen Formulierungen immer wieder betont wird – im »Kampf«, und im Kampf, so heißt es, ist »jedes Mittel, auch das der Täuschung, gestattet«.

Sein Gegner ist das »Schloß«, genauer die Macht, die ihm den Zutritt ins Schloß auf jede Weise verwehrt: Schon am Anfang des zweiten Kapitels (›Barnabas‹) wird dies K. mitgeteilt: Als er einen der »Gehilfen« anfragen läßt, ob er »morgen ins Schloß kommen dürfe«, heißt die Antwort: »Nein [...] weder morgen noch ein anderesmal.« Und etwas später erfährt er auf eine weitere Anfrage: »Niemals«. Dennoch wird ihm brieflich bestätigt, daß er »in die herrschaftlichen Dienste aufgenommen« sei. Freilich wird er dabei dem »Gemeindevorsteher des Dorfes« als seinem »nächste[n] Vorgesetzte[n]« unterstellt. Von ihm erhält er Einblick in die »Behörde«, mit der er sich eingelassen hat. Sie erweist sich als feudal-patriarchalisches Herrschaftssystem, das allen Außenstehenden als undurchschaubar, unzugänglich, unberechenbar und unduldsam erscheint.

Wilhelm Emrich hat sie in den sechziger Jahren beschrieben: Die vom Schloß organisierte Ordnung wird von der Beamtenhierarchie repräsentiert, die »unangreifbar [wird], indem sie sich irrationalisiert«. Sie stellt einen Gegensatz zu rationalen Ordnungen dar, ist daher auch nicht durchschaubar, rationalem Zugang verschlossen. Die Beamten stehen völlig außerhalb der üblichen ethischen und sozialen Ordnung, alle diesbezüglichen »Rangordnungen sind durchgehend pervertiert«.

Diese im Grund chaotische »Ordnung« ist in sich geschlossen, aber von außen nicht als sinnvoll zu begreifen. K. erscheint sie als »Gewirr«. »Die Beamten verführen ihre [...] alles kontrollierende Arbeit paradoxerweise im Zustand des Schlafens oder Essens«, sie sind – wie es im Text heißt – »immerfort müde, ohne daß dies ihre Arbeit schädigt, ja es schien sie vielmehr zu fördern«. Neuere Interpreten (Dornemann 1984), sehen in Kafkas Darstellung eine verblüffende literarische Parallele zu Max Webers »Bürokratiemodell«. Vor allem dessen Vorstellung von der »Metaphysik des Beamtentums« scheint ihnen im ›Schloß‹ Niederschlag gefunden zu haben. Die Schloßbürokraten sind als Personengruppe nicht faßbar, die wenigen Vertreter, die K. überhaupt zu Gesicht bekommt, erweisen sich als untergeordnete, unbedeutende Angeber (Schwarzer), sind von ihm nicht ansprechbar, geradezu groteske Figuren (Klamm), die »Berührungen« mit ihnen »sind nur scheinbar« und K. hält sie bloß aus »Unkenntnis der Verhältnisse für wirklich«, wie ihm der Dorfvorsteher erklärt. Gerät K. einmal tatsächlich in näheren Kontakt – wie gegen Ende des Romanfragments mit dem Sekretär Bürgel –, überfällt ihn lähmende Müdigkeit: »K. [...] merkte zwar, daß ihn das wovon Bürgel sprach, wahrscheinlich sehr betraf, aber er hatte jetzt eine große Abneigung gegen alle Dinge, die ihn betrafen [...].«

Daher kann er sich auch »lange nicht entschließen aufzustehen«, als Bürgel ihm mitteilt, der Sekretär Erlanger wolle ihn jetzt sehen. »Die Leibeskräfte«, sagt ihm Bürgel, »reichen nur bis zu einer gewissen Grenze, wer kann dafür, daß gerade diese Grenze auch sonst bedeutungsvoll ist.« Am Ende bleibt nur Resignation, denn auch Erlanger – offenbar ein wichtiger Beamter – fordert K. lediglich im Namen der Behörde dazu auf, mit Rücksicht auf den Schloßbeamten Klamm, auf seine Geliebte Frieda zu verzichten: »Ich tue schon viel mehr als nötig ist, wenn ich erwähne, daß Sie, wenn Sie sich in dieser Kleinigkeit bewähren, Ihnen dies in Ihrem Fortkom-men gelegentlich nützlich sein kann. Das ist alles, was ich Ihnen zu sagen habe.«

Erlanger behandelt ihn von einer unendlichen Ferne her, seine Andeutung einer möglichen Nützlichkeit für K.'s »Fortkommen« kann man auch als eine Drohung auffassen, der Begriff »Bewährung« bezieht sich nicht auf K.'s Arbeit, sondern verlangt ihm eine Leistung im privaten Bereich ab. Für die Behörde gibt es da keine Grenze. Die Unduldsamkeit reicht auch in die persönliche Sphäre hinein. Bezeichnend dafür ist die Geschichte der Familie Barnabas (Kapitel 2, 15 und 16). Sie zeigt zudem, daß dem Schloß die Mittel des Psychoterrors durchaus nicht fremd sind.

Der Schloßbeamte Sortini, so erfährt K., fand auf einem Fest Gefallen an Amalia, einer Tochter der Familie Barnabas. In einem Brief forderte er sie auf, sich im Herrenhof einzufinden, dem Gasthof, in dem die Hofbeamten absteigen, wenn sie im Dorf tätig werden. Amalia, empört über den unzüchtigen Inhalt und Ton des Briefes, zerreißt ihn und wirft ihn dem Schloßboten ins Gesicht. Damit war, erzählt Amalias Schwester Olga, »der Fluch über unsere Familie ausgesprochen«. Kafka schildert die Folgen davon plastisch (und ungewöhnlich ausführlich) im 18. Kapitel:

> [...] kurz darauf wurden wir schon von allen Seiten mit Fragen wegen der Briefgeschichte überschüttet, es kamen Freunde und Feinde, Bekannte und Fremde, man blieb aber nicht lange, die besten Freunde verabschiedeten sich am eiligsten. [Eine[r], immer sonst langsam und würdig, kam herein, so als wolle er nur das Ausmaß der Stube prüfen, ein Blick im Umkreis und er war fertig, es sah wie ein schreckliches Kinderspiel aus, als [er] sich flüchtete und der Vater von andern Leuten losmachte und hinter ihm hereilte, bis zur Schwelle des Hauses und es dann aufgab, Brunswick [Schuster im Dorf; Hrsg.] kam und kündigte dem Vater, er wolle sich selbstständig machen, sagte er ganz ehrlich, ein kluger Kopf, der den Augenblick zu nützen verstand, Kundschaften kamen und suchten in Vaters Lagerraum ihre Stiefel hervor, die sie zur Reparatur hier liegen hatten, [...] im Auftragsbuch wurde Zeile für Zeile gestrichen, die Ledervorräte, welche die Leute bei uns hatten, wurden herausgegeben, Schulden bezahlt, alles ging ohne den geringsten Streit, man war zufrieden, wenn es gelang, die

Verbindung mit uns schnell und vollständig zu lösen [...]. Und schließlich, was ja vorauszusehen gewesen war, erschien Seemann, der Obmann der Feuerwehr, ich sehe die Szene noch vor mir, Seemann [...] steht vor meinem Vater, den er bewundert hat, dem er in vertrauter Stunde die Stelle eines Obmannstellvertreters in Aussicht gestellt hat und soll ihm nun mitteilen, daß ihn der Verein verabschiedet und um Rückgabe des Diploms ersucht. [...] Endlich fing er [...] zu reden an. Noch immer hatten wir Hoffnung. Er begann mit großem Lob des Vaters. Nannte ihn eine Zierde des Vereins, ein unerreichbares Vorbild des Nachwuchses, ein unentbehrliches Mitglied, dessen Ausscheiden den Verein fast zerstören müsse. [...] Wenn sich nun trotzdem der Verein entschlossen habe, den Vater, vorläufig allerdings nur, um den Abschied zu ersuchen, werde man den Ernst der Gründe erkennen, die den Verein dazu zwangen. [...] Und von diesem Augenblick war alles zuende, [der Vater] nahm das Diplom nicht einmal mehr aus dem Rahmen, sondern gab Seemann alles wie es war. Dann setzte er sich in einen Winkel, rührte sich nicht und sprach mit niemanden mehr.

Die Bewohner des Dorfes verhalten sich in einer Art vorauseilendem Gehorsam, als ob sie direkte Anweisungen befolgen würden. Daher ist, »[w]ährend man den Rückzug der Leute natürlich wahrnahm, [...] vom Schloß gar nichts zu merken.« »Diese Ruhe« war das Schlimmste, berichtet Olga, »[w]ir fürchteten nichts Kommendes [...], wir waren mitten in der Bestrafung darin.« Sie bestand in der vollständigen Isolation der Familie, nicht »aus Feindseligkeit«, wie eigens betont wird, sondern aus »Verachtung«. Die »Verachtung« ist Folge der Nicht-Beachtung durch die Herrschaft. Die Familie wird damit dem einzigen gemeinschaftsstiftenden Element der Dorfbewohnerschaft entrückt, dem gemeinsamen Ausgeliefertsein an die Macht des Schlosses. Das Schweigen zu dem Vorfall ist die einfachste und stärkste Waffe der Beamten, es verhindert jeden Versuch der Familie, sich für das Geschehen zu entschuldigen oder gar es zu verteidigen. Als der Vater dies versucht, stößt er auf Unverständnis:

> Was wollte er denn? Was war ihm geschehen? Wofür wollte er eine Verzeihung? Wann und von wem war denn im Schloß auch nur ein Finger gegen ihn gerührt worden? Gewiß, er war verarmt, hatte die Kundschaft verloren u.s.f. aber das waren Erscheinungen des täglichen Lebens [...], sollte sich denn das Schloß um alles kümmern? [...] was solle ihm denn verziehen werden? [...] eine Anzeige sei bisher nicht eingelaufen, wenigstens stehe sie noch nicht in den Protokollen [...], infolgedessen sei auch, soweit es sich feststellen lasse, weder etwas gegen ihn unternommen worden, noch sei etwas im Zuge. [...] was wolle er denn? Was könne ihm verziehen werden? Höchstens daß er jetzt zwecklos die Ämter belästige, aber gerade dies sei unverzeihlich.

Es ist infam, jemanden zu zerstören, ohne selbst dafür einstehen zu müssen. Aber die Darstellung Olgas ist nicht eindeutig und auch nicht nur gegen das Schloß gerichtet. Sie läßt vielmehr erkennen, daß die physisch und psychisch zerstörte Familie Barnabas – ausgenommen die von alledem angeblich seltsam unberührte Schwester Amalia – sich zu sehr dem »Kampf« um Wiederherstellung widmet, ihr Leben nur noch von der Beziehung zum Schloß bestimmen läßt, statt sich davon frei zu machen, nach einem eigenen Leben zu suchen.

Vielleicht wird K. mit dieser Geschichte in doppelter Hinsicht zur Warnung konfrontiert. Auch er sucht ja – allerdings offenbar grundsätzlich und nicht durch einen konkreten Anlaß bedingt – die Auseinandersetzung mit dem Schloß, auch er läßt sein Leben davon bestimmen. Anders als die Familie Barnabas gehört er freilich nicht der Dorfgemeinschaft an und wird auch zu keiner Zeit in sie integriert. Aber bereits die Annäherung, der Versuch, in die Bewohnerschaft einzudringen, wird vom Schloß als Herausforderung angesehen. Nicht nur der Dorfvorsteher gibt ihm unmißverständlich zu verstehen, daß er eigentlich »nichts« sei, wenn »leider« auch »doch etwas, ein Fremder«, wie es die Wirtin ausdrückt. Schloß und Dorf bilden – wie sich in K.'s Gespräch mit dem Vorsteher (Kapitel 5) zeigt – eine »Gesellschaft, ein soziales Universum« (Walter H. Sokel), in dem freilich die Schloßbehörde allein bestimmt. Sie erweist sich als eine »paternalistische« Ordnung. Die Dorfbewohner haben keine direkte Beziehung zu ihr – schon wegen der Scheu der Beamten, wie es heißt. Sie bekommen die Beamten kaum zu sehen. Sie erfahren nie, »welcher Beamte [...] entschieden hat und aus welchen Gründen«. Die Entscheidungen seien zwar »meistens vortrefflich, störend [...] an ihnen nur, daß man [...] von diesen Entscheidungen zu spät erfährt und daher inzwischen über längst entschiedene Angelegenheiten noch immer berät«.

Daß in der Darstellung des Vorstehers (Kapitel 5) die im System liegenden Unzulänglichkeiten und Schwächen geradezu satirisch erscheinen, mindert nicht die uneingeschränkte Ehrerbietung der Dorfbewohner gegenüber ihrer fast immerzu unsichtbaren, aller Realität einer üblichen Gesellschaftsordnung enthobenen Behörde. Was K. als »lächerliche[s] Gewirre« und als »Wirtschaft [...], daß einem bei der Vorstellung, die Kontrolle könnte ausbleiben, übel wird«, sieht, beurteilt der Vorsteher ganz anders. Er erwähnt zwar, daß manches willkürlich erscheinen möge, aber er weist immer darauf hin, daß K. als »Fremder« natürlich »weit entfernt vom Verständnis für die Behörde« sei. Dennoch wäre es ihm unerträglich, wenn etwa an einem Mann wie dem »unermüdlichen« Beamten Sordini »auch nur in [K.'s] Gedanken ein Makel« bliebe. Auch wenn er Sordini »noch nie [...] mit Augen« gesehen habe, könne er das Arbeitszimmer als Beweis für dessen nahezu unbegreiflichen Arbeitseifer beschreiben: Im Zimmer seien alle Wände mit Säulen von großen aufeinander gestapelten Aktenbündeln verdeckt [...], es sind dies nur die Akten, die Sordini gerade in Arbeit hat, und da immerfort den Bündeln Akten entnommen und eingefügt werden, und alles in großer Eile geschieht, stürzen diese Säulen immerfort zusammen und gerade dieses fortwährend kurz aufeinander folgende Krachen ist für Sordinis Arbeitszimmer bezeichnend geworden. [...] Sordini ist ein Arbeiter und dem kleinsten Fall widmet er die gleiche Sorgfalt wie dem größten.

»Das eigentlich Komische ist [...] das Minutiöse«, heißt es in einem Fragment zum ›Schloß‹. Der Dorfvorsteher bemüht sich um möglichste Genauigkeit, wenn er über die Behörde spricht. Er merkt nicht, daß er damit nicht ehrfürchtiges Staunen auslöst, sondern nur eine komische Wirkung erzielt. Kafka verwendet dieses Stilmittel häufig, gerade das ›Schloß‹ ist voll komischer Absurdität, und daß in diese auch das Dorf mit eingeschlossen ist, zeigt Kafka dadurch, daß genau zu dem Zeitpunkt, als der Vorsteher K. von der kompetenten Funktion der Behörde überzeugen will, das Chaos in seinem eigenen Büro offenbar wird. Nur der »Fremde« steht all dem mit Unverständnis gegenüber, die Angehörigen des Systems finden nichts dabei, die Behörde wird nicht in Frage gestellt. Die Absurdität des Systems wird jedoch dem Leser erkennbar. Franz Kafka wird sich bei der Darstellung durchaus von der zeitgenössischen k. u. k. Bürokratie beeinflussen haben lassen. Diese satirisch anzuprangern, ist aber offensichtlich nicht seine (Haupt)absicht. Im Roman gilt K.'s »Kampf« ja nicht der Beseitigung der Schloßbehörde, sondern der Aufnahme ins Schloß. Daß er gelegentlich als Bundesgenosse Unzufriedener, z.B. als »Mädchenbefreier« wirkt (wie zunächst auf Pepi), ist nicht gewollt. K. sieht sich im Kampf um sein »Recht«. Er kämpft dabei ausschließlich »für sich selbst«, dazu sieht er jedes Mittel als erlaubt an. Daher bedient er sich anderer nur, wie übrigens auch sie sich zumeist seiner Hilfe bedienen wollen. Die Wirtin, Amalia, Pepi, Barnabas und alle anderen, über die er etwas erreichen will, sind ihm nur in ihrer Funktion bei seinem persönlichen Kampf wichtig, sie werden auch gar nicht als individuelle Charaktere beschrieben, werden nicht als Personen erkennbar, sondern als Typen oder »Figuren« (Martin Walser).

Die Ausnahme ist Frieda. Wie (vorher) die Wirtin und (später) Pepi zählt sie zu den Geliebten Klamms, der für K. der wichtigste erreichbare Beamte aus der Schloßhierarchie ist. Frieda war vom Stallmädchen im Herrenhaus zum Ausschankmädchen »avanciert«. Zunächst (Kapitel 3) als »unscheinbares kleines, blondes Mädchen mit traurigen Zügen und magern Wangen« dargestellt, hat der Zugang zu Klamm (sie »hüpft zu ihm hinein wann sie will«), »ehe man sich dessen versieht, eine große Schönheit« aus ihr gemacht. So sieht es jedenfalls Pepi (ihre Nachfolgerin), während die Wirtin und Olga auch andeuten, wie die Frauen durch die Nähe zu Klamm zu einer »unverlierbare[n] Rangerhöhung« kommen, ohne daß sie beschreiben könnten, was das konkret bedeutet. Immerhin spricht man mit den Geliebten Klamms in einer besonders achtungsvollen Art.

Frieda ist die einzige, die sich von Klamm lösen will. Gelegenheit dazu findet sie, als K. sich ihr nähert, um über sie an Klamm heranzukommen. Es entwickelt sich zunächst eine Art Interessenbündnis. Aber Frieda will rasch mehr. Als Klamm sie während eines Gesprächs mit K. zurückruft, antwortet sie laut: »Ich bin beim Landvermesser! Ich bin beim Landvermesser.« Sie weiß, was sie tut. Als K. zu bedenken gibt: »Was hast du getan? [...] Wir beide sind verloren«, antwortet Frieda: »Nein, [...] nur ich bin verloren, doch ich habe dich gewonnen. Sei ruhig.« Aber hat sie wirklich etwas gewonnen? »Etwas Fröhliches, Freies [...] in ihrem Wesen«, referiert der Erzähler, habe K. neu an ihr entdeckt. Die Freiheit von der Macht, die Klamm repräsentiert, scheint ihr selbst der höchste Gewinn. Wieso ist sie dann verloren? Leichter wäre zu sagen, was sie verloren hat. Im 13. Kapitel beobachtet der Erzähler:

> Sie nickte nur. K. saß in einer Schulbank und beobachtete ihre müden Bewegungen. Es war immer die Frische und Entschlossenheit gewesen, welche ihren nichtigen Körper verschönt hatte, nun war diese Schönheit dahin. Wenige Tage des Zusammenlebens mit K. hatten genügt, das zu erreichen. [...] Die Nähe Klamms hatte sie so unsinnig verlockend gemacht, in dieser Verlockung hatte sie K. an sich gerissen und nun verwelkte sie in seinen Armen.

Aber K. sieht das Wesentliche nicht. Frieda fühlt sich nicht verloren, weil »die hübsche Larve« und das ihr durch die Nähe zu Klamm gewonnene Ansehen schwinden, der eigentliche Grund ist ihre Einsicht in die Unmöglichkeit, K. von seinem »Kampf« abzubringen, um ihn ganz für sich zu gewinnen:

> Das ist es [...], was mich unglücklich macht, was mich von Dir abhält, während ich doch kein größeres Glück für mich weiß, als bei Dir zu sein, immerfort, ohne Unterbrechung, ohne Ende, während ich doch davon träume, daß hier auf der Erde kein ruhiger Platz für unsere Liebe ist, nicht im Dorf und nicht anderswo und ich mir deshalb ein Grab vorstelle, tief und eng, dort halten wir uns umarmt wie mit Zangen, ich verberge mein Gesicht an Dir, Du Deines an mir und niemand wird uns jemals mehr sehn.

Auf diesen Traum vom Tod kann sich K. nicht einlassen, dazu kam er nicht ins Dorf; wie Faust hat er nicht die Absicht, um eines liebenden Mädchens willen auf sein höheres (?) Ziel zu verzichten. Er wäre Frieda auch nicht auf dem Ausweg, den sie sah, gefolgt, gemeinsam auszuwandern, um ein neues Leben aufzubauen; er begreift nicht einmal, daß sie das will, um dem zu entkommen, was sie als die sie umgebende »Überfülle« an Klamm bezeichnet. Er nützt die Tatsache, daß sie die Gehilfen verteidigt, die er – mit Recht – als von der Behörde gesandte Aufpasser empfindet, als Beweis dafür aus, daß sie sich immer noch als zu Klamm gehörig sehe: »[...] du [...] siehst Klamm überall. Noch immer bist Du Klamms Geliebte, noch lange nicht meine Frau.« Frieda und K. verfolgen gegensätzliche Ziele. Während Frieda sich aus der Verbindung zu Klamm lösen möchte, will K. über Frieda zu Klamm gelangen. Beide benützen einander, aber sie lieben sich auch. Dennoch: Kafka hat den Roman nicht als tragischen Liebeskonflikt angelegt. Frieda verbindet sich mit einem der Gehilfen und kehrt als Schankmädchen ins Herrenhaus zurück, nicht ohne K. zum Schuldigen zu stempeln und als »Betrüger« nicht nur ihr gegenüber zu bezeichnen.

K. kommentiert die Vorwürfe: »[A]lles was Du sagst, ist in gewissem Sinne richtig, unwahr ist es nicht, nur feindselig ist es.«

Die ungewöhnlich breite Darstellung der Frieda-Episode bleibt freilich auffällig. Als biographischer Hintergrund wurde häufig Franz Kafkas Beziehung zu Milena Jesenská-Polak gesehen. Tatsächlich gibt es frappierende Ähnlichkeiten. Milena, die Übersetzerin von Kafkas Erzählungen ins Tschechische, war die Gattin Ernst Polaks, eines Fremdsprachenkorrespondenten. In der Zeit seines Meraner Kuraufenthalts (1920) intensivierte sich (zunächst brieflich) Kafkas Beziehung zu ihr. Sie war die erste Nichtjüdin, die einen bedeutenden Einfluß auf ihn hatte. Nach Sokel hatte der Gatte Milenas, dem sich Kafka unterlegen fühlte, »teilweise die Funktion, die Kafkas Vater« hatte, und dieses Verhältnis spiegelt sich im ›Schloß‹ in der Figurenkonstellation von K. und Klamm. Wie Kafka nimmt der fiktive K. dem Mächtigen die Frau und staunt darüber, daß sie sich mit ihm einläßt. Milena lehnt, trotz ihrer inneren Entfernung von ihrem Mann und der damit verbundenen Vereinsamung, Kafkas Vorschlag ab, mit seiner finanziellen Hilfe ihren Mann, der sie ständig betrügt, endgültig zu verlassen. Kafka fühlt sich (wie K. nach dem Verlust Friedas) Milena auch nach dem Scheitern der Beziehung im Herbst 1921 innerlich verbunden. Daß er ihr seine Tagebuchaufzeichnungen und das Manuskript des Romans ›Amerika‹ anvertraute, zeigt dies deutlich genug. Der seit Ende Februar 1922 entstehende Roman ›Das Schloß‹ bildet »in kaum glaublichem Ausmaß und bis in die feinsten Handlungsverästelungen, Motive, Ausdrucksbewegungen und Metaphern hinein die Beziehung zu Milena« ab (Hartmut Binder), selbst der Herrenhof könnte das gleichnamige Wiener Kaffeehaus, in dem Milenas Gatte verkehrte, zum Vorbild haben.

Gleichwohl ist all dies nur Hintergrund. Kafka mag darin privat Erlebtes verarbeitet haben, aber so sehr man Parallelen zum ›Schloß‹ in Kafkas Realität feststellen kann, so sehr muß man sich davor hüten, im

Roman eine direkte und konkrete Spiegelung biographischer Ereignisse zu sehen.

Eine tiefe Zwiespältigkeit kennzeichnet die Figur des K. Er will das Außergewöhnliche, er will selbst als außergewöhnlich anerkannt sein, kann nicht ertragen, wenn das Schloß seine Kampfansage mit einem Lächeln annimmt, ihn für unbedeutend hält (wie ihm der Dorfvorsteher zu verstehen gibt und die Wirtin mehrfach betont). Wenn er Klamm die Geliebte »raubt«, dient das neben der (eigentlich ungewollten) Provokation der Steigerung seines Selbstgefühls. Für K. ist Erotik ein Mittel im Kampf gegen die Macht, die gedemütigt werden soll. Aber Erotik ist gleichzeitig Abirren vom wahren Ziel, sie ist auch Entfremdung von sich selbst.

Wie aus dem Triumph und dem Freiheitsempfinden im Anschluß an die Kutschenszene im 8. Kapitel entwickelt sich in K. auch aus dem von ihm angestrebten Geschlechtsakt mit Frieda ein Gefühl der Verlorenheit (Kapitel 3):

> [...] sie rollten in einer Besinnungslosigkeit, aus der sich K. fortwährend aber vergeblich zu retten suchte, paar Schritte weit, schlugen dumpf an Klamms Tür und lagen dann in den kleinen Pfützen Bieres und dem sonstigen Unrat, von dem der Boden bedeckt war. Dort vergingen Stunden, Stunden gemeinsamen Atems, gemeinsamen Herzschlags, Stunden, in denen K. immerfort das Gefühl hatte, er verirre sich oder er sei soweit in der Fremde, wie vor ihm noch kein Mensch, eine Fremde, in der selbst die Luft keinen Bestandteil der Heimatluft habe, in der man vor Fremdheit ersticken müsse und in deren unsinnigen Verlockungen man doch nichts tun könne als weiter gehn, weiter sich verirren.

Es ist bezeichnend, daß Begriffe wie »unsinnige Verlockung«, »Verirrung«, die »Fremde«, in der selbst die »Luft keinen Bestandteil der Heimatluft habe«, und man »vor Fremdheit ersticken müsse«, in K.'s Gefühlswelt die »Stunden gemeinsamen Atems, gemeinsamen Herzschlags« begleiten.

Erklärbar wird sein dennoch weiteres Beharren auf der Notwendigkeit seines Tuns durch eine von Kafka wieder gestrichene Passage im Roman; darin erklärt K. dem Stubenmädchen: »Ich habe eine schwere Aufgabe vor mir und habe ihr mein ganzes Leben gewidmet. Ich tue [sie] fröhlich und verlange niemandes Mitleid.« Und er fährt fort: »[...] weil es alles ist, was ich habe, diese Aufgabe nämlich, unterdrücke ich alles, was mich bei der Ausführung stören könnte, rücksichtslos. Du, ich kann in dieser Rücksichtslosigkeit wahnsinnig werden.« (zitiert nach Michael Müller.) Als »rücksichtslos« (auch gegen sich selbst), aber gleichzeitig unglücklich erweist sich K. in seinem Verhältnis zu Frieda (und Pepi). Beide bedeuten für seine »Aufgabe« eine Gefahr, weil sie mit »Wärme« und der »Macht des Behagens« locken. Als Frieda mit ihm auswandern will, erklärt daher K. ohne Zögern: »Auswandern kann ich nicht [...], ich bin hierher gekommen, um hierzubleiben.«

Pepi sieht (im 25. Kapitel) sein Problem genau: »K. [...], was ist er für ein sonderbarer Mensch? [...] was sind das für wichtige Dinge, die ihn beschäftigen und das Allernächste, Allerbeste, das Allerschönste vergessen lassen?« Daß sie damit den Zwiespalt in ihm erfaßt, zeigt K.'s Äußerung, als Frieda ihn schließlich verlassen hat, weil sie sich von ihm »vernachlässigt« fühlt: »Ich wäre glücklich, wenn sie zu mir zurückkäme, aber ich würde gleich wieder anfangen, sie zu vernachlässigen.«

K. nimmt um seiner »Aufgabe« willen Einsamkeit in Kauf. Er verzichtet auf die von ihm durchaus geschätzte »Wärme« und das »Behagen«, bleibt in der kalten Schneelandschaft (die im Roman als Symbol für Fremdheit und Isolation steht). Wenn er dennoch zur Familie Barnabas Zugang sucht, so ist das kein Widerspruch. Natürlich erhofft er sich von ihr Aufschlüsse über das Schloß, aber es gibt auch eine Parallele zu ihm selbst in ihrem Schicksal und in ihrem Verhältnis zum Schloß.

Barnabas hätte jederzeit die Möglichkeit, in die Gemeinschaft des Dorfes zurückzukehren, er müßte nur weitere Versuche aufgeben, eine irgendwie geartete Rehabilitation durch das Schloß zu erhalten. Aber gerade der Versuch, auf jede mögliche Weise zu einer Äußerung zu gelangen, bezeichnet im Dorf den besonderen Platz der Familie Barnabas. Ihr Kampf in Form von »Bittgängen« und Selbsterniedrigung macht sie von den Dorfbewohnern unterscheidbar, wie sich ähnlich auch K. von diesen abhebt, wenn er seiner »Aufgabe« treu bleibt. Fast scheint es daher, als sei die »Aufgabe«, der von der Gegenseite anerkannte »Kampf« (Kapitel 2), die dafür nötige »Verwegenheit«, selbst schon das Ziel. Aber weder die Familie Barnabas noch K. kommen dem Schloß wirklich näher. Scheinbare »Siege« sind Fehldeutungen, so etwa wenn sich K., als er in den »herrschaftlichen Dienst« aufgenommen wird, an ein ähnliches »Gefühl [des] Sieges« erinnert, das ihn in seiner »Heimat« erfüllt hatte (»niemand war jetzt und hier größer als er«), weil es ihm gelungen war, die Friedhofsmauer an einer Stelle, »wo er schon oft abgewiesen worden war«, zu erklettern. Er vergißt dabei, daß ihn der Lehrer »mit einem ärgerlichen Blick hinab[getrieben]« und er sich beim überstürzten Absprung am Knie verletzt hatte. Ebenso wie der Triumph auf der Friedhofsmauer ist sein Kampf, der ihm in den Augen der Dorfbewohner scheinbar Bedeutung verlieh, wenig berechtigt. Ein Blick auf die Entwicklung seines Status macht einen Abstieg deutlich: vom selbständigen Landvermesser über die Aufnahme in »die herrschaftlichen Dienste« wird er dem Dorfvorsteher zugewiesen und schließlich als Schuldiener dem Lehrer unterstellt.

K. hätte angesichts der wirklichen Verhältnisse seiner »Siege« die Geschichte von der Besonderheit der Barnabas-Familie auch anders beurteilen können – vielleicht als Warnung vor einem weiteren Beharren auf einem »Weg«, dessen unklare und mitunter irreführende winterliche Bahnen ihn bestenfalls ermüdet auf den Ausgangspunkt zurückweisen. Aber K. verschließt vor dieser Wirklichkeit die Augen; sein wachsendes Schlafbedürfnis, die Müdigkeit, die ihn in wichtigen Situationen überfällt, Zeichen dafür, dem »Kampf« nicht gewachsen zu sein, werden zurückgedrängt durch seine Entschlossenheit zum »Äußersten«, auch wenn dies eher eine Flucht vor der »Wirklichkeit der Gegenwart« (Politzer) bedeutet. Schon die (subjektive) Erinnerung gehört dazu, insbesondere aber das Hinübergleiten in Schlaf und Traum, in denen die Gesetze der Kausalität und der Zeit aufgehoben sind und das »Prinzip der Wunscherfüllung« (Wiebrecht Bies) regiert. Bezeichnend dafür ist das »Nachtverhör«, die wohl wichtigste Episode gegen Ende des Romanfragments.

K. wird »mitten in der Nacht« zu einem Gespräch mit Erlanger, einem »der ersten Sekretäre« Klamms gerufen. Er muß lange warten, fühlt sich »sehr müde«, sucht schließlich selbst nach dem Zimmer des Sekretärs und findet sich in einem Raum wieder, in dem sich eine Person im Bett, zunächst »ganz unter der Decke versteckt«, nach einigem Zögern als Sekretär Bürgel zu erkennen gibt. Dieser scheint eigentlich nicht zuständig, aber er »zog einen Notizblock unter der Decke hervor, um sich etwas zu notieren: ›Sie sind Landvermesser und haben keine Landvermesserarbeit [...]. Ich bin bereit, diese Sache weiter zu verfolgen.‹« Das »Verhör« verläuft eher als ein von seiten des Sekretärs sehr redefreudiges, von K. zunehmend von Müdigkeit bestimmtes Gespräch. Es nimmt damit den Charakter des von Bürgel beschriebenen Nachtverhörs an, das er als für die Sekretäre gefährlich beurteilt, weil es meist den Parteien zu sehr entgegenkomme. Die Nacht verleihe dem Verhör mehr Privatheit als statthaft wäre, reiße »die notwendige Schranke zwischen Parteien und Beamten ein« und da finde »manchmal ein sonderbarer, ganz und gar unpassender Austausch der Personen« statt. Vielleicht liegt darin der Grund für die seltsame Art der Gesprächsführung, in der Bürgel Fragen stellt, sie aber selbst beantwortet, als kenne er die Gedanken K.'s. Er macht ihm Mut und scheint ihm schließlich auch einen Weg zu zeigen, die »Schwäche der Sekretäre, vorausgesetzt, daß es eine solche ist«, für sich zu nützen. Denn obwohl die Sekretäre und die über ihnen stehende Verwaltung Mittel hätten, den Folgen ihrer Nachgiebigkeit zu begegnen, gebe es eine Möglichkeit, die Ämter zu überlisten: »Sie besteht darin, daß die Person mitten in der Nacht unangemeldet kommt.« Genau diese Möglichkeit hätte K.: Er ist bei Bürgel mitten in der Nacht und unangemeldet. Er braucht also nur seine Bitte – ein Inhalt wird nicht angegeben – vorzubringen.

Gerade das aber kann K. nicht – er schlummert ein:

> K. schlief, es war kein eigentlicher Schlaf, er hörte Bürgels Worte vielleicht besser als während des früheren todmüden Wachens, Wort für Wort schlug an sein Ohr, aber das lästige Bewußtsein war geschwunden, er fühlte sich frei [...], er war noch nicht in der Tiefe des Schlafs, aber eingetaucht in ihn war er, niemand sollte ihm das mehr rauben.

Das entscheidende Wort heißt »Bewußtsein«, es ist K. »lästig«. Ist es ihm deshalb lästig, weil es ihn zum Handeln angetrieben hätte? Fast scheint es, als fliehe K. wieder, als versage er; ebenso aber ist möglich, daß Bürgel ihn (ähnlich wie Mephisto den Faust) mit List dazu gebracht hat, denn die (richtige) Bitte hätte ja die Zerstörung der nur sich im Unnahbaren erhaltenden Welt des Schlosses bedeutet.

Wie auch immer, K. ist in einer anderen Wirklichkeit; in einer Traumvision sieht er sich als Sieger:

> [...] es war ihm, als sei ihm [...] ein großer Sieg gelungen und schon war auch eine Gesellschaft da es zu feiern und er oder auch jemand anderer hob das Champagnerglas zu Ehren des Sieges. Und damit alle wissen sollten, um was es sich handle, wurde der Kampf und der Sieg noch einmal wiederholt oder vielleicht gar nicht wiederholt sondern fand erst jetzt statt und war schon früher gefeiert worden. [...] Ein Sekretär, nackt, sehr ähnlich der Statue eines griechischen Gottes, wurde von K. im Kampf bedrängt. Es war sehr komisch und K. lächelte darüber sanft im Schlaf, wie der Sekretär aus seiner stolzen Haltung durch K.'s Vorstöße immer aufgeschreckt wurde und etwa den hochgestreckten Arm und die geballte Faust schnell dazu verwenden mußte um seine Blößen zu decken [...]. Der Kampf dauerte nicht lange, Schritt für Schritt und es waren sehr große Schritte rückte K. vor. War es überhaupt ein Kampf? Es gab kein ernstliches Hindernis, nur hie und da ein Piepsen des Sekretärs. Dieser griechische Gott piepste wie ein Mädchen, das gekitzelt wird. Und schließlich war er fort; K. war allein in einem großen Raum, kampfbereit drehte er sich herum und suchte den Gegner, es war aber niemand mehr da, [...] nur das Champagnerglas lag zerbrochen auf der Erde, K. zertrat es völlig. Die Scherben aber stachen, zusammenzuckend erwachte er doch wieder, ihm war übel, [...] trotzdem streifte ihn beim Anblick der entblößten Brust Bürgels vom Traum her der Gedanke: »Hier hast Du ja Deinen griechischen Gott! Reiß ihn doch aus den Federn!«

Eine mit hintergründigem Humor gestaltete Szene. Aber in dieser geträumten, vom Prinzip der Wunscherfüllung geprägten Situation gibt es nur Bilder. Zur Sprache kann der Wunsch bzw. die »Bitte [...], für welche die Erfüllung schon bereit ist«, nicht werden. Es »gibt Dinge, die an nichts anderem als sich selbst scheitern. Ja, das ist staunenswert«, aber auch – wie Bürgel selbst zugibt – »in anderer Hinsicht trostlos«. In der Begrenztheit der menschlichen Natur ist wohl das Scheitern aller Versuche begründet, das Unerforschbare zu entschlüsseln. Es ist kein

Zufall, daß K.'s letzter Versuch mit einer Groteske endet und am Schluß das »zerbrochen auf der Erde« liegende Champagnerglas von ihm völlig zertreten wird. Das Spiel ist aus, der Raum leer.

In das Geheimnis des Schlosses kann man nicht eindringen, der »Ausgang von Kafkas Roman«, schreibt Heinz Politzer, »bestätigt den Verdacht, daß die Versuche, das Geheimnis der Welt zu durchdringen, allesamt früher oder später zum Scheitern verdammt sind«. Muß man da noch weiter darüber rätseln, welche Bewandtnis es mit dem Schloß, seinem geheimnisvollen Herrn, dem Grafen West-West und seinen seltsamen Behörden auf sich hat? Kafka hat das Geheimnis nicht gelüftet (und mehrmals beiläufig Figuren des Romans erwähnen lassen, daß man nicht zuviel deuten solle). Und auch wenn man bedenkt, was Max Brod als Kafkas Plan für den Schluß angibt, daß K., an Entkräftung sterbend, zwar keinen einklagbaren Anspruch auf ein Leben im Dorf habe, ihm jedoch gestattet werde, im Dorf zu bleiben und zu arbeiten, stünde man damit nur vor einer ähnlichen Situation wie der Mann vom Lande in der Erzählung ›Vor dem Gesetz‹ (s. Bd. 8, S. 329ff.), d.h. vor neuen Beurteilungsversuchen, die ebensowenig eine endgültige Lösung finden könnten wie K.'s Bemühen.

Wie ein Brief an Max Brod wenige Wochen vor Abbruch des Manuskripts (August 1922) vermuten läßt, hat Kafka das Romanfragment aus dem Wissen um seinen nahen Tod gestaltet. Er hält fest: »Ich habe mich durch das Schreiben nicht losgekauft«, aber »ich bin genug Schriftsteller«, um das »Spiel«, d.h. die Betrachtung der Lebensmöglichkeiten in dieser Welt von der Grenzsituation des Todes her, »mit allen Sinnen genießen oder, was dasselbe ist, erzählen zu wollen«. Das ›Schloß‹ ist dennoch nicht nur Ausdruck eines privat genossenen Erzählens. Seine großen Themen – Auflehnung gegen die Macht, Ängste gegenüber einer undurchschaubaren Bürokratie, Gefährdung der Individualität, Zweifel an Autoritäten, Abhängigkeit und Ausgeliefertsein – sind auch Probleme einer sich ihrer selbst unsicher gewordenen Welt, die Kafka mit der nachdenklichen Schicht seiner Mitbürger teilt. Was er gestaltet, ist das Sinngebungsdilemma des orientierungslos gewordenen modernen Menschen.

Hermann Broch
Die Schlafwandler

Als der Sohn eines Wiener Textilgroßhändlers, Hermann Broch (1886–1951), nach Experimenten mit Novellen, wie z.B. seine ›Methodische Novelle‹ (1918), 1931/32 seine Romantrilogie ›Die Schlafwandler‹ veröffentlichte, hatte er bereits ein 44jähriges, von ganz anderen Tätigkeiten geprägtes Leben hinter sich: Nach dem Abitur absolvierte er – gegen seine eigenen Interessen einem Wunsch des Vaters folgend – das Studium der Textiltechnologie und Versicherungsmathematik in Wien und Mühlhausen und trat nach einer Lehrzeit in deutschen und böhmischen Fabriken sowie einer Studienreise nach Amerika in die väterliche Firma ein, deren Leitung er später übernahm. Seine vielfältigen Erfahrungen, u. a. im Vorstand des österreichischen Industriellenverbandes und als Schiedsrichter in Arbeitskonflikten, führten ihn zur Beschäftigung mit politischen Massenbewegungen, mit deren ökonomischen, sozialen und psychologischen Ursachen und Wirkungen. Die Ergebnisse davon wurden erst nach seinem Tod veröffentlicht, aber bereits in seinem ›Bergroman‹ (entstanden seit 1935) thematisiert.

Früh schon stand neben alledem ein ursprüngliches Interesse an Mathematik und Philosophie. Seine langjährigen autodidaktischen philosophischen Studien konnte er ab 1927, als es ihm endlich gelungen war, die wenig geliebte Fabrik zu verkaufen, durch ein Studium an der Wiener Universität intensivieren. Besonders beschäftigten ihn Erkenntnistheorie, Wert- und Geschichtstheorie. Zwangsläufig mußten daher die Vorlesungen der Wiener Neopositivisten (Moritz Schlick, Rudolf Carnap), die darauf bestanden, daß (philosophische) Sätze nur dann sinnvoll seien, wenn sie sich empirisch überprüfen ließen, und daher jegliche Metaphysik ablehnten, für Broch enttäuschend sein – auch wenn der Mathematiker sich dem Gedanken nicht verschloß, daß Philosophie eine exakte Wissenschaft sein solle.

Einen Ausweg aus diesem Dilemma schien ihm schließlich die Entwicklung des modernen Romans zu bieten. »Schriftsteller wie James Joyce, John Dos Passos, André Gide, Thomas und Heinrich Mann, Franz Kafka und Robert Musil waren dabei, diese literarische Gattung […] zu einem respektablen Erkenntnisinstrument und einem Seismographen für die komplexen Tendenzen der Epoche zu machen« (Paul Michael Lützeler) und die Möglichkeit zu eröffnen, über dieses Medium Überlegungen zu Fragen der Zeit und wenigstens Analysen bzw. Erklärungen für die Ursachen mancher Erscheinungen anzustellen.

Zwischen 1928 und 1932 entstand Brochs Romantrilogie ›Die Schlafwandler‹. Schon zur Vorlage beim S. Fischer Verlag in Berlin, der den Roman ablehnte, lieferte Broch einen ›Methodologischen Prospekt‹, in dem er seine Gründe für die Abfassung, sein inhaltliches Ziel und seine romantheoretischen Folgerungen zusammenfaßt. Darin heißt es:

> Dieser Roman hat zur Voraussetzung, daß die Literatur mit jenen menschlichen Problemen sich zu befassen hat, die einesteils von der Wissenschaft ausgeglichen werden, weil sie einer rationalen Behandlung überhaupt nicht zugänglich sind und nur mehr in einem absterbenden philosophischen Feuilletonismus ein Scheinleben führen, anderseits mit jenem Problem, deren Erfassung die Wissenschaft in ihrem langsamen Fortschritt noch nicht erreicht hat.

Der Roman hat also eine Aufgabe zu erfüllen, ist nicht nur Selbstzweck. Dennoch wäre der Eindruck falsch, daß Broch den Kunstcharakter des Romans übersähe. Seine Romanvorstellung schließt – wie seine Überlegungen zur Form beweisen – den literarischen Eigenwert insofern mit ein, als es in der Kunst immer um die Ganzheit einer Welt gehe und sie das ganze Leben durchdringe. Sie beziehe zur Zeit Brochs ihre Legitimität aus ihrer Fähigkeit zum »Aufspüren jener neuen Erkenntnis- und Ausdrucksschichten, die zweifelsohne jetzt im Aufbruch sind [...] und für die nicht nur das äußere Weltgeschehen, sondern auch das geistige, wie z.B. das der wissenschaftlichen Grundlagenkrise, bloß Symptom ist« – wie er in einem Brief darlegt. Die Folgerung ist für ihn klar: »Kunst, die den Doppelaspekt der heutigen Wirklichkeit, nämlich das Eingeständnis des Wertezerfalls, aber auch die Erkenntnis der ethischen Verpflichtung zu neuer Wertsuche nicht auf sich nimmt, bleibt Kitsch« (zit. nach Rolf Geißler). Eine weitere Folgerung ist für ihn: »Dichten heißt Erkenntnis durch die Form gewinnen wollen, und neue Erkenntnis kann nur durch neue Formen geschöpft werden.« Das ist eine doppelte Absage an bisherige Vorstellungen. »Joyce«, schreibt Broch, »war der erste, welcher in aller Deutlichkeit erkannt hat, daß die Zeit des Wald- und Wiesenromans vorbei ist, daß der Umbruch der Welt auch einen Umbruch des Dichterischen [...] erfordert, und daß es um eine ganz andere und neue Art der Totalität, als je zuvor geht.« Aber Joyce in seiner »souveränen Virtuosität« sei natürlich einmalig und nicht nachzuahmen. Er wolle es also anders versuchen. In ›Die Schlafwandler‹ sei »das Wissenschaftliche [...] nicht Gesprächsfüllsel, sondern [die] oberste rationale Schicht«, die mitschwinge. Anderseits ergebe sich »die spezifische Aufgabe, aufzuweisen, wie das Traumhafte die Handlung bestimmt und wie auch das Geschehen immer bereit ist, ins Traumhafte umzukippen«.

Das erinnert an Kafka, aber während dieser an Freud orientiert scheint, steht Broch eher Vorstellungen des Philosophen Ernst Bloch (1885–1977) nahe. Wie dieser spricht er von der zunehmenden Durchsetzung des Traumhaften in der Welt des Alltäglichen. Als Ursache sieht er den Zerfall der alten einheitlichen Werte, wie sie im Abendland durch das christlich geprägte Weltbild gestaltet waren. In ihm scheinen ihm Rationales und Irrationales, Alltagswelt und Glaube, erlebte Wirklichkeit und metaphysische Vorstellung verbunden. Es schuf Sinndeutung und Handlungsmaximen, die Frage nach dem Sinn des Lebens war beantwortet. »Mit dem Abbau alter Kulturfiktionen« werde »das Traumhafte immer freier«, das Irrationale stärker. Daher sei eine neue Bindung nötig. Daß der Roman in einer Zeit entstand, in der das Experiment Demokratie in Deutschland gescheitert schien und der Zerfall der überlieferten Werte offensichtlich war, mag diese Tendenz verstärkt haben.

Damit ist das Grundthema seiner Romanvorstellung gegeben. Broch will »in drei zeitlichen und gesellschaftlichen Etappen, 1888, 1903, 1918, also in jenen Perioden, in denen der Übergang von der ausklingenden Romantik des späten Jahrhunderts zur sogenannten Sachlichkeit stattfand«, zeigen, wie sich die einst von einer einheitlichen Kultur getragene Welt auflöst, und andeuten, wo eine neue Zentrierung ansetzen solle. Zur Darstellung hält Broch einen neuen Romantypus für nötig. Er bezeichnet ihn als »polyhistorischen Roman«, weil er auf vielfältige Weise die historischen Prozesse vorführen soll. Da der Roman Dichtung sei, gehöre er »zu den Ur-Moventien der Seele«, und man dürfe nicht wie etwa Gide, Huxley oder Thomas Mann gebildete Schichten zu Trägern des Romans machen, sondern müsse verschiedenen gesellschaftlichen Gruppen Einblicke gewähren. Damit müsse die »Stilfärbung« wechseln, »wellenförmig auf- und abschwingen«, »rationale Wellenkämme« unbedingt integrieren. Broch erzählt in seiner Trilogie vorwiegend figurenperspektivisch, obwohl er die Mittel des Gesprächs, des inneren Monologs mit oftmals erörterndem Charakter und der erlebten Rede durchaus mit kommentierenden und erzählenden Formen eines allwissenden Erzählers vermischt. Der dritte Teil der Trilogie nähert sich sogar dem Montageroman an. Zwar zeigen die Handlungsweisen der Figuren des Hauptstranges die Grundthese des Wertezerfalls, die Parallelgeschichten aber stehen trotz einer losen Verknüpfung im 60. Kapitel kaum mehr in einem direkten Zusammenhang damit. Noch weniger scheinen sich in die Haupthandlung die zehn Teile der Essay-Reihe ›Zerfall der Werte‹ zu fügen, doch sind sie das gedankliche Bindeglied – auch mit der in sich wieder nicht einheitlich epischen ›Geschichte des Heilsarmeemädchens in Berlin‹. Das herkömmliche Handlungskontinuum, das noch den Großteil des ersten und zweiten Teils kennzeichnet, ist deutlich aufgebrochen. Es entsteht ein multiperspektivisches Bild, dessen Facetten erkennen lassen, wie vielfältig gebrochen die moderne Zeit ihre Welt sieht.

Der erste Teil der in Querschnitten angelegten Romantrilogie heißt: ›1888 – Pasenow oder Die Romantik‹. Unter »Romantik« versteht Broch eine Epoche, in der »Irdisches zu Absolutem erhoben wird«. Das Jahr 1888, das sogenannte Dreikaiserjahr (Wilhelm I., Friedrich III., Wilhelm II.), ist weniger als Zeit politischer Ereignisse gewählt, sondern um eine Problemlage, wie sie sich aus Brochs allgemeiner Zeitdiagnose bzw. seinem Verständnis des historischen Prozesses seit der Auflösung einer einheitlichen Welt- und Werteordnung ergibt, darzustellen. Da Broch glaubt, daß in Zeiten, in denen höchstes Absolutes seine Plausibilität und damit seine Kraft verliert, Ersatzordnungen entstehen, sucht er nach solchen, die ihm besonders deutlich, repräsentativ und gleichzeitig fragwürdig erscheinen.

Das Berlin des ausgehenden 19. Jahrhunderts, das preußische Militär und der preußische Landadel bilden den Hintergrund der Geschichte des Leutnants Joachim von Pasenow, von dessen Schuldkomplex gegenüber seinem älteren Bruder, seiner Auseinandersetzung mit dem Vater, seinem von diesem geförderten Verhältnis mit der böhmischen Animierdame Ruzena, seiner seltsamen Ehe mit der Gutsbesitzerstochter Elisabeth Baddensen, vor allem aber von seinem schwierigen Verhältnis zu dem ehemaligen Offizier und späteren Baumwollimporteur Eduard von Bertrand.

Joachim war als zweitgeborener Sohn auf die Kadettenschule geschickt worden, obwohl »sein Bruder Helmuth besser für die Anstalt getaugt hätte«. Es war für ihn »eine lächerliche Einrichtung, daß der Erstgeborene Landwirt, der Jüngere aber zum Offizier bestimmt werden mußte«. Dies aber gehört zu jenen Traditionen, in denen Broch einen »irdischen« Ersatz für das »Absolute« erkennt und die er als »Romantik« bezeichnet. Das Symbol dafür ist die Uniform, wie in einer Reflexion Joachims am Anfang des ersten der vier Kapitel ausgeführt wird. Weil »die große Unduldsamkeit des Glaubens verloren« war, mußte

> die irdische Amtstracht an die Stelle der himmlischen gesetzt werden, und die Gesellschaft mußte sich in irdische Hierarchien und Uniformen scheiden und diese an der Stelle des Glaubens ins Absolute erheben. Und weil es immer Romantik ist, wenn Irdisches zu Absolutem erhoben wird, so ist die strenge und eigentliche Romantik dieses Zeitalters die der Uniform, gleichsam als gäbe er eine überweltliche und überzeitliche Idee der Uniform [...], wenn dies auch sicherlich nicht jedem Uniformträger bewußt wird, so mag immerhin feststehen, daß ein jeder, der viele Jahre die Uniform trägt, in ihr eine bessere Ordnung der Dinge findet als der Mensch, der bloß das Zivilgewand der Nacht gegen das des Tages vertauscht.

Die Ausführungen über die Funktion der Uniformen kann sich Joachim als Gedanken Eduards von Bertrand vorstellen. Ausgerechnet dieser aber ist es, der das in den Augen Pasenows »Unbegreifliche« getan hat, ein für alle Male die Uniform abzulegen und sich »für das Zivilkleid« zu entscheiden. Bertrand ist mit Joachim befreundet, sie sind ähnlicher Herkunft und junge Offiziere. Aber Bertrand durchschaut die Haltung des Romantischen. Er erkennt auch die Enge und den Zwang des Militärischen. Wenn er die Uniform ablegt (und sich als Geschäftsmann der »Welt« aussetzt), ist das ein symbolischer Akt, in dem er sich die Freiheit der Selbstbestimmung sichert. Er entzieht sich der Wirklichkeit der gesellschaftlichen und »kulturellen« Entwicklung nicht, wie es Pasenow tut. Er analysiert kühl, formuliert logisch, kritisiert vor allem »Unzeitgemäßes«. Seine Reaktion, als Joachims Bruder Helmuth im Duell getötet wird, zeigt das unterschiedliche Denken beider deutlich:

»Das Merkwürdigste«, erklärt er Joachim im Gespräch, »ist es doch, daß man in einer Welt von Maschinen und Eisenbahnen lebt und daß zur nämlichen Zeit, in der die Eisenbahnen fahren und die Fabriken arbeiten, zwei Leute einander gegenüberstehen und schießen.« Er hat kein Ehrgefühl mehr, sagte sich Joachim, und trotzdem schien Bertrands Meinung natürlich und einleuchtend. Doch Bertrand fuhr fort: »Das mag wohl davon herrühren, daß es sich um Gefühle handelt. [...].«
»Ehrgefühl«, sagte Joachim.
»Ja, Ehrgefühl und ähnliches.« [...]
»Es ist so merkwürdig, daß gerade das Leichteste, Vergänglichste, das Beharrlichste ist. [...] das Beharrlichste in uns sind wohl die sogenannten Gefühle.«

Bertrand ist der Nachdenkliche, aber er zieht auch Konsequenzen. Das zeigt sich ebenso in einem ganz anderen Lebensbereich, der dennoch mit seinen Vorstellungen über die »Trägheit des Gefühls« und die »Müdigkeit, [die] dazugehört, sich einer toten und romantischen Gefühlswelt hinzugeben«, zu tun hat.

Nach dem Tod seines Bruders war Joachim auf den dringlichen Wunsch seines Vaters hin auf das Gut nach Stolpin zurückgekehrt, obwohl er das »Hinabzerren ins Zivilistische und Haltlose« wie den Verlust »einer Stütze« empfand und im »zivilistischen Leben« eine »Gefahr [...] fremder und dunkler als ein Krieg sah«. Aber der Vater, für Joachim eine gehaßte Person voll »sinnlicher Anarchie«, der ihm früher schon eine »Liaison« mit der »böhmischen Ruzena« aufgedrängt hatte, bestand nun auf einer baldigen standesgemäßen Heirat. Er hatte dafür Elisabeth Baddensen, die Tochter des benachbarten Gutsbesitzers, ausersehen. Bei dem nach dem Tod seines Bruders üblichen Kondolenzbesuch der Nachbarn standen sich die beiden, Joachim und Elisabeth, »fremd und befangen« gegenüber; Elisabeth »konnte Joachim mit einer Heirat nicht [...] in Verbindung bringen«. Und Joachim war »von Widerwillen gegen das phantastische Heiratsprojekt erfüllt«. Dennoch fand er beim zweiten Besuch Elisabeth schön, aber er »sehnte sich nach Ruzena und nicht nach der Reinheit Elisabeths«. Auch er war eben nicht frei von den Verstrickungen der modernen Doppelmoral, wenn er sie auch als in den Bereich der Stadt gehörig verwies und sich bemühte, die »Episode« zu beenden, indem er der Animierdame über Bertrand eine Stelle am Theater vermittelte und sie später durch den Kauf eines Ladens zu sichern suchte. Während eines Besuchs bei der Familie Baddensen – auf deren Wunsch in Begleitung von Bertrand, über den Joachim viel erzählt hatte – unternehmen Joachim, Bertrand und Elisabeth einen Ausritt. Joachim stürzt mit dem Pferd, das er selbst seinem verstorbenen Bruder geschenkt hatte.

Was ist geschehen? Ja, das wußte er selber nicht, er untersuchte die Beine des Tieres, es lahmte am Vorderfuß, man mußte es nach Hause bringen. Ein Fingerzeig Gottes, dachte Joachim: nicht Bertrand, sondern er war gestürzt und es war jetzt recht und billig, daß er sich zu entfernen und Elisabeth jenem zu überlassen habe.

Daß sein »Verzicht« auf Elisabeth nicht nur auf den Sturz zurückzuführen ist, beweist bereits die assoziative Gedankenkette während des Rittes (in der für ihn typischen Art, Schwierigkeiten, Ungelöstes oder Unvermutetes zu »durchdenken«): Er ist empört über seinen Vater, der den Besuch als »Brautschau« bezeichnet hatte, findet es »fast noch fürchterlicher [...], daß auch die Eltern Elisabeths ihn als Objekt für der Tochter Liebesbegehren ansehen mochten, ihn ihr anboten, sie allesamt überzeugt, daß sie über dieses Liebesbegehren verfügen dürften«.
Im Inneren weiß er jedoch, daß sich »noch etwas Eigentliches« hinter seinem Ärger verbirgt: »eine undeutliche Vorstellung, von der Joachim nichts wissen wollte [...]; es war undeutlich, dennoch empörend, daß man Elisabeth solche Dinge zuzumuten wagte, er schämte sich vor Elisabeth und schämte sich für sie.«
Seltsam aber ist seine Folgerung: »Mag sie Bertrand überlassen bleiben, dachte er und vergaß, daß er damit die gleiche Sünde beging, die er eben noch mit solcher Entrüstung von sich gewiesen hatte.« Als im Weiterreiten plötzlich das Bild Ruzenas vor ihm auftaucht und er »den letzten Brief Ruzenas« hervorholt und den »Duft der ungeordneten Intimität ihres Beisammenseins« atmet, also die »Anarchie« in ihm sich zeigt, wird klar, daß er sich Elisabeths unwürdig fühlt. Der Sturz war also in einem doppelten Sinn »Gottesurteil«. Das Verhältnis zu Ruzena bedeutete ihm nicht nur Erfüllung der Sinnlichkeit. Er empfand ja schon in der ersten Nacht mit ihr sehr viel mehr, als sie ihn aus den »Futteralen« löste – auch »Gelöstheit und Fühlen, Weichheit des Körpers, Atem, Ersticken in der Verströmtheit des Entzückens« und »Erlösung«, die ihn von der starren Haltung der Ordnungswelt befreite. Daher in erster Linie drängt es ihn nach Berlin zurück. Aber dort wird »das Netz unentwirrbar« für ihn, obwohl ihn Bertrand in allen Belangen des wirklichen Lebens unterstützt und schließlich auch die Auszahlung einer Rente für Ruzena regelt. Nur eines verschweigt ihm Bertrand, daß er selbst zwar Elisabeth liebt, aber auf sie bereits verzichtet hat. Sein Grund ist ein ganz anderer als der Joachims. In einem langen Gespräch mit Elisabeth versucht er ihn zu erklären:

»Sie sind sehr schön.«
[...] »Ich habe Sie nicht zu jenen gerechnet, die die Cour schneiden.« Sie ist klüger, als ich meinte, dachte Bertrand und er erwiderte:
»Ich brächte dieses fürchterliche Wort nicht über die Lippen, nicht einmal, wenn ich verletzen wollte [...]; Sie wissen recht gut, wie schön Sie sind.«
»Warum sagen Sie es mir dann?«
»Weil ich Sie nicht mehr wiedersehen will.«
Elisabeth schaute ihn betroffen an.
»Natürlich mögen Sie es nicht, daß man von Ihrer Schönheit spricht, denn Sie spüren [...] dahinter eben die Werbung. Wenn ich aber abreise und Sie nicht mehr sehe, kann ich logischerweise nicht um Sie werben und bin legitimiert, Ihnen die nettesten Dinge zu sagen!«

Er bleibe damit ja Fremder, und Fremde könnten die Wahrheit sagen, denn »in der Vertrautheit liegt von vorneherein der Keim der Unaufrichtigkeit«. Deshalb auch sei es ihm möglich zu sagen, daß er sie liebe. Von einem Fremden gesagt, sei dies nicht schamlos.

Für Joachim stellt Elisabeth eine Idealgestalt von überirdischer Reinheit dar, die er nicht »ins Verderben stürzen« lassen dürfte. Diese Haltung ist allerdings nicht ohne Eigennutz: er erhofft sich von Elisabeth Rettung aus »all den furchtbaren Wirrnissen« (Ruzena, Tod des Bruders, Ausscheiden aus dem Dienst, Auseinandersetzung mit dem Vater), die in letzter Zeit auf ihn eingestürzt waren. Die Heirat mit Elisabeth würde beider Probleme lösen. Der Erzähler nimmt stets eine etwas ironische Haltung ein (wie Bertrand auch), wenn er von den »Wirrnissen« Joachims und von dessen Reaktionen spricht. Nicht nur die »Werbungsszene« ist ein Beispiel dafür, sondern ebenso die vorausgehende Situation, in der beide, Joachim und Elisabeth, unabhängig voneinander ausgerechnet Bertrand um Rat bitten. Joachim fragt ihn: »Was soll ich machen, wenn sie nein sagt?« Elisabeth möchte wissen: »Soll ich also Joachim heiraten?« Bei ihr ist dies ein letzter Versuch, Bertrand, den sie zu lieben glaubt, für sich zu gewinnen. Auch diese Situation durchschaut Joachim nicht, seine Gedanken verwirren sich ins Phantastische, als er Bertrand verläßt, von dem er sich plötzlich »in diese Ehe hineingedrängt« fühlt, möglicherweise, weil Bertrand »ihn damit ins Zivilistische hinabziehen [...], ihn seiner Uniform [...] berauben« wollte – »ein unritterlicher und zynischer Mensch«. Das Bild dieses Menschen aber wird noch beim Abschied verdrängt von dem Elisabeths: sie wirkt auf Joachim »nonnenhaft«, »weiß in ihrer Silberwolke« wie ein Madonnenbild. Gesteigert wird diese Vorstellung im »vertrauten«, steifen und eigentlich von ihr uninteressiert geführten Gespräch bei der Verlobung:

> Unvorstellbar, daß er Elisabeth je über die Augen werde streichen können [...]. Kälte des Weltalls fiel ihm jetzt ein, Kälte der Sterne. Dort schwebte Elisabeth auf silberner Wolke, unberührbar ihr gelöstes, verfließendes Antlitz.

Überwältigt von romantischem Pathos ist seine dann folgende Vorstellung: »Vielleicht müßte sie erst sterben«, ehe sie von mehr sprechen und verstehen könnte als vom »christlichen Hausstand [...], denn wie sie dort zurückgelehnt saß, sah sie aus wie Schneewittchen im Glassarg und war so sehr von jener wunderbaren Lieblichkeit [...] und himmlischer Lebendigkeit, daß ihr Gesicht kaum mehr jenem ähnelte, das er im Leben« kannte. Wieder aber enttäuscht sie ihn mit »irdischen Worten«, die lediglich von der »schützenden Wärme des Beisammenseins« sprechen, und obwohl er sich – weil er sich vor dem darin verspürten Schutzauftrag fürchtet – »einen zarten und sanften Tod für sie beide« wünscht, ist abzusehen, zu welch traditionellem Ende die Sache führen würde. Schließlich verkündigt sie ihm: »Ich werde Ihre Frau werden, Joachim.« Und wenn Joachim in der Hochzeitsnacht dennoch wieder von Entsagung spricht und das Bett der Braut »als etwas Unberührbares« empfindet, entlarvt der Erzähler dies im letzten, nur vier Zeilen langen Kapitel als romantisches Getue:

> Nichtsdestoweniger hatten sie nach etwa achtzehn Monaten ihr erstes Kind. Es geschah eben. Wie sich dies zugetragen hat, muß nicht mehr erzählt werden. Nach den gelieferten Materialien zum Charakteraufbau kann sich der Leser dies auch allein ausdenken.

»Romantik« läßt sich am Ende nur satirisch beobachten und darstellen.

Der zweite Roman der Trilogie, ›1903 – Esch oder die Anarchie‹, spielt in einer anderen Welt. Die Hauptfigur ist der Buchhalter August Esch, 30 Jahre alt, zunächst in einer Kölner Weinhandlung angestellt. Damit ändert sich gegenüber ›Pasenow‹ mit dem Ort auch der soziale Rahmen. Als Buchhalter gehört Esch zu den mittleren Angestellten, der Gruppe des mit der sich entwickelnden Industrie bildenden Kleinbürgertums. Zu ihr zählen fast alle handlungsbestimmenden Figuren: die Schankwirtin »Mutter« Hentjen, der Gewerkschaftssekretär Martin Geyring, der Zigarrenhändler (und Heilsarmeesoldat) Fritz Lohberg, der Zollinspektor Balthasar Korn, dessen Schwester Erna und selbst die wichtigeren Mitglieder einer Varieté-Truppe (»Direktor« Gernerth, Teltscher der Messerwerfer und Ilona, seine Gehilfin). Sie alle unterscheiden sich von Leuten wie Pasenow oder Elisabeth vor allem dadurch, daß ihnen die Verbindlichkeit einer gesellschaftlichen Tradition fehlt, daß sie einen Halt, Esch würde sagen, eine »Ordnung«, erst finden müssen. Eine gewisse Gemeinsamkeit verbindet sie bei aller Unterschiedlichkeit: Sie wollen nicht zum Proletariat gezählt werden und sich daher dessen Organisationsformen nicht anschließen. Zur Bourgeoisie, dem Großbürgertum, können sie sich aber auch nicht zählen, obwohl einzelne von ihnen danach streben. Sie stehen dazwischen und befinden sich – historisch gesehen – zwischen zwei Polen im Prozeß des geschichtlichen Ablaufs.

Broch nennt diese gesellschaftliche und moralische Situation »anarchisch«. Ihre Probleme und ihre Funktion lassen sich am besten darstellen, wenn man sie an einzelnen Personen dort aufzeigt, wo die Entwicklung der Loslösung vom Alten am weitesten fortgeschritten ist. Broch wählt daher rheinische Industriestädte wie Köln und Mannheim. Er verlegt die Handlung in das Jahr 1903, das von der Reichsgründung 1871 (und auch von 1888) weiter entfernt ist als von 1914, dem Jahr des Kriegsausbruchs, also der erwarteten Katastrophe nähersteht als der alten Zeit mit ihrer scheinbar noch sicheren Ordnung. Nur Hellsichtige wie Bertrand erkannten damals (1888) ja wirklich, was vorging. Leute wie die Pasenows waren zwar bereits von der Auflösung betroffen, ahnten aber – wie etwa der alte Pasenow, wenn er die Zuverlässigkeit der Postzustellung bezweifelt – nur dumpf, was vor sich ging.

1903 hingegen gibt es bereits deutliche und öffentliche Zeichen einer beginnenden Unordnung wie willkürliche Verhaftungen, Protest der Gewerkschaften und Aufrufe der Heilsarmee. Die Menschen dieser Zeit sind »als Menschen des Übergangs konzipiert« (Weyergraf/Lethen). Repräsentativ dafür sind die meisten Figuren im zweiten Teil der Trilogie, insbesondere aber der Titelgeber August Esch.

Auch Esch, dem Broch gern die Eigenschaft »impetuos« (stürmisch; hier auch: sprunghaft) zuspricht, findet in seiner Welt keine absolute Ordnung mehr:

Sozialdemokratische Redakteure dürfen die Wahrheit über Martin Geyrings Verhaftung nach einer Streikversammlung nicht berichten, weil sie sich »taktisch« verhalten müssen. Martin geht ins Gefängnis, obwohl er genug Zeugen dafür gehabt hätte, daß nicht er zum Streik aufgerufen hatte, sondern die von der Betriebsleitung gekauften »Provocateure«, weil dem Präsidenten Bertrand, einem ehemaligen Offizier (!), der Streik gelegen kommt. In seiner etwas verbohrten Eigenart konstruiert sich Esch sogar eine eigene Schuld: die Polizei habe sich vielleicht an Martin schadlos halten wollen, weil er, Esch, den Vorgesetzten seines früheren Betriebes, Nentwig, nicht angezeigt hatte, obwohl er ziemlich sicher wußte, daß Nentwig »die Inventuren geschwindelt« hatte. Aber, so rechtfertigt er sein Verhalten, es wäre »nicht anständig gewesen, sich ein sehr gutes Zeugnis ausstellen zu lassen und dann zur Polizei zu gehen«. Auch er selbst befindet sich also in einem Dilemma, ist betroffen von dem »Bruch der Welt«. Am meisten beschäftigt ihn jedoch ein anderer Fall. Er wird zum unmittelbaren Anlaß für sein weiteres Verhalten:

Beim Besuch einer Varieté-Vorstellung sieht er mit Empörung, wie eine junge Frau, die Ungarin Ilona, zuerst einem Jongleur als Helferin dient und sich dann einem Brett zuwendet, »mit dem Rücken gegen das

Brett lehnt, [...] die Handhaben« ergreift und in dieser »etwas gezwungenen und künstlichen Haltung [...] das Aussehen einer Gekreuzigten« erhält. Als die Messer, vom »Jongleur« geworfen, »mit immer rascherem Aufschlag in das Holz« stoßen, »den schmalen Körper [...], die nackten Arme [...], ein Gesicht rahmen [...], erstarrt und bezwungen, werbend und fordernd, kühn und verängstigt zugleich«, hätte Esch »fast gewünscht, vor der Zarten zu stehen mit eigenem Körper, die drohenden Messer aufzufangen [...]«. Schließlich meint er, im »Trommelwirbel und Paukenschlag und Fanfarenruf des Orchesters«, das die Spannung löst, »Fanfaren des Gerichts« zu hören. Es ist offensichtlich, daß Esch die Posaunen des Jüngsten Gerichts damit assoziiert:

> Der Schuldige wird wie ein Wurm zertreten; warum soll er nicht wie ein Käfer aufgespießt werden? Warum soll der Tod nicht statt der Sense eine lange Stecknadel tragen, oder zumindest eine Lanze? Immer wartet man, daß man zum Gericht geweckt wird, denn mag man auch einmal beinahe dem Freidenkerbund beigetreten sein, so hat man trotzdem sein Gewissen.

Es sind deutlich christlich-religiöse Begriffe und Symbole, mit denen Esch seine Erschütterung kundtut: Gekreuzigte, Lanze, Gericht, Gewissen; sein Wunsch des stellvertretenden Opfers bedeutet den nach Erlösung. Dennoch wird zunächst nicht klar, was ihn da so tief berührt, daß sogar verschüttetes christliches Vokabular und Geschehen auftauchen. Das Schlüsselwort ist »der Schuldige«. Was sich im ganzen Vorgang vollzieht, ist die Esch bis dahin nur in dumpfer Ahnung beherrschende Vorstellung von Schuld. Das Schuldgefühl, das ihn verfolgt, wurzelt darin, daß er Nentwig nicht angezeigt hat. Er fühlt sich daher immer deutlicher an Martins Verhaftung mitschuldig. In seiner buchhalterischen Denkweise ist Martin deshalb unschuldig im Gefängnis, weil er, Esch, einen Schuldigen nicht seiner Strafe zugeführt hat, ein falscher buchhalterischer Ausgleich hat stattgefunden. Mit »Schuld« aber kann man auf die Dauer nicht leben, man muß sie ausgleichen, sie kann aber nur durch ein wirkliches Opfer zur »Erlösung« führen. Esch beschließt, Ilona aus den Klauen des Messerwerfers zu befreien. Um die notwendigen Mittel dafür aufzubringen, muß er seine neue Stellung »opfern« und sich – eine geradezu absurde Vorstellung – um die Finanzierung einer Damenringkampftruppe bemühen. Seine Schuld, die er Martin gegenüber empfindet, ist damit allerdings noch nicht »ausgeglichen«. Ein anderes Opfer muß gebracht werden, und es dauert lange, bis er sich dazu durchringt: Er muß sein wildes sexuelles Leben aufgeben (und daher sich auch Ilona und Erna versagen) und eine bisher eher als ältere Witwe angesehene Frau zu neuem Leben erwecken: »Mutter« Hentjen. Weil sie aber selbst in der Vereinigung mit ihm noch Triebhaftigkeit zu bändigen sucht und Prüderie als Schutz gegen Anarchie und Unordnung auffaßt, glaubt Esch, sie auch daraus »erlösen« zu müssen, da ihre Ordnungsmittel – besonders die äußerlich sichtbaren (ihr Zimmer, die Aufbewahrung der Nüsse u.a.) sich längst als unangemessen erwiesen.

Der Gedanke der »Stellvertretung des Opfers« enthält aber noch einen anderen Aspekt: man kann auch jemanden opfern. Diese Person muß für viele stellvertretend sein, stellvertretend für die bösen Kräfte in der Welt, die »Schweinerei«. Für Esch war Bertrand zum »Sitz des Giftes« geworden. Als Figur steht Bertrand seinem Gegner Esch nie wirklich gegenüber; er existiert nur als fixe Idee Eschs. Auch die »Begegnung« im Schloß zu Badenweiler entspringt nur der Vorstellungswelt Eschs, obwohl etwa die Schilderung des Schloßgartens ganz realistisch wirkt.

Am Bahnsteig, auf der Fahrt nach Badenweiler, gerät Esch in einen merkwürdigen Zustand zwischen Wirklichkeit und Traum, zwischen Rationalem und Irrationalem, in dem Gedanken unvermittelt neben- und durcheinanderstehen:

> sein Zorn richtet sich gegen alles, was Menschenwerk ist, gegen die Ingenieure, die die Stufen so und nicht anders konstruieren, gegen die Demagogen die von Gerechtigkeit, Ordnung und Freiheit faseln, als könnten sie die Welt nach ihren Köpfen einrichten, gegen die Besserwisser wendet sich der Zorn des Mannes, in dem das Wissen der Unwissenheit aufgedämmert ist.

Erst im mysteriösen Traumgespräch mit Bertrand erlangt Esch, der in diesem Traum zu ihm kommt, um ihn zu töten, neues Wissen, das dann bis zum Ende des Romans seine Handlungsweise bestimmt: nicht Opfer in Form von Verzicht und Tod bedeuten »Erlösung«, denn daraus entstehen nur Einsamkeit und neue Schuld, weil »keiner so hoch [steht], daß er den anderen richten darf, und keiner so verworfen [ist], daß seine ewige Seele nicht Ehrfurcht gebietet«. Und: »Niemals noch ist die Zeit *nach* dem Tode gerechnet worden [Hervorhebung v. Hrsg.], immer stand die Geburt an ihrem Beginn.«

Esch vergißt zwar schon auf der Rückfahrt vieles, er zeigt auch Bertrand an (und fördert damit dessen Selbstmordentschluß), aber er weiß jetzt, daß es in seiner Epoche in der Realität des täglichen Lebens wohl keine allgemeine Erlösung geben wird und man sich in dieser irdischen Welt einrichten muß. Er heiratet Frau Hentjen, findet eine Stelle als Oberbuchhalter, nur die »Sehnsucht des Mannes, in dessen Schlafwandeln die Welt vergeht«, verschwindet lange nicht.

Der dritte Roman der Trilogie, ›1918 – Huguenau oder die Sachlichkeit‹, spielt gegen Ende des Ersten Weltkriegs und »[a]us der Traumdämmerung der romantisch pathetischen und anarchistisch wertschwankenden Übergangsperiode geraten wir in die ›Alltagsdämmerung‹ der Normalität« (Weyergraf/Lethen). Die Ängste und Verwirrungen bei der Suche nach der inneren Welt – gipfelnd in Eschs Traumbegegnung mit Bertrand – treten in den Hintergrund und machen Platz für die nicht minder starke Bedrohlichkeit der äußeren Welt, die gerade im Begriff ist, am Irrsinn des Weltkriegs zu zerbrechen:

> Zur Logik des Soldaten gehört es, dem Feind eine Handgranate zwischen die Beine zu schmeißen, zur Logik des Militärs gehört es überhaupt, die militärischen Machtmittel mit äußerster Konsequenz und Radikalität auszunützen, und wenn es nottut, Völker auszurotten, Kathedralen niederzulegen, Krankenhäuser und Operationssäle zu beschießen [...].

Dies wird vor allem dargestellt in den – diesem Teil eingelagerten – Erzählungen um den Landwehrmann Gödicke, um den Leutnant Jaretzki oder um Hanna Wendling, die sonst mit der Haupthandlung kaum etwas zu tun haben, wenn sie auch im Kapitel 60 mit ihr verbunden werden.

Träger der Haupthandlung ist der Geschäftsmann Wilhelm Huguenau. Bereits am Anfang des Romans wird er von den anderen Zentralfiguren, Pasenow und Esch, deutlich abgehoben. Er verschwindet 1917 aus dem Unterstand an der Westfront; er ist Deserteur und steht dadurch in einer nationalbewußten Zeit wohl für eine besonders radikale Ausprägung des Wertezerfalls, dessen Kulminationspunkt Broch ohnedies im Ersten Weltkrieg sieht.

Eine wertfreie, für das Ganze unverantwortliche Logik bestimmt Denken und Tun Huguenaus:

> [...] zur Logik des Wirtschaftsführers gehört es, die wirtschaftlichen Mittel mit äußerster Konsequenz und Absolutheit auszunützen und, unter Vernichtung aller Konkurrenz, dem eigenen Wirtschaftsobjekt [...] zur alleinigen Domination zu verhelfen;
> zur Logik des Malers gehört es, die malerischen Prinzipien mit äußerster Konsequenz und Radikalität bis zum Ende zu führen, auf die Gefahr hin, daß ein völlig esoterisches, nur mehr dem Produzenten verständliches Gebilde entsteht;
> zur Logik des Revolutionärs gehört es, den revolutionären Elan [...] bis zu einer Statuierung einer Revolution an sich vorwärts zu treiben, wie es überhaupt zur Logik des politischen Menschen gehört, das politische Ziel zur absoluten Diktatur zu bringen;
> zur Logik des bürgerlichen Faiseurs [skrupelloser Mensch; Hrsg.] gehört es, [...] den Leitspruch des Enrichissez-vous in Geltung zu setzen: auf diese Weise, in solch absoluter Konsequenz und Radikalität entstand die Weltleistung des Abendlandes – um an dieser Absolutheit, die sich selbst

aufhebt, ad absurdum geführt zu werden: Krieg ist Krieg, l'art pour l'art, in der Politik gibt es keine Bedenken, Geschäft ist Geschäft –, [...] dies alles ist der Denkstil dieser Zeit,

heißt es in Kapitel 44, einem der zehn essayistischen Abschnitte des Romans ›Huguenau‹. Huguenau ist jedoch nicht nur in seinen logischen Folgerungen wertfrei, er ist auch ohne Rücksicht auf Folgen zur boshaften Intrige bereit. Nach seiner Desertion kommt er in ein »Städtchen [...] von Weinbergen umgeben in einem Nebental der Mosel«, in dem er bald Anschluß in der gesellschaftlichen Oberschicht findet – etwa zum Redakteur der Zeitschrift ›Kurtrierer Bote‹, W. Esch, und zum Stadtkommandanten, Major Joachim von Pasenow. Beide stehen ihm zwar etwas distanziert gegenüber, fühlen sich ihm aber infolge seiner geschäftigen Selbstdarstellung als Gesinnungsgenosse verbunden. Nach einem gemeinsam verbrachten Abend befällt Huguenau ein Gedanke:

> Huguenau stutzte, – ein abenteuerlicher und aufreizender Gedanke war in luzider Helligkeit aufgekeimt: mit dem Major eine neue, eine waghalsige Verbindung einzugehen, den Esch, der [jetzt; Hrsg.] bei dem Weib im Bette liegt, gewissermaßen mit dem Major zu betrügen und den Major selbst in eine demütigende Situation zu bringen!

Huguenau folgt eben auch »luziden Eingebungen«, handelt aus dem Augenblick heraus und läßt sich dabei im Widerspruch zu seinen sachlichen Gesichtspunkten von Gefühlen leiten. Moralisch gesehen bedeutet das keinen Unterschied, wie der kaum von sachlichen Erwägungen, fast traumwandlerisch vollzogene Mord an Esch zeigt:
Esch versucht den beim Ausbruch der Revolution verletzten Major von Pasenow, dem er seit seiner Konversion zum Protestantismus besonders nahe stand, zu retten. Huguenau beobachtet dies zufällig und folgt ihm

> aufs äußerste gespannt, wie sich die Dinge weiter entwickeln würden [...]. Er folgte ihm rascher. Esch marschierte geradeaus, schaute nicht rechts, nicht links, sogar das brennende Rathaus schien seine Aufmerksamkeit nicht zu erregen. [...] und nun bog [er] in eine Gasse ein, die längs der Stadtmauer führte. Huguenau trieb es vorwärts; er war jetzt zwanzig Schritte hinter Esch, der ruhig seinen Weg fortsetzte: sollte er ihn mit dem Kolben erschlagen? nein, das wäre sinnlos, es müßte vielmehr ein Schlußpunkt gesetzt werden. Und da übermächtigt es ihn wie eine Erleuchtung, – er senkt das Gewehr, ist mit ein paar tangoartigen katzigen Sprüngen bei Esch und rennt ihm das Bajonett in den knochigen Rücken [...].

Der Erzähler des Epilogs (vielleicht der auktoriale Erzähler der Trilogie, wahrscheinlicher aber der textinterne Verfasser der logischen und erkenntnistheoretischen Exkurse – Dr. Bertrand Müller) stellt deutlich heraus: »Huguenau [...] wurde [...] die Irrationalität [...] von der seine Handlungsweise erfüllt gewesen war«, nicht bewußt, denn »wie weiß der Mensch etwas von der Irrationalität, die das Wesen eines schweigenden Tuns ausmacht, nichts weiß er von dem ›Einbruch von unten‹, dem er ausgesetzt ist«.

Bereits hier, unmittelbar im Anschluß an die Mordhandlung, noch deutlicher aber wenige Seiten später reflektiert Dr. Müller den Vorgang auf höherer Ebene:

> Huguenau hatte einen Mord begangen. Er hat ihn hinterher vergessen, er dachte nicht mehr an ihn, während er jeden einzelnen kaufmännischen Coup, der ihm in der Folge gelungen war (Brief an Frau Esch!), treu im Gedächtnis bewahrte. Und das war selbstverständlich: es bleiben bloß jene Taten am Leben, die in das jeweilige Wertsystem passen, Huguenau aber hatte ins kaufmännische System zurückgefunden. Und eben deswegen kann behauptet werden, daß er, obwohl Erbe eines blühenden väterlichen Geschäftes, unter geeigneteren Umständen ein ebenso tüchtiger Revolutionär hätte werden können, wie er ein tüchtiger Kaufmann geworden ist. Denn der proletarische Mensch als Träger der Revolution ist nicht der »Revolutionär«, der zu sein er glaubt, [...] er ist bloß der Exponent eines größeren Geschehens, er ist Exponent des europäischen Geistes schlechthin: mag der Einzelmensch mit seinem philiströsen Leben auch noch in einem alten Partialsystem verharren, mag er wie Huguenau im kommerziellen System landen, mag er sich einer Vorrevolution oder der definitiven Revolution anschließen, der Geist der positivistischen Wertauflösung ist es, der sich über die ganze abendländische Welt erstreckt.

Dr. Bertrand Müller – der nach einem brieflichen Hinweis Brochs »in den dritten Teil hinübergerettete« Bertrand – führt in Berlin ein zurückgezogenes, isoliertes Gelehrtenleben. Als »der Meta-Erzähler, der das Romangeschehen auf einer reflexiveren Ebene kommentiert« (A. Roesler), ist er auch der Verfasser der zehn geschichtsphilosophischen Essays über den ›Zerfall der Werte‹, die auch »Exkurse« (z. B. über Logik oder Geschichte der Erkenntnistheorie) enthalten, und der 16-teiligen ›Geschichte des Heilsarmeemädchens in Berlin‹. Dieses Mädchen, Marie, und die Juden Dr. Litwak und Nuchem Sussim sind die einzigen, mit denen Dr. Müller persönlich kommuniziert. Daher erscheinen manche der Essays in Dialogform, andere als gemeinsam gesungene Lieder oder Gebete und haben dann Ähnlichkeit mit den Bibelstunden Eschs bzw. mit der Spielszene, in der Frau Esch, Esch, Pasenow und Huguenau »als Schauspieler agieren« (59. Kapitel). Und wenn Esch darin Bertrand aus seiner Traumbegegnung im zweiten Roman zitiert, (z. B. »Keiner steht so hoch, daß er den anderen richten darf [...]«), so bedeutet das nicht nur eine Verknüpfung der verschiedenen Teile, sondern eine Weiterführung dieses Dialogs mit einer »fortgeschrittenen« anderen Figur (Huguenau).

Alle drei Zeitquerschnitte ergeben nur zusammen das Bild der Endphase. Alle beteiligten Figuren aber gehören gemeinsam zu den »Schlafwandlern« – und davon ist auch der gelehrte Dr. Bertrand Müller nicht ausgenommen, der seine Situation, sein Denken und Tun »als Schlafwandel, der ins Helle führt« interpretiert. Er versucht, durch Analyse die Voraussetzung dafür zu schaffen, »das verlorene Gleichgewicht von Leben und Geist, von Ästhetik und Ethik« wiederherzustellen.

Die Essayfolge ›Zerfall der Werte‹ stellt in weiten Teilen diese Analyse dar. Sie entspricht im wesentlichen den Theorien Brochs selbst und ist in den vorgestellten Hinweisen zu den einzelnen Romanen immer wieder durch Beispiele thematisiert.

Brochs Romantrilogie setzt Bildungswissen voraus und verlangt dem Leser Konzentration ab.

Obwohl die zeitgenössische Kritik durchaus erkannte, daß mit der Trilogie ›Die Schlafwandler‹ ein bedeutendes Werk entstanden war, ist all dies wohl der Hauptgrund für den mäßigen Widerhall beim Publikum. Erst nach dem Zweiten Weltkrieg kam es für den von den Nationalsozialisten 1938 nach Amerika Vertriebenen zu einem größeren Bekanntheitsgrad.

Hermann Hesse
Der Steppenwolf

Mit dem 1917 entstandenen Roman ›Demian, die Geschichte einer Jugend von Emil Sinclair‹ hatte der seit 1912 in der Schweiz lebende Hermann Hesse (1877–1962) einen außergewöhnlichen Erfolg erlebt. Bis zum Druckverbot 1942 erreichte die Auflagenzahl 92.000 Exemplare, und selbst über den Zweiten Weltkrieg hinaus reichte die Wirkung. Es war wohl die im Werk vertretene Tendenz zur Selbstbefreiung von den Autoritäten, für die aus dem Ersten Weltkrieg heimkehrende Jugend ein Aufruf zur Erneuerung, für die Jugend der 60er Jahre eine literarische Bestätigung ihrer eigenen Wünsche und wenig klaren Vorstellungen, die das Buch so erfolgreich, geradezu zu einem Kultbuch machten.

Der 1927 erschienene Roman ›Der Steppenwolf‹ erzielte eine ähnliche Wirkung, vielleicht weil er – wie ›Demian‹ – zur Bekenntnisliteratur zu zählen ist: Die Titelfigur Harry Haller hat die gleichen Initialen wie der Verfasser, geschildert wird die Geschichte eines Mannes von 50 Jahren, der als »Outsider« gilt. Für den Bezug zur eigenen Biographie Hesses spricht auch, daß er zur Zeit der Arbeit an diesem Buch seine dritte Lebenskrise durchlitt:

Körperlich geplagt von Gicht, Ischias und einem Augenleiden, finanziell durch die Inflationsverluste bedroht, im familiären Leben aus dem Gleichgewicht gebracht, von Ungewißheit und Verlust der Geborgenheit durch die Scheidung von seiner psychisch erkrankten ersten und der nur wenige Jahre späteren Trennung von seiner zweiten Frau, mußte er erleben, wie er in der Nachkriegswelt an der ihn bedrückenden Dynamik der Moderne zum Außenseiter wurde. Der Umbruch der äußeren Welt betraf ihn zudem auch in seiner Existenz als Künstler: »Was ist Schönheit oder Harmonie für den, der zum Tode verurteilt ist, der zwischen einstürzenden Mauern um sein Leben rennt?«, antwortet er in seinem ›Kurzgefaßten Lebenslauf‹ (1925) seinen kritischen Anhängern, die beklagten, daß seine Schriften Schönheit und Harmonie verloren hätten.

In solchen Phasen zieht sich Hesse zurück. Selbst aus der »Sektion für Dichtkunst« der Preußischen Akademie der Künste tritt er aus. Seine Begründung zeigt seine Enttäuschung über die neue Republik und ihre Gesellschaft:

> Also: der letzte Grund meines Unvermögens zur Einordnung in eine offizielle deutsche Korporation ist mein tiefes Mißtrauen gegen die deutsche Republik. Dieser haltlose und geistlose Staat ist entstanden [...] aus der Erschöpfung nach dem Kriege. Die paar guten Geister der »Revolution«, die keine war, sind totgeschlagen unter der Billigung von 99 Prozent des Volkes. Die Gerichte sind ungerecht, die Beamten gleichgültig, das Volk vollkommen infantil.

»Vorerst weiß ich aus dieser Not [...] keinen anderen Ausweg als den Versuch, eben diese Not selbst auszusprechen, also Bekenntnisse zu schreiben«, äußerte sich Hesse in einem Brief an Stefan Zweig (Ende 1926). Die ersten dieser »Bekenntnisse« sind Gedichte und wurden unter dem Titel ›Krisis‹ nach Abschluß des ›Steppenwolf‹, für den einige von ihnen gedacht waren, 1928 herausgegeben. In diesen kommt zum Ausdruck, daß die Krise dieser Zeit auch noch andere Probleme kennt (z.B. das ›Altwerden‹, die neuere Kunstentwicklung in ›Neid‹ oder in dem Gedicht ›Traumfigur‹).

Wie zu erwarten, zeigt sich auch im ›Steppenwolf‹ der Einfluß der Tiefenpsychologie. Auch hier wird analysiert. Aber wesentlich deutlicher als im früheren Roman ›Demian‹ wird die subjektive Analyse zur Zeitdiagnose. Hesse stellt sich in diesem Werk den Widersprüchen in seiner Zeit und seiner Welt. In der Figur des Helden, werden die »individuellen und gesellschaftlichen Symptome aufeinander bezogen« (Weyergraf/Lethen). Wie im ›Demian‹ und in anderen Romanen verwendet Hesse im ›Steppenwolf‹ ein Prinzip der Dreiteiligkeit:

Während aber im ›Demian‹ die drei Teile einfach den Phasen der

Entwicklung des Helden entsprechen, ist die Geschichte Harry Hallers kunstvoll geplant. Hesse selbst sprach im nachhinein von einer musikalischen Struktur wie bei einem Sonett oder einer Fuge. Der Roman besteht aus einem fiktiven ›Vorwort des Herausgebers‹ und dem innerhalb der Romanfiktion von diesem edierten Text: ›Harry Hallers Aufzeichnungen‹. Diesem umfangreichen Teil des Werks ist ein ›Tractat vom Steppenwolf‹ eingelagert. Diese Dreiteilung bot die Möglichkeit, Grundthemen und Personengeschichte aus der Sicht verschiedener »Verfasser« in jeweils unterschiedlichen Stilarten darzustellen und damit nicht nur die Authentizität des Dargestellten zu verstärken, sondern auch die Erzählperspektive zu wechseln, das heißt die Vorgänge von drei verschiedenen Standorten aus zu beleuchten. Wie so oft vermied Hesse auf diese Weise die durchgängige Perspektive eines allwissenden Erzählers.

Im ersten Teil berichtet der fiktive Herausgeber der ›Aufzeichnungen‹ aus seiner persönlichen Sicht – als Neffe der Hauswirtin Hallers im gleichen Gebäude wohnend – von seinen Begegnungen und Gesprächen mit Haller, beschreibt ihn und deutet die ›Aufzeichnungen‹, die dieser ihm nach einer eiligen Abreise hinterließ. Sein Standort ist der eines in sicheren Verhältnissen lebenden Bürgers, des Typus also, den Haller einerseits verachtet, zugleich aber sehnsüchtig beneidet. Er hält mit seinem Urteil über Haller als einer doch für ihn fremdartigen, wenn auch sympathieerregenden sonderbaren Existenz nicht zurück, stuft ihn als das ein, was ihm Haller nahelegt: als einen »zu uns, in die Städte und ins Herdenleben verirrte[n] Steppenwolf« und »Außenseiter«. Mit deutlicher Anteilnahme vermerkt er dessen »scheue Vereinsamung, seine Wildheit, seine Unruhe, sein Heimweh und seine Heimatlosigkeit«, all das, was ihn in seiner Existenz vom Bürgerlichen trennt. Er wagt sogar eine Voraussage, was die Zukunft des Steppenwolfs betrifft, von dem er nach dessen Abreise nichts mehr gehört hat:

> [...] ich bin davon überzeugt, daß er sich nicht das Leben genommen hat. Er lebt noch, er geht irgendwo auf seinen müden Beinen die Treppen fremder Häuser auf und ab, starrt irgendwo auf blankgescheuerte Parkettböden und auf sauber gepflegte Araukarien, sitzt [...] in Bibliotheken und [...] Wirtshäusern oder liegt auf einem gemieteten Kanapee, hört hinter den Fenstern die Welt und die Menschen leben und weiß sich ausgeschlossen, tötet sich aber nicht, denn ein Rest von Glaube sagt ihm, daß er dies Leiden, dies böse Leiden in seinem Herzen zu Ende kosten und daß dies Leiden es sei, woran er sterben müsse.

Analyse eines (durchaus einfühlsamen) Bürgers!

Dem Leser der von ihm edierten ›Aufzeichnungen‹ erklärt er, wieso er es für notwendig hielt, die Hinterlassenschaft Hallers einem Publikum zugänglich zu machen:

Ich würde Bedenken tragen, [diese Blätter] anderen mitzuteilen, wenn ich in ihnen bloß die pathologischen Phantasien eines einzelnen, eines armen Gemütskranken sehen würde. Ich sehe in ihnen aber etwas mehr, ein Dokument der Zeit, denn Hallers Seelenkrankheit ist – das weiß ich heute – nicht die Schrulle eines einzelnen, sondern die Krankheit der Zeit selbst, die Neurose jener Generation, welcher Haller angehört, und von welcher keineswegs nur die schwachen und minderwertigen Individuen befallen scheinen, sondern gerade die starken, geistigsten, begabtesten.

Kein Zweifel, daß dies (auch) Hesses Sicht ist. Er selbst gehört dieser Generation an, ihn selbst beschäftigen diese Gedanken. Seiner Zeitanalyse und ihrer Einordnung in den größeren Zusammenhang entspricht, was Haller in einem vom Herausgeber wiedergegebenen Gespräch äußert: »[...] zur Hölle wird das menschliche Leben nur da, wo zwei Zeiten, zwei Kulturen [...] einander überschneiden«. Es wird zur Hölle für solche wie Haller, »die zwischen zwei Zeiten hineingeraten, die aus aller Geborgenheit und Unschuld herausgefallen sind, [...] deren Schicksal es ist, alle Fragwürdigkeit des Menschenlebens gesteigert als persönliche Qual[...] zu erleben«.

Der Herausgeber fügt noch einen Grund für die Veröffentlichung an, der gleichzeitig einen Hinweis für den Leser enthält:

Diese Aufzeichnungen [...] sind ein Versuch, die große Zeitkrankheit nicht durch Umgehen und Beschönigen zu überwinden, sondern durch den Versuch, die Krankheit selber zum Gegenstand der Darstellung zu machen. Sie bedeuten, ganz wörtlich, einen Gang durch die Hölle, einen bald angstvollen, bald mutigen Gang durch das Chaos einer verfinsterten Seelenwelt, gegangen mit dem Willen, die Hölle zu durchqueren, dem Chaos die Stirn zu bieten, das Böse bis zu Ende zu erleiden.

Auch wenn das »Ende« offengehalten ist, deutet »durchqueren«, »die Stirn bieten« auf positive Möglichkeiten hin.

Die ›Aufzeichnungen‹ beginnen mit dem Vermerk »Nur für Verrückte«, eine Formulierung, die sich in Hallers weiterem Text des öfteren findet. Gemeint ist wohl der dem »Normalen«, dem durch bürgerliche Konventionen und nüchterne Vernunft Geprägten entgegengesetzte Mensch. Dieser habe das »Bedürfnis aller Menschen, daß jeder sein Ich als eine Einheit sich vorstelle«, durchschaut und »wie jedes Genie, den Wahn der Persönlichkeitseinheit« durchbrochen. In diesem Sinne bezeichnet Haller sich selbst als »verrückt«. Er ist auf dem Weg, die Mehrschichtigkeit, die Vielfalt seiner Person zu erkennen. Aber er muß erst noch lernen, sie auch anzuerkennen. Er muß dazu Helfer finden, sie werden sich später als die »Unsterblichen« offenbaren. Diese weisen ihm nicht den Weg zu einer bis dahin eingebildeten Einheit, sondern zu den Grenzen des Bewußtseins, die er durchbrechen muß, wenn er die »geheimnisvolle Welt der eigenen Seele« (Karalaschwili) finden will.

Von den Nöten, den Hoffnungen und Enttäuschungen, von Bemühungen, von Angst und Verzweiflung eines Zerrissenen, in dessen Brust sich zwei »Seelen« (Faustmotiv!) streiten, handeln ›Harry Hallers Aufzeichnungen‹.

Der eingeschobene ›Tractat vom Steppenwolf‹, ein essayistischer »Abriß seiner innern Biographie«, ist im Roman ein Büchlein, das Haller auf geheimnisvolle Weise von einem Bauchladenverkäufer zugespielt wird und das er nun liest. Im Buch ist der ›Tractat‹ durch gelbe Seiten am Anfang und Ende optisch abgetrennt: »[...] es war mein spezieller Wunsch, den sonderbaren, jahrmarkthaften Charakter, den der Traktat in der Geschichte hat, recht kräftig sichtbar zu machen«, sagt Hesse in einem Brief (1927).

Man hat den Einschub, der in sachlichem Ton eine Art soziologischer und anthropologischer Analyse der »Seele« des Steppenwolfs formuliert und Hallers Situation zur allgemeinen Problematik der Epoche ausweitet, als »Intermezzo« bezeichnet und sich dabei auf eine Briefreaktion Hesses aus dem Jahre 1930 berufen, in dem er das Unverständnis der Kritiker beklagte, die »weder für den Inhalt noch für die dichterische Form, die beide nicht alltäglich sind«, eine »Spur des Verständnisses« gezeigt hätten.

Der Traktat ist inhaltlich deutlich gegliedert: Er analysiert zunächst – wie ein Märchen beginnend – die Wesensspaltung Harry Hallers:

> Es war einmal einer namens Harry, genannt der Steppenwolf. Er ging auf zwei Beinen, trug Kleider und war ein Mensch, aber eigentlich war er doch eben ein Steppenwolf. Er hatte vieles von dem gelernt, was Menschen mit gutem Verstande lernen können, und war ein ziemlich kluger Mann. Was er aber nicht gelernt hatte, war dies: mit sich und seinem Leben zufrieden zu sein. [...] Das kam wahrscheinlich daher, daß er im Grunde seines Herzens jederzeit wußte (oder zu wissen glaubte), daß er eigentlich gar kein Mensch, sondern ein Wolf aus der Steppe sei. [...]
> Der Steppenwolf hatte also zwei Naturen, eine menschliche und eine wölfische, dies war sein Schicksal, und es mag wohl sein, daß dies Schicksal kein so besonderes und seltenes war.

Bei aller Märcheneinkleidung, die vielleicht ein Relikt aus einem früheren Plan Hesses ist, nach dem die Überschrift dieses Romanteils ›Märchen vom Steppenwolf‹ lauten und wohl einen ironischen Abstand schaffen sollte, ist ein beschreibend-analytischer Charakter unverkennbar. Dazu gehört auch, daß sehr rasch eine aus dem inneren Zwiespalt herrührende Konfliktsituation festgehalten wird:

> Bei unsrem Steppenwolf nun war es so, daß er in seinem Gefühl zwar bald als Wolf, bald als Mensch lebte [...], daß aber, wenn er Wolf war, der Mensch in ihm stets zuschauend, urteilend und richtend auf der Lauer

> lag – und in den Zeiten, wo er Mensch war, tat der Wolf ebenso. Zum Beispiel, wenn Harry als Mensch einen schönen Gedanken hatte, eine feine, edle Empfindung fühlte oder eine sogenannte gute Tat verrichtete, dann bleckte der Wolf in ihm die Zähne und lachte und zeigte ihm mit blutigem Hohn, wie lächerlich dieses ganze edle Theater einem Steppentier zu Gesicht stehe [...]. Aber [...] wenn Harry [...] andern die Zähne zeigte, wenn er Haß und Todfeindschaft gegen alle Menschen und ihre verlogenen und entarteten Manieren und Sitten fühlte [,] [d]ann lag das Menschenteil in ihm auf der Lauer [...], nannte ihn Vieh und Bestie [...].

Mit dem Satz: »So war dies mit dem Steppenwolf beschaffen«, endet die Analyse der Wesensspaltung. Zwar gibt es auch im Leben des Steppenwolfs glückliche Stunden, insbesondere dann, wenn beide, Wolf und Mensch, zuweilen »in sehr seltenen Stunden Frieden schlossen«. Dann könne er, wie alle Menschen seiner Art, auch andere bezaubern und berühren. So entstünden »jene Kunstwerke, in welchen ein einzelner leidender Mensch sich für eine Stunde so hoch über sein eigenes Schicksal« erhebe, »daß sein Glück wie ein Stern ausstrahlt«.

Zur Eigenart des Steppenwolfs gehört, daß er ein »Abendmensch« sei. Daher strebe er nach Unabhängigkeit, jede Bindung an Ordnung, Pünktlichkeit wäre Störung seiner Lebenseinteilung. Aber die Unabhängigkeit führe in die Einsamkeit:

> [M]itten in der erreichten Freiheit nahm Harry plötzlich wahr, daß seine Freiheit ein Tod war, daß er allein stand, daß die Welt ihn auf unheimliche Weise in Ruhe ließ [...], daß er in einer immer dünner [...] werdenden Luft von Beziehungslosigkeit und Vereinsamung langsam erstickte.

Im dritten, ausführlichsten Abschnitt werden Lösungen erörtert. Das Thema »Selbstmord« steht voran und wird breit diskutiert, weil Harry »zu den Selbstmördern gehörte«, hier allerdings verstanden als Typus, dem die »Versuchung zum Selbstmord vertraut« ist, der aber auch weiß, »daß Selbstmord zwar ein Ausweg, aber doch nur ein etwas schäbiger und illegitimer Notausgang ist«, und es als »edler und schöner« empfindet, »sich vom Leben selbst besiegen und hinstrecken zu lassen als von der eigenen Hand«. Der Steppenwolf verschiebt eine Entscheidung dieses inneren Kampfes bis zu seinem fünfzigsten Geburtstag, »an welchem er sich den Selbstmord erlauben wolle«, an dem es ihm »freistehe [...], den Notausgang zu benützen oder nicht«.

Im anschließenden Abschnitt werden Folgen seines zwiespältigen Wesens im Verhältnis zum Bürgertum geschildert: Der Steppenwolf sei »meistens sehr unglücklich«, weil er nie »als Ganzes geliebt werden« könne; er bringe »seine eigene Doppeltheit und Zwiespältigkeit auch in alle fremden Schicksale hinein, die er berührt«. Er fühle sich »als Sonderling« und »krankhafter Einsiedler« wie »als geniemäßig veranlagtes […] Individuum«.

Sowohl der Hinweis auf den »Abendmenschen« wie auch die Andeutung des Genialischen und des Selbstmordgefährdeten zeigt (nach Peter Huber), daß der Traktat – als Form der moralisch-religiösen Erbauungsliteratur Hesse vertraut – Haller in die Nähe des in der abendländischen Dichtung wohlbekannten Typus des Melancholikers rückt. Allerdings spielt auch die moderne Tiefenpsychologie mit herein. Hinter dem Urteil über die »Selbstmörder« ist deutlich C. G. Jung zu erkennen:

> Metaphysisch betrachtet […] stellen die »Selbstmörder« sich uns dar als die vom Schuldgefühl der Individuation Betroffenen, als jene Seelen, welchen nicht mehr die Vollendung und Ausgestaltung ihrer selbst als Lebensziel erscheint, sondern ihre Auflösung, zurück zur Mutter, zurück zu Gott, zurück ins All.

Beides, der Hang zur Melancholie und der Selbstmord, muß überwunden werden.

Wieder wendet Hesse das individuelle Schicksal Hallers in diesem Zusammenhang ins Allgemeine: »Es lebt im Bürgertum stets eine große Menge von starken und wilden Naturen mit«, aber nur »die stärksten von ihnen durchstoßen die Atmosphäre der Bürgererde und stoßen ins Kosmische«, es sind »die Tragischen, ihre Zahl ist klein«. Haller gehört zu den anderen, »den Gebundenbleibenden, deren Talenten oft das Bürgertum große Ehre zollt, ihnen steht ein drittes Reich offen, eine imaginäre, aber souveräne Welt: der Humor«. Humor ist die »Lösung« für die Steppenwölfe vom Typus Haller, das Reich zwischen der Enge und Erdgebundenheit des Bürgertums und der kosmischen Welt der Genies. Hesse ist da nahe an der »Weltverlachung« eines Jean Paul und nicht fern von Romantik und Schopenhauer. Was gemeint ist, wird im Traktat noch genauer beschrieben:

> Einzig der Humor, die herrliche Erfindung der in ihrer Berufung zum Größten Gehemmten, der beinahe Tragischen, der höchstbegabten Unglücklichen, einzig der Humor (vielleicht die eigenste und genialste Leistung des Menschentums) vollbringt [das] Unmögliche, überzieht und vereinigt alle Bezirke des Menschenwesens mit den Strahlungen seiner Prismen.

Auch der Weg zur Rettung des Steppenwolfs wird aufgezeigt: Er müßte »einmal sich selbst gegenübergestellt werden, müßte tief in das Chaos der eigenen Seele blicken und zum vollen Bewußtsein seiner selbst kommen«. Die Chance dazu böte das »magische Theater«, wo Haller das Lachen lernen sollte.

Am Ende der »Studie« scheint plötzlich nichts mehr von dem zu gelten, was vorher ausführlich dargestellt wurde. Es sei eine grundsätzliche Täuschung, wenn Haller glaube, in ihm seien zwei sich gegenüberstehende Wesen im Kampf. Jeder bestehe in Wahrheit aus »unzählbaren Polpaaren.« Wenn der Mensch dies auf eine Zweipoligkeit reduziere, so liege es daran, daß er »des Denkens nicht in hohem Maße fähig« sei und ohnehin »jeder sein Ich als eine Einheit sich vorstelle«. Daher sei es schon ein Fortschritt, wenn einer »die eingebildete Einheit des Ichs zur Zweiheit« ausdehne. »In Wirklichkeit aber [sei] kein Ich [...] eine Einheit, sondern eine höchst vielfältige Welt, ein kleiner Sternenhimmel, ein Chaos von Formen, von Stufen und Zuständen, von Erbschaften und Möglichkeiten.«

Die neuere Forschung hat sich bemüht, den offensichtlichen Widerspruch aufzulösen. Hesse selbst hilft hierbei auf die Sprünge, indem er seinen Erzähler auf »die alten Asiaten« und das »buddhistische Yoga« verweisen läßt, wenn man eine »Technik« dafür sucht, »den Wahn der Persönlichkeit zu entlarven«. Er verläßt damit die weltanschauliche Perspektive des abendländischen Dualismus; unter »Menschwerdung«, zu der weiterhin der »Weg« führen soll, ist daher nicht wie am Anfang des Traktats die Entwicklung zum Individuum zu verstehen, sondern die »Auflösung der Persönlichkeit«.

Die »Helden der indischen Epen sind nicht Personen, sondern Personenknäuel, Inkarnationenreihen«, selbst »in unsrer modernen Welt« findet Hesses Erzähler Ansätze zu einer ähnlichen Denkweise, wenn z.B. in »Dichtungen [...] hinter dem Schleier des Personen- und Charakterspiels, dem Autor wohl kaum ganz bewußt, eine Seelenvielfalt darzustellen versucht wird«. Am Beispiel des Faust zeigt er, wie er das Wesen des Menschen versteht: für ihn »wird aus Faust, Mephisto, Wagner »und allen andern eine Einheit, eine Überperson«. Unter Bezug auf das bekannte Zitat: »Zwei Seelen wohnen, ach, in meiner Brust!« fährt er fort: »die Brust«, der Leib, ist eben immer eines, der darin wohnenden Seelen aber sind [...] unzählige; der Mensch ist eine aus hundert Schalen bestehende Zwiebel [...]«. Es gibt nach alledem bei Harry, der »wenigstens die faustische Zweiheit in sich entdeckt« hat, nicht eine Entscheidung hin zum Wolf oder zum Individuum: »[...] du wirst«, wendet sich der Verfasser des Traktats an den Steppenwolf direkt,

> schon den längeren, den mühevolleren und schwereren Weg der Menschwerdung gehen, du wirst deine Zweiheit noch oft vervielfachen, deine Kompliziertheit noch viel weiter komplizieren müssen [...], wirst schließlich die ganze Welt in deine schmerzlich erweiterte Seele aufnehmen müssen, um vielleicht einmal zum Ende, zur Ruhe zu kommen.

Das bedeutet eine klare Abkehr vom abendländischen Faust, und der Name »Buddha« der »diesen Weg [...] gegangen« sei, unterstreicht die Veränderung mit Recht noch einmal. Dennoch steht Hesse auch in einer abendländischen Denktradition: »Jede Geburt bedeutet Trennung vom All, bedeutet Umgrenzung, Absonderung von Gott.« Hebbel leitet daraus die ursprüngliche »Schuld« des Menschen ab; Hesse sieht die Lösung wie Schopenhauer in der Aufhebung der Absonderung: »Rückkehr ins All, Aufhebung der leidvollen Individuation, Gottwerden [!] bedeutet: seine Seele so erweitert haben, daß sie das All wieder zu umfassen vermag.« Und der »Steppenwolf Harry [...] wäre Genie genug, um das Wagnis der Menschwerdung zu versuchen [...]«. So ganz nebenbei steht fast am Schluß des Traktats noch ein Rat: »Ein Mensch, der fähig ist, Buddha zu begreifen, [...] der eine Ahnung hat von den Himmeln und Abgründen des Menschentums, sollte nicht in einer Welt leben, in welcher common sense, Demokratie und bürgerliche Bildung herrschen« – fürwahr eine bedenkliche Wegweisung.

Die auf den ›Tractat‹ folgende, zweite Sequenz der Aufzeichnungen Hallers ist der umfangreichste Teil des Werks. Er beginnt mit einem »vor einigen Wochen« in Knittelversen geschriebenen ›Selbstbildnis‹ Hallers, das ihn im Kontrast zum Schluß des Traktats noch einmal in der Rolle des »Steppenwolfs« zeigt, der »dem Teufel« seine »arme Seele« zuträgt, noch einmal also im Selbstmord die Erlösung von der »Mühe der Leiden« erwägt. Doch die Erinnerung daran, daß er »manche Male und erst noch vor Kurzem [sich] den Unsterblichen nahe gefühlt hatte«, hindert ihn zunächst an der Ausführung, und schließlich entscheidet er sich, zwar nicht jetzt Selbstmord zu begehen, aber auch nicht – wie im ›Tractat‹ aufgezeigt – den fünfzigsten Geburtstag abzuwarten, wenn er seine Situation wieder als unerträglich empfinden würde. Im Grunde aber ist sein Weg durch den Traktat bestimmt. In einer ruhigeren Minute macht er sich selbst klar, daß vor allem die Andeutung über das »magische Theater« seine »Neugierde angestachelt« habe. Nachdem ein letzter Versuch, sich in die bürgerliche Welt zurückzubegeben (obwohl der Traktat diese Richtung für unmöglich erklärt hatte), gescheitert war, lernt er in einem Wirtshaus »in einer entlegenen und [ihm] wenig bekannten Vorstadt« eine junge Frau, Hermine, kennen. Sie ist die erste in einer Reihe von Figuren (deren wichtigste ein Musiker namens Pablo ist), die Haller – wohl als Repräsentanten seiner noch nicht gelebten bzw. erfahrenen anderen Teile des Ich-Knäuels – unterstützen sollen, die Vielfältigkeit seines Wesens zu entdecken.

Hermine (= der weibliche Hermann), ist eine »Anima-Personifikation« (H.-P. Ecker), vertritt also das weibliche Seelenbild im Unbewußten Hallers, auch wenn sie selbst auf ihre androgynen Züge hinweist (»Ist dir noch nicht aufgefallen, daß ich manchmal ein Knabengesicht habe?«).

Von Anfang an wird die Seelenverwandtschaft von Harry und Hermine betont: »Was bist du für ein merkwürdiger Mensch, du Mädchen! Überall verstehst du mich und bist mir voraus.« Ihre Reaktion zeigt, was sie für Harry bedeutet:

> Du wunderst dich, daß ich nicht glücklich bin, weil ich [...] mich an der Oberfläche des Lebens so gut auskenne. Und ich, Freund, wundere mich, daß du vom Leben so enttäuscht bist, da du doch gerade in den schönsten und tiefsten Dingen heimisch bist, im Geist, in der Kunst, im Denken! Darum haben wir einander angezogen, darum sind wir Geschwister. [...] Wofür ich [...] zu sorgen habe, das ist, daß du die kleinen, leichten Künste und Spiele im Leben etwas besser erlernst [...].

Und ohne Scheu sagt sie auch gleich deutlich, was sie unter anderem darunter versteht: »Du hast es recht nötig, wieder einmal bei einem hübschen Mädchen zu schlafen, Steppenwolf.«

Ein solches Mädchen führt sie – da sie es selbst ja nicht sein kann – ihm zu. Maria lehrt ihn »vieles, nicht nur holde neue Spiele und Beglückungen der Sinne, sondern auch neues Verständnis, neue Einsichten, neue Liebe«. Vor allem aber, »vom Eros zauberhaft erschlossen, sprang die Quelle der Bilder« seines früheren Lebens und zeigt ihm den vergessenen Reichtum:

> Meine Seele atmete wieder, mein Auge sah wieder, und für Augenblicke ahnte ich glühend, daß ich nur die zerstreute Bilderwelt zusammenzuraffen, daß ich nur mein Harry Hallersches Steppenwolfleben als Ganzes zum Bilde zu erheben brauche, um selber in die Welt der Bilder einzugehen und unsterblich zu sein.

Hermine – beschrieben als »ein Stück Magie« – gibt ihn mit Hilfe von Maria dem Leben wieder. Aber nur Hermine und Pablo können ihn einführen in die für seinen Entwicklungsprozeß entscheidende Erfahrung des »magischen Theaters«. Pablo, den er ursprünglich für eine »hübsche Null« hielt, erweist sich als mehr. Ob er, wie einige Interpreten meinen, die »gleiche Person« wie der »Mozart des Magischen Theaters« ist (Ziolkowski), oder ob er zu den »versteckten Heiligen« zählt, jenen, »die den Menschen ein großes Beispiel gegeben haben«, was Hermine nicht ausschließt, läßt sich nicht eindeutig sagen, selbst wenn man einbezieht, daß »auch die Sünde [...] ein Weg zur Heiligkeit sein« kann, wie sie erläutert. Harry jedenfalls vertraut ihm schließlich, weil er in ihm die »dunkle Seite« seines Wesens erkennt, die ihn nicht nur in den Drogenrausch, sondern auch an andere äußerste Grenzen der »Normalität« und am Ende ins »magische Theater« führt. Pablo wird gegen Schluß damit zu der Figur, die Haller den Ausgleich der ihn zerreißenden Gegensätze ermöglichen soll.

Die Einladung ins »magische Theater« erhält Haller durch eine geheimnisvolle Botschaft auf einem Maskenball. Auf der Suche nach Hermine und Maria erlebt er einen »Rückfall in den Steppenwolf«, fühlt sich am falschen Ort, findet »die laute, brausende Freude, das Gelächter und die ganze Tollerei [...] dumm und erzwungen.« »Mißmutig« und »böse« will er den Ball verlassen, als ihm eine »kleine runde Kartenmünze« zugesteckt wird. Auf ihr findet er »gekritzelt«:

Heut nacht von vier Uhr an magisches Theater
– nur für Verrückte –
Eintritt kostet den Verstand.
Nicht für jedermann. Hermine ist in der Hölle.

Er zögert keinen Augenblick: »Nie hat ein Sünder es eiliger gehabt, in die Hölle zu kommen.«

»Magisches Theater« und »Hölle« sind Stichworte, die im Text immer wieder auftauchen, leicht mißverstanden werden können, für das Werkverständnis aber von Wichtigkeit sind. Der Begriff »magisches Theater« und die im folgenden besprochenen Vorkommnisse im Zusammenhang mit seiner inhaltlichen Darstellung erinnern natürlich an Zauberhaftes, Gaukelei, Illusion und Scheinwirklichkeit. Solche Konnotationen sind nicht auszuschließen, erfassen aber noch nicht, was Hesse damit meint.

»Magisches Denken«, heißt es schon in Hesses ›Gedanken zu Dostojewskis Idiot‹ (1920), sei ein Weg ins »Unbewußte«, ins »Gestaltlose«, es diene der »seelischen Neueinstellung«, helfe, »vergessene Triebe und Entwicklungsmöglichkeiten aufzufinden«. Von einer »Unio mystica« (der aus der Mystik bekannten geheimnisvollen Vereinigung der Seele mit Gott; Hrsg.) ist in der das »magische Theater« vorbereitenden Ballnacht die Rede, freilich seiner ursprünglich religiösen Bedeutung entkleidet. In der Einheit mit anderen, »im Rausch der Gemeinschaft«, fühlt Haller sich – anders als auf dem Ball vorher – befreit von seiner Steppenwolf-Außenseiter-Existenz. Das Magische führt, allgemein gesprochen, auf rational nicht erfaßbare Weise zur Aufhebung alles Gegensätzlichen, zum harmonischen Ausgleich. Das »magische Theater« meint freilich keine Wirklichkeit, sondern stellt sich als eine vorgestellte Bilderfolge wie in einer »Laterna magica« dar.

Der Raum, in dem sich die »seelische Neueinstellung«, die »Unio mystica der Freude« vollziehen soll, ist die »Hölle«. Rein äußerlich ist es kein Zufall, daß sich die »Hölle« »die Treppen hinab« im Kellergeschoß befindet. Auch das Ambiente entspricht herkömmlicher Vorstellung: »Dort brannten an pechschwarzen Wänden grelle böse Lampen, und die Teufelskapelle spielte fiebernd« in dem sehr engen Raum. Dieser Raum ist dennoch eine Projektion Hallers: »oben und unten gibt es nur im Denken, nur in der Abstraktion. Die Welt selbst kennt kein Oben und Unten«, heißt es im Traktat. Die Karnevalshölle auf dem Maskenball ist Zeichen für die Bereitschaft Hallers, sich der Konfrontation mit den unausgelebten Spannungen seines Ich zu stellen. Der äußere Ausdruck dafür – man wird an Goethes Walpurgisnacht erinnert – ist Hallers rauschhaftes Tanzen, »das Erlebnis des Festes, der Rausch der Festgemeinschaft, das Geheimnis vom Untergang der Person in der Menge, von der Unio mystica der Freude«.

Die Auflösung der Person im »Rausch der Gemeinschaft« ist Voraussetzung für den »Hochzeitstanz« Hallers mit Hermine, den ersten wirklichen Versuch, durch eine enge Verbindung des männlichen und weiblichen Prinzips den Selbstmord aufzugeben: »Hermine ist ja kein Mädchen aus Berlin oder Zürich, sondern ein Seelenbild, ein Stück Magie, mit dessen Hilfe Harry sich noch einmal rettet«, hat (nach Peter Huber) Hesse selbst den Vorgang gedeutet. Nach der Vermählung Hallers mit Hermine, die symbolisch dafür steht, daß Harry seine weibliche Ergänzung akzeptiert, ist der weitere Weg in das »magische Theater« offen. Pablo wird jetzt zur führenden Figur – seine lachenden, »strahlenden schwarzen Augen [...] löschten die Wirklichkeit aus« (wie vorher der »Blick Hermines«): »Bruder Harry, ich lade Sie zu einer kleinen Unterhaltung ein. Eintritt nur für Verrückte, kostet den Verstand. Sind Sie bereit?«

Zum wiederholten Male erscheint jetzt die Bezeichnung »Verrückte«, offenbar für eine bestimmte Personengruppe, zu der jetzt auch »Bruder Harry« gehört. Was ist damit gemeint? Schon früh beschäftigte sich Hesse mit dem Unterschied zwischen dem »Bürger« und dem »Phantasten« oder »Verrückten«. Aus seiner Schrift ›Sprache‹ (1917) zitiert Karalaschwili eine Stelle, die von diesem Unterschied spricht:

> Der Bürger ahnt richtig, daß er selbst sofort wahnsinnig werden müßte, wenn er sich so wie der Künstler, der Religiöse, der Philosoph auf den Abgrund in seinem eigenen Inneren einließe [...]. Der Bürger hat zwischen sich und seiner Seele einen Wächter, ein Bewußtsein, eine Moral, eine Sicherheitsbehörde gesetzt, und er anerkennt nicht, was direkt aus seinem Seelenabgrund kommt, ohne erst von jener Behörde abgestempelt zu sein.

Die wenig versteckte Ironie des letzten Satzes läßt erkennen, wo Hesse selbst steht. Wenn der »Steppenwolf« nach der Einheit der bewußten und unbewußten Inhalte seiner Person strebt, wenn Mozart und Goethe immer wieder als Leitfiguren im Werdegang Hallers erscheinen, er in ihnen die Verkörperung der ersehnten Ganzheit sieht, dann darf er sich nicht wie der oben dargestellte Bürger verhalten. Er muß dessen Grenzen überschreiten, in diesem Sinn zum »Verrückten« werden. Darauf beziehen sich die zuerst von Hermine und nun von Pablo gestellten bedeutsamen Fragen nach seiner Bereitschaft. Fragwürdig bleibt dabei freilich, ob die von beiden inszenierte Einführung Hallers in die antibürgerliche Welt wirklich ausreicht, ihm die Reife zu attestieren für das »höhere Spiel des Lebens«, das im Zentrum des »magischen Theaters« steht.

Pablo geleitet Haller und Hermine »eine Treppe hinan [!] in ein kleines rundes Zimmer«, wo er sie zunächst bewirtet. Der Weg ins »magische Theater« führt in eine »Schicht von sehr undicht gewordener Wirklichkeit«. Ausdrücklich betont der Erzähler, daß man sich in einem Grenzbereich zwischen Realität und Irrealität befindet, daß Illusion mitspielt und diese verstärkt wird durch den Gebrauch von Drogen: »Zigarette[n], deren Rauch dick wie Weihrauch [!] war«, und eine »Flüssigkeit, die [...] unendlich belebend und beglückend wirkte«, steigern die Vorstellungskraft.

Pablo agiert nicht nur als Inszenator und Führer, er wird auch zum Erklärer und Deuter von Harrys Wesen:

> Sie sind oft Ihres Lebens sehr überdrüssig gewesen, Sie strebten fort von hier, nicht wahr? Sie sehnen sich danach, diese Zeit, diese Welt, diese Wirklichkeit zu verlassen und in eine andre, Ihnen gemäßere Wirklichkeit einzugehen, in eine Welt ohne Zeit. Tun Sie das, lieber Freund, ich lade Sie dazu ein. Sie wissen ja, wo diese andre Welt verborgen liegt, daß es die Welt Ihrer eigenen Seele ist, die Sie suchen. Nur in Ihrem eigenen Innern lebt jene andre Wirklichkeit, nach der Sie sich sehnen. Ich kann Ihnen nichts geben, was nicht in Ihnen selbst schon existiert, ich kann Ihnen keinen andern Bildersaal öffnen als den Ihrer Seele.

Mit Hilfe eines Spiegels läßt er Haller sich in seiner bisherigen Existenz erkennen. Spiegel zählen wie Blumen, Wolf und Lachen zu den aufschlußreichen Symbolen im Werk. So steht z.B. die Araukarie im ersten Teil der ›Aufzeichnungen‹ als Zeichen der gebändigten Natur und als Symbol der Bürgerlichkeit, und die Lotosblüte beim Maskenball versinnbildlicht – wohl indischen Vorstellungen entsprechend – die sinnliche Sphäre.

Der Spiegel ist das neben dem Wolf am häufigsten verwendete Bild in der Erzählung: Von den auf das »magische Theater« hinweisenden Lichterspiegelungen in Pfützen auf dem nassen Asphalt über den Taschenspiegel, den Hermine besitzt, die Spiegelwelt des »magischen Theaters« und Pablos Spiegel bis hin zum Wandspiegel, der den Zerfall Hallers in unzählige Abbilder zeigt, sind Spiegel immer Symbole oder Mittel. Auch Hermines Augen werden zu Spiegeln, in denen Haller seine eigene Seele erkennt, und im Traktat sieht sich Haller wie in einem Spiegel, der ihm zur Ich-Erfahrung verhilft.

Pablos Spiegel zeigt Haller, wie er sich bisher sieht: »traurig«, mit

»schönen, scheuen Augen«, »verirrt und geängstigt«. Weil Haller sich nicht mehr durch die alte Brille des Steppenwolfs sehen soll, wird er von Pablo »eingeladen, sich dieser [...] zu entledigen und diese sehr geehrte Persönlichkeit freundlichst hier in der Garderobe abzulegen, wo sie auf Wunsch jederzeit wieder [zur] Verfügung steht«.

Pablo hält ihn dazu an, sein bisheriges Spiegelbild auszulöschen, indem er es »mit einem aufrichtigen Lachen betrachte[t]« (»Sie lachen zu lehren, ist der Zweck dieser Veranstaltung«). Dann läßt er ihn in einem Korridor mit »unglaublich vielen schmalen Logentüren«, seinem »magischen Theater«, in dem es »nur Bilder, keine Wirklichkeit« gibt, »in einen richtigen Spiegel«, einen »riesengroßen Wandspiegel« schauen:

> Ich sah, einen winzigen Moment lang, den mir bekannten Harry, nur mit einem ungewöhnlich gutgelaunten, hellen, lachenden Gesicht. Aber kaum, daß ich ihn erkannt hatte, fiel er auseinander, löste sich eine zweite Figur von ihm ab, eine dritte, eine zehnte, eine zwanzigste, und der ganze Riesenspiegel war voll von lauter Harrys oder Harry-Stücken, zahllosen Harrys, deren jeden ich nur einen blitzhaften Moment erblickte und erkannte. Einige von diesen vielen Harrys waren so alt wie ich, einige älter, einige uralt, andere ganz jung, Jünglinge, Knaben, Schulknaben, Lausbuben, Kinder. [...], und alle waren ich, und jeder wurde blitzschnell von mir gesehen und erkannt und war verschwunden, nach allen Seiten liefen sie auseinander, nach links, nach rechts, in die Spiegeltiefe hinein, aus dem Spiegel heraus. Einer, ein junger eleganter Kerl, sprang dem Pablo lachend an die Brust, umarmte ihn und lief mit ihm davon. [...] Ich spürte, daß ich jetzt mir selber und dem Theater überlassen sei und trat neugierig von Tür zu Tür, und an jeder las ich eine Inschrift, eine Lockung, ein Versprechen.

Der Spiegel hat Harry die Auflösung seiner Persönlichkeit gezeigt, sein »Ich« zerfällt, und in den folgenden Szenen, in denen er einzelne der beschrifteten Türen öffnet, sieht er sich verschiedenen, in ihm verborgenen oder von ihm ins Unbewußte verdrängten »Möglichkeiten« gegenüber und erfährt auch das Dilemma, in das ihn seine versteckten Neigungen bringen können.

Hinter der ersten geöffneten Tür, mit der Inschrift »Auf zum fröhlichen Jagen! Hochjagd auf Automobile« – der wohl am meisten mißverstandenen Szene –, schließt sich der »frühere Kriegsgegner« Harry »freudig [...] dem Kampfe« gegen die Maschinenwelt an, weil dies ein »höchst sympathischer Krieg« war. Der Versuch, seine »Wandlung« zu begründen, klingt freilich nicht gerade überzeugend:

> [...] was wir tun, ist wahrscheinlich verrückt, und wahrscheinlich ist es dennoch gut und notwendig. Es ist nicht gut, wenn die Menschheit den Verstand überanstrengt und Dinge mit Hilfe der Vernunft zu ordnen

sucht, die der Vernunft noch gar nicht zugänglich sind. Dann entstehen solche Ideale wie das des Amerikaners oder das der Bolschewiken, die beide außerordentlich vernünftig sind, und die doch das Leben, weil sie es gar so naiv vereinfachen, furchtbar vergewaltigen und berauben.

Eine zweite Tür, die Harry auswählt, trägt die Aufschrift »Anleitung zum Aufbau der Persönlichkeit«. Durch einen »Schachspieler« erfährt er dahinter, daß einer, »der das Auseinanderfallen seines Ichs erlebt hat, [...] die Stücke jederzeit in beliebiger Ordnung neu zusammenstellen und [...] damit eine unendliche Mannigfaltigkeit des Lebensspiels erzielen kann«. Aber noch ist er für eine neue Eigengestaltung offenbar nicht reif, »neue Strömungen, stärker als ich«, hindern seine spontane Absicht, »eine Ewigkeit lang mit den Figuren« seines »zerlegten Ichs« zu spielen. Daß er die Figuren bald verliert, ist wohl eines der Zeichen seines (vorläufigen?) Scheiterns.

In einer »Jahrmarktbude« zeigt man ihm das »Wunder der Steppenwolfdressur«. Als dargestellt wird, wie der Wolf am Ende den Menschen »dressiert«, ihn zum Zerrbild seiner selbst (»verfluchter Zerrspiegelzwilling«) macht, wenn er am Ende Kaninchen und Lamm »Fetzen von Fell und Fleisch heraus[reißt]«, »grinsend ihr lebendiges Fleisch [kaut]« und »mit wollust-geschlossenen Augen [...] ihr warmes Blut [trinkt]«, flieht Harry »entsetzt«. Er weiß nun, daß das »magische Theater [...] kein reines Paradies« ist und »alle Höllen [...] unter seiner hübschen Oberfläche« liegen.

»Aufatmend« folgt Haller seinem Jünglings-Ich – im »magischen Theater« ist ja sein Wunsch, »die Überwindung der Zeit«, erfüllt – in den Bereich »Alle Mädchen sind dein«. Hier lebt er sein »ganzes Liebesleben noch einmal durch, unter glücklicheren Sternen«, d.h. alles, was ihm in der Wirklichkeit seiner Jugend nicht erreichbar war, »Wünsche, Träume und Möglichkeiten, die einst einzig in [s]einer Phantasie gelebt hatten, waren jetzt Wirklichkeit«.

Schließlich aber taucht er »[a]us dem unendlichen Strom der Lockungen, der Laster, der Verstrickungen wieder empor. Er fühlt sich jetzt »reif für Hermine«. Diese gehört aber nicht der Vergangenheit seines Wesens an, sie ist im gegenwärtigen Raum daher auch nicht hervorzuholen. Außerdem gehört ihr nicht nur ein Teil seines Ich, »ihr gehört der ganze Harry«. Aber wie sie finden? Es gibt keine Türe mit einer entsprechenden Aufschrift, nur eine, auf der zu lesen ist: »Wie man durch Liebe tötet«. Sie erinnert ihn an den von Hermine früher einmal geäußerten Wunsch, von ihm getötet zu werden. Als er in die Tasche greift, um die Schachfiguren hervorzuholen und – endlich – »die Ordnung [s]eines Schachbretts umzustellen«, findet er nur ein Messer. »Zu Tode erschrocken« läuft er, an den Türen vorbei, durch den Korridor und sieht sich wieder dem großen Spiegel gegenüber, in dem er zunächst einen riesigen Wolf und dann sich selbst erblickt – »mit grauem Gesicht, von allen Spiegeln verlassen, von allen Lastern ermüdet, scheußlich bleich«.

»Harry«, sagte ich, »was tust du da?«
»Nichts«, sagte der im Spiegel, »ich warte nur. Ich warte auf den Tod.«
»Wo ist denn der Tod?« fragte ich.
»Er kommt«, sagte der andre.

Die Atmosphäre hat sich – in Hesses beliebter Kontrastmanier – jäh gewandelt. Die plötzliche Düsternis wird verstärkt durch »eine schöne und schreckliche Musik«, die des letzten Aktes von Mozarts ›Don Giovanni‹, beim Erscheinen des steinernen Gastes: »eisige Klänge [...] aus dem Jenseits, von den Unsterblichen kommend«. Wieder fällt damit ein längst bekanntes Stichwort: die »Unsterblichen« sind ja die Vorbilder Hallers, verkörpert durch Mozart und Goethe. Mit Goethe war er bereits – unmittelbar nach dem ersten Treffen mit Hermine – in einem Traumgespräch konfrontiert. Die Einbeziehung der Traumebene ist kennzeichnend für die Darstellungsweise Hesses, der im Traum eine Möglichkeit sieht, in das Seelenleben des Menschen – und in das seiner Figuren – einzudringen. Goethe ist ein Bild, das die von Haller zu der Zeit noch erstrebte Auflösung der Widersprüche seiner Person versinnbildlicht. Die drei wichtigsten Symbole dieser Traumszene – »Skorpion«, »Frauenbein«, »Molly« – verdeutlichen Hallers noch bestehende Angst vor der Sexualität. Den Skorpion, der an seinem Bein hochzuklettern versucht, bezeichnet er selbst als »ein schönes, gefährliches Wappentier der Weiblichkeit und der Sünde«; mit »Molly« spielt er auf Gottfried August Bürgers Gedichte an seine Geliebte an; das Frauenbein, das Goethe auf Hallers Frage nach Molly aus einer »kostbare[n] Dose« (ebenfalls einem weiblichen Symbol) zieht, das Haller »ganz verliebt machte« und sich dann in den Skorpion verwandelt, vor dem er dennoch »zurückschaudert«, verweist auf den Goethe, der Geist und Sinnlichkeit zu versöhnen wußte. Man darf aber nicht übersehen, daß der Skorpion sowohl in der Traumliteratur wie als Tierkreiszeichen als Zeichen des Todes gilt.

Mit Goethe verbindet den anderen »Unsterblichen«, Mozart, neben der eisigen Kälte (des Todes) das Lachen: »Gelächter, ein helles und eiskaltes Gelächter, aus einem den Menschen unerhörten Jenseits von Gelittenhaben, von Götterhumor geboren«, kündigt die Ankunft Mozarts (»Gott meiner Jugend«) im Korridor des »magischen Theaters« an.

Goethe hatte es in der Traumszene schon angedeutet: »Wir Unsterblichen lieben das Ernstnehmen nicht, wir lieben den Spaß. Der Ernst [...] entsteht [...] aus einer Überschätzung der Zeit [...]. In der Ewigkeit [...] gibt es keine Zeit; die Ewigkeit ist bloß ein Augenblick, gerade lange genug für einen Spaß.« Und am Ende hatte er »heftig in sich hinein[gelacht] mit einem abgründigen Greisenhumor«.

Mozart sieht »nur Spaßes halber [...] zuweilen« dem musikalischen »Metier« noch zu. Er neigt als Figur im »magischen Theater« auch dann noch zu Spaß und Spott, wenn er bemerkt, daß seine Worte über Musik, Leben und angeborene Schuld Haller betroffen machen:

> Vor Lachen überschlug er sich in der Luft und schlug Triller mit den Beinen. Dann schrie er mich an: »He, mein Junge, beißt dich die Zunge, zwickt dich die Lunge? Denkst an deine Leser, die Äser, die armen Gefräßer [...]. Das ist ja zum Lachen, du Drachen, zum lauten Lachen, zum Verkrachen, zum In-die-Hosen-Machen! O du gläubiges Herze, mit deiner Druckerschwärze, mit deinem Seelenschmerze [...]. Gott befohlen, der Teufel wird dich holen, verhauen und versohlen für dein Schreiben und Kohlen, hast ja alles zusammengestohlen.

Unverkennbar ahmt Hesse hier den derben Spaß in Mozarts Briefen an seine Base nach; aber der Hintergrund ist doch ernst. Sowohl Mozart wie Goethe hatten im Leben die Stufe erreicht, die im Traktat als das »dritte Reich«, das des Humors, bezeichnet wurde: »In der Welt zu leben, als sei es nicht die Welt, das Gesetz zu achten und doch über ihm zu stehen [...].« Aber die kritische Absicht, mit der Haller sich Goethe nähert, und wie er sich nach Mozarts Spott gegen diesen wendet, zeigen, daß er die »scheußlich dünne Eisluft« der Unsterblichen (noch) nicht verträgt. »Verwirrt und zerschlagen« findet er sich schließlich wieder: »In einer trüben Welle schwamm ich dahin, trüb gezogen, Sklave, Steppenwolf. Pfui Teufel!«

Größer könnte der Kontrast zwischen Hallers »Lust, ebenso hell, wild und außerirdisch zu lachen wie Mozart« und seinem Zustand nicht sein. Steht Haller wieder am Anfang? Geht es ihm gar wie Faust in der nächtlichen Studierzimmerszene? (»Hatte Philosophie getrieben und satt gekriegt«). War die »Einstimmung« zum Erscheinen Mozarts eine Ankündigung des Todes gewesen?

Die Zerstörung des eigenen Bildes im Spiegel weist jedenfalls darauf hin, der »hallende Gang« (wie im ›Don Giovanni‹) verstärkt diese Erwartung. Aber anders als der Handlungsort im ›Faust‹ ist das »magische Theater« Hesses auch innerhalb der Fiktion kein Ort der Wirklichkeit; es liegt außerhalb der Zeit und die darin sich abspielenden »Handlungen« sind nicht im üblichen Sinn real. So ist auch die »Ermordung« Hermines durch Haller – hinter der Tür mit der Aufschrift »Wie man durch Liebe tötet« – nicht als wirkliche Tötung zu verstehen. Und die Bestrafung Hallers auf der Guckkastenbühne »Harrys Hinrichtung« bedeutet ebenfalls nicht Tod. Für sein Vergehen der Verwechslung des »schönen Bildersaal[s] mit der Wirklichkeit« wird Haller verurteilt zu ewigem Leben, »zum zwölfstündigen Entzug der Eintrittsbewilligung« ins »magische Theater« und zur »Strafe einmaligen Ausgelachtwerdens«. Noch einmal wird ihm erklärt, was der Leser längst begriffen hat:

> Sie werden sich [...] daran gewöhnen müssen, der Radiomusik des Lebens weiter zuzuhören [Haller hatte vorher von einem »teuflischen Blechtrichter« gesprochen, aus dem »jene Mischung von Bronchialschleim und zerkautem Gummi« ertöne, den die »Abonnenten des Radios übereingekommen sind, Musik zu nennen«; Hrsg.]. Es wird Ihnen gut tun [...], so allmählich werden Sie nun doch begriffen haben, was von Ihnen verlangt wird. [...] Sie sollen den Humor des Lebens, den Galgenhumor dieses Lebens erfassen. [...] Sie sollen leben, und Sie sollen das Lachen lernen. Sie sollen die verfluchte Radiomusik des Lebens anhören lernen, sollen den Geist hinter ihr verehren, sollen über den Klimbim in ihr lachen lernen. Fertig, mehr wird nicht von Ihnen verlangt.«

Der Roman bleibt im Ergebnis offen. Haller hat unter anderem mit den Figuren, die in ihm sind, »leider nicht umzugehen verstanden«, Pablo läßt aber Möglichkeiten und Hoffnung: »[...] ich glaubte, du habest das Spiel besser gelernt. Nun, es läßt sich korrigieren [...].« Haller ist ja nur für zwölf Stunden aus dem »magischen Theater« ausgeschlossen. Und sein letztes Wort heißt:

> »Einmal würde ich das Figurenspiel besser spielen. Einmal würde ich das Lachen lernen. Pablo wartete auf mich. Mozart wartete auf mich.«

Mit dem ›Steppenwolf‹ endet die Periode in Hesses Schaffen, in der er die Selbstanalyse und die eigenen psychischen Konflikte deutlich erkennen läßt. »Bekenntnisse« schreibt er freilich weiterhin. Sie führen über ›Narziß und Goldmund‹ (1930) und ›Die Morgenlandfahrt‹ (1932) zu dem eigentlichen Abschluß seines Erzählwerks mit dem Roman ›Das Glasperlenspiel‹ (1943 bzw. 1946), in dem er noch einmal die zentralen Motive seines Schaffens aufgreift: Individuum und Gesellschaft, der Gegensatz von Weltzugewandtheit und kontemplativem Leben, Geist und Seele in einer mechanisierten Gegenwart.

Robert Musil
Der Mann ohne Eigenschaften

Robert Musils *opus magnum* ›Der Mann ohne Eigenschaften‹ ist längst zu einem Mythos der literarischen Moderne geworden; als ein gesamteuropäisches Ereignis muß dieser epische Großentwurf – nach übereinstimmender Meinung der internationalen Forschung – neben die

Epik etwa von Kafka, Joyce oder Proust gestellt werden. Die langwierige und komplizierte Entstehungs- und Publikationsgeschichte des Romans, die Tatsache, daß er trotz seines beträchtlichen Umfangs Fragment geblieben ist, schließlich Erzähl- und Struktureigentümlichkeiten, die allen Traditionen der Gattung widersprechen: dies alles hat dazu geführt, daß das Werk beim Großteil der Leserschaft mehr Gerücht geblieben als zum geistigen Besitz geworden ist. In der Tat erschließt sich das Buch nur geduldigem und konzentriertem Studium.

Robert Musil, 1880 in Klagenfurt geboren, in Steyr und Brünn aufgewachsen, gab nach dem kurzen Versuch, eine Offizierslaufbahn einzuschlagen, seinen Neigungen zur Naturwissenschaft und Technik, zu Philosophie und Literatur nach. Die Doktorprüfung in Philosophie, Physik und Mathematik, die Dissertation über den Philosophen Ernst Mach (1908) weisen auf die Richtung der intellektuellen Entwicklung Musils hin; der schon 1906 publizierte Kurzroman ›Die Verwirrung des Zöglings Törleß‹ (s. Bd. 8, S. 132ff.) belegt seine frühe literarische Meisterschaft. Erzählungen (›Drei Frauen‹, 1924; ›Die Amsel‹, 1928), Dramen (›Die Schwärmer‹, 1921; ›Vinzenz und die Freundin bedeutender Männer‹, 1924) und eine große Zahl von Essays, Theaterkritiken und Rezensionen folgten. Sie alle aber konnten nicht darüber hinwegtäuschen, daß Musil sich in seiner Arbeit immer wieder von Schreibhemmungen behindert sah. Man kann dies leicht an der Entstehungsgeschichte des Romans ›Der Mann ohne Eigenschaften‹ erkennen: Seit 1919 arbeitete Musil mit wechselnder Intensität an dem Roman, der erste Band (Teil 1 und 2) konnte jedoch erst im Oktober 1930 erscheinen. Ein zweiter Band (Teil 3) folgte im Dezember 1932, einer Fortsetzung, gar einem Abschluß des Werks waren die Zeitumstände nicht mehr günstig: Zwanzig weitere Kapitel waren 1938 schon gesetzt, wurden von Musil aber zurückgezogen. Im August desselben Jahres verließ er mit seiner Frau Österreich (der »Anschluß« hatte schon im März dieses Jahres stattgefunden); die letzten Lebensjahre verbrachte er in der Schweiz. 1942 starb er in Genf, angesichts des ringsum tobenden Krieges unbeachtet von der Öffentlichkeit; nur acht Trauergäste standen an seinem Grab.

1943 publizierte Musils Witwe im Selbstverlag einen dritten Band, um den sich der Künstler bis zuletzt gemüht hatte. Erst eine Neuausgabe aus dem Jahr 1952 (herausgegeben von Adolf Frisé) lenkte die Aufmerksamkeit interessierter Leser wieder auf dieses Werk; aus dem Nachlaß konnte eine derart große Zahl von Bruchstücken erschlossen und zugänglich gemacht werden, daß heute in der neunbändigen (Taschenbuch-)Gesamtausgabe der sämtlichen Werke Musils allein dieses ungeheure Romanfragment die ersten fünf Bände einnimmt.

Im Gegensatz zum einschüchternden Umfang und Anspruch erscheint dessen Anfang fast spielerisch leicht. Indem er schon durch die

Überschriften innerhalb des Romans signalisiert, Traditionen nicht besonders ernst zu nehmen, nützt der Autor den Erzählbeginn dazu, die durch den literarischen Realismus des 19. Jahrhunderts geprägten Erzählkonventionen beiseite zu schieben: ›Eine Art Einleitung‹ (die immerhin 19 Kapitel umfaßt) nennt er den ersten Teil, ausdrücklich wird das Informationsbedürfnis des Lesers enttäuscht, wenn die Überschrift des ersten Kapitels lautet: ›Woraus bemerkenswerter Weise nichts hervorgeht‹.

> Über dem Atlantik befand sich ein barometrisches Minimum; es wanderte ostwärts, einem über Rußland lagernden Maximum zu, und verriet noch nicht die Neigung, diesem nördlich auszuweichen. Die Isothermen und Isotheren taten ihre Schuldigkeit. Die Lufttemperatur stand in einem ordnungsgemäßen Verhältnis zur mittleren Jahrestemperatur, zur Temperatur des kältesten wie des wärmsten Monats und zur aperiodischen monatlichen Temperaturschwankung. Der Auf- und Untergang der Sonne, des Mondes, der Lichtwechsel des Mondes, der Venus, des Saturnringes und viele andere bedeutsame Erscheinungen entsprachen ihrer Voraussage in den astronomischen Jahrbüchern. Der Wasserdampf in der Luft hatte seine höchste Spannkraft, und die Feuchtigkeit der Luft war gering.
> Mit einem Wort, das das Tatsächliche recht gut bezeichnet, wenn es auch etwas altmodisch ist: Es war ein schöner Augusttag des Jahres 1913.

Ein so banaler Sachverhalt und ein solch übertriebener Aufwand an meteorologischer und astronomischer »Exaktheit«! Offenbar will sich hier gleich zu Beginn ein Erzähler als Repräsentant des Zeitalters naturwissenschaftlich-exakter Welterklärung darstellen; gleichzeitig muß er jedoch einräumen, daß »das Tatsächliche recht gut« auch mit einer absolut konventionellen Einleitungsformel »bezeichnet« werden kann. Beim verblüfften Leser regen sich folglich erste Zweifel: Im allgemeinen gewohnt daran, die Überlegenheit wissenschaftlicher Denkweisen gegenüber seinem normalen Alltagsbewußtsein als selbstverständlich zu akzeptieren, mag er sich fragen, wie nützlich und effektiv diese denn nun tatsächlich hinsichtlich der Orientierung in Raum und Zeit sind. Auffällig ist daneben, wie die teilweise exotisch wirkenden Fakten präsentiert werden: Ganz abgesehen von der naheliegenden Frage, was wohl der »Lichtwechsel« von Mond, Venus und Saturnring zur Schönheit des Augusttags beitragen könnte, signalisiert die Anthropomorphisierung der meteorologischen Phänomene (»verriet noch nicht die Neigung«, »taten ihre Schuldigkeit«) ironische Distanz. Konträr zum Wissenschaftsjargon öffnet das epische Präteritum einen fiktiven Raum. Warum und nach welchen Kriterien gerade diese Informationen zur Fixierung von Zeit und Raum gewählt werden und nicht andere (wie z.B. Längen- und Breitengrade, Meereshöhe, Klimazone), wird nämlich nicht begründet.

Geklärt wird im folgenden Abschnitt immerhin, daß der Schauplatz des Romans die »Reichshaupt- und Residenzstadt Wien« von »Kakanien« (Musils Bezeichnung für die untergegangene k. u. k. Monarchie Österreich-Ungarn) ist, doch wird die Relevanz auch dieser Information sofort wieder eingeschränkt:

> Die Überschätzung der Frage, wo man sich befinde, stammt aus der Hordenzeit, wo man sich die Futterplätze merken mußte. Es wäre wichtig, zu wissen, warum man sich bei einer roten Nase ganz ungenau damit begnügt, sie sei rot, und nie danach fragt, welches besondere Rot sie habe, obgleich sich das durch die Wellenlänge auf Mikromillimeter genau ausdrücken ließe; wogegen man bei etwas so viel Verwickelterem, wie es eine Stadt ist, in der man sich aufhält, immer durchaus genau wissen möchte, welche besondere Stadt das sei. Es lenkt von Wichtigerem ab.

Ausgespart wird vom Erzähler, was dieses Wichtigere ist, welcher Stellenwert der Exaktheit zukommt, bleibt in der Schwebe, während die Unerheblichkeit des Aufenthaltsortes begründet wird mit der Austauschbarkeit von Großstadtphysiognomien:

> Es soll auf den Namen der Stadt kein besonderer Wert gelegt werden. Wie alle großen Städte bestand sie aus Unregelmäßigkeit, Wechsel, Vorgleiten, Nichtschritthalten, Zusammenstößen von Dingen und Angelegenheiten, bodenlosen Punkten der Stille dazwischen, aus Bahnen und Ungebahntem, aus einem großen rhythmischen Schlag und dem ewigen Verstimmung und Verschiebung aller Rhythmen gegeneinander, und glich im ganzen einer kochenden Blase, die in einem Gefäß ruht, das aus dem dauerhaften Stoff von Häusern, Gesetzen, Verordnungen und geschichtlichen Überlieferungen besteht.

Wer sich nun auf solche Äußerungen hin einen Großstadtroman in der Art von Döblins ›Berlin Alexanderplatz‹ (s. S. 108 ff.) erwartet, sieht sich abermals getäuscht, und wenn sich nach den Angaben zur Topographie der Blickwinkel des Erzählers auf ein Paar verengt, die »beiden Menschen [...] gehörten ersichtlich einer bevorzugten Gesellschaftsschicht an«, wird doch schon wenige Zeilen später dem Leser fast genüßlich bedeutet, er möge nicht vorschnell den Beginn einer Geschichte erwarten:

> Angenommen, sie würden Arnheim und Ermelinda Tuzzi heißen, was aber nicht stimmt, denn Frau Tuzzi befand sich im August in Begleitung ihres Gatten in Bad Aussee und Dr. Arnheim noch in Konstantinopel, so steht man vor dem Rätsel, wer sie seien.

Der, was Logik und inneren Zusammenhang betrifft, wahrlich ins Bodenlose führende Satz mischt Exaktes und Unbestimmtes, nennt Namen von Figuren, die erst sehr viel später im Roman auftauchen, und bezeichnet ein »Rätsel«, von dem es dann allerdings heißt, es löse »sich in bemerkenswerter Weise dadurch auf, daß man es vergißt«.

Reaktionen auf einen Verkehrsunfall, dessen Zeuge das »elegante Paar« wird – ebenfalls ein Ereignis, aus dem weiter »nichts hervorgeht« – verdeutlichen am Ende des ersten Kapitels noch einmal die Ambivalenz der vom Autor gewollten Genauigkeit:

> Die Dame fühlte etwas Unangenehmes in der Herz-Magengrube, das sie berechtigt war für Mitleid zu halten; es war ein unentschlossenes, lähmendes Gefühl. Der Herr sagte nach einigem Schweigen zu ihr: »Diese schweren Kraftwagen, wie sie hier verwendet werden, haben einen zu langen Bremsweg.« Die Dame fühlte sich dadurch erleichtert und dankte mit einem aufmerksamen Blick. Sie hatte dieses Wort wohl schon manchmal gehört, aber sie wußte nicht, was ein Bremsweg sei, und wollte es auch nicht wissen; es genügte ihr, daß damit dieser gräßliche Vorfall in irgend eine Ordnung zu bringen war und zu einem technischen Problem wurde, das sie nicht mehr unmittelbar anging. [...] Man ging fast mit dem berechtigten Eindruck davon, daß sich ein gesetzliches und ordnungsgemäßes Ereignis vollzogen habe.

Der zutiefst menschliche Wunsch, eine Welt zu bewohnen, die sich rational ordnen, überschauen und erklären läßt, verfällt deutlich der Ironie des Erzählers, ein vorgegebener Zusammenhang der Dinge, aus dem zum Beispiel »dieser gräßliche Vorfall« abgeleitet oder in den er integriert werden könnte, besteht nur als vereinfachende, lebensfreundliche Illusion.

Die Absicht des Autors ist offenkundig: Spielt er eingangs gegen den Genauigkeitsanspruch der Naturwissenschaften die Hinlänglichkeit des Alltagsbewußtseins aus, so stellt er dessen scheinbaren Gewißheiten eine »phantastische Genauigkeit«, eine »paradoxe Verbindung von exakt und nichtexakt, von Genauigkeit und Leidenschaft« entgegen. Allgemeiner ausgedrückt – nach einer Notiz Musils: »Dieses Buch hat eine Leidenschaft, die im Gebiet der schönen Lit. heute einigermaßen deplaziert ist, die nach Richtigkeit/Genauigkeit.« Diese »Utopie der Exaktheit«, die »Utopie des exakten Lebens« ist natürlich niemals erreichbar, aber bereits die gleichzeitig passionierten und spielerischen Versuche einer Annäherung müssen den Umfang des Romans anschwellen lassen; so gerät er zu einer Folge von Experimenten, die sich als episches »Sprachlabor« darstellen.

Aus der Verbindung von Leidenschaft und Spieltrieb resultiert auch eine von Grund auf ironische Erzählhaltung. »Welt« und »Leben« erscheinen – so betrachtet – als entwicklungs- und richtungslos: Je genauer sie untersucht werden, um so deutlicher wird, daß es verzweifelt wenig Wert habe, wenn da die Gewehre, dort die Könige abgeschafft werden und irgendein kleiner oder großer Fortschritt die Dummheit und Schlechtigkeit vermindert; denn das Maß der Widerwärtigkeiten und Schlechtigkeiten wird augenblicklich wieder durch neue aufgefüllt, als glitte das eine Bein der Welt immer zurück, wenn sich das andere vorschiebt. *(Kapitel 7)*

Diese Weltsicht führt zur resignativen Melancholie und abgründigen Trauer, die den Roman prägen, sie erzeugt aber auch dessen spirituelle Komik und oft fast frivole Heiterkeit. Im Prinzip »Geist« sind für den Erzähler beide Haltungen verschmolzen, vor der Prüfung durch diese Instanz hat nichts Festes, nichts Heiliges Bestand, keine Ordnung, keine Bindung:

> Der Geist hat erfahren, daß Schönheit gut, schlecht, dumm oder bezaubernd macht. Er zerlegt ein Schaf und einen Büßer und findet in beiden Demut und Geduld. Er untersucht einen Stoff und erkennt, daß er in großen Mengen ein Gift, in kleineren ein Genußmittel sei. Er weiß, daß die Schleimhaut der Lippen mit der Schleimhaut des Darms verwandt ist, weiß aber auch, daß die Demut dieser Lippen mit der Demut alles Heiligen verwandt ist. Er bringt durcheinander, löst auf und hängt neu zusammen. [...] Er anerkennt nichts Unerlaubtes und nichts Erlaubtes, denn alles kann eine Eigenschaft haben, durch die es eines Tages teil hat an einem großen, neuen Zusammenhang. *(Kapitel 40)*

Für das Erzählwerk Musils hat das so umschriebene Prinzip »Geist« die Folge, daß jenes immer und überall zu längeren oder kürzeren Exkursen ausholen oder ausufern kann. Die Form eines essayistischen Romans entsteht, der in seiner Tendenz zur Totalität, in seiner Begierde, die ganze Welt in sich hineinzuschlingen, in seinem Durcheinanderwogen von Gestalten und Gedanken, Ereignissen und Betrachtungen zum literarischen Monstrum sich entwickelt, ebenso großartig wie problematisch. Natürlich führt eine solche Erzählform letztlich weg von einem stringenten Handlungsverlauf; in der oben zitierten Notiz Musils heißt es weiter: »Die Geschichte dieses Romans kommt darauf hinaus, daß die Geschichte, die in ihm erzählt werden sollte, nicht erzählt wird.«

Der einzig angemessene Held eines derartigen epischen Unternehmens ist der »Mann ohne Eigenschaften«: Ulrich, 32 Jahre alt, führt ein großbürgerlich-aristokratisches Leben, betrachtet sich einer geistigen Elite zugehörig, sieht »mit Ausnahme des Geldverdienens, das er nicht nötig [hat], alle von seiner Zeit begünstigten Fähigkeiten und Eigenschaften in sich«, aber, wie es im Nachsatz ironisch heißt, »die Möglichkeit ihrer Anwendung war ihm abhanden gekommen«. Er besitzt einen »Möglichkeitssinn« (»Wenn es [...] Wirklichkeitssinn gibt, [...] dann muß es auch etwas geben, das man Möglichkeitssinn nennen kann«), gehört zu den »Möglichkeitsmenschen«, die »in einem feineren Gespinst, in einem Gespinst von Dunst, Einbildung, Träumerei und Konjunktiven« leben. Der Konjunktiv ist für Ulrich also nicht bloß ein Modus des Verbs, sondern ein Modus der Existenz. Schon als Kind hat er in einem Schulaufsatz diese Lebenshaltung ausgesprochen:

> Ulrich schrieb in seinem Aufsatz über die Vaterlandsliebe, daß ein ernster Vaterlandsfreund sein Vaterland niemals das beste finden dürfe; ja mit einem Blitz, der ihn besonders schön dünkte, obgleich er mehr von seinem Glanz geblendet wurde, als daß er sah, was darin vorging, hatte er diesem verdächtigen Satz noch den zweiten hinzugefügt, daß wahrscheinlich auch Gott von seiner Welt am liebsten im Conjunctivus potentialis spreche [...], denn Gott macht die Welt und denkt dabei, es könnte ebensogut anders sein. [...] [M]an hätte ihn beinahe aus der Schule entfernt, wenngleich man zu keinem Entschluß kam, weil man sich nicht entscheiden konnte, ob seine vermessene Bemerkung als Lästerung des Vaterlands oder als Gotteslästerung aufzufassen sei.

Zum Zeitpunkt des Romananfangs hat Ulrich bereits drei Versuche hinter sich, »ein bedeutender Mann zu werden«. Rückblickend berichtet der Erzähler, warum und inwiefern diese Versuche gescheitert sind, was immerhin dazu geführt hat, daß der Protagonist »beschloß [...], sich ein Jahr Urlaub von seinem Leben zu nehmen, um eine angemessene Anwendung seiner Fähigkeiten zu suchen«. Ernüchtert hat er zuerst der Offizierslaufbahn den Rücken gekehrt:

> Er hatte erwartet, sich auf einer Bühne welterschütternder Abenteuer zu befinden, deren Held er sein werde, und sah mit einemmal einen betrunkenen jungen Mann auf einem leeren weiten Platz randalieren, dem nur die Steine antworten.

Enttäuscht wurde er aber auch von seiner Tätigkeit als Techniker, trotz der anfänglichen (an die Vertreter des italienischen Futurismus erinnernden) Begeisterung für das Ingenieurwesen: »Wozu braucht man noch den Apollon von Belvedere, wenn man die neuen Formen des Turbodynamo oder das Gliederspiel einer Dampfmaschinensteuerung vor Augen hat!« Irritiert registrierte Ulrich jedoch

> Männer, die mit ihren Reißbrettern fest verbunden waren, ihren Beruf liebten und in ihm eine bewundernswerte Tüchtigkeit besaßen; aber den Vorschlag, die Kühnheit ihrer Gedanken statt auf ihre Maschinen auf sich selbst anzuwenden, würden sie ähnlich empfunden haben wie die Zumutung, von einem Hammer den widernatürlichen Gebrauch eines Mörders zu machen.

Der »wichtigste Versuch« Ulrichs, Bedeutsamkeit zu erlangen, bestand darin, sich der »harten, mutigen, beweglichen, messerkühlen und -scharfen Denklehre der Mathematik« zuzuwenden, die er »liebte, wegen der Menschen, die sie nicht ausstehen mochten«. Als Sprachrohr des Autors macht er sich lustig über »Geistliche, Historiker und Künstler«, die die Mathematik verurteilen als Widersacherin von Herz, Seele, Glaube und Liebe, aus denen sie »gute Einkünfte [...] beziehen«:

> Die innere Dürre, die ungeheuerliche Mischung von Schärfe im Einzelnen und Gleichgültigkeit im Ganzen, das ungeheure Verlassensein des Menschen in einer Wüste von Einzelheiten, seine Unruhe, Bosheit, Herzensgleichgültigkeit ohnegleichen, Geldsucht, Kälte und Gewalttätigkeit, wie sie unsre Zeit kennzeichnen, sollen nach diesen Berichten einzig und allein die Folge der Verluste sein, die ein logisch scharfes Denken der Seele zufügt! Und so hat es auch schon damals, als Ulrich Mathematiker wurde, Leute gegeben, die den Zusammenbruch der europäischen Kultur voraussagten, weil kein Glaube, keine Liebe, keine Einfalt, keine Güte mehr im Menschen wohne, und bezeichnenderweise sind sie alle in ihrer Jugend- und Schulzeit schlechte Mathematiker gewesen.

Letztlich erkennt Ulrich aber, daß er auch mit der Hinwendung zur Wissenschaft nur »Bruchstücke einer neuen Art zu denken wie zu fühlen« errungen hat, seine Fachkollegen erscheinen ihm »wie Opiatiker und Esser einer seltsam bleichen Droge, die ihnen die Welt mit der Vision von Zahlen und dinglosen Verhältnissen bevölkerte«. Für den Protagonisten ist damit, d. h. schon vor dem Einsetzen einer möglichen Romanhandlung, die Entwicklung abgeschlossen: beim ›Mann ohne Eigenschaften‹ handelt es sich nicht um einen Bildungsroman. Obwohl Ulrich »in seiner Wissenschaft nicht wenig geleistet« hat, ist er »das geblieben, was man eine Hoffnung nennt«.

> Und eines Tages hörte Ulrich auch auf, eine Hoffnung sein zu wollen. Es hatte damals schon die Zeit begonnen, wo man von Genies des Fußballrasens oder des Boxrings zu sprechen anhub [...]. Aber gerade da las Ulrich irgendwo [...] plötzlich das Wort »das geniale Rennpferd«. Es stand in einem Bericht über einen aufsehenerregenden Rennbahnerfolg, und der Schreiber war sich der ganzen Größe seines Einfalls vielleicht gar nicht bewußt gewesen, den ihm der Geist der Gemeinschaft in die Feder geschoben hatte. [...] [I]n seiner Kasernenjugend hatte Ulrich kaum von anderem sprechen hören als von Pferden und Weibern und war dem entflohn, um ein bedeutender Mensch zu werden, und als er sich nun nach wechselvollen Anstrengungen der Höhe seiner Bestrebungen vielleicht hätte nahefühlen können, begrüßte ihn von dort ein Pferd, das ihm zuvorgekommen war.

In dieser Passage (aus Kapitel 13: ›Ein geniales Rennpferd reift die Erkenntnis, ein Mann ohne Eigenschaften zu sein‹) scheint es nur der gedankenlose, törichte Umgang der Presse mit dem Geniebegriff zu sein, der Ulrich davon überzeugt, auf Eigenschaften überhaupt verzichten zu können. Als Begründung für den Romantitel ist das aber nicht ausreichend. Sehr viel grundsätzlicher wird der Gedanke im Kapitel 39 (»Ein Mann ohne Eigenschaften besteht aus Eigenschaften ohne Mann«) ausgeführt:

> Man ist früher mit besserem Gewissen Person gewesen als heute. Die Menschen glichen den Halmen im Getreide; sie wurden von Gott, Hagel, Feuersbrunst, Pestilenz und Krieg wahrscheinlich heftiger hin und her bewegt als jetzt, aber im ganzen, stadtweise, landstrichweise, als Feld, und was für den einzelnen Halm außerdem noch an persönlicher Bewegung übrig blieb, das ließ sich verantworten und war eine klar abgegrenzte Sache. Heute dagegen hat die Verantwortung ihren Schwerpunkt nicht im Menschen, sondern in den Sachzusammenhängen. Hat man nicht bemerkt, daß sich die Erlebnisse vom Menschen unabhängig gemacht haben? Sie sind aufs Theater gegangen, in die Bücher, in die Berichte der Forschungsstätten und Forschungsreisen, in die Gesinnungs- und Religionsgemeinschaften, die bestimmte Arten des Erlebens auf Kosten der anderen ausbilden wie in einem sozialen Experimentalversuch, und sofern die Erlebnisse sich nicht gerade in der Arbeit befinden, liegen sie einfach in der Luft; wer kann da heute noch sagen, daß sein Zorn wirklich sein Zorn ist, wo ihm so viele Leute dreinreden und es besser verstehen als er?! Es ist eine Welt von Eigenschaften ohne Mann entstanden, von Erlebnissen ohne den, der sie erlebt, und es sieht beinahe aus, als ob im Idealfall der Mensch überhaupt nichts mehr privat erleben werde und die freundliche Schwere der persönlichen Verantwortung sich in ein Formelsystem von möglichen Bedeutungen auflösen solle.

Die Eigenschaftslosigkeit kennzeichnet also die sozialgeschichtliche Entwicklungsstufe einer entgötterten, durchrationalisierten Welt, auf der sich die Erlebnisse (aus denen Eigenschaften resultieren könnten) von den Menschen abgelöst haben, auf der individuelle Verantwortung übergegangen ist an »Sachzusammenhänge« (bzw. »Sachzwänge«, wie man das heute wohl nennen würde).

Am Ende der umfangreichen ›Einleitung‹ scheint sich plötzlich doch so etwas wie eine Romanhandlung zu entwickeln. In einem Brief wird Ulrich von seinem Vater beauftragt, sich an der sogenannten »Parallelaktion« zu beteiligen. Hintergrund für diesen (fiktiven) patriotischen Plan ist das zeitliche Zusammentreffen von zwei Regierungsjubiläen.

> In Deutschland soll im Jahre 1918 [...] eine große, der Welt die Größe und Macht Deutschlands ins Gedächtnis prägende Feier des dann eingetretenen 30jährigen Regierungsjubiläums Kaiser Wilhelms II. stattfinden [...].

> Nun weißt Du wohl auch, daß in dem gleichen Jahre unser verehrungswürdiger Kaiser [Franz Joseph I.; Hrsg.] das 70jährige Jubiläum Seiner Thronbesteigung feiert [...]. Bei der Bescheidenheit, die wir Österreicher allzusehr in allen Fragen haben, die unser eigenes Vaterland betreffen, steht zu befürchten, daß wir [...] wieder einmal ein Königgrätz erleben, das heißt, daß uns die Deutschen mit ihrer auf Effekt geschulten Methodik zuvorkommen werden [...]. [I]ch kann Dir verraten, daß in Wien eine Aktion im Gange ist, um das Eintreffen dieser Befürchtung zu verhindern und das volle Gewicht eines 70jährigen, segens- und sorgenreichen Jubiläums gegenüber einem bloß 30jährigen zur Geltung zu bringen. [...] [Man ist] auf den glücklichen Gedanken verfallen, das ganze Jahr 1918 zu einem Jubiläumsjahr unseres Friedenskaisers auszugestalten.

Dieser Einfall Musils – österreichische Inferioritätskomplexe und deren (Über-)Kompensation – hätte ohne weiteres die Grundlage für einen satirischen Epochenroman, getönt von tragischer Ironie, abgeben können. 1918 ist ja nicht nur der »Friedenskaiser« Franz Joseph schon zwei Jahre tot, es ist, im Gefolge eines verlorenen Krieges, das Todesjahr Österreich-Ungarns (und des deutschen Kaiserreichs), die Parallelaktion wäre somit von Anfang an zu einem »Beerdigungsunternehmen« (Wilfried Berghahn) geworden. Der Anspruch des Autors zielt aber viel weiter und höher als es eine vordergründig politische Satire in ihrer Zeitgebundenheit vermöchte. Obwohl die »Parallelaktion« eindeutig den Schwerpunkt des auf die Einleitung folgenden ›Ersten Buches‹ bildet, entsteht eine eigentliche Aktion im Sinne einer erzählbaren Handlung nicht. Ulrich wird zwar Sekretär im Vorbereitungskomitee des geplanten »österreichischen Jahres« und tritt so in Kontakt zu einer ganzen Reihe weiterer Romanfiguren, das Komitee scheitert jedoch schon bei der Suche nach einer zentralen, leitenden Idee. »Jedesmal wenn [man] sich [...] für eine solche Idee entschieden hatte, mußte [man] bemerken, daß es auch etwas Großes wäre, das Gegenteil davon zu verwirklichen.« An die Stelle von Handlung treten Gespräche und Diskussionen, die, da sie sich ständig im Kreise drehen, schon bald als bloßes Gerede erkennbar werden. Der Roman stellt also dar, »wie und warum das besondere Reden der Parallelaktion nicht zum bewußten Sprechen wird und darum das Handeln als Sprechen wie die Gespräche der Parallelaktion Gerede bleiben und darum Gerede die universelle Erscheinung der Wirklichkeit der Epoche ist« (Helmut Arntzen). Daran mag es liegen, daß die Gestalten und Situationen, die Musil geschaffen hat, sich dem Leser unauslöschlich einprägen, »indes die ausschweifende Reflexion, trotz der ungewöhnlichen Intelligenz, die sie produziert, oft ins Unbestimmte verdunstet« (Ernst Fischer). Zum Schluß des gesamten Romanfragments sind immer größere »Kreise der Bevölkerung« in das »hochgeistige und vaterländisch so erfreuliche Unternehmen« einbezogen, die »Parallelaktion paradierte in Licht und

Glanz; Augen strahlten, Schmuck strahlte, Namen strahlten, Geist strahlte«, aber bereits der nächste Satz bringt die Ernüchterung: »Ein Geisteskranker könnte unter Umständen folgern, daß die Augen, der Schmuck, die Namen und der Geist [...] auf das gleiche hinauskommen: er befände sich damit nicht ganz im Unrecht.«

Im Zentrum aller organisatorischen Anstrengungen hinsichtlich des zu feiernden »österreichischen Jahrs« stehen Ulrichs Kusine Hermine (bzw. wie sie sich lieber nennt: Ermelinda) Tuzzi, Gemahlin eines »Sektionschefs« im Außenministerium, und der »Reichsgraf« Leinsdorf, »Erfinder der großen vaterländischen Aktion«, in seiner Mischung aus Beschränktheit und Verbindlichkeit, aus Vornehmheit und Naivität, aus Welterfahrung und Ahnungslosigkeit der Inbegriff des altösterreichischen Adeligen.

> Er war vom »Volk« überzeugt, daß es »gut« sei; da nicht nur seine vielen Beamten, Angestellten und Diener von ihm abhingen, sondern in ihrem wirtschaftlichen Bestehen zahllose Menschen, hatte er es nie anders kennengelernt, ausgenommen die Sonn- und Feiertage, wo es als freundlich buntes Gewimmel aus den Kulissen quillt wie ein Opernchor. Was nicht zu dieser Vorstellung stimmte, führte er deshalb auf »hetzerische Elemente« zurück; es war für ihn das Werk verantwortungsloser, unreifer und sensationssüchtiger Individuen. [...] Er war fest überzeugt, daß sogar der wahre Sozialismus mit seiner Auffassung übereinstimme [...]. Es ist ja klar, daß den Armen zu helfen eine ritterliche Aufgabe ist und daß für den wahren Hochadel eigentlich kein so großer Unterschied zwischen einem bürgerlichen Fabrikanten und seinem Arbeiter bestehen kann; »wir alle sind ja im Innersten Sozialisten« war ein Lieblingsspruch von ihm und hieß ungefähr so viel und nicht mehr, wie daß es im Jenseits keine sozialen Unterschiede gibt.

Zu diesem engen Kreis, dem nun auch Ulrich angehört, tritt der preußische Großindustrielle Dr. Paul Arnheim, Vertreter des modernen Monopolkapitals. Wie man seit geraumer Zeit weiß, stand Musil bei der Zeichnung dieser Figur Walther Rathenau (1867–1922) vor Augen.

Mit der fundamentalen Abneigung des Österreichers gegen den auftrumpfenden Deutschen zeichnet Musils Sprachrohr Ulrich diesen Arnheim:

> Er mochte Arnheim nicht ausstehen, schlechtweg als Daseinsform nicht, grundsätzlich [...]. Diese Verbindung von Geist, Geschäft, Wohlleben und Belesenheit war ihm im höchsten Grade unerträglich. [...] Fraglich und ungewiß war es, ob Arnheim, wenn er von Seele sprach, selbst an sie glaubte und dem Besitz einer Seele die gleiche Wirklichkeit zuschrieb wie einem Aktienbesitz.

In Hermine Tuzzi, die Ulrich »Diotima« nennt (»nach jener berühmten Dozentin der Liebe«), hat Arnheim eine ideale Partnerin gefunden, die ihn als ihren »Seelengeliebten« verehrt, obwohl sie »keine Ahnung von der Natur ihres Gefühls« hat. Er ist

> entzückt, als er in Diotima eine Frau antraf, die nicht nur seine Bücher gelesen hatte, sondern als eine von leichter Korpulenz bekleidete Antike auch seinem Schönheitsideal entsprach, das hellenisch war, mit einem bißchen mehr Fleisch, damit das Klassische nicht so starr ist.

Unbefriedigt in ihrer Ehe, »eingerollt in das dünngebürstete Kleid ihrer Korrektheit«, gleichwohl nach Erfüllung dürstend, ist Diotima »entschlossen, jetzt oder nie ihrem Gatten zu beweisen, daß ihr Salon kein Spielzeug sei«. Der Roman läßt allerdings keine Zweifel daran, daß es bloß verschwommene, unernste, pompöse »Ideen« sind, mit denen sie die »Parallelaktion« vorwärtstreiben will.

Sehr viel schärfer und mit ernsterer Absicht ist das Paar Clarisse und Walter gezeichnet. Clarisse hat den Jugendfreund Ulrichs geheiratet, weil sie »Walter seit ihrem fünfzehnten Jahr für ein Genie gehalten« hat. »Sie erlaubte ihm nicht, keines zu sein. [...] Sie wollte die Gefährtin eines großen Menschen sein und rang mit dem Schicksal.« Dem brennenden Ehrgeiz, mit dem sie ihren Mann zu Höchstleistungen auf dem Gebiet der Musik anzutreiben versucht, antwortet von seiner Seite aber eher die Neigung, in der rauschhaften Musik Richard Wagners zu versinken. Während sie

> aus ihrer ganzen Seele alle Wollust der Kunst [verabscheut] und [...] sich zu allem Mager-Strengen hingezogen [fühlt], ob es nun die Metageometrie der atonalen neuen Tondichtung war oder der enthäutete, wie ein Muskelpräparat klar gewordene Wille klassischer Formen,

gibt er sich dem »Geplätscher dieser zuchtlos quellenden Substanz« hin, »schilften und gurgelten seine Finger durch die Tonflut. [...] Sein Rückenmark wurde von der Narkose dieser Musik gelähmt und sein Schicksal erleichtert.« Walter ist es, der den Begriff des »Manns ohne Eigenschaften« prägt und auf die Frage Clarisses, was denn das sei, antwortet: »Nichts. Eben nichts ist das! [...] Das gibt es heute in Millionen [...] Das ist der Menschenschlag, den die Gegenwart hervorgebracht hat!« Walter wird dagegen in der Kapitelüberschrift als »Mann mit Eigenschaften« bezeichnet, er wünscht sich von Clarisse ein Kind, die sich ihm aber in klarer Erkenntnis seiner Haltlosigkeit verweigert:

> Weißt du [Ulrich; Hrsg.], wie ein Regenschirm aussieht, nachdem man den Stock herausgezogen hat? Walter fällt zusammen, wenn ich mich abwende. Ich bin sein Stock [...]. Er glaubt, mich beschirmen zu müssen. Erst möchte er mich dazu mit einem schweren Bauch sehen. Dann wird er mir zureden, daß eine natürliche Mutter ihr Kind selbst stillt. Dann wird er dieses Kind in seinem Sinn erziehen wollen. [...] Er will sich einfach Rechte aneignen und mit einer großartigen Ausrede Spießbürger aus uns beiden machen.

Stattdessen versucht sie Ulrich zu verführen, um von ihm den zukünftigen »Erlöser der Welt« zu empfangen. In dieser Konstellation thematisiert der Autor das Verhältnis von Normalität und Wahnsinn, von Zurechnungsfähigkeit und Unzurechnungsfähigkeit: Das immer tiefer in Verrücktheit Hineingeraten, den Zerfall eines Geistes in einer zerfallenden Welt hat Musil an der Figur der Clarisse mit größter Präzision überzeugend dargestellt. Vor diesem Hintergrund wird begreiflich, daß die Gestalt des mehrfachen Frauenmörders Moosbrugger, die unvermittelt und übergangslos in den Roman eingeführt wird, die Sympathien Clarisses genießt; er ist Anlaß für ihre immer exaltierteren Assoziationen. Der Leser spürt dahinter aber, daß für den Autor der Verbrecher nur sichtbarstes Zeichen für die ganz grundsätzliche Verunsicherung und für die Abgründigkeit des scheinbar geordneten Alltags, der geordneten Bürgerwelt ist: »Ulrich fiel irgendwie ein: wenn die Menschheit als Ganzes träumen könnte, müßte Moosbrugger entstehen.« Fast scheint es, als hinge der Erzähler solchen Träumen nach, denn in den Kapiteln, die dem Mörder gewidmet sind, wird dessen Innenwelt auf eine eigentümlich eindringlich-mitfühlende Weise ausgebreitet:

> Er konnte die Mädels immer nur sehn, auch später in der Lehre und dann gar auf den Wanderungen. Nun braucht man sich ja bloß vorzustellen, was das heißt. Etwas, wonach man so natürlich begehrt wie nach Brot oder Wasser, darf man immer nur sehn. Man begehrt es nach einiger Zeit unnatürlich. Es geht vorüber, die Röcke schwanken um seine Waden. Es steigt über einen Zaun und wird bis zum Knie sichtbar. Man blickt ihm in die Augen, und sie werden undurchsichtig. Man hört es lachen, dreht sich rasch um und sieht in ein Gesicht, das so reglos rund wie ein Erdloch ist, in das eben eine Maus schlüpfte.

Natürlich geht es Musil nicht um eine spekulative Befriedigung fragwürdiger Lust an Gewalt, völlig fremd ist ihm auch eine sozialromantische Verklärung von angeblich unschuldigen Opfern einer unmenschlichen Gesellschaftsordnung, vielmehr steht hinter der Schaffung einer Gestalt wie der Moosbruggers die Überlegung, daß das Böse notwendigerweise zur Gesellschaft gehört, daß, wenn es darum geht, sich der »Utopie der Exaktheit« anzunähern, die destruktiven Energien jedes einzelnen und der Zivilisation nicht geleugnet oder verdrängt werden dürfen.

»Aber Moosbrugger lockte ja nicht nur ihn, sondern alle anderen Menschen auch«, erkennt Ulrich und gesteht sich ein, »daß ihn aus dem Bild eines Mörders nichts Fremderes anblickte als aus anderen Bildern der Welt [...]. Ein entsprungenes Gleichnis der Ordnung: das war Moosbrugger.«

Angesichts der Vielzahl von Gestalten, der Ulrich im ›Ersten Buch‹ des Romans begegnet, ist es einerseits überraschend, angesichts der Konstellation dieser Begegnungen andererseits aber nur konsequent, wenn der Protagonist schließlich ebenso isoliert und einsam ist wie zu Beginn: Wie um dies noch zusätzlich zu unterstreichen, erfährt er, daß sein Vater gestorben ist.

> Man hätte aber auch sagen können, daß seine Einsamkeit – ein Zustand, der sich ja nicht nur in ihm, sondern auch um ihn befand und also beides verband – man hätte sagen können, und er fühlte es selbst, daß diese Einsamkeit immer dichter oder immer größer wurde. Sie schritt durch die Wände, sie wuchs in die Stadt, ohne sich eigentlich auszudehnen, sie wuchs in die Welt. »Welche Welt?« dachte er. »Es gibt ja gar keine!« Es kam ihm vor, daß dieser Begriff keine Bedeutung mehr hätte.

Nach Ulrichs Ansicht wird die Einsamkeit zur Signatur der Epoche und daraus resultiert ein eigentümlich weltloser Zustand: diese Zustandsbeschreibung hat über den fiktiven Rahmen hinaus prognostische Bedeutung. Musil hat damit seine Romanfigur an einen der Ursprünge der Moderne geführt. Daß das Individuum trotz – oder gerade wegen – der immer dichteren Zusammenballung von Menschen sich als vereinsamt und isoliert erfährt, daß mit dem Schrumpfen substantieller zwischenmenschlicher Beziehungen sich die Verbindungen zur, die Bindungen an die Welt lockern und sie dem einzelnen schließlich zu entgleiten droht, gehört ja zu ihren Urerfahrungen.

Musil hat dem ›Mann ohne Eigenschaften‹ damit aber auch – entgegen allen Festlegungen und Einengungen, wie sie ein linearer Handlungsverlauf mit sich führen würde – immer wieder ungeahnte und überraschende Möglichkeiten eröffnet, bisher verschlossene Bereiche der Wirklichkeit zu erkunden. Der für die Weiterführung des epischen Großversuchs wichtigste wird zu Beginn des dritten Teils (›Zweites Buch‹) entfaltet: Mit Agathe, der Schwester Ulrichs, führt der Autor gleich im ersten Kapitel eine neue Figur ein. Im Sterbehaus ihres Vaters treffen die Geschwister zusammen, »durch geheime Anordnung des Zufalls« tragen sie beide einen »pyjamaartigen Hausanzug«, dessen Muster an »eine Art Pierrotkleid« erinnert: »›Ich habe nicht gewußt, daß wir Zwillinge sind!‹ sagte Agathe, und ihr Gesicht leuchtete erheitert auf.« Agathe ist, früh verwitwet, zum zweiten Mal verheiratet, und zwar mit dem Pädagogen Gottlieb Hagauer, zu dem sie aber, wie sie ihrem Bruder gleich bei der ersten Begegnung mitteilt, nicht mehr zurückkehren will.

> Sie hatte weder etwas Emanzipiertes, noch etwas Bohemehaftes an sich, obgleich sie da in weiten Hosen saß, in denen sie den unbekannten Bruder empfangen hatte. Eher etwas Hermaphroditisches, so kam ihm jetzt vor; das leichte männliche Kleid ließ in der Bewegung des Gesprächs mit der Halbdurchsichtigkeit eines Wasserspiegels die zärtliche Formung ahnen, die sich darunter befand, und zu den frei-unabhängigen Beinen trug sie das schöne Haar frauenhaft aufgesteckt. Das Zentrum dieses zwiespältigen Eindrucks bildete aber noch immer das Gesicht, das den Reiz der Frau in hohem Maße besaß, doch mit irgendeinem Abstrich und Vorbehalt, dessen Wesen er nicht herausbekommen sollte.

Schon an dieser Textstelle läßt sich im Ansatz die erotische Spannung, das Motiv der Geschwisterliebe erkennen, eine gewiß heikle Konstellation also, die dem Autor aber dazu dient, menschliche Grenz- und Entgrenzungserfahrungen zu untersuchen und zu diskutieren, »dieses wunderbare Gefühl der Entgrenzung und Grenzenlosigkeit des Äußeren wie des Inneren, das der Liebe und der Mystik gemeinsam ist!« Utopischer Fluchtpunkt ist dabei, »einen der unio mystica vergleichbaren Zustand zu schaffen und ihn dauerhaft zu sichern« (Matthias Luserke), innerweltlich zu erreichen, was die Mystiker des Mittelalters in der Verschmelzung des Gläubigen mit Gott erwarteten. Deutlich wird der Leser vom Erzähler gewarnt:

> Aber wer das, was zwischen den Geschwistern vorging, nicht schon an Spuren erkannt hat, lege den Bericht fort, denn es wird darin ein Abenteuer beschrieben, das er niemals wird billigen können: eine Reise an den Rand des Möglichen, die an den Gefahren des Unmöglichen und Unnatürlichen, ja des Abstoßenden vorbei, und vielleicht nicht immer vorbei führte; ein »Grenzfall«, wie das Ulrich später nannte, von eingeschränkter und besonderer Gültigkeit, an die Freiheit erinnernd, mit der sich die Mathematik zuweilen des Absurden bedient, um zur Wahrheit zu gelangen.

Noch stärker als ihr Bruder wünscht sich Agathe, einen »unerlaubten oder geheimen Weg zu gehen: darin fühlte sie sich Ulrich überlegen«. Emotionale Grundlage für diese »Reise an den Rand des Möglichen« ist für den »Möglichkeitsmenschen« Ulrich der »Gedanke, daß seine Schwester eine traumhafte Wiederholung und Veränderung seiner selbst sei«. Das Aufgreifen des Androgynen-Mythos öffnet den fast zeitlos gedachten Projektionsraum mystischer Dauer, den Musil im Titel des dritten Romanteils mit der Formel »Ins Tausendjährige Reich« umschrieben hat. Als Ulrich diese aufgreift (»Weißt du, [...] daß wir in das Tausendjährige Reich einziehn?«), will Agathe sofort wissen, was er darunter versteht. In der Auskunft des Bruders wird deutlich, daß damit der vom Autor so genannte »andere« oder »gehobene Zustand« gemeint ist, die Suche nach einem Zufluchtsort, an dem die Erfahrungen von Subjektivität und Andersheit unversehrt bleiben. Sie vermitteln sich in »Wahrnehmungen, in denen es keine Haupt- und Tätigkeitsworte gibt«, im Gefühl, »als wäre man mit einemmal in ein anderes Leben versetzt«,

> [...] so daß jeder Gedanke als Glück, Ereignis und Geschenk empfunden werde und weder in die Vorratskammern wandere, noch sich überhaupt mit den Gefühlen des Aneignens und Bewältigens, des Festhaltens und Beobachtens verbinde, wodurch im Kopf nicht minder als im Herz der Genuß am Besitz seiner selbst durch ein grenzenloses sich Verschenken und Verschränken ersetzt werde.

Der Wunsch nach Aufhebung aller räumlichen, zeitlichen und vor allem körperlichen Begrenzung, wie er in den »heiligen Gesprächen« der Geschwister erscheint, geht bis an den Rand der Entindividuation, der Auflösung.

> Wir werden alle Selbstsucht von uns abtun, wir werden weder Güter, noch Erkenntnisse, noch Geliebte, noch Freunde, noch Grundsätze, noch uns selbst sammeln: demnach wird sich unser Sinn öffnen, auflösen gegen Mensch und Tier und so in einer Weise erschließen, daß wir gar nicht mehr wir bleiben können und uns nur in alle Welt verflochten aufrecht erhalten werden!

In der Überwindung auch noch des eigenen naturbedingten Geschlechts, im Verzicht auf diese letzte biologische Eigenschaft erreicht die angestrebte »Eigenschaftslosigkeit« des Protagonisten eine mythische, tendenziell aber außersprachliche Dimension. »Die Unsagbarkeit des erotischen Begehrens konvergiert mit dem mystischen Zeigen der Eigenschaftslosigkeit und der Unabschließbarkeit des essayistischen Schreibens, das immer nur Versuch und Ansatz, niemals endgültige Form sein kann« (Detlef Kremer).

Es gibt in der Weltliteratur Fragmente der unterschiedlichsten Art. Man möchte Musils Werk zusprechen, was zuweilen Kunstwerken hohen Ranges geschieht: daß die Zufälligkeit der Zeitumstände, die die Nichtvollendung verschuldet haben, die innere Notwendigkeit der Form herausgetrieben und besiegelt hat.

Thomas Mann
Der Zauberberg

Seit dem Erscheinen der Novelle ›Der Tod in Venedig‹ (1912) war Thomas Mann als Erzähler kaum mehr hervorgetreten. Abgesehen von den 1919 publizierten Idyllen ›Herr und Hund‹ und ›Gesang vom Kindchen‹ (ein Versepos in Hexametern), beides Nebenwerke, hatte er 1922 lediglich ein erstes Fragment seines Romans ›Bekenntnisse des Hochstaplers Felix Krull‹ vorgelegt. Der Ausbruch und Verlauf des Ersten Weltkriegs, die in eine Revolution mündende Niederlage des Deutschen Reiches, die folgenden unruhigen Nachkriegsjahre hatten den konservativen Autor weltanschaulich zutiefst verunsichert und in eine anhaltende Schaffenskrise geführt. Der monumentale Essay ›Betrachtungen eines Unpolitischen‹, den Thomas Mann nach dreijähriger Arbeit im Frühjahr 1918 veröffentlichte, daneben zahlreiche andere Aufsätze belegen aber seine intensiven Versuche, zu einer gedanklichen Klärung zu kommen. Diese mündeten schließlich in die vielbeachtete Rede ›Von deutscher Republik‹ (1922), in der er sich zu dem neuen Staat bekannte und die Jugend aufforderte, die ihr zugefallene Demokratie mit Leben zu erfüllen. Der Vollendung seines bis dahin ehrgeizigsten dichterischen Projekts galt jedoch in dieser Zeit seine größte Sorge.

Es erschien im Herbst 1924 als Roman: ›Der Zauberberg‹. Mit ihm erlangte Thomas Mann Weltruhm. Erstaunt sah der Autor seine »Erwartungen bis zur Verblüffung« übertroffen: »War zu glauben gewesen, daß ein wirtschaftlich bedrängtes und gehetztes Publikum aufgelegt sein werde, den träumerischen Verknüpfungen dieser [...] Gedankenkomposition zu folgen?« Bereits 1928 hatte die Auflage in Deutschland das 100. Tausend erreicht, rasch trugen zahlreiche Übersetzungen dazu bei, den Widerhall des umfangreichen, komplexen und anspruchsvollen Buches im Ausland zu verstärken. Daß 1929 der Nobelpreis für Literatur an dessen Autor verliehen wurde, war sichtbarer Ausdruck dafür, daß sein literarischer Rang, seine moralisch-intellektuelle Autorität anerkannt wurden.

Gegliedert ist die gewaltige Stoffmasse des Romans in sieben Hauptkapitel, die durch betitelte Unterkapitel zusätzlich unterteilt sind. In einem ›Vorsatz‹ erklärt der Erzähler, der sich als der »raunende Beschwörer des Imperfekts« vorstellt, die Geschichte handle von einem »einfachen, wenn auch ansprechenden jungen Menschen«. Sie »spielte und hat gespielt vormals, ehedem, in den alten Tagen der Welt vor dem großen Kriege«, sie sei »sozusagen schon ganz mit historischem Edelrost überzogen und unbedingt in der Zeitform der tiefsten Vergangenheit vorzutragen«, ja, sie sei »viel älter als ihre Jahre«.

Zentrale Figur ist der 23jährige Hans Castorp, ein Hamburger Patriziersohn, der, obwohl früh verwaist, unter der Vormundschaft seines Großonkels ohne äußere Not aufgewachsen ist. Nach dem Abschluß eines Ingenieurstudiums und vor dem Eintritt ins Berufsleben soll er zur »Luftveränderung [...] für ein paar Wochen ins Hochgebirge« reisen und dabei auch seinen lungenkranken Vetter Joachim Ziemßen besuchen, der sich »seit über fünf Monaten im Internationalen Sanatorium ›Berghof‹« bei Davos aufhält. Der Besuch ist auf drei Wochen angelegt. Wie man schon ahnt, bleibt es aber dabei nicht. Die eigenartige Atmosphäre der Lungenheilanstalt zieht Hans Castorp in ihren Bann, der »Zauberberg« läßt ihn nicht mehr los. Schließlich wird er – bis der Ausbruch des Ersten Weltkriegs ihn mit einem »Donnerschlag« weckt und den Zauber zerbricht – sieben Jahre im »Berghof« verbracht haben. Dieser ähnelt teilweise eher einem luxuriösen Hotel in einem mondänen Badeort als einem Krankenhaus, und da der Aufenthalt dort entsprechend kostspielig ist, gehört die kosmopolitische Patientenschar in der Regel einer großbürgerlich-adligen, zum Teil auch intellektuellen Oberschicht an. In der quasi hermetischen Abgeschlossenheit des Sanatoriums kann sie – weitgehend ungestört und unbehelligt – ihren exzentrischen Gewohnheiten und Spleens frönen, die im Klima von Krankheit und Tod wie in einem Treibhaus sogar besonders schillernde Blüten treiben. Schon kurz nach seiner Ankunft bemerkt der junge Hanseat diese Seltsamkeiten, doch auf seine erstaunte Frage angesichts einiger besonders übermütiger Patienten belehrt ihn sein Vetter:

> Gott [...], sie sind so *frei*... Ich meine, es sind ja junge Leute, und die Zeit spielt keine Rolle für sie, und dann sterben sie womöglich. Warum sollen sie da ernste Gesichter schneiden. Ich denke manchmal: Krankheit und Sterben sind eigentlich nicht ernst, sie sind mehr so eine Art Bummelei, Ernst gibt es genaugenommen nur im Leben da unten. Ich glaube, daß du das mit der Zeit schon verstehen wirst, wenn du erst länger hier oben bist.

Joachims Äußerung ist voller Vorbedeutung: Tatsächlich wird Hans Castorp ja »länger hier oben« bleiben, und auch für ihn wird zuletzt die Zeit und das »Leben da unten« keine Rolle mehr spielen. Aus der Perspektive des Erzählers heißt es am Anfang von ihm noch, er sei

> weder ein Genie noch ein Dummkopf, und wenn wir das Wort »mittelmäßig« zu seiner Kennzeichnung vermeiden, so geschieht es aus Gründen, die nicht mit seiner Intelligenz und kaum etwas mit seiner schlichten Person überhaupt zu tun haben, nämlich aus Achtung vor seinem Schicksal, dem wir eine gewisse überpersönliche Bedeutung zuzuschreiben geneigt sind.

Damit einer so »schlichten Person« Schicksalhaftes widerfahren kann, muß sie aber zunächst herausfallen aus ihrer sozialen Sphäre und in die bezugslose, zu nichts verpflichtende Freiheit der »Berghof«-Welt versetzt werden. Mit anderen Worten: Hans Castorp muß selbst Patient werden.

Zu seiner Überraschung (aber nicht zu der des Lesers) registriert er an sich körperliche Veränderungen: Er verspürt »tagein, tagaus eine trockene Hitze, ohne Fieber zu haben«, die gewohnte Zigarre schmeckt ihm nicht mehr, plötzliches Nasenbluten tritt auf. Ein ausbrechender »Katarrh der Luftwege« sei, so wird ihm von der »Frau Oberin« bedeutet, Ergebnis »einer Infektion, für die man aufnahmelustig war, und es fragt sich nur, ob eine unschuldige Infektion vorliegt oder eine weniger unschuldige«. Als die vorgesehenen drei Wochen seines Aufenthalts fast schon vorüber sind, läßt er sich von einem der leitenden Ärzte untersuchen. Die Diagnose lautet:

> Wie [...] die Dinge liegen und weiterhin noch der Befund ist [...] – so lohnt es die Heimreise nicht [...] – in kurzem müßten Sie doch wieder antreten [...] und wenn Sie's da unten so weiter treiben, [...] geht Ihnen [...] der ganze Lungenlappen zum Teufel.

Hans Castorp reagiert auf den Ausbruch der Krankheit so zwiespältig, daß das Wort »aufnahmelustig« einen Doppelsinn erhält: Nicht nur sein Körper scheint für die Infektion disponiert gewesen zu sein:

> Bald erschütterte, wie er so dalag, ein tolles, tief aufsteigendes Triumphgelächter von innen her seine Brust, und sein Herz stockte und schmerzte von einer nie gekannten, ausschweifenden Freude und Hoffnung; bald wieder erblaßte er vor Schrecken und Bangen, und es waren die Schläge des Gewissens selbst, mit denen sein Herz in raschem, fliegendem Takt gegen die Rippen pochte.

»Schrecken und Bangen« des jungen Mannes könnte der Leser verstehen; so würde er wohl selbst auf die Nachricht reagieren, er leide an einer langwierigen, vielleicht lebensgefährlichen Krankheit. »Triumphgelächter«, »Freude und Hoffnung« scheinen dagegen seltsam unangemessen, verraten aber, daß das Sanatorium noch etwas anderes ist als ein Schicksalsort nur im negativen Sinne. »Unser Held« – so wird Hans Castorp vom Erzähler genannt – meldet sich gleichsam ab vom banalen Alltag, vom bürgerlichen Beruf, von der »tiefländischen Pflichterfüllung« und wählt die »Freiheit«. Daß er gleichwohl die »Schläge des Gewissens« spürt, läßt die Möglichkeit offen, bei diesem Schritt habe es sich um »Fahnenflucht« gehandelt.

Ganz offenbar soll also diese Romanfigur einem Experiment dienen, soll sie bestimmten Kräften und Wirkungen ausgesetzt werden und tatsächlich: »[...] den jungen Hans Castorp verlangte es herzlich, beeinflußt zu werden, [...] [p]lacet experiri, dachte er bei sich lächelnd« oder – in seiner Muttersprache – »daß es angenehm sei, Versuche anzustellen«.

Das ist die klassische Ausgangssituation des Bildungsromans, jener epischen Großform, die innerhalb der deutschsprachigen Literatur vor allem in der Nachfolge von Goethes ›Wilhelm Meister‹ in zahlreichen Varianten vertreten ist. Inhaltlich geht es darin »um den in seinen Voraussetzungen und Zielen individuellen und gleichwohl exemplarischen Reifungsprozeß eines jungen Menschen, der auf ein ausgeglichenes Ende hin angelegt ist« (Jürgen Jacobs). Eine anfängliche Schwäche und Passivität des Helden gehört dabei durchaus zur Tradition dieser Romangattung. Wie um eine solche Zuordnung des ›Zauberbergs‹ zu bestätigen, scheint im schlichten Hans Castorp bereits kurz nach seiner Ankunft eine von ihm selbst bemerkte Veränderung vorzugehen: »[...] mir [ist], als ob ich nicht nur einen Tag, sondern schon längere Zeit hier wäre, – geradezu, als ob ich hier schon älter und klüger geworden wäre, so kommt es mir vor.« Da der Held zu seiner Reifung in unserem Fall nicht durch verschiedene Weltausschnitte geführt werden kann, der Schauplatz des Romans ist ja extrem eingeschränkt, spielen bestimmte Personen, denen er hier begegnet, als Bildungsinstanzen oder Erzieher eine besonders wichtige Rolle. Lodovico Settembrini heißen sie, Leo Naphta, Pieter Peeperkorn, wohl auch Clawdia Chauchat. Doch davon später.

Die Einschätzung des ›Zauberberg‹ als Bildungsroman kann sich auf zahlreiche Aussagen des Autors selbst stützen, der etwa in einem Brief an Arthur Schnitzler (4.9.1922) sein entstehendes Werk als eine »Art von Bildungsgeschichte und Wilhelm Meisteriade« bezeichnet hat. Doch was soll das für ein Bildungsprozeß sein, der den »Helden« nicht in ein »ausgeglichenes Ende«, sondern in das Chaos des Weltkriegs entläßt?

In der Tat kann man den Roman auch unter gänzlich anderer Perspektive lesen. Castorps Vetter Joachim ist der festen Überzeugung, daß »genaugenommen nur im Leben da unten« Ernst existiere, daß »hier oben« nur »Bummelei« herrsche. Zwar kann Hans plötzlich sehr scharfsinnig über Zeit und Zeitmessung dozieren:

> Was ist denn die Zeit? [...] Den Raum nehmen wir doch mit unseren Organen wahr, mit dem Gesichtssinn und dem Tastsinn. Schön. Aber welches ist denn unser Zeitorgan? Willst du mir das mal eben angeben? [...] Aber wie wollen wir denn etwas messen, wovon wir genaugenommen rein gar nichts, nicht eine einzige Eigenschaft auszusagen wissen!

Doch kurz darauf hat er »alles vergessen« und ist »kein bißchen scharf mehr im Kopf«. Zweideutig sagt der Erzähler von ihm, er sei »seit einiger Zeit geneigt, Nüchternheit und Harmlosigkeit für Schnickschnack zu halten«, und völlig eindeutig warnt der »Berghof«-Patient Settembrini den jungen Mann davor, länger zu bleiben:

> Meiden Sie diesen Sumpf, dies Eiland der Kirke, auf dem ungestraft zu hausen Sie nicht Odysseus genug sind [Anspielung auf die Verwandlung der Gefährten des Odysseus in Schweine auf der Insel der Zauberin Kirke im 10. Gesang der ›Odyssee‹; Hrsg.]. Sie werden auf allen vieren gehen, Sie neigen sich schon auf Ihre vorderen Extremitäten, bald werden Sie zu grunzen beginnen, – hüten Sie sich!

So betrachtet, scheint der Romanhandlung also nicht ein zielgerichteter Bildungs-, sondern eher ein Auflösungs- und Verfallsprozeß zugrunde zu liegen.

Die beschriebene Zwiespältigkeit hat ihre Ursache zum Teil in den komplizierten Entstehungsbedingungen des Erzählwerks. »Im Jahre 1912 war meine Frau an einem Lungenspitzenkatarrh erkrankt und mußte [...] eine Reihe von Monaten im Schweizer Hochgebirge verbringen. Im Mai und Juni 1912 verbrachte ich drei Wochen als Hospitant bei ihr in Davos und sammelte jene wunderlichen Milieueindrücke, aus denen die Hörselbergidee zu einer knappen Novelle sich bildete, gedacht [...] als Satyrspiel zu der novellistischen Tragödie der Entwürdigung, von der ich kam.«

»Davos«, »Satyrspiel« und »Hörselbergidee« sind die Stichworte, die wesentliche inhaltliche und strukturelle Aspekte des Romans benennen. Die Novelle ›Tod in Venedig‹ war für Thomas Mann die Tragödie der Entwürdigung. Auf sie sollte gewissermaßen die Sanatoriumsnovelle als »Satyrspiel« folgen. In der Aufführungspraxis des klassisch-antiken Theaters in Griechenland folgte in der Regel auf eine Tragödie(ntrilogie) ein Satyrspiel, in dem die ersten, oft auch schrecklichen Themen auf einer »niedrigeren, ironisch-satirischen Ebene behandelt wurden, wohl zur Besänftigung aufgewühlter Emotionen im Publikum.

Mit dem Begriff »Hörselbergidee« umschreibt der Autor, wie er sich das Ambiente des »Berghof« dachte. In den Hörselberg verlegt die deutsche Sage das Reich der Liebesgöttin Venus, in deren Armen der Ritter Tannhäuser die Wirklichkeit vergißt. Über Richard Wagners Oper ›Tannhäuser‹ wurde Thomas Mann wohl auf diesen Stoff aufmerksam.

Die Umdeutung des realen Schauplatzes Davos zu einem mythischen Raum fördert die Ausweitung des ursprünglichen Novellenplans zum epischen Großwerk, die bieder-schweizerische Heilstätte wird zum vieldeutigen »Zauberberg«. Es ist Hans Castorp ganz so, als sei er in Wagners Oper versetzt, wo Tannhäuser singt: »Die Zeit, die ich hier verweil, / ich kann sie nicht ermessen. / Tag, Monde – gibt's für mich nicht mehr.«

Das Tannhäuser-Motiv ist nur ein Beispiel aus dem dichten Gewebe von Leitmotiven, das die riesige Textmasse zusammenhält und strukturiert. Die Technik der Verwendung von Leitmotiven hat Thomas Mann seit seinen literarischen Anfängen immer weiter verfeinert. In bezug auf Richard Wagners Musik bezeichnet er diese einmal als »vor- und zurückdeutende magische Formeln«, als Mittel, der »inneren Gesamtheit« eines Werks »in jedem Augenblick Präsenz zu verleihen«. Anspielungen auf Märchen- und Sagenmotive, auf die Vorstellungswelt des Mythos und auf Werke der Weltliteratur kommen im ›Zauberberg‹ eine zentrale Funktion zu. Sie wirken mit, aus dem an sich wenig aufregenden Einzelschicksal Hans Castorps ein exemplarisches zu machen. Wenn der Leser bereit ist, sich darauf einzulassen, kann er zum Beispiel den zahllosen teils offenkundigen, teils kryptisch-verschlüsselten Zitaten aus Goethes Menschheitsdrama ›Faust‹ nachgehen, gewiß ein intellektuelles Spiel, aber doch auch mehr als ein Spiel. Irritiert und erbittert reagierte der Autor deswegen auch auf den gegenüber seinem Werk erhobenen Vorwurf der Kompositionslosigkeit: »Habe ich dafür all die Jahre dagesessen wie ein orientalischer Teppichmacher und geknüpft, damit man nun sagt, von einer Komposition könne hier nicht gut die Rede sein? Ein so dichtes Kompositionsgewebe hatte ich vorher nur im ›Tod in Venedig‹ versucht – auf 100 Seiten also: hier aber überzieht das Gespinst 1200!« Selbstbewußt betont Thomas Mann (im zitierten Brief vom 9.10.1926): »Der Roman *hat* nicht Komposition, er *ist* eine – halten zu Gnaden!«

Zum von Märchen und Mythen eröffneten Hallraum, der sich hinter der vordergründigen Handlung, hinter den meisten Figuren auftut, zur Hermetik des Werks gehört zum Beispiel die Art, wie der Dichter darin mit der Zahl Sieben spielt: Das in sieben Kapitel gegliederte Buch umfaßt einen Handlungszeitraum von sieben Jahren. Der Nachname des »Helden« hat sieben Buchstaben, er wohnt im »Berghof«, der sechzehnhundert (Quersumme: sieben) Meter hoch liegt, im Zimmer »Nr. 34« (Quersumme: sieben), sieben Tische stehen im Speisesaal, das Fieberthermometer braucht sieben Minuten, um die Temperatur zuverlässig anzuzeigen, nach sieben Wochen seines Aufenthalts erfährt Castorp, daß er krank ist usw.

Im Zimmer mit der Nummer sieben ist die Russin Clawdia Chauchat untergebracht (ihr Vorname hat sieben Buchstaben). Ihre »breiten Backenknochen und schmalen Augen«, »deren Farbe das Graublau oder Blaugrau ferner Berge war«, wecken in Castorp »eine vage Erinnerung an irgend etwas und irgendwen« und natürlich verliebt er sich in sie. Die Romanze bleibt im Roman eine Episode, dem Liebenden wird nur eine einzige Liebesnacht zugestanden, und selbst von dieser erhält der Leser nur verschlüsselt und andeutungsweise Kunde. Sie trägt sich zur Faschingszeit zu, erzählt wird davon im Unterkapitel mit der Überschrift ›Walpurgisnacht‹, das denn auch gehäuft Anspielungen auf die gleichnamige Szene im ersten Teil des ›Faust‹ enthält. Sie steht für erotische Grenzüberschreitungen. Der sonst so schüchterne Castorp nähert sich der Russin mit einer scheinbar unverfänglichen Bitte: »Hast *du* nicht vielleicht einen Bleistift?« Kennt man die Freudsche Symbolik, so läßt sich der Stift relativ leicht als Phallussymbol identifizieren: »[...] ein versilbertes Crayon mit einem Ring, den man aufwärts schieben mußte, damit der rotgefärbte Stift aus der Metallhülse wachse«. »N'oubliez pas de me rendre mon crayon.«

»Übrigens vollzog die Rückgabe sich in den einfachsten Formen«, erinnert sich Castorp, und der Autor erwartet vom Leser wohl, daß er sich die Rückgabe in diesen »einfachsten Formen« vorstellt. Sprachlicher Höhepunkt dieses Walpurgisnacht-Abenteuers ist in mehrfacher Hinsicht ein Gespräch zwischen dem jungen Deutschen und der Russin mit dem französischen Namen, das – am Schluß des ›Fünften Kapitels‹ und in der zweibändigen Erstausgabe des Romans damit am Ende des ersten Bandes positioniert – auch dadurch hervorgehoben ist, daß es über mehrere Seiten hin in französischer Sprache geführt wird – für zeitgenössische Leser gewiß eine Provokation und selbst für heutige möglicherweise befremdlich. Hier gesteht Hans Castorp seine Liebe: »›Je t'aime‹, lallte er, ›je t'ai aimée de tout temps, car tu es le Toi de ma vie, mon rêve, mon sort, mon envie, mon éternel désir...‹« Enthusiastisch beschwört er die Dreieinigkeit von Körper, Liebe und Tod:

> Le corps, l'amour, la mort, ces trois ne font qu'un. Car le corps c'est la maladie et la volupté, et c'est lui qui fait la mort, oui, ils sont charnel tous deux, l'amour et la mort, et voilà leut terreur et leur grande magie!

Seiner bürgerlichen Hemmungen ledig, wirft Castorp auch die Sprachkonventionen ab. Nach Hermann Kurzke ist die Fremdsprache hier »ein Versteck, in dem Thomas Mann sich Einzelheiten genehmigt, die er sich im Deutschen so geballt sonst nirgends erlaubt hat«. Hymnisch preist Hans das Rückgrat, die Schulterblätter, wie sie sich unter der Haut des Rückens abzeichnen, den Nabel im weichen Bauch, die blühenden Brustwarzen, die Blutgefäße, das dunkle Geschlecht zwischen den Schenkeln. Er begeistert sich für die Achselhöhlen, für die Kniekehlen und für die frische Doppelpracht der Hinterbacken. »Quelle fête immense de les caresser ces endroits délicieux du corps humain!« (Welch unermeßliches Fest, diese köstlichen Zonen des menschlichen Leibes zu liebkosen!) – danach will er klaglos sterben. (Zusammenfassung nach Hermann Kurzke)

»Si tes précepteurs te voyaient...« (Wenn deine Lehrer dich sehen könnten!), hält Clawdia ihrem verzückten Liebhaber ironisch entgegen, und der aufmerksame Leser weiß, daß sie damit vor allem Lodovico Settembrini meint, der denn auch die »Fastnachtsgeselligkeit« frühzeitig verlassen hat. Der Italiener repräsentiert im Roman nämlich die Prinzipien der Aufklärung, der Vernunft, des Fortschritts, der Erziehung: »Wir Humanisten haben alle eine pädagogische Ader«, sagt er von sich. Folglich muß er – wie schon angedeutet – die »Zauberberg«-Welt von Grund auf ablehnen, die Verantwortungslosigkeit ihrer Bewohner verachten, den ästhetischen Krankheits- und Todeskult als politisch gefährlich bekämpfen:

[...] prägen Sie es sich ein, daß Krankheit, weit entfernt etwas allzu Ehrwürdiges zu sein, [...] vielmehr *Erniedrigung* bedeutet, – ja, eine schmerzliche, die Idee verletzende Erniedrigung des Menschen, die man im Einzelfalle schonen und betreuen möge, aber die geistig zu ehren *Verirrung* – prägen Sie sich das ein! – eine Verirrung und aller geistigen Verirrung Anfang ist.

Indem Settembrini Hans Castorp so »gewissermaßen zur Geistesklarheit und Wachsamkeit« anhält, wirkt er auf ihn regelmäßig ernüchternd. Dabei liegt den Thesen des italienischen Intellektuellen, der sich als Feind von Mittelalter, Romantik und Restauration, als Verfechter einer demokratischen Republik versteht, ein verhältnismäßig simples Denkmodell zugrunde:

> Nach Settembrini's Anordnung und Darstellung lagen zwei Prinzipien im Kampf um die Welt: die Macht und das Recht, die Tyrannei und die Freiheit, der Aberglaube und das Wissen, das Prinzip des Beharrens und dasjenige der gärenden Bewegung, des Fortschritts. Man konnte das eine das asiatische Prinzip, das andere aber das europäische nennen, denn Europa war das Land der Rebellion, der Kritik und der umgestaltenden Tätigkeit, während der östliche Erdteil die Unbeweglichkeit, die untätige Ruhe verkörperte.

Es versteht sich fast von selbst, daß eine Figur, deren Weltbild auf einem derart holzschnittartigen Schwarz-Weiß-Schema beruht, der Ironie des Erzählers verfallen muß. Schon die Schilderung der äußeren Erscheinung Settembrinis macht die Distanzierung deutlich. Zwar verfügt er über »eine freie, ja schöne Haltung«, doch sein Anzug ist »weit entfernt, Anspruch auf Eleganz zu erheben«, sein Stehkragen »von häufiger Wäsche an den Kanten schon etwas aufgerauht«, seine Krawatte »abgenutzt«. Diese Mischung von »Schäbigkeit und Anmut« erinnert Castorp an »gewisse ausländische Musikanten, die zur Weihnachtszeit in den heimischen Höfen aufspielten und mit emporgerichteten Sammetaugen ihren Schlapphut hinhielten«. Mit dem Begriff »ein Drehorgelmann« faßt er seine Assoziation zusammen. Trotz dieser herabsetzenden Einschätzung fühlt er sich von dem Italiener immer wieder geistig herausgefordert, zum Beispiel durch dessen Äußerungen zur Musik:

> Musik ... sie ist das halb Artikulierte, das Zweifelhafte, das Unverantwortliche, das Indifferente. [...] Lassen Sie die Musik die Gebärde der Hochherzigkeit annehmen. Gut! Sie wird damit unser Gefühl entflammen! Es kommt jedoch darauf an, die Vernunft zu entflammen! Die Musik ist scheinbar die Bewegung selbst, – gleichwohl habe ich sie im Verdachte des Quietismus. Lassen Sie mich die Sache auf die Spitze stellen: Ich hege eine politische Abneigung gegen die Musik.

Entschiedenen Widerspruch und schärfste Ablehnung erfährt Settembrini jedoch nicht von Castorp, der den rhetorischen Ergüssen eher mit verblüfftem Staunen lauscht: Im Gefüge des dialektisch strukturierten Romans ist es der Jesuit Leo Naphta, der die intellektuelle Antithese zu der Figur des Humanisten darstellt. Erfahrungen und Reflexionen Thomas Manns im Gefolge von Krieg, revolutionärem Terror und kommunistischen Staats- und Herrschaftsmaximen sind in die Figur des Naphta eingeflossen, im ursprünglichen Novellenplan war sie noch nicht vorgesehen. Schon der Name – Naphta ist die Bezeichnung für leicht entzündliche Erdölsorten und für Rohbenzin – deutet ja auf Feuer und Brand hin.

> Er war ein kleiner, magerer Mann, rasiert und von so scharfer, man möchte sagen: ätzender Häßlichkeit, daß die Vettern sich geradezu wunderten. Alles war scharf an ihm: die gebogene Nase, die sein Gesicht beherrschte, der schmal zusammengenommene Mund, die dickgeschliffenen Gläser der im übrigen leichtgebauten Brille, die er vor seinen hellgrauen Augen trug, und selbst das Schweigen, das er bewahrte und dem zu entnehmen war, daß seine Rede scharf und folgerecht sein werde.

Naphta leugnet radikal alle Prinzipien, die Settembrini selbstverständlich sind, also Menschenfreundlichkeit und Menschheitsfortschritt, Liberalismus, Individualismus und Humanismus: »diese Ideale sind tot, sie liegen heute zum mindesten in den letzten Zügen, und die Füße derer, die ihnen den Garaus machen, stehen schon vor der Tür.« Es ist bemerkenswert, wie Thomas Mann hier jene totalitären Ideen und Konzepte, die den Plänen für eine »konservative Revolution« (s. S.43) zugrunde lagen, Gestalt werden läßt. Das »Prinzip der Freiheit« habe sich »in fünfhundert Jahren erfüllt und überlebt«, schleudert Naphta Settembrini entgegen: »[N]icht Befreiung und Entfaltung des Ich sind das Geheimnis und das Gebot der Zeit. Was sie braucht, wonach sie verlangt, was sie schaffen wird, das ist der Terror.« Dem pädagogischen Eifer des Aufklärers setzt er seine »schwarze« Pädagogik entgegen:

> Alle wahrhaft erzieherischen Verbände haben von jeher gewußt, um was es sich in Wahrheit bei aller Pädagogik immer nur handeln kann: nämlich um den absoluten Befehl, die eiserne Bindung, um Disziplin, Opfer, Verleugnung des Ich, Vergewaltigung der Persönlichkeit. Zuletzt bedeutet es ein liebloses Mißverstehen der Jugend, zu glauben, sie finde ihre Lust in der Freiheit. Ihre tiefste Lust ist der Gehorsam.

Man glaubt, programmatische Aussagen über Jugendverbände zu lesen, wie sie im Nationalsozialismus existierten; über die Begriffe Bindung, Disziplin und Opfer kann der Autor die Herkunft solcher Konzepte aber aus der Praxis religiöser Orden herleiten. Naphta gehört ja dem Jesuitenorden an, der von seinen Mitgliedern in ähnlicher Weise »Kadavergehorsam« forderte. Verallgemeinernd führt er weiter aus,

> [...] daß die Kirche als Verkörperung der religiös-asketischen Idee [...] von jeher den radikalsten, den Umsturz mit Stumpf und Stiel auf ihre Fahne geschrieben habe; daß schlechthin alles, was sich bewahrenswert dünke und von den Matten, den Feigen, den Konservativen, den Bürgern zu bewahren versucht werde: Staat und Familie, weltliche Kunst und Wissenschaft – sich immer nur in bewußtem oder unbewußtem Widerspruch zur religiösen Idee gehalten habe, zur Kirche, deren eingeborene Tendenz und unverbrüchliches Ziel die Auflösung aller bestehenden weltlichen Ordnungen und die Neugestaltung der Gesellschaft nach dem Vorbilde des idealen, des kommunistischen Gottesstaates sei.

Mit der Gestalt des Naphta weitet sich der Roman endgültig zu einer großen Epochensumme: Auch als solche kann man ihn lesen. Thomas Mann schreitet den geistigen Horizont der zwanziger Jahre ab, wie er ihn sah. Daß ihm die erzählend zur Diskussion gestellten Phänomene als in sich zutiefst zweideutig erschienen, so sehr, daß die Forschung »in der Zweideutigkeit mehr und mehr das Hauptthema des ganzen Romans erkennen« will (Eckhard Heftrich), beruht auf seiner Zeitdiagnose. Woran soll sich der einzelne orientieren,

> wenn das Unpersönliche um ihn her, die Zeit selbst der Hoffnungen und Aussichten bei aller äußeren Regsamkeit im Grunde entbehrt, wenn sie sich ihm als hoffnungslos, aussichtslos und ratlos heimlich zu erkennen gibt und der bewußt oder unbewußt gestellten [...] Frage nach einem letzten, mehr als persönlichen, unbedingten Sinn aller Anstrengung und Tätigkeit ein hohles Schweigen entgegensetzt [...].

Naphta behält in den oft verbissen geführten Streitgesprächen mit Settembrini zumeist das letzte Wort, seine dialektischen Spitzfindigkeiten und Zynismen, bei denen die Begriffe ihre Eindeutigkeit einbüßen und zu schillern beginnen, machen den Humanisten nicht selten sprachlos. Die Auseinandersetzung erreicht ihren Höhepunkt, als Naphta seinen Kontrahenten (im letzten Romankapitel) zum Duell fordert. Der Italiener stellt sich zwar der Herausforderung, unfähig zu töten, schießt er aber absichtlich in die Luft, worauf sein Gegner sich durch einen Schuß in den Kopf selbst richtet, so als müsse er die Lebensfeindlichkeit seiner Ansichten in letzter Konsequenz demonstrieren.

Wenn auch die »beiden überartikulierten Erzieher«, die Castorps »arme Seele in die Mitte genommen« haben, ihre Wirkung auf ihn nicht verfehlen, müssen sie »neben Pieter Peeperkorn geradezu verzwergen«.

Diesen hat Thomas Mann als letzte der großen Figuren in die Romanhandlung eingeführt und der ins Sanatorium zurückkehrenden Clawdia Chauchat als Begleiter beigestellt. Die äußere Erscheinung hat der Autor derjenigen Gerhart Hauptmanns angenähert – was übrigens zu einer heftigen Verstimmung des Porträtierten führte. Eine »ausgemachte Persönlichkeit« wird Peeperkorn genannt und obwohl er es, was die sprachliche Gewandtheit betrifft, mit den beiden Intellektuellen nicht aufnehmen kann – sein Reden ist ein zerrissenes Stammeln –, zeigt sich Castorp beeindruckt von der Vitalität des holländischen »Mynheer«, von seiner festlichen Daseinsfreude, von seinem »Königsantlitz«, von seiner elementaren Natur.

> »Junger Mann«, sagte er zu Hans Castorp […], »junger Mann, – das Einfache! Das Heilige! Gut, Sie verstehen mich. Eine Flasche Wein, ein dampfendes Eiergericht, ein lauterer Korn, – erfüllen und genießen wir das erst einmal, erschöpfen wir es, tun wir ihm wahrhaft Genüge, bevor wir – Absolut, mein Herr. Erledigt. Ich habe Personen gekannt, Männer und Frauen, Kokainesser, Haschischraucher, Morphinisten – Gut, lieber Freund! Perfekt! Mögen sie doch! Wir sollen nicht rechten und richten. Aber dem, was vorangehen sollte, dem Einfachen, dem Großen, dem Gottesursprünglichen waren diese Leute durchaus alles – Erledigt, mein Freund. Verurteilt. Verworfen […].«

Die Funktion der Figur im Roman ist klar: Sie läßt Hans Castorp selbständiger erscheinen. Die Autorität Settembrinis und Naphtas schwindet mit Peeperkorns Auftritt, er verhindert aber auch, daß »unser Held« erneut Clawdia in blinder Leidenschaft verfällt. Gereifter und urteilsfähiger kann er selbst die Faszination, die von dem Holländer ausgeht, kritisch reflektieren.

Sollte es sich bei dem Roman ›Der Zauberberg‹ also doch um eine »Wilhelm Meisteriade« handeln? Was wäre das dann für ein Bildungsziel, auf das Hans Castorp zustrebt? Eine Reihe von Kritikern haben es im Unterkapitel ›Schnee‹ zu entdecken geglaubt: Der »Held« ist beim Skifahren im Gebirge in einen Schneesturm geraten und hat sich verirrt – »[b]lindlings, umhüllt von wirbelnder, weißer Nacht, arbeitete er sich nur tiefer ins Gleichgültig-Bedrohliche hinein.« Das »Urschweigen« der »weißen Leere«, der »tödlich lautlosen Winterwildnis«, der »weißlichen Transzendenz« versetzt ihn in Schrecken. In den Schneeflocken »von unbedingtem Ebenmaß und eisiger Regelmäßigkeit«, in ihrer starren Geometrie erkennt er »das Unheimliche, Widerorganische und Lebensfeindliche«, das »Geheimnis des Todes«: »[…] sie waren zu regelmäßig, die zum Leben geordnete Substanz war es niemals in diesem Grade«. Castorp hält schließlich an einem einsamen Schuppen an und versinkt nach kurzer Zeit in einen Traum, der ihn zunächst in eine arkadisch-heitere Landschaft versetzt, bevölkert von den »Sonnenleuten«, einer »jungen Menschheit« voller Grazie und Freundlichkeit. Schnell wandelt sich die Atmosphäre der Vision aber ins Gräßliche: Ins Innere eines archaischen Tempels gelangend, erblickt der Träumende zwei Hexen, die sich aus einem kleinen Kind, das sie zerfleischen, ein grausiges »Blutmahl« bereiten.

Noch immer im Traum befangen, interpretiert Castorp diesen als Erlösung aus dem Zwiespalt, mit dem er sich die ganze Zeit konfrontiert, in dem er sich gefangen sieht:

> Tod oder Leben – Krankheit, Gesundheit – Geist und Natur. Sind das wohl Widersprüche? [...] Der Mensch ist Herr der Gegensätze, sie sind durch ihn, und also ist er vornehmer als sie. Vornehmer als der Tod, zu vornehm für diesen, – das ist die Freiheit seines Kopfes. Vornehmer als das Leben, zu vornehm für dieses, – das ist die Frömmigkeit in seinem Herzen. [...] Die Liebe steht dem Tode entgegen, nur sie, nicht die Vernunft, ist stärker als er. Nur sie, nicht die Vernunft gibt gütige Gedanken. [...] *Der Mensch soll um der Güte und Liebe willen dem Tode keine Herrschaft einräumen über seine Gedanken.*

Thomas Mann hat den »Schnee«-Traum nicht ans Ende, sondern mitten in den Roman verlegt, ausdrücklich heißt es: »Was er [Castorp] geträumt, war im Verbleichen begriffen. Was er gedacht, verstand er schon diesen Abend nicht mehr so recht.«

Der Autor hat 1925 in einem Gespräch mit dem Kritiker Bernard Guillemin ausdrücklich betont, Hans Castorp sei zwar ein »erziehungsbedürftiger und erziehbarer junger Mann«, doch sei er

> zugleich verschmitzt und verschlagen. Schon in seinem Verhältnis zum Tode und zum Laster kommt etwas Bereitwilliges, Offenes und Waghalsiges zum Vorschein – der Wille alles zu Ende zu experimentieren. Doch wie bei allen Abenteurern ist sein Verhältnis zu den Prinzipien ein vorbehaltvolles, verschmitztes. Er will sich nicht festlegen. Sobald Settembrini in ihn dringt, geht er, nicht ohne Schalkhaftigkeit, der Entscheidung aus dem Wege.

Die Vision von einem »Traum schöner Menschlichkeit« bleibt Traum, ist nur eine flüchtige Erscheinung. Der Verschmitztheit, Verschlagenheit und Schalkhaftigkeit des Helden, seinem Ausweichen vor allen Festlegungen entspricht auf der gedanklichen Ebene des Ideenromans die Tendenz zum Relativismus. Obwohl Settembrini gewiß die Sympathie des Erzählers (wie des Autors) gehört, ist es meist Naphta, der in den ausufernden Diskussionen recht behält. Wohl deshalb gab Guillemin Thomas Mann zu bedenken, man könne »etwas Gefährliches, ja Dämonisches darin sehen, daß Sie mit den Ideen nur spielen, indem Sie Wortgefechte zwischen Personen anzetteln, wobei Sie keinerlei Verantwortung tragen«. Der Verfasser beharrte aber auf einem ihm wichtigen

Unterschied: Die »Ergebnislosigkeit« der großen Dialoge im ›Zauberberg‹ sei nicht gemeint als nihilistische Infragestellung »aller Gedankenarbeit«.

In dieser Ergebnislosigkeit ist jedesmal die Lebensfreundlichkeit und der gute Wille mitenthalten, über alle *vorläufigen* Formulierungen hinauszusehen. Jede Doktrin [...] wird irgendwie ironisiert. Doch gerade diese Ironie, die wiederum eine intellektuelle, zugleich aber eine lebensfreundliche ist, überwindet den Nihilismus. Sie ist lebensoffen, weltoffen.

Hans Castorp sei es »nicht recht vergönnt, den neuen Begriff von Humanität zu erleben«, zumindest aber der Leser solle zur »intellektuellen Klarheit über das Leben« erzogen werden.

Was aus dem Mißlingen eines solchen Erziehungsprozesses resultieren kann, zeigt der Schluß des Romans, der vom Ausbruch des Krieges erzählt. Der »sprengende Donnerschlag im Tale« erfaßt sofort auch die Sanatoriumswelt, die in einen »Trubel und Strudel wilder Abreise gerissen« wird, als nun – in größtmöglichem Kontrast zur Schlußwendung des »Schnee«-Traums – der Tod die Herrschaft über die Gedanken der Menschen antritt. Das Schlußbild zeigt Castorp »mit sprödem Schreien und qualtraumschwer die Füße« über ein Schlachtfeld taumeln, »in stierer, gedankenloser Erregung«, »in grenzenlosen Ängsten und unaussprechlichem Mutterheimweh«: »Und so, im Getümmel, in dem Regen, der Dämmerung, kommt er uns aus den Augen.«

4. Kriegsdarstellung in Roman und Tagebuch

Zu den besonderen Schwerpunkten der Literatur in der Weimarer Republik zählte die Auseinandersetzung mit dem Krieg. In der Anfangszeit der Republik hatte insbesondere die Linke Krieg und Niederlage als Möglichkeit für einen Neuanfang begriffen. Heinrich Manns Kritik an der Kaiserzeit – in seinem Roman ›Der Untertan‹ – stieß jetzt erst auf ein breiteres Publikumsinteresse; Arnold Zweig versuchte in dem Drama ›Das Spiel um den Sergeanten Grischa‹ 1921 mit einer Militärbürokratie abzurechnen, die bis in die höchsten Stellen hinauf individuellen Gerechtigkeitsansprüchen unzugänglich war; eine neue Ordnung sollte entstehen, in der »die sittlichen Gesetze der befreiten Welt in die deutsche Politik eingeführt werden und sie bestimmen« (Kurt Pinthus). Dafür war man bereit, »sich auch in der Öffentlichkeit einzusetzen«, wie etwa Ernst Toller. Die große Masse der unmittelbar vom Krieg und seinen Auswirkungen nach dem Ende Betroffenen, freilich, sah sich um das eigene Opfer betrogen, begrüßte die »Dolchstoßlegende«, derzufolge man, »im Felde unbesiegt«, zu Unrecht Revolution, »Schmachfrieden« und eine ohnehin nicht geschätzte Republik ertragen mußte. Demokratische Westorientierung oder Anlehnung an russisch-revolutionäre Vorbilder erschienen vielen gleichermaßen als »undeutsch« und ungeeignet, die Probleme zu lösen. Die extreme Rechte konnte diese Grundstimmung für sich nutzen.

Von vornherein zerriß also die Bewertung des vergangenen Reiches wie die Einstellung zu dem in seinem Namen geführten Krieg die Nation. Die Auseinandersetzung darüber zog sich durch die ganze Zeit der Weimarer Republik, bis sie die NSDAP und Hitler auf ihre Weise zunächst als Mittel im Kampf um die Macht einsetzten und schließlich diktatorisch beendeten. Die Literatur stand in diesem Streit von Anfang an in vorderster Reihe. Sieht man auf die Veröffentlichungsdaten von Büchern über den Krieg, läßt sich sagen, daß von 1919 bis in die dreißiger Jahre hinein dieses Thema immer präsent war. Die Autoren – die unzähligen Titel und die Auflagenhöhen beweisen es – entsprachen damit nicht nur ihren eigenen Absichten und Zielen, sondern wurden einem erkennbaren Interesse des Lesepublikums gerecht. Für viele war der Krieg ja das entscheidende Erlebnis ihrer Jugendjahre gewesen, Tausende wurden in ihrer Grundhaltung davon geprägt oder wenigstens beeinflußt. Wie Kästners Fabian empfanden viele:

> Ich treibe mich herum, und ich warte wieder, wie damals im Krieg, als wir wußten: Nun werden wir eingezogen. [...] und es war gleichgültig, ob wir [etwas] taten oder unterließen. Wir sollten ja in den Krieg [...]. Die nächste Zukunft hatte den Entschluß gefaßt, mich zu Blutwurst zu verarbeiten. Was sollte ich bis dahin tun? Bücher lesen? An meinem Charakter feilen? Geld verdienen? [...] Und wieder wissen wir nicht, was geschehen wird. Wir leben provisorisch, die Krise nimmt kein Ende.

Ernst Jünger bestätigte (1936) im Vorwort zu einem Roman von Franz Schauwecker:

> Nie wird man mehr von ihm [dem Krieg; Hrsg.] aussagen können als jener griechische Weise [gemeint ist der Geschichtsschreiber Herodot; Hrsg.], der ihn den Vater aller Dinge nannte. Und wie er der Vater aller Dinge ist, so ist er auch der Vater unserer Generation.

Mit »dem persönlichen Erlebnis des Kriegs [...] war besonders der junge Mensch unserer Generation noch längst nicht fertig«, urteilte noch 1928 Erich Maria Remarque. Das Thema Krieg ist vorwiegend in Prosatexten dargestellt worden; manche – wie Remarques ›Im Westen nichts Neues‹ oder Arnold Zweigs Roman ›Der Streit um den Sergeanten Grischa‹ – erschienen als Vorabdrucke in Zeitungen. Inhaltlich spielte von Anfang an die Einstellung zum Krieg eine große Rolle; die Darstellungen decken eine breite Skala ab: von der resignierenden Einsicht in die Tatsache der Unvermeidlichkeit von Kriegen bis zur Verherrlichung von Krieg und Soldatentum, von einer kritischen Distanzierung bis zum radikalen Pazifismus. Diese Gespaltenheit bei Autoren und Lesern erreichte ein Jahrzehnt nach Kriegsende im Zusammenhang mit der radikaler werdenden politischen Polarisierung eine krisenhafte Zuspitzung, die manche Beobachter als »Wiederkehr des Krieges« empfanden. Die Zahl der Veröffentlichungen stieg stark an, die Werke gerieten mehr und mehr auch in den Strudel des politischen Streits. Einen Höhepunkt erreichte dieser, als die Verfilmung von Remarques Roman ›Im Westen nichts Neues‹ 1930 in nationalen Kreisen zu erbitterten Protesten führte, die von den Nationalsozialisten, insbesondere von Joseph Goebbels in Berlin, zu einer heftigen Kampagne gegen die Linke, die preußische Regierung und die Justiz genützt wurden und die »Film-Oberprüfstelle« zu einem Aufführungsverbot veranlaßte.

Über dem politischen Streit um die Inhalte der Texte ging die Frage nach deren literarischer Bedeutung im Bewußtsein der Öffentlichkeit weithin verloren, obwohl insbesondere Autoren aus der Generation der Kriegsteilnehmer nach Möglichkeiten suchten, ein Thema zu gestalten, von dem sie sehr genau wußten, daß es mit herkömmlichen Mitteln kaum zu bewältigen war. An einzelnen Beispielen soll gezeigt werden, in welcher Form und mit welchen Absichten solche über den Tagesstreit hinausweisende Texte entstanden.

Arnold Zweig
Der Streit um den Sergeanten Grischa

Am Anfang der Texte über den Krieg soll ein Roman von Arnold Zweig (1887–1968) stehen. Dessen Beispielgeschichte von dem russischen Sergeanten Grigorij Paprotkin, genannt Grischa, wurde bereits 1917 konzipiert, 1921 dann als Drama (›Das Spiel um den Sergeanten Grischa‹) geschrieben. Von einem Bühnenstück wie vom Theater überhaupt erhoffte sich Zweig, der im Krieg zum Kriegsgegner geworden war, eine Wirkung, die er als »Selbstgericht der Nation, Einkehr, Umkehr und Erneuerung des deutschen Wesens« bezeichnete.

Durch äußere und persönliche Widrigkeiten (»Hatte Schriftstellerei überhaupt noch einen Sinn?«) bestimmt, zog er sich aus Berlin vom »Theater im Volksstaat« zurück, gab seinen Theaterplan auf und wandte sich Fragen des Ostjudentums zu. Er schrieb Essays über Büchner und Lessing, deren Menschenbild er den soldatischen Heldentypen Jüngers, Beumelburgs oder Schauweckers gegenüberstellte. Die ihn stark beunruhigende Wahl Hindenburgs zum Reichspräsidenten und die Gewißheit, sich nach einer psychoanalytischen Behandlung die Anstrengungen eines größeren Romanwerkes zumuten zu können, veranlaßten ihn, den Grischa-Stoff, zu dem ein Gerücht über die fragwürdige Verurteilung eines russischen Sergeanten den Anstoß gegeben hatte, erneut aufzugreifen. Da er die Wirkung des Theaters in einer »undramatischen Epoche«, in der die aristotelische Katharsis von der Sensationslust in »Sportdarbietungen, Autorennen, Ring- und Boxkämpfen« längst beseitigt worden war, als unbedeutend einschätzte, plante er nun eine Romanbearbeitung des Stoffes, weil diese eher für die Beeinflussung der Massen geeignet schien: »Indem [der Roman] an eine klare Fabel ein allgemeingültiges Schicksal, das Schicksal einer Gruppe, vertreten auf große Weise, zur Anschauung bringt, leistet er seinen Dienst an der Gruppe [...].«

> Die Erde, Tellus, ein kleiner Planet, strudelt emsig durch den kohlschwarzen, atemlos eisigen Raum, der durchspült wird von Hunderten von Wellen, Schwingungen, Bewegungen eines Unbekannten, des Äthers, und die, wenn sie Festes treffen und Widerstand sie aufflammen läßt, Licht werden, Elektrizität, unbekannte Einflüsse, verderbliche oder segnende Wirkungen. Die Erde hat, umwallt von ihrer schweren wolligen Lufthülle, auf ihrer elliptischen Bahn jene Phase hinter sich, die ihre Nordwestgefilde am weitesten vom Lebensquell der Sonne weghält; unaufhaltsam kreisend arbeitet sie sich in günstigere Stellung. Da prallen die Strahlen der großen Glut erregender in Europas Bereich; die Atmosphäre gerät in Gärungen, rasende Winde stürzen von den kalten Zonen überall zu den schon wärmeren Landgebilden, in denen es sich, gelockt von der Magie des wieder wachsenden Lichtes, zu regen beginnt, zu keimen. Die Welle des Lebens in den Nordländern steigt langsam an, in ihren Menschen vollziehen sich, wie Jahr für Jahr, befremdende Wandlungen.

Dieser Anfang des Romans hat den Kritiker Tucholsky dazu verführt, als einen »besseren« den Beginn des zweiten Abschnitts vorzuschlagen:

> Es steht ein Mann im dicken Schnee, unten am Fuße eines schwarz angekohlten Baumes, der spitzwinklig in gute Höhe ragt mitten im verbrannten Walde, schwarz auf vielfach zertretener Weiße. Der Mensch, gekleidet in vielen Hüllen, versenkt die Hände in die Taschen der äußersten, blickt vor sich hin und denkt. Butter, denkt er, anderthalb Pfund, und zweieinhalb Pfund Mehl von den Bauern, und ein gespartes Brot und die Erbsen. Ja, das wird's tun. Dabei kann sie wieder eine Weile bestehen.

Tucholsky verkennt damit die Absicht und den Gesamtplan Zweigs. Dieser sieht in der Geschichte um Grischa nur ein Kapitel aus einem größeren welthistorischen Zusammenhang, den er in einem Zyklus unter dem Titel ›Der große Krieg der weißen Männer‹ darstellen wollte. Sechs Romane dieses unvollendeten Zyklus wurden abgeschlossen und veröffentlicht (›Junge Frau von 1914‹, 1931; ›Erziehung vor Verdun‹, 1935; ›Der Streit um den Sergeanten Grischa‹, 1927; ›Einsetzung eines Königs‹, 1937; ›Die Feuerpause‹, 1954 und ›Die Zeit ist reif‹, 1958).

›Der Streit um den Sergeanten Grischa‹ ist davon als erster entstanden und erschienen. Er blieb auch der mit der größten Wirkung. Schon 1933 waren 300.000 Exemplare aufgelegt, die Übersetzungen in acht verschiedene Sprachen zeugen von weltweiter Aufmerksamkeit. Im Zusammenhang mit den anderen Bänden gewinnt der zunächst in der Tat seltsam berührende erste Abschnitt des Romans seine Bedeutung. Der Autor will damit Distanz schaffen. Er schreibt aus einer Warte, wie sie vielleicht ein späterer Historiker einnehmen könnte, der einen wesentlichen Vorgang in der Geschichte der »weißen Männer« darstellen will und ein, eigentlich auf das Große bezogen, unwesentliches Geschehen als beispielhaft bemerkt. Wie Zweig diese Distanz immer wieder herstellt, zeigt auch der Beginn des dritten der sieben Bücher des Romans:

> In jenen Tagen ordnete sich der Krieg um die Länder Mitteleuropas zu starrem Ringen. Mit ungeheurer Macht, mit einem Meer von abstoßenden, entwertenden, verneinenden Leidenschaften wogten, um die Epoche europäischer Bürgerkriege endlich abzuriegeln, über dreißig Staaten gegen das Gebiet an [...].

Dennoch verzichtet der Autor, der in der Gestalt des jüdischen Literaten Bertin auch selbst am Handlungsgeschehen beteiligt ist, nicht auf die subjektive Aussage und betroffene Stellungnahme der Zeitgenossen.

Der Kern der Darstellung ist das Verhältnis Individuum und Staat, genauer gesagt, wie dieses Verhältnis unter besonderen Bedingungen – hier Wilhelminismus und Krieg – ins Unmenschliche pervertiert. Der Kernsatz steht im ersten Kapitel des fünften Buches: »Der Staat schafft das Recht, der einzelne ist eine Laus.« Die Konsequenz wird gezeigt in der breit angelegten Geschichte des Sergeanten Grigorij Iljitsch Paprotkin, genannt Grischa. Trotz der weit ausholenden Darstellung enthält der Roman – einer eigenen Forderung Zweigs entsprechend – eine »klare Fabel«, die im »rechten Hintereinander« mit »epische[m] Behagen« erzählt wird:

Grischa gelingt es, Ende März 1917 aus einem deutschen Gefangenenlager zu fliehen. Als er »hinter der Front« wieder aufgegriffen wird, gibt er sich als russischer Überläufer aus. Er nennt sich, dem Rat der Partisanin Babka folgend, Ilja Pawlowitsch Bjuschew, übernimmt also den Namen eines desertierten Soldaten, dessen Erkennungsmarke Babka ihm gegeben hatte. Er weiß nicht, daß sich Überläufer innerhalb von drei Tagen zu melden hatten, andernfalls sie als Spione behandelt, das heißt standrechtlich erschossen werden sollten. Als ihn die Militärbehörde zum Tode verurteilt, gibt Grischa seine wirkliche Identität preis (II/4):

> Im Namen Seiner Majestät des Kaisers: Auf Grund der Verordnung E.V. Nr. 14/211 wird der Überläufer Ilja Pawlowitsch Bjuschew, nach eigenem Geständnis der Spionage überführt, am dritten Mai 1917 zum Tode verurteilt. Gegen dieses Urteil, das mit der Verkündung rechtskräftig wird, steht dem Verurteilten Berufung nicht zu. Die Vollziehung regelt ein Befehl der Ortskommandantur, der der Verurteilte hiermit übergeben wird.
> Marwinsk, am vierten Mai 1917
>   von Lychow, General der Infanterie.
> Für das Kriegsgericht der Division: folgen Unterschriften.

Er verlangt nach dem »Leutnant« (eigentlich Oberleutnant) Winfried, der den Verkünder des Todesurteils, Kriegsgerichtsrat Posnanski, begleitet hat:

> »Kamerad«, ruft der Eingesperrte, »Kamerad!« [...] »Rußki, still! [...] Brauchst du sonst was? Papiros?« Und durch die hölzerne Tür, den Mund, das hört man, dicht an den Spalten und Fugen, ruft Grischa: »Ruf den Leutnant! Bring den Leutnant. Um deiner Seligkeit willen den Leutnant zurück«! [...] in der Zelle, auf der Pritsche, in Schweiß gewaschen, grau, sitzt Grischa, die Hände auf den Knien, und weiß nur eins: daß er den Bjuschew loswerden muß [...], der er gar nicht ist [...]. Etwas will nicht, daß er in fremdem Kleide entwische. Etwas will, daß er für seine Schuld seine Strafe auf sich nehme.

Der Gedanke an Schuld und Sühne taucht hier unvermittelt auf, deutet eigentlich auf Künftiges, denn vorläufig hält sich Grischa für gerettet, als er dem Leutnant »berichtet hat«. Er ahnt nichts von den langsamen Mühlen der Militärbürokratie – der Gerichtsrat schildert sie ausführlich und ironisch im zweiten Kapitel des dritten Buches –, den witzigen Verkettungen und Unwägbarkeiten, die in ihr Triebkräfte sind. Inzwischen wird er zu verschiedenen Arbeiten herangezogen, von denen sich die Tätigkeit bei dem jüdischen Tischler Reb Täwje als entscheidend für sein weiteres Schicksal herausstellen wird.

> Selbstverständlich kennt der jüdische Mann die genaue Geschichte seines Gehilfen; bemerkenswert nimmt er daran teil, gespanntes dringliches Fragen und Mitdenken. Er weiß manches vom Lauf der Welt, dieser Tischler. Da Thora und Talmud das gesamte Leben enthalten, denkt er die Ge-

schichte Grischas in ihren Kategorien. Die Wirklichkeit von Kriegsverordnungen, ihre rechtmäßige Kraft, steht in seinen Augen nicht sehr hoch: Er sieht: da ist ein Mensch, der heimkehren wollte wie Tobias aus der Fremde (nach dem er selber Täwje heißt), der unterwegs auf falsche Ratgeber gehört hat wie Absalom, der sich mit einem unrechten Namen versündigt hat, fast wie Abraham, als er sein Weib Sara für seine Schwester ausgab: denn der Mensch hat seinen Namen nicht von ungefähr, sondern aus den Sphären der Himmel. Darauf ward [...] ein Todesurteil über ihn gesprochen wie über Uria. Aber der Herr hat ihm [...] den Mund geöffnet, und er kehrte zur Wahrheit zurück [...]: das Todesurteil ging vorüber. Und da es nun weggenommen ward, ist die Sünde des Namensaustausches gebüßt.

Aber das Schicksal Grischas ist längst nicht mehr das Hauptthema des Romans. Im Grunde ist es nur der Anlaß, der dem Autor Gelegenheit gibt – freilich ohne den epischen Fluß zu stören – eine grundsätzliche Wende in der Geschichte der »weißen Männer« darzustellen, die ahnen läßt, daß, wenn solches geschieht, eine Epoche zu Ende gehen muß.

Die Geschichte schafft Gelegenheit, diese Entwicklung auf den verschiedensten Ebenen der militärisch-juristischen Hierarchie und durch die unterschiedlichsten Charaktere von ihren sozialen Bezügen her zu veranschaulichen.

Im Zentrum jedoch steht die in der Begegnung des Generals von Lychow mit dem »Selbstherrscher« Generalmajor Schieffenzahn im ersten Kapitel des fünften Buches aufgeworfene Frage nach dem Verhältnis von Macht und Recht, von Staat und Individuum. Ausgehend von einem Kompetenzstreit darüber, wer die Justizhoheit habe, die Division oder ein Kriegsgerichtsrat des Generalquartiermeisters (Schieffenzahn), kommen beide rasch zu Grundsätzlichem, streiten altpreußischer Adel und neupreußische Militärbürokratie miteinander: Schieffenzahn liefert seine zynische Auffassung von der »Sache«:

> »[...] Sehen wir doch klar hin, Exzellenz, Phosgengranaten und Winde voll Gas verringern den Spielraum Ihrer göttlichen Barmherzigkeit [die – so Lychow vorher – »einen letzten Schimmer von Wahrscheinlichkeit« erhalte, aus dem Krieg zurückzukommen; dies sei aber unmöglich, wenn man einen Unschuldigen zum Tode verurteile; Hrsg.] von Monat zu Monat. Kriegsführung scheint überhaupt technisch den Zweck zu haben, Ihren lieben Gott in seine Schranken zurückzuweisen. Mir gefällt im Grund der krasse ruhige Fall [...] viel besser. Der Staat schafft das Recht, der einzelne ist eine Laus.«

Die Antwort von Lychow klingt nicht nur empört:

> »Wenn ich so leben müßte, käme ich mir wie ein Dackel vor. Schafft der Staat das Recht? Nee, aber Rechttun erhält die Staaten, Herr. So hab ich's von Jugend auf gelernt, und das allein gibt dem Leben Schmalz und Tunke.

Weil gutes Recht die Staaten bescheint, dürfen sich [!] Menschengeschlechter für sie [!] verpulvern. Wo aber der Staat anfängt, unrecht zu tun, ist er selber verworfen [...]. Ich weiß, Herr, in wessen Auftrag ich hier im Lichtkreis Ihrer Lampe für einen armseligen Russen fechte! Um Größeres als Ihren Staat, nämlich um den meinen! Um ihn als Beauftragten der Ewigkeit! Staaten sind Gefäße; Gefäße altern und platzen. Wo sie nicht mehr dem Geiste Gottes dienen, krachen sie zusammen wie Kartenhäuser, wenn der Wind der Vorsehung sie anbläst. Ich aber, Herr General Schieffenzahn, weiß, daß Rechttun und Auf-Gott-Vertrauen die Säulen Preußens gewesen sind, und ich will nicht hören, daß man sie von oben her zerbröckelt.«

Der Autor steht ganz und gar auf der Seite seiner Figur. Was Zweig empört, faßt er als Antwort auf seine Kritiker später (1930) noch einmal zusammen: »Gibt es eine schärfere Kritik an einem System als die, die an einem bestmöglichen Fall geübt wird – ohne Haß und ohne Leidenschaft gestaltend, daß es einen Unschuldigen vernichtet, der in seinen Betrieb gerät?«

Er greift nicht nur die eiskalte, zynische Logik Schieffenzahns (Ludendorffs) an, sondern auch die grundsätzliche Anmaßung des Machtstaats, der das uneingeschränkte Verfügungsrecht über das Individuum, die »Laus«, beansprucht. Zweig trifft sich hier mit vielen anderen Kritikern der Zeit (man vergleiche etwa Broch S. 177). Man könnte einwenden, Leute wie General von Lychow, der als Vertreter altpreußischer Tugenden vom Autor nicht ohne Sympathie gezeichnet ist, verträten doch den zynischen Standpunkt des »modernen« Militärs nicht, versuchten – wie auch Oberleutnant Winfried oder Gerichtsrat Posnanski – das Unmenschliche zu verhindern. Als »Retter« werden sie ja – wie etwa auch die Partisanin Babka oder Schwester Bärle und Bertin – bezeichnet. Aber am Ende bewegen sich alle doch innerhalb der bestehenden gesellschaftlichen und rechtlichen Ordnung, alle ihre Unternehmungen finden innerhalb der Möglichkeiten dieser Ordnung statt: Dienstweg, Kompetenzdiskussion, Verzögerung, Aufschiebung. Es siegt die gefühllose Maschinerie der Organisation des Krieges. Nur Babka und die Ihren wollen sich dieser Ordnung entziehen und wären vielleicht sogar erfolgreich gewesen. Daß auch sie scheitern, liegt an der gegen Schluß wieder in den Vordergrund tretenden Hauptgestalt Grischa. Er ist der einzige, der im Verlauf der Geschichte eine tiefgreifende Wandlung erlebt.

Unter dem Einfluß des Tischlers Täwje gewinnt der gefangene Soldat, der anfangs »nicht mehr als jeder beschäftigte Mensch [...] zum Töten« neigte, einen Zugang zur alttestamentarischen Lehre. Mit einer Reihe von Vergleichen versucht Täwje, ihm sein Schicksal als Kampfobjekt begreiflich zu machen (IV/6):

»[...] Vorläufig sieht es aus wie zwei Hunde, die an einer Leine zerren, und du löst die Leine. Der stärkere zieht den anderen weg, aber der schärfere Zähne hat, zersägt die Leine. Oder auch: Du bist der Knochen, den zwei Hunde im Maule beißen. Der stärkere reißt ihn dem anderen weg, aber der mit den schärferen Zähnen zerkracht den Knochen. Die Welt ist voller Bedeutung jeden Augenblick. [...] Und wenn man sie erraten will, was muß man wissen? Für wen die Bedeutung gelten soll. Zwei Menschen werfen ein Los. Dann ist die Entscheidung wichtig für den einen oder den anderen, aber nicht für das Los. [...]«

Als Grischa sich dagegen wehrt (»Ich bin kein Los und keine Leine. Auch für mich ist Christus am Kreuz gestorben«), holt Täwje seine Argumente aus dem Alten Testament, erzählt ihm die Geschichte von Abraham und der Stadt Sodom, um die er mit Gott kämpfte, und wendet sie dann auf Grischa und seine Zeit an:

»Unsere Zeiten sind schlimmer als die von Sodom und Gomorra [...]. Da ist ein Mann, der ist zum Tode verurteilt, und es ist klar, er ist unschuldig zum Tode verurteilt, und vielen wird es klar, daß er unschuldig ist. Läßt sich jetzt zur Herrschaft bringen, daß er unschuldig ist, so meine ich, dann sind zehn Gerechte in Sodom, und die Stadt wird nicht zerstört werden. Läßt sich aber nicht zur Herrschaft bringen, daß er unschuldig ist, und wird geführt ein Urteil aus, von dem alle wissen, daß es falsch ist, dann, Grischa, [wird] der Zorn Gottes Feuer und Schwefel herunterregnen lassen, und das große Sodom mit seinen Kaisern und Fürsten und Generalen wird zerstört werden [...].«

Es sind die »weißen« Potentaten, die Täwje meint, nicht einzelne, sondern alle. Es sind aber auch die Menschen, nicht nur die Potentaten, die dem Zorn Gottes verfallen. Grischa erfaßt das sofort: »›Genug‹, rief er endlich heiser, ›genug, ich bin verloren‹.« Und in einer Art innerem Monolog sinniert er weiter: »Das war es. Ihn suchte einer, aber nicht um seinetwillen.« Aus der Angst und dem Gefühl der Verlorenheit hilft ihm mehr als Täwjes anschließender Trost, daß noch nichts entschieden sei und die Deutschen doch »viele gute Eigenschaften« hätten, dessen »Deutung« der menschlichen Situation vor einem alttestamentarischen Gott. Sie führt zum Blick nach innen und – wie bei Feuchtwangers Josef Süß Oppenheimer (s. S. 86) – zu einem Nachdenken über den Sinn des Daseins. Grischa erfaßt sein einzelnes Leben als Zugehörigkeit zum Ganzen seiner Epoche und erkennt, daß er Anteil daran hat.

»Selbstverständlich bin ich eine Laus, aber Rußland, das heißt etwas.«
»Nun«, antwortete Täwje fröhlich, »und Deutschland, das heißt auch etwas, und die Juden vielleicht, und die Polen hat sie nicht auch Gott gemacht? Also. Du darfst ruhig sein. Wie es Dir ergeht, kann es Dir bloß gut gehen.«

Vielleicht hätte dies alles noch nicht genügt, wenn das Gespräch mit Täwje ihn nicht zu weiterem Nachdenken veranlaßt hätte:

> Er war bestimmt kein schlechter Mensch, Grischa, aber schön ließ sich, was er getan, doch nicht nennen. Er hatte dem Regimentsbefehl geglaubt: Tapferkeit für den Zaren und für die Heimat, Pflicht eines Soldaten, und Christus damit ganz einverstanden; aber das Ergebnis lehrte – anderes. Was hatte Täwje gewußt? Wer Menschenblut vergießt, dessen Blut wird durch Menschen vergossen. [...] Es hatte nichts mit Gut oder Schlecht zu tun [...]. Mit tiefer Befriedigung nahm Grischa [dieses] Ergebnis [...] zur Kenntnis. Gut, dieser Punkt war in Ordnung [...]. Dies ganze Geschlecht hatte Menschenblut vergossen. Nun wurde es ausgeschüttet [...], wannenweise, eimerweise, tropfenweise [...]. (V/4)

Grischa ist bereit, seinen Tod in diesem Sinn als notwendiges Geschehen anzunehmen. Und als er in einer recht makabren Szene seinen Sarg aussucht und die Liegestatt »ausprobiert«, dankbar, nicht in einem Massengrab liegen zu müssen, wo es unanständig war, »[...] täglich dafür sorgen zu müssen, daß einem der Kopf nicht in die Brusthöhle eines anderen hineinrutscht«, kommt ihm ein weiterer beruhigender Gedanke, der ihm hilft, das Folgende in Würde zu ertragen (VI/4):

> Ein Wesen, einmal vorhanden, so stark wie er, konnte durch keinen Tod zum Verstummen gebracht werden. Mit seinen Worten und auf seine Art hielt er sich seiner Ewigkeit gewiß; die Unzerstörbarkeit des lebendigen Plasmas und die Überzeitlichkeit der sittlichen Gesetze [...] kam ihm selber erst zu Bewußtsein.

Es ist bekannt, daß Arnold Zweig die Lehren von Gustav Landauer und Martin Buber studiert hat und deren Meinung teilte, daß – auch auf die Zeit der Weimarer Republik bezogen – ein völliger Wandel in der Gesellschaft sich vollziehen müsse und dieser nur über die Veränderung der Denk- und Verhaltensweisen der Menschen erreichbar sei. Grischa, ein Mensch »von geringem Rang und durchschnittlichem Denkvermögen« (Dieter Mayer) hat in sich den Weg zu einer »Wandlung« gefunden.

Zweigs Roman ist kein Kriegsroman der üblichen Art, wenngleich der Vorwurf zeitgenössischer Kritiker nicht zutrifft, der Autor habe, da er nicht die Kämpfe an der Front darstelle, den Schrecken des Krieges nicht gezeigt.

Das kriegerische Geschehen ist für Zweig in erster Linie Folge eines moralischen Niedergangs, wie er sich in der Auseinandersetzung um Macht und Recht entwickelt hat.

Arnold Zweig versucht eine Deutung des Geschehens und zeichnet die Kriegsgesellschaft, wie sie zum Teil auch nach dem Krieg weiterbestand. Sein Roman könnte also auch in andere Zusammenhänge eingeordnet werden. Erzähltechnik und Sprache stehen im Gefolge von Tolstoi oder Fontane und sind romantheoretischen Überlegungen verpflichtet, die auf Wirksamkeit und Lesbarkeit abzielen.

Ludwig Renn
Krieg

In vieler Hinsicht fast ein Gegenstück zu Arnold Zweigs ›Grischa‹ erscheint Ludwig Renns Roman mit dem lapidaren Titel ›Krieg‹. Während Zweigs Roman den Krieg im Osten fast ausschließlich von der Etappe und den Stäben aus darstellt, einen knappen Zeitraum von ein paar Monaten als exemplarisch für eine »kosmische« Wandlung gestaltet und seine Handlung um eine Gestalt aus vielen Perspektiven zeigt, beobachtet und beschreibt Renn aus der subjektiven Perspektive eines einfachen Soldaten, eines »Landsers«, Stationen der Westfront von 1914 bis zum Zusammenbruch und der Auflösung des deutschen Heeres in seinem engen Erlebnisreich. Anders als bei Arnold Zweig ist die Darstellung literarisch scheinbar wenig anspruchsvoll, eine direkte Auseinandersetzung über den Sinn von Kriegen unterbleibt, die Kritik hat das Buch ebenso als kriegsverherrlichend wie als pazifistisch bzw. antimilitaristisch charakterisiert. Selbst die Nationalsozialisten waren in einer zwiespältigen Situation: Sie ließen nach ihrer »Machtübernahme« den Verfasser zwar verhaften, weil er der KPD angehörte, aber sein Buch wurde nicht auf die Liste der verbotenen gesetzt.

Der Erzähler Ludwig Renn war keineswegs einfacher Soldat wie sein gleichnamiger Held. Er hieß auch nicht Ludwig Renn – das war ein Pseudonym – sondern Arnold Vieth von Golßenau (1889–1979), stammte aus altem Adel und war Sohn eines sächsischen Prinzenerziehers und einer großbürgerlichen Russin. Als kriegsbegeisterter junger Offizier war er 1914 an die (West-)Front gegangen. Aus einem Tagebuch wollte er später »von erhebenden Erlebnissen einer großen Zeit« berichten können. Doch seine Erfahrungen in der Kriegsrealität stimmten nicht mit der Kriegsberichterstattung darüber in den Zeitungen und selbst im Kriegstagebuch seines Regiments überein. So beschloß er zunächst, wenigstens in seinen Aufzeichnungen die Wahrheit über den Krieg so aufzuschreiben, wie er sie vorfand. Ausschlaggebend dafür, seine eigenen Erlebnisse auf eine andere Person zu übertragen, waren nach seiner späteren Erinnerung zwei Überlegungen:

> Ich las [...] in den Zeitungen täglich mit heftiger Ablehnung, was die Journalisten über uns Frontsoldaten schrieben. In ihren Ergüssen waren wir feldgraue Helden, die immerzu in nationaler Begeisterung auf einen neuen

Siegeszug warteten. Ich wollte den wahren Helden zeigen, den verdreckten Landser, der [...] ohne das Getue das Unscheinbare, aber Wichtige tut. Weil es dabei nicht auf ihn als Einzelperson, noch dazu einem Offizier, ankam, wollte er [...] nüchtern die Tatsachen niederschreiben, in deren Rahmen das entstanden war, was man Erlebnisse nennt.

Dieser Rahmen, das heißt der Krieg, wie er war, sollte für alle erfaßbar werden, die ihn nicht selbst erlebt hatten, und mußte daher in einer Form an die Öffentlichkeit gebracht werden, die aufgenommen werden würde: als Roman. Dabei sollten diejenigen im Mittelpunkt stehen, die ungefragt die meisten Opfer gebracht hatten und von ihm deshalb besonders bewundert wurden: »die gewöhnlichen Soldaten«. Die Quintessenz seiner Erfahrung entsprach dabei in etwa dem, was der Engländer Aldous Huxley in seinem Buch ›Point Counter Point‹ so zusammenfaßt: »Er [der Krieg; Hrsg.] war ein gezähmtes Verbrechen. Die Leute gingen nicht ins Feld und kämpften, weil ihnen das Blut zu Kopfe stieg, sie gingen, weil man es ihnen befahl, sie gingen, weil sie brave Staatsbürger waren.«

So erfand der Autor Ludwig Renn seinen einfachen und unpolitischen Protagonisten Ludwig Renn, der am Mobilmachungstag Gefreiter wurde, das Eiserne Kreuz zweiter Klasse, später das erster Klasse erhielt, nach seiner Verwundung zum Unteroffizier befördert wurde, aus dem Krieg als Vize-Feldwebel zurückkehrte und in den Wirren der Revolution einsah, daß man nicht unpolitisch bleiben durfte.

Renn entwickelt seinen Roman auf eine Weise, die ihn in die Nähe der »Neuen Sachlichkeit« rückt: »Objektivierter Tatsachenbericht« war die formale Bezeichnung, die man dafür wählte. Kurt Pinthus erklärt in ›Das Tagebuch‹ (1929), was damit gemeint ist. Autoren wie

> Remarque und Renn geben nicht mehr Visionen, Klagen und Anklagen, Aufschrei und Forderung, sondern objektivierten Tatsachenbericht, gleich entfernt von Heroisierung wie von verzweifelter Empörung, sonnenbeschienene Grashalme wie gräßlichstes Menschenschlachten werden in gleichem Stil, als fast gleichgewichtige Objekte dargeboten [...], der gemeine Mann berichtet beinahe gleichmütig aus einer Distanz [...].

Dazu gehörte aber auch, daß der Autor nicht reflektierend oder ordnend eingreift, sondern sich von der Chronologie der Ereignisse bestimmen läßt. Ausführlichkeit und Tempo ergeben sich aus der Einstellung des erlebenden Soldaten.

Renn zeigt, wie sich der Krieg an der Westfront von der Mobilmachung über die großen Schlachten an Maas, Marne, Somme hin zum Stellungskrieg in der Champagne entwickelt. Die Stationen des Kriegsverlaufs bis zum Zusammenbruch und Rückzug stellt er als persönliche Erlebnisse und Eindrücke seiner Hauptfigur dar.

Anders als Grischa erlebt der Landser Renn keine menschliche Entwicklung, wenn man nicht den Desillusionierungsprozeß als eine solche ansehen will, der sich jedoch nur darauf bezieht, daß er die Unmöglichkeit einsieht, im Krieg individuelle Größe zu erlangen. Er meldet auch nichts von den psychischen Spuren, die das Geschehen in ihm hinterläßt. Die karge Sprache berichtet von einem unendlichen Einerlei: Märsche, Granatenangriffe, Patrouillen, ständiger Hunger, das tägliche Sterben und Verwundet-Werden. Die Perspektive ist eingeschränkt, der Gesichtskreis reicht nur bis zum persönlichen Umkreis. Dabei wird nichts verschwiegen:

> Ein französischer Offizier, klein und dick, stöhnte im Grase. Ich wollte sehen, was ihm fehlte. Aber er winkte ab. Trotzdem knöpfte ich ihm den Rock auf. Aus seiner rechten Hüfte quoll Blut, wie aus einer Brunnenröhre. Ich zog ein Verbandspäckchen aus der Tasche und wickelte es ihm um den Leib. Dabei wurde mein rechter Ärmel fast bis zum Ellbogen blutig. Vielleicht war es ein Unsinn, ihn bei dem Blutverlust zu verbinden.

Auch Krasses spart er nicht aus:

> Ich [...] sah am Boden eine Hand liegen. Sie lag schwarz und wie aus Leder ausgestreckt am Boden. Kleine, tiefschwarze Käfer bewegten sich darauf. Ich beugte mich nieder: vielleicht kannte ich diese Hand? Nein, sie war mir fremd.

Größere Zusammenhänge finden sich nirgends, nicht einmal eine Einordnung dessen, was er im Augenblick erlebt. Obwohl er das Ende des Krieges herbeiwünscht, schon deshalb, weil sonst die Auflösungserscheinungen, die er besorgt registriert, zum inneren Verfall der Armee führen müßten, beteiligt er sich nicht, als über das Friedensangebot an die Alliierten allenthalben diskutiert wird:

> Ich wollte mich nicht mit ihm [einem, der das Angebot für eine Schwäche hielt; Hrsg.] streiten. Es war mir auch ganz gleichgültig, was man darüber sagte, wenn nur der Krieg zu Ende ginge! Ich hatte auch noch nie über Politik nachgedacht. Ich hatte einen Ekel davor, wie vor etwas Schmutzigem.

Renns Ablehnung der Auflösungserscheinungen, die sich u.a. darin zeigen, daß er, inzwischen zum Feldwebel avanciert, die ihm Unterstellten zu Respekt vor den Offizieren und überhaupt zu korrektem Verhalten auffordert, gründet in seiner Auffassung von Pflicht. Er mag den Krieg nicht (mehr), aber er kann sich mit dem Grundsatz der Pflichterfüllung identifizieren. Eine kritische Darstellung des Krieges ist aus dieser Sicht natürlich nicht zu gewinnen. Man muß als Soldat zurechtkommen: »Ein Kamerad namens Besser«, so ist gegen Ende des Romans zu lesen, sprach auch immer von dem unsinnigen Krieg, und man müßte einfach streiken und nicht mitmachen. Ich sagte einmal dem Hartenstein [einem ehemaligen Kameraden; Hrsg.]: ›Warum verkehrst du nur mit dem?‹ Hartenstein lachte: ›Weil das der beste Mensch von der Welt ist. Der redet nur so, aber wenn's darauf ankommt, da sollst du mal sehen, wie der mitmacht!‹«

Wenn Renn aus der Feldbibliothek, die er einige Zeit verwaltet, Grimmelshausens ›Simplicius Simplicissimus‹ ausleiht, könnte man darin einen Hinweis auf seine eigene Einstellung sehen, »daß er selbst simplizianisch, zwar nicht heiter, aber dafür stoisch, durch den Krieg geht« (Erhard Schütz). Im Folgeroman ›Nachkrieg‹ (1930) zieht Renn erst die Konsequenz aus seiner Kriegserfahrung: Er wird – wie auch der Autor Ludwig Renn, der 1928 der KPD beitrat – Kommunist.

Ernst Weiß, der Verfasser des Romans ›Georg Letham‹ (s. S. 142), hat in einem Aufsatz ›Der Krieg in der Literatur‹ (1929) in Renns Buch vielleicht etwas Wesentlicheres als die übliche Vereinnahmung für oder gegen Krieg erkannt:

> [...] dieses Werk ist die tatsachentreue Schilderung einer kosmischen Massenkatastrophe [...]. Der Held [...] geht aus dem Krieg wie er in den Krieg gegangen ist [...]: Er beschreibt und schweigt [...]. Dieses Buch spricht nicht gegen den Krieg. Es spricht gegen den Menschen.

Die von Renn beschriebene Monotonie ist die »der in der Masse Erdrückten«. Der Krieg trägt bei zum Ich-Verlust des Individuums.

Renns Episodenreihung war so wenig wie Arnold Zweigs Erzähltechnik (s. S. 239) ein Versuch, für das Schreckliche eine neue Form zu finden.

Darin unterscheiden sich die Werke der beiden deutlich von Edlef Köppens (1893–1939) Roman ›Heeresbericht‹ (1930), der Geschichte des Kriegsfreiwilligen Adolf Reisiger, der den offiziellen »Heeresbericht« als verharmlosend, unwahr und eigentlich auch inhuman entlarvt. Kein kurioser Einfall, daß der bis zum Leutnant aufgestiegene Reisiger, der schließlich vor dem Generalkommando den »Krieg das größte aller Verbrechen« nennt, verhaftet und für wahnsinnig erklärt wird. Das Buch mit einer Auflage von 10.000 Exemplaren blieb ohne jede Wirkung, vielleicht auch eine Folge seiner für die Zeit eben höchst modernen Form, in der sich in raffinierter Ordnung Fiktion und Dokumente verschiedenster Art (kaiserliche Erlasse, offizielle Heeresberichte, Gesetzestexte, Reklametexte, Presseerklärungen usw.) mischen.

Ganz anders wirkten zwei Bücher auf die Zeitgenossen, die im Abstand von neun Jahren erschienen und zwei deutlich unterschiedliche Vorstellungen vom Krieg und seiner Bedeutung für den (männlichen)

Menschen entwickelten: Ernst Jüngers Ausschnitte ›Aus dem Tagebuch eines Stoßtruppführers‹ mit dem Titel ›In Stahlgewittern‹ (1920) und Erich Maria Remarques Roman ›Im Westen nichts Neues‹ (1929). Schon die Auflagenzahlen sprechen für sich: Innerhalb von vier Monaten waren von Remarques Buch 500.000 Exemplare verkauft, Jüngers Tagebuch erreichte in fünf Jahren sechs Auflagen und wird heute noch zitiert.

Ernst Jünger
In Stahlgewittern

Ernst Jünger (1895–1998) wuchs als Sohn eines Apothekers in einer von der empirischen Naturwissenschaft geprägten Umwelt auf. Noch in späten Jahren bezog er sich auf den Vater, wenn er die Vorlieben für das »Beobachten« und die »abwägende Analyse« als ihn bestimmende Eigenschaften bezeichnete. Schon früh aber wurde auch ein anderer Wesenszug deutlich, wenn der noch Minderjährige aus »Langeweile« und »Abneigung gegen das Nützliche« die Schule verließ, um in der französischen Fremdenlegion in Afrika seinem Drang nach Abenteuer und der Lust »an der wilden, ungebahnten und unwegsamen Natur nachzugehen«. Die literarische Verarbeitung erfolgte später in seinem lesenswerten Erinnerungsbuch ›Afrikanische Spiele‹ (1936).

1914 zogen ihn mehr Abenteuerlust und »Sehnsucht nach dem Ungewöhnlichen, nach der großen Gefahr«, als nationale Begeisterung zur Armee. Als Kriegsfreiwilliger kämpfte er die gesamten vier Jahre hindurch an der Westfront, wurde 14 Mal verwundet – er selbst erwähnt die Goldene Verwundetenmedaille – und erhielt im September 1918 für seinen Einsatz den Orden Pour le mérite. Nach dem Krieg war er von 1919 bis 1923 Offizier in der Reichswehr, wandte sich dann naturwissenschaftlichen und philosophischen Studien zu und lebte in der Republik als freier Schriftsteller an verschiedenen Orten, lange auch in Berlin, wo die für seine Denk- und Erlebnisweise dieser Zeit sehr aufschlußreiche erste Fassung seines Prosabands ›Das abenteuerliche Herz‹, Aufzeichnungen bei Tag und bei Nacht‹ entstand und 1929 erschien. (Die zweite, stark veränderte Fassung mit dem Untertitel ›Figuren und Capriccios‹ veröffentlichte Jünger 1938.)

Jünger war zu dieser Zeit durch seine Literatur und Publizistik bereits bekannt. Seine Bücher über den Ersten Weltkrieg hatten ihn zu einem vielgelesenen und vieldiskutierten Autor gemacht. Sie alle, ob sein Erstlingswerk ›In Stahlgewittern‹ (1920), die Betrachtung ›Der Kampf als inneres Erlebnis‹ (1922), die Erzählung ›Sturm‹ (1923) oder ›Wäldchen 125. Eine Chronik aus den Grabenkämpfen 1918‹ (1925), sind gekennzeichnet durch den immer wieder neu formulierten Versuch, über das Erlebnis eines einzelnen und über die teilweise sehr präzise Beschreibung von Vorgängen und Besonderheiten des Militärischen hinaus, dem einen Sinn zu geben, was – wie es im Vorwort zum ›Wäldchen 125‹ heißt – »eine auf niederer Stufe stehende Anschauung als Widersinn und Äußerung menschlicher Unvollkommenheit betrachten mag«.

Am bekanntesten und – im Zusammenhang mit der ideologischen Einordnung Ernst Jüngers – bis heute umstrittensten ist wohl das erste Buch: ›In Stahlgewittern‹. Es trägt in der ersten Fassung von 1920 den Untertitel ›Aus dem Tagebuch eines Stoßtruppführers‹, erschien im Selbstverlag mit 2000 Exemplaren und wurde fast sofort ein Publikumserfolg.

Die Form, schon im Titel angelegt, weist von vornherein auf den Anspruch, eine authentische Darstellung des Kriegsgeschehens zu liefern, läßt aber auch erkennen, daß es dem Autor, der ja nicht nur schreibt, sondern auch auswählt, um literarische Gestaltung geht. Darüber hinaus versucht er – wie oben schon erwähnt – eine Sinngebung. Daher enthält die erste Fassung auch immer wieder reflektierende Abschnitte (die in der 6., stark überarbeiteten Auflage gestrichen sind) und Kommentare. Auffällig ist eine gewisse Geschichtslosigkeit. Es gibt nicht einen Satz über Ursachen und Auslösung des Ersten Weltkriegs (wie etwa bei Arnold Zweig), man erfährt nichts über ideologische oder politische Hintergründe. Jünger liefert auch keine Chronik des erlebten Kriegsverlaufs. Die Kapitel werden nicht im zeitlichen Verlauf durch Datumsüberschriften geordnet, der Leser erfährt lediglich Orte und Landschaften (›In den Kreidegärten der Champagne‹, ›Von Bazancourt bis Hattonchâtel‹, ›Les Eparges‹ heißen beispielsweise die ersten drei Kapitel). Nur Überschriften wie ›Der Auftakt zur Sommeschlacht‹, ›Langemarck‹ oder ›Die Doppelschlacht bei Cambrai‹ helfen dem bereits informierten Leser bei der zeitlichen Einordnung. Für den Autor wichtig ist nur der Krieg, der »reine Kampf und der Ablauf des kleinen Tags, der durchaus auch idyllische Ruhemomente kennt«. Die historische Situation wird nur als allgemeine »Aufbruchsstimmung« in wenigen, an den frühen Expressionismus erinnernden Schlagworten heraufbeschworen:

> Da hatte uns der Krieg gepackt wie ein Rausch. In einem Regen von Blumen waren wir hinausgezogen, in einer trunkenen Stimmung von Rosen und Blut. Der Krieg mußte es uns ja bringen, das Große, Starke, Feierliche. Er schien uns männliche Tat, ein fröhliches Schützengefecht auf blumigen blutbetauten Wiesen [...].

Kontrastierung ist ein beliebtes Mittel des Erzählers Jünger. Der dieser Passage vorausgehende erste Abschnitt des Anfangskapitels setzt die eben Ausgebildeten sofort der »Realität«, wenn auch noch nicht der Kraßheit, des Krieges aus:

> Der Zug hielt in Bazancourt, einem Städtchen der Champagne. Wir stiegen aus. Mit ungläubiger Ehrfurcht lauschten wir den langsamen Takten des Walzwerks der Front, einer Melodie, die uns in langen Jahren Gewohnheit werden sollte. Ganz weit zerfloß der weiße Ball eines Schrapnells im grauen Dezemberhimmel. Der Atem des Kampfes wehte herüber und ließ uns seltsam erschauern [...].

Der »langsame Takt« wird ein paar Stunden später deutlich schneller, der Krieg rückt näher:

> Plötzlich dröhnte eine Reihe dumpfer Erschütterungen in der Nähe, während aus allen Häusern Soldaten dem Dorfeingang zustürzten. Wir folgten ihrem Beispiel, ohne recht zu wissen, warum. Wieder ertönte ein eigenartiges, nie gehörtes Flattern und Rauschen über uns und ertrank in polterndem Krachen. Ich wunderte mich, daß die Leute um mich her sich mitten im Lauf wie unter einer furchtbaren Drohung zusammendrückten. Das Ganze erschien mir etwas lächerlich; etwa so, als ob man Menschen Dinge treiben sähe, die man nicht recht versteht.
> Gleich darauf erschienen dunkle Gruppen auf der menschenleeren Dorfstraße, in Zeltbahnen oder auf den verschränkten Händen schwarze Bündel schleppend. Mit einem merkwürdigen Gefühl der Unwirklichkeit starrte ich auf eine blutüberströmte Gestalt mit lose am Körper herabhängendem und seltsam abgeknicktem Bein, die unaufhörlich ein heiseres »Zu Hilfe« hervorstieß [...].
> Was war das nur? Der Krieg hatte seine Krallen gezeigt und die gemütliche Maske abgeworfen. Das war so rätselhaft, so unpersönlich. Kaum, daß man dabei an den Feind dachte, dieses geheimnisvolle, tückische Wesen irgendwo dahinten. Das völlig außerhalb der Erfahrung liegende Ereignis machte einen so starken Eindruck, daß es Mühe kostete, die Zusammenhänge zu begreifen. Es war wie eine gespenstische Erscheinung im hellen Mittagslicht.

Mit dem letzten Abschnitt des Zitats nimmt die Darstellung die Wendung zur Analyse. Jünger beschreibt nur scheinbar eine gefühlsmäßige Reaktion auf das »Walzwerk« der »Front«, das zum Handeln führt, »ohne recht zu wissen, warum«. Was »man« da erlebte, rief ein »beklommenes Gefühl der Unwirklichkeit« hervor, man konnte keine Ursache erkennen, sah sich etwas Unsichtbarem ausgeliefert, ganz anders, als man kriegerisches Geschehen aus früheren Schilderungen und auch noch vom Kasernenhof oder von Manövern her kannte. Das »Walzwerk der Front« ist eine unfaßbare Maschinerie, der »Feind« wirkt in der Ferne wie ein »tückisches Wesen«, von dem man weder Ort noch Zeitpunkt des Eingreifens kennt. Daher sind auch Zusammenhänge »kaum zu begreifen«. Das Rätselhafte, das »Unpersönliche« verunsichert den Menschen, zumal wegen der fehlenden Erfahrung dafür kein Verhaltensmuster zur Verfügung steht.

Das ist eine ziemlich genaue Analyse des psychischen Zustandes eines Neulings im Kriegsgeschehen, sie liefert zugleich die Basis für die Vorstellung, welche weitere Wirkung diese Art von Krieg auf Menschen haben kann und – wie sich aus Nebenbemerkungen schließen läßt – nach Meinung Jüngers auch haben sollte, damit sich der Krieg nicht nur als grausames Phänomen, dem der Mensch zufällig ausgesetzt ist, verstehen läßt. Die Gedanken des jungen Offiziers sind noch etwas diffus, prägen aber doch bereits bestimmte seiner Verhaltensweisen, führen gelegentlich auch zur Kritik an Vorschriften, die seiner Meinung nach der Entwicklung jenes »Kriegertums« im Wege stehen, das ihm undeutlich noch am Anfang, klarer aber schon in späteren reflektierenden Teilen, vor Augen steht: »Im Laufe der vier Jahre schmolz das Feuer ein immer reineres, immer kühneres Kriegertum heraus« (›Im Dorfe Fresnoy‹). Daher hält er beispielsweise die vorgeschriebenen Schutzmaßnahmen beim Bau von Gräben und Stellungen für falsch, obwohl er sieht, daß sie vielleicht einzelne vor einem Kopfschuß bewahren: »[...] die immer tiefere Führung der Gräben bilden jenes Haften an den Verteidigungsanlagen mit einem Anspruch auf Sicherheit aus, auf den man später nur ungern verzichtet«. Aber erst im Essay ›Der Kampf als inneres Erlebnis‹ (1922) – und in den folgenden Texten zum Ersten Weltkrieg – wird Ernst Jünger seine Vorstellung vom Sinn dieses Krieges klar und geradezu hymnisch formulieren können:

> Der Krieg, aller Dinge Vater, ist auch der unsere; er hat uns gehämmert, gemeißelt und gehärtet zu dem was wir sind. Und immer, solange des Lebens schwingendes Rad noch in uns kreist, wird dieser Krieg die Achse sein, um die es schwirrt.

Dort wird er auch den Typus von Mann benennen, der nach seiner Sicht aus den »Stahl-Gewittern« hervorgegangen ist: »der neue Mensch«, »die Auslese Mitteleuropas«. Im Tagebuchkapitel ›Die große Schlacht‹ deutet er das Wozu schon einmal an:

> Der Endkampf, der letzte Anlauf schien gekommen. Hier wurde das Schicksal von Völkern zum Austrag gebracht, es ging um die Zukunft der Welt. Ich empfand die Bedeutung der Stunde, und ich glaube, daß jeder damals das Persönliche sich auflösen fühlte [...].

Auch wenn Jünger den Krieg in vielen Passagen als gräßlichen Vorgang der Zerstörung und Vernichtung darstellt, Leiden, Schmerz und Tod keineswegs ausspart und mit den Opfern, besonders wenn sie ihm als Kameraden nahestehen, Mitgefühl empfindet, so kommt er doch in seiner Sinnsuche zu einer positiven Bewertung des Krieges. Er ist ihm freilich nicht »Schule der Nation«, wie viele meinten. Jünger sieht im »Stahlgewitter« einen notwendigen, elementaren, naturhaften Vorgang, der die alte Welt zerstört, um Platz für eine neue zu schaffen. Zu ihr gehören »Kälte, Todesbereitschaft, Kampf, Rausch, Abenteuer und Ekstase als Annäherungen an den eigentlichen Sinn des Lebens« (Helmut Kiesel). Das erinnert an Nietzsche, dessen »Übermensch« ja offen ist für das Grenzenlose, und das Abenteuer von Grenzerfahrungen ist in Jüngers ›In Stahlgewittern‹ von Anfang an thematisiert.

Zu dieser neuen Welt gehören nicht nur die Angehörigen der eigenen Nation. Daher kann es bei aller Härte und Rücksichtslosigkeit auch sportliches Verhalten unter den Soldaten der verschiedenen Kriegsparteien geben. Im Kapitel ›Vom täglichen Stellungskampf‹ entwickelt sich bei Engländern und Deutschen »zwischen den Drahtverhauen ein lebhafter Verkehr und Austausch von Schnaps, Zigaretten, Uniformknöpfen und anderen Dingen«. Kampfhandlungen finden in dieser Zeit nicht statt. »Plötzlich fiel drüben ein Schuß, der einen unserer Leute tot im Schlamm versinken ließ.« Jünger ruft hinüber, daß er einen Offizier sprechen wolle. »Ich hielt ihm vor, daß einer von uns durch einen hinterlistigen Schuß getötet worden sei, worauf er antwortete, daß das nicht seine, sondern die Nachbarkompanie getan habe«, es gebe eben überall »cochons« (Schweine). Nach einem weiteren Gespräch verabschiedet man sich »in fast sportsmäßiger Achtung« und, um »wieder klare Verhältnisse zu bekommen, erklärten wir uns feierlich den Krieg binnen drei Minuten nach Abbruch der Verhandlungen [...]«.

Richtig verstanden dienen solche Episoden, von denen das Buch mehrere kennt, nicht einer Verharmlosung des Krieges. Jünger interpretiert den Krieg als außerpersönlich sinnerfüllt und versteht ihn als fortwährenden Vorgang im Leben, dem man sich anpassen muß und kann. »Dieser Krieg ist« – heißt es im genannten Essay von 1922 – »nicht das Ende, sondern der Auftakt der Gewalt. Er ist die Hammerschmiede, in der die Welt in neue Grenzen und neue Gemeinschaften zerschlagen wird«. Daß diese neue Welt eine Abkehr von Vernunft und Humanität einschließen würde, beschäftigt Jünger nicht. Immer wieder stehen unkommentiert in den ›Stahlgewittern‹ Beispiele für das Irrationale, Rauschhafte bis hin zum Tötungswunsch: »Der Zorn zog nun wie ein Gewitter auf [...]. Im Vorgehen erfaßte uns ein berserkerhafter Grimm. Der übermächtige Wunsch zu töten beflügelte meine Schritte« oder: »Der Schlachtendonner war so fürchterlich geworden, daß keiner mehr bei klarem Verstand war.« Zwar weiß Jünger auch:

»Der Staat, der uns [durch den Befehl zu töten; Hrsg.] die Verantwortung abnimmt, kann uns nicht von der Trauer befreien, wir müssen sie austragen. Sie reicht in die Träume hinein.« Auch die »jungen scharf geschnittenen Gesichter«, die »Fürsten des Grabens« sind nicht frei von Betroffenheit. Nur ändert dies nichts an der Grundeinstellung: »Wir könnten zermalmt, aber nicht besiegt werden.« Und gerade dies macht Jüngers Bücher über den Krieg für seine Gegner so gefährlich, während seine Verteidiger – wie auch diejenigen, die ihn für ihre politischen Zwecke benützen wollten – in ihm den Autor sahen, der ihre »Ehre«, ihre Vorstellungen vom edlen Starken, die Bedeutung der dem Krieg unterstellten Wirkung auf die kameradschaftliche Gemeinschaft, die Notwendigkeit der Führerschaft und andere ihrer »Ideen« vertrat.

Daß er selbst sein erstes Buch als den Versuch verstand, das »Grausige« des Kampfgeschehens auf eine sehr persönliche Weise in Worte zu fassen, Bilder für das Unerhörte zu finden, das Geschehene für die Kunst zu gewinnen, ohne die Detailgenauigkeit aufzugeben, wurde über der Analyse des »heroischen Realismus« des Autors wenig beachtet.

Jünger kam seinen Bewunderern am Ende der Weimarer Zeit entgegen, als er mit Beiträgen wie ›Die totale Mobilmachung‹ (im Sammelband ›Krieg und Kriege‹, 1930) oder mit seiner Betonung der nur im Krieg sich bildenden Kameradschaft – »das Gefühl [...] einer tierischen Zusammengehörigkeit auf Leben und Tod« –, ohne die der einzelne nichts sei, mit seiner Idee der Elitenbildung, die dem Gedanken der parlamentarischen Demokratie mit ihrer Streitkultur und dem gleichen Recht für alle entgegenstand, insbesondere durch die auch in seinem Auftreten sichtbare »nationale Wandlung« Bestrebungen zu unterstützen schien, die in rechten Kreisen immer stärker wurden. Deren Verbundenheit mit ihm ist noch spürbar, als Hitler selbst den im Zusammenhang mit dem 20. Juli 1944 in Verdacht Geratenen vor dem Zugriff der Gestapo bewahrt.

Erich Maria Remarque
Im Westen nichts Neues

Anders als bei Ernst Jünger, gründet Erich Maria Remarques (eigtl. E. Paul Remark, 1898–1970, der Autor übernimmt die französische Schreibweise des Namens seines Urgroßvaters) Ruhm neben dem Emigrantenroman ›Arc de Triomphe‹ (1946) vorwiegend auf einem einzigen Werk, der desillusionierenden Darstellung des Ersten Weltkrieges: ›Im Westen nichts Neues‹. 1928 in der ›Vossischen Zeitung‹ vorabgedruckt, wurde der Roman in der Buchausgabe von 1929 ein Welterfolg. Man kennt bis heute mindestens 50 Übersetzungen; manche halten es für das nach der Bibel meistgedruckte Buch der Welt.

In seinen frühen Interessen hat der Sohn eines Buchbinders in Osnabrück durchaus Gemeinsamkeiten mit Jünger: Er sammelt Pflanzen und Kleintiere, fühlt eine starke Verbundenheit zur Natur und träumt von einer anderen Welt außerhalb seines kleinbürgerlichen Lebens. Wie Jünger kämpft er (ab 1916), wenn auch nicht als Kriegsfreiwilliger, an der Westfront, wie dieser lebt er nach dem Krieg als freier Schriftsteller, allerdings mehr von »Brötchenarbeiten« journalistischer Art und Werbetexten. Sein antimilitaristischer Roman ›Im Westen nichts Neues‹ machte ihn dann mit einem Schlag berühmt. Anders als Jünger schildert Remarque aus der Perspektive des einfachen Soldaten Paul Bäumer. Es geht ihm dennoch wie Jünger darum, den Krieg als »Erlebnis« darzustellen. Denn, so heißt es in einem Interview mit Axel Eggebrecht (›Die literarische Welt‹, 5, 24, 1929), für die Generation, der er angehört, war

> ihr stärkstes, unmittelbares Erlebnis [...] der Krieg, ganz gleich, ob sie ihn bejaht oder verneint hat, ob sie ihn nationalistisch, pazifistisch, abenteuerhaft, religiös oder stoisch auffaßte. Sie sah Blut, Grauen, Vernichtung, Kampf und Tod, das war das allgemeine menschliche Erleben Aller. Und auf dieses eine Erleben habe ich mich bewußt beschränkt.

Anders als bei Jünger oder Arnold Zweig finden sich demzufolge in seinem Roman kaum Reflexionen. Und wenn, dann erscheinen sie im Gespräch unter einfachen Soldaten, eher nicht als Betrachtung aus hoher Warte, sondern als unmittelbare Beurteilung eines Ereignisses durch Betroffene:

> »Weshalb ist denn überhaupt Krieg?« fragt Tjaden.
> Kat zuckt die Achseln. »Es muß Leute geben, denen der Krieg nützt.«
> »Na, ich gehöre nicht dazu«, grinst Tjaden.
> »Du nicht, und keiner hier.«
> »Wer denn nur?« beharrte Tjaden. »Dem Kaiser nützt er doch auch nicht. Der hat doch alles, was er braucht.«
> »Das sag nicht«, entgegnet Kat, »einen Krieg hat er bis jetzt noch nicht gehabt. Und jeder größere Kaiser braucht mindestens einen Krieg, sonst wird er nicht berühmt. [...]«
> »Generäle werden auch berühmt durch den Krieg«, sagt Detering.
> »Noch berühmter als Kaiser«, bestätigt Kat.
> »Sicher stecken andere Leute, die am Krieg verdienen wollen, dahinter«, brummt Detering.
> »Ich glaube, es ist mehr eine Art Fieber«, sagt Albert.
> »Keiner will es eigentlich, und mit einem Male ist es da. Wir haben den Krieg nicht gewollt, die andern behaupten dasselbe – und trotzdem ist die halbe Welt feste dabei.« [...] (Kapitel 9)

Keine Rede also vom »Krieg als Vater aller Dinge«, kein analytischer Blick und keine auf etwas Ganzes gerichtete Sinnstiftung.

Der Krieger ist auch nicht der heroisch sich behauptende Mann, der eine künftige Elite bilden könnte (wie bei Jünger). Auf seiner ersten Patrouille legt sich Bäumer vor einem »mittleren Maschinengewehrfeuer« in einen flachen Trichter:

> Neben mir zischt eine kleine Granate ein. Ich habe sie nicht kommen gehört und erschrecke heftig. Im gleichen Augenblick faßt mich eine sinnlose Angst. Ich bin hier allein und fast hilflos im Dunkeln – vielleicht beobachten mich längst aus einem Trichter hervor zwei andere Augen, und eine Handgranate liegt wurffertig bereit, mich zu zerreißen. Ich versuche mich aufzuraffen. Es ist nicht meine erste Patrouille und auch keine besonders gefährliche. [...] Ich mache mir klar, daß meine Aufregung Unsinn ist, daß im Dunkel wahrscheinlich gar nichts lauert, weil sonst nicht so flach geschossen würde.
> Es ist vergeblich. In wirrem Durcheinander summen mir die Gedanken im Schädel – ich höre die warnende Stimme meiner Mutter, [...] ich sehe quälend, schließlich in meiner Einbildung eine graue gefühllose Gewehrmündung, die lauernd lautlos mitgeht, wie ich auch den Kopf zu wenden versuche: mir bricht der Schweiß aus allen Poren. [...]
> Ich erhebe mich ein wenig, um Ausschau zu halten. Meine Augen brennen, so starre ich in das Dunkel. Eine Leuchtkugel geht hoch; – ich ducke mich wieder.
> Ich kämpfe einen sinnlosen, wirren Kampf, ich will aus der Mulde heraus und rutsche doch wieder hinein, ich sage, »du mußt, es sind deine Kameraden, es ist ja nicht irgendein dummer Befehl«, – und gleich darauf: »Was geht es mich an, ich habe nur ein Leben zu verlieren.« *(Kapitel 9)*

Der Unterschied zu Jüngers Spähtrupp ist offensichtlich:

> Plötzlich krampfte sich die Hand des Fähnrichs um meinen Arm: »Achtung rechts, ganz nahe, leise, leise!« Gleich darauf hörte ich zehn Schritt rechts von uns ein vielfaches Rauschen im Gras. Wir waren von der Richtung abgekommen und am englischen Draht entlanggekrochen: wahrscheinlich hatte uns der Feind gehört und kam nun aus seinem Graben, um das Vorgelände zu untersuchen.
> Unvergeßlich sind solche Augenblicke auf nächtlicher Schleiche. Auge und Ohr sind bis zum äußersten gespannt, das näherkommende Rauschen der fremden Füße im hohen Gras nimmt eine unheildrohende Stärke an. Der Atem geht stoßweise; man muß sich zwingen, sein keuchendes Wehen zu dämpfen. Mit kleinem, metallischem Knacks springt die Sicherung der Pistole zurück; ein Ton, der wie ein Messer durch die Nerven geht. Die Zähne knirschen auf der Zündschnur der Handgranate. Der Zusammenprall wird kurz und mörderisch sein. Man zittert unter zwei gewaltigen Gefühlen: der gesteigerten Aufregung des Jägers und der Angst des Wildes. Man ist eine Welt für sich, vollgesogen von der dunklen, entsetzlichen Stimmung, die über dem wüsten Gelände lastet. *(›In Stahlgewittern‹, Kap. ›Der Auftakt zur Sommeschlacht‹)*

Im Krieg entstehen bei Remarque nicht zu allem entschlossene Kämpfer für eine neue, an einer heroischen Haltung orientierten Welt. Der Krieg hat vielmehr alle desillusioniert, die Rede von Opfermut und Heldentum empfinden sie als leere Phrase. Nichts zeigt das deutlicher als die Erfahrung, die der junge Bäumer im Heimaturlaub macht. Sein Deutschlehrer »schleppt« ihn zum Stammtisch:

> Ich werde großartig empfangen, ein Direktor gibt mir die Hand und sagt: »So, Sie kommen von der Front? Wie ist denn der Geist dort? Vorzüglich, vorzüglich, was?«
> Ich erkläre, daß jeder gern nach Hause möchte.
> Er lacht dröhnend: »Das glaube ich! Aber erst müßt ihr den Franzmann verkloppen! Rauchen Sie? Hier, stecken Sie sich mal eine an. Ober, bringen Sie unserm jungen Krieger auch ein Bier.« [...]
> Alle triefen nur so von Wohlwollen, dagegen ist nichts einzuwenden. Trotzdem bin ich ärgerlich und qualme, so schnell ich kann. Um wenigstens etwas zu tun, stürze ich das Glas Bier in einem Zug hinunter. Sofort wird mir ein zweites bestellt; die Leute wissen, was sie einem Soldaten schuldig sind. Sie disputieren darüber, was wir annektieren sollen. [...]
> Dann beginnt er [der Direktor; Hrsg.] zu erläutern, wo in Frankreich der Durchbruch einsetzen müsse, und wendet sich zwischendurch zu mir: »Nun macht mal ein bißchen vorwärts da draußen mit eurem ewigen Stellungskrieg. Schmeißt die Kerle 'raus, dann gibt es auch Frieden.« [...]
> Ich habe mir den Urlaub anders vorgestellt. Vor einem Jahr war er auch anders. Ich bin es wohl, der sich inzwischen geändert hat. Zwischen heute und damals liegt eine Kluft. Damals kannte ich den Krieg noch nicht [...]. Heute merke ich, daß ich, ohne es zu wissen, zermürbter geworden bin. Ich finde mich hier nicht mehr zurecht, es ist eine fremde Welt. [...]
> Wenn ich sie so sehe, in ihren Zimmern, in ihren Büros, in ihren Berufen, dann zieht das mich unwiderstehlich an, ich möchte auch darin sein und den Krieg vergessen; aber es stößt mich auch gleich wieder ab, es ist so eng, wie kann das ein Leben ausfüllen, man sollte es zerschlagen, wie kann das alles so sein, während draußen jetzt die Splitter über Trichter sausen und die Leuchtkugeln hochgehen, die Verwundeten auf Zeltbahnen zurückgeschleift werden und die Kameraden sich in die Gräben drücken!
> *(Kapitel 7)*

Diese Jugend ist nirgends mehr daheim, an der Front fühlt sie sich wenigstens den anderen zugehörig, zu Hause sind sie fremd. Ihr fehlen Ziele, die über das Überleben hinausreichen. Noch etwas später, und sie sind völlig ausgebrannt:

> Wären wir 1916 heimgekommen, wir hätten aus dem Schmerz und der Stärke unserer Erlebnisse einen Sturm entfesselt. Wenn wir jetzt zurückkehren, sind wir müde, zerfallen, ausgebrannt, wurzellos und ohne Hoffnung. Wir werden uns nicht mehr zurechtfinden können.
> Man wird uns auch nicht verstehen – denn vor uns wächst ein Geschlecht,

das zwar die Jahre hier gemeinsam mit uns verbrachte, das aber Bett und Beruf hatte und jetzt zurückgeht in seine alten Positionen, in denen es den Krieg vergessen wird, – und hinter uns wächst ein Geschlecht, ähnlich uns früher, das wird uns fremd sein und uns beiseite schieben. Wir sind überflüssig für uns selbst [...] *(Kapitel 12)*

»Lost generation«, verlorene Generation, hat man sie in Amerika genannt. Ernest Hemingway (›A Farewell to Arms‹, 1929) und der Lyriker Edward E. Cummings waren ihre Sprecher, auch hier gab es Gemeinsamkeiten über die Nationen hinweg, aber doch in einem ganz anderen Sinn als bei Jünger. Remarques Motto für den Roman erläutert nicht nur seine schriftstellerische Absicht, es trifft auch – schon die weltweite Verbreitung des Werks zeigt dies ja – ein Grundgefühl vieler:

> Dieses Buch soll weder eine Anklage
> noch ein Bekenntnis sein.
> Es soll nur den Versuch machen,
> über eine Generation zu berichten,
> die vom Kriege zerstört wurde –
> auch wenn sie seinen Granaten entkam.

Ein Bericht über Erlebnisse und Lebensgefühl einer solchen Generation kann nicht pathetisch sein. Die nüchterne Realitätsnähe muß auch in der Sprache zum Ausdruck kommen, dennoch aber die persönliche Reaktionsweise einbeziehen:

Man braucht nur vergleichen: Während etwa Renn die Materialschlacht lautmalerisch abbildet: (»Bramm!rapp!rapp!bramms!Kräck! Ramms! [...]«), Jünger den Vorgang möglichst genau berichtend formuliert: (»Weit in der Ferne hörte man in regelmäßigen Abständen eine Reihe matter Abschüsse, denen, wenn man ungefähr bis dreißig gezählt hatte, das pfeifende Heranheulen der schweren Eisenklötze folgte, das rings um unser Häuschen in krachenden Explosionen endete.«) sucht Remarque die Wirkung auf die Betroffenen und deren Reaktion einzubeziehen:»Mitten in der Nacht erwachen wir. Die Erde dröhnt. Schweres Feuer liegt über uns. Wir ducken uns in die Ecken. Geschosse aller Kaliber können wir unterscheiden. Jeder greift nach seinen Sachen [...]. Der Unterstand bebt, die Nacht ist ein Brüllen und Blitzen [...]. Jeder fühlt es mit, wie die schweren Geschosse die Grabenbrüstung wegreißen, wie sie die Böschung durchwühlen und die obersten Betonklötze zerfetzen. Wir merken den dumpferen, rasenderen Schlag, der dem Prankenschlag eines fauchenden [!] Raubtieres gleicht, wenn der Schuß im Graben sitzt [...].«

Wie keiner der dargestellten Autoren verwendet und beherrscht Remarque den speziellen Landserjargon in seiner schnoddrig-trockenen Drastik. Es wimmelt geradezu von Ausdrücken wie »Gulaschmarie« (Feldküche), »Speckjäger« (Koch), »Schmachtriemen« (Gürtel), »Kochgeschirraspiranten« (was sich zum Kochen eignet), »Latrinenparolen« (Gerücht) usw. »Dem Soldaten«, überlegt Remarque schon im ersten Kapitel, »ist sein Magen und seine Verdauung ein vertrauteres Gebiet als jedem anderen Menschen. Drei Viertel seines Wortschatzes sind ihm entnommen [...]. Andere gehören in den Bereich Mädchen, Information und Beschaffung des für den täglichen Bedarf Notwendigen – ›Organisieren‹ ist das Wort dafür.«

Der »Landser« kann nur überleben, wenn er sich auf das banal Notwendige konzentriert. Nicht zufällig geht es im zweiten Kapitel um die Frage, wie man an die Stiefel eines amputierten Kameraden kommt, ohne diesen – weil er nicht weiß, daß ihm die Füße abgenommen wurden – zu beunruhigen:

> Wenn Müller gern Kemmerichs Stiefel haben will, so ist er deshalb nicht weniger teilnahmsvoll als jemand, der vor Schmerz nicht daran zu denken wagte. Er weiß nur zu unterscheiden. Würden die Stiefel Kemmerich etwas nutzen, dann liefe Müller lieber barfuß über Stacheldraht, als groß zu überlegen, wie er sie bekommt. So aber sind die Stiefel etwas, das gar nichts mit Kemmerichs Zustand zu tun hat [...]. Kemmerich wird sterben, einerlei, wer sie erhält. Warum soll deshalb Müller nicht dahinter her sein, er hat doch mehr Anrecht darauf als ein Sanitäter! [...] Wir haben den Sinn für andere Zusammenhänge verloren, weil sie künstlich sind. Nur die Tatsachen sind richtig und wichtig für uns. Und gute Stiefel sind selten.

Es ist der Standpunkt der nüchternen Sachlichkeit, den Remarque seinen Ich-Erzähler Bäumer und dessen Kameraden, die »Frontschweine«, einnehmen und aussprechen läßt. Daher bleiben mehr und mehr auch die von Bäumer früher so geliebten Bücher stumm. Sie sprechen nicht mehr die Welt aus, in die man ihn geschickt hat. Fast klingt es wie die Lösung seines Problems, wenn er im Oktober 1918 tot »mit einem gefaßten Ausdruck, als wäre er zufrieden damit«, gefunden wird. Für das große Geschehen ist der Tod eines einzelnen unbedeutend: »Im Westen nichts Neues« meldet der Heeresbericht.

Jünger dagegen endet sein Kriegstagebuch damit, daß er im Lazarett vom Höhepunkt seiner kriegerischen Laufbahn erfährt: »Seine Majestät hat Ihnen den Orden Pour le mérite verliehen.«

Georg Britting
Lebenslauf eines dicken Mannes, der Hamlet hieß

Die exemplarische Reihe von Kriegsdarstellungen der Zeit schließen wir ab mit Georg Brittings Roman ›Lebenslauf eines dicken Mannes, der Hamlet hieß‹. Anders als die bisher besprochenen Texte thematisiert Britting nicht ausdrücklich den Ersten Weltkrieg; vielmehr transportiert er seine grundsätzlichen Anschauungen zum Thema Krieg über die literarische Gestalt des Hamlet. In ihm, der dazu berufen ist, eine aus den Fugen geratene Welt wieder einzurenken, sieht er ein als Folge des Ersten Weltkriegs bestehendes Grundproblem seiner Zeit verkörpert.

Wie der listenreiche Odysseus, wie der immer strebend sich bemühende Faust gehört auch der Zögerer und Zauderer Hamlet zu den großen Gestalten der Weltliteratur.

In Deutschland übernahm man zumeist Goethes Charakterisierung des melancholischen Dänenprinzen, die sich in seinem Roman ›Wilhelm Meisters Lehrjahre‹ formuliert findet. Wie bei allen Deutungen der Hamlet-Figur steht dabei die Frage im Zentrum, warum dieser den Mord an seinem Vater nicht rächt, obwohl er doch von dessen Geist dringlich dazu aufgefordert wird und diesem auch verspricht, die Bluttat zu sühnen:

> [...] mir ist deutlich, daß Shakespeare habe schildern wollen: eine große Tat auf eine Seele gelegt, die der Tat nicht gewachsen ist. [...] Hier wird ein Eichbaum in ein köstliches Gefäß gepflanzt, das nur liebliche Blumen in seinen Schoß hätte aufnehmen sollen; die Wurzeln dehnen sich aus, das Gefäß wird zernichtet.
> Ein schönes, reines, edles, höchst moralisches Wesen, ohne die sinnliche Stärke, die den Helden macht, geht unter einer Last zugrunde, die es weder tragen noch abwerfen kann; jede Pflicht ist ihm heilig, diese zu schwer.

Man muß diese eingängigen und plausibel wirkenden Formulierungen kennen, um die immer neuen Anläufe richtig einschätzen zu können, in denen sich die Autoren des 19. und 20. Jahrhunderts am Hamlet-Stoff versuchten. Wurde etwa im Vormärz die grüblerische, antriebsschwache, ja selbstzerstörisch wirkende Gestalt von Ferdinand Freiligrath stilisiert zur Verkörperung des deutschen Zauderns, sich durch politisch-revolutionäre Tat die Freiheit zu erkämpfen (in seinem Gedicht ›Deutschland ist Hamlet‹), so benutzten im Naturalismus Arno Holz und Johannes Schlaf diese Figur zur Kritik an einem ästhetisch-dekorativen Rollenleben (in der Erzählung ›Papa Hamlet‹, 1889). In der Endphase der Weimarer Republik erschienen schließlich zwei Romane, die sich schon in ihrem Titel als Neu- und Umdeutungen des alten Stoffs zu erkennen gaben: von Ernst Weiß ›Georg Letham. Arzt und

Mörder‹ (1931; s. S. 142) und von Georg Britting (1891–1964) ›Lebenslauf eines dicken Mannes, der Hamlet hieß‹ (1932).

Das erste Kapitel des Romans, als Novelle unter dem Titel ›Das Landhaus‹ 1928 publiziert, beginnt mit der Schilderung einer menschenleeren Naturszenerie, deren Einzelheiten durch den Blickpunkt des Betrachters – ganz in Bodennähe – allerdings verfremdet erscheinen.

> In dicken Büscheln wuchsen Sonnenblumen. Nein, nein, nicht in Büscheln, sie waren wie Baumgruppen, das waren lange Stämme, Stecken, Stangen und Stengel, schwarz behaart, im Winde wankend, so müssen Palmen sein. Und hoch oben, ganz hoch droben, große, kreisrunde Teller, und die Tiefe der Teller schwarz, rabenschwarz, aschenschwarz, negerkraushaarschwarz, der Tellerrand geflammt, monstranzengelb. Es war ein Wald von Sonnenblumen, die grünen Stämme prall von Saft, dampfend, wie schön, wie gesund!
> Aber ein Weg lief durch den Sonnenblumenwald, ganz tief unten, im Dunkel und Dämmer, keine Eidechse auf dem Weg, keine Blindschleiche auf dem Pfad, keine Kröte, kein Käfer. Schnell und scharf und lehmig glitt der Weg durch das Tellerblumengehölz, durch den gelben Forst, und die Mondscheiben der Blumenköpfe warfen runde, schwarze Schattenkreise auf das laufende Band.

Akkumulation und Amplifikation schaffen Bildketten; der spürbar um Genauigkeit und Intensität bemühte, von der eigenen Fähigkeit zu benennen aber wie berauscht wirkende Erzähler gewinnt selbst der Nichtfarbe Schwarz noch Schattierungen und Nuancen ab. So wie durch die Käferperspektive der Wahrnehmungs- und Erfahrungsbereich eines Menschen verlassen ist, scheinen die natürlichen Maße aufgehoben, wird die Zugehörigkeit der Dinge fragwürdig, ist der Zusammenhang der Welt neu geordnet. Selbst ein Weg wird so zumindest vergleichsweise zu einem Lebewesen: Er »schlüpft« durch ein »Schilfgehölz«, »prallt [...] auf den Wassergraben«, »erwischt einen hölzernen Steg«, »kommt vor [ein] Haus« und »fährt zischend durch die Tür des Hauses und ist drin verschwunden, wie die flüchtende Eidechse im Loch vor dem Raubvogel, dem freßlustigen«. Ein siebenjähriger Knabe, »einen kleinen Kinderspeer in der kleinen Rechten«, tritt aus dem Haus, im Wassergraben spießt er einen Frosch auf, fällt ins Wasser, wird von einer Dienerin herausgezogen und nun, völlig unvorbereitet, erfährt der Leser, daß Ophelia seine Mutter, daß Hamlet sein Vater ist.

Dieser ist bei Britting ein »beleibter Mann« geworden, der für heroische Posen ungeeignet ist. Obwohl er mit Ophelia ein Kind hat, herrscht zwischen dem Paar Kommunikationslosigkeit und Entfremdung, die Gespräche sind ein Aneinandervorbeireden:

Und dann kamen wieder viele, flatternde Worte aus des Prinzen Mund, wie viele schwarze Fliegen, so eilig, flügelgeschwind, schwärmend, nicht bloß hintereinander, manchmal zwei nebeneinander, auch übereinander, dunkle, surrende Worte.

Ophelia ist zwar nicht mehr wie beim englischen Dramatiker das jungfräuliche Mädchen mit dem »sanft verstörten Geist« (Rimbaud), das, in Wahnsinn verfallen, Selbstmord begeht, doch wird die Katastrophe keineswegs ausgespart. Ihre bitteren Worte scheint Hamlet kaum wahrzunehmen, sie machen auf ihn keinen feststellbaren Eindruck:

> Seit der Geburt des Kindes [...] hast du mich nicht mehr berührt, nicht mehr die Haut meiner Hand gespürt, nicht mehr mein Haar angefaßt [...]. Nicht mehr den Hauch deines Mundes habe ich bekommen, denn nie mehr warst du mir so nah, [...] daß ich ihn hätte bekommen können.

Mit dieser Anschuldigung hat sie jedoch die zu Ritualen erstarrte Konvention der Beziehung durchbrochen, der stille, unspektakulär erzählte Tod im Wasser (seit Rimbaud, Heym, Benn und Brecht bis in die Gegenwart ein häufiges Motiv in der Lyrik) ist ihre Konsequenz aus dem Verlust jeden Lebenssinns.

Die Novelle von 1928 endet mit Bildern von Verfall, Fäulnis und Untergang.

Dieser Schluß enthält keine Andeutung auf eine mögliche Fortsetzung, doch wurde dem Autor bewußt, daß sich aus einem Shakespeare-Zitat (»He's fat and scant of breath«, 5. Akt, 2. Szene) interessante Entwicklungen ergeben könnten. Gereizt hat ihn dabei wohl zunächst, klischeehafte Heldenvorstellungen in Frage zu stellen:

> Der Prinz Hamlet stieg eben langsam die Treppe empor, hinter ihm Herr von Xanxres [sein Vertrauter; Hrsg.]. Das Treppensteigen fiel ihm schwer, dem Prinzen Hamlet, er stieg ganz langsam, und weil Herr von Xanxres hinter ihm war und es nicht sehen konnte, so hielt er sich mit beiden Händen den Bauch, trug ihn sorgsam wie ein Kindlein, und nur immer, wenn die Treppe eine Wendung machte, daß Herr von Xanxres ihn schräg von hinten beobachten konnte, ließ der Prinz den Bauch los, strammte sich, aber wenn er wieder im Sicheren war, ergriff er ihn schleunig.
> (›Die Hofdamen‹)

Aber der so konzipierten Gestalt gewinnt der Autor nicht bloß komische Züge ab; mit dem Motiv der übermäßigen Leibesfülle ist ein ganzes Metaphernfeld, das des Essens und Trinkens, des Schlachtens und Verdauens verbunden. Unvermittelt sieht sich der Leser konfrontiert mit der meist verdrängten Wirklichkeit, die hinter Eßlust und Kochkunst liegt:

»Der Hahn«, sagte der Prinz, »mein Lieber, der Hahn, ich schmecke ihn noch auf der Zunge.« Aber als er das sagte, sahen sie gerade durch ein offenes Hoftor in einen Hof, da stand ein halbes Dutzend in Leder gekleidete Soldaten, die johlten und lachten und hatten die Hände in die Hüften gelegt und hatten die Mäuler offen, daß das gut aus ihnen herausfahren konnte, sonst wären sie erstickt von dem Lachen. Sie lachten über einen Hahn, ein schönes, großes, schwarzes Tier, auf mächtigen Beinen, mit einem riesigen blauschwarzen Schwanz. Der rannte, der Hahn, mit langen Schritten seiner bespornten Beine und mit wehendem Schwanz, im Hof umher, und manchmal, wenn er es besonders eilig hatte, schlug er mit den Flügeln und flog schwankend ein paar Schritte, dicht über den Boden dahin, und wenn er flog, lachten die Soldaten besonders laut. Bei seinem eiligen Lauf trat er einmal unversehens auf einen blutigen Vogelkopf, der Vogelkopf hatte einen starken Schnabel und einen dicken roten Hahnenkamm, es war der blutige Kopf eines Hahns, es war der blutige, abgeschnittene Kopf des laufenden und schwankenden und fliegenden Hahns, und der Soldat, der noch ein blankes Messer in der Hand hielt, hatte ihn geköpft, aber er war deswegen noch nicht sofort und gleich tot gewesen, der starke Vogel, und lief nun kopflos im Hof herum und trat auf seinen eigenen Kopf, und darüber lachten die Soldaten.

(›Im Feldlager, hinten‹)

Jenseits des Kulinarischen und des gesellschaftlichen Eßrituals wird die »Kehrseite der Kultur gezeigt: als Voraussetzung des Essens die grotesk-brutale Schlachtung einer Kreatur, die ihren Lebenswillen noch über den physischen Tod hinaus demonstriert« (Ulrike Landfester).

Doch geht Britting noch einen bedeutenden Schritt weiter, wenn er dieses Motiv verknüpft mit dem des Kämpfens und Mordens. Die zentralen Kapitel des Romans (›Im Feldlager, hinten‹, ›Im Feldlager, vorn‹ und ›Der Sieger‹) muß man lesen als seine grundsätzliche Auseinandersetzung mit dem Phänomen Krieg, der für ihn – wie für die meisten seiner Generation – das »Grunderlebnis«, die »Grunderfahrung« war.

In der Fiktion Brittings wird Hamlet im Auftrag seines Schwiegervaters Claudius, der seinen Vater ermordet hat, als Oberbefehlshaber in den Feldzug gegen die Norweger geschickt. Gleich weit entfernt von Pazifismus und Hurra-Patriotismus zeigt der Autor in der Verbindung von Schlachtung und Schlacht den Krieg als zuletzt kannibalisches Kulturphänomen. (In diesem Sinne kann schon das Bild vom geköpften Hahn verstanden werden, der im Tod noch auf seinen eigenen Kopf tritt.)

Als Hamlet in der Etappe (›Im Feldlager, hinten‹) am Zelt der Metzger vorbeigeht, hat er ein fast visionäres Erlebnis:

> Und durch den Blutdunst her drang noch stark ein anderer Geruch, und der kam von großen Bottichen, drin schwammen wirre Schlangen bläulich verschlungen und verknäuelt, Eingeweide, und der Dunst dieser Därme, süß und ekelhaft, lag wie eine Wolke über allem. [...] langsam neigte sich sein [Hamlets; Hrsg.] Kopf tiefer gegen die brodelnden Eingeweide, und es

schien, als atme er tiefer. Ja, er atmete tiefer, aber der üble Geruch war für seine Nase nicht mehr spürbar, er sah nur mehr die Schlangen sich winden, dicke und dünne, und er sah den Glanz, der über den Schlangen lag, einen bläulichen Glanz, und mit einer Willensanstrengung sah er, daß diese Gedärme schön waren. Im alten Rom, dachte er, lasen die Priester die Zukunft aus den Eingeweiden der Tiere, und er begriff schnell und heftig, daß das möglich war, jetzt, in diesem Augenblick, schien ihm das möglich, und angestrengt verfolgte er die wirren Schicksalslinien. Eine Schlange, zierlich, von der Dicke eines Strickes, lag wie eine Schlinge, und in das Schlingenrund hätte gerade ein Menschenhals gepaßt. Einen Hals wußte er, um den er diese Schlinge wünschte. Aber das war ein dicker Hals, und die Schlinge hier für ihn zu eng. [...] Aber zuvor die Schlacht, der Angriff vorn! Die stummen und lebendigen Schlangen wanden sich rätselhaft. Xanxres war neben den Prinzen getreten. »Xanxres«, sagte der Prinz, »können Sie lesen?«

Vordergründig eine bloße Darstellung des krud Fleischlichen, ja des Ekelerregenden (und insofern auch an die frühen Gedichte Gottfried Benns erinnernd), ergibt eine genauere Betrachtung dieser Textstelle rasch, welche Funktion sie im kompositorischen Gewebe der Romanhandlung hat und wie kunstvoll sie mit der zentralen Bildebene des Werks verknüpft ist.

Die Schlingen der Gedärme können für Hamlet zur lesbaren Schrift im Sinn der antiken Eingeweideschau werden, verweisen so auf seine Funktion als Oberbefehlshaber, dessen Entscheidungen den Sieg oder die Niederlage herbeiführen werden, sie erinnern ihn aber auch an eine Henkersschlinge, deuten so auf die privaten Rachepläne des Prinzen in bezug auf den Mörder seines Vaters. Daß sich die Därme wie Schlangen winden, ruft Assoziationen an den biblischen Mythos vom Sündenfall hervor (der übrigens auch Erkenntnis und Tod aus einem Eßakt ableitet); wie ein moderner Künstler setzt Hamlet schließlich im Sinne einer Ästhetik des Häßlichen durch einen bewußten Willensakt die Schönheit des eigentlich Ekelhaften.

Die Schlacht, aus der Hamlet und die Dänen als Sieger hervorgehen, wird unterkühlt, wie aus großer Distanz, erzählt, selbst als unmittelbar neben dem Prinzen Xanxres durch einen Pfeilschuß fällt, wird das Faktum fast emotionslos registriert. Die kämpfenden Soldaten erscheinen dem Oberbefehlshaber wie auf den Karten seiner Offiziere nur als Puppen, lediglich die erneut »freßlustige« Bildlichkeit setzt schärfere Akzente:

> Wieder waren es Puppen, die der Prinz sah, wieder waren sie klein und weit von ihm, er sah im Geist die Puppen sich festsetzen in dem Loch [in der Festungsmauer; Hrsg.], das sie sich geschaffen hatten, wie Hunde an einem Eber hängen, wie Blutegel an einem großen Fisch, und sie soffen wohl auch Blut wie die Blutegel.
>
> (›Im Feldlager, vorn‹)

Folgerichtig vollzieht der Prinz seine Rache an König Claudius nicht mit dem Schwert, nicht mit Gift, er besiegt und tötet ihn in einem grotesken Freß- und Saufduell. Beim Festmahl aus Anlaß des Sieges, von Hamlet überdies als »Versöhnungsfeier« proklamiert, kann sich sein Stiefvater der tödlichen Höflichkeit, mit der jener ihm immer neue Speisen vorsetzt, ihn immer wieder zum Trinken auffordert, nicht entziehen. Die Trompetenstöße, die jeden Gang ankündigen, signalisieren deutlich, daß es sich bei diesem Fest eigentlich um eine Fortsetzung der Schlacht handelt, aber erst als es bereits zu spät ist, bemerkt der König, was hier mit ihm geschieht:

> So befahlen und herrschten die Köche in dieser Nacht, [...] und des zum Zeichen, daß sie große Herren waren, die Köche, gingen ihren Taten Trompeten voran, wie sonst nur Kriegsherren [...].
> Der Saal brauste um ihn, auf einmal stand der Kronprinz vor ihm, riesengroß, wie riesengroß! Und hob die Hand und hielt was Blitzendes in der Hand, das mußte eine Waffe sein, er wollte ihn erschlagen, er erschlug ihn hier im Saal vor den vielen Leuten, vor den Augen seiner Frau, das war also das Ende! [...] aber dann sah er, was der Kronprinz hoch hielt, war ein großer Goldbecher voll Wein. War ein Becher eine Waffe? War auch eine Waffe. Anstoßen sollte er mit dem Kronprinzen, einen Becher leeren mit ihm, einen Becher leeren auf einen Zug bis zur Neige, ihm Bescheid geben [...]. Ja, um Gottes willen, was starrte der Kronprinz ihn so an? Das war ja Königsmord, ja um Gottes willen, er trank ja schon, er trank doch nun schon, es war ein großer Becher, den bekam er nimmer leer, und bekam er nicht mehr leer in diesem Leben. Die Trompeten dröhnten, er trank nun schon stundenlang, er konnte nicht so lang stehen, [...] er setzte sich, er fand den Stuhl nicht, er fiel wie auf Wolken, fiel tief und tief, aber den Becher durfte er nicht vom Mund nehmen, am besten wars, sich zu legen, sich auf den Rücken zu legen, da floß der Wein in ihn, da stürzte der Wein in ihn, da konnte der Kronprinz mit ihm zufrieden sein.   (›Der Sieger‹)

›Hinter der weißen Mauer‹, gemeint ist eine Klostermauer, endet der Roman. Nach zehn Jahren einer glücklichen Herrschaft hat Hamlet, inzwischen etwa fünfzigjährig, einen Schlaganfall erlitten, ist teilweise gelähmt und so dick geworden, daß er den Rollstuhl, in dem er sitzt, nicht mehr verlassen kann. Zusammen mit seinem Sohn, der als Folge eines Degenduells den rechten Arm verloren hat, lebt er abgeschieden von der Welt bei den Mönchen:

> [...] draußen sind viele Leute, Männer, auch Kinder und viele Frauen mit langen Haaren, und das dreht sich draußen und tobt und schreit, und die Frauen jammern, aber hier hinter der weißen Mauer sind nur gelbkuttige Männer, meistens dick, und erwarten hier ruhig, denn alles hat seine Zeit, einen letzten Tag, dem die draußen blind entgegenstolpern, einen Säbel in der Hand, oder eine Geldrolle, oder die Hand verkrampft in langes Frauenhaar.

Fast scheint hier am Ende des Romans in Umrissen das Programm einer inneren Emigration formuliert zu sein. Britting gehörte ja zum ›Kolonne‹-Kreis, einer Gruppe von jungen Autoren, die in der Endphase der Republik für einen Rückzug aus der Politik, für eine scharfe Trennung zwischen öffentlicher und privater Sphäre eintraten und eine erneute Hinwendung zur Natur verbanden mit der Suche nach Bindung an den Mythos oder an eine Religion. Allerdings hat Britting so wenig wie im ersten in diesem letzten Kapitel seines Romans einem Rückzug ins Idyll das Wort geredet, der Schluß kann nicht gelesen werden als Utopie des Entkommens. Zur Identifikation lädt dieser Hamlet, der mehrfach als »Fettwanst«, als »Fettsüchtiger« apostrophiert wird, nicht ein, der »Blick in das dunkelrote, bartlose, mächtige Gesicht mit den fetten Backen, die wulstartig herabhingen«, ist kaum geeignet, Vertrauen einzuflößen. Bewegungsunfähig, weitgehend in seinen Körperfunktionen reduziert, zieht er ein illusionsloses Fazit:

> Irgend etwas war, was einen trieb und schob, da war nichts zu bereuen, und vielleicht würde man einmal erfahren, was einen gestoßen und geschoben hatte, wahrscheinlich wars ja nicht, daß man je Aufklärung erhielt [...].

Deutlicher noch als in der publizierten Fassung hat Britting in einem früheren Entwurf zu dieser Textstelle Hamlet seine Auffassung formulieren lassen: »Getan, was ich tun konnte, mich sogar im Handeln bewährt, aber was kann der Mensch schon tun, wo ihm alles getan wird. Sind wir nicht alle gelähmt?«

5. Unterhaltende Prosa

Leo Perutz
Der Meister des jüngsten Tages

Der Versicherungsmathematiker, Erzähler und Dramatiker Leo Perutz (1882–1957) war in den zwanziger und frühen dreißiger Jahren ein vielgelesener Autor. Kritiker wie Kracauer, Ossietzky, Polgar und Tucholsky haben ihn gerühmt, Egon E. Kisch und Ernst Weiß zählten zu seinem großen Freundeskreis. Seine Bücher, vor allem seine Romane, wurden ins Englische, Finnische und Russische übersetzt; sein historischer Roman ›Der Marques de Bolibar‹ (1920) wurde zweimal verfilmt, in England zu Theaterstücken umgearbeitet. Dennoch war Perutz im deutschsprachigen Raum schon bald fast vergessen.

Mit dem Anschluß Österreichs an Deutschland 1938 sah sich der vor allem in Wien lebende Perutz, obwohl sich der Lyriker Josef Weinheber und der Romancier Bruno Brehm, die beide dem Nationalsozialismus nahestanden, für ihn einsetzten, gezwungen, seine Heimat zu verlassen und ins Exil zu gehen. Im gleichen Jahr emigrierte er nach Tel Aviv, wo er, wie es in einem Brief an seinen Freund Bermann heißt, »was meine Arbeit betrifft, ein Fremdkörper hier im Lande« blieb, erst durch einen Raubdruck Bekanntheit erlangte und in den hebräischen PEN-Club aufgenommen wurde. Seit 1950 besuchte er zwar (fast) jeden Sommer Österreich für einige Wochen, ganz zurückkehren mochte er, der sich als Altösterreicher bezeichnete, jedoch nicht. Die meisten seiner alten Freunde lebten nicht mehr, andere lebten anderswo; seine Bücher, fast schon sein Name, waren kaum mehr bekannt, sosehr sich sein Verleger Paul Zsolnay und andere um ein größeres Leserpublikum bemühten. 1952 schrieb er resigniert in sein Tagebuch: »Ich wurde traurig, weil ich in der Welt so vergessen bin.«

Erst als der Paul Zsolnay Verlag ab 1975 begann, seine Werke neu aufzulegen, und bei Rowohlt dann eine Taschenbuch-Gesamtausgabe erschien, also lange nach dem Tod des Autors, fanden seine Werke wieder eine breitere Leserschaft.

In den zwanziger Jahren hatte man seine Geschichtsromane (u. a. ›Die dritte Kugel‹, 1915; ›Der Marques de Bolibar‹, 1920; ›Turlupin‹, 1923; ›Der schwedische Reiter‹, 1936) gerühmt, und noch 1958 zählte ihn ein israelischer Kritiker (Ben Chorin) neben Lion Feuchtwanger und Max Brod (!) zu den Erneuerern des historischen Romans in Deutschland. Daneben wurde er immer auch in der Rubrik Erzähler spannender phantastischer Romane geführt, eine Kategorisierung, die nach dem Krieg durch den Zsolnay Verlag verstärkt wurde, als man einige seiner Werke unter der Bezeichnung ›Die phantastischen Romane‹ herausgab, die 1977 auch in die Reihe ›dtv phantastica‹ übernommen wurden. Dennoch war der Erfolg mäßig. Friedrich Torberg hatte schon 1957 die Schwierigkeiten der Literaturkritik mit Leo Perutz, d. h. mit seiner literarischen Einordnung bissig beklagt:

> [...] wohin mit ihm? In die Abteilung »Unterhaltungsromane«? Dazu waren seine Geschichten zwar gewiß aufregend genug, aber doch wohl zu gewichtig in ihrer stets ein wenig spukhaften Hintergründigkeit, [...] seine Gestalten viel zu lebensnah und viel zu sicher im Psychologischen fundiert, seine Atmosphären zu echt und seine sprachliche Zucht zu groß. Also in die hohe Literatur mit ihm? Ach, dazu war, was er schrieb, nun wieder nicht genügend tief, dazu hatte es zu wenig Problematik, zu wenig Bedeutung mit oi. Dieser Kerl fabulierte ja einfach drauflos, und die messerscharfe Präzision seiner Konflikte, die glasklare Logik seiner Handlungsabläufe, die tödliche Sicherheit, mit der er Akzente und Überraschungen setzte – das alles sprach ja nur dafür, daß er nichts weiter als Spannung erzeugen wollte.

Verborgen blieb den Kritikern »vor lauter äußerer Spannung«, die sie gern priesen, »die innere [...], die durch alle Werke des Romandichters Perutz vibriert: die Spannung um das Rätsel ›Mensch‹«. Das gilt auch für den 1923 erschienenen Roman ›Der Meister des jüngsten Tages‹, der sicher zu den besten nicht-historischen Romanen des Autors gehört.

›Der Meister des jüngsten Tages‹ beginnt mit einem ›Vorwort statt eines Nachworts‹, in dem der Erzähler, der ehemalige Rittmeister Gottfried Adalbert Freiherr von Yosch und Klettenfeld, etwas rätselhaft begründet, was ihn dazu veranlaßt hat, die seltsamen, »tragischen Begebenheiten« im Herbst 1909, mit denen er auf »so sonderbare Art verknüpft« gewesen ist, niederzuschreiben: Seine »Geschichte« solle verhindern, daß jemals »wieder ein menschliches Auge die Farbe Drommetenrot« erblicken möge. In den ›Schlußbemerkungen des [ebenfalls fiktiven; Hrsg.] Herausgebers‹ berichtet dieser, dessen Name unerwähnt bleibt, wie man nach einem Aufklärungsritt 1914, bei dem der »Kriegsfreiwillige von Yosch« den Tod fand, in der Satteltasche seines Pferdes die »Papiere« entdeckte, »in denen er auf seine Art über die Ereignisse des Herbstes 1909 Bericht erstattet«. »Auf seine Art«, das meint nicht nur die romanhafte Form, in der die Papiere abgefaßt waren, die Formulierung schließt auch eine zurückhaltende Kritik an der Richtigkeit der inhaltlichen Darstellung ein, die Yosch selbst als »volle Wahrheit«, in der »nichts übergangen, nichts unterdrückt« worden sei, bezeichnet. Die Sicht des fiktiven Herausgebers ist ebenso eindeutig: Nur bis zum neunten der 22 Kapitel folge von Yosch, der sich »fünf Jahre vor Kriegsausbruch zum Verzicht auf seine Rittmeistercharge genötigt« gesehen habe, den Tatsachen, dann verliere die »Erzählung jeden Zusammenhang mit der Wirklichkeit«, biege »ins Phantastische ab«. Diese Gegenüberstellung ist nicht nur ein Spannungselement; Perutz bringt ja diesen angeblich durch ein Ehrengerichtsverfahren festgestellten Sachverhalt und dessen Folge für die Laufbahn des (ehemaligen) Rittmeisters erst im Nachtrag. Es geht wohl auch nicht (nur) darum, der Begründung des Freiherrn von Yosch eine andere, mehr psychologisch orientierte Rechtfertigung einer verdrängten Schuld gegenüberzustellen. Der Roman behandelt weder ein psychologisches noch ein moralisches Thema, wenn auch der Verfasser den Leser sehr kunstvoll auf solche Spuren lockt. Gert Ueding hat dies, besonders auf den ›Meister des jüngsten Tages‹ bezogen, als generelle Kennzeichnung der Perutz-Romane festgehalten: »Es gibt nur wenige Schriftsteller der modernen deutschsprachigen Literatur, die den Zusammenhang von Traum und Wirklichkeit, Phantasie und Realität literarisch erkundet haben wie Perutz, der den Roman selber als die Expedition in die Grenzbereiche menschlicher Erfahrungen auffaßte, als ein Experiment, dem sich der Leser in dem Augenblick unterzieht, in dem er mit der Lektüre beginnt.«

Die Romanhandlung setzt furios ein: Während eines freundschaftlichen Musikabends in der Villa des alternden Hofschauspielers Eugen Bischoff, von dem alle, außer ihm selber, wissen, daß er vor dem Ruin steht, erzählt dieser in einer Spielpause, sichtlich betroffen, von den rätselhaften Selbstmorden zweier Brüder. Um abzulenken, fordert der Arzt Dr. Gorski den Gastgeber auf, etwas aus seiner neu einstudierten Rolle als Richard III. vorzustellen. Widerwillig stimmt dieser zu, möchte aber vorher noch in den Gartenpavillon, um – was allen sonderbar erscheint – den »Knopf an der Uniform« anzusehen:

> Und nun war er draußen, ich sah ihn eilig durch den Garten gehen, er sprach mit sich selbst, er gestikulierte, er war schon auf Baynards, in König Richards Welt. Beinahe hätte er [...] seinen alten Gärtner umgestoßen [...]. Gleich darauf verschwand Eugen Bischoffs Gestalt, und einen Augenblick später wurden drüben im Pavillon die Fenster hell und streuten zitternde Lichter und bewegte Schatten über den großen, schweigenden, nächtlichen Garten.

Der Erzähler, der zu den Musizierenden gehört und auf der Terrasse wartet, vernimmt plötzlich einen Ruf, seinen Namen (»Yosch!«), anscheinend mit einer Stimme voll »Zorn, Vorwurf, Abscheu und Überraschung« gerufen. Es ist die Stimme Eugen Bischoffs, die unmittelbar darauf nach Dina, seiner Ehefrau (und Yoschs früherer Geliebten) ruft, diesmal mit einer völlig veränderten Stimme: »Qual, Jammer und grenzenlose Verzweiflung sind [...] aus ihr zu hören.« Kurz darauf fallen zwei Schüsse; man findet Bischoff im Pavillon »neben dem Schreibtisch auf dem Boden, den Revolver [...] in der steifausgestreckten rechten Hand«. Der Arzt stützt ihn; er ist noch nicht tot, erkennt Yosch und seine Züge verzerren sich zu einer Grimasse wütenden Hasses;

> Und dieser Blick voll Haß blieb in seinem Gesicht, blieb auf mich geheftet und ließ mich nicht los. Mir galt dieser Blick, mir allein, und ich konnte ihn nicht deuten, ich begriff nicht, was er mir sagen sollte.

Obwohl der Selbstmord eigentlich außer Zweifel steht, ist der Erzähler in diesen Tod auf mysteriöse Weise eingebunden. Nicht nur, daß ihn der haßerfüllte (und – wie man später erfährt – doch erstaunte) Blick des Toten nicht losläßt. Felix, der Schwager Bischoffs, und der Arzt halten ihn für den Mörder. Und für einen Augenblick sieht sich der Rittmeister tatsächlich in dieser »Rolle«:

> Alles um mich her geriet ins Schwanken. In mir wurde es dunkel. Wie eine längst vergessene Erinnerung tauchte es in mir auf, als wären Jahre darüber vergangen. Ich sah mich durch den Garten gehen, über den Kiesweg, an den Fuchsienbeeten vorbei – wohin ging der Weg? Was suchte ich im Pavil-

lon? Die Tür knarrte beim Öffnen. Wie Eugen Bischoff bleich wurde bei meinen ersten geflüsterten Worten, wie er verstört auf das Zeitungsblatt starrte, wie er aufsprang und wieder zurücksank! Und der scheue Blick, der mir folgte, als ich den Pavillon verließ und die knarrende Tür behutsam hinter mir zuzog. Auf der Terrasse ist Licht. Das ist Dina – hinauf zu ihr – und jetzt – ein Schrei – ein Schuß! Dort unten steht der Tod, und ich, ja ich – ich habe ihn gerufen.

Obwohl sich der Roman von Anfang an der Mittel der Kriminalerzählung bedient und diese auch lange Zeit beibehält, indem falsche Spuren gelegt, Verdächtigungen ausgesprochen, plötzliche Wendungen erfahren, Indizien gefunden und verworfen werden, entsteht durch die zitierte Stelle eine ganz andere Art Geschichte. Yoschs Reaktion wirkt nicht wie ein vom schlechten Gewissen gewecktes Erinnerungsbild, es gehört einer anderen Dimension an. Er zeigt, was vielleicht hätte sein können, was in ihm schlummert. Es ist charakteristisch für die Erzählweise Perutz', daß diese als eine Art Halluzination erscheinende »Handlung« sofort »logisch« weiterentwickelt, in die äußere Wirklichkeit überführt wird. Die am Tatort gefundene Pfeife ist die des Rittmeisters, er als einziger hat ein Motiv: er hat Dina, seine frühere Geliebte, nicht aufgegeben, er hat Bischoff durch mehrmalige – wie man aber hätte sehen müssen, ungewollte – Anspielung auf dessen drohenden finanziellen Ruin in erregte Stimmung versetzt.

In echter Kriminalromanmanier wird die scheinbar klare Situation in Frage gestellt. Zunächst verunsichert der Erzähler selbst den Leser:

> Ich habe nur eine undeutliche Erinnerung an den Augenblick, in dem ich wieder zu klarer Besinnung kam. [...]
> Die erste Regung, über die ich mir Rechenschaft ablegen kann, war die des Staunens. Wohin bin ich geraten? durchfuhr es mich. Was ist das gewesen, welcher Wahnsinn hat mich gepackt gehalten? Dann trat ein Gefühl der Beklemmung hinzu.
> Wie ist das möglich? fragte ich mich geängstigt und verwundert. Ich habe mich dieses Zimmer betreten sehen, habe mich Worte flüstern hören, die nie von meinen Lippen gekommen sind! Ich, ich selbst habe an meine Schuld geglaubt! Wie ist das möglich? Eine Sinnestäuschung! Ein Wachtraum hat mich genarrt! Ein fremder Wille hat mich zwingen wollen, eine Tat auf mich zu nehmen, die ich nicht begangen habe. Nein, ich bin nicht hier gewesen! Ich habe mit Eugen Bischoff nicht gesprochen, ich bin kein Mörder! Alles das war Traum und Wahn, emporgestiegen aus der Hölle und nun zurückgescheucht – [...] ich gehörte wieder der Wirklichkeit an.

Traum bzw. Wahn und Wirklichkeit sind die Schlüsselbegriffe. Entspricht das Traumgeschehen der Wirklichkeit? Gehört es dazu, weil das Unbewußte des Menschen im Traum erscheint? Oder ist das, was der

Rittmeister, der »wieder der Wirklichkeit« angehört, ausspricht, die Wahrheit? Wann erfährt der Mensch die Wahrheit über sich? Es geht offensichtlich nicht nur wie in einem Krimi um die Frage nach dem Schuldigen, sondern um das Problem der Möglichkeit von Schuld überhaupt. Wie heißt es in Kapitel eins (›Vorwort‹) der Aufzeichnungen? »Und es ist nicht vorüber, nein, noch immer ist es nicht vorüber, aus ihren Tiefen steigen die Bilder auf und dringen auf mich ein [...].« Und im nächsten Absatz: »Wir alle sind Gebilde, die dem großen Willen des Schöpfers mißlungen sind. Wir tragen einen furchtbaren Feind in uns und ahnen es nicht. Er regt sich nicht, er schläft, er liegt wie tot. Wehe, wenn er zum Leben erwacht!« Dieser »Feind« erweckt ein »Gefühl«, das mehr ist als »Furcht oder Angst oder Grauen [...], tausendmal mehr als das«, etwas, »für das es kein Wort gibt« und das dem Erzähler als grauenvolles »Drommetenrot« begegnet – vielleicht eine Anspielung auf die Trompeten beim jüngsten Gericht, bei dem über Schuld entschieden wird. Es kann ja auch kein Zufall sein, daß die von ihm schließlich berichtete »Auflösung« des Mordfalls sich im Kern als »Bestrafung« einer Schuld erweist.

Vorher aber noch nimmt die Handlung wieder eine Wendung ins Banal-Alltägliche, und es ist sicher Absicht, daß sie von einem weiteren Angehörigen der abendlichen Runde ausgelöst wird, dem schon von Berufs wegen Sachlichkeit, Nüchternheit und genaue Beobachtungsgabe zugeschrieben werden können: dem Ingenieur Waldemar Solgrub. »›Du tust dem Baron unrecht, Felix‹, hörte ich plötzlich die Stimme des Ingenieurs. ›Er hat mit dem Mord so wenig zu tun wie du und ich.‹« Solgrub analysiert die Situation, sucht »nach haltbaren Erklärungen«, erkennt als erster den Zusammenhang des offensichtlichen Selbstmords mit den Selbstmordgeschichten, die ihnen Bischoff kurz davor erzählt hatte: »Dieselben äußeren Umstände und der gleiche Verlauf [...]. Fast der gleiche Verlauf und dazu das Fehlen irgendwelcher erkennbaren Beweggründe in allen drei Fällen.«

Unter Solgrubs entschlossener und umsichtiger Leitung dringen der Arzt, Yosch und der bis zum Ende von Yoschs Schuld überzeugte Felix, der Solgrub für einen »phantastischen Kopf« hält, nach vielen Irrungen bis zum Urheber der Selbstmorde vor. Es ist (unfreiwillig) ein »Messer Donato Salimbeni aus Siena«, der – so die Fiktion – im 16. Jahrhundert gelebt hat. Er war Arzt im Dienst eines Kardinallegaten und rächte sich an Giovansimone Chigi, dem »Meister des jüngsten Tages«, für den nie gesühnten Mord an seinem Neffen Cino, indem er ihn unter Drogeneinfluß zum Erlebnis des jüngsten Gerichts zwang, ihn aber am Ende durch einen Faustschlag, »eine Tat des Erbarmens [...], aus der Gewalt seiner Gesichte [Visionen; Hrsg.] erlöste«. Chigi ging daraufhin ins Kloster und malte nur noch Szenen des Jüngsten Gerichts, in denen er sich selbst »unter die Verdammten« einreihte. Ein Gehilfe Chigis, der

»Orgelspieler und Bürger der Stadt Florenz, Pompeo dei Bene«, war Zeuge der Vorgänge und schilderte als Fünfzigjähriger während der Pest 1532 »die Wahrheit« darüber. Als genauer Beobachter notierte er – nicht recht überzeugend und ohne Begründung – auch »das Geheimnis der Kunst« Salimbenis, das Rezept der Droge.

Unter deren Einfluß erlebt man eine ungeheure Steigerung seiner Wahrnehmungsfähigkeit und damit auch seiner künstlerischen Kreativität, wie am Beispiel Chigis in den im Roman eingelagerten Notizen seines Gehilfen veranschaulicht wird. Salimbeni drängt ihn, nach dem Entzünden des »Räucherwerks« zu sagen, was er sieht und empfindet:

> »Giovansimone, was siehst du jetzt?« fragte der Arzt.
> »Ich sehe«, sagte der Meister, »zackige Felsen und Klüfte und Schluchten und steinerne Grotten. Und ich sehe einen Felsen, schwarz von Farbe und frei in der Luft schwebend, und er stürzt nicht nieder, was ein großes Wunder und kaum zu glauben ist.
> »Das ist das Tal Josaphat«, rief Messer Salimbeni. »Und der schwarze Felsen, der in den Höhen schwebt, ist Gottes ewiger Thron. Und wisse, Giovansimone: Die Erscheinung des Felsens ist mir ein Zeichen, daß es dir bestimmt ist, in dieser Nacht noch so Gewaltiges zu sehen, wie nie ein Mensch vor dir erschaut hat.«
> »Wir sind nicht allein«, sagte der Meister, und seine Stimme senkte sich zu einem angstvollen Flüstern. »Ich sehe Menschen, die singen und jubilieren, es sind ihrer viele.«
> »Nicht viele nein, nur wenige sind es, denen es gewährt ist, mit den Engeln Gottes das Gloria des Jüngsten Tages zu singen«, sagte Messer Salimbeni mit leiser Stimme.
> »Und jetzt sehe ich Tausende und aber Tausende, eine unendliche Schar, Ritter und Ratsherren und reichgeschmückte Frauen, die recken die Arme empor und weinen, und es ist ein großes Wehklagen unter ihnen.«
> »Sie klagen«, rief Messer Salimbeni, »um das, was gewesen ist und nicht mehr sein kann. Sie weinen, weil sie verdammt sind zur Finsternis und auf ewig beraubt des göttlichen Angesichts.«
> »Ein ungeheures Feuerzeichen steht am Himmel«, schrie der Meister. »Und es leuchtet in einer Farbe, die ich nie zuvor gesehen habe. Wehe mir! Das ist keine irdische Farbe, und meine Augen ertragen sie nicht.«
> »Das ist die Farbe Drommetenrot«, rief Messer Salimbeni mit donnernder Stimme. »Das ist die Farbe Drommetenrot, in der die Sonne leuchtet am Tage des Gerichts.«

Die »Gesichte« werden bald zu einer schrecklichen Bedrohung:

> »Wessen ist die Stimme, die meinen Namen aus dem Sturmwind ruft?« schrie der Meister, und er begann am ganzen Leibe zu zittern. Und plötzlich stieß er ein Heulen aus, das klang wie das eines Tieres und durchdrang die Stille der Nacht und wollte kein Ende nehmen.
> »Wehe mir!« schrie er. »Sie sind da, und sie greifen nach mir, die Dämonen der Hölle, sie kommen von allen Seiten […].«

Als er zu fliehen versucht und den Dämonen doch nicht entrinnen kann, mischt sich der Beobachter ein:

> »Helft ihm, Messer Salimbeni!« rief ich in meiner Verzweiflung, aber der Arzt des Kardinallegaten schüttelte den Kopf.
> »Es ist zu spät«, sagte er. »Er ist verloren, denn die Gesichte der Nacht haben Gewalt über ihn bekommen.«
> »Barmherzigkeit, Messer Salimbeni!« schrie ich. »Barmherzigkeit!«
> Da hatten die Dämonen der Hölle den Meister ergriffen, und schleppten ihn mit sich fort, und er wehrte sich und schrie.

Das Buch mit dem »Rezept« findet Solgrub nach systematischen Forschungen und logischen Kombinationen; auf die Spur haben ihn das letzte Wort des sterbenden Bischoff (»Das Jüngste Gericht«) und die Tatsache gebracht, daß »noch Glut in der Pfeife« war und »ein halbes Dutzend verbrannter Streichhölzchen am Boden« lag. Bischoff muß das Rezept gekannt und sich Rettung aus seiner Schaffenskrise als Künstler erhofft haben. Dr. Gorski gibt dafür später eine sachlich-»wissenschaftliche« Begründung:

> »Die Dämpfe [...] hatten die Fähigkeit, auf jenen Teil des Gehirns erregend einzuwirken, der der Sitz des Vorstellungsvermögens ist. Sie steigerten die Leistungen [der] Phantasie ins Ungemessene. Gedanken, die durch [das] Hirn huschten, gewannen sogleich Gestalt und standen vor [...] Augen, als wären sie Wirklichkeit.«

Es sei leicht einzusehen, daß das Rezept »seine Anziehungskraft vor allem auf Schauspieler, auf Bildhauer und Maler ausgeübt hat. Sie alle erhofften sich von dem Rausch, von der ›Glut der Gesichte‹ neue Impulse für ihr künstlerisches Schaffen.« Aber sie ahnten die Gefahr nicht, die in dieser »infernalischen Falle« lag:

> Der Sitz der Phantasie ist zugleich der Sitz der Furcht [...]. Immer waren die großen Phantasten zugleich Besessene der Angst und des Grauens. Denken Sie an den Gespenster-Hoffmann [E.T.A. Hoffmann; Hrsg.], denken Sie an Michelangelo und den Höllenbrueghel [Pieter Brueghel der Jüngere; Hrsg.], denken Sie an Poe [Edgar Allan Poe; Hrsg.]!«

Jeder der Betroffenen hat Ängste, die durch die Droge gesteigert werden: bei Bischoff z.B. ist es neben der nachlassenden künstlerischen Darstellungskraft die Furcht, Dina zu verlieren, bei dem scheinbar so kühlen Solgrub, der als letztes Opfer stirbt, sind es die schaurigen Gesichte aus dem russisch-japanischen Krieg, in dem er fünfhundert Japaner durch Hochspannungsströme getötet hat, die ihn nicht loslassen.

Bereits in einer sehr frühen Rezension (1923) von Siegfried Kracauer heißt es: »[...] es ist gut erdacht, daß jeder Mensch sich töten muß, dem die vorwegnehmende Schau [...] seines besonderen Jüngsten Gerichts zuteil wird.«

Perutz' Texte sind zwar nicht gerade Beispiele für die Literatur der »Neuen Sachlichkeit«. Gelegentlich aber erkennt man doch eine nicht nur zeitliche Nähe zu ihr. So etwa auch, wenn Dr. Gorski das »grauenvolle Licht« und die »unvorstellbare Farbe« Drommetenrot erklärt:

> »Vielleicht läßt sich auch für dieses sehr sonderbare Phänomen eine physiologische Erklärung finden. Ich müßte ihr freilich ein paar Worte über den Bau des menschlichen Auges vorausschicken: Der Träger der Farbenempfindung ist die Netzhaut oder vielmehr ein System von Nervenfasern, die in der Netzhaut enden und durch die Grundfarben, das heißt durch Strahlen von ganz bestimmter Wellenlänge, erregt werden. Ist es nicht denkbar, daß die giftigen Dämpfe, die Sie [der Rittmeister; Hrsg.] eingeatmet haben, vorübergehend eine solche Veränderung in Ihrer Netzhaut bewirkt haben, daß sie auch für andere Strahlen, für Strahlen von größerer oder kleinerer Wellenlänge, empfänglich wurde? Vielleicht war das rätselhafte Drommetenrot jene außerhalb des Sonnenspektrums liegende, uns unsichtbare Farbe, die die Physiker das ›Infrarot‹ nennen!«
> »Was sagen Sie da!« rief Felix. »Sie sprechen von den dunklen Wärmestrahlen! Wollen Sie behaupten, daß er sie gesehen, mit dem Auge als Farbe wahrgenommen hat?«
> »Vielleicht«, sagte Doktor Gorski. »Das Phänomen läßt mehrere Deutungen zu. Aber welchen Sinn hat es, Hypothesen aufzubauen, die wir niemals nachprüfen können?«

In Ernst Weiß' ›Georg Letham‹ (s. S. 142) kann man ähnliche Stellen finden. Der Unterschied liegt freilich darin, daß sie dort allgemeiner wissenschaftlicher Kenntnis entsprechen, während Perutz eine hypothetische Erklärung in der Form nüchtern-wissenschaftlicher Aussagen darstellt. Charakteristisch für Perutz ist, daß solche Stellen in ihrer nüchternen Sprachform, ihrer von Logik und vorsichtiger Schlüssigkeit bestimmten Denkweise den apokalyptischen Bildern, den von Angst und Grauen erfüllten Erinnerungen (bzw. Erzählungen) direkt folgen oder vorausgehen. So z.B. wenn Yosch, der letzte, der das Rezept bewußt und als »Experiment« benützen kann, die geheimnisvoll zerstörerische Wirkung der Droge an sich selbst erfährt:

Am Anfang wirkt die Neugierde, der Experimentator beschreibt »sachlich«, was er wahrnimmt:

> Am Stamm einer Palme lehnt die Gestalt eines Chinesen in einem Kleid von silbergrauer Seide. Was mir sogleich an ihm auffiel, war seine abstruse Häßlichkeit, er hatte das Gesicht eines neugeborenen Kindes, aber ich erschrak nicht, ich wußte genau, daß meine durch die Droge aufs äußerste

gesteigerte Vorstellungskraft ein Bild reproduzierte, das sich irgendwo in fremden Zonen meinem Gedächtnis eingeprägt hatte. Aber dieses Erinnerungsbild zeigte sich mir auf unerklärliche Art ins Scheußliche verzerrt. Ich war in diesem Stadium des Experimentes noch immer der ruhige und kaltblütige Beobachter eines höchst sonderbaren optischen Phänomens. Den Tisch und das Sofa und die Umrisse des Zimmers sah ich auch jetzt noch, aber sie erschienen mir schattenhaft und unwirklich, wie eine dunkle und verworrene Erinnerung an etwas, was vor langer Zeit gewesen ist.

Die Vision verschwindet, ein neues Bild entsteht, das in ihm »das Gefühl einer unbeschreiblichen Trostlosigkeit wachrief«. Ein »unbestimmtes Furchtgefühl« überfällt ihn, »das sich zu rasendem Entsetzen« steigert. Als schließlich ein Mann mit nacktem Oberkörper und »glattrasiertem Schädel [...] mit eigentümlich schlenkernden Bewegungen seiner Beine« auf ihn zukommt, ist die kühl analysierende Darstellung zu Ende:

> Ich [...] fuhr zurück, schrie, ich hörte mich schreien, Todesangst schüttelte mich – die Augen, die Lippen – das Gesicht zerfressen – die Lepra! heulte es in mir – die Lepra! die Lepra!

Vorübergehend gewinnt der Verstand wieder die Oberhand: »Wahn! Blendwerk! Alles nur Traum!« Aber sofort reißt ihn »ein Meer von Angst und Entsetzen [...] mit sich fort«. Im Drogenwahn versucht er zu fliehen, Figuren versuchen ihn einzuholen, ein »Mann mit [...] breitem rotem Gesicht« steht vor ihm,

> die Hände hinter seinem Rücken – Ich wußte, was er vor mir versteckt hielt, ich schrie, ich wollte flüchten – sie kamen von allen Seiten – keine Hilfe –
> Da war plötzlich der Revolver in meiner Hand [...]. Und in dem Augenblick, da ich die Waffe gegen meine Schläfe hob, [...] erschien am Himmel ein ungeheures Meer von Glut, das loderte und brannte in einer Farbe, die ich nie zuvor gesehen hatte, und ich kannte ihren Namen, Drommetenrot hieß sie, meine Augen waren geblendet von dem Orkan der grauenvollen Farbe [...], und sie leuchtete dem Ende aller Dinge.

Der von Yosch berichtete Ausgang der Situation – die Rettung durch den Faustschlag des Dr. Gorski – erinnert von Ferne nicht nur inhaltlich an die verblüffende Wendung am Ende von Heinrich Heines ›Seegespenst‹.

Perutz ist weder Romantiker noch Phantast in der Art von Meyrink. Sein Spiel mit der Wahrheit ist auch in seinen historischen Romanen zu finden, etwa in ›Turlupin‹, und dient dort insbesondere dazu, historische Vorgänge als im Grund unerklärbar, das Grund-Folge-Schema als unhaltbar zu zeigen. Es liegt ganz auf dieser Linie, wenn er in ›Der Meister des jüngsten Tages‹ das (vielleicht) kriminelle Geschehen als nicht durch Indizien und Logik auflösbar darstellt. Auf die »wissenschaftlich« schlüssige Aufklärung des Falles folgt daher in den Schlußbemerkungen des fiktiven Herausgebers die zunächst ebenfalls sachliche Berichterstattung des aktenmäßig erfaßbaren Geschehens. Ihr schließt sich noch eine persönliche »Zutat« an, die zwar den Akten nicht widerspricht, aber nach einer kriminalpsychologischen Erklärung für Yoschs Bestreben, seine (als nachgewiesen angenommene) »Tat« gewaltsam umzudeuten, sucht.

Perutz entläßt damit den Leser einerseits im Zweifel, was Yoschs Schuld betrifft, mehr aber noch nachdenklich über das Rätsel des Ich, seine Ungewißheit sich selbst gegenüber und die Unsicherheit von Wahrheit und Wirklichkeit.

Hermann Stehr
Peter Brindeisener

Der schlesische Lehrer und spätere Publizist Hermann Stehr (1864–1940) galt in der Weimarer Republik und bis 1945 als vielgelesener Autor, gepriesen von zeitgenössischen Kritikern und Autorenkollegen wie etwa Hofmannsthal oder Knut Hamsun. Der Literaturhistoriker Werner Mahrholz sieht in ihm (1930) einen »Poeten«, dessen »Roman [...] aus dem Urgrunde deutschen Strebens seit der Mystik und der Reformation, aus dem Suchen nach einer gewachsenen, ganz verinnerlichten und mystischen Religiosität erwächst, einen Meister des heimlichen Deutschlands«. Hellmuth Langenbucher erkennt in dem Goethepreisträger kurz nach dessen Tod durchaus etwas zweideutig die »Gestalt eines kämpfenden Deutschen, der in sich den Geist der Zeit überwunden hat, um den ewigen, nicht an zeitliche Formen gebundenen Kräften zu dienen, die er in seinem Volk am Werk sah [...].«

Noch 1953 spricht Wilhelm Grenzmann vom »Dichter der Seele«. Sie alle legen das Vokabular fest, das Hermann Stehrs Bild in der deutschen Literaturgeschichte geprägt hat: mystische Religiosität, Innerlichkeit, Seele, Glaube an die völkischen Kräfte. Letzteres, seine Einstellung zur »Dekadenz« des Städtischen gegenüber der Gesundheit des Landes und eine gewisse Nähe zum NS-Regime in seiner Lebensbeschreibung (1934) bestimmen vorwiegend den Platz des in späteren Literaturgeschichten wenig Beachteten. Soweit sie ihn überhaupt erwähnen, findet er sich dem »Mythos von Blut und Boden« und dem »antiaufklärerischen Konservatismus« zugeordnet (s. Bd. 10, S. 27f.). Erst Peter Demetz' Artikel über den wieder gelesenen Roman ›Der

Heiligenhof‹ sieht Hermann Stehr unbefangener: »Wir haben leider die Gewohnheit entwickelt, das metaphysische Element der neueren Literatur und den NS-Irrationalismus in einen brodelnden Eintopf zu werfen [...]. Stehrs völkische Gönner, und unsere berechtigte Abneigung gegen sie, haben uns die notwendigen Unterscheidungen nicht erleichtert.«

Stehr ist als Schriftsteller und Mensch im Grunde unpolitisch, eigentlich steht er außerhalb seiner Zeit: »Unser Innerstes«, äußert er einmal, »wurzelt in der Zeitlosigkeit«. Als sein Hauptwerk gilt ›Der Heiligenhof‹ (1918), der zweite Roman einer Trilogie (›Drei Nächte‹, 1909; ›Peter Brindeisener‹, 1924), in deren Mittelpunkt sich zwei alte westfälische Bauerngeschlechter, die Sintlinger und die Brindeiser, feindlich gegenüberstehen.

Die Handlung auf dem »Heiligenhof« des Andreas und der Johanna Sintlinger dreht sich vor allem um die durch den reinigenden Einfluß der blind geborenen Tochter Helene, dem »Lenlein«, hervorgerufene Wandlung des Andreas Sintlinger, des anfänglich von maßlosen Leidenschaften geprägten und zerrissenen Bauern, der ein neues Lebens- und Daseinsgefühl entwickelt. Er fühlt, daß nur das Hineinhorchen in das »Innere« zum religiösen Ziel führt. Jeder Mensch, den er als »Bruder im heiligen Geist« empfindet, könne das nachvollziehen, der »Weg zu Gott ist der Mensch selbst«, Gott müsse in der Seele gesucht werden. Eine priesterliche Vermittlung sei daher unnötig: wer »unreinen Herzens ist, dem nütze sie nichts, und der gute Mensch braucht sie nicht«.

Mit Sorge sieht Andreas Sintlinger, wie der scheinbar ganz dem äußeren Leben verfallene jüngere Sohn des Brindeisener, Peter, sich um Helene bemüht. Und es trifft ihn wie ein Schlag, als er erfährt, daß seine Tochter durch das von einem unerklärlichen Schicksal herbeigeführte geheimnisvolle Zusammentreffen mit Peter Brindeisener auf wundersame Weise sehen könne: »Sein Gesicht war blaß und grauenvoll, und als er hörte, daß alle jubilierten, weil das Lenlein von ihrer Blindheit befreit sei, taumelte er und wäre bald hintenüber zu Boden geschlagen [...].« Zu seiner angstvoll ihn aufsuchenden Frau sagt er »tonlos, mit stierem Gesichtsausdruck: ›Ja, ja Johanna, schrei, schrei! Die Steine werden gleich in die Luft fliegen, und der Herrgott macht sich aus dem Staube.‹«

Das weitere Geschehen scheint ihm recht zu geben. Die Liebe Lenleins zerstört die »sanfte Mondlandschaft« ihrer Seele; die nun mit Sinnen erfaßbare Welt, die frei bekannte Liebe zu Peter Brindeisener, die immer stärker sich entwickelnde Lust am »Vergnügungsrausch« und »unwissenden Verlangen« lassen ihr »früheres himmlisch entrücktes Wesen« ganz aus ihr verschwinden. Als sie erkennen muß, daß ihre Liebe zu Peter Brindeisener dessen Zerrissenheit nicht heilen kann, zerbricht sie an der Unausgleichbarkeit der Sinnen- und Seelenwelt.

Unwirsch und hilflos hat Sintlinger das Schicksal vorausgeahnt; er versinkt in tiefe Unsicherheit und Verzweiflung, bis ihn der frühere Lehrer Franz Faber (schon im Roman ›Drei Nächte‹ deutlich eine Figur, die Stehrs eigener Erfahrung und Vorstellungswelt entspricht) als eine Art Deuter des Geschehens in das »wahre« Leben, auf den Weg zu Gott führt. Nur der Mensch, »der bis in die Tiefe seiner Seele sinkt«, sei auf dem rechten Weg, denn »dort erlebt er alles Leben, das ganz Weltall, den ganzen Gott mit all seinen Geheimnissen, weil dieser unser Grund auch der Grund Gottes ist«. Der Schluß macht offenkundig, wie wenig man dem Roman mit der Zuordnung zur »Blut- und Boden«-Literatur gerecht würde.

Nicht an einer heilen Natur gesundet der Mensch, nicht sie offenbart die tieferen Zusammenhänge, sondern – seltsam genug – der »in Bergarbeiterstreiks und Berliner Vorstadtdemonstrationen erfahrene Intellektuelle« Faber vermittelt den tieferen Blick. Und nicht eine irgendwie erfahrene (Volks-)Gemeinschaft, sondern das individuelle mystischreligiöse Suchen im eigenen Innern führt ins »Helle«. Nur »Zustände der Seele« können auch »die Ordnung des Staates herbeiführen, nicht umgekehrt«.

Wie sich der Mensch aus den Verstrickungen in die Welt des »Dunklen« lösen kann, schildert der dritte Roman, in dessen Mittelpunkt der erwählte und ungetreue Liebhaber des »Heiligenhoflenleins«, Peter Brindeisener, steht. Aus seiner Perspektive werden die Geschehnisse noch einmal erzählt.

Peter hat nach den Ereignissen im Zusammenhang mit Helene eine ursprünglich beabsichtigte akademische Laufbahn aufgegeben und lebt seitdem als Buchhalter in einer schlesischen Kleinstadt. Er gilt den wenigen meist jungen Leuten, die ihn kennen, als Sonderling. Einem von ihnen, einem jungen Bankbeamten, erzählt er »immer dieselbe Geschichte«, die der junge Mann zunächst sofort wieder vergißt, der er sich aber auf eine seltsame Weise nicht entziehen kann, obwohl er erst sehr spät, »eigentlich erst am Ende« seiner Bekanntschaft mit dem alten Mann, erkennt, was diesen zur Erzählung treibt und warum er sie ausgerechnet einem Jüngeren erzählen will.

Es geht um eine Lebensbeichte, angelegt als Entwicklungsroman innerhalb einer Rahmengeschichte. Die zentrale Geschichte Brindeiseners schildert, wie er – schon früh belastet durch ein sehr subjektives Schuldempfinden, das sich vertieft, als er sich am Freitod des »Heiligenhoflenleins« schuldig fühlt – durch eine schonungslose Offenlegung seiner Verstrickung zur Erlösung findet (»Befreit! Erlöst! Gesühnt! [...] und was ich von Teufeln, Dämonen und Schatten gesonnen und gelebt habe, das waren nur graue, trostlose, verwirrende Spinnweben vor meinen Blicken«). Der namenlose Berichterstatter der Rahmenhandlung erfährt seinerseits unter dem Einfluß der Lebensbeichte

Peters einen Reifeprozeß. Es beginnt damit, daß er auf telepathische Weise zu dem Alten gerufen wird und in einen Zustand des »ergriffensten Einverständnisses« mit ihm gelangt. Am Ende der Brindeisener-Geschichte – er sucht als »Erlöser« den Tod in einem Teich – erreicht das »Einverständnis« geradezu die Stufe der Identifikation: Den Helden der Rahmenerzählung erfaßt

> eine namenlose Angst. Ich fühlte einen rasenden Schmerz durch mich hinschneiden, meinte, nun habe das tote Lenlein auch mich gepackt, sprang auf und lief nach dem Ausgang des Waldes hin [...].
> Am frühen Vormittag fanden mich Spaziergänger bewußtlos im Walde. Ich wurde ins Krankenhaus geschafft und lag dort wochenlang an einem schweren Nervenfieber darnieder. Als ich das erstemal klar die Augen aufschlug, saß Wanda Methner [seine mädchenhafte Freundin, zu der ihn ein unklares, fast noch pubertäres Gefühl treibt; Hrsg.] an meinem Bette und nickte mir lächelnd und glücklich zu. Dann verwandelte sie sich wieder in Helene Sintlinger, und ich schloß vor Grauen die Augen.
> Auch als ich über alle Gefahr hinweg war, [...] lebte ich nicht in meinem eigenen, sondern in dem Leben des ertrunkenen Buchhalters [...]. Das dauerte [...], bis ich auf den Rat eines klugen Arztes begann, mein ganzes Erlebnis mit Peter Brindeisener aufzuschreiben.

Nach und nach weicht das Bild der Helene und nimmt »die Züge Wanda Methners an. Dann konnte ich beide Wesen nicht mehr voneinander unterscheiden. Da war ich in tiefer Liebe ganz genesen«.

Auch wenn man einen gewissen Widerspruch in diesem Abschnitt (Grauen – Liebe) nicht übersehen kann, was der Verfasser beabsichtigt, wird doch deutlich: Der Lebensbericht Brindeiseners stellt nicht nur dar, wie man sich aus Schuld befreien kann, er soll zugleich auf einen Jüngeren weiterwirken und bei diesem Schuld vermeiden – mystisch gekleidete Psychologie und Pädagogik gehen eine recht eigenartige Ehe ein, die dichterische Innenschau ist doch auch nach außen gerichtet, soll Abgründe zeigen, vor ihnen warnen und den rechten Weg weisen. Peter Brindeisener sieht sich als einen, »der sich gemüht hat, den Ring des Fatums zu zerstreuen«, der aber »durch all das erbitterte Kämpfen doch nichts erreicht, als an die alte Kette immer neue Ringe zu schmieden, die Kette immer länger zu machen [...]«. Er braucht einen Jüngeren, dem er seine Erfahrungen weitergeben kann.

›Peter Brindeisener‹ ist in der Struktur kunstvoller als ›Der Heiligenhof‹ angelegt. Durch die Spiegelung der Hauptperson in der Rahmenhandlung kann Stehr zwei Ziele miteinander verbunden darstellen: Reinigung von Schuld und Vermeidung von Schuld durch Einsicht. Erst die Erschütterung durch das erzählte Schicksal führt den Jüngeren über Angst und Krankheit (Ausdruck der seelischen Versehrtheit) zur Klarheit, verschmelzen Helene und Wanda zum Bild der reinen Liebe.

Schon Werner Mahrholz, Zeitgenosse Stehrs, hat neben dessen Nähe zur »deutschen Mystik« eines Meister Eckart auf das Legendenhafte in den Romanen der mittleren Periode des schlesischen Autors hingewiesen. Er gehört damit in eine Reihe von Autoren der Weimarer Zeit, die – wie Franz Werfel, Gertrud von le Fort, Max Mell oder Reinhold Schneider – das Wunderbare des göttlichen Wirkens auf der Erde zu gestalten suchen.

Zur Legende gehören Versuchungen, denen der Held ausgesetzt ist. Peter Brindeiseners Versucher stammen aus dem »Dunklen« seines Wesens, das ihm gelegentlich als Schatten direkt gegenübersteht oder sogar als satanische Gestalt begegnet, wie z.B. nach dem vermeintlich tödlichen Unfall Helenes, an dem er sich die Schuld gibt. Er fühlt sich in »ein finsteres, bodenloses Traumloch« gestoßen und sieht auf der Traumreise durch das All:

> ein Gesicht aus der Unendlichkeit, und zwar mit der Schnelligkeit eines Pfeiles auf mich zufliegen. Erst klein wie ein Punkt, im Nahen sich rasend schnell vergrößernd. Es war schrecklich. Ich schloß ergebungsvoll die Augen. Als ich sie wieder öffnete, stand es vor mir. Wenn ich meinen Arm hob, hätte ich es berühren können. Aber ich war wie gelähmt. Wir standen uns eine Weile gegenüber, und als das Wesen jetzt die Augen aufschlug, wußte ich, es war der Satan, der vor mir stand. Der Weltallssatan. Seine Blicke durchbohrten mich einen Blitz lang. Dann nickte er mir befehlend zu und verschwand.

Zur Legende gehören aber auch Traumzeichen und Wunderbares. Da verwandeln sich für Peter Brindeisener Sprache und Stimme seiner sterbenden Schwester in die Helenes:

> [...] während ich beklommen lauschte, kam eine Stimme traumhaft in der Finsternis auf, die war so kindhaft-dünn, so hoch, so ganz fremd und entrückt [...]: »[...] ich seh' ein Weißes in mir, ein ganz Helles ... ein Strahlendes – einen Engel [...] oder ein Kind [...] geht vor mir her in ein Hohes Tor von Licht – Heiligenlenlein, du!! – Nimm mich mit zu Gott und vergiß auch meinen armen Peter nicht [...].«

Ausdrücklich vermerkt der erzählende Peter, daß »die Stimme [s]einer Schwester doch einen ganz anderen Klang« habe; aber nur über die Stimme Lenleins ist er zu erreichen. Nicht nur das traumhafte Zeichen, auch telepathische Beeinflussung wird dargestellt. So bewirkt z.B. Peters Lied (»komm, Sintlinger-Lenlein, komm zu uns herüber«) das sofortige Erscheinen des Mädchens. Das große »Wunder« freilich ist die unerklärliche Genesung Helenes von ihrer Blindheit – auch wenn dies für sie gleichzeitig den Beginn eines Zwiespalts zwischen Weltgenuß und Seelenschau bedeutet, aus dem sie sich nur durch Lebensverzicht zu retten weiß. Für Peter, dem »die Wildheit [...] schon auf [das] Lebenspferd gesprungen« war, bedeutet es endgültig »das Rasen [s]eines Schicksals«. Dem entspricht, daß Stehr für Peter auch nie den Ausdruck »Heiliger« verwendet, während Helene immer wieder als »Heilige« bezeichnet wird. Peter ist trotz seines Verzichts auf sie kein Heiliger geworden, er wirkt selbst mit seinem aus einem durchaus ehrenwerten Motiv entsprungenen Verhalten nur zerstörerisch, weil er glaubt, Helene durch Verlogenheit und rücksichtsloses Benehmen »von dem letzten Rest einer unglücklichen Liebe« heilen zu müssen. Er tut dies so überzeugend, so drastisch, daß sich

> Helene [...] zurücklehnte, die Hände auf den Knien zusammenkrampfte und blassen Gesichts ratlos und unglücklich in den Himmel blickte, über den schon das Grau der tiefen Dämmerung zog. Mir zitterte das Herz bei den Roheiten, die ich mir abrang, im Anblick von Helenes Schmerz und verzweifelter Ratlosigkeit. Aber ich riß mich in immer neues geschmackloses Toben hinein, um Helene endlich dazu zu bringen, mich entrüstet davonzujagen.

Als er Helene schließlich als höchste Provokation in einer Schenke zu dem Mädchen führt, das sie als Rivalin verabscheut, reagiert sie ganz unerwartet:

> Aus ihren Augen war jede Angst und Unruhe geschwunden. Sie waren klar, heiter, unbewegt wie Wasserspiegel [!] [...]. Das Gesicht war in einem Zustand entrückter unirdischer Kindlichkeit, und als sie darauf mich lange ansah, lächelte sie gütig und liebevoll [...], legte ihre Hand still auf die meine und sagte: »Du, lieber Peter, gelt, das ist das Mathinklein aus Querhoven. Mir tut das Mädchen leid. Die Leute reden viel Schlimmes über sie. Aber es wird wohl nicht wahr sein. Sei nicht hart zu ihr, lieber Peter, versprich mir's. Und nun darf ich auf nichts mehr warten, ich muß gehen.«

Aber gerade diese Szene zeigt auch, wie Stehr zwar eine Vorstellungswelt aufbaut, aber nicht mehr überzeugt, wenn er sie in erzählerische Darstellung umsetzt.

Peter Demetz spricht in seiner Erinnerung an den ›Heiligenhof‹ von der »angestrengt poetisierten Sprache jener verwitterten Neuromantik, die schon in Gerhart Hauptmanns ›Versunkene Glocke‹ vom Kitsch nicht zu unterscheiden war«, deren »Marzipan-Poesie für Kleinbürger« mit dem »ruhelosen und vulkanischen Idiom« seiner »metaphysischen Erfahrungen« kontrastiere. Das alles gilt auch für den Roman ›Peter Brindeisener‹.

Hermann Stehrs Wirkung auf die Zeitgenossen war dennoch groß, die Ansicht allerdings, daß er zu den »stärksten und wortmächtigsten Dichtergestalten« gehört, sein »Werk dem unvergänglichen Schatz deutscher Dichtung eingefügt werden wird«, läßt sich heute kaum mehr nachvollziehen. Für die konservative Leserschaft und Literaturkritik – nicht zufällig hat Hofmannsthal höchste Töne der Bewunderung für ihn gefunden (»Hier reißt es uns in Tiefen, wo wir nie wa-ren«) – waren wohl sein leidenschaftliches Suchen nach ewigen Werten, seine klare Ablehnung des aufklärerischen Geistes und die Betonung der Selbstverantwortlichkeit des Individuums maßgebend.

V. Drama und Theater

1. Revolutionärer Expressionismus

Ernst Toller
Masse Mensch

Dem expressionistischen Drama am nächsten stand unter denen, die ein revolutionäres Theater anstrebten, der aus wohlhabender deutschjüdischer Familie stammende Ernst Toller (1893–1939). Der Kriegsfreiwillige, der sich ganz der »deutschen Sache« anschloß, bei Kriegsausbruch, von dem allgemeinen »Rausch der Gefühle« ergriffen, sein Jura-Studium in Grenoble abbrach, als Soldat nach immer neuen Einsatzmöglichkeiten suchte, zerbricht an den Stellungskämpfen vor Verdun: »In dieser Stunde weiß ich, daß ich blind war, weil ich mich geblendet hatte, in dieser Stunde weiß ich endlich, daß alle diese Toten, Franzosen und Deutsche, Brüder waren, und daß ich ihr Bruder bin.« Er wurde als kriegsuntauglich entlassen und setzte sein Studium in München und Heidelberg fort. Unter dem Einfluß von Max Webers Verantwortungsethik sowie seinen Begegnungen mit Gustav Landauer und Kurt Eisner entwickelte er sich zum Pazifisten und – zumindest vorübergehend – zum Sozialisten. 1917 trat er in die USPD ein, nahm an Streiks teil, wurde 1918 Vorstandsmitglied des Zentralrats der Arbeiter-, Bauern- und Soldatenräte Bayerns. Als einer der Verantwortlichen in der Münchener Räterepublik wurde er nach deren Sturz als Hochverräter zu fünf Jahren Festungshaft in Eichstätt und Niederschönenfeld verurteilt. Daß er als Kommandant der »Roten Garde« den Befehl zur Exekution gefangener Offiziere zerriß, weil er glaubte, »Großmut gegenüber dem besiegten Gegner [sei] die Tugend der Revolution«, wurde dabei nicht berücksichtigt. Es kennzeichnet aber seine Denk- und Verhaltensweise. In all seinen Werken ist das Thema der Vereinbarkeit von Gewalt und humanitär-sozialistischer Einstellung eine Grundfrage.

> Ich hatte geglaubt, daß der Sozialist, der Gewalt verachtet, niemals Gewalt anwenden darf, ich selbst habe Gewalt gebraucht und zur Gewalt aufgerufen [...]. Hatte Max Weber mit dem Wort recht, daß, wollten wir dem Übel nirgends mit Gewalt widerstehen, wir so leben müßten wie Franz von Assisi, daß es für die absolute Forderung nur einen absoluten Weg gebe, den des Heiligen? Muß der Handelnde schuldig werden, immer und immer? Oder wenn er nicht schuldig werden will, untergehen?

Thomas Koebner (der diese Äußerung Tollers zitiert) trifft sicher Wesentliches, wenn er über Toller urteilt: »Unter den politischen Dramatikern der Weimarer Republik ist er – was die Differenziertheit seiner Position und die Wirkung in der Öffentlichkeit betrifft – sicherlich an erster Stelle zu nennen, [...] auch vor Bertolt Brecht.«

Tollers erstes Drama ›Die Wandlung‹ (1919) hatte mit einem ekstatischen Aufruf der Hauptfigur, des jungen Bildhauers Friedrich, geendet:

> Nun ihr Brüder, rufe ich euch zu: Marschiert! Marschiert am lichten Tag! Nun geht hin zu den Machthabern und kündet ihnen mit brausenden Orgelstimmen, daß ihre Macht ein Truggebilde sei. Geht hin zu den Soldaten, sie sollen ihre Schwerter zu Pflugscharen schmieden. Geht hin zu den Reichen und zeigt ihnen ihr Herz, das ein Schutthaufen ward. Doch seid gütig zu ihnen, denn auch sie sind Arme, Verirrte. Aber zertrümmert die Burgen, zertrümmert lachend die falschen Burgen, gebaut aus Schlacke, aus ausgedörrter Schlacke. Marschiert – marschiert am lichten Tag. Brüder, recket zermarterte Hand.
> Flammender freudiger Ton!
> Schreite durch unser freies Land
> Revolution! Revolution!

Dies ist die Sprache eines expressionistischen Autors und das Drama zugleich ein dramatisierter »Ich-Roman in redenden Bildern« (Bernhard Diebold). Revolution ist hier nicht Klassenkampf, sie soll eine Art Erweckung sein, in der die Menschen zu einer Gemeinschaft zusammenfinden. Ihr Führer auf der Bühne ist (man denke an Stefan George) der Dichter, das Mittel das überzeugende Wort, das Ziel eine verantwortungsvoll handelnde, friedliche Gemeinde mit durchaus religiösen Zügen.

Tollers zweites Drama ›Masse Mensch. Ein Stück aus der sozialen Revolution des 20. Jahrhunderts‹ ist erst nach der von ihm mitbestimmten Revolution (1919 während der Festungshaft) entstanden (Buchausgabe 1921). Die Spuren des Erlebten, die Reflexion des Grundsätzlichen sind hier gegenüber dem Erstlingswerk erheblich differenzierter, abgewogener, präziser. Dies wird schon im Aufbau deutlich: Masse und Mensch stehen sich in den zwei Hauptfiguren gegenüber, der Titel zeigt die Opposition bereits an. Die Figuren verkörpern zwei ethische Haltungen: Sonja Irene L. – wie sie im Personenverzeichnis heißt, im Stück selbst wird sie immer nur »[die] Frau« genannt – steht als Individuum (»Mensch« im Titel) einem Mann gegenüber, der als Vertreter der »Masse« folgerichtig mit »[d]er Namenlose« bezeichnet ist.

Sonja, bürgerlicher Herkunft, trennt sich von ihrem Mann, weil dieser dem Staat, dem sie die »Maske von der Mörderfratze reißen« will, ausdrücklich noch einmal den »Staatseid leistete«. Sie kann »Rücksicht

[...] nur aufs Werk« nehmen, weil sie »dem Werk dienen will, dienen muß«. Daher solidarisiert sie sich mit dem revolutionären Proletariat. Ihr Ziel verkündet sie bereits im ersten der sieben Bilder:

> [...] Die Massen
> Auferstanden frei vom Paragraphenband
> Der feisten Herrn am grünen Tisch,
> Armeen der Menschheit werden sie mit wuchtender Gebärde
> Das Friedenswerk zum unsichtbaren Dome türmen.

Als geeignetes Mittel, berechtigte Forderungen durchzusetzen, ruft sie zum Streik auf:

> Streik unsre Tat!
> Wir Schwachen werden Felsen sein der Stärke,
> Gewaltlos werden wir die Ketten sprengen,
> Und keine Waffe ist gebaut, die uns besiegen könnte.
> Ruft unsre stummen Bataillone!
> Hört ihr:
> Ich rufe Streik!

Jede Gewalt lehnt sie ab, sowohl gegen Sachen (Fabriken) als auch gegen Personen. Als die Masse ihren Ruf aufnimmt, »eilt der Namenlose auf die Tribüne«:

> [...]
> Wir brauchen mehr als Streik.
> Das Kühnste angenommen.
> Durch Streik erzwingt ihr Frieden,
> Einen Frieden.
> Schafft Ruhepause nur. Nicht mehr.
> Der Krieg muß enden
> in alle Ewigkeit!

Es ist deutlich erkennbar, wie Tollers eigenes Revolutionserlebnis, sein »eigenes Drama« (Herbert Ihering), den Hintergrund bildet. Sein gespaltenes Ich verkörpert sich im Schauspiel in den beiden Antagonisten, sein Grundproblem drängt im Stück nach außen, seine längst getroffene Entscheidung und die damit verbundenen inneren Kämpfe werden im Drama von handelnden Figuren verdeutlicht und begründet. Und doch haben diejenigen nicht unrecht, die (wie etwa Horst Denkler) kritisieren, daß Toller sich zur »nackten Konfession« nicht habe durchringen können und sie in die »abstrakte Unwirklichkeit« von »Traumbildern« (das zweite, vierte und sechste der sieben Bilder) abdrängte.

Man würde aber die Funktion dieser Traumbilder verkennen, wenn man in ihnen nur die Möglichkeit einer verdeckten eigenen Stellungnahme sähe. Toller wollte ja kein politisches Pamphlet verfassen; ein Problemstück um die Kernfrage, ob es in einem Aufstand gegen Unterdrückung und Unrecht erlaubt sei, Gewalt anzuwenden, läuft Gefahr, abstrakt und unlebendig zu wirken. Toller benützt das Spiel auf verschiedenen Ebenen, um die Dimensionen des Vorgangs zu zeigen. Es gestattet Verdeutlichung durch Einzelszenen, Verwandlungen auf selbst karger Bühne, Distanzierung und Erhöhung ins Allgemeine, insbesondere wenn anzunehmen ist, daß ein aktueller politischer Vorgang (wie der Kampf um die Münchner Räterepublik) nur als zeitgebundener Einzelfall aufgefaßt werden könnte. In den Traumbildern können zudem gegenüber den mehr statischen Szenen, in denen proklamiert und argumentiert wird, lebendigere Elemente des Theaters (Tanz, Musik, schnelle Wechsel des Geschehens u. a.) wirken, die Grenzen zum Grotesken oder zum Symbolischen (etwa durch die »Schatten« bzw. »Schatten ohne Kopf« im sechsten Bild) leichter durchbrochen werden.

Dem dient auch z. T. die Bühnengestaltung. Der Ort im sechsten Bild zum Beispiel wird ausdrücklich als »unbegrenzter Raum« bezeichnet.

Sonja ist die einzige Figur, die in allen sieben Bildern auf der Bühne steht. In einer zweiten Textbearbeitung hat Toller »Gestalten der Traumbilder« durch »Traumbilder der Sonja Irene L.« ersetzt und diese damit noch deutlicher als »einheitsstiftende Figur des Ganzen« (Georg-Michael Schulz) hervorgehoben.

Die reale Vorlage für die Dramengestalt der Sonja, Sarah Sonja Lerch, war eine Mitstreiterin Tollers in Streiks vor Kriegsende, wurde verhaftet und erhängte sich im Gefängnis. Daß Toller dem Vornamen seiner Figur »Irene« hinzufügte, weist auf ihre Rolle als Friedensstifterin hin (Eirene, lat. Irene: griechische Friedensgöttin) und verweist von vornherein auf ihre Funktion als Friedensbringerin. Und dies im doppelten Sinn: Sonja Irene L. will den seit vier Jahren tobenden Krieg durch Streik in den Rüstungsfabriken beenden, sie will aber keinen Bruch zwischen Besitzenden und Proletariat, sondern ein friedliches, gemeinsames Miteinander. Daher auch hält sie die Zerstörung von Fabriken für sinnlos.

Toller arbeitet diesen Konflikt durch die öffentliche Auseinandersetzung der »Frau« mit dem namenlosen »Mann« klar heraus. Er zeigt deutlich die Manipulierbarkeit der Masse. Diese Funktion übernehmen Massenchöre aus der »Ferne« (drittes Bild) oder die »Masse im Saal«. Auch dabei differenziert Toller.

Im Unterschied zu anderen Autoren oder Regisseuren, die Massen von vornherein als Einheit auftreten lassen, baut Toller die Masse erst nach und nach auf (im fünften Bild von Einzelpersonen über Gruppen zu einer Massenidentität). Ihr neues Gemeinschaftsgefühl äußert sie angesichts der Bedrohung von außen im Singen der ›Internationale‹.

Zu diesem Zeitpunkt ist es dem »Namenlosen« bereits gelungen, die

Masse endgültig auf seine Seite zu ziehen und die »Frau« als Verräterin hinzustellen. Er weiß selbst: »jede Rede vergewaltigt« und natürlich träfe dies auch auf die Frau zu (wenn sie erfolgreich wäre). Er sagt ihr deshalb, was sie tun müßte, wenn sie sich der Gewalt, auch der »mit Geisteswaffen«, völlig enthalten wollte: »Dächt ich wie Sie, ich würde Mönch / In jenem Kloster ewigen Schweigens.«

Schon weil sie diesem Rat nicht folgt, weil sie sich auch an die – angesichts der ihr im Traumbild (4. Bild) gezeigten Erschießung ihres Mannes getroffene – Entscheidung (»Frau steht neben dem Mann: So schießt! / Ich sag mich los! [...]«) nicht hält und weiterhin die Revolution unterstützt, gerät sie in Schuld. Zwar verkündet sie (im fünften Bild) in einer erneuten Auseinandersetzung im Saal der Arbeiter noch einmal ihre »Lösung«:

> Einhaltet Kampfverstörte!
> Ich fall euch in den Arm.
> Masse soll Volk in Liebe sein.
> Masse soll Gemeinschaft sein.
> Gemeinschaft ist nicht Rache.
> Gemeinschaft zerstört das Fundament des Unrechts.
> Gemeinschaft pflanzt die Wälder der Gerechtigkeit.
> Mensch, der sich rächt, zerbricht –
> [...]
> Ihr tötet Menschen.
> Tötet ihr mit ihnen Geist des Staates,
> Den ihr bekämpft?

»Geschwätz von Weiberröcken« nennt dies der Namenlose und bemerkt nicht einmal, wie sich die anfänglich gefühlsbeladene, bildhafte, emphatische Sprache der Frau seiner kühlen, knappen Sprache angenähert hat. Was sie sagt, ist ihm »Verrat« (und die »Masse im Saal bedrängt drohend die Frau: Verrat!«). Aber die Zeit (und grundsätzlich auch die Möglichkeit) für ihre »Lösung« ist vorbei. Das siebte Bild zeigt, daß die von der Frau geforderte neue »Gemeinschaft« als Alternative zur Masse – deutlich der Einfluß Gustav Landauers – (noch?) nicht möglich ist. »Du lebst zu früh« ist in diesem Gespräch (7. Bild) das letzte Wort des Namenlosen, nachdem die Frau (jetzt in der Haft der Sieger als »die Gefesselte«, die es ablehnt, sich vom Namenlosen befreien zu lassen) noch einmal ihre Grundsätze gegen ihn verfochten hat. An der Spitze steht für sie das Menschenrecht; es gelte für jeden, auch für ihren Wächter, den der Namenlose töten würde, um sie zu befreien. »Wächter ist Mensch« ist einer der Gründe, weshalb sie die »Hilfe« ablehnt. Und die Masse, in deren Auftrag der Namenlose handelt, sei nicht, wie er meint, »heilig«:

> Masse ist nicht heilig. Gewalt schuf Masse.
> Besitzunrecht schuf Masse. Masse ist Trieb aus Not,
> Ist gläubige Demut... Ist grausame Rache...
> Ist blinder Sklave... Ist frommer Wille...
> [...]
> Masse ist verschüttet Volk.

Was die Masse mit ihren Anführern tue, sei durchaus vergleichbar mit dem, was die Herrschenden getan hätten: »Ihr mordet für die Menschheit, / Wie sie, Verblendete, für ihren Staat gemordet«.

Sie lehnt die Haltung ab, nach der »die Lehre« (d. h. die Befreiung der Unterdrückten durch die Revolution) »über alles« gehe und hält dagegen: »Der Mensch über alles«, und schließlich ganz entschieden:

> Höre: kein Mensch darf Menschen töten
> Um einer Sache willen.
> Unheilig jede Sache, dies verlangt.
> Wer Menschenblut um seinetwillen fordert,
> Ist Moloch:
> Gott war Moloch.
> Staat war Moloch.
> Masse war Moloch.

»Heilig« sei nur die »Gemeinschaft«, die »werkverbundene freie Menschheit«.

Dafür opfern dürfe sich der einzelne: »Nur selbst sich opfern darf der Täter.« Dazu ist sie bereit, im sechsten Bild ist dies vorbereitet: vor den Anklagen der Schatten bekennt sie sich schuldig: »O ungeheuerlich / Gesetz der Schuld, / Darin sich / Mensch und Mensch / verstricken *muß*«.

Eine Lösung des Problems für die Masse ist das nicht. »Die individualistische Entscheidung, um der Treue zu einem Ideal willen den Tod in Kauf zu nehmen, taugt eben nicht als politische Handlungsweise für ein Kollektiv«, urteilt Georg-Michael Schulz. Toller selbst stand dem Werk, das seinen Wert besitzt als literarische Auseinandersetzung mit drängenden Fragen nicht nur seiner Zeit, schon bald skeptisch gegenüber. »Das Ungeheure der Revolutionstage war nicht seelisches ›Bild‹ der Revolutionstage geworden, es war irgendwo noch schmerzendes, qualvolles ›*Seelen*element‹, *Seelen*-Chaos.«

Zu Beginn der NS-Herrschaft mußte Toller fliehen, 1939 beging er Selbstmord in einem New Yorker Hotel.

2. Komödie der Wiener Wehmut

Hugo von Hofmannsthal
Der Schwierige

Fast zur gleichen Zeit als sich Toller und andere mit den schwierigen Problemen der Nachkriegszeit auf grundsätzliche und neue Weise auseinandersetzten, erschien von Hugo von Hofmannsthal ein Werk, das – auf den ersten Blick weit entfernt von allgemein drängenden Fragestellungen – eine in einer bereits vergangenen Welt spielende Geschichte eines hochsensiblen Charakters auf die Bühne bringt. Hans Karl Bühl, von den Näherstehenden Kari genannt, die Titelfigur des 1921 nach einem Vorabdruck (1920) als Buch erschienenen und im Münchner Residenztheater uraufgeführten Lustspiels ›Der Schwierige‹, gehört der zeitgenössischen Wiener Adelsgesellschaft an, die sich überlebt hat, eigentlich schon gar nicht mehr existiert. Er scheint ein vollendeter Vertreter dieser Gesellschaft, beherrscht alle ihre Formen. Und wenn er von sich sagt: »Mein Gott, ich bin eben nicht möglich« (II/14), dann ist das eine verblüffende Aussage, da er sich ja offenbar völlig gesellschaftskonform verhält: Er lebt in einem »Stadtpalais« (dessen »Arbeitszimmer« das Bühnenbild des ersten Aktes bestimmt), beschäftigt zwei Diener (die als Kontrastfiguren angelegt sind), empfängt Besuch von seinesgleichen (I/2, I/3, I/8), mit dem er auf höflichste Weise belanglose Gespräche führt. Vielleicht gebraucht er die in Wiener Salons übliche, mit französischen Ausdrücken durchmischte Sprache etwas weniger als die anderen – wie etwa das Geplauder mit seinem Neffen Stani zeigt:

STANI. Pardon, nur um dir guten Abend zu sagen, Onkel Kari, wenn man dich nicht stört.
HANS KARL. [...] Aber gar nicht. *(Bietet ihm Platz an und eine Zigarette).*
STANI. Aber natürlich chipotierts [= stört es] dich, wenn man unangemeldet hereinkommt [...].
HANS KARL. Ich bitte, genier dich nicht, du bist doch zu Hause.
STANI. O Pardon, ich bin bei dir –
HANS KARL. Setz dich doch.
STANI. Sonst wäre ich ja nie – Nämlich der neue Diener lauft mir vor fünf Minuten im Korridor nach und meldet mir, notabene ungefragt, du hättest die Jungfer von der Antoinette Hechingen bei dir und wärest schwerlich zu sprechen.
HANS KARL. *(halblaut).* Ah, das hat er dir – ein reizender Mann!
STANI. Da wäre ich ja natürlich unter keinen Umständen –
HANS KARL. Sie hat ein paar Bücher zurückgebracht.
STANI. Die Toinette Hechingen liest Bücher?

HANS KARL. Es scheint. Ein paar alte französische Sachen.
STANI. Aus dem Dixhuitième. Das paßt zu ihren Möbeln. *(Hans Karl schweigt).*
STANI. Das Boudoir ist charmant. Die kleine Chaiselongue! Sie ist signiert.
HANS KARL. Ja, die kleine Chaiselongue. Riesener.
STANI. Ja, Riesener. Was du für ein Namensgedächtnis hast! Unten ist die Signatur.
HANS KARL. Ja, unten am Fußende.

Hans Karl ist sichtlich wenig interessiert, aber er zeigt dies nicht. Er ist ein gefälliger Mensch. Daher auch besucht er – wie es alle tun – Soireen, auf den Wunsch seiner Schwester Crescence auch die bei den Altenwyls (deren »kleiner Salon im Geschmack des achtzehnten Jahrhunderts« Schauplatz des zweiten Aktes ist). Nachgiebig verpflichtet er sich sogar, bei dieser Gelegenheit bei »Problemen« diskreterer Art zu helfen. Man hält ihn dafür besonders geeignet, er spreche durch seine »Person«, meint Stani, gelte als »ein großer Herr«, der »mühelos das vorstell[e]«, was er ist. Seine Schwester stimmt dem zu und ergänzt, was nicht nur Stani an ihm so fasziniere, sei »die große air, die distance, die er allen Leuten« vermittle wie »die komplette Gleichmäßigkeit und Bonhomie« (I/3), die ihm eigen sei, es gebe »nichts Eleganteres als die Art«, wie er Menschen behandle. Das alles widerspricht Hans Karls Selbstverständnis. Freilich sieht Crescence durchaus auch Eigenheiten, die nicht in dieses Musterbild der Gesellschaft passen: Er denke zu viel nach, meint sie. Daher habe er auch »das Sprunghafte, Entschlußlose«, die »Hypochondrien«, das »Wiegel-Wagel«, das vielen schon befremdlich vorkomme. Natürlich wisse man von seinem Kriegserlebnis – er war verschüttet worden –, aber gerade deshalb müßte er seine »Hypochondrien« überwunden haben. Sie ist weit davon entfernt, ihren Bruder zu verstehen, auch nicht, wenn er zu erklären versucht:

> Eine Soiree ist mir ein Graus, ich kann mir halt nicht helfen [...], das Ganze – das Ganze ist so ein unentwirrbarer Knäuel von Mißverständnissen. Ah, diese chronischen Mißverständnisse!

Sie bemerkt auch nicht, wie schwer es ihm fällt, den Sachverhalt auszudrücken, die »unmöglichen Zuständ«, die er ihr als Beispiel nennt, bleiben ihr ganz unverständlich. Die zögernden, tastend nach Worten suchenden Äußerungen Karis (ergänzt durch sein Eingeständnis, er könne eigentlich »gar nicht definieren«, was ihn da bestimme) weisen darauf hin, daß er seiner selbst nicht sicher ist. Er weiß, daß er entscheidungsschwach ist. Das gilt in seinen Beziehungen zu Frauen oder bei Festlegungen anderer Art. Der tiefere Grund dafür ist nicht – wie er selbst angibt –, daß er sich »ungern bindet«. Schon in seinen Arbeitsnotizen hat Hofmannsthal Karis existentielle Unsicherheit bezeichnet: »Hans Karl zweifelt am Festen, Gegebenen. Die Unterschiede, die couranten [hier: gültigen; Hrsg.] Unterschiede zwischen den Menschen, auch die couranten Wertungen sind ihm abhanden gekommen [...].« Kari ist der »Mann ohne Absichten« (so ein früherer Titel des Lustspiels) nicht nur, weil er gutmütig ist, sondern weil er nicht weiß, wovon er sich in seinem Verhalten leiten lassen soll. Dies ist kein Problem für ihn allein, auch keines, das erst mit dem Krieg und dem Ende der alten Gesellschaft auftaucht, sondern es bewegt sensible Menschen seit der Jahrhundertwende und macht es ihnen so schwer, sich zu »definieren«. Franz Norbert Mennemeister weist auf die Nähe zu Musils ›Mann ohne Eigenschaften‹ (s. S. 209) hin und bezeichnet das Grundsätzliche dieser Erscheinung:

> Der Mann ohne Eigenschaften ist der Mensch, dem die gedeutete Welt und mit ihr die eigene Existenz fragwürdig geworden sind. Die Sprache, bisher in ihrer Gültigkeit nicht angezweifelt, wird plötzlich als zufällige, löchrige Nomenklatur empfunden. Gleichzeitig verliert das Sprechen, die elementare menschliche Aktion vor aller Aktion, seine Naivität [...]. Der Mensch vermag keine »Welt« mehr aus sich herauszustellen, er steht diesseits aller »Entwürfe« und bleibt, unfähig zum Handeln, in geheimnisvoller Stärke oder Schwäche hinter sich selbst zurück.

Ein Scheitern der Hauptfigur Hofmannsthals an diesem Problem läge nahe. Aber er hatte schon früh eine Komödie geplant. Bereits 1910 legte er sich in bezug auf einen neuen Stoff und dessen Gestaltungsmöglichkeiten Max Reinhardt gegenüber fest: »Comödie jedenfalls in Prosa und in der Gegenwart spielend.« Er besaß dazu von vornherein eine klare Vorstellung: Eine »Komödie«, notierte er 1902, »bezieht sich immer auf das Sociale. Nur das relativ Menschliche ist komisch.«

Anders als etwa Claudio in ›Der Tor und der Tod‹, zu dem es durchaus Ähnlichkeiten gibt, soll der Held in ›Der Schwierige‹ zum »eigentlichen Leben« in einer Art »Kur« geführt werden. Der Weg dazu ist das Heraustreten aus der Ichbegrenzung ins »Sociale«, worunter Hofmannsthal das Mitmenschliche versteht.

Dabei sind Hindernisse zu überwinden. Neben der fehlenden Einsicht in das eigene Ich, ist dies vor allem die Sprache. Durch sie, erklärt Kari beharrlich, kämen »Mißverständnisse« zustande.

»Konversation« und »Konfusion« sind für Kari geradezu identisch: »Ich [bin] ein Mensch, der durchdrungen ist von einer Sache auf der Welt, daß es unmöglich ist, den Mund aufzumachen, ohne die heilloseste Konfusion anzurichten« (III/13).

Sprachskepsis ist ein frühes Problem bei Hofmannsthal (s. Bd. 8, S. 32ff.), und es beschäftigt ihn auch zur Zeit der Ausarbeitung der Komödie noch:

Wie kommt das Individuum dazu, sich durch die Sprache mit der Gesellschaft zu verknüpfen, ja durch sie, ob es will oder nicht, rettungslos mit ihr verknüpft zu sein? – Und weiterhin: wie kann der Sprechende noch handeln – da ja ein Sprechen schon Erkenntnis, also Aufhebung des Handelns ist – mein persönlicher mich nicht loslassender Aspekt der ewigen Antinomie von Sprechen und Tun, Erkennen und Leben [...]!

(Brief vom 14.2.1921 an den damaligen Burgtheaterdirektor Anton Wildgans)

Kari weiß zwar: »Durchs Reden kommt [...] alles auf der Welt zustande« (II/14) – und die Aufträge, die er von seiner Schwester, von Stani (seinem Neffen) und von seinem alten Freund, dem Grafen Hechingen, für die Soiree erhält, erwarten von ihm nichts weniger, als daß er die Gesprächsmöglichkeiten des Abends dazu benützt, Handlungen in Gang zu bringen. Aber wie gerade ihm das gelingen sollte, der »durchdrungen ist« von dem Gedanken, daß alles Sprechen eigentlich »indezent« sei, auf »einer indezenten Selbstüberschätzung« (II/14) basiere, läßt sich nicht vorstellen, schafft eine grotesk-komische Situation.

Daß er sich überhaupt darauf einläßt, liegt in seinem Wesen, das er selbst charakterisiert, wenn er die Rolle des Clowns Furlani beschreibt, den er so schätzt:

> Er spielt seine Rolle: er ist der, der alle begreifen, der allen helfen möchte und dabei alles in die größte Konfusion bringt. Er macht die dümmsten Lazzi [= Witz, Possen, komische Gebärde], [...] und dabei behält er eine élégance, eine Diskretion, man merkt, daß er [...] alles, was auf der Welt ist, respektiert [...]. Alle andern lassen sich von einer Absicht leiten [...]. Er aber [...] geht immer auf die Absichten der andern ein.

(II/1)

Zwar verabscheuen auch Mitglieder der »alten« Gesellschaft die direkte, zielbewußte Art des Sprechens bei der jungen Generation:

ALTENWYL *(zu Edine).*
  Dieser Geschäftston heutzutage! Und ich bitte dich, auch zwischen Männern und Frauen: dieses gewisse Zielbewußte in der Unterhaltung!
EDINE.
  Ja, das ist mir auch eine horreur! Man will doch ein bißl eine schöne Art, ein Versteckspielen –
ALTENWYL.
  Die jungen Leute wissen ja gar nicht mehr, daß die Sauce mehr wert ist als der Braten – da herrscht ja eine Direktheit! [...]

(II/2)

Aber nicht zufällig unterbricht dieses »Gespräch« die Szene, in der Kari der Tochter Altenwyls, Helene, seine Vorstellungen über Absicht und Sprache mitteilt. Beide gehören weder zu den Alten noch zu den »jungen Leuten«. Beide stehen außerhalb aller gesellschaftlichen Sprachkonventionen. Ihre skeptische Einstellung zur Sprache ist von ganz anderer Art als die Kritik der »Alten« an der neuen Form der »Konversation«. Während deren Einwand im Grund die neue Lebenshaltung betrifft, rührt sowohl Karis als auch Helenes Ablehnung gegenüber der »Konversation« aus der Wahrnehmung eines Sprachverfalls: »[...], wenn uns vor etwas auf der Welt grausen muß, so davor: daß es etwas gibt wie Konversation: Worte, die alles Wirkliche verflachen und im Geschwätz beruhigen« (II/1).

Der scharfsinnige Beobachter Baron Neuhoff findet ein passendes Bild zur Deutung Karis, wenn er Stani gegenüber erklärt: »Ihr Onkel liebt es, in Gold zu zahlen, er hat sich an das Papiergeld des täglichen Verkehrs nicht gewöhnen können. Er kann mit seiner Rede nur seine Intimität vergeben, und die ist unschätzbar« (I/12).

Dies ist der eigentliche Grund für seine »Privatheit«; sicher fühlt er sich nur im Rahmen seiner eigenen Welt, dem Ort des ersten Aktes. Beispiel dafür ist etwa der schnelle Entschluß, den neuen Diener (Vinzenz) zu »expedieren« (I/15). Er kann durchaus Entscheidungen treffen, sofern es nicht um ihn selbst geht. Wenn er nicht – wie Claudio in ›Der Tor und der Tod‹ (s. Bd. 8, S. 220ff.) – am Leben vorbeigehen will, wenn er den Bereich der Einsamkeit und den der abgestorbenen gesellschaftlichen Formen, also den der Wirklichkeit enthobenen Bereich, verlassen soll, dann braucht er Hilfe, braucht er eine »Kur«. Die einzige Person, die diese Hilfe leisten kann, muß sich von ihm unterscheiden und doch in gewissem Sinn mit ihm übereinstimmen. Diese Person ist eine Frau, Helene Altenwyl. Sie erscheint tatkräftig, in sich ruhend (»Ich brauche nie nachzudenken, woran ich mit mir selber bin«, II/14). Sie ist »so delicios artig«, sagt Kari (II/1); sie »hat sich in der Hand!«, urteilt selbst die eifersüchtige Antoinette (II/10). Helene ist die Figur, die mit ihrer Natürlichkeit, ihrem klaren Verstand, ihrem Feingefühl und ihrem Gespür für Nuancen Kari zu sich selbst führen kann. In der 14. Szene des zweiten Aktes öffnen sich daher im Gespräch zum erstenmal zwei Menschen, die sonst mit äußerster Vorsicht ihr Inneres zu verbergen suchen: »Meine Manieren sind nur eine Art von Nervosität, mir die Leute vom Hals zu halten«, erklärt Helene vorher (II/1); »Darum muß man [...] gerade auf der Hut sein, wenn man das Gefühl hat, sich sehr gut zu verstehen«, sagt Kari in diesem Gespräch (II/14).

Das ist kein einfacher Vorgang. Dahinter steht eine Denkweise Hofmannsthals; in einem anderen Zusammenhang denkt er über Verhaltensweisen wie »Artigkeit« und »Dezenz« nach: »[...] den Manieren liegt eine tiefsinnige Conception von der Notwendigkeit der Isolierung bei scheinbarem [...] Contact zu Grunde.«

Schon der Anfang der für die Komödie entscheidenden Szene (II/14) zeigt bei Kari das unsichere, immer wieder ausweichend tastende Vorgehen, während Helene rascher zur Haltung der Verstehenden findet und ihn zum eigentlichen Reden, zur ernsthaften Äußerung verlockt.

HANS KARL. Ja, ich habe mit Ihnen zu reden.
HELENE. Ist es etwas sehr Ernsts?
HANS KARL. Es kommt vor, daß es einem zugemutet wird. Durchs Reden kommt ja alles auf der Welt zustande. Allerdings, es ist ein bißl lächerlich, wenn man sich einbildet, durch wohlgesetzte Wörter eine weiß Gott wie große Wirkung auszuüben, in einem Leben, wo doch schließlich alles auf das Letzte, Unaussprechliche ankommt. Das Reden basiert auf einer indezenten Selbstüberschätzung.
HELENE. Wenn alle Menschen wüßten, wie unwichtig sie sind, würde keiner den Mund aufmachen.
HANS KARL. Sie haben einen so klaren Verstand, Helene. Sie wissen immer in jedem Moment so sehr, worauf es ankommt.
HELENE. Weiß ich das?
HANS KARL. Man versteht sich mit Ihnen ausgezeichnet [...].

Es ist typisch für Karis »Dezenz«, daß er an dieser Stelle ausweicht. Helene begreift, daß man ihn nicht »fixieren« (hier: festlegen) kann. Aber sie weiß nicht, daß er an diesem Abend den Auftrag hat, ihr seinen Neffen Stani angenehm zu machen.

HELENE. Ich glaube, ich habe alles in der Welt, was sich auf uns zwei bezieht, schon einmal gedacht. So sind wir schon einmal gestanden [...], und so haben Sie mir adieu gesagt, einmal für allemal.
HANS KARL. [...] daß man jemandem adieu sagen muß, dahinter versteckt sich ja was.
HELENE. Was denn?
HANS KARL. Da muß man ja sehr zu jemandem gehören und doch nicht ganz zu ihm gehören dürfen.
HELENE *(zuckt)*. Was wollen Sie damit sagen?
HANS KARL. Da draußen [= an der Front; Hrsg.] da war manchmal was – mein Gott, ja, wer könnte denn das erzählen!
HELENE. Ja, mir. Jetzt.

Es ist bezeichnend, daß sich beide nicht ein einziges Mal der französelnden Konversationssprache bedienen; sie brauchen das nicht, es handelt sich ja trotz des komischen Hintergrunds um ein ernsthaftes Gespräch zweier Personen, die außerhalb der Konvention stehen. Auch bei dem folgenden Bericht bleibt es so, den Kari schließlich von seinem Erlebnis »draußen« und seiner Erkenntnis daraus etwas zögernd, immer wieder sich selbst analysierend (»Ich bin eben nicht möglich«, »das war die Schwäche der Natur«) liefert. Helene nimmt sich dabei sehr zurück, gibt durch kurze Fragen nur Anstöße.

Eigentlich ist Hans Karls Bericht über seine inneren Bilder in der kurzen Zeitspanne der Verschüttung nach einem Granatenbeschuß, über die »spaßige« Vorstellung, daß Helene »in diesem Stück Leben« seine Frau gewesen war, über seine Einsicht, daß er, »solange noch Zeit war, nicht erkannt habe, worin das Einzige liegen könnte, worauf es ankäm [...]«, eine versteckte Mitteilung über sein wahres Verhältnis zu Helene und über Wert und Bedeutung der Ehe. Die Darstellung ist besonders ernsthaft, weil sie an einen existenziell bedeutsamen Zustand, die Todesnähe, geknüpft ist.

Aber Kari ist wohl (noch) nicht frei und seiner selbst nicht sicher genug, und so schließt er sich, obwohl er eine Vision von ehelicher Bindung als etwas Heiliges, Wunderbares und Wünschenswertes heraufbeschwört, selbst aus:

> [...] ich hab mir das in einer ganz genauen Weise vorstellen können, wie das alles sein wird, [...] mit ganz wenigen Leuten und ganz heilig und feierlich, und wie alles so sein wird, wie sich's gehört zu Ihren Augen und zu Ihrer Stirn und zu Ihren Händen, die nichts Unwürdiges besiegeln können – und sogar das Ja-Wort hab ich gehört, ganz klar und rein, von Ihrer klaren, reinen Stimme – ganz von weitem, denn ich war doch natürlich nicht dabei, ich war doch nicht dabei! – Wie käm ich als ein Außenseiter zu der Zeremonie. – Aber es hat mich gefreut, Ihnen einmal zu sagen, wie ichs Ihnen mein. – Und das kann man natürlich nur in einem besonderen Moment, wie der jetzige, sozusagen in einem definitiven Moment –.

Man spürt geradezu, wie er mit sich kämpft, einerseits sein Fühlen preisgibt, das eigentlich die Frau gewinnen will, gleichzeitig aber seine Worte (mit »Tränen in den Augen«) so wählt, als sei der Verzicht auf sie »definitiv«.

Helene bemerkt das mit zunehmender Bestürzung, die sich nicht in Worten, sondern nur in mühsam kontrollierten Gebärden äußert. Und Kari flüchtet sich sofort in den Gesellschaftston:

> Mein Gott, jetzt habe ich sie ganz bouleversiert [frz. bouleverser: aus der Fassung bringen; Hrsg.], das liegt an meiner unmöglichen Art, ich attendrier [frz. s'attendrir: gerührt werden; Hrsg.] [...] mich sofort, wenn ich von was sprech oder hör, was nicht aufs Allerbanalste hinausgeht [...] ich bitt Sie tausendmal um Verzeihung, vergessen Sie alles, was ich da Konfuses zusammengeredt hab – es kommen ja in so einem Abschiedsmoment tausend Erinnerungen durcheinander – [...] – aber wer sich beisammen hat, der vermeidet natürlich, sie auszukramen – Adieu, Helen, Adieu.

Nur ein »Adieu« bleibt am Ende der Szene. Und wieder sagt die Gebärde mehr: »Sie wollen sich die Hände geben, keine Hand findet die andere.«
Bezeichnend ist, daß von Crescence, die hereinkommt, auch die Gebärde mißverstanden wird: »Deine Ergriffenheit macht mich ja so glücklich! [...] Ihr habt euch eben beide viel lieber, als ihr wißt, der Stani und du!« Auf Soireen, scheint es, kommt es wirklich leicht zu Konfusionen.

Am Ende des zweiten Aktes sind weder Karis Aufträge zum geplanten Ergebnis gebracht, noch ist die »Kur« gelungen. Es erweist sich, daß er seine eigene tiefe Liebesbindung an Helene und deren echte Zuneigung zu ihm nicht wahrnimmt oder erstere nicht bekennen kann. Der wahre Grund dafür ist wohl sein Selbstzweifel: er hat zur rechten Zeit nicht erkannt »worauf es ankäm'«, sein Vorleben (»Sie verbrauchen auf Ihre Art die armen Frauen, aber Sie haben sie gar nicht sehr lieb«, tadelt Helene in I/2) läßt ihn zweifeln, ob Helene die »Contenance« hätte, ihm zu vertrauen, zumal er als 39jähriger für die Gesellschaft dieser Zeit schon im vorgerückten Alter ist.

Die Initiative zu einer lustspielhaften Lösung des Konflikts muß nach alledem von Helene ausgehen.

Emil Staiger hat in seiner Interpretation der Komödie darauf hingewiesen, daß dies für Helene eine Loslösung aus ihrem gesellschaftlichen Rahmen bedeutet. Dazu gehören Mut und Kraft; beides hat Neuhoff schon früher in ihr erkannt und richtig daraus gefolgert, sie werde Kari zu Hilfe kommen: »Verschwenderin! Sie leihen ihm alles, auch noch die Kraft, mit der er sie hält« (II/13). Sie bestätigt: »Die Kraft, mit der ein Mann einen hält – die hat ihm wohl Gott gegeben.« Nicht Kari, Helene handelt der eigenen »Natur« folgend, nicht er, sondern sie erkennt, womit er nur allgemein als tiefe Erkenntnis spielt, daß es »eine Notwendigkeit [gibt], die von Augenblick zu Augenblick« wählt, und auch »ein Zueinandermüssen und Verzeihung und Versöhnung und Beieinanderbleiben« zwischen Männern und Frauen (II/2). Daß Kari vom »Beieinanderbleiben« spricht, kündet einen Wandel an. Bei einem Gespräch mit Antoinette hatte er jede »Bindung« als »indezent« abgelehnt. Allerdings – die Ironie ist unverkennbar – soll die »Erkenntnis« der Aussöhnung Antoinettes mit ihrem Mann dienen, der freilich – eine weitere komische Konfusion – nicht weiß, daß der von ihm gewählte Fürsprecher der Liebhaber seiner Frau war.

Im dritten Akt lösen sich schließlich die »Konfusionen«, vor allem aber zeigt sich Helene, nachdem sie erfahren hat, daß Hans Karl das Haus verlassen habe, endgültig entschlossen zu handeln.

Aber Hofmannsthal erspart ihr die äußerste Konsequenz. Sie muß Kari nicht im »Kasino« oder einem anderen öffentlichen Ort aufsuchen, denn er kehrt unerwartet zurück. Noch einmal drückt in der Regieanweisung eine Gebärde Entschlossenheit aus:

Helene hat Kari gesehen, bevor er sie erblickt hat. Ihr Gesicht verändert sich in einem Augenblick vollständig. Sie läßt ihren Abendmantel von den Schultern fallen [...], dann tritt sie Hans Karl entgegen.

Dieser Schritt zeigt, daß sie bereit ist, die handelnde Rolle zu übernehmen. Auch das Sprachverhalten drückt ihre neue Position aus (*»in einem leichten, fast überlegenen Ton«* spreche sie, lautet die Regieanweisung), in der Dialogführung wird ihre bestimmende Art deutlich:

HELENE. [...] Schauen Sie, was dort liegt.
HANS KARL. Dort? Ein Pelz. Ein Damenmantel scheint mir.
HELENE. Ja, mein Mantel liegt da. Ich hab ausgehen wollen.
HANS KARL. Ausgehen?
HELENE. Ja, den Grund davon werd ich Ihnen auch dann sagen. Aber zuerst werden Sie mir sagen, warum Sie zurückgekommen sind. Das ist keine ganz gewöhnliche Manier.
HANS KARL *(zögernd)*. Es macht mich immer ein bisserl verlegen, wenn man mich so direkt was fragt.
HELENE. Ja, ich frag Sie direkt.
HANS KARL. Ich kanns gar nicht leicht explizieren.
HELENE. Wir können uns setzen.

Ihre knappen Reaktionen im weiteren Verlauf des Gesprächs (»Und?«, »In wiefern?«, »Das hoff ich.«) klingen fordernd, lassen ihn, der sich, »unsicher durch ihren Ton«, mühsam zu erklären und für sein Verhalten zu entschuldigen sucht, nicht mehr los. Schließlich übernimmt Helene die »Erklärung« seines Tuns, nachdem er selbst dazu immer noch nicht imstande ist: »Ich dank Ihnen sehr. Und jetzt werd ich Ihnen sagen, warum Sie wiedergekommen sind.« Wie leicht so etwas – zumal bei einer so schwierig-sensiblen Person wie Hans Karl – mißlingen könnte, muß man kaum erwähnen. Die ähnliche Situation in der 13. Szene des zweiten Aktes, in der Neuhoff Helene zu gewinnen versucht und scheitert, zeigt jedoch, wie in Helenes Dialogführung Entschiedenheit mit »Dezenz« verbunden bleibt.

Neuhoff (ursprünglich sollte er in Anspielung auf Casanova sogar Neuhaus heißen), seines »Sieges« sicher, behauptet in dieser Szene geradezu brutal-unverschämt: »Sie werden mich heiraten, weil Sie meinen Willen spüren in einer willenlosen Welt.« Auf die ruhige Entgegnung Helenes (»Ist es ein Gebot, dem eine Frau sich fügen muß, wenn sie gewählt und gewollt wird?«), verharrt er weiterhin auf seinem Standpunkt. (»Sie wurden gefunden, Helene Altenwyl, vom stärksten Willen [...].«) und erklärt ihr, daß sie ja aus der »kraftlosesten aller Welten« (d.h. Österreich; Hrsg.) stamme, während er in seinem »nordischen Winkel [...] die Kraft behalten« habe und ihm daher ein »Recht über

Sie erwachsen« sei, das »der Stärkste über die Frau, die er zu vergeistigen« vermag, in Anspruch nehmen könne. So, wie Helene Neuhoff mit alledem scheitern läßt, gelingt es ihr nun auf vorsichtige, einfühlsame Weise und doch mit zielstrebiger Offenheit, Hans Karl zu einem Bewußtsein von sich selbst zu führen – ständig auf einem schmalen Grat, von dem immer wieder ein Absturz droht.

HELENE. Ich verstehe alles sehr gut. Ich verstehe, was Sie [nach dem Gespräch in II/14; Hrsg.] fortgetrieben hat, und was Sie wieder zurückgebracht hat.
HANS KARL. Sie verstehen alles? Ich verstehe ja selbst nicht.
HELENE. Wir können noch leiser reden, wenns Ihnen recht ist. Was Sie getrieben hat, das war Ihr Mißtrauen, Ihre Furcht vor Ihrem eigenen Selbst – sind Sie bös?
HANS KARL. Vor meinem Selbst?
HELENE. Vor Ihrem eigentlichen tieferen Willen. Ja, der ist unbequem, der führt einen nicht den angenehmsten Weg. Er hat Sie eben hierher zurückgeführt.
(III/8)

Auf solche Weise legt Helene trotz Karis ständiger Abwehrversuche Motive und Absichten bloß, die ihm selbst verborgen waren. Sie darf es, weil sie ihm zu erkennen gibt, daß sie seine Fehler und Schwächen wohl kennt, aber eben bereit ist, ihn so zu nehmen, wie er seiner »Natur« nach ist. Und weil sie ihm zu gestehen wagt, daß sie für ihn (und ihre Verbindung mit ihm) auch »das Unmögliche« getan hätte:

KARL. Was hätten Sie Unmögliches für mich getan?
HELENE. Ich wäre Ihnen nachgegangen.
HANS KARL. Wie denn »nachgegangen«? Wie meinen Sie das?
HELENE. Hier bei der Tür auf die Gasse hinaus. Ich hab Ihnen doch meinen Mantel gezeigt, der dort hinten liegt.
HANS KARL. Sie wären mir – ? Ja, wohin?
HELENE. Ins Kasino oder anderswo – was weiß ich, bis ich Sie halt gefunden hätte.
HANS KARL. Sie wären mir, Helen –? Sie hätten mich gesucht? Ohne zu denken, ob –?
HELENE. Ja, ohne an irgendetwas zu denken. Ich geh dir nach – Ich will, daß du mich –
HANS KARL *(mit unsicherer Stimme)*. Sie, du, du willst? *(für sich.)* Da sind wieder diese unmöglichen Tränen! *(zu ihr.)* Ich hör Sie schlecht. Sie sprechen so leise.
HELENE. Sie hören mich ganz gut. Und da sind auch Tränen – aber die helfen mir sogar eher, um das zu sagen –
HANS KARL. Du – Sie haben etwas gesagt? […] *(zitternd)*. Sie wollen von mir –
HELENE *(mit keinem festeren Ton als er)*. Von deinem Leben, von deiner Seele, von allem – meinen Teil!

Anders als Kari versäumt Helene den Augenblick nicht, sie handelt, auch wenn ihr sehr bewußt wird, daß ihr Tun bzw. Sagen »eine Enormität« ist.

Noch einmal flüchtet Hans Karl in den Konversationston (»Helen, alles, was Sie da sagen, perturbiert mich in der maßlosesten Weise [...].«), noch einmal zählt er hastig seine Schwächen auf (»Es ist eine namenlose Gefahr für Sie.«). Schließlich aber ist er überzeugt; der Wechsel zum Du wird endgültig: »Was ist das für ein Zauber, der in dir ist. Gar nicht wie die andern Frauen. Du machst einen so ruhig in einem selbst.«

Dieser »Zauber« ist die Magie der Liebe. Deshalb empfindet Hans Karl Helene auch anders als »die andern Frauen«, für die etwa – als Gegenbild zu Helene – Antoinette steht. Zu ihr gehört die Flatterhaftigkeit, sie kann »nur im Moment leben«, daher kann sie auch Kari nur für zufällige Sekunden binden, aber nicht halten, denn – so formuliert es Kari – daß »ein Mann Herz für eine Frau hat, das kann er nur durch eins zeigen [...]: durch die Dauer, durch die Beständigkeit« (II/10). Das »Notwendige, das Bleibende und das Gültige« weiß der gewandelte Hans Karl am Ende, wenn er aus seiner zeitlosen »Präexistenz« in das echte, das heißt, das mit Zeitstrom und Dauer verknüpfte Leben zu treten entschlossen ist.

Die Soiree hat – ähnlich wie das Spiel des Clowns Furlani – unerwartete Ergebnisse gebracht. Selbst die ursprüngliche Vorstellung Hofmannsthals, die beiden Außenseiter in die Gesellschaft zu »reintegrieren« hat sich geändert: »Die Leute gehts nichts an«, stellt Helene fest, und Hans Karl hat keinen Einwand. Auch Crescences Aufforderung, »sich doch mit dem Stani über das Ganze« auszusprechen, schert ihn nicht: »*Gewinnt schnell die Ausgangstür und ist verschwunden*«, lautet die Regieanweisung lakonisch. Das kann nun freilich als Affront gegen die gesellschaftlichen Normen aufgefaßt werden und wäre wohl auch als Komödienschluß nicht sehr glücklich. Hofmannsthal läßt daher durch Stani das Problem auf elegante und originell-komische Weise lösen, indem dieser Helenes und Karis überraschende Verbindung und ihre Verhaltensweise mit leisem Tadel zwar als »bizarr« bezeichnet (»Eine Verlobung kulminiert in der Umarmung des verlobten Paares«), aber hinzufügt, dieser »pantomimische Ausdruck für eine [...] familiengeschichtliche Situation« sei auch sozusagen stellvertretend zu arrangieren:

> Mamu, Sie ist die nächste Verwandte vom Onkel Kari, dort steht Poldo Altenwyl, der Vater der Braut. Geh Sie sans mot dire [d.h. ohne ein Wort; Hrsg.] auf ihn zu und umarm Sie ihn, und das Ganze wird sein richtiges, offizielles Gesicht bekommen.

In dieser »komischen Pointe einer Verlobung in Abwesenheit der Verlobten scheint die Gesellschaftskomödie der realgeschichtlichen Entwicklung ihren Tribut zu zollen. Auf der Szene bleiben jene zurück, die im Einvernehmen mit der Gesellschaft leben [...] während die Elite dieser Gesellschaft den Rückzug angetreten hat – in ein ganz privates Glück« (Klaus-Dieter Krabiel, 1996).

Ohne Zeitbezug ist also diese meisterhaft entwickelte Komödie gewiß nicht:

> Vielleicht hätte ich die Gesellschaft, die es darstellt, die österreichische aristokratische Gesellschaft, nie mit so viel Liebe in ihrem Charme und ihrer Qualität darstellen können als in dem historischen Augenblick, wo sie, die bis vor kurzem eine Gelegenheit, ja eine Macht war, sich leise u. geisterhaft ins Nichts auflöst, wie ein übriggebliebenes Nebelwölkchen am Morgen.
> *(Brief an Arthur Schnitzler, 2.11.1919)*

Hofmannsthal hat in ›Der Schwierige‹ bei aller selbständigen Bedeutung des Figurenspiels und aller tiefreichenden Thematik ein »österreichisches Gesellschaftslustspiel« gesehen. Er wünschte sich daher eine Uraufführung in Wien, da er dort für das schwer zu besetzende Stück einen Regisseur zu finden hoffte, der »den Rhythmus davon fühlt, die Atmosphäre kennt – also keinen Norddeutschen, keinen Expressionisten und sonstigen farceur«. Der Wunsch blieb unerfüllt. ›Der Schwierige‹ wurde 1921 in München erfolgreich uraufgeführt. Erst Max Reinhardt brachte 1924 das Lustspiel, das zu den großen Komödien der deutschen Literatur zählt, nach Wien auf die Bühne.

3. Das kritische Volksstück

Marieluise Fleißer
Pioniere in Ingolstadt

Die Ingolstädterin Marieluise Fleißer (1901–1974) studierte seit 1919 in München bei dem berühmten »Theaterprofessor« Artur Kutscher, machte erste Schreibversuche und mischte sich unter die jungen Schriftsteller. Diese hatten in »Onkel« Lion Feuchtwanger einen Freund und Förderer. In seinem Hause lernte Fleißer 1924 auch Bertolt Brecht kennen, den sie seit der Aufführung von ›Trommeln in der Nacht‹ in den Kammerspielen (1922) bewunderte. Brecht war seinerseits fasziniert von der Frische und einfachen Natürlichkeit ihrer Schreibversuche und lud sie nach Berlin ein.

Über die Entstehung der ›Pioniere in Ingolstadt‹ berichtet Marieluise Fleißer im Rückblick (um 1970):

> In Ingolstadt gab's nach dem Krieg keine Soldaten [...]. 1926 kamen die Pioniere aus Küstrin zu Flußübungen in unser Gelände; sie bauten eine Brücke [...]. Das war wie eine Invasion. Ich erzählte Brecht davon auf einem Spaziergang [...]. Brecht wollte sofort, daß ich eine solche militärische Invasion in einer kleinen Stadt mit ihren Auswirkungen auf die Bevölkerung beobachte und aus eigener Anschauung ein Stück darüber mache.

Brecht hat Fleißers Arbeit an dem entstehenden Volksstück von da ab engagiert begleitet und sie ausführlich beraten. Es war die Zeit, in der er seine Vorstellungen vom epischen Theater entwickelte, und die ›Pioniere‹ boten ihm dank der Aufgeschlossenheit der Autorin Gelegenheit, seine Vorstellungen zu erproben. Brecht hat das Werk später wiederholt als beispielhaft für den von ihm angestrebten Dramentypus genannt, ohne seine Mitwirkung zu betonen. Aus dem Stück ›Fegefeuer in Ingolstadt‹ kannte er Marieluise Fleißers Tendenz, Augenblicksbilder anstelle einer gegliederten Handlungsabfolge zu entwerfen, und er fand ihren naiv-natürlichen Stil geeignet, einfache, überschaubare szenische Abläufe mit Leben zu füllen. In diese beiden Richtungen gingen nach Erinnerung der Autorin seine Vorschläge: »Anregung von Brecht: das Stück muß keine richtige Handlung haben, es muß zusammengebastelt sein, wie gewisse Autos, die man in Paris herumfahren sieht, Autos im Eigenbau aus Teilen, die sich der Bastler zufällig zusammenholen konnte, aber es fahrt halt, es fahrt! (Genau diese Forderung.)«

Dazu dachte sich Brecht offenbar sogleich Szenen aus, die seinen Vorstellungen nach Vereinfachung und Typisierung entsprachen. Er fragte also ganz direkt: Was passiert, wenn eine Pioniereinheit in eine Kleinstadt einzieht, was sind dabei die urtypischen Konstellationen? Also schlug er vor: »Es muß ein Vater und ein Sohn hinein, es muß ein Dienstmädchen hinein [...]. Die Soldaten müssen mit den Mädchen spazierengehn, ein Feldwebel muß sie schikanieren.«

Es ist nicht überprüfbar, wie zutreffend die Erinnerung an Vorgänge ist, die mehr als vierzig Jahre zurückliegen. Daß Brecht weiterhin Einfluß nahm, ist jedoch aus Reaktionen Fleißers ableitbar. Nach der Uraufführung in Dresden (1928), die ein Mißerfolg war, wurde das Stück im darauffolgenden Jahr in Berlin im Theater am Schiffbauerdamm inszeniert. Brecht war ständig mit dabei, stellte Szenen um, änderte den Text, verschärfte besonders die sexuellen Anspielungen bis hin zu der Szene zwischen Karl und Berta, von der noch die Rede sein wird. Das ging so weit, daß sich Marieluise Fleißer am Ende ganz zurückzog; sie nahm an den letzten Proben nicht mehr teil. Brecht arbeitete bewußt –

und erfolgreich – auf einen Skandal hin, den schließlich Marieluise Fleißer ausbaden mußte. In Ingolstadt konnte sie sich kaum noch sehen lassen, sie wurde dort als Nestbeschmutzerin beschimpft, ihr Stück vom Oberbürgermeister als »Schandstück« bezeichnet. Von Brecht fühlte sie sich mißbraucht, sie war nicht bereit, sich in den Kranz der Frauen um ihn einzureihen, und brach die Beziehung ab.

Die von Brecht vorgeschlagene Konstellation von Vater, Sohn und Dienstmädchen sollte die Herrschaftsverhältnisse in einer Kleinstadt charakterisieren. Fleißer gestaltet sie in den Szenen um den Kaufmann oder Handwerksmeister Benke (in späteren Fassungen Unertl), seinen Sohn Fabian und das Dienstmädchen Berta. Vater Benke wünscht, daß sich sein Sohn an Berta heranmacht, um bequem sexuelle Erfahrungen zu sammeln.

BENKE [...] Ich kann nicht noch wen einstellen, damit mein Sohn einer Magd den Lappen macht. Kommst du überhaupt weiter damit? Ich merke nichts.
FABIAN Das kann man doch nicht vor dem Mädchen besprechen.
BENKE Soll sie halt einmal nachgeben, dann weht gleich ein anderer Wind. Eine andere täte sich die Finger ablecken bis zum Ellbogen. Ist doch alles natürlich.
BERTA Weiß der Herr nicht, daß er sich damit was vergibt?
BENKE Bei mir daheim gebe ich den Ton an und nicht Sie. Das geht auch anders herum. Sie bringe ich noch auf die Knie, Sie Person. Ich werd Sie schon sekieren. Sie sollen spüren, daß man Sie in der Gewalt hat.
BERTA Wenn der Herr mich zwingen will, merke ich bloß, was meine Liebe ist.

In die Kleinstadt mit der in dieser Szene beispielhaft festgehaltenen Sozialstruktur bricht mit den Soldaten ein ungewohntes, belebendes Element ein, durch das diese Struktur ins Wanken gerät. Die Soldaten gehen mit den Dienstboten spazieren, d.h. sie schnappen den einheimischen Burschen die Mädchen weg. Das wird an zwei Beispielen gezeigt: an Alma, einer jungen Frau, die schon Erfahrung mit Männern hat, und an der unerfahrenen Berta. Das Gespräch, das sich zwischen einem Feldwebel und Alma anbahnt, ist von einer zu dieser Zeit auf der Bühne unerhörten sexuellen Direktheit; die Soldaten werden ausdrücklich angewiesen, sich nicht mit Minderjährigen einzulassen (damals lag die Grenze bei zwanzig Jahren).

FELDWEBEL Wie alt sind Sie, Fräulein?
ALMA Zwanzig.
FELDWEBEL Das geht grade noch. Wo wohnen Sie, Fräulein?
ALMA Am unteren Graben.
FELDWEBEL Akkurat in meiner Nähe.
ALMA Ich bin sehr beliebt bei den Herren. Ich kenne die meisten. Ich bin überhaupt eine mondaine Frau.

FELDWEBEL Und ich bin auch vorwiegend männlichen Geschlechts.
ALMA So! Wo denn am meisten?
FELDWEBEL Fräulein, da können wir doch gleichmal – – –
ALMA Sagen Sie, geben Sie Obacht?
FELDWEBEL *mit ihr ab:* Selbstredend. (*3. Bild*)

Den meisten Raum nimmt das Verhältnis zwischen dem Pionier Karl (in anderen Ausgaben Korl) und dem Dienstmädchen Berta im Stück ein. Diese Handlung stellt die zweite typische Figurenkonstellation dar. Nicht daß sich beide seelisch fortentwickeln würden; vielmehr sind sie wie die anderen Figuren nicht Charaktere, sondern Typen: Er ist der erfahrene, grobschlächtige Weiberheld, sie dagegen eine liebebedürftige, vertrauensselige Unschuld vom Lande:

KARL Die Mädel meinen immer, sie können einen gleich zu was haben.
BERTA Ich bin nicht wie die anderen.
[...]
BERTA Hast schon eine gehabt?
KARL Pfeilgrad nein.
BERTA Das wär mir nicht recht, wenn du schon eine gehabt hast.
KARL Das tät ich dir nicht sagen. Muß man denn immer alles wissen vom andern.
BERTA Ja, mach dich nur schlecht.
KARL Da mach ich mich nicht lang schlecht, weil ich sage, das kann dir gleich sein.
BERTA Mir ist es aber nicht gleich.
KARL Sag, daß es dir gleich ist. (*2. Bild*)

KARL Tu dich nicht in mich verlieben, Kind.
BERTA Ich verlieb mich nicht.
KARL Das haben schon viele gesagt und haben sich doch in mich verliebt.
BERTA Gell, Karl, wir machen Spaß.
KARL Ich mache keinen Spaß. Mich muß man laufen lassen.
BERTA Du bist dumm, dich will ich gerade. Dich hab' ich mir ausgesucht von alle.
KARL Tu dich nicht in mich verlieben, sonst mußt du leiden.
BERTA Ich will leiden. (*3. Bild*)

Die beiden reden von Anfang an aneinander vorbei. Karl sucht nur das flüchtige sexuelle Abenteuer; sie will dies nicht wahrhaben (»Gell, Karl, wir machen Spaß«) und spricht ganz offen aus, daß es so ist, aber ihm fehlt jedes Gespür für Gefühle der Partnerin. So geht es mit den beiden fort, bis Berta sich ihm hingibt.

KARL Muß die Hochzeit gleich sein?
BERTA Wem seine?

KARL Die du herausschinden willst.
BERTA Nicht wahr ist. Ich schinde keine heraus.
[...]
Pause
KARL Was ist dir jetzt wieder nicht recht?
BERTA War das alles?
KARL Warum? Hat dir was gefehlt?
BERTA Ich meine halt, wir haben was Wichtiges ausgelassen. Die Liebe haben wir ausgelassen.
KARL Eine Liebe muß keine dabei sein.
BERTA Das ist mir jetzt ganz arg.
KARL Nimm dich doch zusammen. Tu wenigstens so, als wenn es dir recht wäre, wie die anderen auch.
BERTA So kann ich nicht leben. *(11. Bild)*

In dieser Szene ließ Brecht eine große Kiste auf die Bühne stellen, in der die beiden verschwanden und die sich dann rhythmisch bewegte. Das war denn doch zuviel. Die Polizei griff ein, man mußte diese und zusätzlich eine Reihe anderer anstößiger Stellen herausnehmen, dann konnte das Stück weitergespielt werden. Erhalten ist nur das gereinigte Bühnenmanuskript. In der Neufassung, die Fleißer 1968 herstellte, hat sie den Kern dieser Szene und andere verfängliche Partien gestrichen. Ihr ging es um das Verhältnis der Geschlechter zueinander, nicht um ein Sex-Spektakel.

Die dritte Grundkonstellation betrifft das Befehlssystem, in dem der Obere Druck auf den Unteren ausübt, der Hauptmann auf den Feldwebel und der wiederum auf die Pioniere. Das demonstriert die folgende Szene: Fabian hat aus Bosheit eine Sprosse an einer Leiter gelockert und der Feldwebel stürzt ins Wasser. Die Folgen sind typisch für die Militärhierarchie:

SCHWACHER MAX Die Aufsicht ist ins Wasser gefallen.
BLASSE FRESSE Der arbeitet sich schon allein heraus.
SCHWACHER MAX Unten ist Schlamm, da kann er nicht abstoßen.
KARL Sein Säbel hat ihn so lang untengehalten.
SCHWACHER MAX Wetten wir, daß er drin bleibt?
BLASSE FRESSE Da kennst du den Schinder schlecht.
FELDWEBEL *mit triefendem Haar:* Gruppe 5 antreten. Wer hat die Schweinerei mit der Leiter gemacht? Ein Knoten war vernachlässigt.
Pause
Wenn sich keiner meldet, hat die ganze Gruppe zu büßen. Gruppe 5 bleibt zum Strafexerzieren und hat zu warten, bis ich zurückkomme. *Ab*.
KARL Wer war es eigentlich? Der Hund soll sich melden. Hat er Angst, daß wir ihm den Balken in den Rücken stoßen?
BLASSE FRESSE Von uns war's keiner. Die Knoten waren fest angezogen.
FELDWEBEL Antreten! An den Balken! Marsch, marsch! Zurück! Marsch,

marsch! Balken hierher! Eins, zwei, Knie beugt! Streckt! Laufschritt, marsch, marsch! Laufschritt auf der Stelle! Habt Ihr Euch jetzt besonnen, wer den Knoten vernachlässigt hat? Wer meldet sich? Wer meldet den anderen?
Schweigen
Die Gruppe ist abkommandiert zur strafweisen Beteiligung an dem Nachtdienst. Keine Arbeitspause. Laufschritt, marsch, marsch!

(7. Bild)

Der Feldwebel nützt den Vorfall, um den Druck von oben – der Hauptmann hat die möglichst rasche Fertigstellung der Brücke befohlen – aus eigener Befehlsgewalt weiterzugeben. Typisch an der Szene ist der abgrundtiefe Haß, den die Soldaten ihrem Ausbilder entgegenbringen. Er veranlaßt sie dazu, die Lage des ins Wasser Gefallenen kühl zu kommentieren, ohne daß sie den geringsten Versuch machen, ihm zu Hilfe zu kommen. Im Gegenzug nährt das die Wut des Feldwebels. In der Neufassung von 1968 steigert Marieluise Fleißer den Vorfall bis zum Mord: Der Feldwebel verfängt sich in einem Tau, das ihn in die Tiefe zieht; keiner greift zu, um ihn zu retten, weil alle froh sind, den Leuteschinder loszusein. Ein neuer Feldwebel übernimmt den Zug. Er hat eine andere Physiognomie als der Ertrunkene, aber er ist der gleiche Schleifer, ist eben der Urtyp des Feldwebels.

Die einfachen Pioniere stehen am unteren Ende der Leiter von Tretenden und Getretenen – doch nur in der Militärhierarchie. Ihre Opfer sind die Burschen der Stadt. Die Gruppe um Karl rächt sich an dem dümmlichen Fabian, der an ihrer zusätzlichen Nachtarbeit schuld ist, indem sie ihn unter einem Vorwand in einen Sack stecken, den Sack zubinden, Fabian darin herumschubsen und verspotten und schließlich stehenlassen, der Lächerlichkeit ausgesetzt. Die Uniform gilt immer noch mehr als der Zivilanzug.

›Pioniere in Ingolstadt‹ zeigt einen vorübergehenden zeitlich begrenzten Vorgang. Wenn die Soldaten fort sind, kehrt die Kleinstadt zur gewohnten Ordnung zurück. Am schnellsten stellt Alma sich um, indem sie sich an Fabian heranmacht, der gerade noch der Spielball der Pioniere gewesen ist. Leidtragende sind Mädchen wie Berta, die an die Flüchtigkeit der Soldatenliebe nicht glauben wollen.

Das Drama ist in einer nicht regional, sondern sozial begrenzten Umgangssprache geschrieben, mit häufiger Auslassung des »e« am Wortende und dem abgebrochenen Konjunktiv: »Das wär mir nicht recht, wenn du schon eine gehabt hast.« Eine leicht bairische Färbung fällt erst auf, wenn man sich vor Augen führt, daß die Pioniere aus Küstrin an der Ostsee stammen. Fleißer versucht gar nicht erst, deren Jargon zu übernehmen; selten treten dialektale Einzelzüge hervor (»Blasse Fresse« als Spitzname). Sonst reden die Soldaten nicht anders als die Ingolstädter. Karl spricht sogar mit deutlich bairischen Anklängen: »Pfeilgrad nein«, »Tu dich nicht in mich verlieben«. An manchen Stellen meint man die Handschrift Brechts zu erkennen. Er entwickelte zu dieser Zeit für seinen eigenen Bühnenstil eine nicht landschaftsgebundene Umgangssprache von Menschen, die sich bemühen, hochdeutsch zu sprechen, dabei aber immer wieder über das ungewohnte Bemühen stolpern und unnatürlich gestelzte Sätze drechseln wie »Eine Liebe muß keine dabei sein« oder »Nicht wahr ist«.

Das Aneinander-Vorbeireden von Karl und Berta ist ein Muster Fleißerscher Sprachgestaltung. Es ist so locker und natürlich gestaltet, daß eine ordnende Hand der Autorin kaum erkennbar ist; vielmehr scheint sich Fleißer ganz auf Anschauung und Wahrnehmung zu beschränken – das war ihre Stärke und es war etwas, was sich Brecht zu eigen machen konnte.

Ödön von Horváth
Italienische Nacht

Ödön von Horváth wurde 1901 als Sohn eines ungarischen Diplomaten und einer deutsch-tschechischen Mutter in der Nähe von Fiume (dem heutigen Rijeka) geboren, eine »typisch österreichisch-ungarische Angelegenheit«, wie er später gern sagte. Belgrad, Budapest, München, Wien, Preßburg waren wichtige Stationen in seiner Kindheit und Jugend und zwangen ihn zum viermaligen Wechsel der Unterrichtssprache. »Das Ergebnis war, daß ich keine Sprache ganz beherrsche«, äußerte er später etwas bekümmert, und manche Kritiker meinen, dies sei in seinen Werken, die er alle auf Deutsch schrieb, spürbar. Andererseits schulte gerade das Hinhören auf Gesprochenes seine Fähigkeit, Spracheigenarten zu erfassen und zu verwerten. Dies und seine Beobachtungsgabe bzw. die Fähigkeit, zuhören zu können, kam seinen Ambitionen, sich (nach seinem Studium in München) schriftstellerisch zu betätigen, zugute.

Es ist kein Zufall, daß mißlingende Kommunikation schon in frühen Werken Horváths als Kennzeichen der Zeit und mögliche Ursache von Gewalt eine Rolle spielt. Kein Zufall daher auch, wenn weniger die dramatische Handlung für seine Dramen von Bedeutung ist, als vielmehr der Dialog (»[...] was ich mit meinen Stücken bezwecke: Zuguterletzt die Demaskierung des Bewußtseins – das ist mein Dialog. Das Dramatische liegt bei mir im Dialog – im Kampf zwischen Bewußtsein und Unterbewußtsein«). Wer darauf achtet, wie sich Menschen im privaten und öffentlichen Leben äußern, wie sich in Äußerungen Beziehungen ausdrücken, wie Phrasen, Sprüche, Floskeln und Klischees eigene Gedanken ersetzen, wird auch hellhörig für politische Rattenfängerei, für verdeckte Aggressivität, für billige Gefolgschaft und Mitläufertum.

Horváth findet falsche Töne, sieht heraufziehende Gefahren, besonders in dem, was er als Spießertum bezeichnet und in seinem Roman ›Der ewige Spießer‹ (1930) so definiert: »Der Spießer ist [...] ein hypochondrischer Egoist, und so trachtet er danach, sich überall feige anzupassen und jede neue Formulierung der Idee zu verfälschen, indem er sie sich aneignet.« Der Spießer werde gefährlich, weil er ohne eigene Nachdenklichkeit rasch »überzeugt« sei, sich von Phrasen statt von Argumenten einfangen lasse. Horváth sieht in Dummheit und Lüge etwas, wogegen er mit »Vernunft und Aufrichtigkeit« anschreiben will.

Als Gattung wählt er das »Volksstück«. Mit Carl Zuckmayer und Marieluise Fleißer verbindet ihn dabei die Vorstellung, daß ein neues Volksstück gegenüber dem herkömmlichen durch größere Wirklichkeitsnähe, kritisches Engagement und die Einbeziehung anderer gesellschaftlicher Schichten (anders als etwa bei Brecht z.B. des abgesunkenen Mittelstandes) gekennzeichnet sein müsse.

Den Hintergrund für seine Darstellung findet er sowohl im provinziellen wie im großstädtischen Milieu: in Murnau, dem kleinen Markt in Oberbayern, wo seine Eltern ein Landhaus besaßen und wo er zwischen 1923 und 1933 immer wieder längere Zeit verbrachte, und in Berlin (seit 1924), das er bevorzugte, weil er sich dort dem Zeitgeschehen näher fühlte und intensiven Kontakt mit dem Theaterleben haben konnte.

Die Nationalsozialisten, die er sich mit seiner »Historie aus dem Zeitalter der Inflation«, dem Drama ›Sladek der schwarze Reichswehrmann‹ (1929), zu Gegnern gemacht hatte, bedrohten ihn unmißverständlich, als er 1931 den Kleist-Preis erhielt und im gleichen Jahr das Volksstück ›Italienische Nacht‹ uraufgeführt wurde. Die Bedrohung verstärkte sich, als Horváth noch 1931 in Murnau Zeuge einer Saalschlacht wurde und seine Aussage vor Gericht dazu beitrug, daß den Nationalsozialisten die Schuld zuerkannt wurde. 1933 ging er nach Wien, reiste aber immer wieder nach Berlin und trat sogar – zum Erstaunen vieler – dem »Reichsverband Deutscher Schriftsteller« bei. 1934 verließ er, als man ihn aus dem Verband ausgeschlossen hatte, Berlin endgültig. Im März 1938 blieb ihm nach dem Anschluß Österreichs nur die Flucht. Am Abend des 1. Juni 1938 wurde er in Paris durch einen herabfallenden Ast auf den Champs-Élysées getötet.

Horváths literarische Wiederentdeckung kam erst in den 60er Jahren, als seine gesellschaftskritischen Volksstücke auf den Bühnen erfolgreich aufgeführt wurden. ›Italienische Nacht‹ und ›Geschichten aus dem Wienerwald‹ sind beispielhaft für diese »kritischen Volksstücke«. Sie sind gekennzeichnet durch zwei wichtige Themen: die »Demaskierung« der Blindheit und der verblendeten Schwäche republikanischer Durchschnittsbürger angesichts der nationalsozialistischen Bedrohung und die Unehrlichkeit eines in Phrasenhaftigkeit und Bewußtseinsferne verharrenden »sprachlosen« Kleinbürgertums.

Die Handlung des Stücks ›Italienische Nacht‹ spielt sich – in sieben Bildern – an einem Tag zwischen Vormittag und Mitternacht ab. Nach vorbereitenden Szenen – sie stellen die Handlungsträger vor – findet eine von Sozialdemokraten veranstaltete »Italienische Nacht« statt. Sie wird von den Kommunisten gestört, die sich gegen die Arglosigkeit der Veranstalter auflehnen, mit der diese angesichts der bedrohlichen Zeit eine kleinbürgerliche Kitschbelustigung inszenieren. Nachdem sie des Saales verwiesen worden sind, tauchen die Nationalsozialisten auf; doch die Kommunisten kommen zurück und vertreiben sie.

Zielgerichtet und überzeugend bringt Horváth die politische Atmosphäre einer Kleinstadt um 1930/31 auf die Bühne. Nahezu sämtliche agierenden Figuren sind politisch engagiert, als Sozialisten, Kommunisten oder Nationalsozialisten. Die Gruppen sind die wahren Protagonisten des Dramas.

Die Sozialisten bilden keine geschlossene Gruppe: sie erscheinen als eine Ansammlung von verbürgerlichten Individualisten, deren Bindung an die Partei je nach Temperament und Eigenart des Einzelnen sehr unterschiedlich ist – vom ruhigen Beobachterstandpunkt bis zum peinlichen Ehrgeiz. Wortführer dieser Gruppe ist der Stadtrat Alfons Ammetsberger, zugleich Vorsitzender der Ortsgruppe eines »Republikanischen Schutzverbandes«, in dem sich die Linken gegen Rechte zusammenschließen. Ammetsberger ist die einzige Figur des Stücks, die als ausgeprägter Charakter faßbar wird. Er ist von sich selbst überzeugt, hat Ambitionen über die Kleinstadt hinaus und verfügt über einen so volltönenden wie unkonkreten politischen Wortschatz: »Kameraden! Solange es einen republikanischen Schutzverband gibt, und solange ich hier die Ehre habe, Vorsitzender der hiesigen Ortsgruppe zu sein, solang kann die Republik ruhig schlafen!« (Erstes Bild). Er spielt die faschistische Gefahr herunter:

ENGELBERT: Wo stecken denn jetzt diese Faschisten?
BETZ: Ich hab was von einer Nachtübung gehört.
ENGELBERT: Na viel Vergnügen!
KRANZ: Prost!
STADTRAT: Dieser kindische Kleinkaliberunfug.
BETZ: Aber sie sollen doch auch Maschinengewehre –
STADTRAT: *unterbricht ihn:* Redensarten, Redensarten! Nur keinen Kleinmut, Kameraden!

(Fünftes Bild)

Privat ist der Stadtrat ein Egomane und Familientyrann, was man daran erkennt, wie er seine Frau Adele behandelt. Er hält sie ganz aus seinen Aktivitäten heraus. Auch bei der »Italienischen Nacht« zwingt er sie in eine Randrolle. Selbst beim Tanz bevormundet er sie. Adele wird durch den Genossen Engelbert aufgefordert:

STADTRAT: Danke! Adele soll nicht tanzen. Sie schwitzt.
Pause.
Engelbert tanzt mit einer Fünfzehnjährigen.
ADELE *(verschüchtert):* Alfons!
STADTRAT: Nun?
ADELE: Ich schwitz ja gar nicht.
STADTRAT: Überlaß das mir, bitte.
ADELE: Warum soll ich denn nicht tanzen?
STADTRAT: Du kannst doch gar nicht tanzen!
ADELE: Ich? Ich kann doch tanzen!
STADTRAT: Seit wann denn?
ADELE: Seit immer schon.
STADTRAT: Du hast doch nie tanzen können! Selbst als blutjunges Mädchen nicht, merk dir das!
Blamier mich nicht, Frau Stadtrat! *(Er zündet sich eine Zigarre an.)*

Die Kommunisten sind ideologisch so gefestigt, daß sie, vom Wortführer Martin und seiner Freundin Anna abgesehen, nicht als Charaktere auftreten, sondern als Kollektiv. Nur einer von ihnen, der Schürzenjäger Karl, laviert als Abweichler zwischen ihrem Lager und den Sozialdemokraten hin und her. Als Zufallsgast tritt ein scharfmacherischer norddeutscher Marxist auf, ein Magdeburger, der schon, wenn er nur den Mund auftut, bei den Bayern auf Ablehnung stößt – ungeachtet seiner Linientreue auch bei den eigenen Genossen. Sie wollen ihren eigenen, bayerischen Kommunismus haben, reden von »republikanischer« Aktion, wo der Magdeburger Genosse von der »revolutionären« spricht.

Für die Nationalsozialisten verwendet Horváth nach dem italienischen Muster stets die Bezeichnung »Faschisten«. Diese Gruppe ist in der stärkeren Position, weil sie nur einen Gegner kennt, nämlich alle Linken. Unter den Nazis gibt es keinen, der aus der Reihe tanzt. Für sie ist eine phrasenhafte Schrumpfsprache kennzeichnend, die nicht aus Sätzen, sondern aus beziehungsvollen Schlagwörtern besteht. Das ist an zwei Stellen besonders deutlich zu erkennen. Zum einen, als Kommunisten auf einem Denkmal das Gesicht des ehemaligen Landesvaters mit roter Farbe bestrichen haben. Ein Nazi nimmt das beschmierte Majestätsbild wahr:

DER FASCHIST [...] *heiser:* Was? – Nein, diese Schändung – diese Schändung – Der Gott, der Eisen wachsen ließ! – Rache! – Gott steh uns bei! Deutschland erwache!
(Viertes Bild)

Der Mann ist nicht fähig, einen sachbezogenen Gedanken zu formulieren. Im zweiten Beispiel spricht ein Leutnant bei der Vorbereitung einer Nachtübung (wegen der Beschränkung der Reichswehr auf

100.000 Mann veranstaltete die Rechte »private« Manöver mit ihren Anhängern, um die »Wehrkraft« Deutschlands aufrechtzuerhalten). Dabei fallen Stichworte, die in diesen Kreisen als Reaktion auf den verlorenen Weltkrieg verbreitet waren:

DER LEUTNANT *(mit der Landkarte; er winkt einen Faschisten heran)*: Also unsere Nachtübung. Hinter diesem Morast liegt zum Beispiel Frankreich, gleich neben der angelsächsischen Artillerie. Oben und unten Bolschewiken. Verstanden?
DER FASCHIST: Zu Befehl!
DER LEUTNANT: Und wir? Wir sind hier im Wald. Im deutschen Wald. Eigentlich ist das sogar symbolisch. Wir werden überfallen, selbstverständlich. Es läßt sich doch durch die ganze Weltgeschichte verfolgen, daß wir Deutschen noch niemals einem anderen Volke irgend etwas Böses getan haben.
(Fünftes Bild)

In beiden Fällen ist es die vaterländische Phraseologie, die Horváth aufs Korn nimmt. Ganz in der Art der Werbung sucht sie den Gehirnen bestimmte Schlagworte als vermeintliche Wahrheit einzubleuen. Daß sie sich im Besitz der Wahrheit wähnen, macht die Faschisten so durchschlagekräftig, so gefährlich.

Die Kommunisten lassen, wie geplant, die »Italienische Nacht« platzen, indem sie bei einer besonders süßlichen Vorführung (Regieanweisung: zwei »herzige Zwillingstöchterchen tanzen einen affektierten Kitsch«) pfeifen und dazwischenrufen: »Hoftheater!«, »Hofoper«, »Huuu!« (fünftes Bild).

Die Störenfriede werden aus dem Gartenlokal verwiesen, doch die Festatmosphäre stellt sich nicht wieder ein. Man geht ernüchtert nach Hause. Nur der Vorstand des »Republikanischen Schutzverbandes« ist noch da, als die Faschisten auftauchen.

Trompetensignal.
Der Major in ehemaliger Kolonialuniform betritt mit zwei Faschisten rasch den Garten – er hält knapp vor dem Stadtrat und fixiert ihn grimmig.
Stille.
[…]
DER MAJOR *geht um den Stadtrat herum; fährt ihn plötzlich an:* Hände an die Hosennaht! Setzen!
STADTRAT *setzt sich wie geistesabwesend.*
DER MAJOR *winkt dem einen Faschisten.*
DER FASCHIST *bringt dem Stadtrat Papier, Feder und Tinte.* So. Schreiben Sie, was ich diktiere!
STADTRAT *folgt apathisch.*
Diktiert. Ich, der rote Stadtrat Alfons Ammetsberger, erkläre hiermit ehrenwörtlich – haben Sies? – ehrenwörtlich – daß ich ein ganz gewöhnlicher –
STADTRAT *stockt.*
Schreiben Sie!

STADTRAT *schreibt wieder.*
Diktiert. – daß ich ein ganz gewöhnlicher – Schweinehund bin!
STADTRAT *stockt wieder.*
  Na wirds bald?
STADTRAT *rührt sich nicht.*
  Kerl, wenn Sie nicht parieren, kriegen Sie die Hosen voll!
  Schreiben Sie! Los!
STADTRAT *beugt sich langsam über das Papier – plötzlich fängt er an zu wimmern und zu schluchzen:*
  Nein, aber ich bin doch kein –
DER MAJOR *unterbricht ihn brüllend:* Sie sind aber ein Schweinehund, ein ganz ein gewöhnlicher Schweinehund!
ADELE Sie! Das ist kein Schweinehund, Sie! Das ist mein Mann. Sie! Was erlauben Sie sich denn überhaupt, Sie aufgedonnerter Mensch! So lassen Sie doch den Mann in Ruh!
BETZ Überhaupt mit welchem Recht –
DER MAJOR *unterbricht ihn:* Maul halten!
ADELE Halten Sie Ihr Maul! Und ziehen Sie sich mal das Zeug da aus, der Krieg ist doch endlich vorbei, Sie Hanswurscht! Verzichtens lieber auf Ihre Pension zugunsten der Kriegskrüppel und arbeitens mal was Anständiges, anstatt arme Menschen in ihren Gartenunterhaltungen zu stören. Sie ganz gewöhnlicher Schweinehund!
DER MAJOR Ordinäre Person! Na wartet! Draußen stehen vierzig deutsche Männer! *Rasch ab mit seinen Faschisten.*

Dann heißt es in der Regieanweisung: »*Riesiger Tumult vor dem Gartenlokal.*« Die Kommunisten sind aus republikanischer Solidarität zurückgekommen und haben die Faschisten vertrieben. Der Stadtrat faßt sich ganz schnell wieder und tönt, als sei nichts gewesen:

STADTRAT Na also! – Von einer akuten Bedrohung der demokratischen Republik kann natürlich keineswegs gesprochen werden. Kameraden! Solange es einen republikanischen Schutzverband gibt – und solange ich hier die Ehre habe, Vorsitzender der hiesigen Ortsgruppe zu sein, solange kann die Republik ruhig schlafen!
MARTIN Gute Nacht! *(Siebtes Bild)*

Nicht der Stadtrat, sondern seine Frau ist es, die zur rechten Zeit das richtige (und mutige) Wort findet. Sie wagt es, den aufgeblasenen, engstirnigen Major als das zu bezeichnen, was er ist, fällt auf seinen kraftmeierischen Kommandoton nicht herein und sagt ihm, was ein wirklich rühmliches Tun wäre. Am Verhältnis ihres Mannes zu ihr kann sie damit, so ist nach den letzten Worten des Stadtrats – es sind wörtlich die gleichen Phrasen wie im ersten Bild – zu befürchten, nichts ändern. Wie für die politische Zukunft gilt auch für die Frauenfrage das doppeldeutige abschließende Wort des Marxisten Martin: »Gute Nacht«.

Frappierend an Horváths Drama ist, daß es den Kern der politischen Konstellation seiner Entstehungszeit einfängt; denn eben dies war die Situation in der Weimarer Republik um 1930, daß die extreme Linke gegen die gemäßigten Linken anging und sich dieses Lager zersplitterte, statt gemeinsam Front gegen die Rechte zu machen. Zugleich zeigt Horváth überdeutlich: Man hielt die Nationalsozialisten zwar für gefährlich, verließ sich aber darauf, daß sie zu dumm waren, um sich endgültig durchzusetzen.

Der ›Völkische Beobachter‹ druckte im Februar 1933: »Ödön von Horváth besaß die Frechheit, die Nationalsozialisten anzupöbeln. Seine ›Italienische Nacht‹ zeichnet uns als Feiglinge, die durch ein einziges Schimpfwort seitens einer Frau in die Flucht geschlagen werden können. Wird sich der Ödön noch wundern!«

Geschichten aus dem Wienerwald

Die ›Italienische Nacht‹ ist holzschnittartig entworfen, ein Thesenstück. Wesentlich subtiler geht Horváths 1931 in Berlin uraufgeführtes Volksstück ›Geschichten aus dem Wienerwald‹ auf die Psyche der Menschen ein.

Gegenstand ist das spießige Kleinbürgertum. Es ist die bedrückende Geschichte des Mädchens Marianne – eine traurige, nicht eine tragische Geschichte, denn Marianne kämpft nicht heroisch gegen ein übermächtiges Schicksal an, ist in kein Kräftemessen mit einem überlegenen gegenteiligen Prinzip verwickelt, sondern ganz einfach das Opfer ihres Milieus, das Frauen gering achtet und zu Dienstboten der Männer macht.

Jeder kennt den Wienerwald als vielbesungene Erholungswelt, in der man picknickt, stimmungsvolle Abende verbringt und unbeschwert seinem Vergnügen nachgeht. Auf diese Vorstellung spielt Horváth mit dem Titel seines Volksstücks an. Um so deutlicher wird der Kontrast zu dessen Inhalt, denn die handelnden Figuren sind alles andere als unbeschwert und gemütlich, sie sind angefüllt mit Egoismen, mit Boshaftigkeit und Mißgunst – mit einer Ausnahme: dem Mädchen Marianne. Sie ist die 22-jährige Tochter des verwitweten »Zauberkönigs«, des Besitzers eines Spiel- und Scherzwarenladens mit Puppenklinik. Marianne soll Oskar heiraten, den Fleischhauer im Nebenhaus, doch am Verlobungstag verliebt sie sich in Alfred, einen windigen Gesellen. Marianne kündigt die Verlobung auf, lebt mit Alfred zusammen und bekommt ein Kind mit ihm. Nach einem Jahr sind sie am Tiefpunkt angelangt. Vom Vater verstoßen (»Ich habe keine Tochter mehr«), vom Partner enttäuscht, völlig mittellos, läßt sie zu, daß Alfred sie als Nackttänzerin an das »Maxim« vermittelt. Das Kind, Leopold, wird zu

Alfreds Mutter und Großmutter in die Wachau abgeschoben. Dann kommt es zur Katastrophe. Eine angeheiterte Gruppe um den »Zauberkönig« beschließt beim Heurigen den Besuch einer Nachtbar, und einer darunter führt sie absichtlich ins »Maxim«, wo der Vater seine Tochter erkennt und vor Aufregung fast einen Schlaganfall erleidet. Marianne bestiehlt in ihrer Geldnot auch noch einen Gast und kommt in Untersuchungshaft. Doch jetzt bemühen sich die Nachbarn in der »stillen Straße im achten Bezirk« um eine Aussöhnung. Als das Kind Leopold stirbt, bleibt Marianne nur die Rückkehr zu Oskar. Damit ist der Anfangszustand wiederhergestellt, und alles wäre gut – wenn der Anfangszustand gut gewesen wäre. Er war es jedoch überhaupt nicht – nicht für Marianne.

Ihr Vater, der »Zauberkönig«, ist ein Egoist. Er beutet die Tochter bedenkenlos als billige Arbeitskraft im Haus und im Laden aus. Damit sie ihm weiterhin zu Diensten ist, verhindert er eine Berufsausbildung (»Papa sagt immer, die finanzielle Unabhängigkeit der Frau vom Mann ist der letzte Schritt zum Bolschewismus.«) Die Heirat mit dem Nachbarn, dem Fleischhauer Oskar, hat er geplant, weil sie auch ihm finanzielle Sicherheit gewährleistet und weil ihn dann seine Tochter weiter umsorgen kann. Marianne unterwirft sich folgsam allen seinen Plänen, läßt sich geduldig von ihm herumkommandieren und beschimpfen. Wie weit das geht, macht die folgende Szene deutlich:

DER ZAUBERKÖNIG *erscheint auf seinem Balkon, in Schlafrock und mit Schnurrbartbinde:* Marianne! Bist du da?
MARIANNE Papa?
ZAUBERKÖNIG Wo stecken denn meine Sockenhalter?
MARIANNE Die rosa oder die beige?
ZAUBERKÖNIG Ich hab doch nur mehr die rosa!
MARIANNE Im Schrank links oben, rechts hinten.
ZAUBERKÖNIG Links oben, rechts hinten. Difficile est, satiram non scribere. *Ab.*
[...]
ZAUBERKÖNIG *erscheint wieder auf dem Balkon:* Marianne!
[...]
ZAUBERKÖNIG [...] Marianne. Zum letzten Mal: wo stecken meine Sockenhalter?
MARIANNE Wo sie immer stecken.
ZAUBERKÖNIG Was ist das für eine Antwort, bitt ich mir aus! Einen Ton hat dieses Ding an sich! Herzig! Zum leiblichen Vater! Wo meine Sockenhalter immer stecken, dort stecken sie nicht!
MARIANNE Dann stecken sie in der Kommod.
ZAUBERKÖNIG Nein.
MARIANNE Dann im Nachtkastl.
ZAUBERKÖNIG Nein.
MARIANNE Dann bei deinen Unterhosen
ZAUBERKÖNIG Nein.
MARIANNE Dann weiß ich es nicht.

ZAUBERKÖNIG Jetzt frag ich aber zum allerletzten Mal: wo stecken meine Sockenhalter!
MARIANNE Ich kann doch nicht zaubern!
ZAUBERKÖNIG *brüllt sie an:* Und ich kann doch nicht mit rutschendem Strumpf in die Totenmesse! Weil du meine Garderob verschlampst! Jetzt komm aber nur rauf und such du! Aber avanti, avanti!

In seinem Gedächtnis bleibt ein weiterer Fall von Nachlässigkeit der Tochter, weshalb er sie beim nächsten Mal wieder aus voller Überzeugung beschimpfen wird. Marianne hat sich ursprünglich auch gehorsam dem Heiratswunsch des Vaters gefügt, obwohl sie Oskar nicht liebt. Wie könnte sie auch:

Marianne tritt aus der Puppenklinik.
OSKAR Ich bin so glücklich, Mariann. […] Und am Sonntag ist offizielle Verlobung und Weihnachten Hochzeit. – Ein Bussi, Mariann, ein Vormittagsbussi –
MARIANNE *gibt ihm einen Kuß, fährt aber plötzlich zurück:* Au! Du sollst nicht immer beißen!
OSKAR Hab ich denn jetzt?
MARIANNE Weißt du denn das nicht?
OSKAR Also ich hätt jetzt geschworen –
MARIANNE Daß du mir immer weh tun mußt.
Stille
[…]
OSKAR Was denkst du jetzt?
MARIANNE Oskar, wenn uns etwas auseinanderbringen kann, dann bist du es.
OSKAR Jetzt möcht ich in deinen Kopf hineinsehen können, ich möcht dir mal die Hirnschale herunter und nachkontrollieren, was du da drinnen denkst –
MARIANNE Aber das kannst du nicht.
OSKAR Man ist und bleibt allein.
Stille.

Die ahnungsvollen Worte Mariannes treffen den Kern von Oskars Wesen: Er sehnt sich danach, zu strafen, er ist ein Sadist. Das ist ihm selbst nicht bewußt. In aller Unbefangenheit fügt er Marianne immer mal wieder Schmerzen zu, faßt sie grob an, demonstriert an ihr einen Jiu-Jitsu-Griff oder drückt ihr die Kehle zu. Er selbst hält sich für einen empfindsamen Kerl, geradezu für leidensbereit, und ergeht sich in frommen Bibelsprüchen.

Als Marianne Alfred kennenlernt, wird ihr die eigene fremdbestimmte Lage bewußt. Alfred ist ganz anders als der unbeholfene, massige Oskar: redegewandt, höflich und zuvorkommend. Sie verliebt sich Hals über Kopf in ihn; am zweiten Tag ihrer Bekanntschaft schon sagt sie: »Von dir möcht ich ein Kind haben.« Sie hält ihn für einen »feinen« Menschen, zumal er ihre Verlobung nicht zerstören will.

Als der »Zauberkönig mit Oskar am Tag der Verlobung die beiden »nacket« herumliegend überrascht und empört reagiert, nimmt sie entschlossen ihr Leben in die eigene Hand.

ALFRED Das Fräulein Braut haben bis jetzt geschwommen.
MARIANNE Lüg nicht! So lüg doch nicht! Nein, ich bin nicht geschwommen, ich mag nicht mehr schwimmen! Ich laß mich von euch nicht mehr tyrannisieren. Jetzt bricht der Sklave seine Fessel – da! *Sie wirft Oskar den Verlobungsring ins Gesicht.* Ich laß mir mein Leben nicht verhunzen, das ist mein Leben! Gott hat mir im letzten Moment diesen Mann da zugeführt. – Nein, ich heirat dich nicht, ich heirat dich nicht!! Meinetwegen soll unsere Puppenklinik verrecken, eher heut als morgen!
ZAUBERKÖNIG Das einzige Kind! Das werd ich mir merken! *Stille. Während zuvor Marianne geschrien hat, sind auch die übrigen Ausflügler erschienen und horchen interessiert und schadenfroh zu.*
Oskar tritt zu Marianne: Mariann, ich wünsch dir nie, daß du das durchmachen sollst, was jetzt in mir vorgeht – und ich werde dich auch noch weiter lieben, du entgehst mir nicht – und ich danke dir für alles. *Ab. Stille.*
(*Erster Teil, IV*)

Mariannes Rebellion hat schlimme Folgen. Der Vater führt sich wie Hebbels Meister Anton auf, versteht die Welt nicht mehr und verstößt seine Tochter. Und auch Alfred hält nicht, was sie sich von ihm verspricht. Sein weiteres Verhalten in der Szene am Donauufer deutet das schon an: Er will die Konsequenzen tragen, »wenn es sein muß«, er gibt sein Ehrenwort, die Szene zu vergessen, er will Marianne herauslügen, statt zu ihr zu stehen. Sie ist es, die auch für ihn entschlossen ihren Weg geht. Doch Alfred ist kein Mann fürs Leben, vielmehr ein Hallodri und Tunichtgut, der alle Welt anpumpt und illegale Buchmachergeschäfte tätigt, bei denen er seine Kunden nach Kräften übers Ohr haut. Das Zusammenleben mit ihm nimmt zusehends denselben Charakter an wie das, aus dem Sie sich zu befreien trachtete. Fast wörtlich wiederholt sich die Strumpfhalter-Szene: »Wo stecken denn meine Sockenhalter?« – »Dort.« – »Nein.« – »Dann auf dem Nachtkastl.« – »Nein.« – »Dann weiß ich es nicht.« – »Du hast es aber zu wissen!« (Zweiter Teil, II). Immerhin gibt Alfred Marianne zuliebe das Wetten auf und versucht sich als Vertreter für irgendwelches unverkäufliche Zeug, doch das zerstört die Lebensgemeinschaft erst recht. Schließlich verschafft er Marianne eine Stelle im »Maxim«, wo sie als Nackttänzerin auftritt. Nach der Katastrophe dort ist sie völlig auf sich allein gestellt. Auch beim Beichtvater findet sie keinen Trost. Das Schlußbild des zweiten Teils ›Im Stephansdom‹ – der Domszene in ›Faust‹ I nachgestaltet – läßt vielmehr Marianne in völliger Ratlosigkeit und Verzweiflung zurück.

Im Stephansdom
Vor dem Seitenaltar des heiligen Antonius. Marianne beichtet. Die Glocken verstummen und es ist sehr still auf der Welt.

BEICHTVATER Also rekapitulieren wir: Du hast deinem armen alten Vater, der dich über alles liebt und der doch immer nur dein Bestes wollte, schmerzlichstes Leid zugefügt, Kummer und Sorgen, warst ungehorsam und undankbar – hast deinen braven Bräutigam verlassen und hast dich an ein verkommenes Subjekt geklammert, getrieben von deiner Fleischeslust – still! Das kennen wir schon! Und so lebst du mit jenem erbärmlichen Individuum ohne das heilige Sakrament der Ehe schon über ein Jahr, und in diesem grauenhaften Zustand der Todsünde hast du ein Kind empfangen und geboren – wann?

MARIANNE Vor acht Wochen.

BEICHTVATER Und du hast dieses Kind der Schande und der Sünde nicht einmal taufen lassen. – Doch nicht genug! Du bist nicht zurückgeschreckt und hast es sogar in deinem Mutterleib töten wollen –

MARIANNE Nein, das war er! Nur ihm zulieb hab ich mich dieser Prozedur unterzogen!

BEICHTVATER Nur ihm zulieb?

MARIANNE Er wollte doch keine Nachkommen haben, weil die Zeiten immer schlechter werden, [...] – aber ich – nein, das brennt mir in der Seele, daß ich es hab abtreiben wollen, ein jedesmal, wenn es mich anschaut –
Stille

BEICHTVATER Du bereust es also, daß du es hast töten wollen?

MARIANNE Ja.

BEICHTVATER Und auch, daß du mit jenem entmenschten Subjekt in wilder Ehe zusammenlebst?
Stille

MARIANNE Ich dachte mal, ich hätte den Mann gefunden, der mich ganz und gar ausfüllt. –

BEICHTVATER Bereust du es?
Stille

MARIANNE Ja.

BEICHTVATER Und daß du dein Kind im Zustand der Todsünde empfangen und geboren hast – bereust du das?
Stille

MARIANNE Nein. Das kann man doch nicht –
[...]

BEICHTVATER Aber du –

MARIANNE *unterbricht ihn:* Nein, das tu ich nicht. – Nein, davor hab ich direkt Angst, daß ich es bereuen könnt. – Nein, ich bin sogar glücklich, daß ich es hab, sehr glücklich.
[...]

BEICHTVATER So geh! Und komme erst mit dir ins reine, ehe du vor unseren Herrgott trittst. – *Er schlägt das Zeichen des Kreuzes.*

Nach dieser verständnislosen Reaktion des Priesters spricht sie unmittelbar zu Gott, aber jetzt schon ohne Hoffnung:

Wenn es einen lieben Gott gibt – was hast du mit mir vor, lieber Gott? – Lieber Gott, ich bin im achten Bezirk geboren und hab die Bürgerschul besucht, ich bin kein schlechter Mensch – hörst du mich? Was hast du mit mir vor, lieber Gott? –
Stille.

(Zweiter Teil, VII.)

Mariannes Wille zur Selbständigkeit ist gebrochen. Die Nachbarn in der »stillen Straße im achten Bezirk« bemühen sich um eine Aussöhnung zwischen Vater und Tochter, und beide finden notgedrungen wieder zueinander. Sogar der abgewiesene Bräutigam sieht wieder Licht. Nur wünscht er sich – nicht nur im stillen – daß das Kind tot wäre.

Der Junge ist in der Wachau bei Alfreds Mutter und seiner Großmutter. Diese ist das entschiedene Gegenteil der lieben greisen Mütterlein im Märchen. Sie tyrannisiert ihre Tochter übler als es der »Zauberkönig« je mit seiner Tochter gemacht hat; und sie und ihr Enkel Alfred wetteifern in Boshaftigkeit, sobald sie zusammenkommen. Dahinter verbirgt sich ein Herrschaftswunsch der Großmutter, die fürchtet, die Macht über Alfred zu verlieren. Deshalb haßt sie Marianne und deren Kind abgründig. Sie zielt darauf hin, ihren eigenen Urenkel umzubringen, indem sie ihn nachts heimlich der Zugluft aussetzt. Sie hat Erfolg.

Der Kindesmord macht den Weg frei für Oskar, Marianne doch noch zu ehelichen. Er schließt sie in seine Arme: (»Jetzt, nachdem sich alles so eingerenkt hat [...].«). Am Ende herrscht eitel Sonnenschein – auf Kosten des einzigen Wesens in diesem kleinbürgerlichen Panoptikum, das rein, fromm und ehrlich ist – und das fortan die Last der Vorbestraften und sittlich Anrüchigen mit sich herumschleppen muß. Sie ist dem »Zauberkönig« und Oskar noch hilfloser ausgeliefert als zuvor.

Wenn Horváth in der ›Italienischen Nacht‹ verschiedene politische Sprachmuster aufs Korn nimmt, so befaßt er sich in den ›Geschichten aus dem Wienerwald‹ nachdrücklich mit dem Mittelstandsjargon. Mundart lehnt er ab. In seiner ›Gebrauchsanweisung‹ für die Schauspieler steht: »Dialekt. Es darf kein Wort Dialekt gesprochen werden! Jedes Wort muß hochdeutsch gesprochen werden, allerdings so, wie jemand, der sonst nur Dialekt spricht und sich nun zwingt, hochdeutsch zu reden. Sehr wichtig! Denn es gibt schon jedem Wort dadurch die Synthese zwischen Realismus und Ironie.«

Entsprechend finden sich nur wenige umgangssprachliche Verschleifungen wie »Nachtkastl«, »möcht« oder »Rennplätz«. Dagegen treten die lateinischen Zitate des »Zauberkönigs« und die Bibel- und Kalendersprüche Oskars stark in den Vordergrund, also die Bildungsprotzerei des Vaters, der seiner Tochter den Zugang zur Bildung verwehrt hat, und die vorgebliche Frömmigkeit des Fleischhauers. Wichtiger noch ist, wie sich in der Sprache die Grundanschauung des Mittelstandes ausdrückt. Der Beichtvater im Stephansdom bringt sie konzentriert in seinen Vorwürfen zum Ausdruck. Es kommt ihm gar nicht in den Sinn, daß der Vater die Verfehlungen seiner Tochter verursacht haben könnte. Für ihn ist das Vierte Gebot die Meßlatte für seinen geistigen »Zuspruch«. Bezeichnenderweise wird der Beichtdialog immer wieder durch »Stille« unterbrochen. Marianne ist der Situation kaum gewachsen, kann ihre Handlungsweise und ihr Gefühl nicht in Worte fassen.

Die schneidende Ironie, die man im nachhinein im Titel ›Geschichten aus dem Wienerwald‹ erkennt, durchzieht das ganze Drama. Das beginnt bei der »stillen Straße im achten Bezirk«, die bevölkert ist von verdrehten und verkorksten lärmenden Gestalten – neben den schon genannten sind da die »Tabaktrafikantin« Valerie, fünfzigjährig und beständig auf der Jagd nach einem jüngeren Liebhaber, ein vertrotelter k. u. k. Rittmeister a. D. (der den »Zauberkönig« ins »Maxim« gelotst hat) und ein kriegslüsterner, borniert-zackiger Kasseler, den man sich gut als SA-Mann vorstellen könnte. Bitterste Ironie steckt in den geradezu litaneihaft wiederholten mißgünstigen Kommentaren der verschiedenen Gestalten über die Gesprächspartner, die sie eben erst mehr oder weniger freundlich verabschiedet haben:

Die Regieanweisungen tun ein weiteres in ihrer Diktion der betulich werbesprachlichen Wienerwald-Seligkeit, die so gar nichts mit der schäbigen, selbstsüchtigen und widerwärtigen Handlungsweise der Protagonisten zu tun hat: »[...] und in der Luft ist ein Klingen und Singen, als spielte ein himmlisches Streichorchester die ›Geschichten aus dem Wienerwald‹ von Johann Strauß.« Mit diesen Sätzen endet das Volksstück.

Es liegt klar auf der Hand, daß Horváth das genaue Gegenteil des überlieferten Volksstücks entwirft. Wo dieses nach künstlichen Konflikten, die glücklich gelöst werden, seinem vorhersehbaren Ende entgegengeht, bringt die Schlußszene der ›Geschichten aus dem Wienerwald‹ für die Protagonistin die denkbar schlechteste Lösung. Sie wirft die unglückliche Marianne – in einer betulichen Szenerie – in den Sumpf zurück, aus dem sie sich zu befreien versuchte.

Carl Zuckmayer
Der Hauptmann von Köpenick

Am 17. Oktober 1906 war in einer Berliner Zeitung über einen ungewöhnlichen Vorfall zu lesen:

> Ein als Hauptmann verkleideter Mensch führte gestern eine von Tegel kommende Abteilung Soldaten nach dem Köpenicker Rathaus, ließ den Bürgermeister verhaften, beraubte die Gemeindekasse und fuhr in einer Droschke davon.

Der »verkleidete Mensch« war der 1849 im damals ostpreußischen Tilsit geborene Wilhelm Voigt, der in der Zeit vor 1906 mehrmals mit dem Gesetz in Konflikt geraten, zu mehrjährigen Zuchthaus- und Gefängnisstrafen verurteilt und schließlich des Landes verwiesen worden war. Um in Preußen wieder arbeiten zu können, brauchte er einen Paß, den er sich – wie er in seiner Autobiographie (1909) sagt – durch die oben beschriebene »Köpenickiade« beschaffen wollte. Als ein ehemaliger Mithäftling (Kallenberg) von dem Vorfall hörte, erinnerte er sich an Gespräche mit Voigt und nannte ihn der Polizei als Verdächtigen. Voigt wurde zu vier Jahren Gefängnis verurteilt.

Carl Zuckmayer, als Sohn eines Fabrikanten 1896 in Nackenheim am Rhein geboren, arbeitete nach einem abgebrochenen Studium in Heidelberg und Frankfurt (1918–1920) als Dramaturg in Kiel und (ab 1924) gemeinsam mit Bert Brecht am Deutschen Theater in Berlin. Nach anfänglichen Mißerfolgen schaffte er mit der Komödie ›Der fröhliche Weinberg‹ (1925) den Durchbruch zu einem der erfolgreichsten Bühnenautoren der Weimarer Republik. Er erhielt 1925 den begehrten Kleist-Preis, 1929 den Büchner-Preis, kaufte in Henndorf bei Salzburg die »Wiesmühle«, wo er »den größten Teil des Jahres« (›Als wär's ein Stück von mir‹) verbrachte. Mit dem Anschluß Österreichs an das Deutsche Reich mußte Zuckmayer emigrieren (s. Bd. 10, S. 34f.).

Seine Stücke riefen von Anfang an Proteste bei den Nazis hervor: in Halle wurde z.B. die Aufführung seines Volksstücks ›Der fröhliche Weinberg‹ durch Studenten unterbrochen, die das Deutschlandlied sangen. Nach der »Machtergreifung« 1933 belegte man Zuckmayer mit einem Aufführungs- und Publikationsverbot. Nicht der geringste Anlaß dafür war sein 1931 im Deutschen Theater uraufgeführtes Schauspiel in drei Akten ›Der Hauptmann von Köpenick. Ein deutsches Märchen‹.

Auf der vergeblichen Suche nach einem Eulenspiegel-Stoff hatte Zuckmayer eine Anregung des Regisseurs Fritz Kortner aufgegriffen, der zunächst an einen Film über den Schuster Voigt und seine Köpenickiade gedacht hatte. »Und«, so sagt Zuckmayer in seinen Erinnerungen, »plötzlich ging mir auf: *das* war mein »Eulenspiegel«, der arme Teufel, der – durch die Not helle geworden – einer Zeit und einem Volk die Wahrheit exemplifiziert. Wenn auch die Geschichte mehr als zwanzig Jahre zurücklag, so war sie gerade in diesem Augenblick, im Jahre 1930, in dem die Nationalsozialisten [...] die Nation in einen neuen Uniform-Taumel versetzten, wieder ein Spiegelbild, ein Eulenspiegel-Bild des Unfugs und der Gefahren, die in Deutschland heranwuchsen – aber auch der Hoffnung, sie wie der umgetriebene Schuster durch Mutterwitz und menschliche Einsicht zu überwinden.«

Das Stück wurde also mit politischer Absicht geschrieben, wenn Zuckmayer aus seiner späteren Perspektive dies vielleicht auch zu sehr betont haben mag. Dennoch ist es nicht nur verbissene politische Satire. Bezeichnend ist die Beschreibung, die Zuckmayer im Programmheft des Deutschen Theaters 1931 formuliert und die vor allem den Märchencharakter betont; so zum Beispiel, wenn er Rumpelstilzchen zitiert (»›Nein‹, sagte der Zwerg, ›laßt uns vom Menschen reden! Etwas Lebendiges ist mir lieber als alle Schätze der Welt!‹«) oder die Geschichte der von Voigt verwendeten Uniform ganz im Märchenstil erzählt: »Es lebte aber in der Stadt Berlin eine Uniform, gemacht vom besten Schneider zu Potsdam [...]. Die wollte [...] keiner mehr haben, denn sie hatte ein gutes Alter auf dem Buckel und hatte bis zum Nähteplatzen ihre Pflicht getan. In einem Trödlerladen, der letzten Zuflucht alles Ausrangierten, trafen die beiden [Voigt und die Uniform; Hrsg.] zusammen, und da jeder zu nichts mehr nütze war, heirateten sie. So wurde der Hauptmann von Köpenick geboren.« (Zitiert nach Hans Wagener)

Der Untertitel ›Ein deutsches Märchen‹ ist also programmatisch. Wie im Märchen das Böse oder Unbegreifliche durch seine Helden überwunden wird, so steht hier ein einzelner geplagter, gedemütigter Mensch vor der ihm unfaßbaren (weil ihm ja vielfach anonym gegenübersehenden) Macht der Ämter und Verordnungen, bis er, aufs äußerste erniedrigt, ins Ausweglose gedrängt, »helle« wird und sich – wie häufig auch die Märchenhelden – eines Zaubers bedient: er heißt Uniform »So ne Uniform«, sagt der Köpenicker Bürgermeister Obermüller, »hebt entschieden – es geht ein gewisser Zauber von ihr aus.« (I/7).

Die Uniform, das Symbol der dem Helden (freilich nicht ganz ohne sein Zutun) feindlichen Macht, soll ihm helfen, sich von dieser zu befreien. In seiner Absicht, zur Entmystifizierung der Uniform beizutragen, geht Zuckmayer weiter als etwa Hermann Broch (s. S. 181), seine Haltung läßt sich mit der kritisch-ambivalenten Beurteilung des Uniformkults durch Ödön von Horváth in dessen schon vor dem ›Hauptmann von Köpenick‹ erschienenen Schauspiel ›Sladek der schwarze Reichswehrmann‹ (1929) vergleichen.

Mit Horváth hat Zuckmayer auch gemeinsam, daß er sich um eine Erneuerung des »Volksstücks« bemüht. Sein Musterbeispiel ist ›Der fröhliche Weinberg‹. Weniger einheitlich wird der ›Hauptmann von Köpenick‹ dieser Gattung zugeordnet. Aber im Grunde ist es nebensächlich, ob man ihn als »Zeitstück«, als »Tragikomödie« oder als »Volksstück« bezeichnet, die Wirkung dieses letzten großen Erfolgs auf der republikanischen Bühne beruht darauf, daß er »excellentes Theater« (Walter Dimter) ist, das »Leben lebendig« vorstellt und »sein Publikum nachdenklich« (Walther Killy) stimmt. Nicht zufällig wurde das Stichwort »Köpenickiade« zu einem Begriff.

Zuckmayer legt auf größtmögliche Anschaulichkeit und milieugerechte Darstellung Wert. So ist zu verstehen, daß er zahlreiche Episoden und Situationen wie in einem Bilderbogen aneinanderreiht.

Die erste Szene überrascht durch ihren Umfang. Ihr ist, wie allen anderen Szenen auch, eine Liste der in ihr sprechenden Figuren vorangestellt, auch solchen, die im eigentlichen Personenverzeichnis nicht vorkommen – eine möglichst große Anzahl von Figuren soll nach Zuckmayers Vorstellung einen Einblick in die Bevölkerungsschichten erlauben, die den Hintergrund und das Milieu des Stücks ausmachen.

Mit der ausführlichen Regieanweisung zielt Zuckmayer – anders als Gerhart Hauptmann – darüber hinaus auf ein inhaltliches Vorverständnis: Der Theaterbesucher wird noch »bei geschlossenem Vorhang« durch den von »einer marschierenden Militärkapelle« gespielten Armeemarsch Nr. 9, dem »Taktschritt« der abziehenden Truppe und »ferne Militärmusik« auf die Bedeutung des Militärischen eingestimmt. Und wie in einer Filmüberblendung wird nach dem akustischen sofort auch der optische Sinn des Betrachters hierauf gelenkt: Der hochgehende Vorhang öffnet den Blick in den Laden der Uniformschneiderei A. Wormser in Potsdam, dem Mekka preußischen Soldatentums, durch dessen Schaufenster man das Ende der abziehenden Gardekompanie verfolgen kann. Vor allem fällt der Blick auf Uniformen und ihr Zubehör: Helme, Mützen, Säbel, Reitstiefel. Sicher nicht ohne Grund werden auch »Offiziersuniformen auf Holzpuppen ohne Kopf« genannt. Wesentlich ist die Uniform, nicht ihr Träger. Sie bestimmt das Bild dieses Staates. Herr Wormser blickt wenigstens »in studentischer Couleur« aus einem Foto auf sein Geschäft. Die Uniform ist die äußere Form des Militärischen. Dessen Tradition und Verhaltensmuster reglementieren das Leben, auch das bürgerlich-nichtmilitärische. Das Militär gilt als die Schule der Nation, Kommandoton, Befehl und Gehorsam sind entscheidende Grundlagen im Leben; wie das Stück zeigt, reichen sie überall hin, selbst in die Strafanstalten (s. der »vaterländische Unterricht« in II/8).

Wie genau man es mit der Uniform nimmt und was man mit ihr

verbindet, macht Zuckmayer schon mit der ersten Szene des ersten Akts deutlich. Was er vorher akustisch und visuell vorbereitet, gewinnt durch die scheinbar ganz nebensächlichen Dialoge über den Sitz der »Knöppe« eine zwar für den heutigen Theaterbesucher komisch wirkende, im Grunde aber für die Zeit bezeichnende verbale Vertiefung: Hauptmann von Schlettow hat einen neuen Uniformrock bestellt und ist zur Anprobe erschienen. Der Zuschneider Wabschke hilft ihm.

> v. Schlettow Nee, nee, Wabschke, mit der Uniform da stimmt was nicht. Da is was nich in Ordnung. Das hab ich im Gefühl. [...]
> Wabschke *zieht ihm die Rockschöße herunter* Det sitzt nu alles wie de eigne Haut.
> v. Schlettow [...] Na ja, von vorne is ja nischt zu wollen. Aber hinten! Hinten! Sehnse sich mal die Gesäßknöppe an! Die sitzen bestimmt nich vorschriftsmäßig!
> Wabschke Aber, Herr Hauptmann: ick sage Ihnen, wie anjewachsen! Man kennte meinen, Sie wären mit Jesäßkneppen uff de Welt jekommen!
> v. Schlettow Sechsenhalb Zentimeter Abstand! Sechsenhalb Zentimeter is Vorschrift! Das da sin mindestens achte, widersprechense nicht, das hab ich im Gefühl! [...] Die Gesäßknöppe werden geändert, Wabschke.

Auf Wabschkes Einwand, dazu müsse man »de janze Schoßfalte ufftrennen« und übrigens werde den Sitz so genau keiner nachmessen, hat von Schlettow nur ein »Argument«, aus dem der Geist des vom Militär dominierten Staates spricht:

> v. Schlettow Sehnse, Wabschke, bei Ihnen merkt man auf Schritt und Tritt, daß Se nich gedient haben. Wennse beim Kommiß so viel widersprechen, denn kommense ausm Kasten [Arrestzelle; Hrsg.] gar nich raus. [...] Als Schneider sinse vielleicht tipptopp, aber als Mensch, da fehlt Ihnen der Schliff, der Schnick, der Benimm, die ganze bessere Haltung!

Nur wer gedient hat, ist Mensch in diesem Sinn, erfüllt die vom Wertsystem des Staates ausgehenden Anforderungen. Der Hauptmann formuliert, was die Wertordnung dieses Staates bestimmt: »Der alte Fritz [Friedrich II., in Preußen wegen seiner militärischen Leistungen »der Große«; Hrsg.], der kategorische Imperativ, und unser Exerzierreglement, das macht uns keiner nach.« Damit ist der Stellenwert des Militärischen bestimmt: es steht gleichwertig neben Kants ethischer Maxime, daß der Mensch sich so verhalten solle, als ob die Leitlinie seines Handelns jederzeit allgemeines Gesetz werden könne. Die Uniform ist als das Zeichen des Militärischen mehr als nur ein Stück Tuch: »Wenn die Uniform kennt allein spazierengehn, ohne daß einer drinsteckt – ich sag Ihnen, jeder Soldat wirdse grießen, so echt isse!«

Dieser Scherz, mit dem der Kleiderhändler Krakauer die in der ersten Szene fertiggeschneiderte Uniform an den Mann bringen will (III/15), nimmt vorweg, was auch der Schuster und entlassene Sträfling Wilhelm Voigt bald erfaßt. Schon sein erstes Auftreten führt ihn zur Uniform, mit deren Hilfe die Köpenickiade möglich wird. Es ist die große Leistung Zuckmayers, daß er nicht einfach die Lebensgeschichte des Schusters Voigt dramatisiert, sondern mit der Uniform und deren »Leidensweg« eine Art zweiten Handlungsträger einführt. Daraus ergibt sich auch die Grundstruktur der Komödie.

Konsequent alternieren daher im ersten Akt die Schuster- und die Uniformszenen. Da beide – Schuster und Uniform – in vielerlei Situationen und in mannigfaltigen Milieus »auftreten«, gelingt es Zuckmayer, einen Querschnitt der Berliner Gesellschaft, »von der ›Herberge zur Heimat‹ bis zum ›Festsouper bei Dressel‹, von der ›bürgerlichen Wohnstube in Rixdorf‹ bis zur Privatwohnung des Bürgermeisters von Köpenick auf die Bühne zu bringen« (Hans Wagener) und dabei fast 80 Personen auftreten zu lassen. Auch die staatlichen Institutionen und deren typische Vertreter fehlen nicht: vom Polizeibüro in Potsdam, vom Zuchthaus in Berlin-Sonnenberg und dem Bürgermeisteramt in Köpenick bis zum Polizeipräsidium Alexanderplatz erscheinen sie alle in an Moritaten, aber auch an Filmszenen erinnernden Bildern. Dabei verliert die Uniform ihren Glanz mehr und mehr, kann am Ende aber immer noch so viel Autorität verleihen, daß ein Bürgermeister sich dieser beugt.

Auch Voigts Weg führt abwärts: Immer deutlicher steht er vor einer aussichtslosen Situation. So auf dem Polizeibüro in Potsdam (I/2):

VOIGT [...] Ich wollte mir nur mal heflichst erkundigt haben, wie det mit meine nachjesuchte Aufenthaltserlaubnis bestellt is, ick warte ja nu schon –
OBERWACHTMEISTER Sie heißen?
VOIGT Voigt, Wilhelm.
OBERWACHTMEISTER [...] Alter?
VOIGT Sechsundvierzig Jahre.
OBERWACHTMEISTER Beruf?
VOIGT Schuster.
OBERWACHTMEISTER Geboren in?
VOIGT Klein-Pinchow.
OBERWACHTMEISTER Wo is denn das?
VOIGT Da hintenrum, bei de Wuhlheide.
OBERWACHTMEISTER Wo wohnen Sie jetzt?
VOIGT Jarnirgends.
OBERWACHTMEISTER [...] Sie müssen doch einen Wohnort angeben können.
VOIGT Nee, kann ick nich.
OBERWACHTMEISTER Na, wo sindse denn gemeldet?
VOIGT Ooch jarnirgends. Ick stehe nämlich unter Polizeiaufsicht. [...] Ich komme gradewegs aus de Strafanstalt Plötzensee.

OBERWACHTMEISTER *hat sich in den Akten zurechtgefunden* Aha! Vorbestraft. Sogar im Wiederholungsfall. Sie sind ja 'n ganz schwerer Junge.
VOIGT Ick weeß nich, Herr Kommissär, ick werde in letzter Zeit immer leichter. Besonders seit ick aus de Plötze raus bin, da ha'ck fast nur noch Luft in de Knochen.
OBERWACHTMEISTER Quasselnse nich. Sie haben wohl auch Luft im Kopp, was? Was wollense denn hier in Potsdam?
VOIGT Arbeeten will ick. [...] deshalb brauch ick nu jetzt meine Aufenthaltserlaubnis. Ohne der bin ick ja uffjeschmissen. [...]
OBERWACHTMEISTER Habense sich denn schon nach Arbeit umgesehen?
VOIGT Det mach ick 'in janzen Tach, seit ick raus bin. [...] Die Gefängnisleitung hat mir ja ne Empfehlung mitjejeben – *er kramt sie aus der Tasche* – aber ick komme jarnich dazu, det ick se vorzeichen kann. Iberall wollense Meldepapiere sehen. [...]
OBERWACHTMEISTER *hat kaum zugehört, ordnet die Akten ein* Also kommense mal wieder, wennse Arbeit haben. Dann können wir weiter sehn.
VOIGT Ick bekomme ja keene Arbeit ohne de Anmeldung. Ick muß ja nu erst mal de Aufenthaltserlaubnis –
OBERWACHTMEISTER Das schlagense sich mal ausm Kopp. Einem stellungslosen Zuchthäusler können wir keine Aufenthaltserlaubnis geben. [...]
VOIGT Ick muß doch arbeiten. Von wat sollt ick denn leben?
OBERWACHTMEISTER Das ist Ihre Sache. Sehnse zu, daß Sie 'n ordentlicher Mensch werden. Wenn einer arbeiten will, denn kriegt er auch Arbeit.

Der Dialog berührt den Kern von Voigts Problem: Da er im Ausland auf Arbeitssuche war, benötigt er, als er wieder dahin will, woher er stammt (»[...] ich habe mir heimjesehnt, [...] da hat nu schließlich der Mensch seine Muttersprache, und wenn er nischt hat, denn hat er die immer noch.«) eine Aufenthaltserlaubnis, aber die will man ihm nicht geben. Ohne diese bekommt er aber keine Arbeit. Der Wachtmeister flüchtet sich – vielleicht auch aus einer gewissen Verlegenheit heraus – in billige Phrasen und leere Redensarten, statt ihn zu beraten oder wenigstens zu überlegen, wie dem Mann geholfen werden könnte. Am Ende verspricht er zwar, das »Gesuch um Aufenthaltserlaubnis« weiterzugeben, wird aber grob, als Voigt ihm vorschlägt, ihn, das »unsichere Element«, »gleich wieder in de Plötze zurücktransportieren [zu] lassen«.

Voigt gibt noch nicht auf, sucht noch einmal Arbeit. Diesmal erfährt er, wie die vorgegebene Ordnung und die Hochachtung vor dem Militärischen auch im privaten Wirtschaftsbereich das Verhalten bestimmen. Sein Bewerbungsgespräch in der Schuhfabrik »Axolotl« zeigt deutlich – besonders im Kontrast zur vorausgehenden Anstellung eines anderen –, wie aussichtslos seine Situation in diesem Staat ist. Nachdem der Prokurist Knell ohne Fragen nach fachlicher Qualifikation einen Mann eingestellt hat, der eine militärische Ausbildung und einen Abgang als »G'freiter der Reserve« des bayerischen »Leibregiments« angeben konnte, wendet er sich Voigt zu (I/6):

KNELL Wo hamse gedient? [in welchem Regiment waren Sie Soldat?; Hrsg.]
VOIGT Bei verschiedenen Handwerksmeister, und denn hab ick mir in de staatliche Schuhfabrikation ausjebildet.
KNELL Ich meine, wo hamse gestanden? [wo war Ihre Garnison?; Hrsg.]
VOIGT Gestanden? – Ick hab nur gesessen.
KNELL Ja, warense denn nie Soldat?
VOIGT Nee, dazu bin ich jarnich gekommen. Ick bin nämlich vorbestraft – Det sag ich lieber gleich, als daß es nachher rauskommt. [...]
KNELL Na zeigense mal ihre Papiere her.
VOIGT *nimmt ein Blatt aus einem Briefumschlag, reicht es ihm.*
KNELL *sieht sich's an* Was ist denn das? Sin doch keine Papiere.
VOIGT Der Jefängnisdirektor hat mir gesagt: wenn se arbeitswillig sind, denn kriegense auf die Empfehlung mehr Arbeit, als se leisten kennen.
KNELL Sie müssen Ihre polizeiliche Anmeldung vorweisen, oder einen Paß.
VOIGT Det jebense mir nich auf de Polizei, solang ich keene Arbeit habe.
KNELL Ohne ordentliche Papiere kann ich Sie nicht einstellen. Wo käm man denn da hin. Hier herrscht Ordnung! Jeder Mann muß seinen Stammrollenauszug [das Formular, auf dem die geleistete Militärdienstzeit nachgewiesen ist; Hrsg.] in Ordnung haben; wenn se gedient hätten, wär Ihnen das in Fleisch und Blut übergegangen.
VOIGT *ganz ruhig und trocken* Ick hab jedacht, hier wär ne Fabrik. Ick hab nich gewußt, daß det ne Kaserne ist.

Wie auf der Polizeistation endet die Bemühung Voigts mit Grobheit und Rauswurf. Seine »legalen« Möglichkeiten sind erschöpft, in der »Herberge zur Heimat« entsteht daher sein Plan, durch einen Einbruch ins Polizeirevier Potsdam seinen Akt verschwinden zu lassen und sich alles zu beschaffen, »watste zum Leben brauchst«: Paß, Dienststempel und Stempelmarken. Zehn weitere Gefängnisjahre sind die Folge. Ohne Ironie bestätigt der Direktor Voigt nach einem »vaterländischen Unterricht« zum Sedanstag in der Zuchthauskapelle (Thron und Altar vertreten gemeinsame Ideale), daß er über die Qualitäten eines »geborenen Soldaten« verfüge, Musterbeispiel sei für »diejenige Selbständigkeit des Unterführers, die im Ernstfall benötigt wird«. Er ahnt nicht, wie recht er hat.

Voigt ist kein Rebell, er ist ein Verzweifelter, der sich der Mittel der herrschenden Ordnung bedient, weil diese ihm keine Wahl läßt. In der (an Gerhart Hauptmanns ›Hanneles Himmelfahrt‹ erinnernden) Szene mit dem todkranken Mädchen Lieschen wird aus dem komödiantisch-leichten Spiel tiefer Ernst. Voigt und das Kind träumen von etwas unerreichbar Schönem und beide ahnen, zur »Sonne« über der »Erdkugel«, »da kommen wir nich mehr hin wir zweie«. Selbst in dieses Gespräch bricht die Realität ein: eine »Zustellung vom [Polizei-]Revier« teilt Voigt mit, daß man ihm auch seine letzte Zufluchtsstätte, die Wohnung bei seinem Schwager Hoprecht, der ihn ohne Vorurteil aufgenommen hat und ihm helfen will, nicht gestattet; Voigt wird ausgewiesen. Das

Grimmsche Märchen, aus dem er dem Mädchen vorliest, wird zu einer den Vorlesenden betreffenden Wirklichkeit: »Wo soll ich denn hin? – ›Kommt mit‹, sagte der Hahn, ›etwas Besseres als den Tod werden wir überall finden.‹«

»Überall«, das heißt auch für Voigt überall anders als in der Heimat, in der es für ihn nur den »Tod« gibt. Aus ihrer »Ordnung« ist er ausgestoßen, in seinen Augen zu Unrecht, weil sie ihm das einfachste Recht vorenthält. Die Gespräche mit Hoprecht (II, 14), die zentrale Stelle des Stücks, beschäftigen sich noch einmal mit dieser »Ordnung« und ihrer Problematik. Auch Hoprecht ist von ihrer Willkür getroffen und nach der letzten Militärübung nicht – wie es »von Rechts wegen« hätte »sein müssen« – zum Vizefeldwebel befördert worden, weil eine »Verfügung [...] von oben runter« Einsparungen verkündet hat. Hoprecht ist getroffen, aber er nimmt es hin, daß es »nach Bestimmungen geht, nachm Papier, und nicht nachm Verdienst, nachm Menschen«, sein Recht sei »nich so wichtig«.

VOIGT Wichtig, wichtig is gar nichts, dazu is de Welt zu groß. Aber richtig, richtig soll's zugehen. Was richtig is, ick meine wat Recht is, det soll auch Recht sein! Nich!?
HOPRECHT Recht is, was Gesetz is, Willem. Es geht ja nicht nach dem, was einer möchte, es is ja für alle da. [...]
VOIGT Und wenn einer kaputtjeht bei, denn is er alle. Da hilft 'n kein Recht mehr, und kein Jesetz. [...]
HOPRECHT *der inzwischen den Ausweisungsbefehl für Voigt gelesen hat, will ihn trösten:*
HOPRECHT [...] Du mußt das tragen – wie 'n Mann.
VOIGT Tragen – det bin ick jewohnt, Friedrich. [...] Ich hab'n breiten Puckel, da jeht 'n Packen ruff. Aber – wohin soll ick's tragen, Friedrich! Det is de Frage! Wo soll ick denn hin mit! Ick hab ja keen Aufenthalt, für mir gibt's ja keen Platz uff de Erde, da könnt ick höchstens in de Luft steigen, nich?
HOPRECHT Nich in de Luft, Willem! Zurück aufn Boden, Mensch! Wir leben in'n Staat – und wir leben inne Ordnung – da kannste dir nich außerhalb stellen [...], da mußte dich wieder reinfügen!
VOIGT Wo rein? In Staat? Inne Ordnung? Ohne Aufenthalt? Und ohne Paß?
HOPRECHT Einmal kriegste's doch! Einmal kommste doch wieder rein!
VOIGT So – un wat soll ick drinnen? Wat hilft et mir denn? Da wer'ck noch lange kein Mensch von!
HOPRECHT 'n Mensch biste überhaupt nur, wenn du dich in ne menschliche Ordnung stellst! Leben tut auch ne Wanze!
VOIGT Richtig! Die lebt, Friedrich! Und weißte, warum se lebt? Erst kommt de Wanze, und dann de Wanzenordnung! Erst der Mensch, Friedrich! Und dann de Menschenordnung!
HOPRECHT Du willst dich nich unterordnen, das isse's! Wer'n Mensch sein will – der muß sich unterordnen, verstanden?!
VOIGT Unterordnen. Jewiß! Aber unter wat drunter?! Det will ick janz jenau wissen! Denn muß de Ordnung richtig sein, Friedrich, det isse nich!

Die beiden Haltungen zum Thema Individuum – Staat stehen sich zugespitzt gegenüber. Hoprecht stellt das Einfügen des einzelnen über das individuell beanspruchte Recht. Unterordnung sei auch dann notwendig, wenn die »Ordnung« Unrecht tue. Das glaubt Voigt nicht (mehr), er ist – wie er selbst sagt – »helle« geworden, er will seine Menschenwürde zurück und er argumentiert dabei im weiteren Verlauf des Gesprächs geradezu biblisch: Wenn der Mensch einst »vor Gott dem Vater« stehe und dieser ihn »ins Jesichte« frage: »Willem Voigt, wat haste jemacht mit deim Leben?«, und er könne nur antworten: »Fußmatten«, dann werde Gott sagen: »Jeh wech! [...] Ausweisung! [...] Dafür hab ick dir das Leben nich geschenkt [...]! Det biste mir schuldig! Wo is et? Wat haste mit jemacht? [...] Und denn, Friedrich – und denn is et wieder nischt mit de Aufenthaltserlaubnis.«

Nur wer im biblischen Gleichnis mit den ihm anvertrauten Talenten richtig umgeht, findet Gnade vor Gott und hat seine Menschenwürde zu Recht. Das ist es, was Voigts »innere Stimme« ihm angesichts des Todes von »Lieseken« sagt. Nur für sich als Individuum will Voigt noch etwas Vorzeigenswertes erreichen. Die Entscheidung, noch etwas aus seinem Leben zu machen, geht weit über »einen Coup hinaus (als welcher die ›Köpenickiade‹ in der Regel gesehen wird)«, meint Walter Dimter wohl mit Recht.

Damit unterscheidet sich Voigt deutlich von dem im übrigen sehr menschlich-sympathisch gezeichneten Hoprecht (»Willem – du pochst an de Weltordnung – det is ne Versündigung, Willem! Det änderste nich, Willem! Det änderste doch nich!!«). Und ebenso von Hauptmann von Schlettow, der durch eine Kneipenschlägerei seine »Ehre« verliert, den Dienst quittiert und damit den »Abstieg« der Uniform einleitet, die Voigt später ersteht. Nur einen Augenblick erlaubt dieser sich einen Zweifel an Militär und Uniform, als er über Wabschkes tröstend gemeinte Bemerkung, es gebe neben dem Militär noch anderes in der Welt und die Hauptsache sei, »wenn eener 'n richtiger Mensch is«, ins Nachdenken gerät: »Vielleicht – vielleicht hat er recht – Nee, pfui!« (I/6).

Im ganzen Stück ist allein der Außenseiter Voigt in der Lage, die vorgegebene Ordnung zu durchbrechen und schließlich durch seine Tat ad absurdum zu führen; freilich bleibt auch – wie die Reaktion des Kaisers erkennen läßt (II/21) – seine Eulenspiegelei ohne Wirkung. Voigt selbst hält seine Köpenickiade für »unmöglich!!« (III/21). Ob dies nun »kaum zu glauben« bedeutet oder das Erstaunen darüber ausdrücken will, daß etwas Märchenhaftes Wirklichkeit geworden ist, läßt Zuckmayer offen. Das Lachen Voigts jedenfalls »übers ganze Gesicht, mit dem ganzen Körper, dem ganzen Wesen« befreit ihn aus der Schäbigkeit seines Lebens, läßt ihn wieder leben, worauf auch das Schlußzitat hinweist: »›Kommt mit‹, sagte der Hahn, ›etwas Besseres als den Tod werden wir überall finden.‹«

›Der Hauptmann von Köpenick‹, Zuckmayers wohl bestes Stück, wurde mehrfach verfilmt und fand weite Verbreitung.

4. Radikalisierung in Form und Inhalt

Bertolt Brecht
Erste Arbeiten

»Was wir träumen, ist die große Gemeinschaft zwischen Bühne und Publikum, die Gemeinschaft des Lebensgefühls, des Weltgefühls, die Gemeinsamkeit der Idee, das beziehungsträchtige Mit-Einander von Hörern und Spielern, die glühende Einheit aller Wirkenden«, schrieb Ernst Toller in einem Aufsatz (›Zur Revolution der Bühne‹, 1923/24). So ganz hat sich für ihn dieser Traum nie erfüllt, wenn er auch einem Bedürfnis der Zeit zu entsprechen schien. Viele Dramatiker glaubten ja, daß eine neue Gesellschaft nicht nur neue Themen, sondern auch neue Aufführungsformen erforderte, daß insbesondere das nichtbürgerliche Publikum gewonnen werden müsse. Wie einst das Hoftheater abgelöst worden war, so sollte die bildungsgenüßliche Art des passiven Theaterbesuchs ersetzt werden durch eine aktive Teilnahmemöglichkeit. Wenn Toller von gefühlsmächtiger Übereinstimmung zwischen Publikum und Darstellern und einer »glühenden Einheit« der beiden spricht, dann zeigt schon die Wortwahl, wie stark expressionistische Vorstellungen in ihm noch lebendig waren, wie wenig sein Traum in einer Zeit des Heterogenen zu erfüllen war. Andere stellten sich die »Revolution der Bühne« ganz anders vor.

Schon die Denkansätze sind anders. So begründet etwa Erwin Piscator, (›Grundlagen der soziologischen Dramaturgie‹, 1929), der wie Toller eine neue Bühne fordert, dies damit, daß die Funktion des Theaters allein deshalb verändert werden müsse, weil der »Mensch, als Einzelwesen unabhängig oder scheinbar unabhängig von gesellschaftlichen Bindungen, egozentrisch um den Begriff seines Selbst kreisend [...] in Wirklichkeit unter der Marmorplatte des ›Unbekannten Soldaten‹ ruhe, der »Krieg unter Stahlgewittern und Feuerlawinen den bürgerlichen Individualismus« begraben habe. »Was zurückkehrte aus dem Krieg hatte nichts mehr gemeinsam mit jenen Begriffen von Mensch, Menschtum oder Menschlichkeit, die in den guten Stuben der Vorkriegswelt als Prunkstücke die Ewigkeit einer gottgewollten Ordnung symbolisiert hatten« (Remarque). Man werde daher zugeben müssen,

»daß die Klage Tassos ohne Widerhall gegen die Betonräume und Stahlwände unseres Jahrhunderts« prallten und Theatererscheinungen wie »die Neurasthenie Hamlets bei einer Generation von Handgranatenwerfern« weder Interesse noch Mitleid hervorrufen könnten. »Nicht mehr das Individuum mit seinem privaten persönlichen Schicksal, sondern die Zeit und das Schicksal der Massen [seien] die heroischen Faktoren der neuen Dramatik.« Das Theater habe »den Menschen nicht anders [zu] sehen, als in seiner Stellung zur Gesellschaft und zu den Problemen seiner Zeit, d. h. als politisches Wesen«. Allerdings könne sich die Funktion des Theaters nicht darin erschöpfen, »Spiegel seiner Zeit« zu sein, die »Wirklichkeit kritiklos nachzuzeichnen«, vielmehr bestehe die Aufgabe des revolutionären Theaters darin, »die Wirklichkeit zum Ausgangspunkt zu nehmen, die gesellschaftliche Diskrepanz zu einem Element der Anklage, des Umsturzes und der Neuordnung zu steigern«. Diesen Zielen habe auch der Gebrauch moderner technischer Mittel zu dienen, keineswegs seien diese Selbstzweck.

Sicher nimmt Piscator einen extremen Standpunkt ein, aber sowohl die Forderung nach einem politisch engagierten Theater wie die nach einem Verzicht auf den herkömmlichen Helden vertreten viele andere Regisseure, Theaterschriftsteller und Autoren ebenso.

Selbst der Kunstkritiker und »Theaterpolitiker« Herbert Ihering, der in seinen Anfängen im Theater noch eine Gegenwelt sah, die von der »Banalität des Alltags« nicht beschmutzt werden sollte, vertritt in seiner Hauptmann-Kritik – dieser sei »luftdicht gegen seine Zeit abgeschlossen«, habe den Kontakt mit der realen Welt verloren, suche nicht die drohende Realität zu bewältigen – Positionen, wie sie auch von Piscator zu hören hätten sein können. Sein Urteil über Toller, dessen Stücke zwar »die Probe des Menschlichen« bestanden hätten, aber – wie etwa ›Masse Mensch‹ (s. S. 285) zeige – von »einem Idealisten geschrieben« seien, »der resigniert«, weist dem Drama die Aufgabe zu, die Realität zu verändern.

Einen Autor, dem er die Verwirklichung solcher Absichten zutraut, glaubt er bereits entdeckt zu haben: »Der vierundzwanzigjährige Dichter Bert Brecht hat über Nacht das dichterische Antlitz Deutschlands verändert. Mit Brecht ist ein neuer Ton, eine neue Melodie, eine neue Vision in der Zeit.« (Lothar Schöne).

In Iherings Sicht ist Brecht der Brückenbauer zwischen dem notwendigen Anspruch des Dichters, Kunst zu schaffen, und der Forderung nach einem Theater für ein neues Publikum und einer damit ermöglichten politischen Wirkung.

Berthold Eugen Friedrich Brecht (1898–1956), Sohn eines Augsburger Fabrikdirektors, fühlte sich schon sehr früh – noch auf dem Gymnasium (Notabitur 1917) – zur Literatur hingezogen. Eines seiner unter dem Eindruck des Krieges, mit dem er 1918 als Militärkrankenwärter direkt konfrontiert war, entstandenen Gedichte (›Legende vom toten Soldaten‹, 19 Strophen) diente später den Nazis als ein Grund für die »Ausbürgerung«: »Seine Machwerke, in denen er unter anderem den deutschen Frontsoldaten beschimpft, zeugen von niedrigster Gesinnung«, heißt es in der Verfügung.

Ein eifriger Student scheint Bert Brecht (wie er sich ab den zwanziger Jahren nannte) an der Münchner Universität nicht gewesen zu sein, aber er lernte für seinen Weg wesentliche Werke und Namen kennen: bei dem »Theaterprofessor« Artur Kutscher waren es die Werke von Frank Wedekind und Hanns Johst, auf dem Oktoberfest 1919 traf er auf Karl Valentin, in dessen »Orchester« er gelegentlich Klarinette spielte und dem er Anreize zu komischen Einaktern verdankte, deren bekanntester, ›Die Kleinbürgerhochzeit‹ (1919), das kleinbürgerliche Prestigedenken aufs Korn nimmt. Darin zerfällt mit der Katastrophe, daß die scheinbar teuren, in Wirklichkeit selbstgezimmerten Möbelstücke eines nach dem anderen mit lautem Knacken und Spleißen zerbrechen, auch die gespielte Harmonie der Hochzeitsgesellschaft und deren Sprache.

Am meisten förderte den jungen Brecht wohl Lion Feuchtwanger, der ihm zur Stelle eines Dramaturgen an den Münchner Kammerspielen verhalf und ihn auch bei seiner ersten Regieführung beriet. An sich war Brecht verpflichtet, an den Kammerspielen ein Shakespearestück aufzuführen. Er entschied sich jedoch für eine Tragödie des bedeutendsten englischen Dramatikers vor Shakespeare, Christopher Marlowe (1564–1593). Dessen Geschichtsdrama ›King Edward II‹ änderte er in Zusammenarbeit mit Feuchtwanger zu einer »Historie« mit dem Titel ›Das Leben Eduards des Zweiten von England‹. Die Aufführung im März 1924 war kein großer Erfolg, aber man kann in der Umarbeitung einzelne Züge der frühen Vorstellungen Brechts vom Theater erkennen:

Der Kritiker Herbert Ihering sah in der Bearbeitung »ein Beispiel, wie man das alte Werk von Marlowe als Drama umdichtet, indem man es auskältet, wie man es [dem zeitgenössischen Publikum; Hrsg.] näherbringt, indem man es entfernt«. Und er nennt noch ein weiteres Merkmal: »In einer Zeit, in der die Größe des Individuums selbst fraglich geworden war, konnten Postamente nicht helfen. Für Größe mußte ein anderer Begriff gesetzt werden [...]. Sie [angesprochen ist Brecht; Hrsg.] setzten für Größe: Distanz. Das ist Ihre theatergeschichtliche Tat.« Das »Auskälten« ist sowohl die Wegnahme des allzu Pathetischen wie die Auflösung der Eindeutigkeit der Titelfigur, die beides in sich enthält, die Möglichkeit, »ein starker böser Mann wie ein schwacher guter zu sein« (Brecht, ›Charakterisierung im Drama‹, 1929). Das *Zeigen* beider Möglichkeiten ist Brechts Absicht. Die Verwendung von Szenentiteln, die Hinweise auf den zeitlichen Ablauf der Geschehnisse und auf deren Dauer, bis hin zum Einbau moritatenhafter Bestandteile oder die Betonung der gesellschaftlichen Herkunft einzelner Figuren, sowie die im Vergleich zum Urtext andersartige Bewertung von Figuren, die der Erwartungshaltung des Zuschauers widerspricht, dienen dieser Absicht. Ein Beispiel mag dies verdeutlichen:

Gaveston ist bei Marlowe ein arroganter Emporkömmling, dessen Günstlingsstellung aus der erotischen Zuneigung Edwards II. erwächst. Er dankt dem König:

> Mich Eurer Liebe freuen, ist mir genug,
> solang ich die hab, schätz ich mich so groß
> als Cäsar, fahrend durch die Straßen Roms,
> gefangene Könige vorm Triumphgespann.

Es ist das Wort eines Schmeichlers, der negativen Einschätzung des Günstlings im feudalen Theater entsprechend. Brecht formuliert:

> Mylord, erdrückt mich nicht. Was werden die Leute
> sagen? Vielleicht: es sei zuviel
> Für eines schlichten Fleischhauers Sohn.

Mennemeier urteilt: »Dieser Gaveston hat sich nicht vom sozialen Boden gelöst. Er fragt noch nach dem, was die Leute sagen«, fühlt sich herausgehoben, weiß aber, »daß er [...] ein Gleicher unter Gleichen ist«.

Noch vor dieser Bearbeitung eines klassischen Stoffes war Brecht in der Zeit von 1919 bis 1922 mit drei Stücken an die Öffentlichkeit getreten, die ihn über München hinaus bekannt machten, wenn auch sein Versuch, in Berlin Fuß zu fassen, erst 1924 erfolgreich war.

In rascher Folge entstanden ›Baal‹ (1918/19), ursprünglich der scheinbar nihilistische Gegenentwurf zu Hanns Johsts (s. Bd. 10, S. 258ff.) ekstatischer Darstellung des Dramatikers Christian Dietrich Grabbe (1801–1836) in dem Stück ›Der Einsame‹ (1917); dann ›Trommeln in der Nacht‹ (1919–1922), eine Abrechnung mit der bürgerlichen Nachkriegsgesellschaft, die Brecht auf Vorschlag Iherings den Kleist-Preis einbrachte, und ›Im Dickicht der Städte‹ (1921–1923), das seine Bedeutung darin findet, daß Brecht – ähnlich wie Hofmannsthal in ›Der Schwierige‹ (s. S. 291) – die Unmöglichkeit der Darstellung menschlichen Handelns (hier: des Kampfes zweier Männer) »wegen der Unzulänglichkeit der Sprache« thematisiert.

Baal

Brecht hat später ›Baal‹ als das »bessere Drama« beurteilt. Wolfgang Frühwald findet in diesem Stück »ein Lebensthema« Brechts, dessen Spuren sich hin bis zu Puntila, Azdak und Galilei verfolgen lassen: Sie alle seien – wenn auch auf unterschiedliche Weise – fähig zum Genuß im Leben. Auch die fünfmalige Umarbeitung des Dramas – zuletzt 1954 – zeigt, daß Brecht mit ›Baal‹ ein ihm wichtiges Thema behandelt. Vom Konzept als Antistück zu Johsts ›Der Einsame‹ entfernt er sich dabei immer mehr. Und wenn ursprünglich die Geschichte des Balladendichters, Mörders und Diebs François Villon (1431–1463?) Pate gestanden hatte, so treten allmählich das Leben des französischen Lyrikers Paul Verlaine (1844–1896) und das seines Dichterfreundes Arthur Rimbaud (1854–1891) als Vorbilder an seine Stelle. Beide führten zwei Jahre lang ein an Villon erinnerndes Vagabundenleben, das mit einem Mordversuch Verlaines an seinem Freund endete. Die Szenenfolge des Stücks erhält vom Lebenslauf des begabten Poeten Verlaine den Handlungsrahmen; seit der zweiten Fassung mit dem vorangestellten ›Choral vom großen Baal‹ bestimmt dieser die Thematik.

Mit der Figur des Baal – im Personenverzeichnis als Lyriker bezeichnet – bringt Brecht einen Typus auf die Bühne, der den traditionell und moralisch erzogenen Zuschauer/Leser zutiefst verstört. Baal ist völlig egozentrisch, er bindet sich an keinerlei der Norm entsprechende Verhaltensweise, führt ein in jeder Hinsicht ausschweifendes Vagantenleben, frißt, säuft, hurt, läßt seinen Trieben freien Lauf. Am Ende wird er selbst die »feisten Geier«, die auf den »Leichnam Baal« warten, »speisen«:

> Manchmal stellt sich Baal tot. Stürzt ein Geier drauf speist Baal einen Geier, stumm, zum Abendmahl.

Mit ›Baal‹, dieser »Überpointierung des Subjektivismus« (Frühwald), hat zwar Brecht – wie er später (1954) notierte – auch gezeigt, daß die Titelfigur gewiß »asozial, dies aber in einer asozialen Gesellschaft« sei. Wichtiger jedoch scheint, wie er aus der Untergangsstimmung der Zeit heraus das Thema »Individuum« radikal zu Ende gedacht hat. Hugo von Hofmannsthal mit seinem Gespür für Atmosphärisches ahnte zu Recht: [I]ch würde so weit gehen, zu behaupten, daß all die ominösen Vorgänge in Europa, denen wir seit zwölf Jahren beiwohnen, nichts sind als eine sehr umständliche Art, den lebensmüden Begriff des europäischen Individuums in das Grab zu legen, das er sich selbst geschaufelt hat. *(Vorspiel zu Hugo von Hofmannsthals Inszenierung ›Das Theater des Neuen Baal‹; 1926)*

Dennoch darf man nicht übersehen: ›Baal‹ ist auch eine radikale Absage an die idealistische Kunstauffassung. Baal verkauft seine Dichtung als Ware, »dichtet«, was die Kundschaft hören will – wenn er nicht gerade der Erhabene ist wie in der Anfangsszene. Brechts Absicht, das »Leben«, das häßlich ist, einzubeziehen, ist unverkennbar, das »Schöne« wird daher immer wieder zerstört, in den späteren Fassungen gestrichen. Der Brecht, der »Gebrauchskunst« liefern will und sich dazu einer Art Verfremdung bedient, deutet sich schon an (s. S. 66 f.).

Mann ist Mann

Wenn in ›Baal‹ auf eine komisch übersteigerte Weise vorgeführt wird, wie eine extreme Auslegung des Begriffs Individualismus zu einem schrankenlos sich auslebenden Ego führt, dann ist das eine grundsätzliche Absage an das Ideal des sich selbst bestimmenden einzelnen, zumindest was seine Möglichkeiten und Rechte in der Gesellschaft betrifft. Es erscheint also ganz konsequent, wenn Brecht 1926 ein neues Stück herausbringt, in dem die Auslöschung eines Individuums und sein Aufgehen in einem überindividuellen Kollektiv dargestellt wird. Der Titel des »Lustspiels« (!) beschreibt bereits Thema, Ort und äußeren Vorgang: ›Mann ist Mann. Die Verwandlung des Packers Galy Gay in den Militärbaracken von Kilkoa im Jahre neunzehnhundertfünfundzwanzig.‹

Der eigentliche Titel (›Mann ist Mann‹) faßt knapp zusammen, was in Brechts Urteil vom einzelnen zu halten ist; auch wenn man eine gewisse Doppeldeutigkeit nicht ausschließen kann – im herkömmlichen Männerbild behält der (echte) Mann, was immer auch geschieht, seine unverkennbare Eigenart –, heißt die lakonische Feststellung doch eher: ein Mann ist wie der andere. Deshalb ist er als einzelner, gesellschaftlich gesehen, jederzeit austauschbar.

Der Untertitel weist auf die dramatische Situation und situiert sie örtlich und zeitlich. Galy Gay, der unterwegs ist, um einen Fisch zu kaufen, trifft unter anderem auf drei Soldaten, die bei einem Raub ihren vierten Kameraden zurücklassen mußten und ihn, Galy Gay, nun aus Angst vor ihrem Sergeanten Fairchild dazu überreden, für diesen vierten Soldaten, Jeraiah Jip, beim Appell einzuspringen. Als Jip auch später nicht zurückkommt, soll Gay weiterhin als Jeraiah Jip beim Militär bleiben, weigert sich zunächst, beginnt dann aber allmählich, ausgelöst durch die Verlockung eines ihm angebotenen Elefantenhandels (für den er schließlich wegen Betrugs zum Tode verurteilt wird), Jips Identität anzunehmen.

Innerhalb des Stückes erscheint die dramatische Situation in Form einer Rede des »umgewandelten« Galy Gay auf die Auslöschung seiner Person nochmals als eine Art Kernfabel:

> Hier ruht Galy Gay, ein Mann der erschossen wurde. Er ging weg, einen kleinen Fisch zu kaufen am Morgen, hatte am Abend schon einen Elefanten und wurde daher in derselben Nacht noch erschossen. Glaubt nicht, meine Lieben, er war der nächste beste, solange er lebte. Er hatte sogar eine Strohhütte am Rand der Stadt [...]. Es war ein großes Verbrechen, das er beging, der ein guter Mann war. Und man mag sagen, was man will, und eigentlich war es ein kleines Versehen, und ich war zu sehr betrunken, meine Herren, aber Mann ist Mann, und darum mußte er erschossen werden [...].

Daß die Identifikation Galy Gays mit dem Soldaten Jip noch nicht vollständig gelungen ist, zeigt nur eine kleine Passage dieser eigenartigen Grabrede (»ich war zu sehr betrunken...«). Alles andere, wie auch die Verhaltensweise des Galy Gay, jetzt Jeraiah Jip, weist auf Einverständnis mit dem Geschehen, mit der Verwandlung, hin und entspricht damit einem weiteren Leitbegriff in Brechts Dramen der Weimarer Zeit und noch darüber hinaus.

Der Gedanke vom »Einverständnis« steht im engen Zusammenhang mit der Überzeugung von der »Auslöschung« der bürgerlichen Individualität. Nur wer dies als Tatsache einsieht und entsprechend anerkennt, ist zu weiteren Veränderungen der gesellschaftlichen Verhältnisse fähig, die zu einer neuen Humanität führen können. In Brechts ›Badener Lehrstück vom Einverständnis‹ (Erstdruck 1930) wird diese in ›Mann ist Mann‹ nur angedeutete Vorstellung durch einen dreistufigen Vorgang, in dem sich der Theaterbesucher selbst ein Urteil bilden und einen Bewußtwerdungsprozeß durchlaufen soll, zum Hauptinhalt: Der bürgerliche Mensch müsse sich von dem ohnehin nur scheinbar noch erhaltenen Individualisten trennen. Wie in ›Mann ist Mann‹ sei das nur möglich, wenn er (metaphorisch) den Tod auf sich nehme.

Galy Gay ist einverstanden mit seiner »Ummontierung« in einen Soldaten, genauer in eine »Kriegsmaschine«, die im letzten Bild mit der Eroberung einer indischen Bergfestung ihren Triumph erlebt. Wenn dann der Verwandelte seinen drei Kameraden beim Überschreiten der Grenze nach Tibet die Pässe abnimmt, löscht er auch deren Individualität. Als Teile eines Kollektivs brauchen sie keine Namen.

In der Vorrede zu einer Hörspielfassung (1927) hat Brecht den gesamten Vorgang ausdrücklich positiv bewertet:

Ich denke [...], Sie sind gewohnt, einen Menschen, der nicht nein sagen kann, als einen Schwächling zu betrachten, aber dieser Galy Gay ist gar kein Schwächling. Er ist allerdings erst der Stärkste, nachdem er aufgehört hat, eine Privatperson zu sein, er wird erst in der Masse stark.

Daher sei auch Mitleid mit Galy Gay unangebracht. »Sein kostbares Ich aufzugeben, sozusagen das einzige, was er besitzt«, sei »eine lustige Sache. Denn dieser Galy Gay nimmt eben keinen Schaden, sondern er gewinnt.« Daher wird das Stück von Brecht als »Komödie« bezeichnet, und burlesk-komische Elemente durchziehen alle 12 Bilder. Im achten Bild etwa wird der verwandelte Galy Gay mit seiner ihn suchenden Frau konfrontiert, eine prekäre Situation, weil außer den drei Soldaten auch der von ihnen gefürchtete Sergeant Fairchild anwesend ist, der den eigentlichen Jeraiah Jip kennen muß.

Frau Galy Gay [...] Ach, da bist du ja, Galy Gay, aber bist du es wirklich in dem Soldatenrock?
Galy Gay Nein.
Frau Galy Gay Ich verstehe dich nicht, Wie bist du in den Soldatenrock gekommen? Du siehst gar nicht gut aus in ihm, das würden dir alle Leute sagen. Du bist ein eigentümlicher Mann, Galy Gay.
 Es ist nicht leicht, einen solchen Mann zu haben, der nicht nein sagen kann.
Galy Gay Ich möchte wissen, mit wem sie spricht.
[...]
Frau Galy Gay Ich weiß nicht, was du da wieder treibst in deiner Großspurigkeit, aber du wirst noch schlimm enden. [...]
Galy Gay Ich glaube, du sprichst das alles zu mir her. Ich sage dir, du verwechselst mich mit einem andern, und was du über den daherredest, ist dumm und schickt sich nicht.
Frau Galy Gay Was sagst du? Ich verwechsle dich? Hast du getrunken? Das verträgt er nämlich nicht.
Galy Gay Ich bin so wenig dein Galy Gay, wie ich der Kommandant der Armee bin.
Frau Galy Gay Ich habe das Wasser im Topf gestern um diese Zeit auf das Feuer gesetzt, aber den Fisch hast du nicht gebracht.
Galy Gay Was soll das jetzt wieder für ein Fisch sein? Du redest, als ob du keinen Verstand hättest, vor allen diesen Herren hier!
Fairchild Das ist ein merkwürdiger Fall. [...] Kennt ihr diese Frau? *Die drei schütteln die Köpfe.* Und Sie?
Galy Gay Ich habe schon viel gesehen in meinem Leben, von Irland bis Kilkoa, aber diese Frau habe ich noch nie zu Gesicht bekommen.
Fairchild Sagen Sie der Frau, wie Sie heißen.
Galy Gay Jeraiah Jip.
Frau Galy Gay Das ist ungeheuerlich! Freilich, wenn ich ihn anschau, Sergeant, ist es mir fast, als sei er etwas anders als mein Mann Galy Gay, der Packer, etwas anders, obgleich ich nicht sagen könnte, was es ist.

Galy Gay hat seine erste Probe bestanden, am Ende ist selbst seine Frau nicht mehr sicher, ob vor ihr der gesuchte Ehemann steht. Nur der Soldat Polly hat noch Bedenken:

POLLY Wird das wirklich gehen [...]? Einen Mann in einen anderen Mann verwandeln?
URIA Ja, ein Mann ist wie der andere, Mann ist Mann.

Der Kernsatz ist gefallen. Wie wichtig er ihm ist, zeigt Brecht in einem ›Zwischenspruch‹ (gesprochen von der Witwe Leokadja Begbick):

Herr Bertolt Brecht behauptet: Mann ist Mann.
Und das ist etwas, was jeder behaupten kann.
Aber Herr Bertolt Brecht beweist auch dann
Daß man mit einem Menschen beliebig viel machen kann.
Hier wird heute abend ein Mensch wie ein Auto ummontiert
Ohne daß er irgend etwas dabei verliert.

Unversehens wird da aus dem »Mann« in der vierten Zeile ein »Mensch«. Damit wird deutlich gemacht, daß die Möglichkeit der Ummontage für jeden gilt – und sie birgt die Gefahr des Mißbrauchs, der Manipulation.

In der ersten Fassung seines Stücks sah Brecht nur das Positive des Vorgangs. Aber die Erstarkung der faschistischen Kräfte in Europa ließen ihn erkennen, daß in der politischen Wirklichkeit mit der Möglichkeit der Ummontierung auch niedrige Instinkte hervorgeholt werden können. In zahlreichen Umarbeitungen sucht er Lösungen. Zunächst warnt er in einem Zusatz zum ›Zwischenspruch‹ vor der möglichen Gefahr: Man könne »den Menschen auch zum Schlächter machen«, deshalb müsse man »über ihn wachen«. Das ist freilich vage. Welche Instanz soll über ihn wachen, ihm den richtigen Weg weisen? Eine Antwort hat Brecht darauf (noch) nicht. Deshalb wohl läßt er in der Fassung für die Aufführung 1931 unter seiner Regie die Soldaten als maskierte Ungeheuer auf Stelzen laufen und streicht alles, was die – ursprünglich von dem englischen Schriftsteller Rudyard Kipling übernommene – positiv bewertete Tätigkeit Galy Gays als »Kampfmaschine« hätte unterstützen können. Aus der späteren Sicht (›Durchsicht meiner ersten Stücke‹, 1954) definiert er das »Problem des Stücks«, das er immer noch als Lustspiel bewertet, etwas anders: Ein Kollektiv sei nicht per se positiv. Es sei »das falsche, schlechte Kollektiv [der »Bande«] und seine Verführungskraft [gewesen], jenes Kollektiv, das in diesen Jahren Hitler und seine Geldgeber rekrutierten [...]«. Man kann daraus folgern, daß nur das richtige Kollektiv gefunden werden müsse, dann wäre das »Problem« beseitigt. Ein Teil der »Lehrstücke« Brechts zeigt in der Tat eine solche Konsequenz.

Das epische Theater

Zwischen 1926 und 1932 entwickelt Brecht eine Reihe von Bühnenwerken, die »ihre Einheit aus dem experimentellen Charakter der Produktion [erhalten], die insgesamt als ein ›Versuch‹ gewertet werden muß, die seit 1926 erworbenen gesellschaftswissenschaftlichen Kenntnisse, insbesondere die materialistische Dialektik, in dramatische Formen umzusetzen« (Klaus-Detlef Müller). Neben Opern und »Lehrstücken« erprobt er für diese vorwiegend politisch-ästhetischen Gestaltungsversuche die von ihm »episches Theater« genannte Form des Bühnenstücks, die für die Entwicklung des Dramatikers Brecht und das Theater überhaupt die bedeutendste wurde.

Vor der Uraufführung von ›Mann ist Mann‹ (1926 am Darmstädter Landestheater) beteiligte sich Brecht – obwohl er nicht selbst Regie führte – an den Proben. Er versuchte dabei, den Schauspielern Elemente seiner Vorstellung von einem »epischen Theater« zu vermitteln. Da es schon vom Titel her in dem Stück nicht um die Identifikation der Zuschauer mit einem »Helden« gehen konnte, sollten sich die Spieler nicht an die von ihnen verkörperte, aber jederzeit auswechselbare Figur halten, sondern an das Geschehen. Dessen Aufgabe sei es zu zeigen, wie sich Menschen in bestimmten Situationen verhielten. Damit werde Distanz geschaffen zu der in der herkömmlichen Vorstellung üblichen Figur und dem Illusionscharakter des Theaters entgegengewirkt. Das Element des Zeigens gehört zu den wesentlichen Merkmalen dieses nichtaristokratischen Dramas und seiner nicht »drrrramatischen Spielweise«.

Brecht verwendet für dieses Zeigen den Ausdruck »Gestus«. Er meint damit nicht die Gestik der Schauspieler, sondern ein Verhalten, das im epischen Theater bewußt deren Distanz zu ihrer Rolle sichtbar machen soll. Sowohl dem Spielenden wie dem Zuschauer, meint Brecht, müsse auf diese Weise die gesellschaftliche Bedingtheit des alltäglichen Rollenverhaltens offenbar werden. Ein ähnliches Ziel verfolgt er mit einem anderen Element des angestrebten neuen Theatermodells, »Verfremdung«, häufig auch »V-Effekt« oder – auf Karl Marx bezogen – »Entfremdung« genannt. Wie die des »Gestus« entwickelte sich die Idee der »Verfremdung« allmählich und fand ihre theoretische Formulierung endgültig erst 1948 in der Schrift ›Kleines Organon für das Theater‹ (s. Bd. 11, S. 446). Die wesentlichen bühnenwirksamen Details, wie Anrede an das Publikum, Songs, Zwischensprüche, Kommentierungen, bewußte Überzeichnung, Verschiebung der Wirklichkeitsebenen werden bereits in ›Mann ist Mann‹ verwendet und in den Stücken der zweiten Phase des dramatischen Schaffens (etwa 1926–1932) weiterentwickelt. Wesen und Wirkungsabsicht des »V-Effekts« beruhen auf der Beobachtung Brechts, daß uns (insbesondere) die gesellschaftlichen Verhaltensweisen im literarischen wie im alltäglichen öffentlichen Leben so selbstverständlich sind, daß wir sie nicht mehr reflektierend wahrnehmen und erfassen. Das Theater soll daher das Selbstverständliche fragwürdig machen. Am Schluß des Lehrstücks ›Die Ausnahme und die Regel‹ (1930) wird das Publikum direkt angesprochen:

> Wir bitten euch [...]:
> Was nicht fremd ist, findet befremdlich!
> Was gewöhnlich ist, findet unerklärlich!
> Was da üblich ist, das soll euch erstaunen.

Es sind neben den genannten Mitteln oft nur scheinbar belanglose Kleinigkeiten, mit denen Brecht diesen Verfremdungseffekt erreicht: etwa wenn er eine bekannte Redensart nur durch ein anderes Satzzeichen verändert: »Der Mensch denkt: Gott lenkt –« (›Mutter Courage‹), oder wenn er biblische Ausdrucksformen in alltägliche Zusammenhänge einbaut, den Leser/Zuschauer dadurch stutzen läßt und nachdenklich macht. Nur darin aber sieht er den Sinn des Theaters; nur der Nachdenkliche und nicht – wie bei Aristoteles – der durch die »Einfühlung« Erschütterte könne die Menschen aktivieren, aus dem »unveränderlichen« den »veränderlichen und verändernden Menschen« machen, wie es in den 1930 veröffentlichten Anmerkungen zu seiner Oper ›Aufstieg und Fall der Stadt Mahagonny‹ (der ersten Zusammenstellung der Kennzeichen des »epischen Theaters«) heißt. Und nur ein solches Theater sei »Theater eines wissenschaftlichen Zeitalters«.

Das Lehrstück

Die Entwicklung des »epischen Theaters« ist der eigenwillige Versuch Brechts, neben und meist im Gegensatz zu anderen Vertretern der europäischen Avantgarde (wie etwa Vsevolod E. Mejerchol'd in Rußland oder Antonin Artaud und Paul Claudel in Frankreich) im Theater nicht nur eine dem wissenschaftlichen Zeitalter entsprechende Kunstform, sondern auch eine Möglichkeit zu pädagogischer und politischer Wirksamkeit zu schaffen.

Mit der starken Betonung der pädagogischen und politischen Absicht, die – wie später die Amerikaner Thornton Wilder oder Arthur Miller zeigen – nicht unbedingt Kennzeichen des epischen Theaters sein müssen, entwickelte der »Stückeschreiber« in der Zeit zwischen 1929 und 1934 eine die Grenzen des epischen Theaters überschreitende Form episch-dramatischer Bühnendarstellung, die er »Lehrstücke« nannte.

Brecht, der inzwischen für die Musik seiner »Songs« und seiner ›Dreigroschenoper‹ den Komponisten Kurt Weill als Mitarbeiter gefunden hatte und mit Paul Hindemith in Verbindung stand, war 1929 zu den Musikfestwochen nach Baden-Baden eingeladen worden. Er schrieb dafür das Hörspiel ›Der Lindberghflug‹ (später ›Ozeanflug‹). Er sah in der Atlantiküberquerung Lindberghs die Tat eines Menschen, die als Haltung den Herausforderungen der Zeit entsprach. Hinzu kam, daß er seit der Hörspielfassung von ›Mann ist Mann‹ im Rundfunk ein Medium erkannte, mit dessen Hilfe man ein neues Publikum erreichen konnte. Da er dabei die Gefahr des bloß passiven Aufnehmens vermeiden wollte und die Musikwoche ohnehin unter dem Leitgedanken »Besser als Musik hören ist Musik machen« stand, plante er ein »Experiment«, das zeigen sollte, »wie eine Beteiligung des Hörers an der Radiokunst möglich wäre«:

Auf der durch einen Wandschirm geteilten Bühne agierten auf der einen Seite Sänger, Musiker, Sprecher, während auf der anderen Seite »ein Mann in Hemdsärmeln mit der Partitur« saß und den Lindberghpart sprach und sang.

Das von der Kritik großenteils mit Beifall aufgenommene Stück nannte Brecht in der Druckfassung ›Radiolehrstück für Knaben und Mädchen‹; dieser Untertitel enthält den Begriff für Brechts neue Theaterkonzeption: das »Lehrstück«.

In den Anmerkungen zu dem nichtaristotelischen Drama ›Die heilige Johanna der Schlachthöfe‹ (1930) hatte Brecht betont, diese Art von Dramatik erfordere vom Zuschauer eine bestimmte »erlernbare Haltung, die Vorgänge auf der Bühne zu verfolgen, sie in ihrem allseitigen Zusammenhang und totalen Verlauf zu begreifen. Und zwar zum Zwecke einer gründlichen Revision seines eigenen Verhaltens«. Er rechnete hier also mit einer Bühnenaufführung, bei der sich durch das Vorgespielte ein Publikum der Reflexion öffnen sollte. In einer Bemerkung zur ›Theorie des Lehrstücks‹ (wohl noch im gleichen Jahr) hingegen heißt es: »Das Lehrstück lehrt dadurch, daß es gespielt, nicht dadurch, daß es gesehen wird. Prinzipiell ist [...] kein Zuschauer nötig, jedoch kann er natürlich verwertet [sic!] werden.«

Vorbild für diese Konzeption mögen die Schulmusikbewegung, die sehr rührige Reformpädagogik der Zeit, vielleicht sogar die Tradition des barocken Schultheaters oder das aufklärerische Bildungstheater gewesen sein, wenngleich Brecht in seinen Lehrstücken durch die Spielpraxis veränderliche Modelle für eine breite Gruppe (Arbeiter, Schüler, Laienspieler) schaffen wollte, in denen in »urszenischen Versuchsanordnungen« (Hans-Thies Lehmann) Verhaltensweisen gegenüber Konfliktlagen einzelner oder von Kollektiven durchgespielt werden sollten. Damit waren die Stücke von vornherein für Änderungen offen und »Lösungen« keineswegs verbindlich: »Nicht eine bestimmte Erkenntnis soll durch die Lehre verbreitet [...], sondern eine bestimmte Haltung [...] durch sie durchgeführt werden« (Reiner Steinweg).

Freilich ließ Brecht an seiner seit Mitte der zwanziger Jahre gewonnenen ideologischen Einstellung keinen Zweifel. Er hielt – ohne sich eindeutig parteilich zu binden – die Ziele des Sozialismus für sinnvoll und zukunftsweisend.

Im fünften Bild des Lehrstücks ›Ozeanflug‹ ist seine Denkweise deutlich zu erkennen:

> Sieben Männer haben meinen Apparat gebaut [...]
> Oftmals 24 Stunden ohne Pause
> [...]
> Sie haben gearbeitet, ich
> Arbeite weiter, ich bin nicht allein, wir sind
> Acht, die hier fliegen.

Einer allein kann Leistungen wie diesen Flug nicht vollbringen. Konsequenterweise gibt es daher auch kein Personenverzeichnis; immer heißt es: die Flieger.

Das achte Bild, ein Song, trägt die Überschrift: ›Ideologie.‹ Darin heißt es in der zweiten Strophe:

> Aber es ist eine Schlacht gegen das Primitive
> Und eine Anstrengung zur Verbesserung des Planeten
> Gleich der dialektischen Ökonomie
> Welche die Welt verändern wird von Grund auf.

Dennoch steht in den Lehrstücken die allgemeine pädagogische Absicht im Vordergrund, die der unsicher dahintaumelnden Gesellschaft der zwanziger Jahre eine Orientierungsmöglichkeit anbieten will. Das Spiel dient der Erkundung von Möglichkeiten. Und es ist von Brecht auch als künstlerische Aufgabe erfaßt, wie die immer wieder neu gesuchten Erprobungen bis dahin nicht genutzter dramaturgischer Möglichkeiten bis zur Oper (›Aufstieg und Fall der Stadt Mahagonny‹, 1931; ›Dreigroschenoper‹, 1928) beweisen. Das Lehrstück erfordert einen knappen, leicht erfaßbaren Handlungskern und einen nachvollziehbaren, diskussionswürdigen Konflikt. Es ist kein Zufall, daß viele Lehrstücke eine Reise zum Ausgangspunkt haben. Aus ihr ergeben sich Stationen und Auseinandersetzungen.

Der Jasager – Der Neinsager

Typisch dafür (und nicht nur dafür) sind etwa die »Schulopern« ›Der Jasager‹ und ›Der Neinsager‹ (Musik von Kurt Weill; entstanden 1929–1931). Ihnen liegt der Stoff eines japanischen Nō-Spiels aus dem 15. Jahrhundert zugrunde, allerdings in einer englischen Übersetzung, die den religiösen Hintergrund (ein die Wallfahrt einer buddhistischen Sekte begleitender Knabe zeigt durch eine Erkrankung seine »Unreinheit« und wird von einem Felsen gestürzt) nahezu verschwinden ließ.

Der Stoff wurde von Elisabeth Hauptmann und Brecht gemeinsam bearbeitet. Aus der Pilgerfahrt wurde in ›Der Jasager‹ die Reise eines Lehrers mit seinen Studenten, die aus »der Stadt jenseits der Berge« Hilfe gegen eine Seuche besorgen sollen. Ein Knabe schließt sich der Gruppe an, um für seine kranke Mutter ein Heilmittel zu finden. Er erkrankt und kann den Weg über einen steilen Grat nicht allein überwinden. Da jeder der Beteiligten auf dem Weg beide Hände braucht, kann er auch nicht mitgetragen werden. Die Regieanweisung zeigt Brechts Vorstellung:

Technikum: Die drei Studenten versuchen, den Knaben über den schmalen Grat zu bringen. Der »schmale Grat« muß von den Spielern aus Podesten, Seilen, Stühlen usw. so konstruiert werden, daß die drei Studenten zwar allein, nicht aber, wenn sie auch noch den Knaben tragen, hinüberkommen.

Ein Konflikt ist also gegeben, und Brechts Anweisung zeigt deutlich, daß nicht durch suggestives Spiel eine den Zuschauer befriedigende Lösung gefunden, sondern der Konflikt wie ein arrangierter Beispielfall abgehandelt werden soll. Die Dialoge drängen daher knapp, ohne Umschweife und sachlich-nüchtern auf eine Entscheidung:

DIE DREI STUDENTEN Wir können ihn nicht hinüberbringen, und wir können nicht bei ihm bleiben. Was auch sei, wir müssen weiter, denn eine ganze Stadt wartet auf die Medizin [...]. Wir sprechen es mit Entsetzen aus, aber wenn er nicht mit uns gehen kann, müssen wir ihn eben hier im Gebirge liegenlassen.
DER LEHRER Ja, vielleicht müßt ihr es [...]. Aber ich halte es für richtig, daß man den, welcher krank wurde, befragt, ob man umkehren soll seinetwegen.

Wie die Reaktion der Studenten und des großen Chors zeigt, kann die Befragung eigentlich nur formal sein:

> Aber auch wenn er es verlangt
> wollen wir [...] nicht umkehren
> sondern ihn liegenlassen und weitergehen.

Und auch der Lehrer läßt keinen Zweifel an seiner eigenen Überzeugung, wenn er dem Knaben sagt: »[...] der Brauch schreibt [...] vor, daß der, welcher krank wurde, antwortet: Ihr sollt nicht umkehren.«

Worauf es ankommt, wird klar, wenn der Lehrer, nachdem der Knabe dem »Brauch« gemäß geantwortet hat, diesen fragt: »Bist du also einverstanden, daß du zurückgelassen wirst?«

Es geht um das Einverständnis (s. S. 336), wie es Brecht schon früher und noch einmal im ›Badener Lehrstück vom Einverständnis‹ als notwendige Haltung des Menschen der Zukunft gekennzeichnet hat: »Es soll aus den traurigen Wege[n] der Welt und ihr[em] bittere[n] Gesetz« herausführen. Neben einiger Zustimmung erntete Brecht selbst von Freunden harsche Kritik, so in der ›Weltbühne‹:

> In dieser Tendenzfabel wird als zentrale Lebensweisheit gelehrt: handle nicht vernünftig und menschlich, sondern tu vor allem eins, mein Kind, gehorche! Gebrauch die Konvention, ohne sie überhaupt zu prüfen, mag sie auch noch so irrsinnig sein!

Als Konsequenz solcher und anderer Urteile – bei einer Diskussion bemängelten Schüler, daß dem Knaben keine echte Entscheidungsmöglichkeit bleibe und außerdem die Notwendigkeit des Einverständnisses rational nicht einsehbar sei, weil die Wichtigkeit der Reise nicht gezeigt werde – änderte Brecht den Text: Aus der »Reise in die Berge« wird eine »Hilfsexpedition« zur Bekämpfung der Seuche. Die wichtigste Änderung besteht darin, daß der Knabe sich freiwillig opfert: »Ich will etwas sagen: Ich bitte euch, [...] mich ins Tal hinabzuwerfen [...].« Als er die Antwort »Das können wir nicht« erhält, wandelt er seine Bitte in einen zwingenden Befehl: »Halt! Ich verlange es.« Das »Einverständnis« kommt aus dem Bewußtsein der Verantwortung gegenüber der Allgemeinheit, ist nicht mehr mythischer Brauch: Sterben als Handeln im Sinn des innerhalb einer Gemeinschaft für richtig Erkannten. Brecht entwickelt seine Konzeption aber noch weiter, indem er dem ›Jasager‹ das Stück ›Der Neinsager‹ gegenüberstellt: Der Fall bleibt im Kern derselbe, aber es gibt wesentliche Unterschiede in der Situation: die Mutter erklärt, »ihre Krankheit habe keine bösen Folgen«, auch wenn sie noch nicht gesundet ist; der Lehrer erklärt seine Reise als Forschungsreise, also nicht als eine unmittelbar notwendige Handlung; der Lehrer macht den Knaben auf die Gefährlichkeit der Reise aufmerksam und verlangt sein Einverständnis »mit allem, was dir auf der Reise zustoßen könnte«.

Der zweite und dritte Punkt sind besonders wesentlich: Sie dienen dem Knaben als Begründung für seine Antwort auf die Frage, ob er damit einverstanden sei, »ins Tal hinabgeworfen« zu werden:

DER KNABE [...] Nein. Ich bin nicht einverstanden.
DIE DREI STUDENTEN Er hat nein gesagt. *Zum Knaben:* Warum antwortest du nicht dem Brauch gemäß? Wer a gesagt hat, der muß auch b sagen. Als du [...] gefragt wurdest, ob du auch einverstanden sein würdest mit allem, was sich auf der Reise ergeben könnte, hast du mit ja geantwortet.
DER KNABE Die Antwort, die ich gegeben habe, war falsch, aber eure Frage war falscher. Wer a sagt, der muß nicht b sagen. Er kann auch erkennen, daß es falsch war [...]. Euer Lernen kann durchaus warten [...]. Und was den alten großen Brauch betrifft, so sehe ich keine Vernunft an ihm. Ich brauche vielmehr einen großen Brauch, [...] nämlich den Brauch, in jeder Lage neu nachzudenken.

Ob sich dieser neue Brauch in einer (neuen?) Gesellschaft wirklich durchsetzen kann, entscheidet das Stück nicht. Der Leser, der Zuschauer, vor allem aber der Spielende sollen darüber nachdenken. Eindeutig ist dagegen die indirekte Aussage, daß Handlungsweisen von den gesellschaftlichen Verhältnissen bestimmt werden sollten, diese aber verändert werden müßten, wenn sie sich als »falsch« erwiesen.

Eine künstlerische Lösung der hier durch die Gegenüberstellung als dialektisches Verfahren erkennbaren Problemstellung ist Brecht mit den beiden Stücken nicht gelungen. Er selbst beurteilte bei einer Befragung kurz vor seinem Tod ein anderes Lehrstück als beispielhaft für das künftige Theater, nämlich das Stück ›Die Maßnahme‹.

Die Maßnahme

Dabei handelt es sich um das umstrittenste aller Brechtschen Lehrstücke, vielleicht seines ganzen dramatischen Werks. Die Kritik zielt weniger auf die Form: deren Geschlossenheit und Strenge in Aufbau und Sprache wie die Offenheit für die eigene Entscheidungsmöglichkeit der Zuschauer fanden allgemeine Anerkennung. Entrüstet war man über den ideologischen Inhalt, d. h. die Lehre des Stücks. Dies vor allem, weil man beides – Inhalt und Lehre – nach allem, was wir heute wissen, mißverstand: So ist z. B. der »Kontrollchor«, der über das Verhalten von vier Agitatoren aus Moskau urteilt, die einen Genossen getötet haben, nicht als ZK der kommunistischen Partei zu verstehen, sondern vertritt die »Masse« der Parteimitglieder. Dies wird nicht nur deutlich aus der Formulierung: die »Partei kann nicht vernichtet werden, / Denn sie ist der Vortrupp der Massen« (›Lob der Partei‹ zwischen Bild 6 und 7), sondern auch daran, daß Brecht das Stück von Arbeiterchören und Laienspielgruppen, also den »Massen« (»Du und ich und ihr – wir alle«, heißt es im 6. Bild), aufführen ließ.

Hinzu kommt, daß die Theaterkonzeption zwar gelegentlich Zeitbezüge aufweist (die Agenten kommen aus Moskau, um chinesische »Genossen« zu unterstützen; 2. Bild), aber die Namen- und Gesichtslosigkeit aller, die Kennzeichnung des Geschehens als Fiktion durch das Spiel im Spiel (mit den gleichen Personen wie im Rahmen) und die Regieanweisungen (gleich zu Anfang: »einer von den vieren stellt den jungen Genossen dar«) tilgen jegliche Vorstellung von »Realität«. Wichtig dagegen ist dem Autor die Aktualität. Das aktuelle Thema – wohl auch mit Blick auf die Erfahrung der gescheiterten deutschen Revolution – ist die Frage: Wie weit muß man gehen, wenn man einer als notwendig erkannten Revolution zum Sieg verhelfen will? Der junge Genosse verhält sich falsch, weil er sich nicht von spontanem Mitleid lösen kann und dadurch die Revolution gefährdet. Er ist daher einverstanden damit, daß man ihn tötet. Der Kontrollchor urteilt am Ende:

> Nicht leicht war es zu tun, was richtig war,
> Nicht ihr spracht ihm sein Urteil, sondern
> die Wirklichkeit.

Und er fügt hinzu:

> Euer Bericht zeigt uns, wieviel
> nötig ist, die Welt zu verändern:
> [...]
> Nur belehrt von der Wirklichkeit,
> können wir die Wirklichkeit ändern.

Brecht selbst lehnte mehrmals eine Freigabe des Stücks für die Bühnen ab, weil er fürchtete, mißverstanden zu werden, und weil er den Wert der »Lehre« eingeschränkt sah, da »nur die Darsteller des jungen Genossen daraus lernen« könnten (1956). Die formale Gestaltung jedoch schien ihm zukunftsweisend.

Auch wenn die von Bertolt Brecht angestrebte Wirkung seiner Lehrstücke nicht erreicht wurde und die Öffentlichkeit Werke wie ›Die Dreigroschenoper‹ oder die im Exil entstandenen epischen Dramen (s. Bd. 10, S. 269ff.) mehr schätzte, waren seine Werke aus der Weimarer Zeit nicht nur eine Provokation, sondern der wohl bedeutendste Beitrag zur Geschichte des Dramas und Theaters in deutscher Sprache.

VI. Lyrik

»Niemand leugnet mehr, daß von allen Kunstformen die verlassenste und die verkannteste heute die Lyrik ist«, schreibt der Lyriker und Essayist Yvan Goll (1891–1950) 1926 in ›Die literarische Welt‹. Zunächst eine nicht ganz verständliche Feststellung, wenn man an die Fülle von Lyrik-Sammlungen von Kurt Pinthus' Anthologie expressionistischer Gedichte (›Menschheitsdämmerung‹, 1920) über Klaus Manns ›Anthologie jüngster Lyrik‹ (1927) bis zu den zahllosen Gedichtbänden der einzelnen Autoren denkt. Freilich: Erstaunlich ist aber schon, daß zwischen 1920 und 1930 kein Lyriker mehr den begehrten Kleist-Preis erhielt. Eine dominierende Geltung wie etwa zur Zeit des vorrepublikanischen Expressionismus konnte die Gattung bei aller Vielfalt nicht gewinnen.

1. Lyrik unter dem Einfluß des Expressionismus und des Dadaismus

Gottfried Benn
Welle der Nacht

Der lautstarke Ruf nach dem politischen Engagement der Literatur überdeckte das Werk der Stillen im Lande, vor allem das der Naturlyriker (s. S. 404), aber auch das Werk eines Gottfried Benn (1886–1956), der eben noch mit der Einführung des obszönen Wortes und unverblümter medizinischer Ausdrücke Empörung verursacht hatte (s. Bd. 8, S. 408ff.).

Dabei war Benn am Ende des Krieges bereits über seine Krebsbaracken-Gedichte hinausgewachsen und entwickelte in den zwanziger Jahren eine neue Poetologie, die großen Einfluß auf die Lyrik des zwanzigsten Jahrhunderts haben sollte – allerdings mit einer Zeitverschiebung von fast dreißig Jahren. Eine besondere Rolle spielte in Benns Theorie der Begriff »Chiffre«, wie das Gedicht ›Ein Wort‹ (s. Bd. 11, S. 385f.) beweist, dessen Vorform unter dem Titel ›Schöpfung‹ schon in den zwanziger Jahren entstanden ist.

Ein Wort, so lautet die Aussage des (veränderten) Gedichts später (entstanden »bis 1941«), kann erhellend sein wie ein Flammenwurf, ein Sternenstrich; es kann für einen Augenblick der Erkenntnis die Sonne zum Stillstand und die Sphären zum Schweigen bringen. Für das so beschaffene Wort wählt Benn den Begriff Chiffre, also Geheimzeichen.

Es soll – anders als Eichendorffs »Zauberwort«, das den Weg in die Welt der Phantasie öffnet – einen tieferen Sinn der realen Welt blitzartig aufleuchten lassen, bevor diese wieder in ihrem rätselhaften Dunkel versinkt. Die Chiffre stehe »zwischen Natur und Geist« (1923), sei also ein »Kunstprodukt«.

Im lyrischen Werk bestimmen Benns ganz persönliche Weltsicht und sein individueller Bildungshorizont die Wahl der Chiffren, die Assoziationen auslösen sollen. Daher sind sie dem einfachen Zugang häufig verschlossen, wie der zunächst völlig rätselhafte Vierzeiler aus den frühen zwanziger Jahren zeigen kann:

> Welle der Nacht – Meerwidder und Delphine
> mit Hyakinthos leichtbewegter Last,
> die Lorbeerrosen und die Travertine
> wehn um den leeren istrischen Palast.

Formal ist er in dem von Benn häufig verwendeten einfachen jambischen Versmaß verfaßt, das in der ersten Zeile allerdings sogleich durchbrochen wird. Man liest unwillkürlich: Wélle der Nácht – Méerwìdder ùnd Delphíne. Das unterstreicht einerseits die Wellenbewegung, andererseits weist es auf die Substantive als tragendes Element des Gedichts hin. Diese Worte sind bis auf »Delphine« so geartet, daß sie durch die Betonung ein weiteres Gewicht bekommen. Sie haben, in sich oder in der Wortgruppe, eine starke Doppelbetonung: Pàlást, Hýakìnthos, Trávertìne usw. Die Substantive ergeben für den Leser zunächst überhaupt keinen Sinn – vielleicht mit Ausnahme des letzten, das auf das Schloß Miramar auf einem Felsvorsprung an der istrischen Küste nördlich von Triest verweisen könnte (Erzherzog Maximilian von Österreich hatte es errichten lassen, bevor er sich in sein tödliches mexikanisches Kaiserabenteuer stürzte. Seitdem ist das weiße Schloß leer), vielleicht aber auch – worauf eine Stelle in Benns Essay ›Kunst und Staat‹ (1927) hinweist – den Diokletianspalast in Split meint. Die Chiffren »Meerwidder«, »Delphine« und »Hyakinthos« führen zunächst in den Bereich der griechischen Mythologie: Meerwidder gehören zu den Tritonen, Mischwesen aus Mensch und Fisch im Gefolge Poseidons. Hyakinthos war ein Liebling des Lichtgottes Apoll, der ihn versehentlich – oder auf Grund der Einwirkung des eifersüchtigen Nebenbuhlers Zephir – beim Diskuswerfen tötete. Apoll konnte ihn nicht mehr ins Leben zurückbringen und verwandelte ihn in eine Blume. Hyakinthos wurde zur Symbolfigur für das Werden und Vergehen. Der auf einem Delphin reitende Knabe ist eine häufige Figur in der antiken Kunst.

Dies alles und auch die von der philologischen Forschung ermittelte Quelle (die Szene »Felsbuchten des Ägäischen Meeres« in ›Faust II‹,

2. Akt) zeigen lediglich, daß Benn der Mythologie und der klassischen Literatur – also seinem eigenen Bildungswissen – Materialien entnahm und sie zur Darstellung seiner eigenen Welterfahrung verwendete. Der Vierzeiler vermittelt – anders als Goethes Szene – keinen lebensfrohen Grundton. Schon daß Benn die »Welle« mit »Nacht« verbindet, die Leere des Palastes betont, verdüstert die Stimmung. Wenn er mit Hyakinthos die Symbolgestalt des Werdens und Vergehens einführt, wird noch deutlicher: Der dunkle Grundton ist Ausdruck der pessimistischen Weltsicht Benns, der Wasser, Meer, Woge gerne als Sinnbilder des Vergänglichen verwendet. Benn hat das Gedicht erst 1940/41 mit einer zweiten Strophe abgeschlossen; sie bestätigt die Aussage der ersten.

Wenn Vergänglichkeit die Kernaussage dieses Gedichts ist, so finden wir uns in bekannten Ideenfeldern der Jahrhundertwende wieder: Es ist das Dekadenzgefühl, das Bewußtsein, in einer verfeinerten Spätkultur zu leben (s. Bd. 8, S. 29ff.).

Sieh die Sterne, die Fänge

Benn weitet diese Untergangsstimmung, auch unter dem Einfluß Oswald Spenglers (s. S. 26), geradezu ins Kosmische aus und verbindet sie mit einem Agnostizismus, der in dem Gedicht ›Sieh die Sterne, die Fänge‹ (1927) zum Ausdruck kommt:

> Sieh die Sterne, die Fänge
> Lichts und Himmel und Meer,
> welche Hirtengesänge,
> dämmernde, treiben sie her,
> du auch, die Stimmen gerufen
> und deinen Kreis durchdacht,
> folge die schweigenden Stufen
> abwärts dem Boten der Nacht.
>
> Wenn du die Mythen und Worte
> entleert hast, sollst du gehn,
> eine neue Götterkohorte
> wirst du nicht mehr sehn,
> nicht ihre Euphratthrone,
> nicht ihre Schrift und Wand –
> gieße, Myrmidone,
> den dunklen Wein ins Land.
>
> Wie dann die Stunden auch hießen,
> Qual und Tränen des Seins,
> alles blüht im Verfließen
> dieses nächtigen Weins,

> schweigend strömt die Äone,
> kaum noch von Ufern ein Stück –
> gib nun dem Boten die Krone,
> Traum und Götter zurück.

Das Gedicht, in einfacher volksliedhafter Form gehalten und dennoch in Melodie und Versmaß durchgestaltet, beginnt mit einer weit ausholenden Geste, die die Welt vom Sternenhimmel bis zu den Ozeanen umfaßt, wobei die Sterne als die leuchtenden Zähne eines aufgerissenen Raubtiergebisses erscheinen. Der bewundernde und ehrfurchtsvolle Blick geht nicht vom lyrischen Ich aus, sondern ist vermittelt in Gesängen von Hirten. Diese sind von alters her Seher und Verkünder tieferer Wahrheit und des Götterwillens, hier aber, schon früh im Gedicht, wird ihr religiöser Gesang relativiert durch das »dämmernd«, was wohl bedeuten muß, daß ihre Botschaft verschwommen ist, ihren ursprünglichen Wahrheitsanspruch verloren hat. Der nun auftretende »Bote« ist schwer zu fassen. Vielleicht ist er der personifizierte Drang des Menschen nach Erkenntnis des Lebenssinns, der sich historisch in den verschiedenartigen Gottesvorstellungen der Völker manifestiert. Auch an einen Abgesandten der Unterwelt oder Hermes Psychopompos (den Geleiter in die Unterwelt) ließe sich denken. Jedenfalls ist hier von dem Weg in die Nacht die Rede, also wieder ein Hinweis auf Vergeblichkeit und Niedergang.

Das setzt sich in der zweiten Strophe rigoros fort: Der Sucher empfindet die überkommenen religiösen Vorstellungen als inhaltsleer. Das führt Benn in einer für ihn typischen Dreierreihe von religionshistorischen Parallelen aus. Das erste Element der Dreierreihe, »Euphratthrone«, bezieht sich auf den Götterkult Mesopotamiens. Die Völker, die dort siedelten, waren aus dem bergigen Norden gekommen und hatten ihre Götter auf den Berggipfeln verehrt. In den weiten Ebenen ihrer neuen Heimat bauten sie ihnen künstliche Gipfel, die Zikkurat (vgl. den Turmbau zu Babel). »Schrift und Wand« verweisen auf Jahwes Menetekel, die Feuerschrift im Palast des frevelhaften Assyrerkönigs Nebukadnezar, die dessen Untergang ankündigt. Schließlich geht es um den Ritus der Griechen, die, wie der »Myrmidone« Achill in der ›Ilias‹, einen Schluck Wein als Götteropfer auf die Erde gossen, bevor sie selber tranken. Die Analogie zwischen diesen drei Chiffren »Euphratthrone«, »Schrift und Wand«, »dunkle[r] Wein« liegt in dem hohl und anachronistisch gewordenen Götterglauben. Dabei kommt es Benn nicht auf exakt definierbare Parallelen an; vielmehr genügt es ihm, eine allgemeine Vorstellung von der Vergänglichkeit religiöser Vorstellungen zu evozieren. Die letzte Strophe führt in die triste Gegenwart zurück. Ob dabei der »nächtige Wein« auf den Meß- oder Abendmahlswein anspielt oder allgemein auf die Vergänglichkeit des Seins, sei dahingestellt; die »Äone« jedenfalls (für das »Äon«, das Weltalter) bleibt realitätsverhaftet und ist ohne Glaubensinhalte denkbar, bricht zu keinen neuen Ufern auf.

Der tiefe Pessimismus, der sich in solchen Versen ausdrückt, hatte für Benns Biographie die bedrückende Folge, daß er sich dem nationalistischen Lager näherte. Es versprach ihm eine grundsätzliche Gesundung durch das Zerschlagen der mürbe und morbid gewordenen Spätkultur. Der neue Mensch, den der Expressionismus ersehnte, schien ihm aus dem künstlich herbeigerufenen Barbarentum zu erstehen. Wie sehr er sich täuschte – und verrannte, zeigt sein Schicksal in der Zeit des »tausendjährigen Reiches« (s. Bd. 10, S. 55ff.).

Georg Britting
Bauerngarten

Als Antipoden und doch Verwandten Gottfried Benns hat H. E. Holthusen im Nachwort zum Sammelband ›Das große Georg Britting Buch‹ (1977) den in Regensburg geborenen, von 1921 bis zu seinem Tod als freiberuflicher Schriftsteller in München lebenden Sohn eines Bautechnikers bezeichnet. Er hat Georg Britting (1891–1964) mit diesem Vergleich geehrt, ihm damit auch einen Platz in der Literatur der ersten Hälfte des 20. Jahrhunderts zuerkannt.

Verwandt zeigt sich Britting Benn darin, daß er wie dieser im Bann des Expressionismus beginnt, Nietzsches Lebensbegriff als wegweisend versteht, Darwin Grundlagen seines Weltbilds verdankt oder ein direktes Engagement der Dichtung in der politischen Diskussion ablehnt. Aber anstatt wie Benn über den Dichter als Deuter der vorgeschichtlichen Erfahrungen der Menschheit zu reflektieren und daraus vorübergehend (1933) die oben beschriebenen Konsequenzen zu ziehen, entfernt Britting sich vom Pathos des Expressionismus und wendet sich lieber dem sicher zu Beobachtenden, den kleinen Dingen der Welt zu. Dabei orientiert er sich zunächst an Bestrebungen der »Neuen Sachlichkeit«, findet aber ab Mitte der zwanziger Jahre eine eigene unverkennbare Motivwelt und für deren Gestaltung eine seinem Anspruch auf Form gemäße Sprache, die scheinbar nur Gegenständliches sinnlich veranschaulicht, dahinter jedoch geheimnisvolle Zusammenhänge erspürt. »Poesie, die mit der Natur im Bunde ist«, hat man diese Dichtung genannt. Gedichte wie ›Fröhlicher Regen‹ oder ›Bauerngarten‹ sind Beispiele dafür, zusammengefaßt in einem 1930 erschienenen schmalen Bändchen (›Gedichte‹). Sie sind nicht das letzte Wort eines unermüdlich Schaffenden, der in den späteren Gedichtbänden (›Der irdische Tag‹, 1935; ›Lob des Weines‹, 1944; ›Die Begegnung‹, 1947; vor allem aber ›Der unverstörte Kalender‹, 1965) weiter ausgriff, alte Motive vertiefte, andere (Tod) hinzunahm und am Ende Naturidylle und Untergangsgefühl zu verknüpfen wußte, wie etwa wenn am Schluß eines herbstlichen Festes der Wirt »[l]ächelnd berechnet die Zeche«.

Bauerngarten
Ein Johanniskäfer, rot, mit weißen Tupfen
Schläft auf dem Brennesselblatt.
Heuschrecken, langschenklig, hupfen
Durch den Zaun auf den Salat.

Eine Hummel wackelt und rumpelt
Drohend durch die Gräserspitzen.
Der alte Bauer humpelt
Zur Bank, in der Sonne zu sitzen.

Zwei Lerchen, und da noch eine!
Drei Punkte in blauer Luft –
Der Alte hebt witternd die Nase
In den braunen Roggenduft.

Die Lerchen steigen und fallen
Und fiedeln immerzu.
Der Holunderbaum schlägt seine Krallen
In die schwarze Bodenruh.

Auf den ersten Blick eine Idylle, eine abgeschlossene Welt, in der Tier, Pflanze und Mensch eine Einheit bilden. Zur Idylle gehört schon seit der Antike der Locus amoenus, ein (fiktiver) lieblicher Ort, an dem selbstgenügsame Menschen Geborgenheit finden können. Ein Bauerngarten könnte vielleicht ein solcher Ort sein, aber er entspricht nicht dem idyllischen Locus amoenus, er gehört der Alltags-Wirklichkeit an und hat einen Zweck zu erfüllen: in ihm erwartet man sich eine ganz bestimmte Dingwelt wie Nutzpflanzen (Salate, Gemüse, Gewürze), Blumen (kräftige Farben), Heilkräuter – vielleicht ein Vogelhäuschen für den Winter.

Nichts von all dem findet sich in Brittings Gedicht. Die nachgestellten Adjektive der ersten Strophe betonen als flüchtige Gäste in diesem Garten: einen Johanniskäfer und Heuschrecken; die zweite fügt eine Hummel hinzu, die dritte mit buchhalterischer Genauigkeit »zwei Lerchen, und da noch eine!« Inmitten dieser realistisch erfaßten Umgebung »der alte Bauer«, in der ersten Fassung des Gedichts durch den Namen »Jakob« eine reale Person. Er ist übrigens die schwächste Figur im Inventar. Wo sich fast alles in dynamischer Bewegung befindet, »humpelt« er und »hebt« allenfalls »witternd die Nase«.

Bei Storm liest man das alles so ähnlich (›Abseits‹, 1848): Da »hasten Laufkäfer durchs Gesträuch, Bienen hängen an den Glocken der Edelheide, die Luft ist voller Lerchenlaut« und mitten in dieser vom »Klang der aufgeregten Zeit« verschonten Idylle, kann der Kätner beruhigt von »seiner Honigernte« träumen. Das kann der »alte Bauer« nicht. Er lebt nämlich nicht wie der Kätner in einer »heilen Welt«. In diesem Bauerngarten ist einiges durcheinander, von Schönheit und Behaglichkeit ist nirgends die Rede: Heuschrecken »hupfen [...] auf den Salat« (um ihn zu fressen?), eine Hummel »rumpelt« gar »drohend« wie ein Panzer durch die Grasspitzen, und am Ende, an betonter Stelle, »schlägt« der Holunderbaum seine »Krallen« in die »Bodenruh«. Selbst die Lerchen stören in ihrem ständigen Auf und Ab und »fiedeln immerzu«, anstatt wie bei Storm zum Bild der Ruhe beizutragen. Kommt in Storms ›Abseits‹ nicht einmal der »Lärm der aufgeregten Zeit« in »die Einsamkeit« des Gartens, so ist bei Britting die Unruhe innerhalb des Gartens, und sie droht sogar mit krallenbewehrter Gewalt und Exzessen (wenn die Heuschrecken über den Salat herfallen).

Es gibt auch keine Harmonie und Ruhe in der Versgestaltung; die äußere Gleichmäßigkeit der vier Strophen existiert bei näherem Hinsehen nur dem Anschein nach: Der Rhythmus ist unregelmäßig, die Zeilenlänge unterschiedlich, selbst die einfache Reimform (a b a b) wird (in der dritten Strophe) – wenn auch realitätsfördernd – durchbrochen und in der dritten Zeile der ersten Strophe nur durch eine mundartliche Abweichung (»hupfen«) erreicht.

Britting stellt kein Idyll dar, es gibt aber auch keine Klage. Für den »alte[n] Bauer[n]« ist die Welt in Ordnung, solange er »witter[t] [...] den braunen Roggenduft« (die einzige Synästhesie, die sich der Verfasser erlaubt). Die kreatürliche Gewalt gehört in diese kleine Welt. Die Einsicht in Naturgesetze führt zum Einverständnis mit der Natur. Dies ist »Poesie, die mit der Natur im Bunde ist«.

Kurt Schwitters
An Anna Blume

»Dada lehnt Arbeiten wie die berühmte ›Anna Blume‹ des Herrn Schwitters grundsätzlich und energisch ab«, dekretierte 1920 Richard Huelsenbeck barsch in seiner ›Einleitung zum Dada-Almanach‹. Die Ablehnung richtete sich gegen einen Künstler, der bereits 1918 mit den Worten »Ich bin Maler, ich nagle meine Bilder« um Aufnahme in den Berliner ›Club Dada‹ nachgesucht hatte, jedoch schon damals abgewiesen worden war. Während die Dada-Bewegung (s. S. 58) noch 1920 zerfiel, trafen die Werke Kurt Schwitters' (1887–1948), seine Collagen, aber auch Texte, wie die ›Sonate in Urlauten‹ bzw. ›Urlautsonate‹ (in endgültiger Form 1932 publiziert), bis in die Gegenwart hinein auf Resonanz, wie Ausstellungen und Aufführungen belegen. Am bekanntesten hat den Autor Schwitters aber wohl sein Gedicht ›An Anna

Blume‹ gemacht, eben jenes, das Huelsenbeck, dem Kunst vor allem ein Propagationsmittel für revolutionäre Aktion war, so verächtlich abgetan hatte.

Oh Du, Geliebte meiner 27 Sinne, ich liebe Dir!
Du, Deiner, Dich Dir, ich Dir, Du mir, – – – – wir?
Das gehört beiläufig nicht hierher!

Wer bist Du, ungezähltes Frauenzimmer, Du bist, bist Du?
Die Leute sagen, Du wärest.
Laß sie sagen, sie wissen nicht, wie der Kirchturm steht.

Du trägst den Hut auf Deinen Füßen und wanderst auf die Hände,
Auf den Händen wanderst Du.

Halloh, Deine roten Kleider, in weiße Falten zersägt,
Rot liebe ich Anna Blume, rot liebe ich Dir.
Du, Deiner, Dich Dir, ich Dir, Du mir, – – – – – wir?
Das gehört beiläufig in die kalte Glut!
Anna Blume, rote Anna Blume, wie sagen die Leute?

Preisfrage:

1.) Anna Blume hat ein Vogel,
2.) Anna Blume ist rot.
3.) Welche Farbe hat der Vogel.

Blau ist die Farbe Deines gelben Haares,
Rot ist die Farbe Deines grünen Vogels.
Du schlichtes Mädchen im Alltagskleid,
Du liebes grünes Tier, ich liebe Dir!
Du Deiner Dich Dir, ich Dir, Du mir, – – – – wir!
Das gehört beiläufig in die – – – Glutenkiste.
Anna Blume, Anna, A – – – – N – – – N – – – A!
Ich träufle Deinen Namen.
Dein Name tropft wie weiches Rindertalg.
Weißt Du es Anna, weißt du es schon,
Man kann Dich auch von hinten lesen.
Und Du, Du Herrlichste von allen,
Du bist von hinten, wie von vorne:
A – – – – – –N– – – – – – –N– – – – – –A.
Rindertalg träufelt STREICHELN über meinen Rücken.
Anna Blume,
Du tropfes Tier,
Ich – – – – – – – liebe – – – – – – – Dir!

Der amüsierte Leser wird zunächst wohl eine Art Gestammel wahrnehmen, wie es einem rettungslos Verliebten über die Lippen fließen mag. Daß die Liebesraserei imstande ist, einem Menschen den Kopf zu ver-rücken, ist ein Gemeinplatz, davon legt auch die Literatur aller Zeiten beredtes Zeugnis ab. Vielleicht läßt sich die Radikalität der Dadaisten, mit der sie sich von allen Konventionen (vor allem jedoch von den sprachlichen) verabschiedeten, ihr Spott und ihr Hohn, die sie über jegliche Form von Bürgerlichkeit und Spießertum ausgossen, ihr anarchischer Furor als Liebesgedicht aber noch am ehesten »genießen«. Das ästhetische Vergnügen an diesem Text resultiert zum Teil sicher daher, daß in ihm trotz aller Verstöße gegen Logik und Grammatik ein Strukturzusammenhang gewahrt bleibt. Das Gedicht ist gar nicht »Form ohne Inhalt« und »burleske Willkür«, wie man ihm vorgeworfen hat (Wilhelm Duwe). Merkmale und Verfahrensweisen herkömmlicher Liebeslyrik finden sich in ihm, wenn auch parodistisch verfremdet, durchaus: Neben der Gliederung durch die wiederholte Beschwörungsformel »Ich liebe Dir« und den Anruf findet sich das gattungstypische Spiel mit dem Namen der Geliebten, der Lobpreis ihrer Schönheit, der Versuch, ihr rätselhaftes Wesen zu erfassen, die Weigerung, Intimes preiszugeben (»Das gehört beiläufig nicht hierher!«). Auffällig sind Anspielungen auf die Liebeslyrik des 19. Jahrhunderts. In Heinrich Heines ›Buch der Lieder‹ heißt es z.B. »Du bist wie eine Blume[!]/ So hold und schön und rein« und der zweite Teil von Adelbert von Chamissos ›Frauen-Liebe und Leben‹ beginnt mit den Worten »Er, der herrlichste von allen,/ Wie so milde, wie so gut!«

Das Gerede der »Leute«, die nicht einmal wissen, »wie der Kirchturm steht«, ist gänzlich irrelevant, Anna Blume läßt sich mit bloßem Alltagsverstand nicht begreifen. Obwohl die Geliebte ein »schlichtes Mädchen im Alltagskleid«, vielleicht sogar etwas beschränkt ist (»Anna Blume hat ein Vogel«), benötigt man »27 Sinne«, um sie zu erfassen, und selbst das scheint nicht ausreichend: Sie ist ein »ungezähltes Frauenzimmer«. Die Vielzahl der erforderlichen Sinne mag mit der starken Sinnlichkeit Annas korrespondieren, ist sie doch ein »tropfes Tier«, schon ihr Name »tropft wie weiches Rindertalg«. Als »liebes grünes Tier« verkörpert sie die pure Natur, die blaue und gelbe Farbe ihres Haars vereinigt sich farb-logisch zu ihrem »grünen Vogel«. Daß man sie »auch von hinten lesen« kann, daß sie »von hinten, wie von vorne« buchstäblich A-N-N-A ist, könnte – neben den mitschwingenden erotischen Untertönen – natürlich auch bedeuten, daß sie nur eine »buchstabile« Existenz hat, sich darstellt als Collage aus divergenten »Materialien«, als Kunstprodukt: »Halloh, Deine roten Kleider, in weiße Falten zersägt«. Man wird von einem dadaistischen Gedicht zuallerletzt absolute sprachliche Korrektheit erwarten, doch entspricht das »ich liebe Dir« mit seiner Verwechslung von Akkusativ und Dativ lediglich der Berliner Dialektform der Liebeserklärung. Charakteristischerweise ist auch bei der folgenden Deklination des Personalpronomens »du«, (Anna bzw. der Leser soll sich anscheinend die hochsprachlich richtige Form selbst heraussuchen) die übliche Reihenfolge der

Kasus vertauscht. Fast scheint das lyrische Ich unter seiner dialektalen Unvollkommenheit zu leiden; der Herrlichkeit der Geliebten kann nur eine grammatikalisch perfekte Liebeserklärung gerecht werden – daher wohl die Korrektur: »Du [...] wanderst auf die Hände,/Auf den Händen wanderst Du.« Vielleicht ohne es zu wollen, verweist der Text mit diesen Berolinismen aber vor allem auf seine Vorlage, auf das Gedicht »Mir und mich« des Hofschauspielers Johann Ferdinand Rüthling (1793-1849), in dem es heißt:

> Ich liebe dir, ich liebe dich!
> Wie's richtig is, ich weeß es nich
> Un's is mich ooch Pomade.
> Ich lieb' nich uf den dritten Fall,
> Ich lieb' nich uf den vierten Fall,
> Ich lieb' uf alle Fälle.
> [...]

So erweist sich einmal mehr der auf den ersten Blick so anarchisch-verrückte und alogische Text Kurt Schwitters' auf vielfache Weise bestimmt und strukturiert durch Form- und Sprachkonventionen; ein bloßes Lautgedicht könnte wohl auch kaum angemessener Ausdruck des unausgesprochenen Appells, der inbrünstigen Hoffnung sein, die alle Liebesgedichte zuletzt sind: »ich Dir, Du mir – – – – – wir?«

2. Ästhetische Wortkunst der Moderne – Dichter als Verkünder und Seher

Stefan George
Das Neue Reich

> Stefan George bedeutete der Generation um die Jahrhundertwende den großen Beweis dafür, daß *der Dichter* auch in unserer Zeit möglich sei, daß er in ihr, mahnend, fordernd und prophezeiend, wirksam sein könne. [...] Er ist uns, die wir während eines Zusammenbruches aufgewachsen sind, Bindung an die Werte und Traditionen großer Bildungswelten und Vergangenheiten; während er uns also vor Entwurzelung bewahrt, ist er uns auch, durch sein Werk und durch sein Schicksal, das er uns vorgelebt hat, Führer und Wegweiser in eine Zukunft des reineren Lichtes, des strengen Glücks.
> *(Klaus Mann: ›Stefan George. Führer der Jugend‹. 1928)*

Diese Worte Klaus Manns sind insofern erstaunlich, als dieser ja nicht dem exklusiven und elitären George-Kreis angehörte, jenem geistesaristokratischen »Orden« also, in dem Stefan George (1868–1933) als

»Meister« gegenüber den »Jüngern« durch Erwählung und Verwerfung, Aufnahme und Verbannung die Gruppenzugehörigkeit regelte und seinen Führungsanspruch durchsetzte. Wie Klaus Mann die Faszination begründete, die von diesem Autor offenbar weit über die Grenzen seines eigenen und engsten Zirkels hinaus auf Teile der Öffentlichkeit und gerade auch der Jugend ausging, ist bemerkenswert. Die Entschiedenheit, mit der George Gericht hielt über seine Zeit, unbeirrbar erschien in der Verurteilung aller nivellierenden Tendenzen, aller Versuchungen der Zivilisation, ließen ihn als moralische Instanz erscheinen.

Nicht zuletzt am materiellen Erfolg läßt sich ablesen, daß dieses Konzept Georges auf beträchtliche Resonanz stieß: Gedichtbände wie ›Das Jahr der Seele‹ (1897) oder ›Der Teppich des Lebens‹ (1899) erlebten, für den Bereich der Lyrik ist das sehr ungewöhnlich, bis 1933 zwölf und dreizehn Auflagen, zwischen 1919 und 1933 wurden seine Bücher an die 130.000 Mal verkauft. Seit Ende 1927 (bis 1934) erschien eine auf 18 Bände angelegte Gesamtausgabe des Werks. Schon ihr äußeres Erscheinungsbild signalisierte Exklusivität, trotz der betonten Marktferne allerdings eine höchst medienwirksam inszenierte und drucktechnisch fortschrittliche. Die nachtblauen Einbände, mit Goldlettern eingeprägte Titel, das büttenartige Papier, die Verwendung der allein für diesen Autor reservierten Drucktypen, der »Stefan-George-Schrift«, all das gehörte teils schon seit Jahrzehnten zum »Markenzeichen«, teils sollte es wohl die Bücher zu begehrten Sammelobjekten machen.

Im Oktober 1928 wurde unter dem Titel ›Das Neue Reich‹ das jüngste und, wie sich erweisen sollte, letzte Werk Stefan Georges als neunter Band dieser Ausgabe publiziert. Der Dichter hatte jahrelang geschwiegen und nun versammelt, was seit 1914 an Gedichten entstanden war – wie einer knappen ›Vorrede‹ zu entnehmen ist, reicht die Entstehungszeit der Texte teilweise sogar bis ins Jahr 1908 zurück.

Im Hinblick auf die Mannigfaltigkeit der Inhalte und Formen unterliegt der Band sehr viel weniger einem einheitlichen Kompositionsprinzip als die vor dem Weltkrieg publizierten. Er ist in drei Teile gegliedert, bestehend aus 14 Gesängen, 39 Sprüchen und 12 Liedern, und auch diese Gruppen sind differenziert in die unterschiedlichsten lyrischen Ausdrucksweisen und Töne.

Als Vermächtnis an Mit- und Nachwelt, als »Nachlaß zu Lebzeiten« scheint das Buch angelegt. ›Das Neue Reich‹: Schon den Titel des Bandes konnte man, je nach Einstellung erfreut oder erbittert als Stellungnahme im politischen Tageskampf verstehen, als an nationalistische Kreise gerichtete Sympathieerklärung, gar als Annäherung an die Visionen von einem »Dritten Reich«, wie sie bei Anhängern einer »konservativen Revolution«, vor allem natürlich bei den Nationalsozialisten zirkulierten. Bis heute wird die Betrachtung von Stefan Georges Spätwerk von der Diskussion über seine weltanschauliche Position bestimmt. Diese Diskussion haben hauptsächlich einige Texte im ersten Teil des Bandes entfacht. War der Autor der politischen Rechten zuzuordnen, so mußte man zum Beispiel von einem Gedicht mit dem Titel ›Der Krieg‹ (zwölf Strophen zu je zwölf Zeilen, Blankverse) Äußerungen erwarten, die etwa in die Nähe Ernst Jüngers geführt hätten: »Kampf als inneres Erlebnis«, Wiedergeburt der Nation aus dem Geist der Schützengrabengemeinschaft.

> Wie das getier der wälder das bisher
> Sich scheute oder fletschend sich zerriss
> Bei jähem brand und wenn die erde bebt
> Sich sucht und nachbarlich zusammendrängt:
> So in zerspaltner heimat schlossen sich
> Beim schrei DER KRIEG die gegner an .. ein hauch
> Des unbekannten eingefühls durchwehte
> Von schicht zu schicht und ein verworrnes ahnen
> Was nun beginnt .. Für einen augenblick
> Ergriffen von dem welthaft hohen schauer
> Vergass der feigen Jahre wust und tand
> Das volk und sah sich gross in seiner not.
>
> (›*Der Krieg*‹, *1. Strophe*)

Auf den ersten Blick könnte man meinen, George habe hier ganz im Sinne der Kriegsapologeten das angeblich die Klassen versöhnende Erlebnis des August 1914 gefeiert, tatsächlich ist von Überwindung der Spaltung, von »eingefühlt« die Rede, ein »verworrnes ahnen« habe »der feigen jahre wust und tand« vergessen lassen, doch darf man andererseits den vom Autor gewählten Vergleich nicht übersehen: »Wie das getier der wälder« bei einem Brand oder Erdbeben, also instinktiv und unter äußerem Druck, habe sich das Volk »zusammen[ge]drängt«, auch nur für »einen augenblick«. Von einem politisch-sozialen Neubeginn ist nicht die Rede: »Wie faulige frucht/ Schmeckt das gered von hohzeit auferstehung« heißt es später. Verweigert hat sich der Dichter allen chauvinistischen Herabsetzungen der Kriegsgegner, für die Seherfigur, die mit der zweiten Strophe in das Gedicht eingeführt wird, den »Siedler auf dem berg«, ist der Krieg nur letzte Konsequenz eines Zivilisationsprozesses, der »des schöpfers hand entwischt«, letztlich die Verbindung mit dem »Leben selbst« abgeschnitten hat.

> Was ist IHM [dem Seher; Hrsg.] mord von hunderttausenden
> Vorm mord am Leben selbst? Er kann nicht schwärmen
> Von heimischer tugend und von welscher tücke.
> Hier hat das weib das klagt · der satte bürger ·

> Der graue bart ehr schuld als stich und schuss
> Des widerparts an unsrer söhn und enkel
> Verglasten augen und zerfeztem [sic!] leib.
> […]
> Zu jubeln ziemt nicht: kein triumf wird sein
> Nur viele untergänge ohne würde..
> Des schöpfers hand entwischt rast eigenmächtig
> Unform von blei und blech · gestäng und rohr.
> Der selbst lacht grimm wenn falsche heldenreden
> Von vormals klingen der als brei und klumpen
> Den bruder sinken sah · der in der schandbar
> Zerwühlten erde hauste wie geziefer..
> Der alte Gott der schlachten ist nicht mehr.
> […] *(aus den Strophen 3 und 5)*

Das waren 1917, als das Gedicht entstand und in einem Sonderdruck in geringer Auflage erstmals veröffentlicht wurde, angesichts der offiziell verordneten Siegeszuversicht erstaunlich kühne, die Kriegswirklichkeit illusionslos benennende Worte. Sie demonstrieren, daß George in der Kritik der schwer durchschaubaren Zeitläufte hellsichtiger war als viele seiner Zeitgenossen. Immer dort aber, wo er seine utopisch-seherischen Vorstellungen zu gestalten versucht, nimmt die Mißdeutbarkeit und Mißbrauchbarkeit seiner Verse zu. Dies gilt vor allem für ›Der Dichter in Zeiten der Wirren‹, ein Gedicht, das bereits im Titel die Reflexion über den historischen Augenblick mit der über das Poetenamt verknüpft:

> Der Dichter heisst im stillern gang der zeit
> Beflügelt kind das holde träume tönt
> Und schönheit bringt ins tätige getrieb.
> Doch wenn aus übeln sich das wetter braut
> Das schicksal pocht mit lauten hammerschlägen
> Klingt er wie rauh metall und wird verhört..
> Wenn alle blindheit schlug · er einzig seher
> Enthüllt umsonst die nahe not.. dann mag
> Kassandra-warnen heulen durch das haus
> Die tollgewordne menge sieht nur eins:
> Das pferd · das pferd! und rast in ihren tod
> Dann mag profeten-ruf des stammgotts groll
> Vermelden und den trab von Assurs horden
> Die das erwählte volk in knechtschaft schleppen:
> Der weise Rat hat sicheren bericht
> Verlacht den mahner · sperrt ihn ins verlies.
> […]

Die »Zeiten der Wirren« sind, so sagt es das Gedicht, Zeiten unmittelbar vor und nach einer vernichtenden Niederlage. Mit den Bildern vom Untergang Trojas und von der Versklavung des Volkes Israel (»das erwählte volk«) in der Babylonischen Gefangenschaft (»Assurs horden«) wird die Katastrophe sinnfällig gemacht und vergegenwärtigt. Nicht so sehr die Unüberwindbarkeit des Feindes hat sie herbeigeführt, verschuldet haben sie die »blindheit« der »tollgewordne[n] menge« und die leichtfertigen Selbsttäuschungen der politisch Verantwortlichen. Im »stillern gang der zeit« hat das Volk nicht nur verlernt, auf seinen Dichter (»er einzig seher«) zu hören, der wie die mythologische Kassandra dazu verflucht scheint, daß seine Warnungen nicht gehört werden, oder wie die alttestamentarischen Propheten vergeblich »des stammgotts groll« verkündet; er wird sogar »verlacht«, »ins verlies« gesperrt und »verhört«, wobei in letzterem Begriff wohl auch die Bedeutung »mißverstanden« mitschwingt. Daß das Gedicht, 1921 erstmals erschienen, in die Form einer Allegorie gekleidet von der Situation Deutschlands vor und nach dem Weltkrieg spricht, ist deutlich genug, daß Stefan George sich mit dem Bild vom Dichter-Propheten selbst meint, ist, zumindest im Kreis seiner Anhänger, kaum fraglich. Überraschend ist jedoch, wie der Autor hier eine geschichtsphilosophische Begründung für den Stilwandel der Dichtkunst liefert: In »Zeiten der Wirren« können »holde träume«, kann »schönheit« von ihr nicht mehr erwartet werden. Das Wort des Dichters wird »Geheul«, seine Stimme klingt »wie rauh metall«. Abgesehen davon, daß damit auch die inhaltliche und sprachliche Radikalität der expressionistischen Literatur – insofern sie Warnung und Klage war – gerechtfertigt wird (was George gewiß fernlag), begründet der Autor hier die stilistische Wandlung seiner Lyrik, die Distanz, die zwischen seinen frühen Gedichten und denen im Band ›Das Neue Reich‹ liegt. Unter den »hammerschlägen« des Schicksals, im »wetter« der Historie sind in seinem Spätwerk an die Stelle der liedhaften Verse, die durch Elemente wie Reim und Alliterationen zur Wortmusik werden konnten, harte, unverbunden gereihte Fügungen getreten, die in ihrer scharfen Antithetik nicht Zustände schildern, sondern Gedankenbewegungen abbilden, häufig unterbrochen von Fragen und Ausrufen, meist ungereimt, in einer Sprengung der Gattungsgrenzen sich teilweise zu dialogischen Formen erweiternd (vgl. in ›Das Neue Reich‹ die Gedichte ›Der Mensch und der Drud‹, ›Gespräch des Herrn mit dem römischen Hauptmann‹, ›Der Brand des Tempels‹).

Welche Wirkmöglichkeit bleibt aber dem Dichter, wenn das »rauh metall« seiner Worte auf eine Situation trifft, »wo kein ohr ist«: »[...] was soll rede/ Vom geiste wo kein allgemeiner trieb ist/ Als der des trogs?« Davon spricht der letzte und problematischste Teil des (dreimal dreißig Verse umfassenden) Gedichts:

> Der Sänger aber sorgt in trauer-läuften
> Dass nicht das mark verfault · der keim erstickt.
> Er schürt die heilige glut die über-springt
> Und sich die leiber formt · er holt aus büchern
> Der ahnen die verheissung die nicht trügt
> Dass die erkoren sind zum höchsten Ziel
> Zuerst durch tiefste öden ziehn dass einst
> Des erdteils herz die welt erretten soll..

An des »erdteils herz«, damit ist unzweideutig Deutschland gemeint. Die Aufgabe des »Sängers« ist dabei eine zweifache: Als Wissensbewahrer hat er die »verheissung« in den »büchern/ Der ahnen« zunächst aufzuzeigen und sie dann so zu formen, daß die »heilige glut […] über-springt«.

> Unangetastet von dem geilen markt
> Von dünnem hirngweb und giftigem flitter
> Gestählt im banne der verruchten jahre

werde, so die Prophezeiung weiter, ein »jung geschlecht« erstehen, das aus sich heraus »[d]en einzigen der hilft den Mann gebiert«.

In seinen zu Recht geschätzten ›Anmerkungen zu Hitler‹ hat Sebastian Haffner darauf hingewiesen, wie genau Stefan George damit die Mentalität der Deutschen zur Zeit der Weimarer Republik getroffen habe, entstanden »aus Gram um den verlorenen Krieg und hilflosem Groll gegen den als beleidigend empfundenen Friedensvertrag«. Wenn der Dichter dieser charismatischen Helferfigur vorzeichne, was sie tun müsse, so seien das nur die daraus resultierenden Wunschträume gewesen:

> Der sprengt die ketten fegt auf trümmerstätten
> Die ordnung · geisselt die verlaufnen heim
> Ins ewige recht wo grosses wiederum gross ist
> Herr wiederum herr · zucht wiederum zucht · er heftet
> Das wahre sinnbild auf das völkische banner
> Er führt durch sturm und grausige signale
> Des frührots seiner treuen schar zum werk
> Des wachen tags und pflanzt das Neue Reich.

Es verwundert nicht, daß für viele Leser George damit zum Propheten des »Dritten Reichs« wurde, daß sie in Hitler den von ihm verheißenen »Mann«, im Hakenkreuz das »wahre sinnbild« zu erkennen glaubten. Die Nationalsozialisten selbst hofften noch im Jahre der »Machtergreifung« den Dichter als prominente Leitfigur vor den Karren ihrer Propaganda spannen zu können. Obwohl sie ihn aber anläßlich seines 65. Geburtstags heftig umwarben und sogar dem »Nationalpreis für

Literatur« seinen Namen verliehen, entzog sich dieser allen Ehrungen, schwieg beharrlich und verlegte schließlich seinen Wohnsitz in die Schweiz, wo er am 4. Dezember 1933 starb (s. auch Bd. 10, S. 44, S. 57f.) Klaus Mann hat in einem seiner ersten im Exil geschriebenen Essays unter dem Titel ›Das Schweigen Stefan Georges‹ dieses Verhalten klar erkannt und gewürdigt: »Er aber schweigt, und es läßt nur eine Deutung zu, dieses noch einmal und wieder so beredte Schweigen: er identifiziert sich *nicht* mit diesem Deutschland, er kann seinen großen Traum nicht wiedererkennen in ihm. Seine Sehnsucht bleibt unerfüllt.«

Unter dem Gesamttitel ›Das Lied‹ sind im letzten Teil des Gedichtbandes zwölf Texte zu einem Zyklus zusammengefaßt. Viel beachtet und in seiner Bedeutung schon früh erkannt wurde das sinnspruchhafte, sprachphilosophische Lied ›Das Wort‹ (erstmals 1919 veröffentlicht), das noch einmal eindrucksvoll Stefan Georges Zugehörigkeit zur Moderne belegt:

Das Wort

Wunder von ferne oder traum
Bracht ich an meines landes saum

Und harrte bis die graue norn
Den namen fand in ihrem born –

Drauf konnt ichs greifen dicht und stark
Nun blüht und glänzt es durch die mark ...

Einst langt ich an nach guter fahrt
Mit einem kleinod reich und zart

Sie suchte lang und gab mir kund
So schläft hier nichts auf tiefem grund

Worauf es meiner hand entrann
Und nie mein land den schatz gewann ...

So lernt ich traurig den verzicht:
Kein ding sei wo das wort gebricht.

Ein lyrisches Ich spricht von seinem »land«, in das es immer wieder, das Entdecker- und Seefahrermotiv klingt an, »nach guter fahrt« zurückkehrt, mit wertvollen Gütern, die über des »landes saum«, über die Grenze oder ans Ufer gebracht werden müssen. Damit deren »Einfuhr« gelingt, um die »mark« zu bereichern, müssen sie aber in einen anderen Zustand, in ein anderes Medium überführt werden können, worüber die »graue norn«, die an der Grenze dieses Grenzlandes (das bedeutet »Mark« ursprünglich) sitzt, entscheidet. Nur wenn es für die »Wunder von ferne oder traum« einen »namen« gibt, können sie für das

Land des lyrischen Ich als »schatz« gewonnen werden. »Mein land«: das ist natürlich das Land der Dichtung und das lyrische Ich hat man sich als Dichter vorzustellen. Schon bei Goethe (›West-östlicher Divan‹) heißt es ja: »Wer das Dichten will verstehen / Muß ins Land der Dichtung gehen; / Wer den Dichter will verstehen / Muß in Dichters Lande gehen.«

»Wunder von ferne oder traum«, davon sprechen die ersten drei Strophen, hat der Dichter mitgebracht, das heißt Funde, die aus räumlicher oder zeitlicher Distanz stammen oder ihren Ursprung im eigenen Unbewußten, in der Dichterphantasie haben. Vielleicht denkt George bei den »Wundern von ferne« an seine Übersetzungen von Werken Dantes, Shakespeares, Baudelaires u. a., also an seine Rolle als Vermittler der Weltliteratur über den Abgrund der Zeit hinweg. Überraschenderweise ist der Dichter abhängig von einer übermenschlichen Verwalterin der Sprache, hier archaisierend als »norn« bezeichnet (Nornen hießen die germanischen Schicksalsgöttinnen), die »in ihrem born«, in der Tiefe eines als Brunnen gefaßten Quellgrunds nach dem »namen« für »Wunder« und »traum« suchen muß. Nur wenn diese Suche erfolgreich ist, wird das Gefundene und Mitgebrachte greifbar, auch und gerade für den Dichter selbst: »Drauf konnt ichs greifen dicht und stark«. Im »Greifen« ist das »Begreifen« und der »Begriff« mit enthalten, das Wort-Werden erst verleiht der poetischen Inspiration feste Umrisse, nur so »blüht und glänzt es durch die mark«. Der Wechsel ins Präsens signalisiert Dauer, das vorliegende Gedicht selbst repräsentiert das Blühen, den Glanz des be- und ergriffenen Wunders: Die sieben paarig gereimten Zweizeiler, der regelmäßig vierhebig-jambische Takt, nur am Anfang (Vers 1 und 2) und nach dem inhaltlichen Einschnitt (Vers 7) zugunsten sinnschwerer Wörter verändert, das Vorherrschen einsilbiger Wörter, die klare Gliederung in zwei antithetisch einander gegenübergestellte Blöcke von jeweils drei Strophen und ein sentenzhaft pointierendes Verspaar am Schluß, all diese Charakteristika lassen das Gedicht in der Tat als »dicht und stark«, als gedrängt und verdichtet in Form und Inhalt erscheinen.

Die Strophen vier bis sechs zeigen an einem herausgehobenen Ereignis (»Einst«) des Dichters Abhängigkeit von der Hüterin des Namensborns gesteigert bis zur Entmächtigung. Obwohl die »fahrt« gut, der Fund ein »kleinod reich und zart« gewesen ist, im Gegensatz zu »wunder« oder »traum« also etwas materiell Greifbares, kann der »schatz« für das Land der Dichtung nicht gewonnen werden. Weil sich dafür kein Name, keine Entsprechung im Wort finden läßt, verflüssigt sich das »kleinod« in der Hand des lyrischen Ich, kann es nicht festgehalten, nicht »ding« werden. »Die Grenzen meiner Sprache bedeuten die Grenzen meiner Welt«, hat der Sprachphilosoph Wittgenstein festgestellt und in ähnlicher Formulierung: »Wovon man nicht sprechen kann, darüber muß man schweigen.« Das Fazit von Georges Gedicht, »Kein ding sei wo das wort gebricht«, liest sich wie ein Kommentar zu diesen Thesen, wobei mit der konjunktivischen Wendung sowohl die Lehre, die das lyrische Ich von der »graue[n] norn« empfangen hat, gemeint sein kann wie auch ein sich selbst auferlegtes Gebot des Dichters. Daß es eine traurige Lehre ist, nicht ein nüchternes Konstatieren wie bei Wittgenstein, scheint anzudeuten, wie groß der zu leistende »verzicht« ist, wie wichtig es wäre, das »kleinod« einzugemeinden im Land der Sprache. Dessen Reichtum und Zartheit verweist insofern auf ein Gebrechen der Sprache: Nicht die Macht des dichterischen Wortes steht am Ende, sondern seine Ohnmacht. Diese zutiefst skeptische Einsicht aber hat die Literatur der Moderne bis an den Rand des Verstummens umgetrieben – bis heute.

Rainer Maria Rilke
Duineser Elegien

Jubelnd meldete am 11. Februar 1922 Rainer Maria Rilke (1875–1926) in mehreren fast gleichlautenden Briefen an ihm nahestehende Weggefährten die Vollendung eines Werkes, das er ziemlich genau zehn Jahre zuvor während eines Aufenthalts im Schloß Duino (bei Triest an der Adria gelegen) begonnen hatte: den aus zehn Gedichten bestehenden Zyklus der ›Duineser Elegien‹ (1923).

> [...] Denk! Ich habe überstehen dürfen bis dazu hin. Durch alles. Wunder. Gnade. – Alles in ein paar Tagen. Es war ein Orkan wie auf Duino damals: alles was in mir Faser, Geweb war, Rahmenwerk, hat gekracht und sich gebogen. An Essen war nicht zu denken [...]. Jetzt weiß ich mich wieder. Es war doch wie eine Verstümmelung meines Herzens, daß die Elegien nicht da-waren.
> Sie sind. Sie sind.
> Ich bin hinausgegangen und habe das kleine Muzot, das mirs beschützt, das mirs endlich *gewährt* hat, gestreichelt wie ein großes altes Tier.
> (*Rainer Maria Rilke an Lou Andreas-Salomé. 11.2.1922*)

(Ein Schweizer Mäzen hatte Rilke im Herbst 1921 das Château de Muzot im Wallis zur Verfügung gestellt, es sollte bis zu seinem Tod der Hauptwohnsitz bleiben.)

Für das breitere Publikum war der Dichter zu Beginn der zwanziger Jahre fast verschollen, schien er verstummt: Seit über zehn Jahren hatte er nichts mehr publiziert, sieht man von dem schmalen Gedichtzyklus ›Das Marien-Leben‹ (1913) ab, von ihm selbst aber als »kleine Nebenarbeit« bezeichnet. Erst die Erschließung von Rilkes Nachlaß und die Edition der ausgedehnten Briefwechsel hat sichtbar gemacht, daß er trotz der unleugbaren Schaffenskrise, die ihn nach der mühe- und qualvollen Fertigstellung seines Romans ›Die Aufzeichnungen des Malte Laurids Brigge‹ (1910; s. Bd. 8, S. 146ff.) erfaßt hatte, auf dem Weg war, jenseits der Objektbezogenheit seiner »Dinggedichte« (s. ebd., S. 294ff.) neue lyrische Ausdrucksweisen zu erproben.

Allerdings war der Kreativitätsschub, der 1912 auf Schloß Duino die ersten Elegien hatte entstehen lassen, nach kurzer Zeit versiegt, der Ausbruch des Krieges und vor allem die als äußerst traumatisierend erlebte Einberufung zum österreichischen Landsturm (1915/16) hatten Rilke zunehmend ins Schweigen hineingestoßen.

Wichtige Anregungen, wohl auch Trost und Bestätigung empfing Rilke in dieser Zeit von den Gedichten eines Poeten, dessen Bedeutung erst im 20. Jahrhundert ganz erkannt wurde: von Fridrich Hölderlin (1770–1843). Norbert von Hellingrath (dem George-Kreis zugehörig) erarbeitete eine historisch-kritische Ausgabe von dessen Werken; einen Vorabdruck des vierten Bandes, der die späten Hymnen enthielt, bekam Rilke im Sommer 1914. Tief beeindruckt (»von einer Schönheit der Maße und der Bruchflächen, die an Gedichtstücke der Sappho denken lassen«), wurde er offenbar sofort zu künstlerischer Auseinandersetzung und Aneignung stimuliert. Vorbild konnte ihm Hölderlin werden, weil er in dessen Werken exemplarisch vorgebildet sah, was er selbst anstrebte: der Sprache mit höchstem Einsatz das Äußerste abzuverlangen. In seinem Gedicht ›An Hölderlin‹ (September 1914) heißt es:

> [...]
> Dir, du Herrlicher, war, dir war, du Beschwörer, ein ganzes
> Leben das dringende Bild, wenn du es aussprachst,
> die Zeile schloß sich wie ein Schicksal, ein Tod war
> selbst in der lindesten, und du betratst ihn; aber
> der vorhergehende Gott führte dich drüber hervor.
> [...]

So wollte Rilke sich wohl auch sehen und gesehen werden: als »Beschwörer«, dessen Verse Leben und Tod umspannen konnten, weil ihm ein Gott vorausging und ihn leitete. Letztlich beabsichtigte er – unausgesprochen war dies das Programm der ›Duineser Elegien‹ –, mit poetischen Mitteln eine Antwort auf den Niedergang der Religionen und die allgemeine Sinnkrise der Neuzeit zu geben und, ohne die bittere Realität von Schmerz und Vergänglichkeit zu bagatellisieren, die Möglichkeit von Weltvertrauen und Lebensbejahung neu zu begründen. Aus heutiger Sicht mag eine solche Zielsetzung vermessen erscheinen, als ein anachronistisches Unterfangen, notwendig zum Scheitern verurteilt. Daß die Vernichtungsraserei des Weltkriegs die Vollendung des Werks im Innersten gefährden mußte, ist leicht nachvollziehbar, der eingangs zitierte Jubel Rilkes vor diesem Hintergrund wohl noch verständlicher. Nimmt man jene Formulierungen des Autors in seinem Brief an Lou Andreas-Salomé beim Wort, läßt sich erkennen, wie sehr er sich als Werkzeug oder Medium einer überindividuellen Macht (»Orkan«) empfand, als Webstuhl (»Faser, Geweb [...] Rahmenwerk«), auf dem sich, gewaltsam ergriffen von einem Gott oder Engel (von den »Tagen ungeheuren Gehorsams im Geiste« spricht er in einem anderen Brief), »Wunder« und »Gnade« der Textentstehung vollzog.

Wenngleich bis heute nicht Einigkeit besteht über die Bewertung dieser mit höchstem Anspruch und größtem Einsatz unternommenen Rechtfertigung und Rühmung des Seins, ist im 20. Jahrhundert wohl kein zweites Mal so radikal das Aufeinanderbezogensein von Leben und Dichtung ausgelotet worden: »Leben können wird als die Bedingung der Möglichkeit von Dichten und Dichtenkönnen als Bedingung der Möglichkeit von Leben erfahren« (Ulrich Fülleborn).

Betrachtet man unvoreingenommen die Stellung der ›Duineser Elegien‹ in der Gattungsgeschichte der Lyrik bzw. im geistesgeschichtlichen Umfeld, muß man aber doch festhalten, daß sie einen Abschluß markieren: den einer bis in die Antike zurückreichenden Tradition, in der sich der Dichter-Sänger als göttlich Inspirierter verstand. Fundamental andere – und zukunftsweisende! – Konzepte, vor allem natürlich dasjenige Brechts, wurden zur gleichen Zeit erprobt. Schon viele zeitgenössische Leser waren von Rilkes Spätwerk eher befremdet. So kritisiert Karl Viëtor bereits in einer frühen Rezension (1924) sowohl die »Schwäche der Gesamtgestaltung« wie im einzelnen eine »Dunkelheit, die nicht immer notwendig zu sein scheint«. Trotzdem hat das Werk bis in die Gegenwart begeisterte Liebhaber und Verehrer gefunden: Der Literaturwissenschaftler Peter Szondi etwa bezeichnet den Gedichtzyklus schlicht als »das bedeutendste Werk der deutschen Lyrik dieses Jahrhunderts«. Die beiden ersten Elegien, die eine motivische Einheit bilden, heben mit der Entfaltung von Rilkes Engel-Mythos an:

Die erste Elegie

Wer, wenn ich schriee, hörte mich denn aus der Engel
Ordnungen? und gesetzt selbst, es nähme
einer mich plötzlich ans Herz: ich verginge von seinem
stärkeren Dasein. Denn das Schöne ist nichts
als des Schrecklichen Anfang, den wir noch grade ertragen,
und wir bewundern es so, weil es gelassen verschmäht,
uns zu zerstören. Ein jeder Engel ist schrecklich.
    Und so verhalt ich mich denn und verschlucke den Lockruf
dunkelen Schluchzens. [...]

Trotz aller Säkularisierung des Denkens sind auch im 20. Jahrhundert Engelgestalten weder aus der bildenden Kunst noch aus der Literatur verschwunden, im modernen Unterhaltungsfilm, in der aktuellen Popmusik haben sie sogar Konjunktur. Herkömmliche Vorstellungen (etwa von Schutz- oder Weihnachtsengeln) erschweren aber eher das Verständnis von Rilkes mythopoetischer Konstruktion. In einem Brief (an den polnischen Übersetzer Witold Hulewicz vom 13.11.1925) hat er ausdrücklich betont, der Engel der ›Elegien‹ habe »nichts mit dem Engel des christlichen Himmels zu tun«, er, Rilke, entferne sich sogar »immer leidenschaftlicher« von christlichen Vorstellungen. Die Konzeption dieser »uns übertreffenden Wesen« dient dem Autor vielmehr vor allem dazu, das Sein des Menschen zu erfassen, indem er dessen Grenzen bestimmt. »Als Repräsentanten einer in sich ruhenden Existenz sind sie entrückter und sich verweigernder Maßstab der menschlichen Not und begeisterndes Vorbild zugleich«, heißt es in einem Kommentar von August Stahl treffend. Am Anfang steht die Klage über diese »Not«, über die Schwäche, die Unvollkommenheit und Ohnmacht des Menschen, kurz: über seine Bedürftigkeit. Klage führt das lyrische Ich aber ebenso über die Aussichtslosigkeit, die Hilfe auch nur eines Engels zu erhalten (die Reihe von Konjunktiven ist der sprachliche Ausdruck dafür), und selbst die äußerst unwahrscheinliche Zuwendungsgeste, die ein Akt der Grenzüberschreitung wäre, würde zur tödlichen Gefahr. Schrei und Schluchzen müssen also sogar »verhalten« werden, um nur ja keinen Engel »anzulocken«. Mit den Attributen »schön« und »schrecklich« wird die Grenzlinie markiert, die dessen Dasein von dem des Menschen trennt: Das Schöne ist zwar gleichgültig gegen das Menschliche, aber es vernichtet den Menschen noch nicht, »gelassen verschmäht [es],/uns zu zerstören«. Schrecklich ist das, was wir nicht mehr fassen, nicht mehr ertragen können.

Die Gefahr, konfrontiert mit dem Engel zu »vergehen« (»ich verginge von seinem/stärkeren Dasein«), wird in der ›Zweiten Elegie‹ genauer gefaßt:

> Träte der Erzengel jetzt, der gefährliche, hinter den Sternen
> eines Schrittes nur nieder und herwärts: hochauf-
> schlagend erschlüg uns das eigene Herz. [...]

Der Mensch würde also seiner eigenen Schwäche erliegen. Zwar begegnete die Bewegung seines Herzens (»hochauf-/schlagend«: man beachte die drei aufeinanderfolgenden Hebungen) dem »nieder und herwärts« des Engelschritts, doch ist dem Näherkommen des Engels sein Herz nicht gewachsen. Von einer zu erwartenden Hilfe ist in dieser ›Zweiten Elegie‹ nicht länger die Rede, noch mehr als die erste hofft sie offenbar zu erkennen, was der Mensch ist, indem sie dessen gewaltiges Gegenbild zu erfassen versucht:

Jeder Engel ist schrecklich. Und dennoch, weh mir,
ansing ich euch, fast tödliche Vögel der Seele,
wissend um euch. Wohin sind die Tage Tobiae,
da der Strahlendsten einer stand an der einfachen Haustür,
zur Reise ein wenig verkleidet und schon nicht mehr furchtbar;
(Jüngling dem Jüngling, wie er neugierig hinaussah).
[...] wer seid ihr?

Frühe Geglückte, ihr Verwöhnten der Schöpfung,
Höhenzüge, morgenrötliche Grate
aller Erschaffung, – Pollen der blühenden Gottheit,
Gelenke des Lichtes, Gänge, Treppen, Throne,
Räume aus Wesen, Schilde aus Wonne, Tumulte
stürmisch entzückten Gefühls und plötzlich, einzeln,
Spiegel: die die entströmte eigene Schönheit
wiederschöpfen zurück in das eigene Antlitz.

Weil das lyrische Ich um die Engel weiß, hat es die Aufgabe, sie »anzusingen«. Trotz der unüberbrückbar erscheinenden Distanz sind sie doch auf die menschliche Seele bezogen. Daß die Distanz in einer anderen Weltzeit, nämlich in den Tagen der biblischen Propheten sehr viel geringer, die Möglichkeit eines Kontakts quasi alltäglich war, thematisieren die folgenden Verse. Im ›Buch Tobias‹ wird erzählt, wie der Vater des jungen Tobias diesen mit einer geschäftlichen Angelegenheit beauftragt. Zur Unterstützung solle er sich einen »treuen Gesellen« suchen. »Da ging der junge Tobias hinaus und fand einen feinen jungen Gesellen, der hatte sich angezogen und bereitet zu wandern; und er wußte nicht, daß es ein Engel Gottes war« (Kap. 5, V. 4f.). Jene Weltordnung, in der das Göttliche so dicht neben der Realität lag, wo ein wenig Verkleidung genügte, um aus dem Engel einen »Gesellen« (»Jüngling dem Jüngling«) zu machen, erscheint in der Gegenwart des Elegien-Ich nur noch als elegische Klage um ihren Verlust. Tobias erhält auf die einfache Frage »Woher bist du, guter Gesell?« noch eine ebenso einfache Antwort: »Ich bin ein Israeliter.« An der angestrengten, komplexen Bildlichkeit der hymnischen Bestimmungen, die in der Elegie auf die Frage »Wer seid ihr?« folgen, wird deutlich, in welch stumm sich verweigernde Weltenferne das Transzendente gerückt ist, wie sehr sich das lyrische Ich abmühen muß, das »stärkere Dasein« der Engel dem der Menschen noch zu vermitteln: Als »frühe Geglückte« haben jene noch teil an der ungebrochenen Schaffenskraft des Weltanfangs, als des Schöpfers erste Liebe erscheinen sie, »verwöhnt« wie verhätschelte Kinder. So als wären diese Bilder dem Menschsein noch zu nahe, wird dieses im »Ansingen« rasch zurückgelassen: »Höhenzüge, morgenrötliche Grate/aller Erschaffung« sind die Engel. Unwillkürlich wird man erinnert an gemalte Gebirgslandschaften von Caspar David Friedrich, auf denen hinter den schroffen Gipfeln und Graten oft ein überirdisches Licht zu strahlen scheint. Schrittweise entfernen sich die Formulierungen in den nächsten Versen von irdischen Bezügen. »Pollen der blühenden Gottheit« enthält die Vorstellung von der Gottheit als einer Pflanze, die durch das Ausstreuen von Engel-Keimen immer neu ihren Fortbestand, ihr Weiterblühen sichert. Die folgenden Substantive verräumlichen, was eigentlich ungegenständlich ist, zu einer Art Lichtarchitektur: »Gelenke des Lichtes, Gänge, Treppen, Throne«.

»Räume aus Wesen«: »Wesen« ist hier gewiß ein singularischer Begriff und meint, daß in den Engeln das Seiende konzentriert und verdichtet enthalten ist. Erläuterungsbedürftig ist aber vor allem die Formulierung, die Engel seien »*Spiegel:* die die entströmte eigene Schönheit/ wiederschöpfen zurück in das eigene Antlitz«. Die Stelle wird nur verständlich, wenn man berücksichtigt, welche Bedeutung das Spiegelmotiv in Verbindung mit dem Mythos von Narziß für Rilke und sein Werk hatte. In mehreren Gedichten umkreiste der Autor diese Gestalt, von der etwa Ovid in den ›Metamorphosen‹ erzählte, sie habe sich beim Anblick ihres Spiegelbildes im Wasser in sich selbst verliebt und sei bei dem Versuch, sich mit diesem Bild zu vereinigen, zu Tode gekommen. Im Gegensatz zu unvollkommenen Sterblichen, die eben niemals imstande sind, die Daseinsweise der Engel zu erreichen, ist es diesen möglich, »die entströmte eigene Schönheit« wiederzuschöpfen »in das eigene Antlitz«: Ohne Verlust entströmt ihnen ihre Schönheit, die von dem Spiegel zurückgeworfen wird, der sie selber sind.

Indem die ›Zweite Elegie‹ nun zum Sein des Menschen zurückkehrt, schlägt ihr Ton um vom Hymnus in die Klage:

> Denn wir, wo wir fühlen, verflüchtigen; ach wir
> atmen uns aus und dahin; von Holzglut zu Holzglut
> geben wir schwächern Geruch. Da sagt uns wohl einer:
> ja, du gehst mir ins Blut, dieses Zimmer, der Frühling
> füllt sich mit dir... Was hilfts, er kann uns nicht halten,
> wir schwinden in ihm und um ihn. Und jene, die schön sind,
> o wer hält sie zurück? Unaufhörlich steht Anschein
> auf in ihrem Gesicht und geht fort. Wie Tau von dem Frühgras
> hebt sich das Unsre von uns, wie die Hitze von einem
> heißen Gericht. O Lächeln, wohin? O Aufschaun:
> neue, warme, entgehende Welle des Herzens –;
> weh mir: wir *sinds* doch. Schmeckt denn der Weltraum,
> in den wir uns lösen, nach uns? Fangen die Engel
> wirklich nur Ihriges auf, ihnen Entströmtes,
> oder ist manchmal, wie aus Versehen, ein wenig
> unseres Wesens dabei? Sind wir in ihre
> Züge soviel nur gemischt wie das Vage in die Gesichter
> schwangerer Frauen? Sie merken es nicht in dem Wirbel
> ihrer Rückkehr zu sich. (Wie sollten sie's merken.)

»Bleiben ist nirgends«, steht schon in der ›Ersten Elegie‹, und hier werden nun des Menschen geringe seelische Möglichkeiten, seine stetig dahinschwindenden Kräfte des Fühlens beklagt. Selbst die Liebenden können einander davor nicht bewahren. Anders als die sich verschwendende, aber dahinschwindende Schönheit des Menschen schöpfen die Engel die ihnen »entströmte« wieder zurück in das eigene Antlitz. Zwar bringt sie ein Leuchten in die Welt, das auch andere erhellt, »anscheint«, doch ist diese Schönheit nur »Anschein«, der vergeht »wie Tau von dem Frühgras«, »wie die Hitze von einem/heißen Gericht« Die Klage gipfelt in dem verzweifelten »weh mir«: Von dem, was dem Menschen entgleitet, seinem Gefühl, seiner *Schönheit,* seinem Lächeln, seinem »Aufschaun«, heißt es: »wir *sinds* doch«, gerade das macht unser Wesen aus! In einer verwegenen Formulierung fragt das lyrische Ich, ob von dem den Menschen in den Weltraum »Entströmenden« nicht vielleicht doch von den Engeln, die diese Sphäre bewohnen, etwas aufgefangen, ob es von ihnen nicht zumindest bemerkt würde. Aber im »Wirbel ihrer Rückkehr zu sich« nehmen sie nichts davon wahr; resigniert äußert das lyrische Ich: »Wie sollten sie's merken«.

Noch einmal wendet sich darauf die Elegie den Liebenden mit der Frage nach dem Wohin des Hinschwindens zu:

Liebende, euch, ihr ineinander Genügten,
frag ich nach uns. Ihr greift euch. Habt ihr Beweise?
Seht, mir geschiehts, daß meine Hände einander
inne werden oder daß mein gebrauchtes
Gesicht in ihnen sich schont. Das giebt mir ein wenig
Empfindung. Doch wer wagte darum schon zu *sein*?
Ihr aber, die ihr im Entzücken des anderen
zunehmt, bis er euch überwältigt
anfleht: nicht *mehr* –; die ihr unter den Händen
euch reichlicher werdet wie Traubenjahre;
die ihr manchmal vergeht, nur weil der andre
ganz überhand nimmt: euch frag ich nach uns. Ich weiß,
ihr berührt euch so selig, weil die Liebkosung verhält,
weil die Stelle nicht schwindet, die ihr, Zärtliche,
zudeckt; weil ihr darunter das reine
Dauern verspürt. So versprecht ihr euch Ewigkeit fast
von der Umarmung. Und doch, wenn ihr der ersten
Blicke Schrecken besteht und die Sehnsucht am Fenster,
und den ersten gemeinsamen Gang, *ein* Mal durch den Garten:
Liebende, *seid* ihrs dann noch? Wenn ihr einer dem andern
Euch an den Mund hebt und ansetzt –: Getränk an Getränk:
o wie entgeht dann der Trinkende seltsam der Handlung.

Daß die Liebenden als »ihr ineinander Genügten« angesprochen werden, könnte bedeuten, daß bei diesen die beständige Suche des Menschen um Beistand Erfüllung gefunden hat. Sie schwinden nicht hin in die Menschenferne des Weltraums, sondern verströmen sich ineinander, sie verspüren »das reine Dauern«. So wie es dem sprechenden Ich manchmal »geschieht«, »daß meine Hände einander/inne werden oder daß mein gebrauchtes/Gesicht in ihnen sich schont«, so »[verhält] die Liebkosung« die »Stelle« am geliebten Körper, die – zugedeckt – »nicht schwindet«. Aber die Selbstgewißheit der Liebenden scheint trügerisch zu sein: »Habt ihr Beweise?« wendet sich der Dichter schon am Anfang der Strophe gleichsam mißtrauisch an sie. Sind sie sich wirklich gegenseitig ein Halt? Im utopischen Konzept von Liebe ist die Aufhebung der Zeit inbegriffen (»So versprecht ihr euch Ewigkeit fast/von der Umarmung«), diskret und verräterisch zugleich signalisiert das »fast« jedoch: Die verwandelnde Zeit macht auch vor den Liebenden nicht Halt. Der Augenblick, in dem sie sich erstmals Auge in Auge gegenüberstehen, die leere Zeit der Sehnsucht nach dem anderen, aber selbst ein gemeinsames Hinaustreten aus dem bergenden Raum, veranlaßt den Dichter zu fragen: »Liebende, *seid* ihr dann noch?« Liegt hierin bereits der Ursprung erneuter Vereinzelung? Und selbst im Kuß, doch wohl Inbegriff von Nähe – die Liebenden heben einander wie Becher an den Mund und werden so für den jeweils anderen zum Getränk –, geben sie sich dabei so völlig hin, daß sie ihr Dasein auslöschen.

Gegen Ende der ›Zweiten Elegie‹ wendet sich die Klage zu einer hoffnungsvollen Ahnung, daß es für den Menschen eine fruchtbare Daseinsweise geben könnte, ein »verhaltenes«, geschütztes Sein.

> Fänden auch wir ein reines, verhaltenes, schmales
> Menschliches, einen unseren Streifen Fruchtlands
> zwischen Strom und Gestein. [...]

Rilke hat in diesem Bild wohl eine Erinnerung aus seiner Ägyptenreise (1910/11) verarbeitet und verdichtet. Wie in diesem Land zwischen dem alles fortreißenden Nil und der lebensfeindlichen Wüste – bei aller Bedrohtheit also – sich ein schmaler Streifen fruchtbaren Bodens als Lebensgrundlage für menschliche Kultivierung und Kultur behauptet hat und seit Jahrtausenden genutzt werden konnte, so erhofft sich der Dichter auch für den Menschen der Moderne »einen unseren Streifen Fruchtlands«.

Bevor Rilke mit der Vollendung der ›Neunten Elegie‹ am 9. Februar 1922 auf Schloß Muzot den Durchbruch vollziehen konnte von der Klage über die Bedürftigkeit des Menschen zum Jubel über den schließlich erkannten Sinn dieses hinschwindenden, in sich gespaltenen Daseins, mußten fast zehn Jahre vergehen, in denen in immer erneuten

Anläufen zum Ziel Lösungsmöglichkeiten in den weiteren Elegien nur angedeutet wurden: »Hiersein ist herrlich«, heißt es etwa in der ›Siebenten Elegie‹ und kurz darauf (ebd.): »Nirgends, Geliebte, wird Welt sein, als innen. Unser/Leben geht hin mit Verwandlung.« Solche Formulierungen zeigen, daß es falsch wäre zu vermuten, Rilke habe die große Wende innerhalb eines einzigen Tages vollzogen. So wie für den Autor von Anfang an die Zahl von zehn Elegien feststand, gab es am Ursprung des Entwurfs offenbar schon ahnungsvolle Vorwegnahmen des künftig erst zu Schaffenden. Der deutlichste Hinweis darauf ist, daß die ersten sechs und die letzten drei Verse der ›Neunten Elegie‹ bereits 1912 auf Schloß Duino entstanden.

Erneut fragt der Dichter zunächst nach dem Warum des Daseins:

> Warum, wenn es angeht, also die Frist des Daseins
> hinzubringen, als Lorbeer, ein wenig dunkler als alles
> andere Grün , mit kleinen Wellen an jedem
> Blattrand (wie eines Windes Lächeln) –: warum dann
> Menschliches müssen – und, Schicksal vermeidend,
> sich sehnen nach Schicksal? ...

Was zwingt den Menschen, »Menschliches [zu] müssen«, wenn doch auch die Art eines Lorbeers, »die Frist des Daseins/hinzubringen«, existiert? (Daß ausgerechnet das Dasein dieser Pflanze mit dem des Menschen verglichen wird, mag zu tun haben mit dem Mythos von Daphne, die, vom sie begehrenden Apoll verfolgt, ihm durch ihre Verwandlung in den Lorbeer entrann, ins Dasein als Lorbeer entkam.)

Warum ist im Gegensatz zum kreatürlichen Leben das des Menschen in den Raum des Schicksals gestellt, das er gleichzeitig vermeiden will und ersehnt; warum muß der Mensch bewußt auf den Tod hin leben? Die fast zärtliche Genauigkeit, mit der das Lorbeerblatt in seiner Eigen-Art hervorgehoben wird, ist der sprachliche Ausdruck dafür, wie wünschbar ein Leben unter der Schwelle des Bewußtseins sein könnte.

> Oh, *nicht* weil Glück *ist*,
> dieser voreilige Vorteil eines nahen Verlusts.
> Nicht aus Neugier, oder zur Übung des Herzens,
> das auch im Lorbeer *wäre* .....
>
> Aber weil Hiersein viel ist, und weil uns scheinbar
> alles das Hiesige braucht, dieses Schwindende, das
> seltsam uns angeht. Uns, die Schwindendsten. *Ein* Mal
> jedes, nur *ein* Mal. *Ein* Mal und nichtmehr. Und wir auch
> *ein* Mal. Nie wieder. Aber dieses
> *ein* Mal gewesen zu sein, wenn auch nur *ein* Mal:
> *irdisch* gewesen zu sein, scheint nicht widerrufbar.

Nach den abwehrenden Antworten und zurückgewiesenen Begründungen, warum man sich nach Schicksal sehnen könnte, folgt, eingeleitet mit »Aber«, der eigentliche Grund. Was in der ›Ersten Elegie‹ noch mehr oder weniger vage Hoffnung, verzagte Ahnung eines »Auftrags« war,

> Ja, die Frühlinge brauchten dich wohl. Es muteten manche
> Sterne dir zu, daß du sie spürtest. Es hob
> sich eine Woge heran im Vergangenen, oder
> da du vorüberkamst am geöffneten Fenster,
> gab eine Geige sich hin. Das alles war Auftrag.
> Aber bewältigtest du's? [...]

ist nun Gewißheit. Die Welt der Dinge, das »Hiesige« »geht« uns Menschen »an«, auch in dem Sinne, daß es uns um Hilfe angeht, das »Schwindende« uns, »die Schwindendsten«. Die sechsfache Wiederholung von »*ein* Mal« in lauter elliptischen Sätzen, grammatikalisch abhängig von »dieses Schwindende, das seltsam uns angeht«, soll uns mit höchstem Pathos zum Bewußtsein bringen, was unser Amt, unser Auftrag ist: die Dinge, die in Sprachlosigkeit verharren, zu sagen. Mit den Worten der ›Neunten Elegie‹:

> [...] Sind wir vielleicht *hier*, um zu sagen: Haus,
> Brücke, Brunnen, Tor, Krug, Obstbaum, Fenster, –
> höchstens: Säule, Turm..... aber zu *sagen*, verstehs,
> oh zu sagen *so*, wie selber die Dinge niemals
> innig meinten zu sein. [...]

Der Mensch muß die Dinge auf eine Weise sagen, daß sie sich gewissermaßen ihrer selbst bewußt werden, daß erst das Wort die Eigenart ihres Seins hervorbringt, sie gleichzeitig aber auch »innig« werden. Das geschieht, indem der Mensch sie in seine Innenwelt aufnimmt, hinüberrettet und ihnen so im »Weltinnenraum« – dies ist die Rilkesche Formel dafür – von seiner Innigkeit etwas mitteilt.

> *Hier* ist des *Säglichen* Zeit, *hier* seine Heimat.
> Sprich und bekenn. Mehr als je
> fallen die Dinge dahin, die erlebbaren, denn
> was sie verdrängend ersetzt, ist ein Tun ohne Bild.
> Tun unter Krusten, die willig zerspringen, sobald
> innen das Handeln entwächst und sich anders begrenzt.
> Zwischen den Hämmern besteht
> unser Herz, wie die Zunge
> zwischen den Zähnen, die doch,
> dennoch, die preisende bleibt.

In dieser Strophe der ›Neunten Elegie‹, in der mit der zweimaligen Hervorhebung des »hier« noch einmal Bezug genommen wird auf die Formulierung »weil Hiersein viel ist«, findet sich vor allem ein Hinweis auf den historischen Ort, an dem die Elegien entstanden sind. Das »Hiesige braucht [uns] nicht nur deshalb, weil alles eine »Frist des Daseins« hat, das Schwinden der Dinge resultiert in der Moderne noch aus einer anderen Gefahr. Im oben bereits zitierten Brief Rilkes an Witold Hulewicz spricht Rilke diese deutlich an. Er beklagt »das immer raschere Hinschwinden von so vielem Sichtbaren, das nicht mehr ersetzt werden wird« und fährt fort:

> Noch für unsere Großeltern war ein »Haus«, ein »Brunnen«, ein ihnen vertrauter Turm, ja ihr eigenes Kleid, ihr Mantel: unendlich mehr, unendlich vertraulicher; fast jedes Ding ein Gefäß, in dem sie Menschliches vorfanden und Menschliches hinzusparten. Nun drängen, von Amerika her, leere gleichgültige Dinge herüber, Schein-Dinge, *Lebens-Attrappen*... Ein Haus, im amerikanischen Verstande, ein amerikanischer Apfel oder eine dortige Rebe, hat *nichts* gemeinsam mit dem Haus, der Frucht, der Traube, in die Hoffnung und Nachdenklichkeit unserer Vorväter eingegangen war... Die belebten, die erlebten, die *uns mitwissenden Dinge* gehen zur Neige und können nicht mehr ersetzt werden. *Wir sind vielleicht die Letzten, die noch solche Dinge gekannt haben.* Auf uns ruht die Verantwortung, nicht allein *ihr* Andenken zu erhalten (das wäre wenig und unzuverlässig), sondern ihren humanen und larischen Wert. (»Larisch«, im Sinne der Haus-Gottheiten.)

Mit den Verlusten an erlebbarer Dingwelt wird der Mensch eingeengt, wie in die Zange genommen. Das menschliche »Tun« hat aufgehört, sich in bleibenden Bildern zu manifestieren, es entstehen nur noch »Krusten«. Erfüllt es seinen Auftrag, so bleibt jedoch das Herz unter dem Maschinentakt der »Hämmer« ebenso bestehen wie die Zunge zwischen den Zähnen »die preisende bleibt«.

Die Antwort auf die Verdinglichung des Menschen und die Abstraktion der Dinge zur Ware ist der Sprache und dem Sprechenden aufgetragen. »Sie stellen die Dinge *wieder* her, indem sie diese überhaupt erst *wahrhaft* herzustellen beginnen« (Gerhard Kaiser).

Vor diesem Hintergrund läßt sich der nächste Abschnitt der Elegie relativ leicht verstehen:

> Preise dem Engel die Welt, nicht die unsägliche, *ihm*
> kannst du nicht großtun mit herrlich Erfühltem; im Weltall,
> wo er fühlender fühlt, bist du ein Neuling. Drum zeig
> ihm das Einfache, das, von Geschlecht zu Geschlechtern gestaltet,
> als ein Unsriges lebt, neben der Hand und im Blick.
> Sag ihm die Dinge. Er wird staunender stehn; wie du standest

> bei dem Seiler in Rom, oder beim Töpfer am Nil.
> Zeig ihm, wie glücklich ein Ding sein kann, wie schuldlos und unser,
> wie selbst das klagende Leid rein zur Gestalt sich entschließt,
> dient als ein Ding, oder stirbt in ein Ding –, und jenseits
> selig der Geige entgeht. – Und diese, von Hingang
> lebenden Dinge verstehn, daß du sie rühmst; vergänglich,
> traun sie ein Rettendes uns, den Vergänglichsten, zu.
> Wollen, wir sollen sie ganz im unsichtbarn Herzen verwandeln
> in – o unendlich – in uns! Wer wir am Ende auch seien.

Natürlich kann der Mensch dem Engel nur das »Sägliche« preisen, das »Unsägliche« ist dessen Sphäre. Das »Unsrige«, die einfachen Dinge lassen ihn »staunender stehn« (man beachte den absolut gesetzten Komparativ: überaus staunend). »[S]elbst das klagende Leid« kann ein dienendes Ding, ein Gebrauchsgegenstand werden oder »in ein Ding« sterben, etwa in einem Musikinstrument vergehen und ihm als Musik entströmen.

Nun erfolgt ein Perspektivenwechsel hin zu den Dingen, denen in kühner Anthropomorphisierung Verständnis, Zutrauen und Willen zugestanden wird. Die vergänglichsten aller Wesen sind die Menschen, weil sie um ihr Vergehen wissen, ein Bewußtsein von ihrem Tod haben. Paradoxerweise können sie aber gerade kraft ihres Bewußtseins die Dinge preisen und vor dem Vergehen retten. Die Dinge wollen, daß wir »sie ganz im unsichtbarn Herzen verwandeln/in – o unendlich – in uns!« Der Mensch soll sie so in sein Herz aufnehmen, sie so in sich selbst verwandeln, mit ihnen so ohne Differenz eins werden, daß sich der »Weltinnenraum« einstellt.

> Erde, ist es nicht dies, was du willst: *unsichtbar*
> in uns erstehn? – Ist es dein Traum nicht,
> einmal unsichtbar zu sein? – Erde! Unsichtbar!
> Was, wenn Verwandlung nicht, ist dein drängender Auftrag?
> Erde, du liebe, ich will. Oh glaub, es bedürfte
> nicht deiner Frühlinge mehr, mich dir zu gewinnen –, *einer*,
> ach, ein einziger ist schon dem Blute zu viel.
> Namenlos bin ich zu dir entschlossen, von weit her.
> Immer warst du im Recht, und dein heiliger Einfall
> ist der vertrauliche Tod.

Vom generalisierenden »Wir« kehrt der Schluß der ›Neunten Elegie‹ wieder zum »Ich« des Dichters zurück. Trotz der Frageform seiner Äußerungen ist er sich sicher, Willen, Wunschtraum und Auftrag der Erde erkannt zu haben: Auferstehung, aber nicht im materiellen Sinn eines neuen Frühlings, sondern Auferstehung im Wort. »Namenlos« und »von weit her« ist das Ich zur Erde »entschlossen« (worin Entschluß und Aufgeschlossenheit inbegriffen sind), um selbst auch in

Verwandlung und Auferstehung aufhören zu können, ein Vereinzelter mit einem bestimmten Namen zu sein.

Damit ist das letzte Ziel der Elegie (und des gesamten Zyklus) erreicht: Der Tod ist nicht mehr der schreckliche und fremde Gegenpol zum Leben, sondern »vertraulich«, der »heilige Einfall« der Erde.

> Siehe, ich lebe. Woraus? Weder Kindheit noch Zukunft
> Werden weniger..... Überzähliges Dasein
> Entspringt mir im Herzen.

Nicht mehr lebt der Dichter vom Erinnerungsstoff der Kindheit, rückwärtsgewandt, aus der Zeitlichkeit herausgehoben lebt er auch nicht auf Zukünftiges hin, »im Herzen«, wo die Erde verwandelt wird und der Weltinnenraum entsteht, entspringt ihm »[ü]berzähliges Dasein«.

3. Lyrik in der Nähe einer »Neuen Sachlichkeit« als Gebrauchskunst und als politisches Engagement

Erich Kästner
Sachliche Romanze

Der noch nicht 30jährige Erich Kästner (s. auch S. 121) veröffentlichte in seinem zweiten Gedichtband ›Lärm im Spiegel‹ (1929) eine spöttische ›Prosaische Zwischenbemerkung‹: Die Mehrzahl der heutigen Lyriker singt und sagt noch immer von der »Herzallerliebsten mein« und dem »Blümlein auf der Wiesen« und behauptet anschließend, von der Muse mitten auf den Mund geküßt worden zu sein.

Wie er sich eine andere statt der Erlebnis- und Gefühlslyrik mit ihren klischeehaften Formulierungen vorstellt, verdeutlicht sein Gedicht ›Sachliche Romanze‹ aus der obengenannten Gedichtsammlung.

> Sachliche Romanze
>
> Als sie einander acht Jahre kannten
> (und man darf sagen: sie kannten sich gut),
> kam ihre Liebe plötzlich abhanden.
> Wie andern Leuten ein Stock oder Hut.
>
> Sie waren traurig, betrugen sich heiter,
> versuchten Küsse, als ob nichts sei,
> und sahen sich an und wußten nicht weiter.
> Da weinte sie schließlich. Und er stand dabei.

> Vom Fenster aus konnte man Schiffen winken.
> Er sagte, es wäre schon Viertel nach Vier
> und Zeit, irgendwo Kaffee zu trinken.
> Nebenan übte ein Mensch Klavier.
>
> Sie gingen ins kleinste Café am Ort
> und rührten in ihren Tassen.
> Am Abend saßen sie immer noch dort.
> Sie saßen allein, und sie sprachen kein Wort
> und konnten es einfach nicht fassen.

Schon mit dem Titel bezeichnet Kästner einen Gegensatz zu der von ihm angeprangerten Tradition. Die Romanzendichtung erreicht in Deutschland in der Romantik ihren Höhepunkt; im allgemeinen Sprachgebrauch verband man mit dem Begriff die Vorstellung von einem innigen Liebesverhältnis und dachte wohl auch an »gefühlvolle Gedichte oder Musikstücke« (Friedrich Kluge). Die Romanze Kästners sollte nicht von (romantischen) Gefühlen beherrscht, sondern »sachlich« sein. Die vier volksliedartigen Strophen stellen in Syntax und Wortwahl niemanden vor Schwierigkeiten, das einfache Reimschema (Kreuzreim) bleibt in seiner Regelmäßigkeit überschaubar, nur die letzte Strophe bildet mit ihren fünf Zeilen und dem ungewöhnlichen Paarreim (Z. 3/4) eine kleine Ausnahme und verstärkt das Gewicht des Schlusses. Die Sätze sind von lakonischer Kürze, häufig nur gereiht mit »und« verbunden. Weder Form noch Sprache verlangen »Hingebung« oder »Entrücktsein«, Einfühlung in die »Weihestunde« des Schreibens, eine Erwartungshaltung, die Kästner schlicht als »Quatsch« abtut.

Es geht um ein altes Motiv: die Erfahrung zweier Liebender, daß die Liebe (manchmal) nicht dauert. Heinrich Heine hat diese als letzter »romantischer Fabelkönig« ironisch distanzierend (Lyrisches Intermezzo, Gedicht XXXIX) schlimm enden lassen:

> Es ist eine alte Geschichte.
> Doch bleibt sie immer neu;
> Und wem sie just passieret
> Dem bricht das Herz entzwei.

Auch bei Kästner bleibt die »Geschichte« alltäglich. Auch er ersetzt für deren Darstellung das lyrische Ich durch distanzierendes prosanahes Erzählen. Ungewöhnlich aber ist es, wenn bei Kästner nicht mehr Jüngling und Mädchen leiden, sondern der ratlos machende Verlust einer langjährigen Liebe (Z. 1) Gegenstand der Darstellung wird. Und neu ist natürlich der sachlich-nüchterne Ton, der auf beinahe banale Weise »Liebe […] abhanden« kommen läßt, wie man einen »Stock oder

Hut« gedankenlos verliert. Die Ratlosigkeit zeigt sich in Verlegenheitsgesten und Versuchen des Überspielens (gespielte Heiterkeit, die »versuchten Küsse«, sie »rührten in ihren Tassen«), der Unfähigkeit, das Vertraute des gemeinsamen Ortes noch einmal aufleben zu lassen, und schließlich die Flucht in ein Ritual der täglichen Gewohnheit (III/2–3), nur um etwas zu tun, mit dem Beigeschmack der Beliebigkeit (»irgendwo«). Es gibt im Gedicht keine Dinge mit direktem Bezug auf die beiden, meist nur Zufälliges. Die zunehmende Hilflosigkeit führt zum Schweigen, eine Kommunikation ist nicht mehr möglich, schon II/4 zeigt das Geschehen unkorrigierbar: »Da weinte sie schließlich. Und er stand dabei« – keine Geste des Entgegenkommens, kein Ansatz eines tröstenden Verhaltens – als ob eine Glaswand zwischen beiden stünde –, freilich aber auch keine Schuldzuweisung, keine Demütigung des anderen, nur Fassungslosigkeit vor einem rational nicht erklärbaren Ereignis.

Daher gibt es auch keinen Versuch einer Ursachenanalyse und schon gar nicht – wie etwa in der Lyrik Brechts – einen Hinweis auf Veränderungsmöglichkeiten durch eine Änderung der Gesellschaft. Ein alltäglicher Beziehungsbruch im persönlichen Bereich, wie er im Gedicht exemplarisch gestaltet ist, kann nur von den Individuen überwunden oder wenigstens ertragen werden. »Verzweifelte Tapferkeit« (R.W. Leonhard) versucht wenigstens, die Form zu wahren. Dies auszudrücken ist mit sentimentalen Versatzstücken weder formalsprachlich noch inhaltlich möglich: die »Herzen« brechen nicht mehr »entzwei«. »Die Melancholie, die über dem Geschehen liegt, entwickelt sich aus dem Verlorensein der Partner« (Walter Hinck), wie es ihre hilflosen Gesten vor dem trostlosen Hintergrund ausdrücken.

In einer späteren Äußerung hat Kästner erklärt: Lyrik solle einen »Gebrauchswert haben für alle«, denen »die trostlose Einsamkeit des möblierten Zimmers« zur Qual wird. Nicht ohne Grund heißt ein späterer Gedichtband ›Dr. Kästners lyrische Hausapotheke‹, in der das Aussprechen der Leiden als »Medikament« verstanden wird. Es ist kein Zufall, wenn sich darin auch wieder die ›Sachliche Romanze‹ findet.

Auch in seiner »politischen Lyrik« ging es Kästner nicht um grundsätzliche Lösungen, sondern um das individuelle Verhalten in gegebenen Situationen. Man kann sie daher nicht den Lehrgedichten Brechts gleichsetzen. Den Bücherverbrennern (s. S. 121 und Bd. 10, S. 35ff.) von 1933 ist er weniger ein politischer Gegner wie dieser, sondern ein Vertreter von »Dekadenz und moralische[m] Verfall«. Er glossiert die Zeit, indem er darstellt, wie sie ist, schreibt Lyrik für den Tag.

Bertolt Brecht
Hauspostille

> He, He! THE IRON MAN!
> Es kreist um ihn die Legende,
> daß seine Beine, Arme und Hände
> waren aus Schmiedeeisen gemacht
> zu Sidney in einer taghellen Nacht
> He, he! The Iron Man!
> [...]

So beginnt ein Gedicht des Essener Lyrikers Hannes Küppers über einen Sechstagerennenmatador, das Brecht in einem Radsportblatt fand und das er den Einsendungen von 400 jungen Lyrikern zu einem Wettbewerb, deren Wert er eigentlich beurteilen sollte, vorzog. In einer Art Begründung für sein (sicher auch provokativ gemeintes) Urteil nennt Brecht seine Maßstäbe:

> [...] Lyrik muß zweifellos etwas sein, was man ohne weiteres auf den Gebrauchswert untersuchen können muß. Nun weiß ich, daß ein ganzer Haufen sehr gerühmter Lyriker keine Rücksicht darauf nimmt, ob man ihn brauchen kann. Die letzte Epoche des Im- und Expressionismus [...] stellte Gedichte her, deren Inhalt aus hübschen Bildern und aromatischen Wörtern bestand. Es gibt darunter gewisse Glückstreffer, Dinge, die man weder singen noch jemand zur Stärkung überreichen kann und die doch etwas sind. Aber von einigen [...] Ausnahmen abgesehen, werden solche »rein« lyrischen Produkte überschätzt. Sie entfernen sich einfach zu weit von der ursprünglichen Geste der Mitteilung eines Gedankens oder einer auch für Fremde vorteilhaften Empfindung.
> *(In: ›Die literarische Welt‹, Nr. 5. 1927)*

Er halte daher auch wenig »von der Lyrik Rilkes [...], Stefan Georges und Werfels«, und ebensowenig verspreche er sich von jenen jungen Kollegen, die sich in ihrer »Sentimentalität, Unechtheit und Weltfremdheit« an obengenannten Vorbildern orientierten und damit zu den »stillen feinen verträumten Menschen« gehörten, die »empfindsamer Teil einer verbrauchten Bourgeoisie« seien.

Bei aller polemischen Zuspitzung dieses Textes, der ganz außer acht läßt, daß es durchaus jüngere Dichter gab, die keineswegs »weltfremd« waren (wie etwa der mit dem Kleist-Preis ausgezeichnete Martin Kessel), benennt Brecht darin auch deutlich die seiner eigenen Lyrikproduktion zugrunde liegende Haltung: die Ablehnung von »›rein‹ lyrischen Produkte[n]« wegen ihrer »Weltfremdheit« und leserfernen Subjektivität, die Hinwendung zu einem leserbezogenen Schreiben und die damit verbundene Vorstellung eines (noch nicht näher bestimmten) Gebrauchswerts von Gedichten, die zumindest bis zu seiner Exillyrik für ihn kennzeichnend ist. Kein Zweifel: »Brecht, Gedichte schreibend, unternahm es, [...] einen neuen Begriff von Lyrik entsprechend den Bedürfnissen seiner Zeit bzw. seiner Einschätzung dieser Bedürfnisse zu schaffen« (F. N. Mennemeier). Die Theorie dazu entwickelte sich allmählich, schon früh aber lassen sich neben den obengenannten Kennzeichen zwei weitere bemerken: die Entscheidung für den »freien Vers« (»Ich zog mich zurück auf den freien Vers, als der Reim nicht mehr ausreichte für das, was zu sagen war«, wie es in der späteren Schrift ›Über Fortschritte‹ heißt) und – wie schon im Drama – seine Distanzierung von der »Einfühlung«.

Brechts erste Lyriksammlung (für deren Abschluß er sich immerhin fünf Jahre – von 1921 bis zum Privatdruck der sogenannten Taschenpostille 1926 – Zeit ließ) erschien 1927 unter dem Titel ›Hauspostille‹. Sie enthält die von Brecht ausgewählten Texte aus der Zeit seiner Anfänge (1916 bis 1925), wurde von ihm 1937 überarbeitet und 1956 neu geordnet.

Postillen (lat. post illa (verba textus) = nach jenen (Schriftworten)) sind in der christlichen Predigt verwendete Erklärungen biblischer Texte, die nach deren Verlesen zu ihrem Verständnis verhelfen sollen. Im Gefolge von Martin Luthers Kirchen-Postillen (1527) wurden viele evangelische Postillen zum häuslichen Gebrauch veröffentlicht, die Haus-Postillen. Mit einer gewissen Ironie spricht auch Brecht in seiner für eine Lyriksammlung ungewöhnlichen ›Anleitung zum Gebrauch für die einzelnen Lektionen‹ gleich am Anfang davon, daß »diese Hauspostille [...] für den Gebrauch des Lesers bestimmt« sei und »nicht sinnlos hineingefressen werden« solle.

Der Gedichtzyklus ist in fünf »Lektionen« eingeteilt. Wie im Gesamttitel verwendet Brecht damit einen christlichen, in diesem Fall allerdings in der katholischen Liturgie üblichen Begriff. Dieser taucht jedoch auch im pädagogischen Bereich als Einteilungsbezeichnung für Lerneinheiten auf. In beiden Fällen geht es um didaktische Ziele. Auf diese und weniger auf die in den »Vorbildern« angebotenen Inhalte spielt Brecht an: Der Leser soll nicht (nur) genießen, sondern er soll etwas verstehen, auf etwas aufmerksam werden und daraus lernen.

Die »Lektionen« sind mit inhaltsbezogenen Überschriften versehen. Auch sie sind wieder dem christlichen Bereich entnommen. ›Bittgänge‹ heißt die erste, die an katholische Formen der Bittprozessionen, etwa zur Abwehr von Unheil, um Erntesegen u. a. erinnert. Der Leser wird in der ›Anleitung‹ vorgewarnt: Die Lektion wende »sich direkt an das Gefühl«, es empfehle sich, »nicht zu viel davon auf einmal zu lesen«, und »nur ganz gesunde Leute« sollten von ihr »Gebrauch machen«. Wenn man dann ›Vom Brot und den Kindlein‹ (die das Brot nicht bekommen), das Lied vom ›Apfelböck‹ (der seine Eltern erschlagen hat) oder die Ballade ›Von der Kindsmörderin Marie Farrar‹ (mit dem neunmal wiederkehrenden Refrain: »Denn alle Kreatur braucht Hilf von allen«) liest, wird rasch klar, daß es sich nicht um fromme Bittgesänge handelt, sondern daß Brecht Formen christlicher Gebrauchstexte verwendet, um »vorgesteuerte Lesererwartungen auf schockierende Weise« aufzuheben (Edgar Marsch), vor allem aber um zu zeigen, daß im Alltagsleben und -handeln der Mensch sich nicht auf den Himmel verlassen dürfe, sondern selbst etwas tun müsse.

Den Hintergrund für diese Vorstellung liefert um diese Zeit noch keine ideologische Festlegung, obwohl – wie sich in den »Strophen« 37–40 der ›Liturgie vom Hauch‹ (Erste Lektion) andeutet – eine gewisse Hoffnung auf den »großen rote[n] Bär[en]« nicht zu übersehen ist.

Am deutlichsten finden sich Absicht und Denkweise Brechts im Abschlußgedicht des Zyklus, das nicht zufällig durch seine isolierte Stellung ein besonderes Gewicht erhält und von dem es in der ›Anleitung‹ heißt, es empfehle sich, »jede Lektüre in der Taschenpostille mit dem Schlußkapitel zu beschließen«. Das Gedicht trägt den Titel

GEGEN VERFÜHRUNG

1
Laßt euch nicht verführen!
Es gibt keine Wiederkehr.
Der Tag steht in den Türen;
Ihr könnt schon Nachtwind spüren:
Es kommt kein Morgen mehr.

2
Laßt euch nicht betrügen!
Das Leben wenig ist.
Schlürft es in vollen Zügen!
Es wird euch nicht genügen
Wenn ihr es lassen müßt!

3
Laßt euch nicht vertrösten!
Ihr habt nicht zu viel Zeit!
Laßt Moder den Erlösten!
Das Leben ist am größten:
Es steht nicht mehr bereit.

4
Laßt euch nicht verführen!
Zu Fron und Ausgezehr!
Was kann euch Angst noch rühren?
Ihr sterbt mit allen Tieren
Und es kommt nichts nachher.

Das Gedicht scheint einfach aufgebaut: vier klar gegliederte fünfzeilige Strophen, zusammengehalten durch einen mahnenden Appell in der jeweils ersten Verszeile, die auch durch ihr trochäisches Versmaß von den (zumeist) jambischen Zeilen abgehoben wird und zu einem aufmerksamen Lesen zwingt.

Die Überschrift, die Imperative der ersten Zeilen und die durch das Versmaß bestimmten Betonungen legen von vornherein die inhaltlichen Schwerpunkte fest. Der Autor hämmert ohne Umschweife in knappen Sätzen seinen Lesern ein, wozu er sie auffordern will. Es geht um nichts Geringeres als um das richtige Leben. Schon in der ersten Strophe benennt die zweite Zeile lapidar den radikal illusionslosen Kern seiner Sicht von Leben und Tod: »Es gibt keine Wiederkehr«. Demjenigen, der es noch nicht verstanden haben sollte, sagt es die letzte Zeile der Strophe (durch die betonte Wiederholung der Negation »keine« – »kein« verstärkt) noch einmal: »Es kommt kein Morgen mehr«. Der Sprecher gibt sich sicher: ›Luzifers Abendlied‹ war der ursprüngliche Titel des Gedichts, das »Lied« also des von Gott abgefallenen Engels, der ursprünglich »Lichtbringer« war, nun aber als »Fürst der Finsternis« Gegenspieler Gottes ist. Dieser Titel machte noch deutlicher, daß sich das aufrufende Ich gegen eine »Verführung« durch diejenigen wendet, die den Menschen auf ein Jenseits verweisen und von ihm erwarten, sein diesseitiges Verhalten darauf einzustellen. Im engeren Sinn ist die christliche Lebenslehre kritisch angesprochen (und damit der ursprüngliche Sinn der »Hauspostille« ins Gegenteil verkehrt.) Einer der ersten Interpreten dieses Gedichts, Walter Benjamin, formuliert: »Die Leute wurden von der Geistlichkeit vor den Verführungen [im Leben; Hrsg.] gewarnt, welche sie in einem [...] Leben nach dem Tode teuer zu stehen kommen würden. Der Dichter warnt sie vor Verführungen, die sie in diesem Leben teuer zu stehen kommen würden.«

Die dritte und vierte Zeile ermahnen den Leser zusätzlich, daß keine Zeit zu verlieren sei, der Mensch sich auf die Absolutheit des Todes einzustellen habe.

Die zwei Binnenstrophen verweisen als Konsequenz daraus scheinbar auf das alte »Rezept« des Lebensgenusses, das Carpe diem (Nutze/ Genieße den Tag) des römischen Dichters Horaz (65–8 v. Chr.): II/3, III/2, III/4. Aber nicht nur der spätere Ersatz des Adjektivs in II/3 (aus ursprünglich »in *vollen* Zügen« [Hervorhebung v. Hrsg.], das Brecht wohl als zu abgenützt und durch den allgemeinen Sprachgebrauch als verfälschend empfand, verband er durch »in *schnellen* Zügen« [Hervorhebung v. Hrsg.] mit Assoziationen, die seine Warnung vor einem falschen Leben unterstützten), auch die zweite und vierte Zeile der zweiten Strophe lassen eine so eindeutige Auslegung nicht zu. In der Taschenpostille war die zweite Zeile direkter mit der ersten so verknüpft, daß sie den Betrug zu erläutern schien:

Laßt euch nicht betrügen!
Daß Leben wenig ist.

In der endgültigen Fassung ersetzt Brecht »Daß« durch »Das«. Die Zeile ist damit nicht mehr abhängig von der ersten, sondern formuliert eine eigene Aussage, die sich freilich nicht eindeutig erklären läßt: Ist »wenig« als Zeitraum zu verstehen? Bietet das Leben wenig? In beiden Fällen ließe sich zwar wieder folgern: Dann nutzt (genießt) das Wenige. Oder, wie Benjamin meint, laßt euch davon »nichts abmarkten«. Die Zeilen II/3ff. [...] klingen wie eine Bestätigung dafür, aber gleichzeitig ist ein warnender Ton unüberhörbar: die Endgültigkeit verlangt, daß man den Augenblick des Endes einbezieht. »Es wird euch nicht genügen« kann man daher auch als Hinweis darauf auffassen, daß das Schlürfen »in vollen/schnellen Zügen« zu einem Bedauern führen kann, zumal es am Ende der dritten Strophe heißt: »Es steht nicht mehr bereit«. Freilich ist auch diese Wendung doppeldeutig, je nachdem, ob man »mehr« betont oder »Es [das Leben; Hrsg.] steht nicht mehr bereit« liest. Eine einfache Aufforderung zu einem Auskosten im Sinn eines blanken Materialismus ist diesen schweren, fast düsteren Versen wohl kaum zu entnehmen. Eindeutig jedoch ist – insbesondere in den Strophen drei und vier –, gegen welche Verführung sich der Appellierende wendet und wie sein Grundtenor lautet: Wer sich über das »Wenig« des menschlichen Lebens und dessen Unwiederholbarkeit im klaren ist (die der Mensch »mit allen Tieren« teilt, was ihn – vielleicht – bescheidener machen könnte), der hat keinen Grund für »Angst« vor dem Ende. »Fron und Ausgezehr« (Ertragen von Unfreiheit und Not mit der Hoffnung auf ein späteres besseres Leben) hindern nur daran, die Möglichkeiten dieses Lebens sinnvoll auszunützen. Anders also als im barocken Carpe diem eines Opitz, das die Angst nur zudeckt, steckt in Brechts Gedicht die Aufforderung zur bewußten Gestaltung des Lebens, denn der Glaube an ein Jenseits und die Aussichten des Lebens unter diesem Aspekt, könnten davon ablenken, das »Diesseits« so einzurichten, daß es für alle erträglich wird (»Denn alle Kreatur«, heißt es im Refrain der ›Kindsmörderin Marie Farrar‹ in der ersten Lektion, »braucht Hilf von allen«). Dieser Gedanke steht zwar nicht direkt im Schlußgedicht, aber die Rede davon ist innerhalb der ›Hauspostille‹ in manchen Gedichten schon in denen, die von der Macht und Gewalt einzelner über andere sprechen, vor allem aber in solchen, die davon handeln, daß sich zu viele ihrer gesellschaftlichen Verantwortung nicht bewußt sind.

Die Nachlager

Im Gedicht ›Die Nachtlager‹ (1929) aus der Phase der politisch engagierten, vom »revolutionären Elan getragenen« (Jan Knopf) Lyrik hat Brecht dieses Problem einer notwendigen gemeinschaftlichen Lebensbewältigung dargestellt.

Die Nachtlager

Ich höre, daß in New York
An der Ecke der 26. Straße und des Broadway
Während der Wintermonate jeden Abend ein Mann steht
Und den Obdachlosen, die sich ansammeln
Durch Bitten an Vorübergehende ein Nachtlager verschafft.

Die Welt wird dadurch nicht anders
Die Beziehungen zwischen den Menschen bessern sich nicht
Das Zeitalter der Ausbeutung wird dadurch nicht verkürzt.
Aber einige Männer haben ein Nachtlager
Der Wind wird von ihnen eine Nacht lang abgehalten
Der ihnen zugedachte Schnee fällt auf die Straße.

Leg das Buch nicht nieder, der du das liesest, Mensch.

Einige Menschen haben ein Nachtlager
Der Wind wird von ihnen eine Nacht lang abgehalten
Der ihnen zugedachte Schnee fällt auf die Straße.
Aber die Welt wird dadurch nicht anders
Die Beziehungen zwischen den Menschen bessern sich dadurch nicht
Das Zeitalter der Ausbeutung wird dadurch nicht verkürzt.

Das Gedicht, im Zusammenhang mit der Weltwirtschaftskrise entstanden, steht in doppelter Hinsicht als Beispiel für die weitere Entwicklung Brechts: Es zeigt – wenn auch noch nicht so direkt wie die ›Hitler-Choräle‹ (s. Bd. 10, S. 234 ff.) – seine Absicht, sich in aktuelle Probleme einzumischen, und es ist unmittelbarer Ausdruck seiner Beschäftigung mit dem dialektischen Materialismus. Daher kennzeichnet es sowohl inhaltlich wie formal einen Schritt in der Entwicklung seiner Lyrik.

Das Gedicht beginnt mit der Darstellung eines Einzelfalls, der dem fiktiven Ich mitgeteilt worden ist. Wie in einem sachlichen Bericht schafft der erste Satz Distanz (»Ich höre, daß [...]«), alle notwendigen Angaben (Ort, Zeit) des gehörten Geschehens werden knapp dargelegt. Daß ein Ich Gehörtes mitteilt, ist kaum auffällig, zeigt aber, wie wichtig für ihn das Geschehen ist. Der Hintergrundbezug (die große Wirtschaftskrise nach 1929) ist dem Leser zur Zeit der Veröffentlichung klar, der beschriebene Vorgang für die meisten positiv besetzt: Da bemüht sich einer, die Not zu lindern.

Was mit der zweiten Strophe beginnt, wird nicht jeder Leser erwarten. Bereits die Satzstruktur ist völlig verändert; anstatt der einen den Sachverhalt zusammenfassenden Satzperiode, reihen sich knappe parataktische Aussagesätze aneinander, in einer gewissen Atemlosigkeit ohne Satzzeichen in jede Zeile gesetzt. Dabei bilden jeweils drei Zeilen eine (für ein Gedicht ungewöhnliche) Argumentationsgruppe, die – durch das »Aber« gekennzeichnet – zwei unterschiedliche Standpunkte zu dem Geschehen formulieren. Die thesenartig gestalteten Gegensätze werden dabei durch Aspektverschiebungen verschärft: der »Welt« und den »Menschen« (d.h. der notleidenden Gesamtheit) im ersten Teil der Strophe stehen im zweiten Teil »einige Männer« (also einzelne) gegenüber. Der Argumentationsverlauf legt durch ein implizites »zwar« im ersten Teil und das ausdrückliche »aber« zu Beginn des zweiten Teils die Betonung auf den zweiten Aussageteil, der die – wenn auch nur für einzelne – positive Wirkung des helfenden Mannes beinhaltet: »Die Welt wird dadurch [zwar; Hrsg.] nicht anders/[...]/ Aber einige Männer haben ein Nachtlager«. Hiermit scheint eine nuancierte Bewertung der in der ersten Strophe geschilderten Situation abgeschlossen.

Der vorschnell sich hiermit zufriedengebende Leser wird aber sofort zur weiteren Aufmerksamkeit angehalten: Zwischen diese zweite Strophe und die noch folgende, ebenfalls sechszeilige kommentierende Strophe schiebt der Autor eine einzelne Zeile, die sowohl durch eine Leerzeile davor und danach (›Gesammelte Werke‹, 1967, Bd. 8; nicht in Berliner/Frankfurter Ausgabe ›Gedichte‹, 1988) wie auch durch die unmittelbare Anrede an den Leser (»Mensch«!) und ihren Inhalt die beiden Strophen aufreißt, zumal sich die »biblisch-ermahnende Sprechweise« (Klaus Schuhmann) dieser Zeile deutlich von dem sonst rational-sachlichen Ton abhebt. Es läßt sich nicht herausfinden, welches »Buch« der Autor im Auge hat, vielleicht meint er die Sammlung, in die das Gedicht aufgenommen wurde, eher jedoch das Buch überhaupt. Dem Autor, der das Lesen als notwendiges Mittel der Wissensvermehrung versteht (›Ich habe gehört, ihr wollt nichts lernen‹, 1932; ›Lob des Lernens‹, 1933), genügt die bisherige Erörterung des Problems nicht. »Verschaffe dir Wissen, Frierender!/ Hungriger greife nach dem Buch: es ist eine Waffe«, heißt es im ›Lob des Lernens‹.

Folgt der Leser der Aufforderung, scheint er aber keine weiteren Argumente zu gewinnen. Er findet zunächst scheinbar nur eine Wiederholung der bereits genannten Thesen. Der Kniff besteht in der Umstellung der beiden Argumentationsgruppen. Damit wird ihr Gewicht verändert, eine Art Korrektur vorgenommen, ohne einen zusätzlichen Gesichtspunkt aufzunehmen. Nun heißt es: »Einige Menschen haben [zwar; Hrsg.] ein Nachtlager/ [...]/ Aber die Welt wird dadurch nicht anders«. Der Schwerpunkt der Aussage liegt also diesmal auf der anderen Argumentationsgruppe, auf der dreifachen Negation der positiven

Wirkung der Hilfsaktion für die gesamte Menschheit. Dadurch, daß diese letzten drei Zeilen der Strophe gleichzeitig das Gedicht abschließen, stehen sie an zusätzlich betonter Stelle: Der Mann kann durch seine Hilfe für einzelne nichts grundsätzlich verändern – und darauf käme es an.

Die Vorgaben für einen Lernprozeß liegen vor, die Folgerung soll der Lesende (der daraus Einsichten gewonnen hat) selbst ziehen. Nur andeutungsweise nennt ihm der Autor den Weg: Es käme darauf an, »die Welt« zu ändern, die »Beziehungen zwischen den Menschen [zu] bessern« und das »Zeitalter der Ausbeutung [zu] verkürz[en]«. Wie das geschehen soll, sagt er hier freilich nicht, anders als in der zur gleichen Zeit entstandenen ›Ballade vom Tropfen auf den heißen Stein‹, wo es in der letzten Strophe heißt:

> Die Welt wartet auf eure Forderungen
> Sie braucht eure Unzufriedenheit, eure Vorschläge

Wer mit den bestehenden Verhältnissen unzufrieden ist, Forderungen stellt und öffentlich Vorschläge entwickelt, will das Bestehende – mit einem Lieblingsbegriff Brechts ausgedrückt – »verändern«: »Ändere die Welt: sie braucht es!«, heißt es in dem gleichnamigen Gedicht (1930). Wie man Änderungen herbeiführen könnte, steht etwa im ›Streiklied‹ (1931, Refrain vertont von Hanns Eisler). In der zweiten Strophe heißt es:

> Komm heraus, Genosse, vor die Gewehre
> Und bestehe auf deinem Lohn!
>
> *Heraus auf die Straße! Kämpfe!*
> *Um zu warten, ist es zu spät!*
> *Hilf dir selbst, indem du uns hilfst: übe*
> *Solidarität!*

»Genosse«, Straßenkampf und »Solidarität« sind Worte aus dem Sprachgebrauch der marxistischen Linken. Brecht ist in seiner Wendung zur engagierten Literatur bei sozialistischer und antifaschistischer Kampflyrik angelangt.

> Brecht, der sich über schlechte Tendenzdichtung kritisch […] geäußert hat, sah sich mit einem epochalen ästhetischen Paradoxon konfrontiert: gute Tendenzlyrik zu schreiben, bestimmte Negation, eindeutige Positivität als wesentliche Struktur seines Gedichts zu konstituieren, ohne […] geschmacklos, unelegant […], kurz: ohne unmodern zu erscheinen.
>
> *(F. N. Mennemeier. 1982)*

Terzinen über die Liebe

›Terzinen über die Liebe‹, so heißt das 1928 entstandene und in den ›Blättern der Reinhardt-Bühnen‹ erstmals (1931/32) als selbständiges Werk gedruckte Gedicht, das, zumeist unter dem Titel ›Die Liebenden‹ oder als Duett aus der Oper ›Aufstieg und Fall der Stadt Mahagonny‹ bekannteste »Liebesgedicht« Brechts. Karl Kraus, der sonst so bissige Herausgeber der ›Fackel‹, hielt es für eine der bedeutendsten Schöpfungen der deutschen Lyrik, Gottfried Benn schlug es für die Anthologie ›Geliebte Verse‹ als eines seiner Lieblingsgedichte vor.

Dies ist erstaunlich: Als Verfasser von Liebesgedichten – die vielzitierte ›Erinnerung an die Marie A.‹ ist ja eher das Gegenteil – war Brecht bisher kaum hervorgetreten. Der einzige Titel (›Liebeslied‹), der ein aus der persönlichen Empfindung heraus gestaltetes Gedicht erwarten läßt, endet nüchtern, fast gleichgültig:

> Die Liebe dauert oder dauert nicht
> An dem oder jenem Ort.

Das heißt Reden über Liebe, nicht Ausdruck eines individuellen Erlebnisses.

TERZINEN ÜBER DIE LIEBE

Sieh jene Kraniche in großem Bogen!
Die Wolken, welche ihnen beigegeben
Zogen mit ihnen schon, als sie entflogen

Aus einem Leben in ein andres Leben.
In gleicher Höhe und mit gleicher Eile
Scheinen sie alle beide nur daneben.

Daß also keines länger hier verweile
Daß so der Kranich mit der Wolke teile
Den schönen Himmel, den sie kurz befliegen

Und keines andres sehe als das Wiegen
Des andern in dem Wind, den beide spüren
Die jetzt im Fluge beieinander liegen.

    So mag der Wind sie in das Nichts entführen;
Wenn sie nur nicht vergehen und sich bleiben
So lange kann sie beide nichts berühren

So lange kann man sie von jedem Ort vertreiben
Wo Regen drohen oder Schüsse schallen.
So unter Sonn und Monds wenig verschiedenen Scheiben

Fliegen sie hin, einander ganz verfallen.

> Wohin, ihr?
>
>   Nirgendhin.
>
> Von wem entfernt?
>
>   Von allen.
>
> Ihr fragt, wie lange sind sie schon beisammen?
> Seit kurzem.
>
>   Und wann werden sie sich trennen?
>   Bald.
> So scheint die Liebe Liebenden ein Halt.

Der Titel ›Terzinen über die Liebe‹ läßt schon vermuten, daß Brecht seiner Grundtendenz, »über« die Liebe zu sprechen, treu bleibt. Der Text allerdings wirkt beim ersten flüchtigen Lesen zumindest anfangs ganz anders, klingt fast wie ein später Nachklang auf klassisch-romantische Liebesdarstellungen: Der Flug zweier »Kraniche in großem Bogen« ruft die Vorstellung von einem Liebespaar hervor. Dies ist durchaus naheliegend, da der Kranich wegen seines Balzverhaltens bei Griechen und Römern als Liebessymbol galt. Den Kranichen sind Wolken »beigegeben«; sie gehören also zu ihnen, und man denkt an das »sentimentale Lied« (Brecht) ›Erinnerung an die Marie A.‹ (in der 3. Lektion der ›Hauspostille‹), in dem sich die Liebesbeziehung mit der »Wolke« verbindet, nicht nur als Bild für die Ich-Entgrenzung, sondern auch als »Chiffre für Sehnsucht nach dem Ergreifen des Schwindenden in der Liebe« (Karlheinz Fingerhut). Das heißt aber auch, daß durch die Wolken, die mit den Kranichen schon zogen, »als sie entflogen« aus dem gewohnten Leben, dem Vorgang ein flüchtiges Element, ein Sich-Auflösen »beigegeben« ist.

Die dritte Strophe sagt es dann deutlich genug: »Daß [...] der Kranich mit der Wolke teile/ Den schönen Himmel, den sie *kurz* [Hervorhebung durch den Hrsg.] befliegen«. Dennoch »sieht« der durch das »Sieh« Angesprochene bis zu Vers 19 das Bild einer schwebenden Einheit. Die Strophen vier bis sechs zeigen diese ungefährdet, solange die beiden »sich bleiben«, nur »das Wiegen/ Des andern in dem Wind, den beide spüren«, wahrnehmen und nichts sonst; sie sind ja (deshalb?) auch »entflogen/ Aus einem Leben in ein andres Leben«, »einander ganz verfallen«.

Nicht nur die Kürze dieser 19. Verszeile, auch die Druckanordnung isoliert sie, der Punkt schließt sie ab, der »große Bogen« (Z. 1) der schwebenden Einheit, die vom Wind getragene, schwerelose Vorwärtsbewegung am »schönen Himmel« (Z. 9) wird nicht länger verfolgt.

Mit der Zeile 20 setzt etwas anderes ein, das allerdings schon vorbereitet ist: durch das »[s]cheinen sie« (Z. 6), durch die Feststellung der Kürze des »Befliegens« in Zeile 9, durch das bedingende »[w]enn«

(Z. 14), durch das wiederholt einschränkende »[s]o lange« und schließlich durch das Bild der Wolke, das mit Vergänglichkeit assoziiert wird (und in ›Erinnerung an die Marie A.‹ die These von der Unbeständigkeit der Liebe gerade dadurch verstärkt, daß nur die Wolke – nicht aber das ehedem geliebte Gesicht – in der Erinnerung vorhanden ist).

Trotz dieser Signale vermitteln die ersten 19 Zeilen eine geradezu sinnlich wahrnehmbare Einheitlichkeit. Die Terzinen verketten, unterstützt von Enjambements (Z. 3/4; Z. 9/10; Z. 15/16), durch ihre regelmäßige Abfolge (a b a, b c b usw., mit einer Ausnahme in der dritten Terzine) das beschriebene Bild des Flugs. Der »Bogen« spannt sich bis zum Ende der Zeile 19; er findet seine weitere Einheit durch Verben (zogen, entflogen, befliegen, fliegen) und durch ein Vokalspiel, das vom anfangs dominierenden ruhigen »o« über das helle, dem Kreisen entsprechende »ei« der Strophen zwei bis vier bis zu den gewichtigen dunkleren Vokalen »a« und »o« (einer umrahmenden Wiederaufnahme des Anfangs) reicht und eine klanglich genau abgestimmte Parallele zum syntaktisch und logisch (»Daß also«, »So«, »so lange«) entwickelten Aufbau bildet. Im Leser entsteht ein Bild, das er in seiner Vorstellung selbst aufbaut.

Dieses Bild des schwebenden Paares wird ab Zeile 20 aufgebrochen. Mit der unvermittelten Anrede des bisher beobachteten Paares durch den Sprecher wird der Leser aus seiner Vorstellungswelt gelöst, in der das Ziel unerheblich wurde, auch wenn diese Vorstellung noch durch die Antworten bestätigt wird. Das spiegelt sich in der veränderten äußeren Form. Im Anschluß an die sechs Terzinen folgt, beginnend mit der das Bild abrundenden 19. Zeile, eine Auflösung der bisherigen Versgestaltung, die Einheit der Verszeilen zerreißt ab Zeile 20. Die Zeilen 21 und 23 werden jedoch so eingerückt, daß sie jeweils die vorherigen Zeilen in versetzter graphischer Gestaltung fortführen – was inhaltlich durch das Frage-Antwort-Schema unterstützt wird. Insofern gestalten sich die Zeilen 19 bis 23, die sich an die sechs Terzinen anschließen, als eine Art »aufgelöste«, bzw. als eine sich nach ihrem ersten Vers auflösende, graphisch gestreckte »Terzine«, die das bisherige Reimschema fortführt (g h g). Die allmähliche Auflösung der Form zeigt sich zusätzlich darin, daß Zeile 19 noch dem jambisch-fünfhebigen Fluß der Terzinen folgt, die versetzten Zeilen 20/21 und 22/23 jedoch nicht mehr.

Auf diese Weise vorbereitet, wird der Leser in Zeile 24 mit einem inhaltlichen und formalen Bruch konfrontiert. Er wird (im Plural) direkt angesprochen und das Bild des liebenden Paares zerrissen durch die lapidaren Antworten des Sprechers auf seine rhetorischen Fragen an die Leser: »Seit kurzem« kennen sich die Liebenden, dennoch werden sie sich »[b]ald« trennen. Auch die Form ist zerbrochen, der »stumpfe« Paarreim am Ende des Gedichts spiegelt den veränderten Ton und hebt den nüchtern-sachlichen Schlußsatz und dessen desillusionierende Aussage hervor – das Verb »scheinen« nimmt die kritische Anspielung in Zeile 6 (verstärkt durch den Konjunktiv »sehe« in Zeile 10) auf und weist das Bild in den Bereich träumerischer Illusion.

Der Titel des Gedichts lautet ›Terzinen über die Liebe‹. Parallel zum formalen Auflösungsprozeß der Terzinen innerhalb des Gedichts wird auch deren Thema, die Liebe, zersetzt. Die Zerstörung der Form dient demnach dazu, »daß die davor aufgerufene Utopie als solche bemerkt wird« (Jan Knopf).

Im Kontext der Oper ›Aufstieg und Fall der Stadt Mahagonny‹ (1930) erscheint das Gedicht als Kranich-Duett der Prostituierten Jenny und ihrem Freier Jimmy (später: Paul) in der Szene ›Lieben‹ (14). Der Ort ist das Zimmer eines Bordells. Die Wirtin ermahnt die wartenden Männer, vor dem Akt »ein paar Worte« mit Jenny zu sprechen, da »Geld allein nicht sinnlich« mache. Dies wird von Jimmy/Paul befolgt. Er und Jenny sprechen bzw. singen miteinander die ›Terzinen‹.

Brechts Quelle für den Text ist in doppelter Hinsicht – in Form und Motiv – Dantes (1265–1321) ›La Divina Commedia‹ (um 1307?). Im fünften Gesang des ›Inferno‹ steigt Dante mit Vergil, seinem Führer, durch die Unterwelt. Eine Windsbraut ruft die Geister Verstorbener. Unter ihnen, die »wie die Kraniche kläglich kreischend durch die Lüfte ziehen« (Vers 46), befindet sich das ewige Liebespaar Francesca und Paolo, das Ehebruch betrieben hatte und getötet worden war. Die beiden halten sich zusammen und erscheinen »so leicht bewegt vom Wind« (Vers 74f.): »Liebe, die Liebe nie verläßt Geliebten« (Vers 103). Und ausdrücklich wird von ihnen gesagt, daß sie der Gruppe der »Fleischessünder« angehören, die die Vernunft »dem Trieb zulieb entweihen« (Vers 40). In Liebe und Strafe sind sie verbunden, der Ausdeutung des christlichen Weltbildes entsprechend.

Die »Liebenden« der ›Mahagonny‹-Oper werden getrennt. Jenny kann sich nicht leisten, auf das Geld der wartenden anderen Männer zu verzichten. Ihre Liebesepisode mit Jimmy/Paul ist in der säkularisierten Welt nur Schein, es gibt sie nicht wirklich; die »Verhältnisse, die sind nicht so«, heißt es in einem berühmten Song aus der ›Dreigroschenoper‹. In einer solchen Welt – so die Aussage – kann Liebe keinen Halt geben, schon gar nicht, wenn man »einander ganz verfallen« ist, also sein selbständiges Ich aufgegeben hat.

Joachim Ringelnatz
Bumerang

Kurt Pinthus, bekannt geworden durch die von ihm herausgegebene Anthologie expressionistischer Lyrik (›Menschheitsdämmerung‹, 1920), schilderte 1923 in einer bewundernden Kritik den Auftritt von Joachim Ringelnatz (1883–1934), den er Jahre zuvor schon in der Münchener Künstlerkneipe ›Simplicissimus‹, dann vor allem aber im Berliner Kabarett ›Schall und Rauch‹ erlebt hatte:

> kommt einer aufs Podium in Matrosenbluse, die offenklaffend nackte tätowierte Brust zeigt; ein Geiernasenzinken hakt unter stirngekämmter Tolle weit über den zurückweichenden Mund, der in einem gebogenen Kinn wieder nach vorn stößt. [...] Blauer Dunst wolkt um ihn, verwirrt und verlegen flimmert sein glasig blaues Auge, bis den dünnen Lippen Gedichte entquellen, bald brüllend hingeschmettert, bald schüchtern verhallend, immer aber mit suchender Versunkenheit aufgesagt, so, als dichte er jene ungeheuerlichen Visionen, jene kolossalen Späße verweise gerade jetzt aus sich heraus, um unser Gemüt und Zwerchfell mit schauerlichen und abrupten Trommelschlägen zu erschüttern.

Der so Charakterisierte hieß eigentlich Hans Bötticher, war in Wurzen bei Leipzig als Sohn eines Musterzeichners und Unterhaltungsschriftstellers geboren und hatte sich seinen Künstlernamen, unter dem er einem großen Publikum bekannt wurde, erst 1919 zugelegt. Der Matrosenanzug, gewissermaßen sein Markenzeichen, war nicht bloß Kostüm: Der Vortragskünstler, der schon vor der Reifeprüfung der Schule und dem bürgerlichen Leben entlaufen war, hatte seit 1901 vier Jahre lang als Schiffsjunge und Matrose die Welt bereist. Mit mehreren zivilen Brotberufen war er gescheitert.

In der Kunstfigur des Kuttel Daddeldu, Inbegriff des unermüdlich besoffenen, auf den Bühnenbrettern wie auf Schiffsplanken schwankenden Seemanns, kindhaft-naiv, welterfahren und vorurteilslos, zotig und zart, grotesk-versponnen in seinen Äußerungen, schuf sich Ringelnatz eine Maske, aus der heraus er seine »ungeheuerlichen Visionen« und »kolossalen Späße« selbstironisch und selbstparodistisch zur Schau stellen konnte. Seit 1910 erschienen Sammlungen seiner Gedichte auch in Buchform. Schon die Titel vermitteln etwas von deren Wesen: ›Die Schnupftabaksdose. Stumpfsinn in Versen‹ (1912), ›Turngedichte‹ (1920/23), ›Kuttel Daddeldu oder das schlüpfrige Leid‹ (1920/23), ›Reisebriefe eines Artisten‹ (1927), ›Allerdings‹ (1928), ›Flugzeuggedanken‹ (1929), ›Kinder-Verwirr-Buch‹ (1931). Der Autor hatte damit nicht nur Erfolg beim Publikum, das ihn allerdings oft als bloßen Spaßmacher mißverstand, auch die unbestechlich-kritischsten Köpfe schätzten, ja liebten ihn.

Der große Kritiker Alfred Polgar formulierte pointiert: »Dieser unvergleichliche Ringelnatz hat den Stein der Narren entdeckt (welcher, wie wunderbar, dem der Weisen zum Verwechseln ähnlich sieht).« Dieser »Stein der Narren« hat immerhin bewirkt, daß viele seiner Gedichte über die Jahrzehnte hin im Gedächtnis der Leser geblieben sind. Neben dem von den »zwei Ameisen«, die »nach Australien reisen« wollen, gehört dazu gewiß das folgende:

Bumerang

War einmal ein Bumerang;
War ein weniges zu lang.
Bumerang flog ein Stück,
Aber kam nicht mehr zurück.
Publikum – noch stundenlang –
Wartete auf Bumerang.

(aus: ›Turngedichte‹, erweiterte Ausgabe. 1923)

Das gekrümmte Wurfholz, das ursprünglich die Eingeborenen Australiens zur Jagd verwendeten und das den Vorteil hat, beim Verfehlen des Ziels zum Werfer zurückzukommen, ist in unseren Breiten natürlich längst zum Sportgerät oder zum Spielzeug geworden. Daß ein größeres Publikum beim Werfen eines Bumerangs zusieht, ist aber trotzdem eher ungewöhnlich, Meisterschaften im Bumerang-Werfen, wenn es sie denn gibt, sind nicht gerade medienspektakulär. Von der Aktion eines Werfers ist in dem Sechszeiler auch gar nicht die Rede, fast scheint es, als sei das krumme Holz aus eigenem Willen »geflogen«. Eine geringfügige Abweichung von der aerodynamischen Norm (die sich auf der sprachlichen Ebene des Gedichts als leichte Abweichung des Satzbaus von der grammatikalischen Norm darstellt) genügt aber bereits, das fliegerische Kunststück scheitern zu lassen. Gegen alle Vernunft und Wahrscheinlichkeit will das Publikum jedoch nicht akzeptieren, daß seine Schaulust, sein Unterhaltungsbedürfnis nicht befriedigt werden.

Kann man das kleine Gedicht als Parabel lesen? Ein Kunststück, so könnte man sein Thema benennen, »kommt beim Publikum nicht an«, was nicht an der Verweigerungshaltung des Künstlers, auch nicht an der fehlenden Aufmerksamkeit des Publikums liegt, sondern an der Unvollkommenheit des Instruments. Ist dies die Sprache, die im Text in ihrer hölzernen Holprigkeit auf die mangelnde Sprachbeherrschung des nirgends ganz zu Hause sich Fühlenden verweist, ist das Instrument der eigene Körper, der, Tag für Tag auf der Bühne zur Schau gestellt, als Last und Ärgernis erfahren wurde? Vielleicht hat Ringelnatz Immanuel Kants Schrift ›Idee zu einer allgemeinen Geschichte in weltbürgerlicher Absicht‹ (1784) gekannt. Darin heißt es: »Aus so krummem Holze, als woraus der Mensch gemacht ist, kann nichts ganz Gerades gezimmert werden.«

Ansprache eines Fremden an eine Geschminkte vor dem Wilberforcemonument

Auch Kuttel Daddeldu, dieses abgespaltene Rollen-Ich des Dichters, ist konzipiert als eine »aus krummem Holz gezimmerte« Figur: »Ich bin etwas schief ins Leben gebaut./ Wo mir alles rätselvoll ist und fremd«, heißt es bezeichnenderweise in dem Gedicht mit dem komplizierten Titel, das, wie Walter Pape, der Herausgeber von Ringelnatz' Gesamtwerk, schreibt, in dessen Œuvre eine zentrale Stellung einnimmt:

> Guten Abend, schöne Unbekannte! Es ist nachts halb zehn.
> Würden Sie liebenswürdigerweise mit mir schlafen gehen?
> Wer ich bin? – Sie meinen, wie ich heiße?
>
> Liebes Kind, ich werde Sie belügen,
> Denn ich schenke dir drei Pfund.
> Denn ich küsse niemals auf den Mund.
> Von uns beiden bin ich der Gescheitre.
> Doch du darfst mich um drei weitre
> Pfund betrügen.
>
> Glaube mir, liebes Kind:
> Wenn man einmal in Sansibar
> Und in Tirol und im Gefängnis und in Kalkutta war,
> Dann merkt man erst, daß man nicht weiß, wie sonderbar
> Die Menschen sind.
>
> Deine Ehre, zum Beispiel, ist nicht dasselbe
> Wie bei Peter dem Großen L'honneur
> Übrigens war ich – (Schenk mir das gelbe
> Band!) – in Altona an der Elbe Schaufensterdekorateur. –
>
> Hast du das Tuten gehört?
> Das ist Wilson Line.
>
> Wie? Ich sei angetrunken? Oh nein, nein! Nein!
> Ich bin völlig besoffen und hundsgefährlich geistesgestört.
> Aber sechs Pfund sind immer ein Risiko wert.
>
> Wie du mißtrauisch neben mir gehst!
> Wart nur, ich erzähle dir schnurrige Sachen.
> Ich weiß: Du wirst lachen.
> Ich weiß: daß sie wird dich auch traurig machen.
> Obwohl du sie gar nicht verstehst.
>
> Und auch ich –
> Du wirst mir vertrauen, – später, in Hose und Hemd.
> Mädchen wie du haben mir immer vertraut.
> Ich bin etwas schief ins Leben gebaut.
> Wo mir alles rätselvoll ist und fremd,
> Da wohnt meine Mutter. – Quatsch! Ich bitte dich: Sei recht laut!

> Ich bin eine alte Kommode.
> Oft mit Tinte oder Rotwein begossen;
> Manchmal mit Fußtritten geschlossen.
> Der wird kichern, der nach meinem Tode
> Mein Geheimfach entdeckt. –
> Ach Kind, wenn du ahntest, wie Kunitzburger Eierkuchen schmeckt!
>
> Das ist nun kein richtiger Scherz.
> Ich bin auch nicht richtig froh.
> Ich habe auch kein richtiges Herz.
> Ich bin nur ein kleiner, unanständiger Schalk.
> Mein richtiges Herz. Das ist anderwärts, irgendwo
> Im Muschelkalk.

Ringelnatz hat in seinen autobiographischen Aufzeichnungen, ›Mein Leben bis zum Kriege‹ (1931), erzählt, daß die in dem Gedicht geschilderte Begegnung tatsächlich stattgefunden habe: In Hull als mittel- und stellungsloser Seemann gleichsam gestrandet, habe er eines Tages »ein kleines vorbeigehendes Mädchen an[gesprochen], das grell geschminkt war und nach Himbeeren roch. Sie nahm mich mit in ihr weit entlegenes Zimmer, und ich hatte dort außer allem Erwarteten ein seltsames und eindrucksvolles Erlebnis, über das ich nicht reden mag.« Trotzdem darf das lyrische Ich natürlich nicht einfach mit Ringelnatz gleichgesetzt werden.

Der zunächst ziemlich disparat wirkende Text, ist entwickelt aus einem Dialog, von dem die eine Stimme ausgeblendet ist und der tendenziell in einen Monolog übergeht. Das angesprochene Du, die »Geschminkte vor dem Wilberforcemonument« soll wohl die immer wieder neuen Sprechansätze, die gedanklichen Sprünge und die teilweise gewagte Logik als Zeichen für die offen bekundete Volltrunkenheit und Unzurechnungsfähigkeit des lyrischen Ich nehmen, das trotz der superlativischen Selbstbezichtigung (»völlig besoffen und hundsgefährlich geistesgestört«) aber erstaunlich nüchtern und geistesgegenwärtig erscheint. Das teilweise sehr regelmäßige Metrum (vgl. die Trochäen in der zweiten Strophe) und das Spiel mit den Endreimen verraten sogar nachdrücklich Formwillen und Wirkungsabsicht. Was als Folge der Enthemmung durch den Alkohol interpretiert werden könnte, der rasche Wechsel vom »Sie« zum »Du«, die Hemdsärmeligkeit der Kontaktaufnahme, die Redseligkeit, die Neigung zum Bekenntnis, zur Preisgabe recht persönlicher Details aus der Biographie, all das scheint vielmehr dem Versuch einer Selbstvergewisserung zu dienen, zu der ein Ansprechpartner nötig ist. »Wer ich bin? – Sie meinen, wie ich heiße?« Das lyrische Ich, das hier auf eine Frage mit zwei Gegenfragen antwortet, sagt damit, daß es höchstens seinen Namen nennen, nicht aber Auskunft über seine Identität geben kann. In einer Welt der Fassaden und des schönen Scheins – ein ehemaliger »Schaufensterdekorateur« trifft eine »Geschminkte« – sind Lüge und Betrug ebenso selbstverständlich wie die Käuflichkeit der Gefühle; was ehemals zum Wesenskern von Menschen gehörte, »L'honneur«, ein »richtiges Herz« ist Menschen, auf die nur noch das Etikett »sonderbar« paßt, nicht mehr angemessen. Verläßlich ist im Höchstfall das, was als Sinneswahrnehmung beglaubigt ist, das »Tuten« eines Schiffs, der Geschmack von »Kunitzburger Eierkuchen«.

Was sich da zu Füßen des Monuments zum Gedenken an William Wilberforce abspielt, der 1807 ein Gesetz zur Unterdrückung des Sklavenhandels durchsetzte, ist nicht nur Bestandsaufnahme, sondern auch ein Akt der Selbstbefreiung des lyrischen Ich: Indem es die Rätselhaftigkeit und Fremdheit ausspricht, die es gegenüber sich selbst empfindet, können diese bösen Geister wohl gebannt werden. Das möglicherweise nicht gesellschaftsfähige, nicht domestizierbare »Geheimfach« der Seele bleibt jedenfalls auf Lebenszeit geschlossen.

Fast begütigend sind die letzten Verse wieder an die Partnerin gerichtet, die ja vielleicht ebenfalls »etwas schief ins Leben gebaut« ist. Sie soll das große Kind Kuttel Daddeldu mit all seinen Defekten annehmen.

Die wenigsten zeitgenössischen Kabarettbesucher und Leser dürften gewußt haben, daß »Muschelkalk«, das letzte Wort des Textes, der Kosename war, den Joachim Ringelnatz seiner Frau gegeben hatte. Übrigens hat er ihr am Tag ihrer Trauung dieses gerade eben entstandene Gedicht vorgelesen.

Kurt Tucholsky

Die ›Arbeiter-Illustrierte-Zeitung‹ widmete Anfang November 1928 dem Gedenken an den zehnten Jahrestag der Ausrufung der Republik eine Doppelseite. Photos von kämpfenden Arbeitern aus der Phase der revolutionären Erhebung standen neben solchen, die den konterrevolutionären Umschwung zeigten: marschierendes Militär unter kaiserlichen Standarten, bürgerliche Politiker, neues Arbeiterelend. Einmontiert in diese Bildfolge war das Gedicht ›Zehn Jahre deutsche Republik‹ von Theobald Tiger. Es war ein offenes Geheimnis, daß Kurt Tucholsky (1890–1935) vorzugsweise dieses Pseudonym wählte, wenn er sich mit lyrischen Texten zu Wort meldete.

Zehn Jahre deutsche Republik

Wir haben den Laden übernommen
 im Ausverkauf! im Ausverkauf!
Die Fürsten sind uns abhanden gekommen –
 im Nurmi-Lauf! im Nurmi-Lauf –

> Wir sind eine Republik.
>   Was sollen wir Ihnen sagen?
> Wir bitten Sie, das unserem Vorgänger geschenkte Vertrauen auch
>   auf uns zu übertragen!
> Bist du glücklicher? du Arbeiterfrau?
>   Bist du glücklicher? Bergmann im Schacht?
> Ist dir wohler? Mann im Gefängnisbau?
> Hat euch allen die Republik etwas gebracht?
> Wir sind eine Republik.
>   Mit schwarz-weiß-roten Schnüren ...
> Wir bemühen uns, das Geschäft streng im Sinne seines Begründers
>   zu führen.
> Da gibt es Richter, die sind schlimmer als die unterm Kaiser.
>   Da regiert die Industrie, toller, als vor dem Krieg.
> Da gibt es Junker – wie immer unter dem Kaiser –
>   da ersicht die Kirche einen Sieg und noch einen Sieg.
> Wir sind eine Republik.
>   Mit Hilfe der Sozialdemokraten
> halten wir uns die alten Kommißsoldaten –
> Die Revolution findet wegen schlechten Wetters im Saale statt –
>   Wohl dem, der solch eine Republike hat!
> Immer herein! Eintrittsgeld nach Belieben!
> Wir haben die Firma gewechselt. Aber der Laden ist der alte geblieben.

Die aus dem Bereich des Wirtschaftslebens übernommenen Metaphern, die formelhaften Wendungen, die im Geschäftsleben bei der Übernahme einer Firma üblich sind (oder waren), enthalten schon den kritischen Ansatz des Autors. Wenn er die Weimarer Republik als »Laden« und als »Geschäft« bezeichnet, will er damit wohl signalisieren, daß die »ökonomische Basis« des neuen Staates sich gegenüber derjenigen des alten nicht geändert hat, die Besitzverhältnisse gleichgeblieben sind. Deutschland ist nach dem verlorenen Krieg billig zu haben gewesen (»im Ausverkauf«), da die Fürsten in rekordverdächtigem Tempo davongelaufen sind (»Nurmi-Lauf« spielt an auf Paavo Nurmi, den finnischen Mittel- und Langstreckenläufer, der 1928 bei den Olympischen Spielen mehrere Medaillen errungen hatte), und offenbar verwenden die Repräsentanten der Republik bereits wieder bedenkenlos den Pluralis majestatis, den schon ihre Vorgänger gebrauchten: man beachte das dreimalig auftrumpfende »Wir sind eine Republik«. Mit bohrenden Fragen und nüchtern konstatierend meldet sich aber auch eine andere Stimme zu Wort, die der Arbeiter. Die neue »Firma« ist noch ausbeuterischer als die alte. Die Republik trägt mit den »schwarz-weiß-roten Schnüren« die Farben der Zugehörigkeit zum Kaiserreich am Leib, eine Sozialdemokratie, die diesen Namen kaum verdient, hat in dieser Perspektive mit der Reaktion ihren Frieden gemacht und so die Revolution verraten.

Die Erfahrung des Ersten Weltkriegs und der wirren Nachkriegszeit hatten aus Tucholsky einen leidenschaftlichen Aufklärer und Humanisten, einen linken Gerechtigkeitsfanatiker, einen Spötter, Ironiker und Satiriker gemacht. »Der Satiriker ist ein gekränkter Idealist: er will die Welt gut haben, sie ist schlecht, und nun rennt er gegen das Schlechte an«, formulierte er bereits 1919 und folgerte daraus: »Was darf die Satire?/ Alles.« Mit den Mitteln der Demaskierung und Desillusionierung konfrontierte er unerbittlich die Ideale, auf denen die Repräsentanten der Weimarer Republik den neuen Staat angeblich begründet hatten, mit der bedrückenden Realität. Als Jude selbst vielfachen Angriffen und Kränkungen ausgesetzt, machte sich der promovierte Jurist zum Anwalt der »kleinen Leute«, kämpfte er gegen die Klassenjustiz der auf dem rechten Auge überdies meist blinden Richter, gegen revanchelüsterne Militärs.

Tucholsky wollte die Erinnerung an das Unglück des Kriegs wachhalten, weil er die Untaten, die in diesem Völkergemetzel begangen worden waren, vielfach umgelogen sah zum »Ehrendienst für das Vaterland« und zum »Heldentum«. Er glaubte daran, klammerte sich zumindest an diesen Glauben, daß die Zeit reif sei, die Gräben zwischen den verfeindeten Nationen zuzuschütten:

Der Graben

Mutter, wozu hast du deinen aufgezogen?
Hast dich zwanzig Jahr mit ihm gequält?
Wozu ist er dir in deinen Arm geflogen,
und du hast ihm leise was erzählt?
    Bis sie ihn dir weggenommen haben.
    Für den Graben, Mutter, für den Graben.

Junge, kannst du noch an Vater denken?
Vater nahm dich oft auf seinen Arm.
Und er wollt dir einen Groschen schenken,
und er spielte mit dir Räuber und Gendarm.
    Bis sie ihn dir weggenommen haben.
    Für den Graben, Junge, für den Graben.

Werft die Fahnen fort!
                    Die Militärkapellen
spielen auf zu euerm Todestanz.
Seid ihr hin: ein Kranz von Immortellen –
das ist dann der Dank des Vaterlands.

Denkt an Todesröcheln und Gestöhne.
Drüben stehen Väter, Mütter, Söhne,
schuften schwer, wie ihr, ums bißchen Leben.
Wollt ihr denen nicht die Hände geben?
Reicht die Bruderhand als schönste aller Gaben
übern Graben, Leute, übern Graben –!

Obwohl Tucholskys Texte in ihrer Mehrzahl durchaus nicht für das Kabarett geschrieben wurden, liegt ihre Eignung dafür auf der Hand, sind sie »ihrer äußeren Machart und inneren Gestik nach als Kabarettpoesie anzusprechen« (Karl Riha), als ›Couplets‹ oder ›Sonx‹, wie der Autor sie nannte.

Aus der Wirkabsicht des Autors folgte unmittelbar, daß seine Texte verständlich sein mußten, deutlich, entschieden, klar, präzise. Dies begünstigte zugespitzte – oftmals bis heute provokativ wirkende – Formulierungen. »Soldaten sind Mörder« ist eine solche. Sie steht in einem auf den Ersten Weltkrieg bezüglichen Artikel der ›Weltbühne‹ vom 4.8.1931 (›Der bewachte Kriegsschauplatz‹). Im Kontext heißt es dort:

> Da gab es vier Jahre lang ganze Quadratmeilen Landes, auf denen war der Mord obligatorisch, während er eine halbe Stunde davon entfernt ebenso streng verboten war. Sagte ich: Mord? Natürlich Mord. Soldaten sind Mörder.

Daß der Text einen Skandal auslöste, gegen Tucholsky und Carl von Ossietzky (als verantwortlichem Redakteur der Zeitschrift) wegen Beleidigung der Reichswehr und der Soldatenehre vom Innenminister Groener Anklage erhoben wurde, verwundert nicht, vergegenwärtigt man sich das geistige Klima der Jahre vor der »Machtergreifung«; erstaunlich ist vielmehr, daß das Verfahren mit einem Freispruch endete.

Noch lieber als auf Polemik und Anklage setzte der Autor auf die Wirkungen des befreienden und ansteckenden Lachens, das auch immer der Selbsterkenntnis dienen, die eigene Person einschließen sollte. Im Gedicht ›Danach‹ etwa kontrastierte er die Wunschträume, die durch die Illusionsmaschinerie der Traumfabrik geweckt werden, mit den Mühen des meist grauen Alltags im Kleine-Leute-Milieu. Die Komik entsteht dabei aus der Fallhöhe. Das naheliegende Abgleiten in Sentimentalität wird durch den lakonisch-nüchternen Berliner Dialekt aufgefangen:

Danach

Es wird nach einem happy end
im Film jewöhnlich abjeblendt.
  Man sieht bloß noch in ihre Lippen
  den Helden seinen Schnurrbart stippen –
  da hat sie nu den Schentelmen.
  Na, un denn –?

Denn jehn die beeden brav ins Bett.
Na ja ... diß is ja auch janz nett.
  A manchmal möcht man doch jern wissn:
  Wat tun se, wenn se sich nich kissn?
  Die könn ja doch nich imma penn ...!
  Na, un denn –?

Denn säuselt im Kamin der Wind.
Denn kricht det junge Paar 'n Kind.
　Denn kocht sie Milch. Die Milch looft üba.
　Denn macht er Krach. Denn weent sie drüba.
　Denn wolln sich beede jänzlich trenn...
　　Na, un denn –?

Denn is det Kind nich uffn Damm.
Denn bleihm die beeden doch zesamm.
　Denn quäln se sich noch manche Jahre.
　Er will noch wat mit blonde Haare:
　vorn doof und hinten minorenn...
　　Na, un denn –?

Denn sind se alt.
　　　　Der Sohn haut ab.
Der Olle macht nu ooch bald schlapp.
　Vajessen Kuß und Schnurrbartzeit –
　Ach, Menschenskind, wie liecht det weit!
　Wie der noch scharf uff Muttern war,
　det is schon beinah nich mehr wahr!
　Der olle Mann denkt so zurück:
　wat hat er nu von seinen Jlück?
　Die Ehe war zum jrößten Teile
　vabrühte Milch un Langeweile.
Und darum wird beim happy end
im Film jewöhnlich abjeblendt.

Der Erfolg blieb nicht aus, Kurt Tucholsky war sicher einer der meistgelesenen Autoren seiner Zeit. Heute haben seine Glossen und Satiren längst einen festen Platz in den Lesebüchern, ist sein Roman ›Schloß Gripsholm‹ (1931) in einer Millionenauflage verbreitet. Doch diejenige Wirkung, die er sich erhofft hatte, blieb letztlich aus. Als unaufhaltsam mußte er den Aufstieg des völkischen Nationalismus erleben und warnte früh und prophetisch vor einem herannahenden neuen Krieg.

In Tucholskys Deutung errang hier etwas die Macht, was an dumpfe, gegen alle Aufklärung resistente Tiefenschichten des Menschen appellierte:

> Es ist der Ur-Instinkt, der tiefste, der roheste, der gewalttätigste und der gewaltigste. Es ist jener, in dessen unterirdischer Wurzel Wollust und Blutlust zusammenlaufen, es ist der Solarplexus, der schreit, das Hodengefühl antwortet, und der ganze Kerl wird zusammengeschüttelt. Die Frau ist in diesem Fall ein schwingender Nerv, und haben die verzückten Nonnen in jenem Moment, der vor dem Himmel und ihrer Vorstellung ein Jahr war, geflüstert: »Der Gott kommt!« – so rufen wir, peitscht man uns aus: »Es lebe die Nation!«　　(›*Der letzte Ruf*‹, in: ›*Die Weltbühne*‹. *26. 6. 1928*)

Der freiwillige Rückzug ins schwedische Exil seit 1928, das schrittweise Verstummen in der Öffentlichkeit ab 1931 waren Tucholskys Konsequenz aus seiner Einsicht, besiegt zu sein. »Man kann nicht schreiben, wo man nur noch verachtet«, begründete er in mehreren Briefen an Walter Hasenclever (20.4.1933) seine Haltung: »Dann hat man als anständiger Mann abzutreten.« (11.4.1933) »Man kann für eine Majorität kämpfen, die von einer tyrannischen Minorität unterdrückt wird. Man kann aber nicht einem Volk das Gegenteil von dem predigen, was *es in seiner Mehrheit* [...] will.«

Zusammen mit Lion Feuchtwanger, Alfred Kerr, Heinrich Mann, Ernst Toller und vielen anderen wurde Tucholsky im August 1933 die deutsche Staatsangehörigkeit aberkannt, am 21. Dezember 1935 machte er seinem Leben ein Ende.

4. Lyrischer Traditionalismus

4.1 Erneuerung aus christlichem Geist

Konrad Weiß
Der Sämann

Zum Traditionalismus zählt die Wiederaufnahme christlicher Dichtung. Sie drückt sich nicht nur in christlichen Themen aus, sondern häufig auch in der Neuentdeckung und -gestaltung mythischer Figuren. Gedichtbände wie ›Die cumäische Sybille‹ (1921), ›Die kleine Schöpfung‹ (1926) oder ›Das Herz des Wortes‹ (1929) von Konrad Weiß sind Beispiele für diese, in seinem Fall betont katholische, Richtung.

Konrad Weiß (1880–1940) stammt aus einer bäuerlichen Großfamilie in dem Weiler Rauenbretzingen bei Schwäbisch-Hall. Als man seine Begabung erkannte, ermöglichte ihm ein Onkel, der Pfarrer war, den Besuch des Gymnasiums und das Studium der katholischen Theologie in Tübingen. Im siebten Semester rang er sich zu der Erkenntnis durch, daß sein eigentliches Interesse der Philologie galt, und nach weiteren zwei Semestern brach er das Studium ab, um als Journalist und Redakteur zu arbeiten, zuerst (1905) bei der katholischen Monatsschrift ›Hochland‹, dann ab 1920 bei der Tageszeitung ›Münchner Neueste Nachrichten‹. Sein Grundthema ist die Heilsgeschichte des Menschen aus christlicher Sicht.

Ein Problem war für ihn, wie für Hofmannsthal, Benn oder Brecht, das Wort als Arbeitsmittel der Dichtung. Er hat seine Gedanken hierzu in Aufsätzen von 1931/32 festgehalten. Ähnlich wie bei Gottfried Benn sind die Überlegungen viel früher in die Dichtung eingegangen, als sie poetologisch zusammengefaßt wurden. Schon 1918 warnte der Kritiker Carl Muth Weiß vor den Konsequenzen seiner Dichtweise: das Irrationale müsse »bei einem schier unerträglichen sacrificium intellectus endigen«, also bei der Preisgabe der Vernunft. Insbesondere geht es Konrad Weiß in seiner Lyrik wie Benn um die Metapher, um die Verwendung eines bildhaften Ausdrucks an Stelle der sachbezogenen Bezeichnung. Die Metapher öffnet ein weites Feld zur Bereicherung der Vorstellungskraft. Wenn zum Beispiel für Wohnung Bude, Höhle, Nest oder Burg steht, gibt das der Behausung einen jeweils anderen, weit über die nüchterne Denomination hinausgehenden Sinn. Im Gegensatz zur Benn'schen Chiffre ist dieser Sinn aber nicht reichhaltig und vieldeutig, sondern durch das gewählte Bild auf den je zutreffenden Bereich beschränkt. Im Traum, weiter gefaßt im Irrationalen und im Glauben, liegen grenzenlose Möglichkeiten, metaphorische Bedeutung zu fassen und in der Lyrik fruchtbar zu machen. Das geschieht bei Weiß vor allem auf dem Felde einer ganz persönlichen mystischen Bildersprache, die oft kaum zu durchschauen ist, so daß sich der Leser mitunter mit Annäherungen zufriedengeben muß.

Das folgende Gedicht aus der Sammlung ›Das Herz des Wortes‹ (1929) stellt die religiöse Komponente seines Werks nicht in den Vordergrund, wenngleich sie stets gegenwärtig ist.

Der Sämann

Was tu ich, sprach der Sämann, der
mit Schritten lang den Acker trat,
das Tuch geknotet schulterquer,
den linken Arm in weiße Wat
gleich einem tauben Stumpf gehüllt,
da er dem Herzen nah die Hand mit Körnern füllt.

Nun streut er Körner bogenhin,
nun seines Wegs geradefort,
mit Schritten stark, als trage ihn
die Hüfte leicht, doch leicht verdorrt,
zur Erde wechselnd eingeknickt,
nun spricht er, während er die Hand des Weges schickt:

Was tu ich, der von diesem Feld
mit Armen leer und müde bald
hinabgeht, der das Korn bestellt,
In Halmen wird die Saat Gestalt
Und steht dann hier in Ähren schwer
So andern Wuchses, als der geht darüber her,

der wie gefesselt Hand und Fuß,
und wie er Arm und Kniee schwingt,
sich wie zum Streit verteilen muß
und leichter wird und schwerer ringt,
der fortgetrieben alle Zeit
den Bann zerbricht und härter wird im harten Streit.

Und wie er fort zum Ende rückt,
mit leichter Wat, doch schwerem Mut,
den Kopf nun aus der Schlinge bückt,
er weiß nicht, was so leicht ihm tut,
sieht er am Baum den harten Ast,
den eingeknickten Stumpf gehüllt in Blüten fast.

[Wat = Tuch, Gewand]

Weiß zeichnet in der ersten Strophe das detailgenaue Bild eines Sämanns, der stetig und kraftvoll den Acker bestellt, und in der letzten führt er das Bild fort und zu Ende in der abschließenden Geste, mit der der Sämann den leeren Saatgut-Beutel von der Schulter nimmt. Der Dichter schöpft seine Kenntnisse aus zwei Quellen: aus der eigenen Erfahrung als Sohn eines Landwirts, der wohl auch noch als Student zu Hause mit zugreifen mußte, und aus dem Wissen von der Malerei des neunzehnten Jahrhunderts, die er als Kunstredakteur besaß. Denn die Gestalt, die uns vor Augen steht, stammt aus einem der beiden Ölgemälde, die Vincent van Gogh (1853–1890) in Arles geschaffen hat (Titel: ›Sämann bei untergehender Sonne‹). Der Sämann, eine düstere, konturarme Kreatur, schreitet über den Acker, der sich weit in der Ebene verliert. Hinter ihm geht die Sonne als riesige pastose Scheibe unter und färbt dabei den ganzen Himmel golden-gelb. Schräg über den Vordergrund wächst, bildbeherrschend, der Baum mit dem »eingeknickten Stumpf gehüllt in Blüten fast«. Der dunkle Landmann, der schwarz leuchtende, doch blühende Baum und die Sonne im Untergang ergeben eine Konstellation von hoher Symbolkraft. Die Schwere, die auf dem Bild lastet, hat Weiß überzeugend auf sein Gedicht übertragen.

Für diese Schwere wird der Leser schon in der ersten Strophe mit Hilfe sprachlicher und formaler Mittel sensibilisiert: der Sämann »tritt« den Acker – er schreitet nicht zügig, sondern schwerfällig voran, der holpernde Satzbau mit den nachgestellten Attributen (»lang«, »geknotet«, »gehüllt«) und das steigende Versmaß wirken verzögernd, immer wieder abschließend, statt einen ungestörten Fortgang abzubilden. Das wird am Strophenende unterstrichen durch die – ganz ungewöhnliche – Dehnung der Zeile auf sechs statt vier Hebungen.

In der zweiten Strophe wird durch das »als« (ob) in Zeile drei der Grund für die Wahl solcher hemmenden Elemente deutlich: Der Sämann schreitet mit starken Schritten, als ob er nicht unter Schmerzen sein Tagwerk vollbrächte. Was schwunghaft und kraftvoll aussieht, ist eine durch Notwendigkeit erzwungene, nur durch Selbstüberwindung mögliche Leistung. Von hier an aber entfernt sich Weiß zunehmend vom Bild des säenden Mannes und holt in der vierten Strophe seine Vergleichsmomente aus dem Wortschatz kämpferischer Auseinandersetzung. Das läßt an eine tiefere Bedeutung denken, an eine Verallgemeinerung, wie sie in symbolhafter Dichtung die Regel ist. Sie erschließt sich, wenn wir den Kontrast zwischen dem schmerzgekrümmten Landwirt und dem Gedeihen seiner Saat (»und steht dann hier in Ähren schwer«, 3. Strophe) und auch der wildwachsenden Natur (der blütenreiche abgeknickte Ast, 5. Strophe) in Betracht ziehen. Es entsteht eine Komposition von Werden und Vergehen, die noch vertieft wird, wenn man die Wortfolge »leicht verdorrt« – »bald hinabgeht« – »zum Ende« beachtet. Sie weist in übertragener Bedeutung auf das Ende des Lebens, nicht nur auf das der mühevollen Arbeit hin.

Bis hierhin ist die Aussageabsicht des Dichters wohl schlüssig zu erfassen. Das gilt nicht mehr für die folgenden Überlegungen: Der Sämann füllt die Hand »dem Herzen nah« mit Körnern. Das Tuch mit dem Saatgut hängt ja tatsächlich links vor dem Körper, aber es leuchtet unmittelbar ein, daß der Ausdruck »dem Herzen nah« eine übertragene Bedeutung haben muß. »Herz« als Metapher hat seit jeher einen festumrissenen Sinn: es bezieht sich auf das, was uns im Innersten berührt. Wenn somit der Sämann in Herznähe nach dem Saatgut greift, kann das, übertragen, bedeuten, daß die imaginierte Person des Gedichts nach Mitteln greift, um auszudrücken, was sie innerlich aufwühlt. Mit dieser Deutung bewegen wir uns wieder auf vertrautem Gelände. Der Schöpfungsprozeß – auch der eines Lyrikers – wird häufig als hindernisreich und anstrengend, ja qualvoll bezeichnet; die vielstimmige Klage um das abgenutzte Wort ist dafür nur ein Beispiel. Wenn wir unter dieser Vorgabe unseren Text betrachten, entdecken wir ein einleuchtendes Bild, eine Allegorie des Dichtertums, in die vielleicht auch die rätselhaften Worte der letzten Strophe einbezogen werden können: der Kontrast zwischen dem »schwere[n] Mut«, mit dem der schöpferische Mensch seine Mühen beendet, und dem, »was so leicht ihm tut« beim Anblick des blühenden Astes – ein religiöser Dichter kann beim Anblick des blütenübersäten Aststumpfes tiefe Ehrfurcht vor dem Weltenschöpfer empfinden, gar nicht so viel anders als etwa der fromme Barockpoet Barthold Hinrich Brockes bei der Betrachtung einer Kirschblüte. Mit diesem Nach-Denken eines Gedichts befinden wir uns jedoch jenseits seiner rationalen Erfassung – wir empfinden, assoziieren, lassen der Phantasie ihren Lauf. Dies entspricht der Vorstellung Weiß' ebenso wie der Benns, auch wenn beide verschieden ansetzen: Metaphern müssen so wenig wie Chiffren rational schlüssig aufgelöst werden. Sie würden ihr Geheimnis preisgeben.

Konrad Weiß kann religiöse Aussagen auch auf einfachere Weise gestalten. 1926 hat er für die Tochter des Graphikers und Malers Prof. Karl Caspar, bekannt als Erneuerer christlicher Malerei, ein mit dessen Zeichnungen illustriertes episches Gedicht veröffentlicht, das zu seinen besten Werken gehört: ›Die kleine Schöpfung‹, in dem er ganz unbeschwert Kinder in die christliche Welt einführt. Es beginnt mit der Strophe:

> TÄGLICH, spricht der alte Hahn,
> fängt ein neues Tagwerk an,
> seit die Welt von Gott, mein Christ,
> kikriki erschaffen ist.
> [...]

4.2 Rückzug in die Natur – Naturmagie

Peter Huchel
Der Knabenteich

Peter Huchel (1903–1981), Berliner Beamtensohn, verlebte einen Teil seiner Kindheit auf dem in der märkischen Landschaft gelegenen Gutshof seines Großvaters. Dort entwickelte er wohl den Sinn für die Natur, von dem seine frühe Lyrik geprägt ist. Wie Loerke, Eich, Horst Lange oder Elisabeth Langgässer schrieb er in der Zeitschrift ›Kolonne‹ (s. S. 71), nachdem er bereits vorher durch Gedichte in der ›Vossischen Zeitung‹ bekannt geworden war. Das Gedicht ›Der Knabenteich‹ (aus der gleichnamigen Sammlung, 1932) speist sich aus der Erinnerung an seine Knabenzeit in Alt-Langerwisch, an die kleinen Dinge und die einfachen Menschen, denen er dort begegnet war.

> Der Knabenteich
>
> Wenn heißer die Libellenblitze
> im gelben Schilf des Mittags sprühn,
> im Nixengrün der Entengrütze
> die stillen Wasser seichter blühn,
> hebt er den Hamen in die Höhe,
> der Knabe, der auf Kalmus blies,
> und fängt die Brut der Wasserflöhe,
> die dunkel wölkt im Muschelkies.
>
> Rot blüht um ihn die Hexenheide,
> fischäugig blinkt der Teich im Kraut.
> Der graue Geist der Uferweide
> wird über Sumpf und Binsen laut,

wo dünn der Ruf der scheuen Unken
tönt wie ein Mund der Zauberei ...
Der Knabe horcht, ins Ohr gesunken
sind Wind und Teich und Krähenschrei.

Verzaubert ist die Mittagshelle,
das glasig grüne Algenlicht.
Der Knabe kennt die Wasserstelle,
die anders spiegelt sein Gesicht.
Er teilt das Schilf, das splittrig gelbe:
froschköpfig plätschert hoch der Nick –
und summt und spritzt und ist derselbe
wie einst mit tierhaft wildem Blick.

Und auch der Teich ist noch derselbe
wie einst, da dein Mund Kalmus blies,
dein Fuß hing ins Sumpfdottergelbe
und mit den Zehen griff den Kies.
Wenn dich im Traum das teichgrüntiefe
Gesicht voll Binsenhaar umfängt,
ist es als ob der Knabe riefe,
weil noch dein Netz am Wasser hängt.

[Hamen = Fangnetz, Kescher
Kalmus = Liliengewächs mit schwertartigen Blättern, denen man – wie beim »Blatteln« – Töne entlocken kann]

Das Gedicht weist drei Zeitebenen auf: Ein Erwachsener versetzt sich in seine Knabenzeit zurück, in der er in dem Teich Wasserflöhe fing, und diese Erinnerung enthält ihrerseits diejenige an eine noch frühere Zeit, in der er als Kind noch empfänglich war für die hinter der Realität hervorlugenden Naturgeister. Und so, wie der Knabe die Stelle aufsucht, wo er als kleineres Kind vom froschköpfigen Nick erschreckt worden war, und dort diese Erscheinung in seiner Vorstellung wiederbelebt, so versucht sich das lyrische Ich aus seiner Erwachsenenwelt zurückzuversetzen in eine Zeit, in der sich die Natur noch als vielfältige, lebendige Wesenhaftigkeit darstellte; es versucht, das Unwiederbringliche in Phantasie und Traum zurückzuholen.

Das Gedicht weist eine konventionelle Versform auf, den vierfüßigen Jambus, dessen rhythmische Einhaltung den Autor nicht kümmert. So liegt in der letzten Strophe, in der zweiten und dritten Zeile jeweils ein Iktus auf »dein« und auf »ins«, ohne daß das im Sprachfluß besonders auffiele. Viel wichtiger ist dem Autor die Wortwahl, in der sehr exakte Naturbilder sich mit solchen der kindlich-mythischen Sphäre verbinden. Die Brut, die »dunkel wölkt«, und die Zehen, die den Kies greifen, sind Beispiele für das erste, das »Nixengrün«, »der graue Geist« für das zweite. Damit ist auch sprachlich die Zusammenschau der Zeiten erreicht.

Das Gedicht erinnert an die Heidegedichte der Annette von Droste-Hülshoff, die ebenfalls diese realistische Detailgenauigkeit und, etwa im ›Knaben im Moor‹, den mythischen Bezug enthalten. Der Unterschied ist jedoch deutlich: Die furchterregenden Moorgeister der kindlichen Angstphantasien treiben den Knaben im Moor zur Flucht, während sich der Knabe am Teich, von der einen Schrecksekunde, wenn ihn der »tierhaft wilde Blick« trifft, abgesehen, mit der Natur in selbstverständlichem Einklang befindet. Auch der Nick kündigt sich ja freundlich an, er »plätschert hoch«, er »summt und spritzt«.

Aus dem bisher Gesagten wird deutlich, daß dem ›Knabenteich‹ die spezifische Naturauffassung zugrunde liegt, die charakterisierend ist für naturmagische Lyrik (s. Bd. 10, S. 211 ff.). Ihr Kennzeichen ist das Einssein des Menschen mit der Natur, in die er sich einfügt.

ANHANG

Begriffserklärungen

Agitproptheater (-lyrik): Will v. a. in der russischen Literatur nach 1917 und in marxistisch beeinflußten Werken in der Weimarer Republik das revolutionäre Bewußtsein wecken und Leser bzw. Besucher zu Aktionen verleiten. Dafür dienen oft kabarettartige Szenen, Straßentheater, Sprechchöre, Flugblätter oder Songs.

Aristotelisches Theater: Im Gegensatz zum Begriff des epischen Theaters Bezeichnung für die herkömmliche Dramenform mit festumrissenen Charakteren und einer einheitlich in Akte und Szenen untergliederten Handlung, wie sie Aristoteles in seiner Poetik beschrieben und gefordert hat.

Bauhaus: 1919 von Walter Gropius in Weimar gegründete Schule für gestaltendes Kunsthandwerk, Architektur und bildende Künste; ab 1925 in Dresden. Will Einheit von Kunst, Handwerk und Technik in industrieller Formgebung. Feininger, Mies van der Rohe, Kandinsky sind bestimmende Persönlichkeiten.

Bewußtseinsstrom: (Lehnübertragung aus engl. »stream of consciousness«). Mittel des modernen Erzählens, um das Innere einer Figur darzustellen. Alle Gedanken (auch Bruchstücke), Gefühle, Sinneseindrücke – bewußte und unterbewußte – werden so genau wie möglich festgehalten, ohne daß sie ein Erzähler ordnet oder in eine grammatikalisch korrekte Form bringt. Beispiele finden sich in Joyces ›Ulysses‹ oder Döblins ›Berlin Alexanderplatz‹.

Chiffre (franz. Ziffer, Zahl): Stilfigur der modernen Lyrik, in der im Gegensatz zur Metapher oder zum Vergleich ein sog. tertium comparationis (das »gemeinsame Dritte«) nicht mehr erkennbar ist. Das Gemeinte ist verschlüsselt und muß aus dem Textzusammenhang erschlossen werden.

Collage: Experimentelle literarische Technik, die vorgeprägtes Textmaterial (Zitate, Wendungen, Anspielungen) in andere Textzusammenhänge einbaut und damit neue Horizonte zu gewinnen versucht. Besonders von Futuristen, Dadaisten und Surrealisten verwendet.

Determination/Determinismus: In der Ethik die Lehre von der Vorbestimmtheit der menschlichen Willenshandlung durch innere und äußere Ursachen.

Ellipse: Unvollständigkeit bei Wörtern oder Sätzen, ohne daß der Satz unverständlich wäre.
Enjambement (Zeilensprung): Stilmittel der Lyrik, bei dem ein Satz nicht mit der Verszeile endet.
Episches Theater: Theaterform, in der Merkmale vorwiegen, die den Illusionscharakter des Theaters stören, z.B. durch V-Effekt. Beim Zuschauer strebt das epische Theater eine distanzierte und reflektierende Haltung an.
Erlebte Rede: Darstellung aus der Perspektive handelnder Personen in der dritten Person des Präteritums.
Essay (Versuch): Problemdarstellung, die im Gegensatz zur wissenschaftlichen Abhandlung Spielraum läßt für Lockerheit, Abschweifung, subjektive Sicht und nicht den Anspruch auf möglichste Vollständigkeit erhebt.

Formalismus: Sieht in der Formanalyse eines literarischen Werkes die Hauptaufgabe der Literaturuntersuchung. Die russisch-marxistische Literaturwissenschaft, die den Begriff und seinen Inhalt prägte, erkennt in der zweiten Hälfte der zwanziger Jahre darin eine bourgeoise Verirrung.

Gebrauchsliteratur: Ursprünglich für bestimmte Gelegenheiten (z.B. Feiern, Gottesdienste) verfaßte Texte, die literarischen Produkten (im Gegensatz zu reinen Zweckschreiben – etwa Nachrichten, Berichten, Protokollen) nahestehen. Im Zuge der Bestrebungen, den streng ästhetisch bestimmten Literaturbegriff auszuweiten, wurden (z.B. im Bereich der »Neuen Sachlichkeit«) Texte, die neben dem Gebrauchswert auch gewisse literarische Kriterien beachteten (etwa Reiseberichte, Reportagen, Tagebücher) der Literatur zugeordnet.
Gestus: Von Brecht gefordertes Verhalten des Schauspielers, das die Distanz zu seiner Rolle zeigt. Er will damit nicht nur den Spieler und den Zuschauer an einer Identifikation mit der gespielten Rolle hindern, sondern auch die gesellschaftliche Bedingtheit des Rollenverhaltens jedes einzelnen im Alltag bewußt machen.

Iktus: Markierung der Hebung im Vers nach einer Senkung.
Innerer Monolog: Drückt in direkter oder indirekter Rede ohne das Dazwischentreten eines Erzählers (außer in der Ich-Erzählung) aus, was im Bewußtsein einer handelnden Person vorgeht.

Kunstlump-Debatte: 1919 durch einen Artikel der ehemaligen Dadaisten John Heartfield und George Grosz ausgelöste Debatte. In ihrem Verlauf wurde die Frage nach der Funktion der Kunst als einem »bürgerlichen Erbe« bei der von den beiden Autoren (und anderen

KPD-Mitgliedern) geforderten Herausbildung einer proletarischen Kultur diskutiert.

Lehrstück: Negiert die bürgerliche Gesellschaft und Ästhetik, will Versuchsanordnung sein, die der Wirklichkeit entnommen ist (= der Hauptunterschied zur hermetischen Moderne und dem Ästhetizismus). Es soll – wie das epische Theater – die unkritische, distanzlose Einfühlung des Zuschauers in Charaktere und Bühnenhandlungen beseitigen. Im Extremfall braucht es keine Zuschauer, die Spielenden selbst (Lehrlinge, Schüler, Arbeiter) sollen durch das Spiel lernen.

Lyrisches Ich: Das sprechende und erlebende Ich des Gedichtes. Wenn ein Autor das Pronomen »Ich« in einem Gedicht verwendet, muß er damit nicht sich selbst meinen, er kann sich auch in eine andere Person hineinversetzen.

Metapher (griech. Übertragung): Das meistgebrauchte Stilmittel der Dichtung. Man bezeichnet etwas mit einem farbigeren, bildhaften Ausdruck, bei dem das ursprünglich Gemeinte durchscheint.

Montage: Literarische Technik, bei der Texte oder Textteile verschiedener Herkunft zu einem neuen Ganzen verbunden werden. Die Komposition aus montierten (Fertig-)teilen kann bewußt unharmonisch oder widersprüchlich angelegt sein. S. auch Collage.

Nō-Spiel: Kurze Stücke mit wenigen Dialogen geben den Rahmen für Tanz und Musik. Diese japanischen Stücke hatten vielfach einen religiösen Hintergrund, so das Stück ›Taniko‹ (= der Wurf im Tal) des Dichters Zenchi (15. Jh.), das den Vorwurf für Brechts ›Der Jasager‹ bildete. Die Darstellung kannte keine Schauspieler im europäischen Sinn, sondern Erzähler, die durch Äußeres und Gebärdensprache die Musik begleiten.

Pluralismus: Aus der Philosophie und der Staatstheorie stammender Begriff, der eine Vielheit von nebeneinander herlaufenden Theorien, Lehren und Interessen- bzw. Machtgruppen gelten läßt, ohne eine als die ausschließlich bestimmende anzuerkennen. Mit Entwicklung des pluralistischen Denkens läßt sich auch in Kunst und Literatur eine strenge Epochenabfolge nicht mehr vertreten. Vielmehr herrscht eine Gleichzeitigkeit und Konkurrenz verschiedener Richtungen.

Reportage: Berichterstattung für Zeitung, Rundfunk, Fernsehen. Als literarische Form wird sie zur Erweckung eines authentischen, objektiven Eindrucks verwendet.

Song (engl. Lied): Allgemein verwendet für Gesang, Lied als kabarettistisch-satirische, politisch-lehrhafte, parodisierende oder protestierende Form, Kritisches oder Tendenziöses darzustellen. Von Brecht mit Vorliebe im Theater oder als Lyrik verwendet.

Terzine: Italienische Strophenform. Sie verwendet fortlaufende Abschnitte von je 3 Elfsilblern als Reimkette (aba, bcb, cdc, ...) und einen abschließenden Einzelvers, so daß kein freier Reim übrig bleibt.

Verfremdung, V-Effekt: Im Brecht-Theater Verzerrung der vertrauten Wirklichkeit durch Verwendung von Mitteln, die den Illusionscharakter stören; z.B. Gestus, Erläuterungen, Illustrationen auf einer Leinwand, kommentierende Einlagen (etwa durch einen Sprecher), Songs.

Volksstück: Dramenform mit schlichten Charakteren und oft klischeehaftem Konflikt, der zumeist positiv gelöst wird. Seit den 20er Jahren nützt das »kritische V.« die einfachen Grundmuster, um negativ bewertete soziale und politische Verhältnisse aufzuzeigen.

Zeitroman: Entwirft über die Darstellung des Gesellschaftsromans hinaus ein vielschichtiges Panorama seiner Zeit. Im 19. Jh. entstanden, wird er im 20. Jh. zu einer häufig verwendeten Romanform, zu der u.a. auch etwa Thomas Manns ›Zauberberg‹ oder Musils ›Mann ohne Eigenschaften‹ gezählt werden können. Als politisch engagierter Roman nähert er sich – wie etwa Heinrich Manns ›Untertan‹ – der Tendenzdichtung.

Personenverzeichnis

Améry, Jean (Hans Mayer, 1912–1978), österreichischer Schriftsteller 125
Andreas-Salomé, Lou (1861–1937), dt. Schriftstellerin 364, 366
Arp, Hans (1886–1966), dt.-frz. Maler, Graphiker, Bildhauer und Schriftsteller 58 f.
Artaud, Antonin (1896–1948), frz. Schriftsteller 340

Bach, Johann Sebastian (1685–1750), Komponist 28
Ball, Hugo (1886–1927), Schriftsteller, Mitbegründer des Dadaismus 58 f.
Balzac, Honoré de (1799–1850), frz. Schriftsteller 157
Becher, Johannes R. (1891–1958), expressionistischer Lyriker und Romanautor 40, 62, 72
Becket, Thomas (1118–1170), engl. Lordkanzler, Erzbischof von Canterbury 91
Benjamin, Walter (1892–1940), Essayist, Literaturkritiker und -wissenschaftler 50, 68, 125, 382 f.
Benn, Gottfried (1886-1956), dt. Schriftsteller, Arzt 43, 264, 347–351, 387, 400 f.
Bergengruen, Werner (1892–1964), dt. Lyriker und Erzähler 73
Bergson, Henri (1859–1941), frz. Philosoph 61
Blei, Franz (1871–1942), Kritiker, österr. Schriftsteller 17
Bloch, Ernst (1885–1977), deutscher Philosoph 179
Bogdanov, Aleksandr (A. Malinowski, 1873–1928) russ. Philosoph, Sozialist 41
Borchardt, Rudolf (1877–1945), Lyriker, Dramatiker, Essayist, Übersetzer 47
Brecht, Bertolt (1898–1956), Dramatiker, Lyriker und Literaturtheoretiker 51, 64, 124, 264, 286, 302 ff., 309, 321, 330-346, 378–390, 400
Brehm, Bruno (1892–1974), österr. Erzähler 77, 269
Briand, Aristide (1862–1932), frz. Staatsmann, Friedensnobelpreisträger (1926) 14
Britting, Georg (1891–1964), dt. Lyriker und Erzähler 262-268, 351 ff.
Broch, Hermann (1886–1951), österr. Fabrikant, Essayist und Romanschriftsteller 25, 76, 127, 177–192, 244, 322

Brockes, Barthold Hinrich (1680–1747), dt. Dichter des Barock 403
Brod, Max (1884–1968), Jurist, österr.-israelischer Schriftsteller 164, 177, 269
Bruckner, Ferdinand (Theodor Tagger, 1891–1958), österr. Dramatiker 69
Buber, Martin (1878–1965), jüdischer Religionsphilosoph 246
Buddha (Siddhartha Gautama, um 560–480 v. Chr.), Ehrentitel des Stifters des nach ihm benannten Buddhismus 200

Carnap, Rudolf (1891–1970), dt.-amerik. Philosoph 178
Carossa, Hans (1878–1956), Arzt, dt. Lyriker und Erzähler 74
Caspar, Karl (1879–1956), dt. Maler 404
Cassirer, Ernst (1874–1945), dt. Philosoph 31
Chamisso, Adelbert von (1781-1838), dt. Dichter 355
Claudel, Paul (1868–1955), frz. Diplomat und Schriftsteller 340
Corti, Egon Cäsar Conte (1886-1953), österr. Schriftsteller 77
Cummings, Edward E. (1894–1962), amerik. Schriftsteller 260

Dante Alighieri (1265–1321), ital. Dichter (›Die Göttliche Komödie‹) 363, 390
Darwin, Charles (1809–1882), engl. Naturforscher, Begründer der Evolutionstheorie 31, 351
Dietrich, Marlene (1901–1992), Schauspielerin 23
Dix, Otto (1891–1969), dt. Maler und Graphiker 64
Döblin, Alfred (1878–1957), Nervenarzt, Romancier 51 f., 65, 72, 108-121, 212
Doderer, Heimito von (1896–1966), österr. Romanschriftsteller 77
Dollfuß, Engelbert (1892–1934), österr. Politiker 19
Dos Passos, John (1896–1970), amerik. Schriftsteller 68, 260
Dostojewski, Fjodor Michailowitsch (1821–1881), russ. Schriftsteller 152
Driesch, Hans (1867–1941), dt. Zoologe und Philosoph 103
Droste-Hülshoff, Annette Freiin von (1797–1848), dt. Dichterin 406

Ebert, Friedrich (1871–1925), dt. Reichspräsident von 1919–1925 11, 15, 20

Eich, Günther (1907–1972), dt. Lyriker, Erzähler und Hörspielautor 71, 404

Eichendorff, Joseph Freiherr von (1788–1857), dt. Erzähler und Lyriker 348

Einstein, Carl (1885–1940), dt. Kunsthistoriker und Schriftsteller 56

Eisenstein, Sergej (1898–1948), russ. Filmregisseur (›Panzerkreuzer Potemkin‹) 53

Eisler, Hanns (1898–1962), dt. Komponist 386

Eisner, Kurt (1867–1919), Schriftsteller und Politiker, Ministerpräsident des von ihm ausgerufenen »Freistaats Bayern) 11, 285

Ernst, Max (1891–1976), frz.-dt. Maler 59

Erzberger, Matthias (1875–1921), dt. Politiker (Zentrum) 13

Fallada, Hans (Rudolf Ditzen, 1893–1947), dt. Schriftsteller 65, 128-136

Feuchtwanger, Lion (1884–1958), dt. Theaterkritiker, Dramatiker und Romanschriftsteller 65, 86-95, 254, 269, 302, 332, 400

Fleißer, Marieluise (1901–1974), dt. Schriftstellerin 65, 302-309

Fontane, Theodor (1819–1898), dt. Kritiker, Erzähler und Balladendichter 247

Franz Joseph I. (1830–1916), Kaiser von Österreich, König von Ungarn 16, 80, 84, 218

Freiligrath, Ferdinand (1810-1876), dt. Dichter 262

Freud, Sigmund (1856–1939), österr. Nervenarzt, Begründer der Psychoanalyse 37, 72, 179

Friedrich III. (1831–1888), Deutscher Kaiser (1888) 180

Friedrich, Caspar David (1774–1840), dt. Maler 368

George, Stefan (1868–1933), dt. Lyriker des Symbolismus 356-364, 379

Gide, André (1869–1951), frz. Schriftsteller, Nobelpreis 1947 178, 180

Goebbels, Joseph (1897–1945), nationalsozialist. Politiker 121, 239

Gogh, Vincent van (1853–1890) niederländ. Maler 402

Goll, Yvan (Isaac Lang, 1891–1950), frz.-dt. Lyriker und Essayist 56, 347

Goethe, Johann Wolfgang (1749–1832), dt. Dramatiker, Lyriker und Naturwissenschaftler 27, 151, 207, 227, 262

Grabbe, Christian Dietrich (1801–1836), dt. Dramatiker 333

Graf, Oskar Maria (1894–1967), dt. Schriftsteller 157-163

Grimm, Hans (1875–1959), dt. Schriftsteller 74

Grosz, George (1893–1959), dt. Maler 41, 59, 64, 72

Haas, Willy (1891–1973), dt. Kritiker und Essayist 72

Hamsun, Knut (1859–1952), norwegischer Schriftsteller 278

Hasenclever, Walter (1890–1940), dt. Lyriker und Dramatiker 56, 400

Hauff, Wilhelm (1802–1827), dt. Schriftsteller 87

Hauptmann, Gerhart (1862–1946), dt. Dramatiker und Erzähler 235, 283, 323, 327, 331

Hausmann, Raoul (1886–1971), österr.-frz. Maler und Schriftsteller 59 f.

Heartfield, John (Helmut Herzfeld, 1891–1968), dt. Graphiker, Bühnenbildner, Mitorganisator der Dada-Messe (1920) 41, 59

Hebbel, Friedrich (1813–1863), Dramatiker und Lyriker 317

Hegel, Georg Wilhelm Friedrich (1770–1831), dt. Philosoph 37

Heidegger, Martin (1889–1976), dt. Philosoph 31 ff., 73

Heine, Heinrich (vor der christlichen Taufe Harry, 1797 oder 1799–1856), dt. Schriftsteller und Publizist 277, 355, 377

Hemingway, Ernest (1899–1961), amerikan. Schriftsteller 260

Herzfelde, Wieland (Herzfeld, 1896–1988), Gründer des Malik-Verlags, dadaistischer Schriftsteller 9

Hesse, Hermann (1877–1962), dt. Erzähler und Lyriker 72, 74, 192-209

Hindemith, Paul (1895-1963), dt. Komponist 341

Hindenburg, Paul von Beneckendorff und H. (1847–1934), dt. Generalfeldmarschall und Reichspräsident 15, 240

Hitler, Adolf (1889-1945), dt. Reichskanzler, »Führer« 16, 29, 238, 256

Hofmannsthal, Hugo von (1874–1929), österr. Dramatiker, Lyriker und Novellist 18, 44, 46, 76, 278, 284, 291-302, 333 f., 400

Hölderlin, Friedrich (1770–1843), dt. Lyriker und Erzähler 365

Holz, Arno (1863-1929), dt. Schriftsteller 262

Horaz (Quintus Horatius Flaccus, 65–8 v. Chr.), römischer Lyriker 382
Horváth, Ödön von (1901–1938), österr. Schriftsteller 76, 308-320, 322
Huchel, Peter (1903–1981), dt. Schriftsteller 404 ff.
Huelsenbeck, Richard (1892–1974), dt. Schriftsteller, Dadaist 58, 353
Husserl, Edmund (1859-1938), dt. Philosoph 30
Huxley, Aldous (1894–1963), engl. Schriftsteller 180, 248

Ihering, Herbert (1888–1977), dt. Theaterkritiker, Dramaturg 71, 287, 331 f.

Jahnn, Hans Henny (1894–1959), Orgelbauer, Pferdezüchter, Dramatiker und Romanschriftsteller 152
Jaspers, Karl (1883–1969), dt. Philosoph 26, 31, 35 f., 72
Jesenská-Polak, Milena, Freundin Kafkas 172
Joachim von Fiore (Floris, um 1130–1202), ital. Theologe 106
Johst, Hanns (1890–1978), dt. Dramatiker 332 f.
Joyce, James (1882–1941), irischer Schriftsteller 178 f.
Jung, Carl Gustav (1875–1961), Schweizer Psychiater 198
Jung, Franz (1888–1963), dt. Schriftsteller 59, 62, 160
Jünger, Ernst (1895–1998), dt. Essayist, Schriftsteller 37, 47, 64, 238, 251-261, 358

Kafka, Franz (1883–1924), österr. Schriftsteller 162-179
Kaiser, Georg (1878–1945), dt. Dramatiker 56
Kandinsky, Wassily (1866–1944), russ. Maler, Kunsttheoretiker des Expressionismus 61
Kanoldt, Alexander (1881–1939), dt. Maler 64
Kant, Immanuel (1724–1804), dt. Philosoph 122, 324, 392
Kapp, Wolfgang (1858–1922), dt. Politiker 13
Karl I. (1887–1922), von 1916–1918 Kaiser von Österreich 16
Karl Alexander (1684–1737), von 1733-1737 Herzog von Württemberg 92
Kästner, Erich (1899–1974), dt. Schriftsteller 64 f., 67, 121-128, 238, 376 ff.
Keun, Irmgard (1910–1982), dt. Schriftstellerin 65, 136-142

Kierkegaard, Sören (1813-1855), dän. Philosoph 34
Kipling, Rudyard (1865–1936), engl. Schriftsteller 338
Kisch, Egon Erwin (1885–1948), dt.-tschech. Reporter und Schriftsteller 67 f., 268
Klages, Ludwig (1872–1956), dt. Philosoph und Psychologe 30
Kokoschka, Oskar (1886–1980), österr. Maler und Schriftsteller 41
Kolbenheyer, Erwin Guido (1878–1962), dt. Schriftsteller 74, 103-107
Köppen, Edlef (1893–1939), dt. Schriftsteller 250
Kornfeld, Paul (1889–1942), dt. Dramatiker 57
Kracauer, Siegfried (1889–1966), dt.-amerik. Soziologe und Kulturkritiker 20, 68, 127, 268, 276
Kraus, Karl (1874–1936), österr. Essayist, Schriftsteller 25, 75, 387
Kutscher, Artur (1878–1960), dt. Theaterwissenschaftler 302, 332

Landauer, Gustav (1870–1919), dt. Schriftsteller, Sozialist, Angehöriger der Räteregierung in München 246, 285, 289
Lange, Horst (1904–1971), dt. Schriftsteller 404
Langgässer, Elisabeth (1889–1950), dt. Schriftstellerin 404
Le Bon, Gustave (1841–1931), frz. Philosoph 37
le Fort, Gertrud Freiin von (1876–1971), dt. Lyrikerin, Erzählerin 73, 96-103, 282
Liebknecht, Karl (1871–1919), dt. Politiker, Führer des Spartakusbundes 56
Loos, Adolf (1870–1933), österr. Architekt 65
Loerke, Oskar (1884–1941), dt. Schriftsteller 404
Ludendorff, Erich (1865–1937), preuß. General 244
Lukácz, Georg (1885–1971), ungar. Philosoph und Literaturhistoriker 67 f.
Luther, Martin (1483–1546), dt. Reformator 105, 107, 380
Luxemburg, Rosa (1870–1919), dt. sozialistische Politikerin 56

Mach, Ernst (1838-1916), österr. Physiker und Philosoph 210
Mann, Erika (1905–1969), dt. Schriftstellerin 136
Mann, Golo (1909–1994), dt. Historiker 47

Mann, Heinrich (1871–1950), dt. Schriftsteller 49, 84, 125, 178, 237, 400
Mann, Klaus (1906–1949), dt. Schriftsteller 14, 51, 347, 356 f., 362
Mann, Thomas (1875–1955), dt. Schriftsteller 12, 45, 53, 64, 178, 180, 224-237
Mannheim, Karl (1893–1947), engl. Soziologe 69
Marlowe, Christopher (1564–1593), engl. Dramatiker 332
Marx, Karl (1818-1883), dt. Philosoph 339
Mehring, Walter (1896–1981), dt. Schriftsteller 67
Mejerchol'd, Vsewolod E. (1874–1940), russ. Theaterregisseur 340
Mell, Max (1882–1971), österr. Schriftsteller 76, 282
Meyer, Conrad Ferdinand (1825–1898), schweizerischer Schriftsteller 91
Miller, Arthur (geb. 1915), amerik. Dramatiker 340
Mitscherlich, Alexander (1908–1982), dt. Psychoanalytiker 37
Moeller van den Bruck, Arthur (1876–1925), dt. Schriftsteller 44 f.
Mozart, Wolfgang Amadeus (1756–1791), Komponist 207 f.
Mühsam, Erich (1878–1934), dt. Schriftsteller 56
Musil, Robert (1880–1942), österr. Schriftsteller 68, 77, 178, 209-224, 293
Mussolini, Benito (1883-1945), ital. Politiker, »Duce« 29
Muth, Carl (1867–1944), Gründer der kath. Zeitschrift ›Hochland‹ 401

Nietzsche, Friedrich (1844–1900), dt. Philosoph 29, 45, 351

Oppenheimer, Josef Süß (1692 oder 1698–1738), Financier im Dienst Karl Alexanders von Württemberg 86 f.
Opitz, Martin (1597–1639), dt. Barockdichter 383
Ortega y Gasset, José (1883–1955), span. Philosoph 39
Ossietzky, Carl von (1889–1938), dt. Publizist 50, 72, 268, 398

Perutz, Leo (1882–1957), österr. Schriftsteller 268-278
Pinthus, Kurt (1886–1975), dt. Schriftsteller 56, 237, 347, 391
Piscator, Erwin (1893–1966), Regisseur und Theaterleiter, Vorkämpfer für ein politisches Theater 62, 330 f.
Plessner, Helmuth (1892–1985), dt. Philosoph 31
Polgar, Alfred (1873–1955), österr. Schriftsteller, Kritiker 42, 268, 392
Polygnot (1. Hälfte des 5. Jh.), griech. Vasenmaler 28
Pythagoras (6. Jh. v. Chr.), griech. Philosoph 28

Rathenau, Walther (1867–1922), Industrieller, Politiker und Schriftsteller 13, 56, 95, 219
Reger, Erik (Hermann Dannenberger, 1893–1954), dt. Schriftsteller 65, 68
Reinhardt, Max (Goldmann, 1873–1943), Theaterleiter und -reformer 18, 293, 302
Remarque, Erich Maria (E. Paul Remark, 1898–1970), dt.-amerik. Schriftsteller 238 f., 251, 256-261, 300
Rembrandt (R. Harmensz van Rijn, 1606–1669), niederländ. Maler 28
Renn, Ludwig (Arnold Vieth von Golßenau, 1889–1979), dt. Schriftsteller 247-251
Rilke, Rainer Maria (1875–1926), österr. Lyriker und Prosaist 364-376, 379
Rimbaud, Arthur (1854–1891), frz. Dichter 264, 334
Ringelnatz, Joachim (Hans Bötticher, 1883–1934), dt. Schriftsteller 67, 391-395
Rosenberg, Alfred (1893–1946), nationalsozialist. Politiker 52
Roth, Joseph (1894–1939), österr. Schriftsteller 17, 22, 64 ff., 69, 76 f., 79-86

Schäfer, Wilhelm (1868–1952), dt. Schriftsteller 74
Schauwecker, Franz (1890–1964), dt. Schriftsteller 238
Scheler, Max (1874–1928), Philosoph, Phänomenologe und Anthropologe 30 ff.
Schickele, René (1883–1940), dt. (elsäss.) Schriftsteller 56
Schlaf, Johannes (1862-1941), dt. Schriftsteller 262
Schlichter, Rudolf (1890–1955), dt. Maler 62, 64
Schlick, Moritz (1882–1936), österr. Philosoph 178
Schneider, Reinhold (1903–1958), dt. Schriftsteller 73, 282
Schnitzler, Arthur (1862–1931), österr. Arzt und Schriftsteller 18, 76, 228

Schrimpf, Georg (1889–1938), dt. Maler 64
Schröder, Rudolf Alexander (1878–1962), dt. Schriftsteller, Architekt 47, 73
Schuschnigg, Kurt (Edler von, 1897–1977), österr. Politiker 19
Schwitters, Kurt (1887–1948), Maler, Bildhauer und dadaistischer Dichter 62, 353-356
Seghers, Anna (Netty Reiling, verh. Radványi, 1900–1983), dt. Schriftstellerin 152-157
Seidel, Heinrich Wolfgang (1876–1945), dt. Schriftsteller 74
Seidel, Ina (1885–1974), dt. Schriftstellerin 73
Shakespeare, William (1564–1616), engl. Dramatiker 147, 332, 363
Simmel, Georg (1858–1918), Philosoph und Soziologe 61
Sinclair, Upton (1878–1968), amerik. Schriftsteller 68
Sloterdijk, Peter (geb. 1947), Philosoph und Literaturhistoriker 32, 125
Sombart, Werner (1863–1941), dt. Soziologe 37
Spengler, Oswald (1880–1936), dt. Geschichtsphilosoph 26 ff., 349
Stehr, Hermann (1864–1940), dt. Schriftsteller 74, 278-284
Stirner, Max (J. Kaspar Schmidt, 1806–1856), dt. Philosoph 162
Storm, Theodor (1817-1888), dt. Dichter, Jurist 352
Strauß, Johann (Vater) (1804–1849), österr. Komponist 80, 320
Stresemann, Gustav (1878–1929), dt. Politiker 14

Thiess, Frank (1890–1977), dt. Schriftsteller 47
Toller, Ernst (1893–1939), Politiker und expressionist. Dramatiker 51, 56 f., 237, 285-291, 330 f., 400
Tolstoi, Leo Nikolajewitsch, Graf (1828–1910), russ. Erzähler 247
Trenker, Luis (1892–1990), südtiroler Filmschauspieler, Regisseur und Schriftsteller 77
Tretjakov, Sergej (1892–1939), russ. Schriftsteller 68
Tucholsky, Kurt (1890–1935), dt. Satiriker, Pazifist, Lyriker und Erzähler 12, 52, 67, 240, 268, 395-400
Tzara, Tristan (Samuel Rosenstock 1896–1963), frz. Schriftsteller, Mitbegründer des Dadaismus 58 f.

Valentin, Karl (Valentin Ludwig Fey, 1882–1948), dt. Komiker und Schriftsteller 332
Verlaine, Paul (1844–1896), frz. Lyriker 334
Villon, François (1431–1463?), frz. Dichter 334

Waggerl, Karl Heinrich (1897–1973), österr. Schriftsteller 74, 77
Wagner, Richard (1813–1883), dt. Komponist 220, 229
Weber, Max (1864–1920), dt. Volkswirtschaftler, Soziologe 166, 285
Wedekind, Frank (1864–1918), dt. Schriftsteller 332
Weill, Kurt (1900–1950), dt. Komponist 341, 343
Weinheber, Josef (1892–1945), österr. Schriftsteller, Lyriker 77, 269
Weiß, Ernst (1882–1940), österr. Schriftsteller, Arzt 68, 142-152, 250, 262, 268, 276
Weiß, Konrad (1880–1940), dt. Schriftsteller 73, 400-404
Werfel, Franz (1890–1945), österr. Schriftsteller 76, 282, 379
Wiechert, Ernst (1887–1950), dt. Schriftsteller 73 f.
Wilder, Thornton (1897–1975), amerik. Schriftsteller 340
Wilhelm I. (1797–1888), Deutscher Kaiser (1871–1888) 180
Wilhelm II. (1859–1941), Deutscher Kaiser (1888–1918) 11, 84, 180
Wittgenstein, Ludwig (1889–1951), österr. Philosoph 363
Wolf, Friedrich (1888–1953), dt. Schriftsteller, Arzt 63

Zehrer, Hans (1899–1966), dt. Schriftsteller, Journalist 47
Zuckmayer, Carl (1896–1977), dt. Schriftsteller 309, 321-330
Zweig, Arnold (1887–1968), dt. Schriftsteller 51, 64, 238-247, 250, 257
Zweig, Stefan (1881–1942), österr. Schriftsteller 43, 75, 77, 79, 95, 193